Olivier Saraja
Henri Hebeisen
Boris Fauret

LA 3D LIBRE AVEC **BLENDER**

6e édition

EYROLLES

ÉDITIONS EYROLLES
61, bd Saint-Germain
75240 Paris Cedex 05
www.editions-eyrolles.com

Ce livre est imprimé sur du papier couché mi-mat 115g, issu de forêts gérées durablement.

MIXTE
Papier issu de sources responsables
FSC® C110418

Dépôt légal : mai 2016
N° d'éditeur : 8953
Imprimé en Slovénie par DZS-Grafik

Table des matières

Avant-propos

Ce livre possède un format un peu particulier, situé quelque part entre le manuel d'utilisation et le recueil de didacticiels. Il vise à présenter de façon synthétique à peu près tout ce qu'il est possible de réaliser avec Blender, mais aussi à guider pas à pas ceux que les images de synthèse peuvent effrayer, mais qui voudraient malgré tout tenter leur chance. Malheureusement, il n'a pas été possible de tout mettre, référencer et présenter (Blender est un logiciel tellement riche en possibilités !). Aussi parfois, des choix douloureux ont été effectués avant de figer le contenu d'un chapitre.

Pendant de longues années, j'ai écrit des didacticiels sur l'usage de Blender (et d'autres logiciels libres d'images de synthèse) et j'ai même eu l'occasion de collaborer avec l'équipe de rédaction de la documentation officielle. En effet, la liste des fonctionnalités nouvelles de Blender s'allongeant très vite, les auteurs habituels n'arrivaient pas à écrire la documentation à un rythme aussi rapide ; il aurait fallu un temps certain pour que le retard soit rattrapé sans la bonne volonté d'une poignée de volontaires. Nous savions que la documentation resterait un chantier perpétuel, mais c'était manifestement le prix à payer si l'on désirait soutenir un outil en constante évolution. L'écriture de *La 3D libre avec Blender* avait donc lentement mûri en moi, mais il fallut une rencontre opportune et la sortie du livre *Gimp 2 efficace* de Cédric Gémy (également aux éditions Eyrolles) pour concrétiser ce projet latent.

3DS MAX, MAYA
Vitesse de développement

Le développement de 3ds Max est réputé très lent, certains bogues datant de quatre versions antérieures n'étant toujours pas corrigés. En revanche, dans le passé, le développement de Maya a été plutôt rapide, mais depuis son rachat par Autodesk (l'éditeur de 3ds Max), il convient de s'accorder le temps de juger. Pour sa part, depuis que le code source de Blender a été racheté par la communauté et que le logiciel est devenu libre, le développement de Blender a été si rapide que maintenir à jour la documentation est une gageure.

Depuis, la première édition a fait son bonhomme de chemin et a été très favorablement accueillie par la communauté francophone des utilisateurs de Blender. J'ai appris avec fierté (et soulagement !), à travers vos nombreux et chaleureux courriels, que mes modestes connaissances, accumulées au fil de plusieurs années d'écriture de didacticiels, d'articles et de bouts de documentation, avaient pu aider à rendre abordable un logiciel réputé (à tort) comme difficile d'accès. C'est donc naturellement que, porté par ce succès et cet accueil fantastique, cet ouvrage refait son apparition dans une sixième édition, complètement refondue et enrichie, pour tenir compte tant des progrès de Blender que de sa richesse en perpétuelle expansion.

Et des progrès, Blender en a connu des quantités, ces dernières années : améliorations relatives à ses outils d'animation et de rendu, adjonction de divers modules de simulation physique (corps souples, fluides, corps rigides), etc. Depuis la quatrième édition de cet ouvrage, consacrée à la version 2.49b, Blender a traversé une phase de restructuration cruciale et importante, voyant une refonte totale du code de son interface, de ses appels internes et de son architecture. L'objectif de ce bouleversement ? Une modularité accrue, pour permettre à Blender de poursuivre son développement au rythme hallucinant qui est devenu le sien, pour faciliter le travail des développeurs et pour favoriser le recrutement de nouveaux contributeurs.

Et cette stratégie a été clairement payante si l'on considère toutes les améliorations qui ont fait leur apparition dans la branche 2.5x (voulue comme une bêta permanente) et la branche 2.6x : nouveau moteur de rendu (Cycles), outils de sculpture à la pointe du progrès (topologie dynamique), intégration vidéo de qualité quasi professionnelle (*tracking* vidéo et rotoscopie), nouvelles capacités de simulation (fumée, flammes, corps rigides, océans...) et tellement d'autres choses qu'il est impossible de les énumérer succinctement.

Blender se transforme mais il reste égal à lui-même : le couteau suisse de la 3D, toujours plus puissant, plus rapide, plus efficace. Pour mieux vous servir.

À qui s'adresse ce livre ?

Blender a été développé en tant qu'outil de production d'animations 3D. Il a donc avant tout un usage professionnel et de production. Il est d'ailleurs étonnant de constater comme Blender devient particulièrement efficace lorsque l'on a maîtrisé son fonctionnement général.

Blender n'oublie pas non plus les artistes, en étant très éloigné des outils de conception ou de dessin assisté par ordinateur, précis mais arides et ne favorisant pas la créativité personnelle. Au contraire, l'interface de Blender est vivante, souvent fluctuante même, et semble accompagner l'utilisateur dans ses travaux, lui permettant de se recentrer sur sa liberté artistique plutôt que sur la rigueur nécessaire à un réalisme excessif.

> Vous êtes un curieux ou un débutant

Vous n'avez jamais créé d'images de synthèse et ces mots mêmes vous paraissent mystérieux ou insurmontables ? Vous trouverez dans cet ouvrage une excellente introduction à l'imagerie 3D et, au terme de sa lecture, vous vous sentirez à l'aise et capable de mener, sur la seule base de votre créativité, vos premiers projets.

> Vous êtes déjà un utilisateur confirmé de Blender

Le développement de Blender va vite, très vite, et souvent, les nouveautés ne sont documentées qu'en anglais. Si vous vous sentez dépassé par le déluge de nouveautés de chaque nouvelle version, ou si vous êtes fâché avec la langue anglaise, alors cet ouvrage est également fait pour vous : il reprend toutes les principales fonctionnalités de Blender (des plus anciennes aux plus récentes) en les démystifiant ou en leur apportant un éclairage particulier. Vous apprécierez alors les cas pratiques qui parsèment le livre, à décortiquer jusqu'à ce que vous les maîtrisiez.

> Vous êtes un artiste 3D chevronné

Blender mûrit chaque jour. De plus en plus d'artistes accomplis s'y intéressent ou se tournent vers lui. Outre l'avantage d'être gratuit et de bénéficier d'un développement dynamique, il s'efforce de se doter des outils qui font la force des grandes applications commerciales, pour un coût… nul ! Mais ce qui fait plaisir à lire, ce sont les commentaires d'artistes confirmés qui s'étonnent de voir, par exemple, dans les forums de CGTalk (http://forums.cgsociety.org), des images réalisées avec Blender, en affirmant « [qu'ils ne savaient pas] que Blender était capable de faire ça ! ». L'autre point de satisfaction, c'est de constater que certains ont intégré Blender dans leur *workflow*, que ce soit pour le dépliage UV ou la simulation des fluides, sans honte d'utiliser un logiciel « gratuit » là où des confrères dépensent des centaines ou des milliers de dollars pour aider leur créativité à s'exprimer. Si vous êtes un artiste 3D confirmé et que vous vous demandez si Blender peut vous aider dans votre démarche artistique ou professionnelle, ce livre est fait pour vous : il brosse dans ses grandes lignes la liste des fonctionnalités et capacités de Blender, en les rapprochant autant que possible de ce qui se fait avec 3ds Max ou Maya, par exemple, afin de faciliter la transition.

REMARQUE

Vous êtes familier d'un autre grand logiciel commercial ?

Il serait illusoire d'établir des ponts permanents entre les divers logiciels commerciaux du marché et Blender, mais vous trouverez tout au long de cet ouvrage des apartés expliquant les principales différences ou similitudes entres les fonctions de Blender et celles de 3ds Max ou Maya.

Blender est gratuit… vraiment ?

Oui, vraiment. Vous pouvez le copier à l'envi, le distribuer librement à tous vos amis, collègues et connaissances. Vous pouvez l'installer sur autant de postes que souhaité. Vous n'avez aucune limitation, ni sur son usage, ni sur celui des œuvres réalisées avec lui. Et dans le cas où vous vous sentiriez l'âme d'un développeur, vous pouvez même plonger votre nez dans les sources du logiciel, voir comment fonctionnent ses arcanes internes ou détailler les algorithmes employés : c'est la magie du logiciel libre. Blender est à l'imagerie 3D ce que Gimp est à l'imagerie 2D : un formidable outil de créativité, riche, puissant, fonctionnel et… totalement gratuit !

3DS MAX

Langage de script

Le langage de script de 3ds Max lui est propre et est assez proche du langage C. De son côté, Blender utilise un langage très répandu, Python, qui se révèle puissant et flexible.

D'autres logiciels commerciaux reposent sur quantités de greffons, *plug-ins* et extensions, la plupart coûteux et difficiles d'accès, pour produire des résultats d'une qualité dépendant grandement de la compétence de l'utilisateur et ce, malgré leur prix. Blender bénéficie pour sa part d'une communauté de développeurs très actifs et dispose d'une solide base de scripts Python (des *Add-Ons*) qui enrichissent ses capacités naturelles. S'il lui manque une fonctionnalité, il est certain qu'elle est véritablement inutile ou qu'elle sera intégrée dans une très prochaine version officielle !

Il est temps pour moi de clore cet avant-propos, et pour vous, de plonger dans la lecture de ce livre qui restera pour longtemps, je l'espère, votre livre de chevet !

Seysses, février 2016,

Olivier Saraja

Remerciements

L'auteur tient à remercier, sans aucun ordre particulier : Muriel pour sa gentillesse et sa convivialité envers un parfait inconnu, et Karine, pour savoir si bien m'accompagner et m'inspirer au quotidien dans ma démarche créatrice ; sans oublier Éliza, Sophie, Anne-Lise, Éric et Gaël avec qui travailler a été un plaisir ; Antoine, qui par son efficace gestion du projet a permis que cette sixième édition voie le jour ; [a]drien et VannDeFanel pour leur expérience de 3ds Max, et Mly pour son expérience de Maya, même si beaucoup de leurs petits coups de pouce ne figurent finalement pas dans cet ouvrage, ou disparaissent avec le temps, maintenant que Blender s'implante sur la scène. Ton pour avoir développé Blender, pour avoir su rester si proche de ses utilisateurs et pour avoir placé le *Blender Texture Disc* en licence *Creative Commons*, spécialement pour l'extension web de ce livre ; tous les artistes qui ont accepté de voir leurs superbes images illustrer les propos de ces pages.

Je remercie également chaleureusement mes amis Boris Fauret et Henri Hebeisen, qui m'ont aidé à m'attaquer aux mises à jour colossales des dernières éditions, et sans qui celle-ci n'aurait sans doute pas vu le jour avant encore un peu de temps. C'est avec plaisir que j'ai travaillé avec eux, et je ressens une fierté toute particulière à voir leur nom sur la couverture de cet ouvrage, en tant que coauteurs plutôt que simples contributeurs. Merci, les gars !

Enfin, une pensée amicale accompagne mes amis de l'association Toulibre, qui promeut la découverte et l'utilisation des logiciels libres dans la région toulousaine, ainsi que tous mes amis du *Blender User Group* (BUG) toulousain qui contribuent à la forte implantation de Blender dans la ville rose.

Introduction : historique de Blender

L'ancêtre de Blender est né en 1988 au sein du studio d'animation hollandais NeoGeo (l'une des plus grandes sociétés d'animation 3D des Pays-Bas, primée en 1993 et 1995 par l'*European Corporate Video Awards*), société dont Ton Roosendaal fut l'un des cofondateurs. À la suite d'une intensification des besoins internes, le logiciel fut entièrement réécrit et devint la suite de modélisation et d'animation 3D connue sous le nom de Blender.

3DS MAX, MAYA
Portabilité

3ds Max n'est disponible que sur plates-formes Windows. Pour sa part, Maya a été porté sous Linux afin de satisfaire aux besoins des studios Dreamworks. Blender, en revanche, est disponible sur à peu près toutes les plates-formes existantes et le portage sur tablettes Android est même en cours, à titre expérimental !

En 1998, Ton Roosendaal fonda une nouvelle entité baptisée *Not A Number* (NaN) dont l'objectif était de développer et de commercialiser Blender : l'ambition était d'offrir un outil compact, multi-plates-formes, professionnel et gratuit, à destination d'un public très large, la société devant vivre de la vente de produits commerciaux et de services. Blender fit sensation à la conférence SIGGRAPH de 1999, s'attirant l'attention du public comme de la presse et confirmant son potentiel hors du commun.

En suscitant le même engouement lors du SIGGRAPH de 2000, NaN réussit à réunir près de 4 500 000 euros de financement, qui lui permirent de porter ses effectifs à 50 salariés, aux Pays-Bas, au Japon et aux États-Unis. Au cours de l'été de la même année, la version 2.0 de Blender, intégrant un moteur de jeu, sortait et, à la fin de l'année, Blender pouvait revendiquer plus de 250 000 utilisateurs enregistrés. Après une réduction d'effectif due à la frilosité du marché et la recherche de nouveaux investisseurs, NaN sortait fin 2001 une mouture commerciale de son logiciel, Blender Publisher, visant le marché émergeant du contenu interactif pour les sites web basés sur la 3D. Malheureusement, en raison de ventes décevantes et d'un climat économique de plus en plus difficile, les nouveaux investisseurs décidèrent de mettre un terme aux activités de NaN, signant également celui du développement de Blender.

Reprendre une nouvelle société avec une base suffisante de développeurs salariés n'étant économiquement pas envisageable, Ton décida de créer la *Blender Foundation*, une fondation à but non lucratif, pour ne pas abandonner la communauté enthousiaste d'utilisateurs et de clients qui pleuraient la disparition de Blender. En juillet 2002, Ton parvint à convaincre les investisseurs de NaN de libérer, moyennant finances, les sources de Blender et lança auprès de la communauté une vaste collecte de fonds devant rapporter les 100 000 euros qui permettraient de racheter les droits de propriété intellectuelle et le code source de Blender aux investisseurs. À la surprise générale, il suffit de seulement sept semaines à la communauté pour amasser cette somme considérable. Officiellement, c'est le dimanche 13 octobre 2002 que Blender fut libéré. Ses fichiers sources furent alors placés sous la licence GNU GPL *(General Public License)*.

Depuis, le développement de Blender continue, poussé par des volontaires dévoués dispersés sur la planète entière et toujours mené par le créateur initial de Blender, Ton Roosendaal. Il est bien évidemment derrière l'essor du Blender Cloud (https://cloud.blender.org), la plate-forme de production ouverte où sont partagés les travaux de contenus 3D, et qui fournit des formations professionnelles. Cette structure s'est fixée pour mission l'amélioration de la création 3D grâce aux logiciels libres/ouverts en produisant des contenus 3D attirants et en permettant aux développeurs et aux artistes de briller par eux-mêmes à travers leurs propres histoires et films d'animation.

chapitre 1

Blender 2.76b
Date: 2015-11-03 10:56
Hash: f337fea
AlikeShort.com
Interaction:
Blender
Links
Donations
Credits
Release Log
Manual
Blender Website
Python API Reference
Recent
spidrman.blend
indian_scout_cycles.blend
indian_scout.blend
arale_2ndface.blend
MOI.blend
Recover Last Session

Installation de Blender

Blender est une suite complète de modélisation, d'animation, de rendu, et même de montage vidéo parfaitement autonome, tout en n'occupant sur le disque qu'une place très modeste en comparaison avec les logiciels concurrents. Aussi simple à installer que compact, ses possibilités sont également extensibles grâce à l'usage de scripts Python ou de différents moteurs de rendu externes avancés, non fournis et non couverts par cet ouvrage (à l'exception de *Cycles*, moteur de rendu de Blender modernisé appelé à remplacer le moteur de rendu interne qui a fait les beaux jours du logiciel).

SOMMAIRE

MOTS-CLÉS

- Installation
- Blender
- Windows
- GNU/Linux
- Mac OS X
- Francisation

Alternatives
Autres systèmes

De façon irrégulière et en fonction des versions de Blender, diverses déclinaisons sont mises à disposition pour d'autres systèmes d'exploitation. Parmi celles-ci, des versions FreeBSD et parfois même, au rythme des contributions, Irix et Solaris, ou encore Mac OS X sur architecture PowerPC.

Toutefois, ces versions spécifiques ne sont pas systématiquement disponibles immédiatement après une sortie officielle. Certaines sont disponibles sur la page http://www.blender.org/download/ tandis que d'autres ne sont accessibles qu'après intégration aux dépôts de logiciels officiels de votre système d'exploitation.

Quel que soit votre système d'exploitation de prédilection (Windows, GNU/Linux, Mac OS X), l'installation de Blender ne présente aucune difficulté, et ce logiciel fonctionnera directement, sans configuration particulière de votre part. En effet, même s'il fait usage du langage de programmation Python 3.2 (un langage interprété, qui permet d'étendre, grâce au *scripting*, les capacités de Blender en termes de modélisation, d'animation ou de gestion de scènes complexes), toutes les bibliothèques nécessaires sont fournies avec le logiciel. Vous n'aurez donc pas à installer le langage Python, sauf si vous prévoyez d'écrire vous-même vos propres extensions, ce qui n'est pas couvert par cet ouvrage.

Les principales étapes sont reprises ci-après, avec des explications un peu plus détaillées pour l'utilisateur de Windows, parfois moins à l'aise avec les outils informatiques.

Installation sous Windows

Blender est disponible aussi bien en version 32 bits qu'en version 64 bits ; il vous est donc nécessaire de savoir quelle est la version de votre système d'exploitation. Deux méthodes d'installation sont systématiquement proposées : un fichier autoextractible `.msi`, dont l'assistant vous guidera pas à pas à travers toutes les étapes de l'installation, ou un fichier `.zip` à désarchiver à l'emplacement de votre choix.

La deuxième méthode est la plus directe et c'est celle que nous présenterons ici. Vous devez bien sûr télécharger la version correspondant à votre système, même si l'exemple traité ci-après correspond à une version 64 bits.

Prérequis
Windows XP et le Microsoft Visual C++ 2013 Redistributable Package

Windows XP n'est plus (activement) supporté. Si Blender rapporte une erreur au démarrage, veuillez installer le Visual C++ 2013 Redistributable Package que vous trouverez ici : http://www.microsoft.com/en-us/download/details.aspx?id=40784

Téléchargez le dossier d'installation, disponible à l'adresse http://download.blender.org/release/Blender2.76/blender-2.76b-windows64.zip. Décompressez l'archive `.zip` (effectuez un clic droit sur le dossier de l'archive et choisissez *Extraire tout...*). N'hésitez pas à déplacer le répertoire `blender-2.76b-windows64` à un endroit plus approprié de votre disque dur. Enfin, double-cliquez sur le fichier `blender.exe` pour lancer l'application.

Installation sous GNU/Linux

Comme pour Windows, il existe pour Linux des versions 32 bits et 64 bits de Blender. Dans tous les cas, ce sont des versions proposées pour des distributions plutôt récentes (à base de glibc 2.11).

À noter que si la plupart des distributions proposent une version de Blender qui lui est parfaitement adaptée, celle-ci aura probablement quelques numéros de version de retard par rapport à celle proposée par la Fondation Blender. Nous ne présenterons donc ici, pour les besoins de notre exemple, que la méthode d'installation de la version officiellement distribuée sous forme d'archive `.zip` et en version 64 bits.

Sélectionnez la version qui vous convient le mieux en fonction de votre système et téléchargez-la sur le site officiel de Blender (http://www.blender.org/download/).

http://download.blender.org/release/Blender2.76/blender-2.76b-linux-glibc211-x86_64.tar.bz2

Ensuite, suivez la procédure suivante :

1 Ouvrez une console.
2 Décompressez l'archive : `tar jxvf blender-2.76b-linux-glibc211-x86_64.tar.bz2`

Pour lancer Blender, il suffit de poursuivre avec les étapes suivantes :

3 Allez dans le dossier créé : `cd blender-2.76b-linux-glibc211-x86_64`
4 Tapez `./blender` (ou `./blender-softwaregl` dans le cas où vous ne possédez pas de carte graphique avec accélération 3D matérielle).

En fonction de votre gestionnaire de fenêtres, vous pouvez créer une icône sur votre bureau pour lancer Blender d'un simple clic de souris.

> À SAVOIR
> **Blender et OpenGL**
>
> Blender utilise OpenGL pour tous les tracés à l'écran des fenêtres 3D jusqu'aux menus et aux boutons. Une carte graphique autorisant l'accélération 3D matérielle vous permettra donc d'utiliser Blender de façon optimale. Les moins bien nantis ne seront toutefois pénalisés que pour les scènes les plus complexes. Lors du rendu, tout le monde sera à égalité, à la puissance du processeur et à la quantité de mémoire RAM près. Si vous ne disposez pas d'une telle carte graphique, vous préférerez lancer Blender en utilisant le script `blender-softwaregl`.

> OUPS !
> **Blender refuse de démarrer**
>
> Vérifiez-en les raisons dans une console. Il est possible que vous deviez installer un paquetage nommé `libstdc++5` (ou ultérieur). Une recherche dans les paquets `.rpm` ou `.deb` de votre distribution favorite devrait vous permettre de trouver celui-ci. Dans le cas contraire, effectuez une recherche sur Internet : les distributions sont trop nombreuses pour que nous puissions mettre à disposition dans cet aparté les différents liens.

Installation sous Mac OS X

Les derniers binaires officiels proposés par la Fondation Blender requièrent Mac OS X 10.6 ou plus. Attention, il n'existe aujourd'hui plus que des versions 64 bits de ces binaires. Vous pourrez télécharger Blender sur le site officiel (http://www.blender.org/download/).

http://download.blender.org/release/Blender2.76/blender-2.76b-OSX_10.6-x86_64.zip

Naviguez jusqu'à l'emplacement où le fichier a été enregistré et double-cliquez dessus. Une fois le fichier `.zip` ouvert, vous pourrez déplacer le dossier obtenu à l'endroit de votre choix.

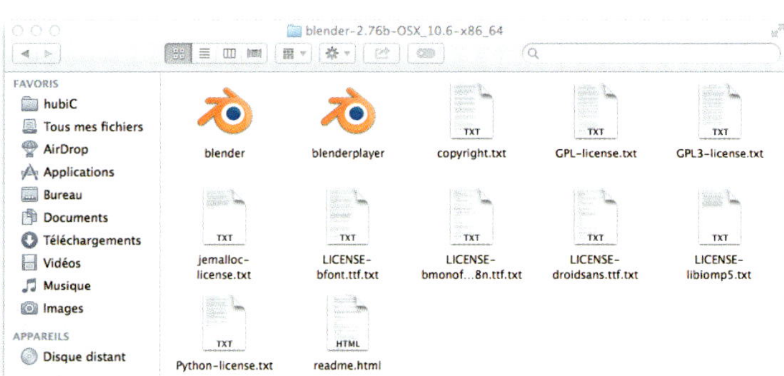

Figure 1–1
Copiez le répertoire contenant l'exécutable à l'emplacement de votre choix.

Blender est installé et prêt à l'emploi. Double-cliquez sur son icône pour lancer l'application. Lors de son premier lancement, une fenêtre fera probablement son apparition pour vous avertir du danger potentiel de l'application. Cliquez sur le bouton *Ouvrir* pour valider.

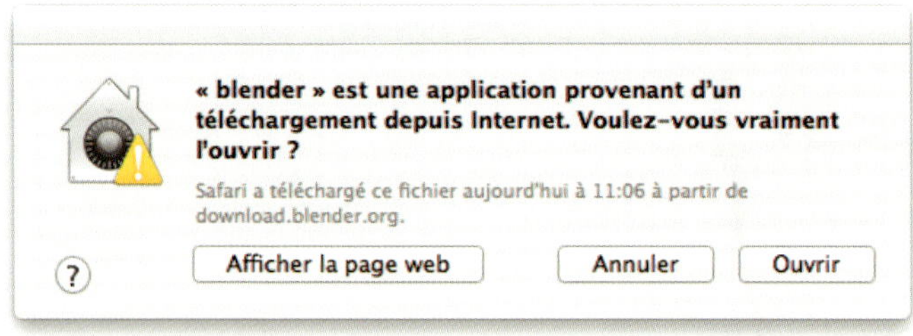

Figure 1–2
En téléchargeant toujours les programmes depuis le site de l'éditeur, vous vous assurez que l'application est de confiance.

En même temps que l'interface du logiciel s'affichera sur votre écran, son icône apparaîtra dans le Dock. Un clic droit (ou *[Ctrl]+clic*) permet d'en afficher les *Options* : choisissez *Garder dans le Dock*.

Figure 1–3
Blender figure désormais dans le Dock de votre Mac.

BON À SAVOIR

Gestion des préférences utilisateurs

La scène de départ par défaut de Blender est un cube gris flottant dans l'espace, avec une caméra et une lampe simple. Vous pouvez préférer une scène de départ plus élaborée, ou totalement vierge. Les deux opérations suivantes peuvent vous y aider.

- *File>Save User Settings* ou *[Ctrl]+[U]* enregistre la scène actuellement affichée comme étant la future scène de départ à chaque fois que vous lancez Blender.
- *File>Load Factory Settings* réaffiche la scène de départ par défaut de Blender.

Cette dernière opération ne restaure toutefois pas la scène par défaut comme nouvelle scène de départ : après avoir chargée la scène par défaut, il vous faut ensuite la sauvegarder grâce à *Save User Settings*.

Les préférences de l'utilisateur

Avec une interface riche et largement personnalisable, les préférences de l'utilisateur seront inévitablement une préoccupation centrale un jour ou l'autre, aussi en livrerons-nous quelques clés dès ce chapitre. Il est possible d'afficher celles-ci soit au travers du menu *File>User Preferences*, soit grâce au raccourci *[Ctrl]+[Alt]+[U]*. Elles apparaissent alors dans une fenêtre flottante, qui présente un bouton *Save As Default* tout en bas de celle-ci pour rendre « permanentes » vos préférences nouvellement définies.

Personnalisation de Blender

Les paramètres de préférences sont regroupés de façon assez conventionnelle ; la plupart sont hérités des anciennes versions de Blender, mais autorisent désormais des réglages plus variés et plus fins.

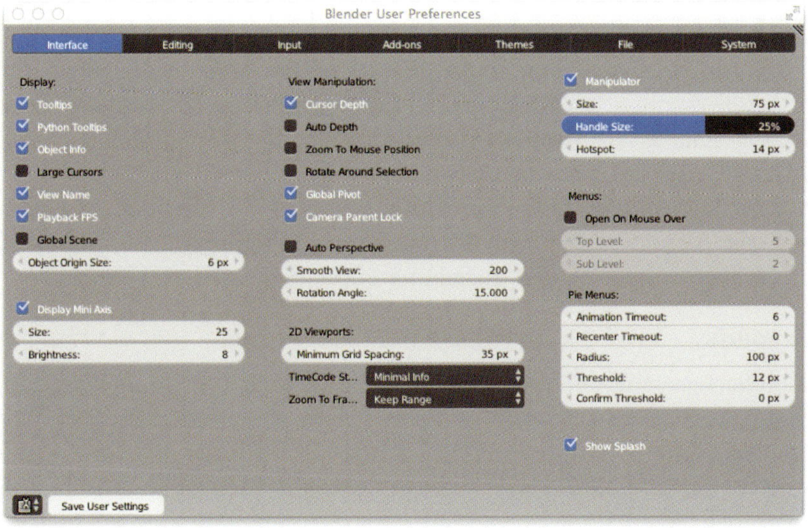

Figure 1–4
Paramètres de personnalisation de l'interface de Blender

Thèmes de couleur

C'est le cas par exemple de la catégorie *Themes*, qui permet de personnaliser indépendamment chaque type d'éditeur (*3D View*, *Node Editor*, etc.) en spécifiant la couleur de chaque élément constitutif de l'interface graphique (couleur de l'en-tête, des textes, des titres, etc. pour l'éditeur *Properties* ; de la grille, des points, des arêtes, des facettes sélectionnés, etc. pour l'éditeur *3D View*). Le bouton *Reset to Default Theme* permet de revenir au thème d'origine sans avoir à renoncer aux autres modifications apportées par l'utilisateur à la scène de démarrage par défaut.

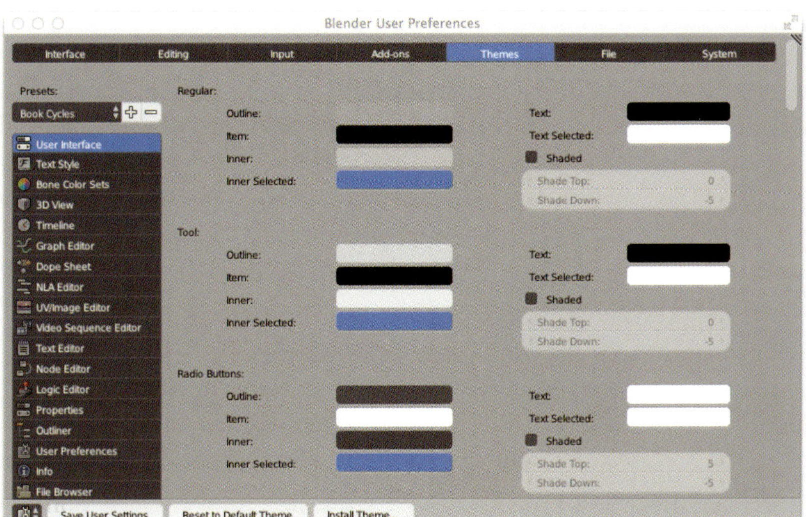

Figure 1–5
La couleur de chaque élément de fenêtre peut désormais être modifiée selon les goûts de l'utilisateur.

Paramètres liés aux périphériques d'entrée

Dans la catégorie *Input*, il est question de gérer le paramétrage de la souris ou du clavier. Il est intéressant de noter un menu déroulant intitulé *Presets*, qui a la même finalité que le paramètre *Interaction* qui sera abordé dans le chapitre 2 « Prise en main de Blender », dans la section « Découverte de l'interface graphique ». L'utilisateur peut alors sélectionner le nom d'un logiciel concurrent auquel il est habitué, et l'interface de Blender s'efforcera de répondre au maximum aux habitudes prises avec ce logiciel, afin de faciliter la transition de l'un à l'autre.

La souris

Blender nécessite une souris à trois boutons pour fonctionner de façon optimale. Si votre souris ne dispose que de deux boutons classiques, vous pouvez cocher l'option *Emulate 3 Button Mouse* pour que la pression simultanée des boutons gauche et droit simule l'activation d'un bouton central virtuel. À noter que cela ne permet en revanche pas de simuler le défilement de la roulette.

En comparaison avec d'autres logiciels, que ce soit de modélisation, de dessin ou parfois même de bureautique, le fait que Blender permette la sélection d'un objet à l'écran avec le bouton droit de la souris est souvent déroutant. Si vous ne pouvez pas vous faire à ce comportement, activez l'option *Select With : Left* et c'est désormais le bouton gauche qui permettra de sélectionner un objet de la vue 3D, tandis que le bouton droit donnera la nouvelle position de la mire 3D.

Le clavier

L'un des points forts de Blender est la pluralité des raccourcis clavier qui, bien maîtrisés, permettent d'augmenter considérablement la productivité de l'utilisateur. Mais Blender est tellement riche en fonctionnalités qu'il est impossible de couvrir, sans les rendre exagérément complexes à mémoriser ou utiliser, toutes les possibilités de façon cohérente avec les raccourcis clavier existants.

L'agencement actuel se veut optimal et généraliste. Il conviendra toutefois assez mal à des utilisateurs spécialisés dans un domaine (comme la modélisation ou l'animation). À leur attention, Blender permet donc de changer les raccourcis clavier ou de les assigner différemment.

Les catégories sont dépliables une à une pour révéler les raccourcis clavier existants. Le bouton *Edit* permet d'activer le mode autorisant la modification de ceux-ci et le bouton *Restore* permet de réinitialiser le raccourci à sa valeur originelle. Il est également possible d'exporter sa propre configuration à l'usage de tiers (bouton *Export Key Configuration*) et, réciproquement, d'importer celles mises à disposition par d'autres utilisateurs (bouton *Import Key Configuration*).

ASTUCE

Vous avez oublié un raccourci clavier ?

Bien évidemment, toutes les fonctions accessibles *via* les menus situés dans les en-têtes de Blender affichent le raccourci clavier approprié lorsqu'il existe. Toutefois, certains utilisateurs peuvent avoir un trou de mémoire, c'est-à-dire avoir besoin de retrouver un raccourci en un coup d'œil sans avoir à parcourir différentes zones de l'interface graphique. C'est ici que la catégorie *Input* des *Blender User Preferences* permet de retrouver, dans une liste synthétique, le ou les raccourcis recherchés.

BON À SAVOIR

Recherche du raccourci d'une fonction particulière

Dans la catégorie *Input*, un astucieux champ de recherche permet de localiser rapidement un raccourci clavier à partir du nom de la fonction associée. Par exemple, la chaîne de caractères `extrude` aboutit à l'affichage des catégories *Mesh*, *Curve* ou *Armature*, qui toutes permettent l'extrusion de leurs éléments.

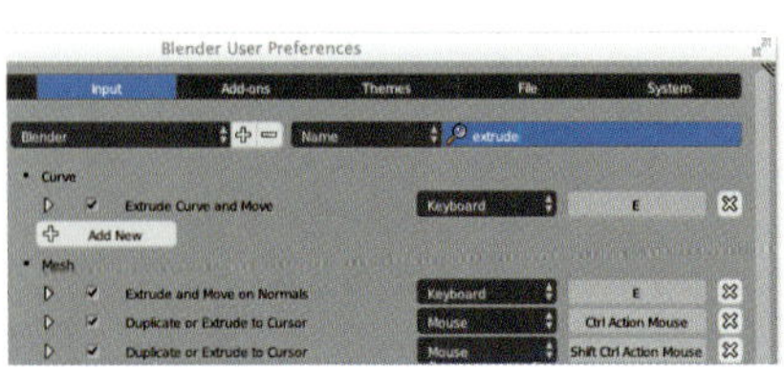

Figure 1–6

Figure 1–7
Chaque fonction peut se voir attribuer un raccourci clavier en fonction de son contexte (Object Mode et Edit Mode, par exemple).

Franciser l'interface

Blender est un logiciel international, avec une mine de ressources disponibles sur Internet dans diverses langues. Pour faciliter la compréhension et la maîtrise du logiciel pour les masses, la plupart des sites d'éditeurs ont pris le parti de conserver, que ce soit lors des tutoriels vidéo ou écrits, l'interface de Blender en anglais. C'est également le parti pris par cet ouvrage.

Si toutefois vous souhaitez afficher Blender en français, il vous faut aller dans la catégorie *System* et repérer la case à cocher *International Fonts*. Vous pouvez dans le menu déroulant choisir la langue par défaut et choisir d'imposer la traduction aussi bien à l'interface qu'aux bulles d'aide (*Tooltips*), au choix.

Pour bénéficier au mieux des enseignements de cet ouvrage et de la plupart des ressources disponibles sur Internet, nous vous recommandons de ne cocher que *Tooltips*. Ainsi, vous conserverez la même interface internationale, mais pourrez bénéficier des explications et astuces affichées dans les bulles d'aide dans votre langue maternelle.

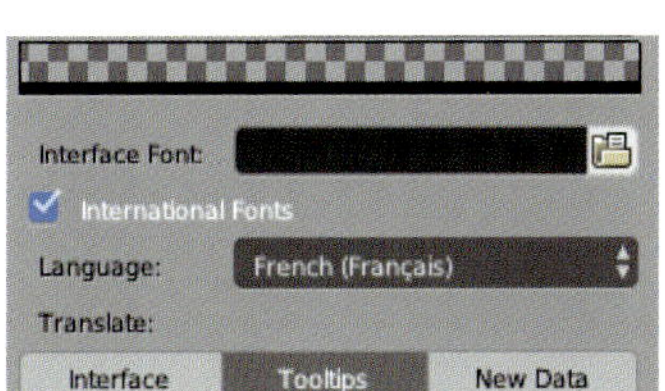

Figure 1–8
La francisation totale ou partielle de Blender est possible.

Les modules complémentaires (add-ons)

Une grande part de la versatilité de Blender vient de l'intégration intime de greffons, ces scripts externes qui sont distribués avec Blender ou téléchargeables sur différents sites de projet. Ils sont réunis sous l'appellation *add-ons*, car ils viennent en complément de Blender, pour en étendre les capacités.

Pour des raisons de sécurité (un script malicieux à l'intérieur de Blender pouvant faire beaucoup de dégâts à votre système, entre autres), tous ces add-ons sont par défaut désactivés, et vous êtes invités à n'activer que ceux qui sont livrés par défaut avec Blender ou ceux dont la provenance vous est connue et jugée de confiance. De plus, cela permet de maintenir une interface dotée seulement des fonctionnalités essentielles, toujours propre et bien organisée, sans ralentissement notable.

BON À SAVOIR

Le catalogue officiel des add-ons

Un catalogue officiel est maintenu sur le wiki du projet Blender, à l'adresse suivante :

- http://wiki.blender.org/index.php/Extensions:2.6/Py/Scripts

Informations, détails et parfois même documentations sont disponibles pour chacun des add-ons présentés. En anglais seulement.

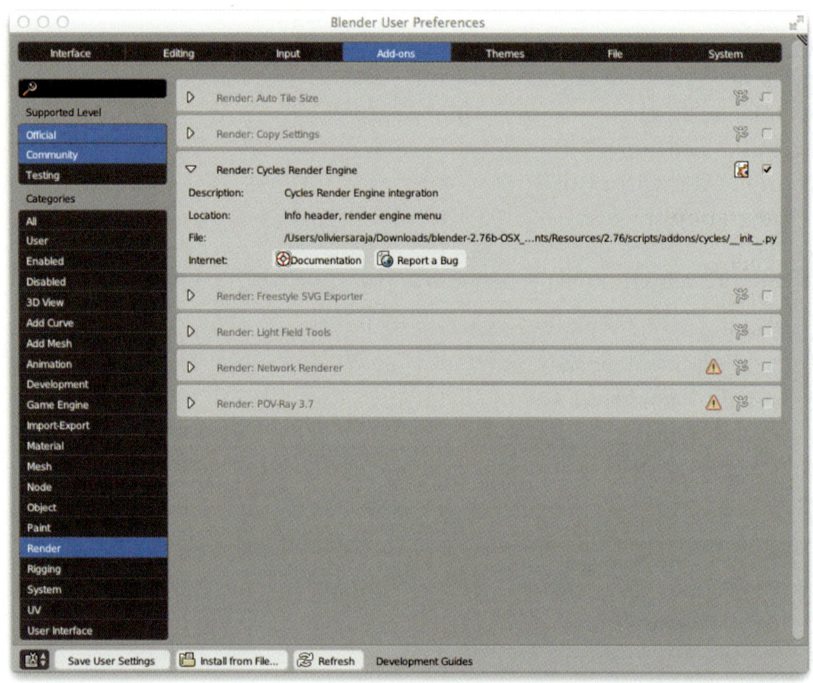

Figure 1–9
L'interface de gestion des scripts externes permet une activation au cas par cas des fonctionnalités qui intéressent l'utilisateur.

Les add-ons disponibles sur Internet indiquent souvent comment les installer proprement (souvent, il s'agit de copier le fichier ou le répertoire distribué dans le répertoire `scripts/addons` de votre installation de Blender), ou vous pouvez alternativement utiliser le bouton *Install Add-On* pour en réaliser une installation automatique. Ils apparaissent alors dans la liste des add-ons disponibles dans la fenêtre *Blender User Preferences*.

ASTUCE S'y retrouver rapidement avec les add-ons

La bibliothèque des add-ons distribués avec Blender est plus ou moins conséquente, en fonction du numéro de version de Blender. Un champ de recherche fort commode permet donc de trouver rapidement un add-on dont vous connaissez le nom, même si vous ignorez sa catégorie. Il est également possible, pour plus de lisibilité, d'activer l'affichage des greffons selon que le support est assuré par la Fondation Blender (bouton *Official*) ou par la communauté Blender (bouton *Community*).

Une signalétique accompagne également chaque description :

- indique un add-on en version bêta (en cours de développement) pouvant présenter des dysfonctionnements occasionnels ;
- indique un add-on dont la maintenance (correctifs et mises à jour) est officiellement assurée par la Fondation Blender ;
- indique un add-on développé et maintenu par la communauté des utilisateurs de Blender.

Une fois installé, un add-on n'est pas actif pour autant : il est nécessaire de l'activer ! Il faut pour cela cocher la case qui accompagne sa description. Dès lors, il devient une fonction accessible par les menus appropriés de Blender : si vous dépliez la description complète de l'add-on installé, le chemin d'accès dans l'interface est généralement spécifié. Par exemple, l'add-on *BoltFactory* est accessible *via* le menu *Add>Mesh>Bolt* comme s'il s'agissait d'une primitive classique, ce qui montre les efforts d'intégration transparente qui ont été réalisés.

En théorie, cette activation n'est valable que pour le projet courant sur lequel vous travaillez : si vous l'avez sauvegardé, Blender se souviendra de l'activation de l'add-on à chaque réouverture du projet. Si vous souhaitez qu'un ou plusieurs add-ons soient disponibles dès la scène par défaut de Blender, il vous faut activer chacun d'eux et enregistrer les nouvelles préférences comme décrit dans l'aparté « Bon à savoir : Gestion des préférences utilisateurs ».

Accélérer le rendu avec Cycles

L'une des principales innovations de Blender, ces dernières années, concerne *Cycles*, son moteur de rendu photoréaliste et physiquement exact. Toutefois, son principal inconvénient est la durée des rendus, qui est en théorie infinie. En effet, *Cycles* utilise exclusivement la technique du *pathtracing* pour calculer les images. Cette méthode consiste à simuler l'illumination globale de la scène en lançant des rayons de lumière qui vont progressivement générer l'image finale. Au début du calcul, l'image n'est constituée que d'un nuage de pixels qui va s'affiner progressivement jusqu'à former l'image finale. Concrètement, l'image calculée est de plus en plus nette, mais elle conservera toujours un léger grain. L'efficacité de l'algorithme dépend donc directement du nombre de rayons envoyés depuis la caméra.

Afin d'accélérer les calculs, *Cycles* permet d'utiliser la ou les cartes graphiques de votre ordinateur. En effet, le lancer de rayon est une méthode très facilement parallélisable, qui peut tirer un grand avantage de l'architecture fortement parallélisée des cartes graphiques modernes.

À titre comparatif, les processeurs haut de gamme destinés au grand public ont actuellement entre 8 et 16 cœurs, ce qui permet de lancer au maximum 16 rayons en parallèle pour le calcul de l'image. Les cartes graphiques modernes, quant à elles, comptent plusieurs centaines, voire des milliers de « cœurs », qui permettent de lancer autant de rayons en parallèle. Le choix est donc vite fait, et si vous possédez une carte graphique assez récente, elle vous sera indispensable pour éviter de longues heures de calcul.

Comment activer le rendu par GPU ?

L'activation du rendu par la ou les cartes graphiques se fait en deux étapes. Pour commencer, ouvrez les préférences utilisateur avec le raccourci clavier *[Ctrl+Alt+U]*, puis cliquez sur le dernier onglet *System*. Dans l'option *Compute Device*, choisissez *Cuda* et sélectionnez la ou les cartes graphiques que vous souhaitez utiliser pour le rendu.

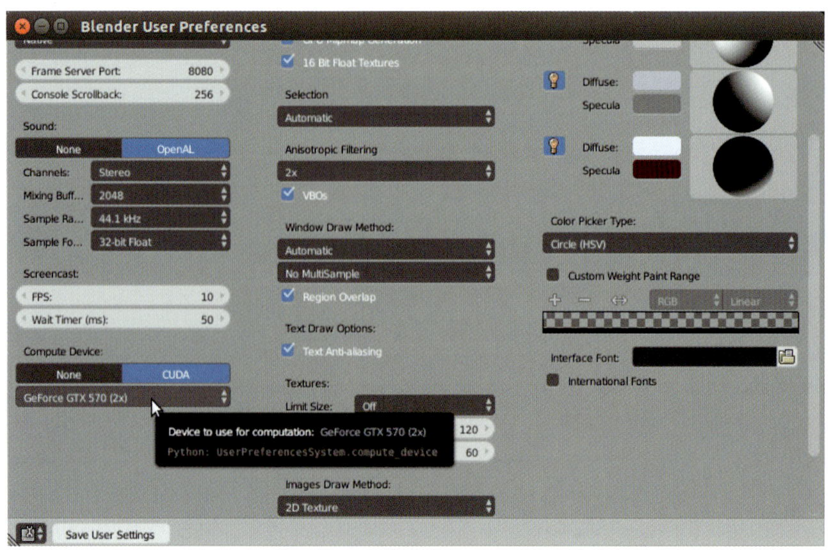

Figure 1–10
L'activation de la carte graphique se fait dans les préférences utilisateur.

N'oubliez pas de cliquer sur le bouton *Save User Settings* pour éviter d'avoir à refaire l'opération à chaque démarrage de Blender.

De retour dans l'interface principale, dans l'onglet *Render* de la fenêtre des propriétés, puis dans l'option *Device*, choisissez *GPU Compute*.

Figure 1–11
Activation du rendu GPU dans la fenêtre des propriétés

Comment choisir sa carte graphique ?

À l'heure actuelle, deux constructeurs se partagent le marché des cartes graphiques, chacun proposant une technologie spécifique pour le calcul. Le leader du marché, Nvidia, embarque la technologie Cuda dans ses cartes, alors que le challenger AMD préfère la technologie open source OpenCL. Historiquement, *Cycles* a toujours fonctionné avec Cuda et il était donc obligatoire d'avoir une carte de la marque Nvidia. Mais à partir de la version 2.75, le support d'OpenCL pour l'accélération des calculs a été ajouté, pour le plus grand bonheur des possesseurs de cartes AMD. Cependant, le support étant assez limité, les performances de calcul ne sont toujours pas aussi bonnes qu'avec Cuda et certaines fonctionnalités ne sont pas encore implémentées.

Le tableau 1-1 récapitule le support des fonctionnalités en fonction de la méthode de calcul choisie.

Tableau 1–1 Comparatif des capacités des cartes graphiques en fonction de la marque

Fonctionnalité	CPU	CUDA	AMD OpenCL
Shading	Oui	Oui	Oui
Ombres transparentes	Oui	Oui	Oui
Flou de mouvement	Oui	Oui	Oui
Poils	Oui	Oui	Oui
Volume	Oui	Oui	Non
Fumée/Feu	Oui	Oui	Non
Dispersion sous surfacique	Oui	Oui	Non
Open Shading Language	Oui	Non	Non
CMJ Sampling	Oui	Oui (expérimental)	Non
Intégrateur Branched Pach	Oui	Oui	Non
Displacement/Subdivision	Oui (expérimental)	Oui (expérimental)	Oui (expérimental)

En attendant que la technologie OpenCL rattrape Cuda, et si votre portefeuille le permet, il est donc recommandé de privilégier les cartes Nvidia.

Caractéristiques techniques

Le choix d'un nouveau matériel est toujours extrêmement technique et de nombreux paramètres entrent en compte. Dans le cadre d'une utilisation de *Cycles*, l'un des paramètres les plus importants à considérer sera la quantité de VRAM que la carte embarque. Comptez au minimum 2 Go pour pouvoir travailler confortablement, 4 si vous travaillez avec des scènes plus lourdes. Il n'y a pas de limite maximale à la quantité de VRAM, les capacités des cartes augmentant de génération en génération.

La limitation en VRAM est actuellement la principale limitation du rendu accéléré par le GPU. Dans *Cycles*, toute la scène 3D (géométrie, textures, etc.) doit être chargée sur la carte et il n'est pas possible d'utiliser la mémoire RAM de l'ordinateur. Ainsi, si votre ordinateur possède 16 Go de RAM mais que votre carte graphique n'a que 2 Go de VRAM, vous serez limité à réaliser des rendus utilisant au maximum 2 Go sur votre carte graphique.

L'autre choix important est bien sûr le nombre de cœurs logiques de la carte graphique. Plus cette dernière en possède et plus le rendu sera rapide.

Enfin, d'autres paramètres sont à prendre en compte, tels que la connectique de la carte graphique sur la carte mère. Assurez-vous d'avoir une carte mère compatible avec les dernières cartes graphiques. La consommation électrique de la carte est également importante, les rendus d'animation pouvant prendre plusieurs heures.

REMARQUE **À propos des cartes graphiques professionnelles**

Les deux constructeurs AMD et Nvidia proposent chacun une gamme de cartes graphiques dédiée aux usages professionnels. Si, sur le papier, ces cartes sont techniquement au-dessus de celles du marché grand public (certaines peuvent embarquer jusqu'à 12 Go de VRAM), elles ne sont pas forcément adaptées au fonctionnement de *Cycles* et l'utilisateur ne gagnera pas en performance sur le temps de rendu. Cela s'explique par le fait que les cartes professionnelles sont construites pour faire du calcul numérique comportant des nombres « flottants » (nombres avec des virgules). Or, toute la logique interne de *Cycles* ne manipule que des nombre entiers, rendant inutile la puissance de calcul des cartes « pro ».

Le rendu par GPU ne fonctionne pas

Il est possible que le rendu par GPU ne fonctionne pas. L'image devient alors complètement noire ou des messages d'erreur apparaissent à l'écran.

La première chose à faire est de vérifier que les pilotes de votre carte graphique sont à jour et que celle-ci est supportée par *Cycles*. Pour les cartes Nvidia, cela signifie que vous devez avoir une carte supportant Cuda 2.0 au minimum.

Si vous obtenez un message comme celui-ci :

```
CUDA error: Out of memory in cuLaunchKernel(cuPathTrace, xblocks,
yblocks, 1, xthreads, ythreads, 1, 0, 0, args, 0)
```

il est probable que vous ayez dépassé la quantité de VRAM disponible dans votre carte graphique. La scène ne peut donc pas être chargée entièrement dans celle-ci, ce qui empêche toute possibilité de rendu.

chapitre 2

Le loft dans le cloître (rendu Octane) © 2012, Enrico Cerica (http://enricocerica.myline.be)

Prise en main de Blender

Même si elle a été rationalisée au fil des années, l'interface particulière de Blender reste bien spécifique dans sa catégorie. Ce chapitre vous présentera les principaux éléments cachés ou visibles de son interface, et vous aidera à l'adapter à vos besoins. Dans ce chapitre, vous explorerez pas à pas l'interface de Blender, et comment vous en servir. Vous découvrirez en particulier les différentes vues, leur manipulation, l'utilisation des raccourcis clavier et surtout, de la souris.

SOMMAIRE

MOTS-CLÉS

- Types de vues
- Vue 3D
- Panneaux latéraux
- Raccourcis clavier
- Utilisation de la souris
- Sélections des objets
- Manipulateurs
- Transformations
- Repères

L'interface de Blender est remarquable et unique à plus d'un titre. Elle peut paraître complexe et déroutante au premier abord mais elle se révèle extrêmement simple et productive par la suite. Simple, car une fois familiarisé avec la logique de l'organisation des données et des boutons de Blender dans un menu (par exemple, les matériaux), on se rend compte que ces données et ces boutons existent et fonctionnent selon la même logique dans d'autres menus. Par exemple, on remarque rapidement que la création de tout nouveau matériau ou de toute nouvelle texture (voir les chapitres 5 et 6) repose chaque fois sur un même principe. De même, dans un autre registre, l'édition d'un maillage dans la vue 3D, l'édition d'une *F-Curve* dans l'éditeur de graphes ou le dépliage d'une carte UV dans l'éditeur d'images reposent sur des manipulations étonnamment semblables. Et il en va de même pour la plupart des menus, ce qui démontre la robustesse et la consistance de l'interface.

L'interface de Blender est également qualifiée de productive car tout est pensé pour vous simplifier les manipulations et, surtout, vous faire gagner du temps. Les commandes se veulent immédiatement accessibles, de plusieurs façons différentes, satisfaisant ainsi probablement votre approche particulière de la modélisation ou de l'animation selon que vous soyez, par exemple, un adepte des raccourcis clavier, des icônes ou de l'usage des menus. Depuis les premières versions, les raccourcis clavier et les combinaisons de touches ont occupé dans Blender une place prépondérante, voire incontournable, permettant de réaliser très rapidement des actions particulièrement complexes par une simple succession de raccourcis clavier. Malheureusement, le fait de devoir mémoriser la trentaine de combinaisons absolument essentielles a largement contribué à forger la réputation de Blender, dont on parlait, il y a quelques années, comme d'un logiciel complexe et difficile à maîtriser, surtout pour les débutants, qui parfois n'arrivaient à rien en tirer !

Depuis, les choses ont évolué, car les développeurs de Blender ont pris en compte les demandes de leurs utilisateurs et se sont efforcés d'améliorer l'ergonomie de l'interface au travers d'icônes, de menus et sous-menus, et de boutons organisés d'une façon rationnelle (et parfois un peu trop proche de certains modèles commerciaux concurrents), tout en préservant la multiplicité des raccourcis clavier qui en ont fait toute la force.

REMARQUE

La règle à retenir absolument

La règle d'or de Blender n'a jamais changé en plusieurs années d'existence; si vous souhaitez en tirer le meilleur parti : « *Une main sur le clavier, une main sur la souris* ».
En effet, la plupart des raccourcis clavier peuvent être effectués d'une seule main et appellent une action en retour à la souris. En gardant cette règle en mémoire à chaque instant de votre travail avec Blender, vous constaterez que votre souris fera considérablement moins d'allers-retours entre les boutons, les menus et les autres recoins de l'interface graphique, pour se concentrer sur la seule chose qui doit vraiment retenir votre attention : la scène sur laquelle vous travaillez. Vous économiserez du temps, vous vous fatiguerez moins et vous serez plus efficace et plus productif.

Découverte de l'interface graphique

L'écran d'accueil

Dès le démarrage de Blender, l'écran d'accueil offre des fonctionnalités pouvant aider l'utilisateur à démarrer plus facilement :

- la section *Links*, une collection de liens guidant l'utilisateur vers des ressources communautaires utiles, comme les notes de version (*Release Log*), le manuel (*Manual*) ou encore, pour les auteurs de greffons, le manuel de l'API Python (*Python API Reference*) ;
- la section *Recent*, une liste des derniers fichiers `.blend` qui ont été ouverts ;
- le menu déroulant *Interaction*, qui permet de choisir entre différentes configurations « utilisateurs », en fonction de l'interface et des raccourcis clavier du logiciel propriétaire concurrent dont ils ont le plus l'habitude, afin de faciliter leur migration vers Blender. Actuellement, deux jeux de configurations sont disponibles, mais en cours de développement : *Blender* et *Maya*. D'autres viendront enrichir cette collection.

Figure 2–1
L'écran d'accueil présente des fonctionnalités qui aident l'utilisateur à démarrer plus rapidement son activité.

L'illustration qui suit présente l'interface de Blender lors de son premier démarrage. Dans son état actuel (nous verrons en effet très prochainement comment personnaliser cet affichage), nous pouvons identifier cinq zones distinctes.

ASTUCE
Affichage plein écran

Il est possible d'afficher Blender en mode plein écran (sans aucune décoration de fenêtre issue du système sur lequel Blender est lancé) grâce à la combinaison *[Alt]+[F11]* ou à l'icône dédiée dans l'en-tête principal du logiciel.

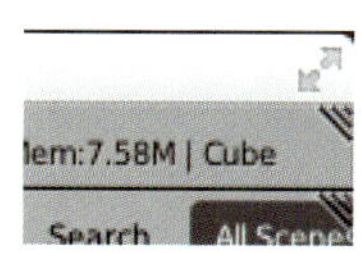

Figure 2–2 Cette icône permet d'afficher Blender en mode plein écran.

- **La barre principale :** elle est située tout en haut de l'écran, juste sous la barre de titre du logiciel. Sur sa droite se trouve la barre d'information, qui donne à tout moment des statistiques utiles sur le contenu de la scène et la quantité de mémoire utilisée par celle-ci.
- **La vue principale :** elle est actuellement occupée par une vue 3D, avec au pied de celle-ci les menus et les boîtes à outils disponibles pour ce type de vue. Une boîte à outils verticale (escamotable) occupe son extrémité gauche.
- **L'éditeur des propriétés :** il s'agit de la zone réservée à l'interface graphique permettant de paramétrer les objets de Blender ; au sommet de celle-ci se trouvent les icônes qui permettent d'organiser les boutons par familles. Il s'agit en fait d'une vue à part entière.
- **L'*Outliner*** : il présente une vision hiérarchique des objets et blocs de données qui constituent la scène courante (cela est particulièrement utile pour les scènes complexes).
- **La *Timeline*** : dans le cadre d'une animation ou d'une simulation, cette vue permet de se repérer sur la ligne temporelle de la scène et d'y naviguer.

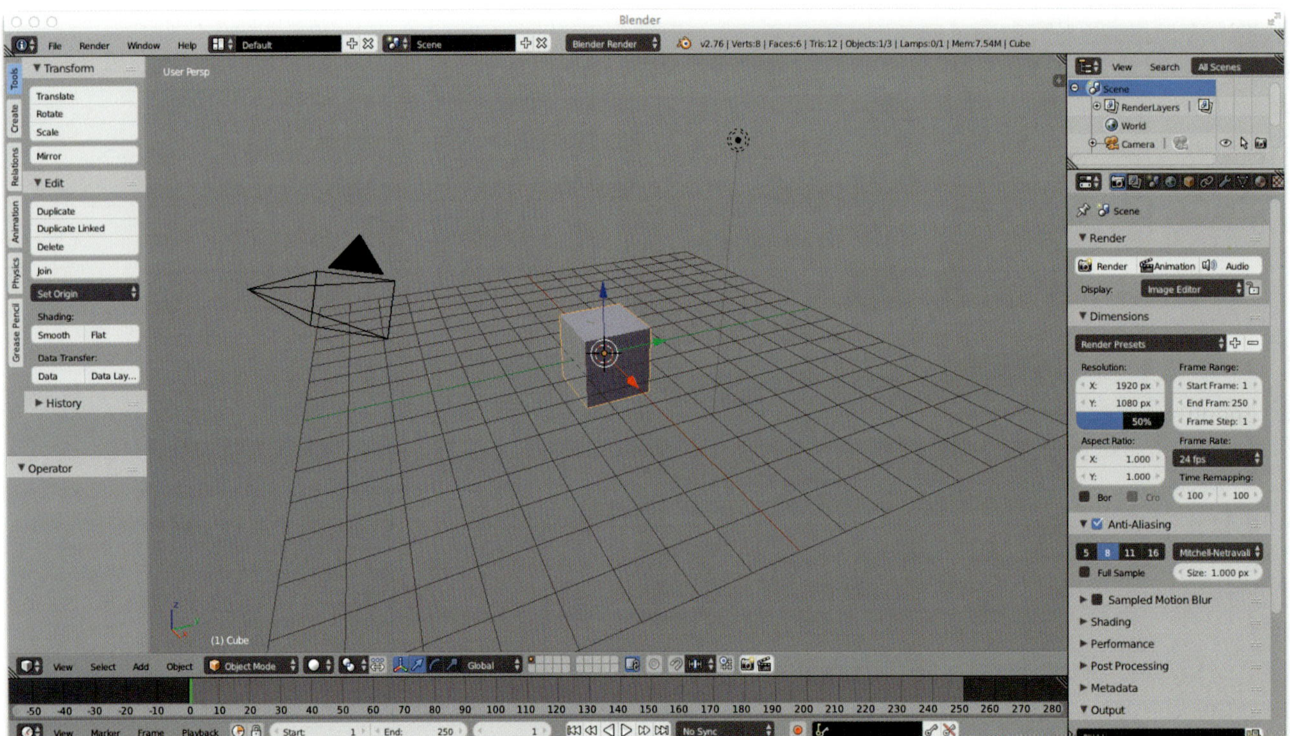

Figure 2–3 L'interface de Blender, lors de son démarrage

Si vous survolez une vue avec la souris, l'en-tête de cette vue s'éclaircit légèrement afin de vous prévenir qu'il s'agit de la vue active. Les raccourcis clavier que vous pourriez utiliser n'affecteront que la vue active. En d'autres termes, pour utiliser un raccourci clavier censé affecter le contenu de la vue 3D, le pointeur de la souris devra se trouver dans celle-ci.

BON À SAVOIR Raccourcis universels

Certains raccourcis clavier sont disponibles quelle que soit la position du curseur de la souris, à l'exception (pour certains) de l'éditeur de texte. Par exemple, les touches suivantes sont toujours associées à l'action correspondante :

- combinaison de touches *[Ctrl]+[Q]*, quitter Blender ;
- touche *[F1]*, ouvrir un fichier ;
- touche *[F2]*, sauvegarder un fichier ;
- touche *[F3]*, sauvegarder une image rendue ;
- touche *[F12]*, lancer le rendu de la scène.

BON À SAVOIR Blender et les en-têtes

Les en-têtes sont les barres de menus qui se situent soit en haut, soit en bas d'un éditeur ou d'une vue. Ils présentent des menus, des icônes et des fonctions qui sont souvent propres au type d'éditeur. Vous noterez qu'on continuera d'appeler « en-têtes » les barres de menus même si elles se trouvent au « pied », comme c'est le cas pour la vue 3D.

ASTUCE Faire défiler le contenu de l'en-tête

Lorsque le contenu de l'en-tête (menus et icônes) est plus large que l'espace qu'il décore, il est possible de faire glisser son contenu de gauche à droite, soit en utilisant la molette de la souris (le pointeur se trouvant sur l'en-tête), soit en maintenant appuyé le bouton central de la souris et en déplaçant celle-ci de gauche à droite.

Vous noterez que chaque en-tête commence par une icône qui permet de déterminer le type d'éditeur à afficher dans la vue en question. En cliquant dessus, un menu déroulant apparaît pour vous permettre de choisir le contenu affiché par la vue.

Il est évident que nous ne pourrons pas faire le tour complet et exhaustif de toutes les entrées de menu ou de tous les boutons des différents panneaux. Nous tâcherons, en revanche, d'aller à l'essentiel et de vous permettre d'être rapidement productif, en répondant aux interrogations les plus courantes. Cela ne voudra pas dire que les éléments passés sous silence sont inutiles, mais simplement qu'il est moins urgent d'apprendre à les maîtriser.

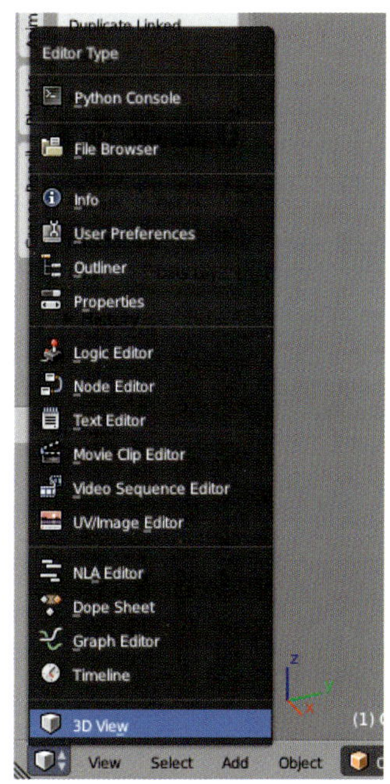

Figure 2–4
Les types de vues disponibles à l'affichage

Le menu principal

Le menu *File* permet de réaliser des opérations très courantes sur les fichiers. En particulier, nous noterons les fonctions suivantes :

- *New* supprime la scène courante et la remplace par la scène par défaut ;
- *Open...* permet d'ouvrir une scène existante ;
- *Save* sauvegarde la scène avec le nom de fichier courant ;
- *Save as...* sauvegarde la scène sous un nouveau nom ;
- *Append* importe un élément précis d'une scène existante (disponible sur l'un de vos périphériques) vers la scène courante ;

ASTUCE
Faire défiler le contenu des menus

En fonction de la taille de votre écran, il se peut que les statistiques de la scène, qui s'affichent tout à fait à droite du menu général, soient partiellement tronquées. Vous pouvez cliquer (*molette* de la souris) sur le menu général et le faire défiler de gauche à droite afin d'afficher une extrémité ou l'autre du menu général, comme n'importe quel menu de n'importe quelle fenêtre.

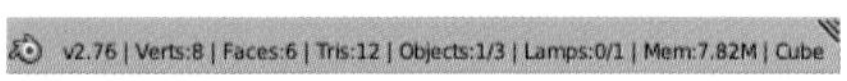

Figure 2–5 L'affichage des statistiques complètes de l'objet sélectionné

- *External Data* est un sous-menu qui offre plusieurs options afin de faciliter les échanges de fichiers entre utilisateurs de Blender. Parmi les options les plus importantes, on distingue :
  - *Pack All Into .blend*, qui enregistre les textures et les images en même temps que la scène ;
  - *Unpack All Into Files*, qui est l'opération inverse et qui permet d'extraire les textures et les images de la scène ;
  - *Make All Paths Relative* et *Make All Paths Absolute*, qui sont des fonctions utiles pour le transfert de fichiers d'un répertoire à l'autre du même ordinateur, dans le cas où les fonctions de *packing* (distribution des textures et images directement avec le fichier `.blend`) ne sont pas utilisées.

ASTUCE
Les fonctions de capture de la vue 3D

Vous trouverez dans le menu *Render* deux options intéressantes, autant pour les auteurs de documentation ou de didacticiels que pour les simples usagers à la recherche d'aide dans les forums des diverses communautés utilisatrices de Blender, pour exposer plus facilement ses soucis :
- *OpenGL Render Image*, qui permet de faire un rendu OpenGL de la vue active ;
- *OpenGL Render Animation*, qui permet de capturer en OpenGL une animation en train de se jouer dans la vue active; il s'agit d'une forme de prévisualisation très économique, en temps de rendu, d'un projet d'animation.

Le menu *Render* centralise des fonctions de rendu, autrement disponibles dans certains panneaux de la fenêtre des boutons et/ou au travers de raccourcis clavier. Un passage par la fenêtre des boutons est cependant indispensable pour régler les paramètres de rendu. Parmi les options de ce menu, nous retiendrons plus particulièrement :

- *Render Image*, qui lance le rendu de l'image courante, selon les paramètres prédéfinis dans les boutons de rendu, et qui correspond au raccourci clavier *[F12]* ;
- *Render Animation*, qui lance le rendu de l'animation entière, selon les paramètres indiqués dans les boutons de rendu, et qui correspond au raccourci clavier *[Ctrl]+[F12]* ;
- *Show/Hide Render View*, qui permet d'afficher la dernière image rendue et qui correspond au raccourci clavier *[F11]* ;
- *Play Rendered Animation*, qui rejoue sous forme d'animation les images rendues individuellement grâce à l'option *Render Animation* et qui correspond au raccourci clavier *[Ctrl]+[F11]*.

Le menu *Help*, enfin, propose de l'aide à l'utilisateur, au travers de scripts Python qui vont lancer le navigateur par défaut de votre système pour accéder à des ressources particulièrement intéressantes d'Internet. Il est à noter que ces ressources sont en anglais, des traductions existant parfois pour certaines d'entre elles mais pas en accès direct. Vous retrouverez, en particulier, la documentation de Blender et des didacticiels pour vous aider à maîtriser certaines fonctionnalités.

La barre d'information affiche diverses informations sur Blender et la scène active. Des menus déroulants permettent d'ailleurs de changer de scène dans le cas où vous en auriez défini plusieurs. La première information disponible indique le numéro de version de Blender. Viennent ensuite d'autres informations. Elles diffèrent légèrement selon que l'objet est en cours d'édition ou non.

Hors du mode *Edit* :

- *Verts* indique le nombre de sommets (constituant les maillages) présents dans la scène ;
- *Faces* indique le nombre de faces (constituant les maillages) présents dans la scène ;
- *Tris* : que l'objet soit constitué de triangles, de quadrangles ou de polygones à plus de quatre côtés, au moment du rendu, chaque polygone est converti en triangles ; ce paramètre indique le nombre de triangles résultant de cette conversion pour l'objet donné ;
- *Objects* indique le nombre d'objets présents dans la scène (lampes comprises), puis le nombre d'objets sélectionnés, séparés par un tiret ;
- *Lamps* indique le nombre de lampes présentes dans la scène ;
- *Mem* indique la consommation instantanée de mémoire et, entre parenthèses, le pic de consommation observé lors de la session de travail ;
- *[nom]* indique le nom de l'objet actuellement sélectionné.

En mode *Edit*, certaines informations apparaissent avec des variantes utiles, propres à l'objet édité :

- *Verts* : le premier nombre indique le nombre de sommets sélectionnés, et le second, le nombre de sommets total de l'objet ;
- *Edges* : le premier nombre indique le nombre d'arêtes sélectionnées, et le second, le nombre d'arêtes total de l'objet ;
- *Faces* : le premier nombre indique le nombre de faces sélectionnées, et le second, le nombre de faces total de l'objet ;

La vue principale

Par défaut, il s'agit d'une vue 3D, mais cela peut être tout autre type de vue, en fonction du choix opéré par l'utilisateur, en cliquant sur l'icône tout à gauche de l'en-tête. Comme la barre de menus principale, la vue principale propose en permanence l'icône permettant de changer le type de vue, un menu qui s'adapte de façon contextuelle au type de vue et une série d'icônes, également différentes d'un type de vue à l'autre.

Les différentes vues possibles sont les suivantes, de haut en bas dans le menu :

- *Python Console*, une vue qui fait office d'environnement Python, essentiellement à destination des auteurs des add-ons (greffons écrits en Python) ;
- *File Browser*, une vue qui permet de naviguer dans le système de fichiers de votre ordinateur. Dans la liste de fichiers, les lignes blanches symbolisent des répertoires, et les lignes noires des fichiers. Les

REMARQUE

Les types de vue à découvrir rapidement

Tous les types de vue sont bien évidemment utiles, mais certaines vues sont utilisées plus fréquemment que d'autres. Pour accélérer votre apprentissage de Blender, autant vous y intéresser le plus tôt possible.
Vous utiliserez de façon transparente le *File Browser* à chaque fois que vous voudrez charger ou sauvegarder un projet ou une image ; *3D View* et *Properties* vous accompagneront chaque jour ; *Graph Editor* et *Video Sequence Editor* seront mis en œuvre en même temps que vos premières animations. Par la suite, vous gagnerez du temps grâce à l'*Outliner*, qui sera utile à vos projets les plus importants, et *User Preferences*, qui vous permettra de démarrer directement avec votre configuration préférée de Blender. Enfin, le *Node Editor* vous permettra de tirer parti de la création de *shaders* par boîtes logiques, ou du *compositing* vidéo.

fichiers précédés d'un carré jaune sable indiquent des fichiers natifs de Blender. Cette vue ne peut véritablement servir à des opérations sur fichiers que lorsqu'elle est appelée au travers de fonctions comme *Open* (touche *[F1]*) ou *Save As...* (touche *[F2]*) ;

- *Info*, une vue qui se résume en fait à sa barre d'en-tête, laquelle contient le menu principal, et à sa barre d'information ;
- *User Preferences*, une vue qui permet de définir, pour la scène courante, les préférences de l'utilisateur dans différents domaines. Les catégories disponibles sont, par exemple, les chemins par défaut dans lesquels Blender ira chercher les textures, les scripts ou l'enregistrement des rendus ou des animations ;
- *Outliner*, une vue qui permet d'afficher sous forme d'arborescence les éléments constituant la scène, en respectant la hiérarchie de celle-ci. Ainsi, l'élément *Scene* est parent d'un objet *Cube*, lui-même parent d'un maillage, lui-même parent d'un *Material*, lui-même parent d'une *Texture* et ainsi de suite pour tous les objets de la scène. Il est possible de développer ou masquer tout ou partie d'une branche de l'arborescence en cliquant sur les petits boutons « plus » en face de chaque entrée ;
- *Properties*, une vue qui offre la possibilité d'afficher les boutons servant à utiliser ou paramétrer les objets créés dans Blender. Les boutons sont regroupés par panneaux et onglets dans des catégories cohérentes symbolisées par les icônes placées dans l'en-tête de la vue ;
- *Logic Editor*, une vue qui offre tous les contrôles permettant de définir des senseurs, des contrôleurs et des actionneurs logiques dans le cadre de jeux vidéo créés à l'intérieur même de Blender. Cette thématique sort toutefois du cadre de cet ouvrage, et ne sera pas explorée ici ;
- *Node Editor*, une vue qui permet de disposer des boîtes de fonction et de les relier entre elles suivant les effets que vous souhaitez obtenir. Vous constituez ainsi un réseau, dont les boîtes sont les nœuds. Il existe bien sûr des nœuds de différents types offrant des possibilités quasi illimitées ;
- *Text Editor*, une vue qui offre un petit éditeur de texte embarqué dans Blender. Cet éditeur autorise la coloration syntaxique, l'indentation automatique et d'autres raffinements du même type. Lorsque vous écrirez un script Python pour Blender, vous passerez soit par un éditeur externe de votre choix (avant d'importer le script dans Blender), soit par cette vue ;
- *Movie Clip Editor*, une vue dans laquelle les opérations de tracking vidéo, afin de synchroniser les mouvements des caméras issues des environnements réels et virtuels (incrustation d'éléments 3D dans des films traditionnels), sont préparées ;

- *Video Sequence Editor*, une vue qui permet de composer une animation complète à partir de scènes rendues par Blender, de vidéos importées ou même simplement de séquences d'images fixes. Le séquenceur propose des effets très avancés, comme des transitions plus ou moins sophistiquées, ou des effets spéciaux conçus pour renforcer le réalisme de vos images (fixes comme animées), comme le flou focal ou l'éblouissement. La versatilité de cet éditeur est l'un des plus grands atouts de Blender ;
- *UV/Image Editor*, une vue qui permet de contrôler le dépliage d'un maillage pour le faire correspondre à une image existante ou non. La puissance des outils de dépliage de Blender est l'un de ses plus grands atouts ;
- *NLA Editor*, une vue qui offre un éditeur permettant de contrôler l'animation d'armatures (dans le cas d'animations sous forme de squelettes de personnages, par exemple) ou les clés de déformation relative des maillages (pour l'animation des expressions du visage d'un personnage, par exemple) de tous les objets en spécifiant l'enchaînement de leurs positions clés ;
- *DopeSheet*, une vue qui permet de visualiser les positions clés d'une animation, qu'il s'agisse de celles d'un objet, d'une armature ou des déformations relatives d'un maillage ;
- *Graph Editor*, une vue qui permet de définir certains paramètres d'un objet (que ce soient des propriétés d'un objet de type *Material*, de position, de rotation, etc.) en fonction du temps, à l'aide de courbes de variation aux profils aisément paramétrables (courbes de Bézier, segments, etc.). C'est un outil très simple qui permet la réalisation d'animations complexes ;
- *Timeline*, une vue qui permet de contrôler finement la façon dont une animation est jouée, autorisant jusqu'à l'édition de clés ou de paramètres, par exemple d'un *Material* (matériau), pendant l'animation même. L'animation peut bien sûr être jouée au ralenti et des marqueurs peuvent être posés pour accéder plus rapidement à des séquences nécessitant un contrôle plus fin de l'animation ;
- *3D View*, une vue qui permet de visualiser les objets d'une scène ainsi que de les éditer individuellement. C'est la vue par défaut de Blender, à laquelle nous attacherons une attention particulière dans ce chapitre.

L'éditeur des propriétés (Properties)

Avec la vue 3D standard, il s'agit du plus important type de vue de Blender. C'est là qu'il est possible de paramétrer la totalité des fonctionnalités de Blender. Et même si quelques possibilités et fonctionnalités

À DÉCOUVRIR RAPIDEMENT
L'éditeur des propriétés

Les propriétés *Material* et *Texture* sont indispensables à maîtriser pour donner une apparence crédible ou intéressante à vos objets. Dans le même ordre d'idées, les propriétés *Object* cachent de nombreux réglages en fonction du type de l'objet sélectionné dans la vue 3D, par exemple les propriétés des lampes, indispensables à la production d'éclairages satisfaisants. Les propriétés *Object Modifiers* sont de précieuses aides à la génération interactive d'objets ou d'effets d'animation avancés dépendant du type d'objet sélectionné dans la vue 3D. Les propriétés *Render*, enfin, vous permettront de régler les options et d'effectuer le rendu de vos scènes.

peuvent être reprises par certaines icônes ou certains menus, l'éditeur des propriétés est résolument incontournable.

Comme toute autre vue, l'éditeur des propriétés est accompagné d'un en-tête. Il est particulier dans le sens où l'action sur l'une ou l'autre des icônes modifiera la catégorie des propriétés affichées. Les douze catégories sont les suivantes :

Figure 2–6
Les icônes des différentes catégories de propriétés

- *Render*, qui regroupe les propriétés par défaut. Celles-ci permettent de lancer le rendu d'une image ou d'une animation, de définir les chemins de sortie des images ou des animations, de gérer la qualité de l'image en définissant les options de rendu et l'anticrénelage, de définir le format de l'image (JPEG, PNG, AVI...), ses dimensions et les couleurs (noir et blanc, couleur, gestion de la transparence), ou de définir l'encodage des vidéos générées au moment du rendu d'une animation ;
- *Render Layers*, permet de gérer les calques de rendu, afin d'inclure ou d'exclure à volonté les éléments de votre scène qui apparaîtront sur l'image finale ;
- *Scene*, dont les propriétés permettent de déterminer l'environnement de rendu en définissant une caméra active, une image d'arrière-plan ou un film d'arrière-plan, ainsi que de préciser les options de gestion de sons, la définition des unités dans Blender, la valeur de la gravité pour les simulations physiques et des options de simplification des scènes afin de générer des rendus de prévisualisation plus rapides ;
- *World*, dont les propriétés permettent de donner à vos images des arrière-plans intéressants, du simple dégradé à l'image photographique, de mettre en place des étoiles ou des effets de brume, ou encore de simuler une illumination globale grâce aux méthodes dites de l'occlusion ambiante ou de l'illumination indirecte ;
- *Object*, dont les propriétés permettent une gestion globale de l'objet en récapitulant ses paramètres de transformation, les calques où il apparaît ainsi que les relations avec les autres objets, son appartenance à un groupe, ses options d'affichage dans la vue 3D, ses options d'animation le long de chemin ou ses règles de duplication ;
- *Object Constraints*, dont les propriétés permettent d'attribuer à l'objet des contraintes qui seront très utiles lors des animations. Ces contraintes peuvent affecter les transformations de l'objet, les méthodes de tracking d'autres objets, les relations parent-enfant avec les autres objets, ainsi que le tracking des mouvements ;

- *Object Modifiers*, dont les propriétés permettent de transformer de façon interactive la forme des objets, en leur adjoignant un ou plusieurs modificateurs. Ces modificateurs peuvent affecter le maillage de l'objet, en générant ou supprimant de la géométrie, la forme de l'objet, en déformant celui-ci, ses interactions et sa réponse aux systèmes de simulation de Blender ;
- *Object Data*, dont les boutons s'adaptent au type d'objet sélectionné, offrant une icône ainsi que des propriétés qui diffèrent selon qu'il s'agisse, par exemple, d'un maillage, d'une caméra ou d'une lampe ;
- *Material*, dont les propriétés ne sont disponibles que pour les objets acceptant un matériau, comme les objets maillés. Ces propriétés permettent de contrôler les paramètres généraux d'un matériau du point de vue du moteur de rendu mais aussi de gérer les textures qui lui sont rattachées, comme la pigmentation, la transparence sélective ou la simulation de défauts de surface ;
- *Texture*, dont les propriétés permettent de définir la façon dont les textures habillent les objets (voir les chapitres 5 et 6) ;
- *Particles*, dont les propriétés permettent d'assigner un système de particules à un objet ainsi que, bien sûr, de paramétrer leurs comportements ;
- *Physics*, dont les propriétés permettent de définir si l'objet est à prendre en considération dans les simulations physiques ou s'il doit être ignoré, que ce soit en tant qu'acteur ou que « réacteur ».

LE SAVIEZ VOUS ?

Spécifier une valeur précise

L'interface de Blender présente de très nombreux boutons permettant assez souvent de spécifier une valeur numérique, soit grâce à de petites flèches, soit grâce à une jauge (à déplacer comme un curseur). Vous pouvez utiliser le bouton gauche de la souris pour cliquer sur la valeur courante du bouton, ce qui édite celle-ci et vous permet d'entrer au clavier la valeur précisément souhaitée. Vous pouvez également saisir une expression mathématique que Blender se chargera d'interpréter. Par exemple, si vous tapez `150*2`, cela donnera pour résultat la valeur `300`. Attention, certains champs n'acceptent pas les décimales et arrondiront donc le résultat de l'expression. Par exemple, `800/1,33` donnera `602` dans un champ, ou `601.504` dans un autre.

Personnaliser l'interface

Nous avons déjà vu qu'il est possible de changer une vue en n'importe quel autre type de vue. Mais souvent, vous souhaiterez également personnaliser votre espace de travail, pour l'adapter à vos habitudes et à vos préférences, mais aussi à votre matériel, comme la résolution de votre écran.

ASTUCE

Émulation du troisième bouton de la souris

Dans la vue *User Preferences*, observez les boutons relatifs à la catégorie *Input*. Ils permettent entre autres possibilités de personnaliser le comportement de la souris et, en particulier, d'activer le bouton *Emulate 3 Button mouse*. Une fois ceci fait, vous pouvez émuler le bouton central de la souris en cliquant simultanément sur les boutons gauche et droit de votre souris.

Partitionner les espaces de travail

Blender offre deux méthodes distinctes pour partitionner les espaces de travail.

Manipuler les bordures

Cliquez sur n'importe quelle bordure entre deux vues avec le bouton droit de la souris. Un menu contextuel apparaît avec deux options :

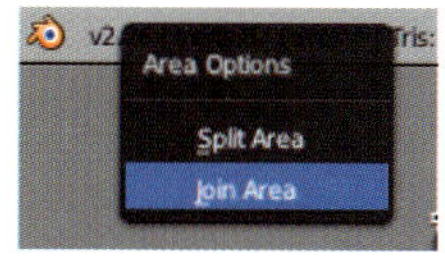

Figure 2–7 Le menu contextuel permettant de séparer ou de fusionner les vues

- L'option *Split Area* permet de couper en deux l'une des deux vues séparées par la bordure sur laquelle l'opération est réalisée. Une ligne de séparation apparaît sur le pointeur de la souris : vous pouvez la déplacer de gauche à droite (ligne de séparation verticale après clic

ASTUCE
Déplacer l'en-tête ou maximiser une vue

En cliquant sur un en-tête avec le bouton droit de la souris, vous pouvez choisir entre deux options : basculer l'en-tête à l'opposé de sa position actuelle et maximiser la vue de sorte qu'elle occupe la fenêtre entière de Blender.
Veuillez noter que le raccourci *[Ctrl]+[flèche Haut]* permet de basculer à volonté entre les vues normale et maximisée lorsque le curseur de la souris est positionné dans la vue concernée.

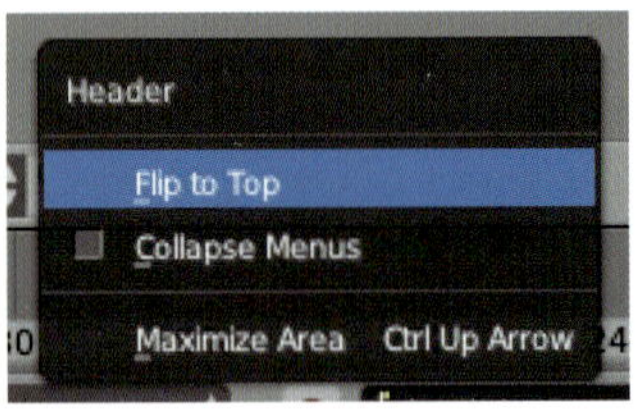

Figure 2–8 L'option Flip to Top permet, par exemple, de basculer l'en-tête en haut de la vue lorsqu'il se trouvait précédemment en bas de celle-ci.

sur une bordure horizontale) ou de haut en bas (ligne de séparation horizontale après clic sur une bordure verticale), d'un côté ou de l'autre de la bordure. Le bouton gauche permet de valider la séparation, tandis que le bouton droit permet d'annuler l'opération.

- L'option *Join Area* permet de fusionner les deux vues séparées par la bordure sur laquelle l'opération est réalisée. Si plusieurs vues risquent d'être affectées par l'opération de fusion, celle-ci est automatiquement annulée. En revanche, si l'opération est possible, Blender propose d'écraser l'une des deux vues à fusionner par l'autre en surimprimant une flèche clarifiant le sens donné à l'opération, sens que l'utilisateur peut contrôler en déplaçant le curseur de la souris dans une vue ou l'autre, et en validant avec le bouton gauche de la souris. Comme précédemment, le bouton droit permet d'annuler l'opération.

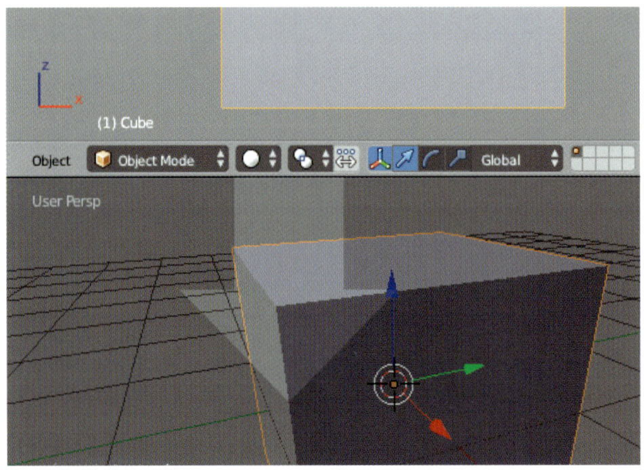

Figure 2–9
Lors de l'opération de fusion, Blender propose d'écraser l'une des deux vues avec l'autre.

Manipuler les coins des éditeurs

Chaque éditeur présente dans son coin supérieur droit une petite série de hachures qui permettent de partitionner ou de fusionner les espaces de travail. L'apprentissage de cette fonctionnalité demande un peu d'habitude mais se révèle extrêmement pratique à l'usage.

Figure 2–10
Le coin hachuré permet de déclencher les actions de partitionnement des vues.

Dans tous les cas, il convient de positionner le pointeur de la souris sur le coin hachuré. Il se transforme alors en curseur en forme de croix verticale, indiquant qu'une action est prête à être déclenchée. L'utilisateur presse (et maintient) le bouton gauche de la souris et l'action résultante dépend alors de son mouvement :

- **horizontalement, sur la gauche** ou **verticalement vers le bas :** un partitionnement commence ; l'utilisateur définit la position du séparateur entre les deux espaces en déplaçant la souris puis en relâchant le bouton lorsqu'il est satisfait ;

- **horizontalement, sur la droite** ou **verticalement vers le haut** : une fusion commence ; l'utilisateur doit ensuite désigner la fenêtre qui disparaîtra à la suite de l'opération de fusion, lorsqu'il aura relâché le bouton.

Bien évidemment, il peut redimensionner à volonté un espace existant en déplaçant (bouton gauche de la souris pressé) une frontière sur laquelle est positionné le pointeur de la souris.

Astuce

Détacher un espace de travail en fenêtre indépendante

Les artistes modernes travaillent fréquemment avec plusieurs écrans, sur lesquels ils aiment bien regrouper les outils d'un côté, par exemple, et les éditeurs ou la vue 3D de l'autre. Ils apprécieront le cas échéant de pouvoir détacher un espace de travail en fenêtre indépendante qu'ils pourront déplacer sur un second écran. La manipulation consiste à maintenir la touche *[Maj]* enfoncée, à cliquer avec le bouton gauche de la souris sur le coin hachuré (une fois le pointeur transformé en curseur en forme de croix verticale) et à déplacer la souris dans n'importe quelle direction.

Sauvegarder les préférences

Si vous avez mis en place un agencement de vues qui vous satisfait, vous pouvez l'enregistrer une fois pour toutes en appuyant simplement sur la combinaison de touches *[Ctrl]+[U]*. Blender affichera une demande de confirmation.

Figure 2–11
Demande de confirmation pour l'enregistrement des préférences

Vous pouvez également passer par le menu *File>Save User Settings*. Notez toutefois que si vous avez modifié la scène par défaut (activation de certains boutons dans la fenêtre des boutons, ajout de lampes, d'objets ou de caméras dans la vue 3D, etc.), toutes ces modifications seront également sauvegardées, vous permettant ainsi de personnaliser jusqu'à la scène de démarrage par défaut.

Astuce

Restaurer la configuration d'origine

Pour restaurer la configuration d'origine, il faut passer par le menu *File>Load Factory Settings*, qui vous propose de tout réinitialiser ; vous n'avez qu'à confirmer puis, sans rien toucher à la scène nouvellement restaurée, utilisez la combinaison de touches *[Ctrl]+[U]* pour que la nouvelle scène redevienne votre préférence utilisateur.

La vue 3D

Il s'agit de la vue dans laquelle vous réaliserez, normalement, le plus d'opérations lors de l'usage de Blender. Une attention particulière lui est donc apportée mais la plupart des vues disposent de petits raffinements plus ou moins dissimulés ou documentés.

Notions de repères

La scène peut être considérée comme un espace vide, avec une origine considérée comme le centre de « l'univers ». À partir de ce centre sont définies trois directions absolues : la direction X et la direction Y, perpendiculaires entre elles, qui définissent le plan horizontal, et la direction Z, perpendiculaire au plan horizontal, qui définit la notion d'altitude.

Dans la vue 3D de Blender, le plan horizontal est matérialisé sans ambiguïté par une grille traversée par une direction X rouge et une direction Y verte. Dans le coin inférieur gauche de la vue 3D, un petit

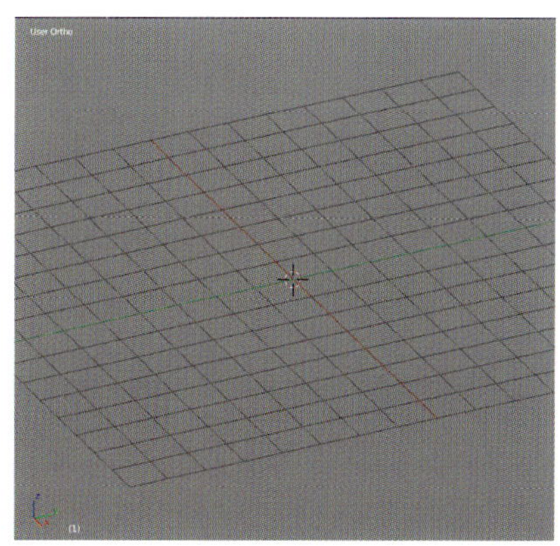

Figure 2–12
L'« univers » de Blender se résume à une origine, au centre d'une grille horizontale, et à trois directions absolues.

repère orthonormé aide à la visualisation, en adjoignant notamment aux deux directions X et Y la troisième direction Z qui représente l'altitude par rapport à la grille.

REMARQUE
Vue active

Les opérations qui suivent ne fonctionnent que dans la vue active. À noter que la vue active est toujours celle dans laquelle se trouve le pointeur de la souris.

Naviguer dans l'espace

Il ne s'agit pas ici de déplacer les objets dans la vue, mais bien de se déplacer dans celle-ci, ou plus exactement de modifier le point de vue. La scène n'est en rien affectée par les manipulations ci-dessous, seule sa représentation à l'écran l'est.

Faire tourner la vue

À noter que le pivot de la rotation est le centre de la vue.

- **À la souris :** en cliquant sur le bouton central de la souris et en le maintenant appuyé, la vue se met à tourner autour du point pivot selon les déplacements de la souris. La position du curseur au moment du clic est importante, car sa distance par rapport au point pivot définit l'amplitude du mouvement et, par conséquent, sa précision.
- **Au clavier :** utilisez les flèches directionnelles du pavé numérique, c'est-à-dire les touches *[4]*, *[6]*, *[2]* et *[8]* pour faire tourner la vue respectivement vers la gauche, la droite, le bas et le haut, toujours autour du point pivot, bien entendu.

Translater la vue

Il s'agit de translater la vue, opération également connue sous le nom de *panning*, dans son propre plan, afin de réaliser un mouvement panoramique.

- **À la souris :** appuyez sur la touche *[Maj]* puis cliquez et maintenez le bouton central de la souris pour translater la vue selon les déplacements de la souris.
- **Au clavier :** associez la touche *[Ctrl]* aux flèches directionnelles du pavé numérique, c'est-à-dire les touches *[4]*, *[6]*, *[2]* et *[8]*, pour translater la vue respectivement vers la gauche, la droite, le bas ou le haut.

ASTUCE
Perdu dans l'espace ? Pas de panique...

Si vous vous perdez, pour avoir trop zoomé ou translaté la vue, utilisez tout simplement la combinaison *[Maj]+[C]* qui va automatiquement recentrer la vue sur la scène, de sorte que vous puissiez la visionner dans sa globalité.
La touche *[.]* du pavé numérique est particulièrement utile car elle permet de centrer la vue sur l'objet actif sélectionné.
Attention à la touche *[/]* du pavé numérique, qui est un faux ami : elle permet de centrer et zoomer la vue sur l'objet actif sélectionné, tout comme la touche *[.]*, mais elle masque tous les objets de la scène à l'exception de l'objet actif ! Il s'agit toutefois d'une touche « bascule » et l'employer à nouveau devrait rétablir l'affichage des autres objets de la scène. À noter que dans ce mode d'affichage, le curseur 2D est automatiquement positionné à l'origine de l'objet, ce qui est très utile lors d'une phase de modélisation.

Zoomer ou dézoomer

L'opération de zoom est centrée sur le point pivot de la vue.

- **À la souris :** appuyez sur la touche *[Ctrl]*, puis cliquez et maintenez le bouton central de la souris, pour zoomer ou dézoomer dans la vue 3D. Vous pouvez également utiliser la molette de la souris pour cette opération.
- **Au clavier :** les touches *[+]* et *[-]* permettront respectivement de zoomer et de dézoomer dans la vue 3D.

Gestion des vues

Blender propose des vues prédéfinies dont l'usage facilite souvent la visualisation et/ou la mise en place ou la modélisation des objets. Ces vues sont acccssibles grâce aux touches du pavé numérique.

- Touche *[7]* : permet d'afficher la « vue de dessus » de la scène.
- Touche *[1]* : permet d'afficher la « vue de face » de la scène.
- Touche *[3]* : permet d'afficher la « vue de droite » de la scène.
- Touche *[0]* : permet d'afficher le point de vue de la caméra active.

À noter que le fait d'appuyer sur la touche *[5]* du pavé numérique permet de basculer alternativement du mode d'affichage en perspective au mode d'affichage orthogonal. L'affichage en perspective tient compte des lignes de fuite vers l'horizon et fait que les objets au premier plan paraîtront plus gros que des objets de même taille situés « plus loin » en arrière-plan, comme dans la réalité. En mode orthogonal, il n'y a pas de ligne de fuite. En conséquence, les objets sont tous représentés en « vraie grandeur », quelle que soit la distance qui les sépare du point d'observation.

ASTUCE
Afficher les vues opposées

De la même façon que les touches *[7]*, *[1]* et *[3]* permettent respectivement d'afficher les vues de dessus, face et droite de la scène, la combinaison *[Ctrl]+* la même touche numérique en affiche la vue opposée. Ainsi, *[Ctrl]+[7]* affiche la « vue de dessous », *[Ctrl]+[1]* la « vue de derrière » et *[Ctrl]+[3]* la « vue de gauche » !

ASTUCE
Changer la caméra active

Si vous n'avez qu'une caméra dans votre scène, en appuyant sur la touche *[0]* du pavé numérique, vous affichez toujours la scène selon le point de vue de cette caméra. Si, au contraire, vous avez plusieurs caméras dans votre scène, vous pouvez définir la caméra active en sélectionnant celle-ci, et en appuyant sur la combinaison de touches *[Ctrl]+[0]*. Dès lors, à chaque fois que vous changerez de vue en appuyant sur la touche *[0]* du pavé numérique, vous afficherez la scène du point de vue de la nouvelle caméra active.
Veuillez noter que n'importe quel objet peut se transformer en caméra : il suffit de le sélectionner et d'utiliser la même combinaison *[Ctrl]+[0]*. La vue de caméra aura alors pour origine l'origine de l'objet, et pour orientation, l'orientation propre de l'objet.

Affichage de la scène

Par défaut, la scène est affichée en mode « solide » et ombré (*Solid Viewport Shading*) mais parfois, ce mode ne permet pas une bonne visualisation lorsque plusieurs objets sont placés les uns derrière les autres. En appuyant sur la touche *[Z]*, la vue ombrée est remplacée par une vue filaire (*Wireframe Viewport Shading*) qui facilite notamment le placement des objets les uns par rapport aux autres.

En fait, une icône de l'en-tête de la vue 3D permet de modifier l'affichage de la vue 3D, en offrant plusieurs autres modes.

- *BoundingBox* : tous les objets sont remplacés par des cubes en fil de fer englobant au plus juste le volume réel de l'objet. Surtout utile pour les configurations très peu musclées qui ont du mal à afficher les objets complexes, ce mode de visualisation est en presque totale désuétude avec une machine moderne.
- *Wireframe* : il s'agit du mode de visualisation en fil de fer, permettant de bien juger des volumes respectifs des différents objets de la scène. En mode orthogonal, il permet de positionner fidèlement les objets de la scène les uns par rapport aux autres, à la même altitude par exemple. C'est une méthode d'affichage économique en puissance de calcul.
- *Solid* : cette méthode d'affichage, qui est celle utilisée par défaut dans Blender, consomme un peu plus de puissance de calcul mais permet d'ombrer (et de rendre opaques !) les objets de votre scène, rendant moins confuse la visualisation de la scène. L'ombrage est toutefois vir-

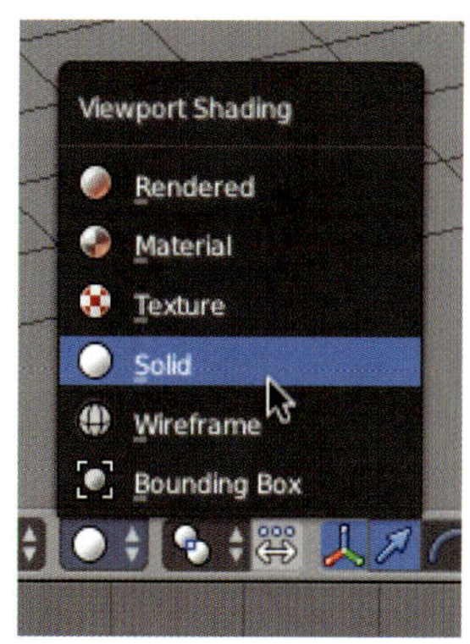

Figure 2–13 Les différents modes d'affichage dans la vue 3D

tuel et ne tient pas compte des lampes positionnées dans votre scène. Seuls les matériaux habillent les objets ; les textures sont absentes.

- *Texture* : les textures UV (et seulement celles-ci, car cela ne fonctionne pas avec les textures procédurales ou les textures classiques) de vos objets apparaissent dans la vue 3D. De plus, l'ombrage des objets prend en compte le positionnement des lampes dans la scène. Bien évidemment, cette méthode d'affichage consomme encore plus de puissance.

Figure 2–14 Des modes d'affichage particulièrement bluffant lorsque Cycles est le moteur de rendu actif

Les deux modes suivants permettent une prévisualisation du rendu temps réel depuis la fenêtre 3D. Le résultat est d'autant plus réaliste et impressionnant lorsque le moteur de rendu préréglé est *Cycles*.

- *Material* : le matériau est affiché en utilisant les *shaders* GLSL, ce qui consomme un surcroît de puissance. Seul l'éclairage direct est pris en compte.
- *Rendered* : dans ce type d'affichage, c'est le moteur de rendu qui se charge de calculer progressivement l'image finale, affinant celle-ci jusqu'à un nombre limité d'échantillons. Les processeurs (y compris ceux de la carte graphique si le matériel est compatible) sont fortement mis à contribution par ce mode d'affichage.

ASTUCE **Utilisez les écrans prédéfinis de Blender**

Plutôt que de retoucher sans arrêt l'interface de Blender, vous pouvez faire appel à l'un des agencements de vues préréglés de Blender. Dans la barre de menus principale se trouve un bouton intitulé *Default*. En cliquant sur l'ascenseur qui le précède, vous affichez les différentes interfaces prédéfinies (*Animation*, *Compositing*, *Default*, *Game Logic*, *Scripting*, *UV Editing* et *Video Editing*). Vous pouvez bien sûr sauvegarder votre propre modèle courant en cliquant sur l'icône « plus » ou supprimer le réglage courant en cliquant sur l'icône « croix ».

Dans les exercices de cet ouvrage, nous aurons tendance à retoucher les écrans manuellement afin de nous familiariser avec leurs possibilités mais cela ne sera nullement une préconisation.

Figure 2–15 Les écrans prédéfinis de Blender

Le curseur

Pour définir une nouvelle position du curseur dans la scène, il suffit de cliquer à un endroit de la vue 3D avec le bouton gauche de la souris : le curseur s'y repositionne immédiatement. Dorénavant, tout nouvel objet inséré dans la scène apparaîtra avec son origine très exactement positionnée sur le curseur.

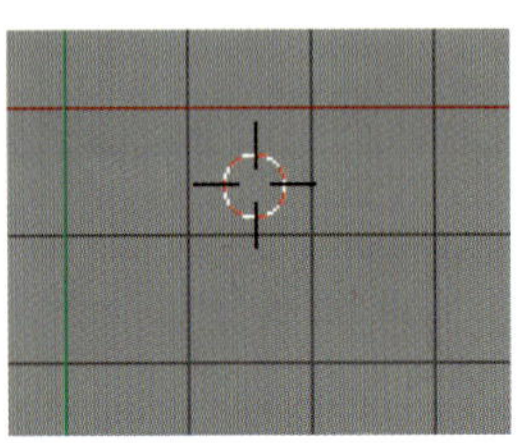

Figure 2–16 Positionnement du curseur

Attention, car le choix de la vue est important : l'usage des vues classiques (dessus, face et droite) est recommandé la plupart du temps en mode orthographique, le curseur étant positionné dans le plan de la vue et la vue en perspective pouvant fausser la précision du positionnement du curseur.

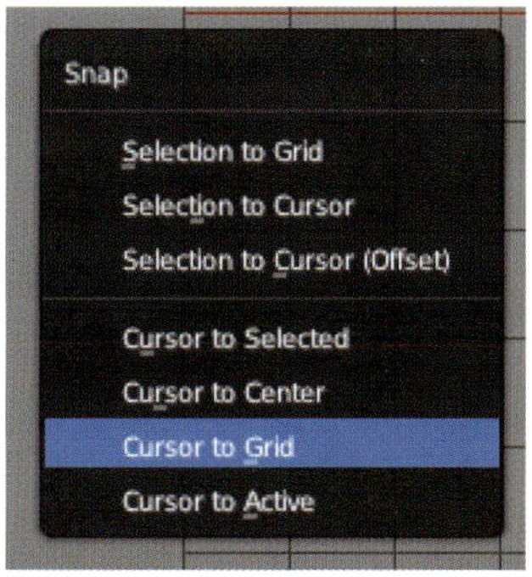

Astuce Positionnement spécifique du curseur

L'usage de la combinaison de touches *[Maj]+[S]* appelle une fenêtre *Snap* dont les options suivantes peuvent particulièrement vous intéresser à cette étape.

- *Cursor>Selected* : positionne le curseur sur le centre de la sélection actuelle (identique à *Cursor>Active* lorsqu'un seul objet figure dans la sélection).
- *Cursor>Center* : positionne le curseur au centre exact de la scène 3D.
- *Cursor>Grid* : permet de positionner le curseur exactement sur la plus proche intersection de la grille.
- *Cursor>Active* : positionne le curseur à l'origine de l'objet actuellement actif.

Figure 2–17
Le menu Snap, qui permet le positionnement précis du curseur.

Les menus latéraux masqués

La vue 3D s'assortit de deux menus optionnels qui peuvent être invoqués en cliquant sur le petit bouton « plus » inscrit dans un rond blanc dans les coins supérieurs gauche et droit. Les menus s'adaptent au mode de la vue pour l'un et au type d'éditeur pour l'autre mais dans les deux cas, nous nous intéresserons principalement au cas de la vue 3D qui est la plus largement utilisée de tous les éditeurs.

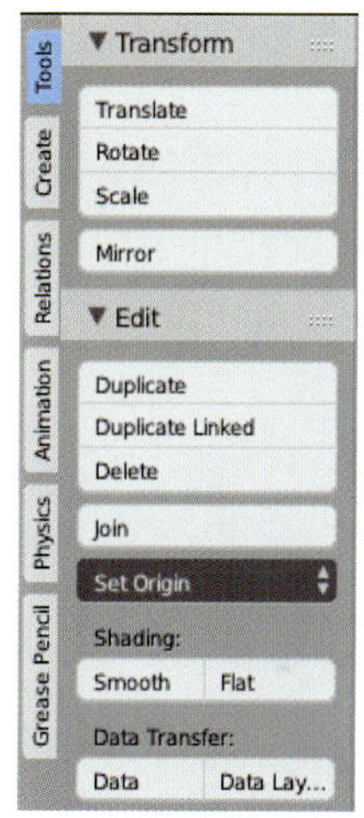

Figure 2–18
Extrait du contenu de l'étagère en mode Object

Astuce Intervertir deux types d'éditeurs

En maintenant la touche *[Ctrl]* pressée, lorsque le pointeur de la souris est positionné sur le coin hachuré d'un éditeur (et en forme de croix verticale), l'utilisateur peut utiliser et maintenir le bouton gauche de la souris pour attraper l'éditeur et le déposer dans un autre éditeur. Les positions des deux éditeurs sont alors interverties.

L'étagère à outils

Ce menu optionnel peut être fermé (ou réouvert) grâce à la touche *[T]* (pour *Toolshelf*) dans la vue 3D ou grâce au bouton + dans le coin supérieur gauche. Son contenu s'adapte en fonction du mode de la vue 3D ; il regroupe, par exemple, de façon très pratique les boutons et fonctions relatives aux modes objet (*Object Mode*) ou édition (*Edit Mode*), mettant à portée de souris les opérations les plus courantes dans chacun de ces deux modes. Bien sûr, il s'adapte instantanément à tous les autres modes possibles de la vue 3D, affichant aussi bien les outils de sculpture, en *Sculpt Mode*, que les brosses de peinture, en mode *Texture Paint* ou *Vertex Paint*.

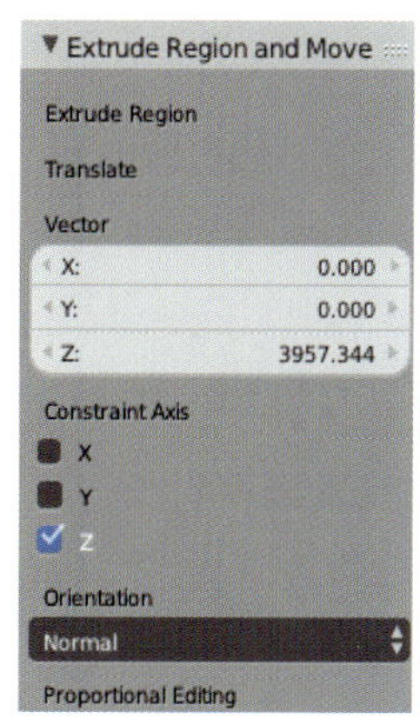

Figure 2–19
Extrait des propriétés interactives de l'outil Extrusion, en mode Edit

Également très pratique, tout en bas de l'étagère à outils, se trouve une zone qui affiche les paramètres relatifs à l'outil en cours d'usage. Tant qu'une autre opération n'est pas effectuée, il est possible d'actionner une option ou l'autre, et de visionner interactivement le résultat dans la vue 3D. Ces réglages interactifs sont particulièrement attrayants pour les utilisateurs débutants qui doivent tâtonner un peu pour trouver les réglages qui leur conviennent.

Le panneau des propriétés numériques

Ce menu optionnel peut être fermé (ou réouvert) grâce à la touche *[N]* (pour « numérique ») dans la vue 3D ou grâce au bouton + dans le coin supérieur droit. Son contenu varie en fonction du type d'éditeur. Dans la vue 3D, en *Object Mode*, il donne en particulier accès à une variété d'onglets.

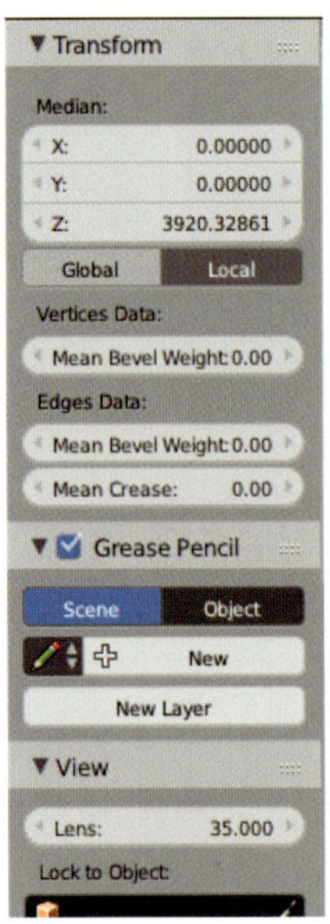

Figure 2–20
Le panneau des propriétés numériques

- *Transform* : permet de visualiser ou de modifier au clavier les coordonnées de localisation (*Location*), de rotation (*Rotation*) ou d'échelle (*Scale*) de l'objet sélectionné, mais aussi de verrouiller les directions de transformation grâce aux cadenas associés à chaque coordonnée *X*, *Y* ou *Z* !
- *Grease Pencil* : active les fonctions d'annotation libre à l'écran, directement dans le fichier `.blend`.
- *View* : permet de simuler un objectif (*Lens*) différent pour la vue 3D lorsqu'elle est en perspective, ou de spécifier la plage sur laquelle le contenu de la scène s'affiche (*Clip*). Il est également possible de verrouiller la vue 3D sur un objet spécifique qui restera au centre de celle-ci (*Lock To Object*) ou de spécifier au clavier la position du curseur 3D (*3D Cursor Location*).
- *Item* : pour renommer très rapidement l'objet sélectionné sans repasser par le menu *Object*.
- *Display* : aligne les options d'affichage pour la vue 3D. On retrouve parmi celles-ci la possibilité de n'afficher que les objets visibles au rendu (*Only Render*) ou les options relatives à la grille de la scène (*Grid Floor*). La principale fonctionnalité réside dans le bouton *Toggle Quad View* qui permet d'afficher les trois vues orthonormées classiques (vue de face *Front*, vue de dessus *Top* et vue de droite *Right*) en plus de la vue en perspective depuis la caméra (*Camera*). Lorsque ce mode est actif, il n'est pas possible de changer les vues de chaque sous-espace, seulement de zoomer ou de se déplacer dans le plan de chacune. Ce mode est particulièrement apprécié lors des opérations de modélisation d'objets manufacturés ou architecturaux.
- *Background Images* : les options permettent de mettre en place des images en arrière-plan, avec la possibilité d'assigner une image spécifique à une direction de vue orthonormée donnée.
- *Transform Orientations* : très utile pour spécifier si par exemple les transformations s'appliquent à la sélection de façon locale ou globale. Le bouton *Create* permet de définir des directions de transformation à partir d'une sélection d'au moins deux objets, ce qui est très pratique pour définir des repères de transformation personnalisés.

Bases fondamentales

Blender a la réputation d'être un logiciel difficile à prendre en main. Même si techniquement les développeurs en ont tenu compte et travaillent régulièrement tout aussi bien sur les fonctionnalités que sur l'ergonomie, cette mauvaise réputation a la vie dure. Pourtant, une fois acquises les quelques bases qui suivent, la découverte de Blender par soi-même est tout à fait possible et se révèle même très plaisante.

Ajout d'un objet dans la scène

Le menu *Add* qu'on retrouve dans l'en-tête de la vue 3D permet d'insérer dans la scène des objets de différentes natures. Certains sont « matériels », dans le sens où ils apparaîtront sur l'image finale, comme les types *Mesh*, *Surface* et *Meta*, d'autres sont en revanche « immatériels » comme les types *Empty*, *Camera* et *Lamp*.

- *Mesh* insère un maillage de géométrie prédéfinie, comme un cube, une sphère, un cône et quelques autres encore.
- *Curve* permet d'insérer des courbes de Bézier ou des NURBS, ainsi que des chemins d'animation.
- *Surface* insère des primitives de modélisation surfaciques, comme le tube, la sphère ou le tore, mais aussi, et surtout, l'élément de surface.
- *Metaball* insère des primitives qui ont la propriété de s'agglomérer les unes aux autres comme de la glaise ou du mercure. Plusieurs formes sont disponibles parmi lesquelles la sphère, le cylindre, le cube et l'ellipsoïde.
- *Text* permet d'insérer un texte en 3D.
- *Armature* insère le premier os d'un squelette d'animation.
- *Lattice* est une cage de déformation, utile pour animer facilement des formes simples ou déformer des formes complexes.
- *Empty* est un objet vide mais disposant malgré tout d'un centre, d'une localisation, d'une échelle et d'une orientation. Il s'agit en fait d'un compagnon indispensable de bon nombre d'animations !
- *Speaker* est un objet vide, à rapprocher de *Empty*, qui spécifie un point virtuel d'émission pour un son et dont la spatialisation sera prise en compte par Blender lorsque ce dernier jouera le son.
- *Camera*, indispensable à toute scène, représente la caméra et permet de définir l'angle de vue du rendu.
- *Lamp*, presque aussi indispensable que la caméra, représente la lampe qui éclaire votre scène.

LE SAVIEZ-VOUS ?

La tête de singe qu'on obtient en choisissant *Add>Mesh>Monkey* s'appelle Suzanne et est devenue la mascotte de Blender. Elle est à Blender ce que la théière est à 3ds Max : un terrain d'expérimentation pour paramètres ou fonctionnalités exotiques !

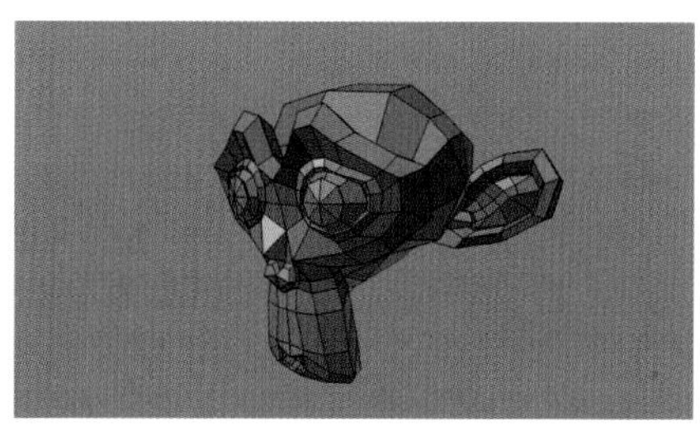

Figure 2–21

ASTUCE

Aligner les objets lors de leur ajout

Par défaut, lorsqu'un nouvel objet est ajouté à la scène, il est aligné sur le monde *(world)*. Par exemple, un objet *Cone* apparaîtra avec sa pointe orientée vers les Z positifs. Il est toutefois possible de modifier ce comportement par défaut de Blender et d'imposer que tout nouvel objet apparaisse aligné sur la vue courante. Ainsi, la base de notre *Cone* d'exemple apparaîtrait avec sa base dans le plan de la vue, la pointe tournée vers l'utilisateur, perpendiculaire à la vue.
Pour modifier ce comportement, allez dans le menu *File>User Preferences* et dans l'onglet *Editing*, choisissez *Align To : View* à la place de *World*. Il peut arriver que d'une version à l'autre de Blender, le comportement par défaut soit changé : vous aurez alors à modifier ce réglage si la modification ne vous satisfait pas.

- *Force Field* est un objet vide, à rapprocher de *Empty*, qui est une source de perturbations diverses (vent, champ magnétique, vortex, etc.) pour vos simulations physiques ou vos systèmes de particules.
- *Group Instance* permet de dupliquer à la position du curseur le contenu d'un groupe préexistant.

Mais il est souvent plus productif d'utiliser la combinaison de touches *[Maj]+[A]* dont la fonction est justement d'appeler le menu spécial *Add*, que d'utiliser le panneau *Create* de l'étagère à outils qui présente de façon éclatée toutes les options possibles. Dans tous les cas, l'objet choisi est inséré dans la scène à la position indiquée par le curseur.

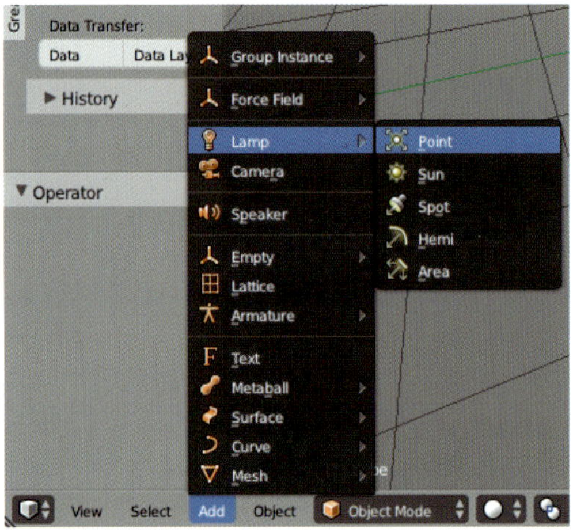

Figure 2–22
Le menu Add, accessible depuis le menu ou la combinaison [Maj]+[A]

BON À SAVOIR **Créer et gérer des groupes d'objets**

Il est possible de créer des groupes et de leur assigner différents objets. Les raisons d'utiliser de tels groupes sont variables et dépendent des habitudes de travail des artistes ou des animateurs. Il peut s'agir notamment de regrouper des objets spécifiques au sein d'une même « sélection permanente », en cas d'usages ultérieurs répétés ; de favoriser l'import, *via* la fonction *Append*, d'un ensemble spécifique d'objets en une seule fois plutôt que par imports successifs ; ou encore d'ajouter à la position du curseur (*Add>Group Instance*) un groupe déjà créé et présent dans la scène.
Sélectionnez un premier objet et utilisez la combinaison *[Ctrl]+[G]* ou, dans l'onglet *Object* de l'éditeur des propriétés, cliquez sur l'icône « plus » à droite du bouton *Add to Group*. Un nouveau panneau permettant de nommer le groupe nouvellement créé fait son apparition et la « croix » à droite du nom permet de supprimer l'objet du groupe en question. Il est bien sûr possible d'assigner un objet à plusieurs groupes différents : avec l'objet sélectionné, il suffit de cliquer sur le bouton *Add to Group* et de choisir dans le menu déroulant le nom du groupe existant de votre choix, pour qu'il y soit assigné.
Lorsqu'il est sélectionné, l'objet est surligné en vert plutôt qu'en orange, indiquant qu'il fait partie d'un groupe.

Sélection des objets

De nombreuses fonctions de Blender opèrent sur des objets sélectionnés. Pour sélectionner un objet, cliquez dessus avec le bouton droit de la souris. Dans la vue 3D, l'objet sélectionné apparaît surligné en orange clair.

Vous pouvez ajouter d'autres objets à la sélection, en maintenant la touche *[Maj]* pressée lorsque vous utilisez le bouton droit de la souris. Tous les objets ajoutés successivement apparaissent surlignés en orange foncé, et seul le dernier ajouté à la sélection apparaît en orange clair : il s'agit de l'objet actif.

ASTUCE Du mal avec la sélection par le bouton droit ?

La plupart des logiciels utilisent le bouton gauche de la souris pour sélectionner des objets, aussi bien dans les logiciels de bureautique que de graphisme ou de 3D. Par conséquent, certains utilisateurs ont beaucoup de mal avec la sélection grâce au bouton droit.

En allant dans le menu *File>User Preferences*, dans l'onglet *Edit*, il est possible de forcer la sélection avec le bouton gauche en activant l'option *Select with Left*. Attention toutefois, le bouton droit est alors utilisé pour déplacer le curseur 3D, et toutes les manipulations *[bouton gauche]* et *[bouton droit]*, que ce soit dans cet ouvrage ou dans les documentations disponibles sur l'Internet, sont dès lors inversées.

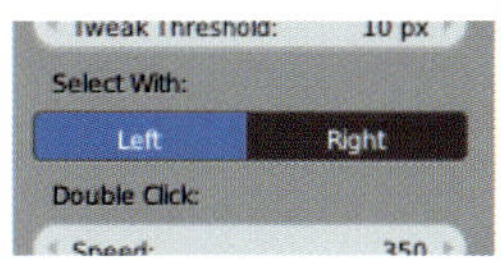

Figure 2–23

Si vous n'avez pas sélectionné les objets dans un ordre particulier, vous pouvez définir l'un des objets sélectionnés comme l'objet actif en maintenant la touche *[Maj]* pressée et en utilisant le bouton droit de la souris pour le désigner.

BON À SAVOIR Éditer un objet au sein d'une sélection

Le dernier objet ajouté à la sélection est l'objet actif et il apparaît surligné d'un orange plus clair que les autres.
Le fait qu'il soit actif veut dire qu'il peut être édité de plusieurs façons, par exemple :

- dans la vue des *Propriétés*, l'onglet *Object Data* s'adapte à sa nature selon que c'est un maillage, une caméra, une lampe... ;
- dans l'en-tête de la vue 3D, il est possible de basculer de l'*Object Mode* par défaut à l'*Edit Mode*, par exemple, si la nature de l'objet actif est compatible avec ce mode.

Lorsque vous éditez un objet au sein d'une sélection, Blender conserve le contenu de cette sélection en mémoire mais autorise malgré tout l'édition de l'objet actif sans pour autant affecter les autres objets de la sélection.

Pour retirer un objet de la sélection, maintenez la touche *[Maj]* et cliquez sur l'objet à retirer avec le bouton droit de la souris une première fois (cela fait donc de lui l'objet actif), puis une seconde fois pour le sortir de

ASTUCE
Tout sélectionner ou désélectionner en une touche

La touche *[A]* est une touche bascule, c'est-à-dire qu'elle permet de basculer l'état de sélection de tous les objets de la scène à la fois. Si une sélection était existante au préalable, la première pression sur la touche *[A]* désélectionne automatiquement tout. La seconde pression sur la touche *[A]*, ensuite, ajoute tous les objets de la scène à la sélection. S'agissant d'une bascule, la troisième pression désélectionne tout à nouveau, bien sûr.

ASTUCE
Sélection par relation

Vous pouvez sélectionner un unique objet et utiliser la combinaison *[Maj]+[G]* : un menu apparaît vous proposant de sélectionner d'autres objets selon différents critères. Par exemple, si vous sélectionnez *Group*, tous les objets appartenant au même groupe seront sélectionnés en même temps. D'autres options sont possibles, parmi lesquelles :

- *Children*, pour sélectionner tous les enfants de cet objet ;
- *Parent*, pour sélectionner le parent de l'objet à la place de celui-ci ;
- *Layer*, pour sélectionner tous les objets appartenant au même calque, indifféremment de leur type ;
- *Type*, pour sélectionner tous les objets du même type (par exemple, le type *Camera* ou le type *Mesh*).

Vous pouvez opérer les mêmes sélections en passant par le menu de la vue 3D : *Select>Grouped* qui offre alors les mêmes options de sélection groupée.

la sélection : en effet, vous ne pouvez désélectionner qu'un objet actif. Bien sûr, si vous cliquez une troisième fois dessus, toujours en maintenant la touche *[Maj]*, il est à nouveau ajouté à la sélection.

ASTUCE
Inverser la sélection

Lorsque vous avez une certaine sélection, vous pouvez inverser celle-ci grâce à la combinaison de touches *[Ctrl]+[I]*. Indépendamment de leur nature, les objets sélectionnés sortent de la sélection tandis que tous les autres objets de la scène y entrent instantanément. Veuillez noter que dans ce cas particulier, aucun des objets de la nouvelle sélection n'est actif.

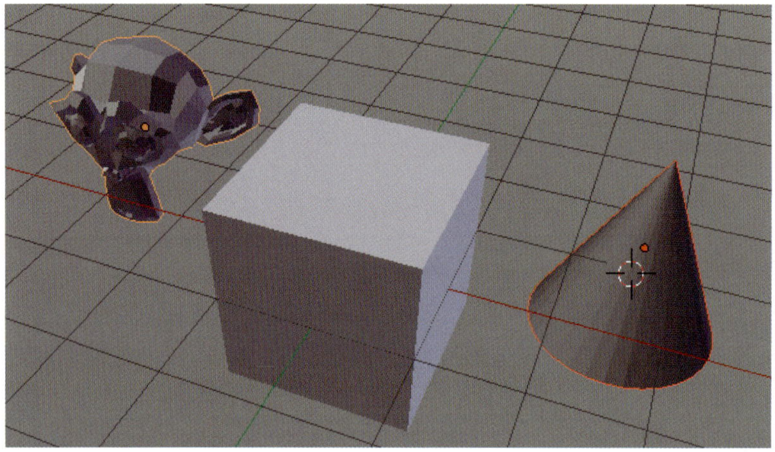

Figure 2–24
Un objet Cone et un objet Monkey sont sélectionnés et apparaissent surlignés en orange, tandis qu'un objet Cube, extérieur à la sélection, n'est pas surligné du tout ; l'objet actif est le Monkey : son orange est plus clair que celui du Cone.

Sélectionner les objets un à un en les ajoutant à la sélection courante grâce à la touche *[Maj]* peut être extrêmement fastidieux. Deux méthodes « rapides » sont à la disposition de l'utilisateur.

- **Boîte de sélection :** la touche *[B]* permet de transformer le curseur de la souris en une mire de sélection. Le bouton gauche de la souris est alors maintenu le temps de dessiner une boîte de sélection ; tous les objets même partiellement interceptés par celle-ci sont automatiquement ajoutés à la sélection.
- **Cercle de sélection :** la touche *[C]* permet de transformer le curseur de la souris en une brosse de sélection. Une pression continue ou discontinue sur le bouton gauche permet alors d'ajouter les objets dont les origines sont couvertes par la brosse à la sélection. La molette de la souris permet d'agrandir ou diminuer le rayon du cercle de sélection.

ASTUCE
Désélectionner grâce aux boîtes ou aux cercles de sélection

Désélectionner grâce à une boîte ou un cercle de sélection fonctionne exactement de la même façon, à ceci près que vous utiliserez le bouton central de la souris pour dessiner la boîte ou brosser la sélection.

Vous noterez que ces deux méthodes de sélection ne changent pas l'objet actif. Même s'il est désélectionné au terme de ces manipulations, le dernier objet actif reste actif.

Manipulations d'un objet dans la vue 3D

Maintenant que nous savons insérer des objets et les sélectionner, nous pouvons apprendre à les manipuler. Ainsi que nous l'avons vu, les objets apparaissent avec leur centre automatiquement positionné sur le curseur. Nous pouvons soit les déplacer, soit les faire tourner, soit changer leur échelle par rapport à la scène. Ces actions sont baptisées « transformations » (terminologie découlant de la matrice de transformation chère aux mathématiciens).

Utilisation des manipulateurs

Les manipulateurs sont ces axes ou arcs colorés qui apparaissent, par défaut, au centre de l'objet sélectionné. Leur couleur est en relation avec celle de la direction de transformation qu'ils affectent.

Ils sont contrôlés par la série d'icônes situées dans l'en-tête de la vue 3D : la première active ou désactive les manipulateurs ; la deuxième active le mode de translation, la troisième, le mode de rotation et enfin la quatrième, le mode de redimensionnement.

Figure 2–25
Les icônes relatives aux manipulateurs : elles sont ici actives et le mode de redimensionnement est en cours d'usage.

Dans la vue 3D, les manipulateurs sont visuellement différenciés et permettent à l'utilisateur d'interagir directement avec eux en cliquant sur un manipulateur avec le bouton gauche et en le maintenant pressé pour contrôler l'amplitude de la transformation. La transformation s'interrompt précisément lorsque le bouton est relâché.

Ainsi, en mode translation, les axes sont ornés de flèches, en mode rotation, ce sont des arcs tournant autour des axes habituels et enfin, en mode redimensionnement, ce sont de petites boîtes qui ornent les axes.

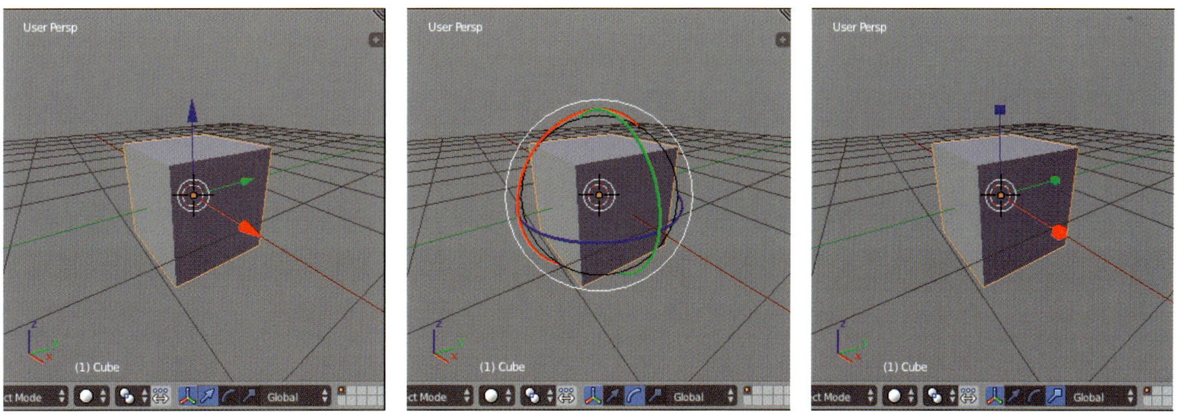

Figure 2–26 Les différents modes des manipulateurs : de gauche à droite, translation, rotation et redimensionnement

Le principal avantage des manipulateurs est que le retour visuel permet de très facilement anticiper le résultat d'une transformation, dans une direction donnée. En revanche, il est parfois fastidieux de positionner le curseur à proximité du centre d'un objet si les manipulateurs sont activés, car le bouton gauche de la souris aura tendance à déclencher l'effet du manipulateur.

ASTUCE Doser une transformation

Lorsqu'une transformation est enclenchée, la valeur instantanée de la transformation est affichée en bas à gauche de l'en-tête de la vue 3D, précisant éventuellement l'axe de transformation concerné. Mais il est souvent difficile de viser des valeurs rondes, voire des valeurs particulières.

- Touche *[Ctrl]* : si cette touche est maintenue pressée pendant la transformation, celle-ci s'effectue par incréments : l'incrément est de `1.0` unité pour les translations, `5.00` degrés pour les rotations et un facteur `0.1` pour les redimensionnements.
- Touches *[Maj]+[Ctrl]* : si cette combinaison est maintenue pressée pendant la transformation, les incréments sont encore plus fins : `0.1` unité pour les translations, `1.00` degré pour les rotations et un facteur `0.01` pour les redimensionnements.

Utilisation des transformations « directes »

Cette méthode respecte la règle d'or de Blender : une main sur le clavier, une main sur la souris. En effet, la main sur le clavier va déclencher une transformation grâce à un raccourci, tandis que la main sur la souris va en contrôler l'amplitude. Lorsque la transformation est satisfaisante, le bouton gauche de la souris la valide (figeant l'objet en l'état), tandis que le bouton droit l'annule (ramenant l'objet à son état précédent). À noter, la validation et l'annulation sont également possibles, respectivement, grâce à la touche *[Entrée]* et la touche *[Echap]*.

Les trois transformations possibles sont :

- **Translation :** touche *[G]* (pour *grab* en anglais : attraper et déplacer) ;
- **Rotation :** touche *[R]* ;
- **Redimensionnement :** touche *[S]* (pour *size* en anglais : dimension).

Par défaut, les translations et les redimensionnements se font dans le plan de l'écran et les rotations, selon l'axe perpendiculaire à celui-ci. Si la vue dans laquelle la transformation est initiée n'est pas choisie avec pertinence, il peut être assez fastidieux de contrôler la direction de la transformation. Il est donc possible de contraindre la transformation dans une direction particulière grâce à la touche appropriée : *[X]*, *[Y]* ou *[Z]*.

Ainsi, taper successivement *[G]* puis *[X]* et déplacer la souris engendrera une translation limitée à la direction X. De même, taper successivement *[R]* puis *[Z]* et déplacer la souris fera tourner l'objet autour de la direction verticale de la scène.

CONSEIL
Perdu dans les repères?

Pas de panique si vous ne saisissez pas immédiatement les différences entre repères global et local. De bonnes bases mathématiques simplifient bien sûr cet apprentissage fondamental, mais rien ne vous empêche de pratiquer Blender malgré tout. N'hésitez pas à y revenir plus tard, après avoir plus longuement manipulé divers objets dans Blender : vous découvrirez alors combien jongler entre les repères peut être productif.

Notions de repère global et de repère local

Le repère global est celui de la scène : il n'y a qu'un seul axe X global, qu'un seul axe Y global, qu'un seul axe Z global ; ces axes définissent l'univers. En revanche, chaque objet peut avoir ses transformations exprimées soit par rapport au repère global de l'univers, soit par rapport à son repère local, qui lui appartient. Il y a donc autant de repères locaux qu'il y a d'objets dans la scène.

BON À SAVOIR Les autres repères

Il y a d'autres types de repères, que vous aurez le temps d'apprendre et pratiquer :

- *Gimbal* : ce repère dépend du mode de rotation utilisé (visible dans le panneau *[N]*, *Transform* – par défaut, il s'agit de *XYZ Euler*), ce qui rend son apprentissage difficile dans le cadre de cet ouvrage.
- *Normal* : surtout utile en *Edit Mode*, ce repère permet de substituer la normale à la sélection à l'axe Z. Par exemple, une facette orientée arbitrairement pourra être déplacée vers l'intérieur ou l'extérieur du volume maillé selon sa normale grâce à la combinaison *[G][Z][Z]*. Il est possible de visualiser les normales aux facettes grâce à l'option *Mesh Display>Normals* panneau *[N]*. Choisissez ensuite l'icône indiquant l'origine de la normale : un sommet et/ou une facette.
- *View* : ce repère prend pour principe que la direction Z est perpendiculaire à l'écran et pointe donc vers vous ; les directions X et Y suivent respectivement les directions horizontales et verticales de l'écran. Particulièrement efficace lorsque vous travaillez dans une vue orthonormée.

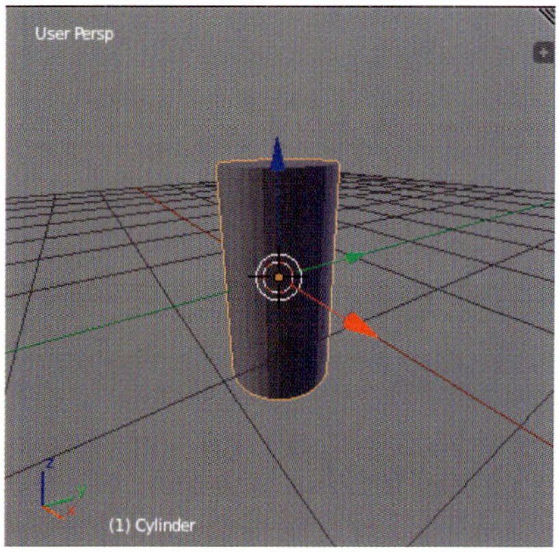

Figure 2–27 Un simple cylindre, dont les repères global et local sont coïncidents.

Lorsque l'on travaille avec les transformations, il est assez souvent plus intéressant de raisonner par rapport au repère *Local* plutôt que par rapport au repère *Global*, en fonction des résultats attendus. Par exemple, imaginons un objet de forme allongée, comme un cylindre, que nous souhaitons redimensionner dans sa direction longitudinale.

Si nous travaillons en repère *Global* et que nous l'avons fait basculer autour de l'axe global X, le repère qui lui est associé, comme il est global, reste immuable. Lorsque l'on essaie de le redimensionner dans la direction Z, pour l'allonger, on se rend compte que ce sont toutes ses proportions qui changent, homothétiquement : nous avons échoué à l'allonger dans sa direction longitudinale.

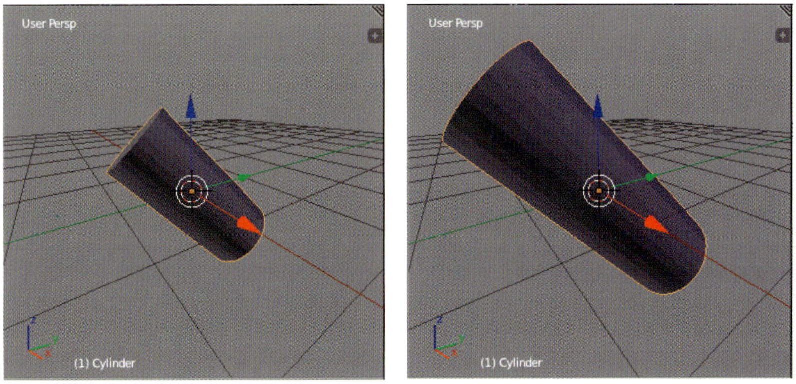

Figure 2–28
Si le cylindre a basculé avant d'avoir été redimensionné dans sa direction longitudinale, peu importe l'axe global de redimensionnement choisi, la mise à l'échelle ne produit pas les résultats escomptés.

Imaginons maintenant que nous répétons ces mêmes opérations, mais en étant dans le repère *Local* du cylindre. Nous constatons que les axes locaux ont basculé en même temps que l'objet. Son axe local Z correspond donc toujours à sa direction longitudinale : en le redimensionnant dans la direction locale Z, il s'allonge effectivement, son diamètre étant en revanche inchangé, ce qui est bien le résultat souhaité.

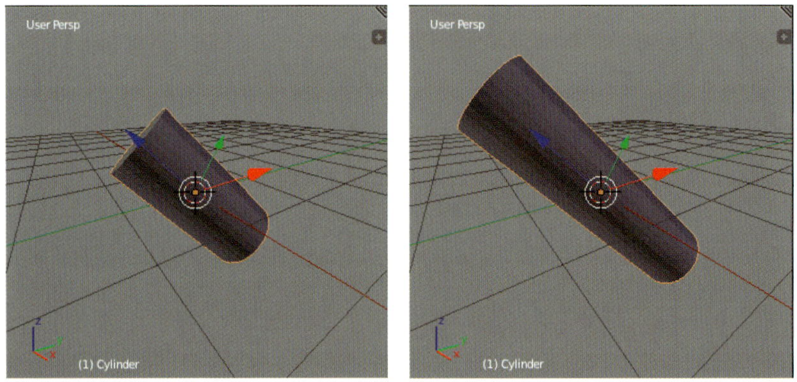

Figure 2–29
En revanche, si l'on spécifie un redimensionnement dans la direction locale Z, qui correspond à l'axe longitudinal du cylindre, celui-ci est bien allongé comme désiré.

Si l'utilisateur ne prête pas attention au repère dans lequel il travaille, il y a de nombreuses situations dans lesquelles il se trouvera bloqué, car il n'aura pas appliqué les transformations dans l'ordre qu'il aurait fallu, l'esprit naturellement plus occupé par sa démarche artistique que par des considérations mathématiques. Et corriger le tir sera parfois tout simplement impossible, si un grand nombre de transformations successives ont été appliquées jusqu'à arriver aux proportions et positions désirées !

Il y a deux façons d'indiquer à Blender s'il doit travailler avec des coordonnées globales ou locales :

- **avec les manipulateurs :** dans la barre d'en-tête, un menu déroulant permet de choisir le type de repère souhaité. Parmi d'autres options que nous n'aborderons pas ici, figurent *Global* et *Local* ;
- **avec les transformations « directes » :** au moment de spécifier la direction dans laquelle est contrainte la transformation, au lieu de la spécifier une fois, il faut la spécifier deux fois. Ainsi, *[R]* puis *[Z]* imposent une rotation autour de l'axe global Z, mais *[R]* puis *[Z]* et à nouveau *[Z]* imposent la rotation autour de l'axe local Z.

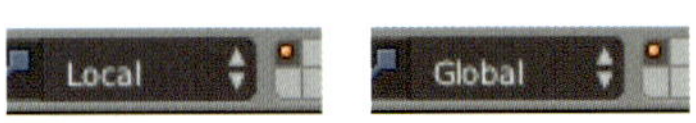

Figure 2–30 Le menu déroulant dans l'en-tête de la vue 3D permet de basculer d'un système de repère à un autre.

Édition d'un maillage

Si vous sélectionnez un objet (qu'il soit de type *Mesh*, *Curve*, *Meta*, *Surface* ou même *Lattice*) et que vous appuyez sur la touche *[Tab]* (ou choisissez *Edit Mode* dans le menu déroulant de l'en-tête de la vue 3D), vous entrez dans un mode spécial d'édition, qui vous permettra de sélectionner individuellement ou en groupe des sommets (*Mesh*), des points de contrôle (*Curve*) ou des métaéléments (*Meta*) et leurs zones d'influence, par exemple.

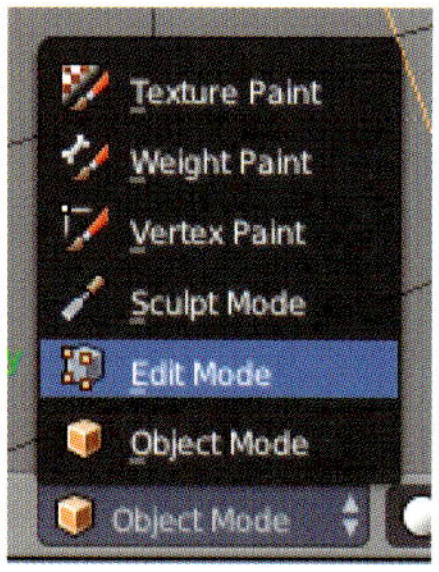

Figure 2–31 Dans l'en-tête de la vue 3D, le menu déroulant permet de basculer entre les modes Edit et Object (entre autres).

Dans l'image qui suit, nous avons sélectionné le cube de la scène par défaut de Blender et sommes entrés en *Edit Mode* grâce à la touche *[Tab]* pour sélectionner les sommets de la face supérieure.

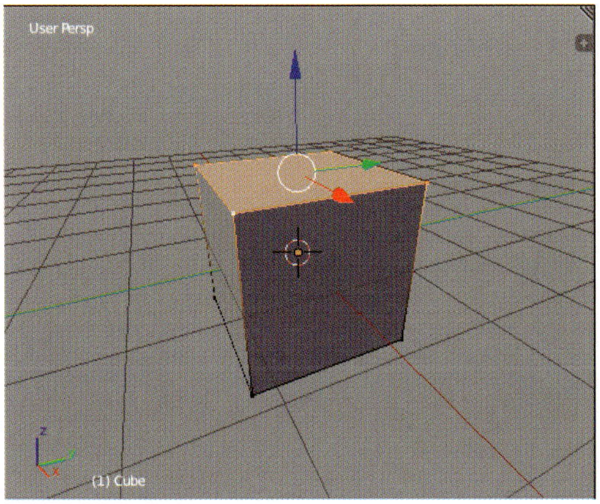

Figure 2–32
Les sommets sélectionnés apparaissent en orange, tandis que les sommets non sélectionnés restent noirs. Le sommet actif apparaît en blanc.

Pour sortir de ce mode, il suffit d'appuyer une nouvelle fois sur *[Tab]* ou de choisir *Object Mode* dans le menu déroulant de l'en-tête de la vue 3D.

Vous noterez que, en *Edit Mode*, les méthodes de sélection ou de transformation fonctionnent de la même façon qu'avec les objets (*Object Mode*). La principale différence, c'est qu'on accède aux « briques internes » de l'objet, avec la possibilité de les bouleverser et d'engendrer des formes plus spectaculaires ou inhabituelles.

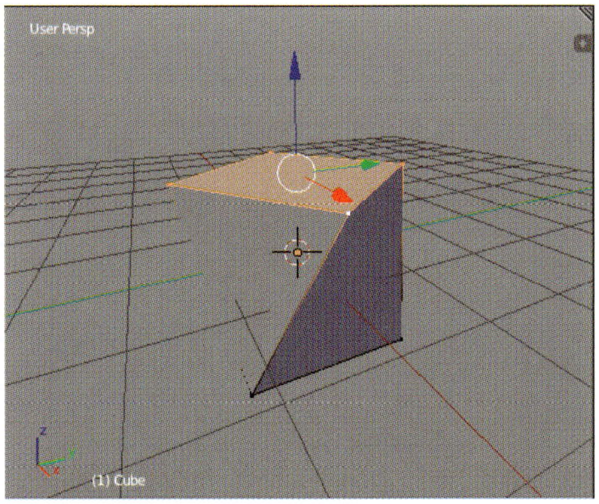

Figure 2–33
Le même cube, mais dont les sommets de la facette supérieure ont subi une rotation autour de l'axe global Z.

Les calques

Blender permet de gérer jusqu'à vingt calques. Un calque est considéré actif si le bouton correspondant est enfoncé. Vous utiliserez le bouton gauche de la souris pour activer un calque. En maintenant pressée la touche *[Maj]*, vous pouvez ajouter ou retirer à la « sélection » des calques actifs supplémentaires.

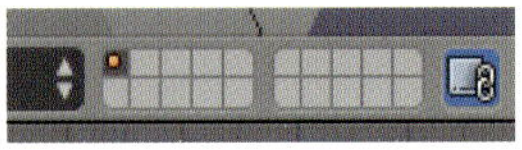

Figure 2–34 Le gestionnaire de calques : seul le premier calque est actif et visible. Le point indique que le calque n'est pas vide.

Les éléments contenus par un calque inactif ne sont pas visibles dans la vue 3D, et ne seront pas pris en compte au moment du rendu.

Par défaut, lorsque vous ajoutez un objet à votre scène, il apparaît dans le premier calque actif disponible. Mais vous pouvez affecter n'importe quel objet à n'importe quel calque de deux façons.

- Avec l'objet sélectionné, utilisez la touche *[M]* pour faire apparaître un gestionnaire de calques flottant. Avec le bouton gauche de la souris, sélectionnez le calque de destination. En maintenant la touche *[Maj]* enfoncée, vous affectez l'objet à plusieurs calques à la fois !
- Avec l'objet sélectionné, rendez-vous dans le panneau *Relations* dans le menu *Object* de l'éditeur des propriétés.

Sauvegarder votre travail

Pour sauvegarder votre travail, passez par le menu principal : *File>Save As...* ou appuyez simplement sur la touche *[F2]*. Cela a pour effet de transformer la vue active en vue de type *File Browser*, paramétrée en écriture.

Tapez le nom du fichier dans le champ approprié puis appuyez sur la touche *[Entrée]* deux fois, la première, pour valider le nom du fichier, la seconde, pour valider l'opération. Alternativement, la seconde pression peut être remplacée par l'usage du bouton *Save As Blender File*.

Bon à savoir **Le navigateur de fichiers**

Le navigateur abrite de nombreuses fonctionnalités, notamment de navigation, de création de répertoires et de gestion de marque-pages. Il est également possible, en utilisant les icônes appropriées, d'afficher aussi bien des listes de fichiers que des vignettes d'aperçu. Cette dernière fonctionnalité est particulièrement utile pour la prévisualisation de textures images !
Vous explorerez assez vite ces fonctionnalités dissimulées aussi bien dans l'en-tête du navigateur de fichiers que dans sa barre latérale.

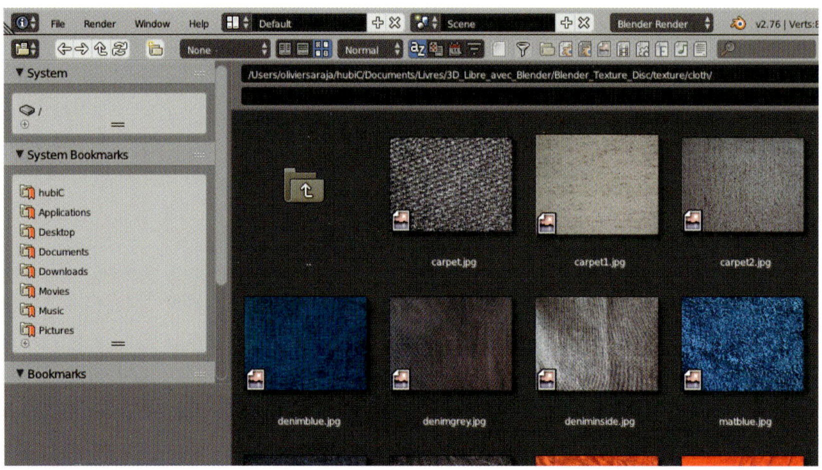

Figure 2–35

Si vous n'avez pas besoin de changer le nom du fichier, ou si celui-ci a déjà été sauvegardé une fois, vous pouvez utiliser le raccourci *[Ctrl]+[S]* pour sauvegarder rapidement votre fichier sous le même nom ou utiliser le menu *File>Save*.

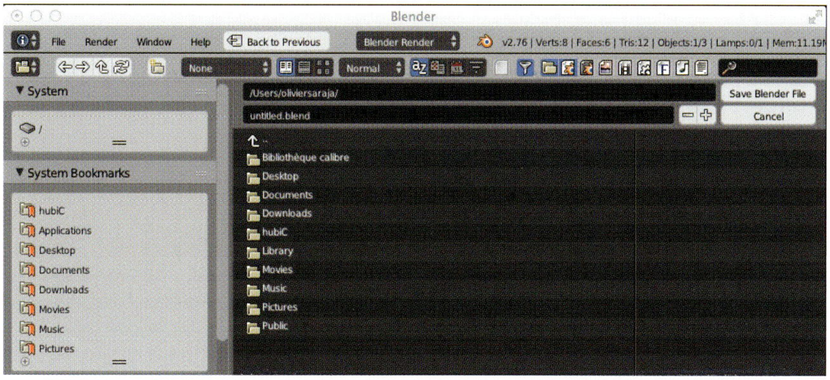

Figure 2–36
Le File Browser, ouvert en mode écriture

ASTUCE
Incrémenter le nom du fichier

Au moment de saisir le nom du fichier, vous noterez à droite du champ approprié des boutons « moins » et « plus » qui permettent « d'incrémenter » le nom du fichier par une valeur numérique. Par exemple, grâce au bouton « plus », le fichier `personnage_animation.blend` devient `personnage_animation1.blend`. Très utile si vous ne voulez pas « écraser » une précédente version de votre fichier avec des modifications dont vous n'êtes pas certain.

Charger votre travail

Vous pouvez bien évidemment rappeler un travail précédemment sauvegardé. Pour ce faire, soit vous passez par le menu principal *File>Open...*, soit vous appuyez sur la touche *[F1]*. Dans les deux cas, la vue active se transforme en *File Browser*, comme précédemment, paramétrée en lecture. Pour ouvrir le fichier, double-cliquez sur son nom ou sélectionnez-le avec le bouton gauche et utilisez le bouton *Open Blender File*.

Prenez garde à cette opération : si vous n'avez pas sauvegardé votre précédent travail, il sera supprimé de la mémoire sans préavis de la part de Blender.

ASTUCE **La fonction Append**

Un fichier `.blend` est en fait un ensemble de blocs de données parfaitement délimités et organisés. Pour établir une analogie, on pourrait dire qu'il s'agit d'une archive `.zip` ou `tar.gz`. Si on pouvait y entrer, on trouverait au minimum ces répertoires : `Camera`, `Lamp`, `Material`, `Mesh`, `Object`, `Scene`, `Text`, `Texture` et `World`.
Chacun de ces répertoires contient les blocs de données présents dans votre scène. Par exemple, votre objet, qui est une sphère rouge, est constitué d'un *Mesh*, d'un *Material* et éventuellement d'une *Texture*. Vous pouvez utiliser la fonction *Append* (combinaison de touches *[Maj]+[F1]*, ou dans la barre de menus principale avec *File>Append...*) pour importer dans votre scène courante le *Material* d'une autre scène en naviguant dans le fichier `blend` comme s'il s'agissait d'un répertoire, puis en ouvrant le répertoire *Material*, et en choisissant enfin le *Material* de votre choix.
Vous pouvez également choisir d'importer à la fois le *Mesh*, le *Material* et la *Texture* de votre sphère rouge en une seule fois, mais en sélectionnant dans le répertoire *Object* le nom de l'objet en question.
C'est en fait la seule façon de copier un objet depuis un projet plus ancien vers votre projet courant.

Effectuer le rendu d'une image

Les paramètres de rendu de votre scène sont affichés dans l'onglet *Render* de l'éditeur des propriétés. Pour lancer le rendu de celle-ci (c'est-à-dire calculer et afficher l'image finale), il vous faut cliquer sur le bouton *Image* du panneau *Render* ou appuyer sur la touche *[F12]* ou encore passer par le menu principal avec *Render>Render Image*.

À noter que si vous obtenez un écran noir, plusieurs problèmes seront à étudier et élucider :

- votre caméra est à l'intérieur d'un objet obscur : l'image résultante est forcément noire ;
- il n'y a pas de source de lumière définie dans votre scène : l'image résultante est forcément noire ;
- il n'y a pas de caméra active dans votre scène : l'image n'est même pas calculée.

L'image calculée (ou en cours de calcul) apparaît dans un éditeur *UV/Image* qui remplace la vue 3D active. Vous pouvez interrompre le rendu en appuyant sur la touche *[Echap]*, et l'effacer soit en appuyant à nouveau sur *[Echap]* ou en choisissant *3D View* dans le sélecteur d'éditeur dans l'en-tête.

ASTUCE
Masquer/afficher la fenêtre de rendu

En appuyant successivement sur la touche *[F11]*, vous pouvez afficher ou masquer la vue de rendu.

Enregistrer une image rendue

Vous venez d'effectuer le rendu de votre première scène ? Félicitations, il est temps de sauvegarder cette image. Pour y parvenir, vous pouvez appuyer sur la touche *[F3]* ou passer par le menu de l'éditeur *UV/Image* : *Image>Save as Image*. Dans les deux cas, la vue active se transforme en *File Browser*. Le format d'enregistrement est défini dans le panneau *Output* de l'onglet *Render* de l'éditeur des propriétés. Par défaut, le format sera *PNG*.

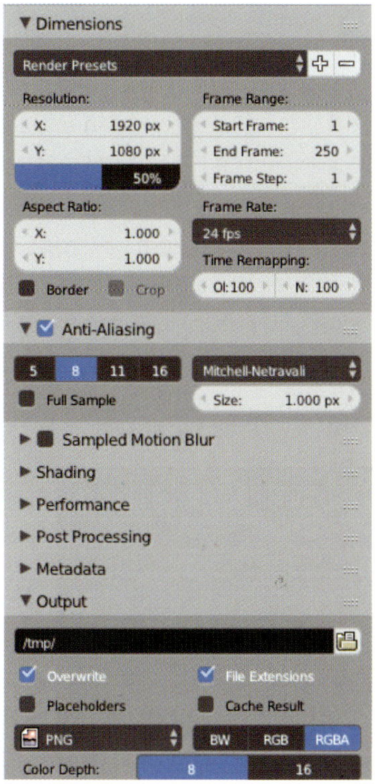

Figure 2–37
Les options de format permettent de définir les dimensions, le format et la qualité de l'image enregistrée.

ASTUCE **Enregistrer une image sur fond transparent**

Idéal pour les webmasters qui produisent des logos ou boutons en 3D grâce à Blender, vous pouvez effectuer le rendu de votre scène et faire en sorte que l'arrière-plan de l'image (le *World*) soit transparent. Pour y parvenir, deux contraintes :

- le format choisi pour l'image doit supporter la transparence, *PNG* et *Targa*, par exemple ;
- vous devez activer le bouton *RGBA* dans le panneau *Output* de l'onglet *Render*.

L'image rendue, une fois sauvegardée puis ouverte dans un logiciel approprié, montrera uniquement les objets de premier plan, laissant l'arrière-plan totalement invisible.

chapitre 3

Nature morte avec une plume (rendu Yafaray) © 2013, Aaron Solo (http://marvis3d.carbonmade.com)

Premier projet avec Blender

Ce chapitre a pour objet de poser les bases fondamentales de la modélisation et de la création de matériaux, en laissant pour l'instant de côté la mise en lumière et les réglages relatifs au rendu. L'objectif va être ici de modéliser une simple carafe au travers de fonctions usuelles mais, surtout, en manipulant de façon intensive les raccourcis clavier, qui font toute la force de Blender. Nous apprendrons ainsi à déplacer, faire tourner ou redimensionner des sélections, à déplacer les points pivots pour ces opérations, ou encore à sélectionner des faces, des arêtes ou des sommets. Côté matériau, nous allons débuter directement par la création du verre, un exercice qui vient très tôt dans la carrière de tout artiste numérique qui se respecte, mais qui pose également de singuliers problèmes de réalisme. Nous verrons également comment tirer profit du moteur de rendu en *raytracing* pour surmonter ces difficultés.

SOMMAIRE

- Modélisation d'une carafe
- Définition d'un matériau transparent

MOTS-CLÉS

- Modélisation
- Maillage
- Sommets
- Édition
- Matériau
- Shader
- Verre
- Transparence
- Réflexion
- Raytracing
- Spin
- PET
- Extrude
- Pivot

Préparation de l'espace de travail

Commencez par lancer Blender. Nous allons préparer notre espace de travail de façon à être le plus efficace possible. Avec le bouton droit de la souris, cliquez sur le bord séparant la vue 3D principale de la *Timeline*. Choisissez *Split Area* et coupez la vue 3D en deux parties à peu près égales. De la même façon, toujours avec le bouton droit de la souris, cliquez maintenant sur le bord séparant les deux vues 3D, choisissez à nouveau *Split Area* et coupez en deux parties à peu près égales la vue de droite. Déplacez le curseur de la souris dans la grande vue de gauche et appuyez sur la touche *[1]* du pavé numérique : ce sera désormais notre vue de face. Déplacez le curseur de la souris dans la vue en haut à droite et appuyez sur la touche *[7]* du pavé numérique : ce sera désormais notre vue de dessus. Enfin, déplacez le curseur dans la vue en bas à droite et appuyez sur la touche *[0]* du pavé numérique : ce sera la vue depuis la caméra.

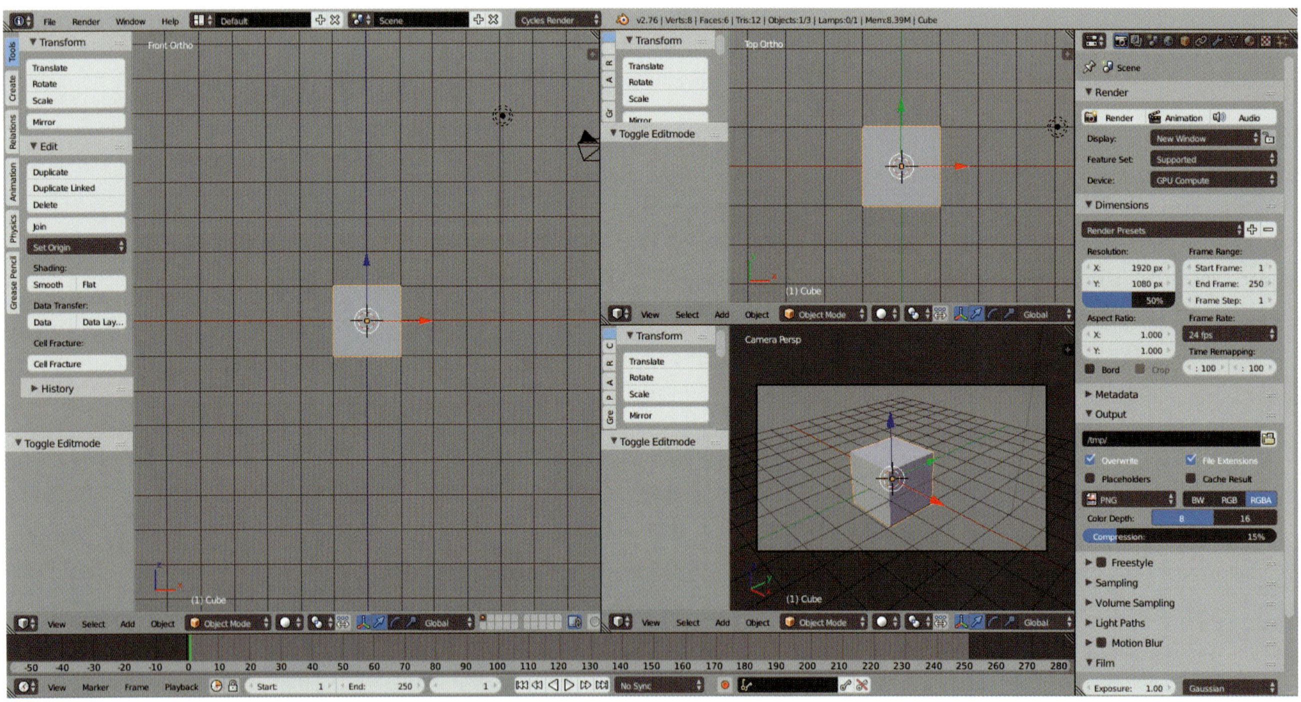

Figure 3–1 Les vues 3D, après réaménagement de l'espace de travail (les autres vues n'ont pas été modifiées).

Nous allons maintenant supprimer le cube par défaut. Sélectionnez-le en cliquant dessus, dans n'importe quelle vue 3D, à l'aide du bouton droit de la souris : le cube apparaît désormais surligné en orange clair. Pour le supprimer, allez dans le menu *Object* et choisissez *Delete* ou, plus rapidement, appuyez sur la touche *[X]*. Blender vous demande si vous souhaitez effacer les objets sélectionnés : « *Delete ?* » Appuyez sur la touche *[Entrée]* pour valider.

Aparté Utilisation de la Quad View

Si le redécoupage des vues vous est trop fastidieux ou si vous avez l'habitude de travailler avec des vues orthonormées (par exemple, formation avec des logiciels de CAO), vous pouvez activer l'ensemble des vues orthonormées prédéfinies de Blender. Avec le curseur de la souris dans la vue 3D, affichez le panneau des propriétés numériques grâce à la touche *[N]* puis, dans la section *Display*, cliquez sur le bouton *Toggle Quad View*. Le raccourci *[Ctrl]+[Alt]+[Q]* produit le même résultat.
L'écran est alors divisé en trois vues orthonormées (laissant donc apparaître les grilles en arrière-plan) : *Top* (dessus), *Front* (face) et *Right* (droite). Ces vues sont statiques, c'est-à-dire que la seule chose que vous puissiez modifier, outre le mode d'affichage, est le niveau de zoom. Une quatrième vue, *Camera Persp*, affiche la scène depuis la caméra active. Cette vue fonctionne de façon conventionnelle et elle vous offre la possibilité de naviguer librement dans l'espace en faisant tourner la scène. Elle permet également le basculement entre vue orthonormée (*Ortho*) et vue en perspective (*Persp*) grâce à la touche *[5]* du pavé numérique.
Étant donné qu'il s'agit d'une même vue 3D, une seule étagère à outils (touche *[T]*) et un seul panneau des propriétés numériques (touche *[N]*) sont disponibles pour l'ensemble.

Modélisation de la carafe

La première partie de ce chapitre va consister à vous guider pas à pas dans la modélisation d'une carafe. Ce type d'objet est très pédagogique et vous donnera la satisfaction d'apprendre plusieurs astuces. En effet, il est suffisamment simple pour que vous puissiez arriver au bout de sa modélisation (ce qui est motivant !) et assez riche pour vous permettre d'appliquer plusieurs outils très utiles (ce qui est intéressant !).

Tracé du profil de la carafe

Placez le curseur de la souris dans la vue de face (la plus grande des vues 3D, à gauche). Effectuez le raccourci clavier *[Ctrl]+[flèche Haut]* : la vue 3D occupe désormais tout l'espace disponible. Pas de panique : pour revenir à l'espace de travail précédemment défini, effectuez le raccourci *[Ctrl]+[flèche Haut]* ou *[Ctrl]+[flèche Bas]*, les deux combinaisons permettant indifféremment de basculer de la taille maximisée à la taille normale de la vue.

Le curseur est normalement au centre de la vue. Si ce n'est pas le cas, affichez, *via* la touche *[N]*, le panneau des propriétés numériques et, dans la section *3D Cursor*, saisissez la valeur `0` dans chaque champ *Location*.

Il sera pratique, pour la suite, d'activer à la fois l'étagère à outils *[T]* et le panneau des propriétés numériques *[N]*.

Pour tracer le profil de notre carafe, nous allons commencer par insérer un objet de type *Grid* (grille) au centre de notre scène. Pour ce faire, dans le menu principal, cliquez sur *Add*, puis *Mesh* et enfin *Grid*. Si vous sou-

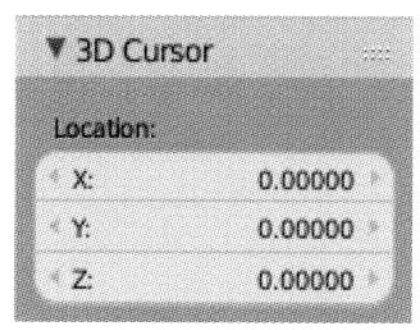

Figure 3–2
Il est possible de positionner très précisément le curseur 3D en saisissant ses coordonnées.

Astuce
Repositionner le curseur 3D au centre de la grille grâce au menu Snap

Dans une vue orthonormée de votre choix, cliquez avec le bouton gauche de la souris au centre de la scène, symbolisé par une barre verticale bleue et/ou deux barres horizontales rouge et verte. Appuyez alors sur la combinaison de touches *[Maj]+[S]* et, à la demande de Blender, choisissez l'option *Cursor to Grid*. Le curseur est désormais, dans cette vue, parfaitement aligné sur la grille. Cette manipulation est à réaliser dans au moins deux vues orthonormées de votre choix (par exemple, *Top* et *Front*) pour garantir que le curseur sera bien positionné au centre de la grille.

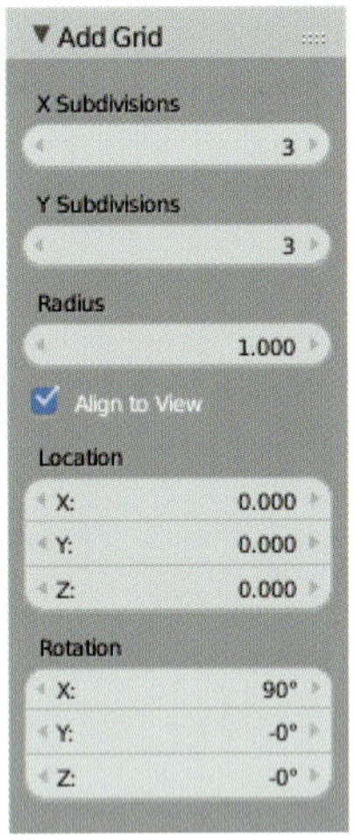

Figure 3–3 Les caractéristiques de la grille sont déterminées dans les propriétés interactives de l'étagère à outils.

haitez respecter la règle d'or de Blender (une main sur le clavier, une autre sur la souris), appuyez sur la combinaison *[Maj]+[A]* d'une main, puis de l'autre, choisissez *Mesh*, puis *Grid* dans les menus déroulants.

Vous noterez que dans l'étagère à outils, à gauche de la vue, des options permettent de contrôler interactivement le nouvel objet inséré. En particulier, la grille apparaît dans le plan horizontal, alors que nous aurions souhaité l'avoir dans le plan vertical : activez l'option *Align to View*. Ensuite, saisissez la valeur 3 pour les champs *X Subdivisions* et *Y Subdivisions*.

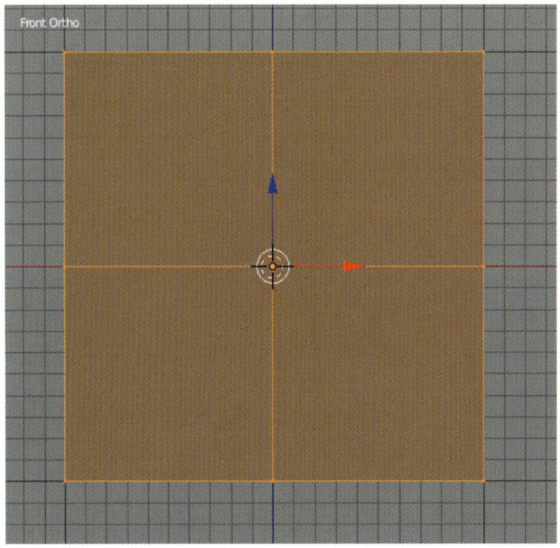

Figure 3–4
En modélisation polygonale, le point de départ est souvent une primitive très simple.

Une grille a effectivement été ajoutée. Trois remarques peuvent être faites à ce propos.

1. La grille apparaît automatiquement en mode *Object*, comme tout objet ajouté au travers du menu *Add*. Dans l'en-tête de la vue 3D, choisissez *Edit Mode* à la place d'*Object Mode*, ou basculez de l'un à l'autre grâce à la touche *[Tab]*.
2. Tous les sommets composant la grille apparaissent alors en orange, indiquant qu'ils sont tous sélectionnés.
3. Les facettes reliant les sommets apparaissent en orange plus terne, indiquant qu'elles sont également sélectionnées.

Nous allons tout désélectionner. Pour ce faire, dans le menu *Select*, choisissez *Select/Deselect All*. Pour être plus efficace et plus rapide, utilisez le raccourci clavier correspondant, la touche *[A]*. Tous les sommets apparaissent désormais en noir, indiquant qu'ils sont désélectionnés, et les faces reliant les sommets deviennent grises.

Nous allons maintenant sélectionner tous les sommets, à l'exception du sommet central. Pour ce faire, plusieurs méthodes s'offrent à nous.

ASTUCE
Modifier l'affichage d'une vue 3D au clavier

Les touches du pavé numérique portant des flèches de direction peuvent également servir à modifier l'affichage d'une vue 3D. Par exemple, grâce aux touches *[2]*, *[8]*, *[4]* et *[6]*, il est possible de faire tourner le point de vue respectivement vers le haut, vers le bas, vers la droite et vers la gauche. Si vous maintenez la touche *[Ctrl]* ou *[Maj]* pressée, les mêmes touches servent à translater ou à faire pivoter le point de vue vers le haut, vers le bas, vers la gauche et vers la droite. Enfin, les touches *[+]* et *[-]* du pavé numérique permettent de zoomer en avant ou en arrière à volonté.

1 Sélectionnez, par exemple, le sommet supérieur gauche en cliquant dessus avec le bouton droit de la souris (qui apparaît désormais en blanc). Maintenez alors pressée la touche *[Maj]* et employez de nouveau le bouton droit de la souris pour ajouter les autres sommets indésirables à la sélection courante.
2 Dans le menu *Select*, choisissez *Border Select*, ou plus directement, appuyez sur la touche *[B]*. Grâce au bouton gauche de la souris, vous pouvez cliquer-glisser pour dessiner des cadres autour des sommets à supprimer. Lorsque vous relâchez la souris, les sommets encadrés sont sélectionnés et apparaissent en orange.
3 Dans le menu *Select*, choisissez *Circle Select* ou, plus directement, utilisez *[C]*. Le curseur de la souris s'entoure alors d'un cercle de sélection (dont le rayon peut être augmenté ou diminué grâce aux touches *[+]* ou *[-]* du pavé numérique ou la molette de la souris). *Via* le bouton gauche de la souris, vous pouvez venir « peindre » les sommets à supprimer ; ceux-ci deviennent orange à mesure que le cercle de sélection passe dessus et jusqu'à ce que le bouton gauche soit relâché.
4 Chaque utilisateur a ses propres réflexes et méthodes pour sélectionner ou désélectionner des points, en fonction de l'objectif recherché et de la complexité du modèle. Une autre alternative aurait été ici de sélectionner le point central seul, grâce au bouton droit de la souris, puis d'inverser la sélection grâce au menu *Select>Inverse* ou à la combinaison *[Ctrl]+[I]*.

ASTUCE
Désélectionner les sommets

La sélection des sommets s'opère simplement, sommet par sommet : il suffit, tout en conservant la touche *[Maj]* enfoncée, de cliquer sur un sommet que vous souhaitez exclure de la sélection existante.
En mode *Border Select* ou *Circle Select*, nous avons vu que le bouton gauche permet de sélectionner ; *a contrario*, le bouton central désélectionne soit en dessinant une boîte (*Border Select*), soit en peignant les sommets à exclure (*Circle Select*).

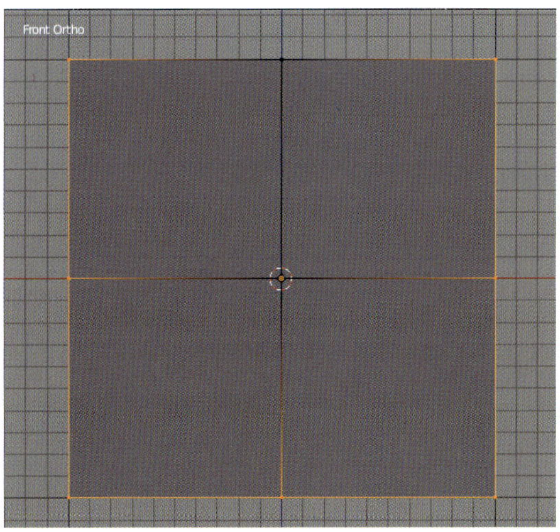

Figure 3–5
Seuls deux sommets du maillage initial sont conservés.

Tous les sommets, à l'exception de celui qui figure au centre de la grille, sont désormais sélectionnés. Pour effacer, choisissez *Mesh* puis *Delete* dans le menu ou, plus simplement, appuyez sur la touche *[X]*. Une boîte de dialogue apparaît, Blender vous demandant ce que vous souhaitez effacer au sein de la sélection.

Figure 3–6
La suppression sélective

ASTUCE

Activer et désactiver le 3D Manipulator widget

Par défaut, l'option *3D Manipulator widget* est activée. Il s'agit de l'icône représentant un repère tricolore orthonormé dans l'en-tête de la vue 3D.

Figure 3–7 Au centre, le repère tricolore orthonormé active l'option 3D Manipulator widget.

Cliquez sur cette icône pour la désactiver, ou utilisez le raccourci clavier *[Ctrl]+[Espace]* pour l'activer ou la désactiver au rythme de vos besoins. Le manipulateur qui apparaît à l'écran peut vous compliquer la tâche lorsque vous êtes en mode *Edit* ou, au contraire, se révéler pratique et utile en mode *Object*. En particulier, il est redoutable en mode *Pose* (pose des armatures), avec le mode *Local* d'orientation de transformation (*[Alt]+[Espace]*).

ASTUCE

Besoin d'afficher une grille en arrière-plan ?

Si vous n'utilisez pas la *Quad View*, vos vues 3D sont soit en perspective (*Persp*), soit en vue orthogonale (*Ortho*). Un plan de référence horizontal s'affiche en permanence quel que soit le type de vue mais ne constitue pas, pour autant, une grille utile.

Toutefois, il est bon de savoir qu'une grille s'affiche automatiquement en arrière-plan si les deux conditions suivantes sont réunies.

- La vue est de type *Front*, *Face* ou *Right* (ou leur opposées).
- La projection de la vue est de type *Ortho* (et non pas *Persp*) : la touche *[5]* du pavé numérique permet alors de basculer d'un mode à l'autre.

Choisissez *Vertices* pour effacer les sommets sélectionnés. Les arêtes liées à ces sommets disparaissent alors, de même que les faces reliant ces arêtes, ne laissant plus que le sommet central.

Le premier point de notre profil est donc désormais seul au centre de la scène. Il est théoriquement sélectionné ; si ce n'est pas le cas, cliquez dessus avec le bouton droit de la souris.

Maintenant, nous allons ajouter d'autres sommets à la sélection courante, à partir du dernier point sélectionné : en maintenant appuyée la touche *[Ctrl]*, cliquez avec le bouton gauche de la souris sur la position du prochain sommet, et ainsi de suite. Constituez ainsi le profil de votre carafe, de sorte à ce qu'il ressemble à peu près à la figure suivante.

Ne paniquez pas si vous ne placez pas vos points exactement là où vous l'auriez souhaité. Pour corriger les imperfections, vous avez plusieurs options.

- À tout moment, vous pouvez annuler la dernière opération en utilisant la combinaison *[Ctrl]+[Z]*.
- Vous pouvez sélectionner un sommet mal placé (il apparaît alors en orange ; faites attention à ce qu'aucun autre sommet ne soit sélectionné. Au besoin, sélectionnez et désélectionnez tous les sommets grâce à la touche *[A]*), puis appuyez sur la touche *[G]* (pour *Grab*, soit « attraper » en français). La sélection suit désormais le mouvement de la souris, mais alternativement, pendant la transformation, vous pouvez employer les touches de direction du clavier (mais pas celles du pavé numérique !) pour déplacer la sélection, la touche *[Ctrl]* pour forcer le déplacement par incréments, ou les touches *[X]*, *[Y]* ou *[Z]* pour forcer le déplacement dans une direction globale. Comme d'habitude, la touche *[Entrée]* ou le bouton droit de la souris valident la nouvelle position.
- Vous pouvez sélectionner un sommet particulier et, dans le panneau des propriétés numériques *[N]*, dans la section *Transform*, vous pouvez modifier ou saisir des valeurs particulières pour les coordonnées *X*, *Y* et *Z* du sommet. En particulier, pour le dernier point de notre profil, qui doit impérativement se trouver sur l'axe vertical, vous saisirez une valeur de X 0.
- Plutôt que de construire votre profil à coups de *[Ctrl]+[bouton gauche]*, vous pouvez choisir d'extruder une arête à partir d'un sommet sélectionné grâce à la touche *[E]*, l'avantage étant que comme vous devez valider la position de l'extrémité de la nouvelle arête, vous pouvez à nouveau vous servir des touches *[Ctrl]*, *[X]*, *[Y]* ou *[Z]* pour contraindre celle-ci à une position plus précise.

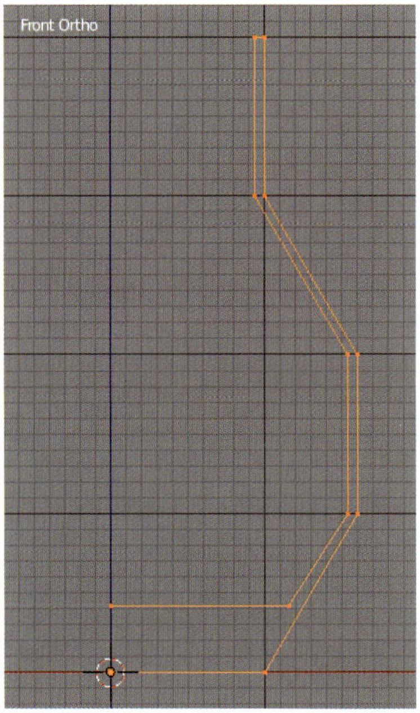

Figure 3–8
Par ajouts successifs de sommets, nous obtenons la courbe de notre objet.

BON À SAVOIR
Créer des faces à partir de sommets

Cela n'est pas rigoureusement nécessaire dans notre cas mais vous pouvez, à titre d'exercice, sélectionner les sommets par groupes de trois ou quatre (préférez effectuer la sélection de sorte qu'aucun des triangles ou quadrilatères ne soit trop écrasé ou distendu, autant que possible), et appuyer sur la touche *[F]*. Une face réunit alors les sommets sélectionnés, ajoutant au passage les arêtes nécessaires.
La fonction *Make Edge/Face*, comme son nom anglais l'indique, fonctionne aussi bien entre sommets qu'entre arêtes, générant aussi bien arêtes que facettes selon ce qui est possible, sans toutefois ajouter de nouveaux sommets.

Vous pouvez maintenant quitter le mode *Edit*, en appuyant sur la touche *[Tab]* ou en choisissant *Object Mode* dans l'en-tête de la vue 3D, et retourner à l'affichage standard de Blender, avec toutes les vues 3D et la fenêtre des boutons, telles que nous les avons laissées, grâce à la combinaison de touches *[Ctrl]+[flèche Bas]* du clavier, avec bien sûr le pointeur de la souris dans la vue 3D qui occupe l'essentiel de l'écran.

Transformer le profil en objet

Nous avons maintenant notre profil en 2D. Tout ce qu'il nous reste à faire, c'est de faire tourner ce profil sur lui-même, pour générer l'objet qui servira de base à notre carafe. Entrez en mode *Edit* de l'objet grâce à la touche *[Tab]* et sélectionnez tous les sommets *via* la touche *[A]*. Notez que si vous aviez un ou plusieurs points sélectionnés à la fin de l'étape précédente, une première pression sur la touche *[A]* désélectionnera ces sommets-là, puis une seconde pression sélectionnera la totalité des sommets.

Maintenant, inspectez l'étagère à outils *[T]* et dans la section *Add*, que vous ne trouverez que si vous êtes bien en mode *Edit*, remarquez le bouton *Spin*.

Il va nous permettre de transformer notre profil en un objet de révolution ; nous saisirons donc une valeur de 360 dans le champ *Degrees*. Ensuite, nous souhaitons une circonférence relativement lisse ; nous spécifierons donc une valeur de *Steps* modérément élevée, par exemple : 20. Il nous faut ensuite définir le vecteur qui deviendra l'axe de révolution de notre profil.

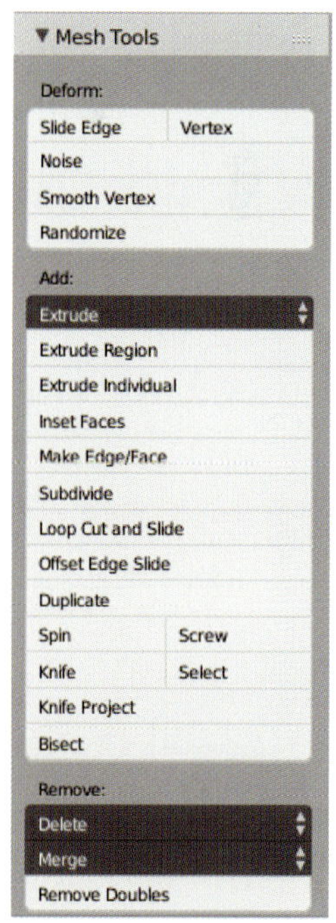

Figure 3–9 Le panneau consacré aux outils affectant le maillage

Si vous avez construit le profil dans la vue de face (*Front*), l'axe de révolution est l'axe Z vertical, soit un vecteur dont les composantes *X* et *Y* sont nulles ; choisissons une valeur égale à `1.00` pour le champ *Z*.

N'ayez pas peur, dans les propriétés interactives de l'étagère à outils, de jouer avec les valeurs de ces champs : tant que vous n'engagerez pas une nouvelle opération (sélection, transformation, changement de mode, etc.), les nouveaux paramètres s'appliqueront en temps réel à la forme de révolution dans la vue 3D. Dans le cas où les paramètres auraient été appliqués prématurément, rappelez-vous le raccourci clavier *[Ctrl]+[Z]* qui vous permettra d'annuler l'outil *Spin* et de relancer celui-ci : Blender réaffichera alors les derniers paramètres validés.

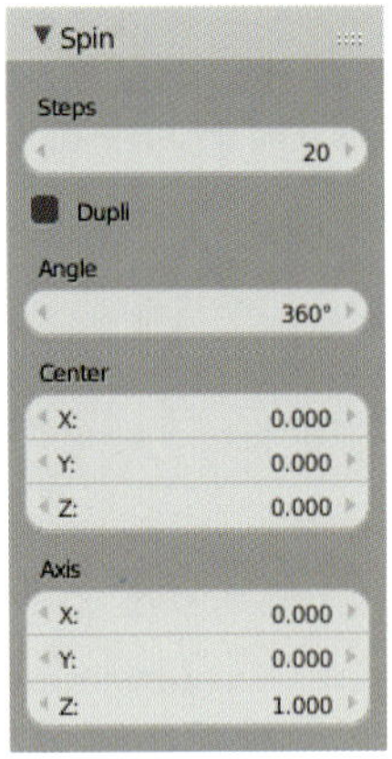

Figure 3–10
Les paramètres de l'outil Spin

> PRATIQUE **Modifier un champ numérique**
>
> Blender tolère plusieurs méthodes pour modifier un champ numérique. Tout d'abord, à la souris. Remarquez qu'un champ numérique a souvent, de part et d'autre de la valeur numérique, des petites flèches pointant vers la gauche et vers la droite. En cliquant (bouton gauche de la souris) au centre et en décalant la souris vers la droite (sans relâcher le bouton de souris), vous augmentez la valeur ; vers la gauche, vous la diminuez.
> Vous pouvez également cliquer directement sur la valeur numérique : elle est automatiquement sélectionnée et vous pouvez alors taper la valeur de remplacement.

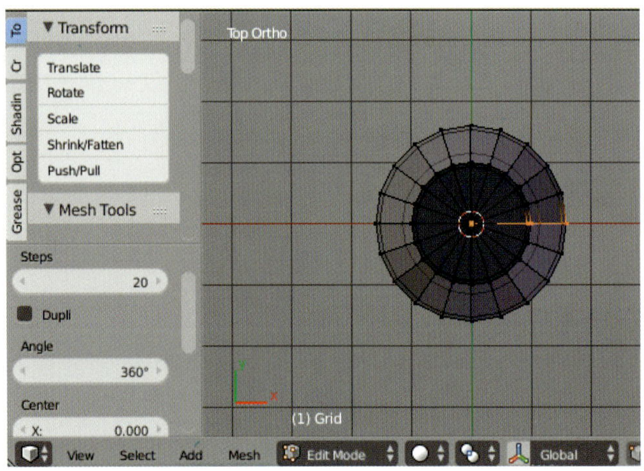

Figure 3–11
Après vingt rotations successives du profil, notre objet gagne en volume.

L'objet vient de prendre soudainement corps sous nos yeux, Blender s'étant automatiquement occupé de la génération des arêtes et des faces intermédiaires entre les profils clonés et pivotés. Vous noterez qu'au terme de l'opération, seuls les sommets correspondant au profil initial sont sélectionnés. Si nous regardons les statistiques, dans la barre de menus principale, nous remarquerons la catégorie *Verts: 12-252*. Notre profil comporte douze points (c'est effectivement le premier des deux nombres séparés par un tiret). Nous avons spécifié que le profil subirait une rotation en 20 étapes. Théoriquement, nous devrions avoir un total de 240 sommets (20 × 12). Or, nous en avons au total 252, soit 12 de trop. Cela est dû au fait que le dernier profil mis en rotation s'est superposé au profil initial. Nous avons donc des sommets coïncidents occupant le même espace. Au moment du rendu, cela se traduira par une arête vive sur un profil autrement lisse. Il n'est pas pratique de chercher à éliminer un à un les points coïncidents. Le plus simple est à nouveau de s'en remettre aux outils de Blender.

Toujours en mode *Edit*, appuyez deux fois sur la touche *[A]* afin de sélectionner tous les sommets de l'objet ; ils apparaissent désormais en orange, de même que les faces transparentes, en semi-transparence. Dans l'étagère à outils *[T]*, repérez le bouton *Remove Doubles* et cliquez dessus ; on vous propose alors de régler la distance de fusion des points considérés comme coïncidents. Conservez la valeur *Merge Distance* à `0.0001`, qui convient très bien ici.

Blender vous informe qu'il a supprimé 50 points coïncidents (*Removed 50 vertices*) ce qui est bon signe, puisque nous savions qu'il y en avait. Mais pourquoi 50 ? Tout simplement parce que les deux points extrêmes du profil, situés sur l'axe Z de révolution, ont également été dupliqués 20 fois. Dans la partie information à droite du menu principal, les statistiques indiquent désormais *Verts: 202-202*.

Vous pouvez maintenant quitter le mode *Edit* (touche *[Tab]* ou choisissez *Object Mode* dans l'en-tête de la vue 3D).

Améliorer l'aspect de la carafe

Nous allons maintenant nous attacher à donner une meilleure allure au corps de notre carafe. Pour y parvenir, nous allons intervenir à deux niveaux.

- Au niveau de l'affichage : il existe une astuce consistant à « lisser » l'ombrage des facettes, de sorte que l'on ait l'illusion d'une surface sans facettes. Il s'agit de l'option de *shading* *Smooth*.
- Au niveau du maillage : le profil aurait pu être composé d'un plus grand nombre de points. La rotation de celui-ci aurait aussi pu se découper en un plus grand nombre d'étapes de sorte que les facettes auraient été plus petites et, donc, l'objet plus lisse. Il existe un algorithme qui sous-divise le maillage de base en le lissant, de façon virtuelle, de sorte que le maillage d'origine est préservé. Il s'agit du modificateur *Subdivision Surface*.

L'usage de ces deux astuces conduit à des maillages plus lisses tout en épargnant les efforts de l'utilisateur de Blender.

BON À SAVOIR Différence entre Catmull-Clark et Simple Subdiv

Les deux méthodes sont proposées comme option lorsque vous mettez en œuvre le modificateur *Subdivision Surface*.
Simple va conserver la géométrie d'origine, et simplement diviser régulièrement le maillage d'origine un certain nombre de fois. Par exemple, utiliser *Simple*, avec *View* égal à 1 sur un cube, aura pour résultat le même cube dont chaque face sera constituée de quatre sous-facettes.
Catmull-Clark, pour sa part, va non seulement diviser le maillage d'origine, mais, en plus, le lisser. Pour reprendre l'exemple précédent, l'emploi de *Catmull-Clark* avec *View* égal à 1 va produire une sorte de boule à facettes.
Évidemment, à moins d'appliquer le modificateur avec le bouton *Apply*, seule la méthode *Catmull-Clark* aura un effet immédiatement visible à l'écran, interactivement et en temps réel. *Simple*, pour sa part, ne révélera sa présence que si vous utilisez un autre modificateur affectant interactivement le cube, comme le modificateur *Displace* associé à une texture, qui ne fonctionne bien que sur des surfaces finement subdivisées.

Lissage de l'ombrage des facettes

Le bouton *Smooth* se trouve dans l'étagère à outils *[T]*, dans la catégorie *Shading*. En cliquant dessus, l'ombrage de la carafe est immédiatement affecté et suggère une surface parfaitement lisse. À noter toutefois que la géométrie de la carafe n'est pas altérée : si vous observez les « bords » de la carafe par rapport à l'arrière-plan, vous constatez que les segments la constituant sont toujours très visibles.

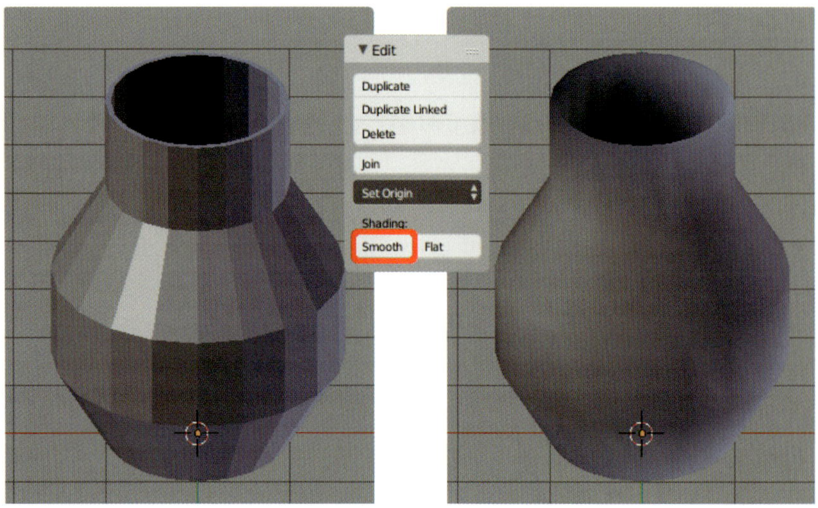

Figure 3–12
Notre carafe est toute en facettes mais, grâce au bouton Smooth, elle paraît beaucoup plus lisse.

ASTUCE
Rendre permanent un modificateur

Cliquer sur le bouton *Apply* associé au modificateur fige sa géométrie telle quelle en remplaçant, dans la mémoire de Blender, la géométrie d'origine.

Lissage de la géométrie de la carafe

Nous allons maintenant découvrir une fonctionnalité quasi magique de Blender : les modificateurs. Les modificateurs permettent d'altérer « à la volée » la géométrie de vos objets afin d'en changer l'aspect, mais de façon réversible : la géométrie d'origine est la seule véritablement

ASTUCE Smooth sur des groupes de facettes seulement

En mode *Edit* (touche *[Tab]*), sélectionnez les facettes de votre choix et appuyez sur le bouton *Smooth* dans l'onglet *Shading/Uvs* de l'étagère à outils. Quittez le mode *Edit*. L'ombrage des seules facettes sélectionnées a été lissé et les facettes sont clairement visibles en dehors de la sélection. Le bouton *Flat* fonctionne à l'inverse de *Smooth* : il révèle les facettes.

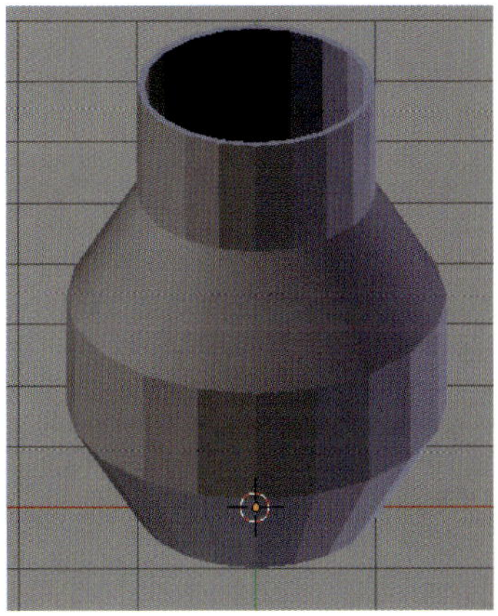

Figure 3–13
Une ligne de facettes sur deux est soumise au bouton Smooth, l'autre à Solid.

stockée dans le fichier. Le résultat du modificateur est interprété à chaque opération ou chargement.

En particulier, nous allons nous intéresser au modificateur *Subdivision Surface*, qui permet de remplacer le maillage grossier de la carafe par un maillage plus dense, aux courbes plus harmonieuses. Dans l'éditeur des propriétés, recherchez l'icône *Object Modifiers*, et cliquez dessus pour découvrir le bouton *Add Modifier*. Dans le menu déroulant qui apparaît, choisissez *Subdivision Surface* dans la catégorie *Generate*.

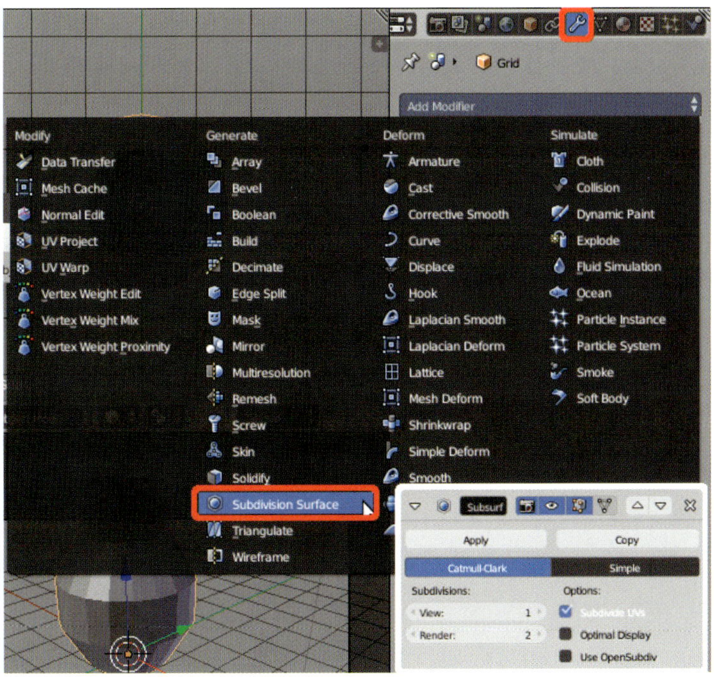

Figure 3–14
Ajout d'un modificateur de type Subdivision Surface. View: 1 allège l'affichage sur les configurations modestes ; passez-le à 2 pour obtenir à l'écran le même résultat qu'au rendu (Render: 2).

Nous allons laisser tels quels tous les paramètres par défaut, mais précisons tout simplement que *Catmull-Clark* est la méthode de subdivision que nous retiendrons, que *View* indique le niveau de lissage dans la vue 3D et que *Render* précise celui au moment du rendu. Bien évidemment, plus ces niveaux sont élevés, plus le lissage sera important, mais plus le modificateur consommera de la mémoire et ralentira le temps de rendu (et même d'affichage dans les vues 3D).

Figure 3–15
Notre carafe, avant et après l'activation du modificateur Subdivision Surface

Modifier le profil

Si vous n'êtes pas tout à fait satisfait des proportions de votre carafe, rien n'est perdu. Par exemple, nous allons rétrécir la partie supérieure de la carafe, pour lui donner un peu plus de style. Dans la vue de face, et en mode *Edit* (touche *[Tab]*), utilisez l'outil de sélection *Select>Border Select*, ou plus simplement la touche *[B]*, pour tracer une boîte (bouton gauche de la souris) autour de la deuxième ligne de sommets depuis le haut de la carafe. Attention, pensez à désactiver la limitation de sélection à la géométrie visible (voir aparté page suivante) sinon seuls les sommets du premier plan seront sélectionnés. Puis, appuyez sur la touche *[S]* (pour *Size*, « taille » ou « dimension » en français) pour les redimensionner. Dès que vous aurez appuyé sur la touche *[S]*, le mouvement de la souris va fixer l'agrandissement ou le rétrécissement de la sélection.

À SAVOIR **La limitation de sélection à la géométrie visible**

Il s'agit d'une méthode d'affichage dans la vue 3D qui permet de totalement masquer les arêtes, sommets et faces en arrière-plan par les faces qui se situent en premier plan. Ainsi, il est possible d'observer plus facilement la topologie (le maillage) de vos objets, et de n'autoriser les sélections que sur les faces en avant. Ainsi, lorsque l'option de limitation de la sélection à la géométrie visible est active, les sélections (grâce à la fonction *Border Select*, touche *[B]*, par exemple) n'affectent pas les faces masquées en arrière-plan.
Pour l'activer ou la désactiver, cliquez dans l'en-tête de la vue 3D sur l'icône représentant les deux facettes superposées. Attention, cette option n'est disponible que si les facettes sont visibles dans la vue 3D, c'est-à-dire lorsque l'option *Viewport Shading* de l'en-tête de la vue 3D est au minimum sur *Solid*. Le mode filaire *Wireframe* ne l'autorise pas notamment.

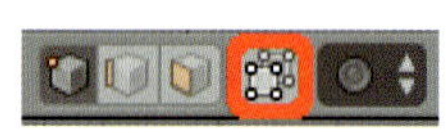

Figure 3–16 Avant-dernière icône, Limit selection to visible permet de cacher ou de révéler la géométrie cachée en arrière-plan.

Pour notre part, nous allons appuyer sur la touche *[Ctrl]* tout au long du déplacement de la souris, afin que l'augmentation ou la diminution des dimensions se fasse par incréments réglés plutôt que par valeurs libres. Observez l'en-tête de la vue pendant cette opération. Elle affichera des valeurs « rondes » de *Size X*, *Size Y* et *Size Z*, qui indiquent respectivement le facteur de « redimensionnement » appliqué à la sélection dans les trois axes de notre repère. Une fois obtenue la forme souhaitée pour la carafe, appuyez sur la touche *[Entrée]* pour valider la transformation géométrique.

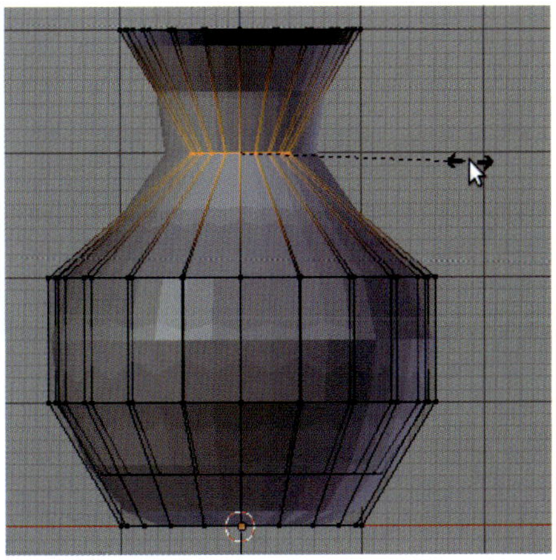

Figure 3–17
Le col de la carafe est redimensionné.

Vous pouvez alors appuyer sur la touche *[A]* pour désélectionner tous les sommets qui le sont. Ne quittez toutefois pas le mode *Edit*, nous allons encore transformer notre maillage.

ASTUCE
Contraindre une modification selon un axe déterminé

Lorsque vous appuyez sur les touches *[G]*, *[R]* ou *[S]* pour déplacer, faire tourner ou redimensionner un objet, vous pouvez enchaîner avec les touches *[X]*, *[Y]* ou *[Z]* pour contraindre la modification selon l'axe correspondant. Par exemple, en vue de de face, si vous appuyez sur la touche *[G]*, puis sur *[Z]*, la sélection ne sera déplacée que selon la direction de l'axe Z.

Le bec verseur

Nous allons maintenant ajouter un bec verseur à notre carafe. Nous aurions plusieurs solutions pour y parvenir, mais celle choisie est un peu plus pédagogique que les autres. Jusqu'à présent, les opérations de redimensionnement ou de rotation utilisaient comme pivot le centre géométrique de la sélection. Cette option est matérialisée par l'icône *Median Point*, dans l'en-tête de la vue 3D.

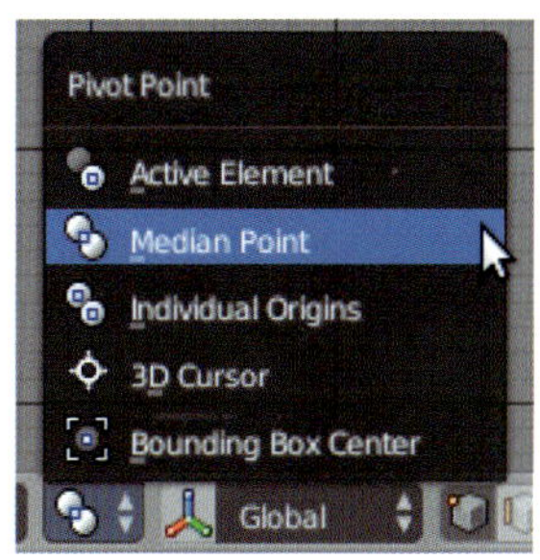

Figure 3–18
Median Point, le pivot par défaut

Avec ce type de pivot actif, le centre de la rotation ou du redimensionnement sera un point immatériel correspondant au centre de gravité de la sélection. Il s'agit du comportement par défaut, mais d'autres options existent. Parmi celles-ci, la possibilité de se servir du curseur 3D comme centre de rotation. Dans l'en-tête de la vue de face, choisissez l'option *3D Cursor*.

Positionnez ensuite le curseur (bouton gauche de la souris) à peu près au niveau du « cou » de la carafe. Notre curseur 3D va se coller sur la surface de la carafe, aussi prenez soin de rectifier sa position sur l'axe *Y* dans le panneau *[N]* en entrant la valeur `0.00`.

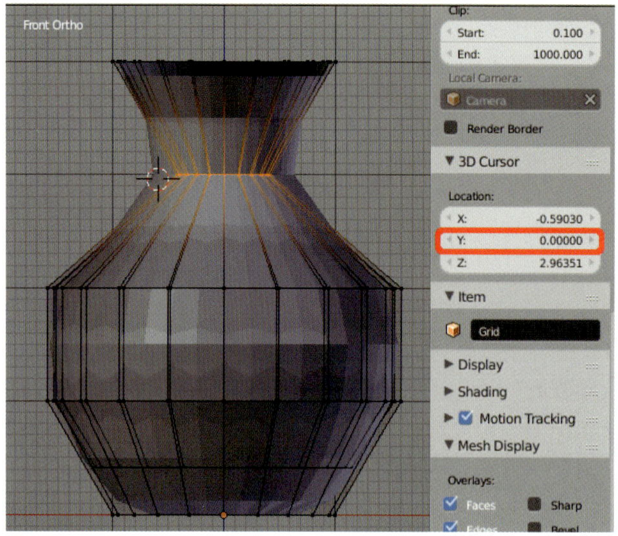

Figure 3–19
La nouvelle position du curseur 3D

Un mode d'édition intelligent : Connected

Le mode d'édition proportionnelle tient compte des connexions éventuelles entre la sélection et les sommets voisins. Lorsque l'option *Connected* est active, seuls les sommets situés dans l'aire d'effet et reliés à la sélection sont affectés.

Nous allons maintenant employer un outil à la fois simple et puissant de Blender : le *Proportional Editing Mode* (« mode d'édition proportionnelle » en français). Le principe en est simple : lorsque l'outil est actif, si vous avez un maillage d'une certaine densité et que vous déplacez un sommet, Blender va déplacer proportionnellement tous les sommets situés dans le rayon d'effet de l'outil. Bien évidemment, les sommets à l'extérieur du rayon d'effet ne sont pas affectés et, à l'intérieur de celui-ci, plus le sommet sera proche du sommet déplacé, plus il sera déplacé à son tour, selon une règle proportionnelle, carrée, sphérique ou autre.

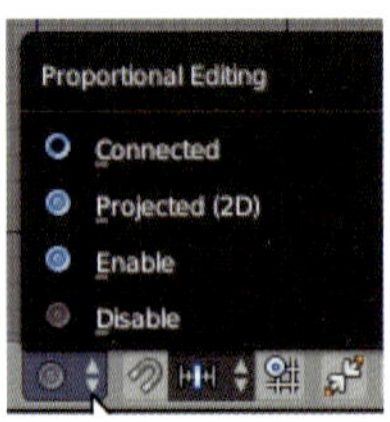

Figure 3–20
Activation de l'outil d'édition proportionnelle

Pour activer cet outil, soit vous cliquez sur l'icône appropriée de l'en-tête, soit vous utilisez le raccourci clavier *[O]*, soit vous passez par le menu *Mesh* et cliquez sur *Proportional Editing* pour choisir l'option *Enable*. Dans les trois cas, Blender vous propose plusieurs options (celle par défaut, que nous conserverons, est tout simplement le mode *Enable*).

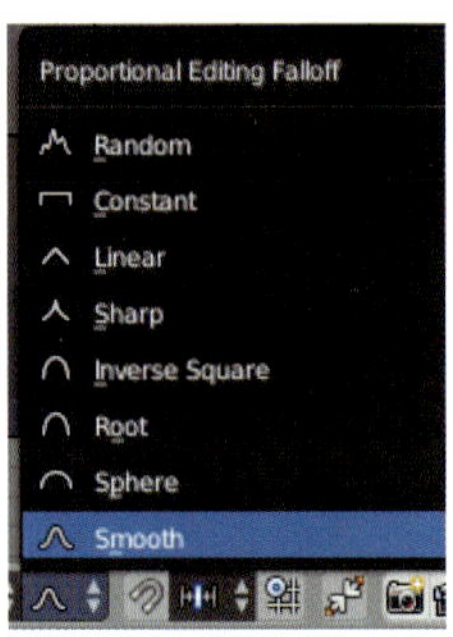

Figure 3–21
Réglages possibles du Falloff

La loi qui gère le déplacement des sommets dans le rayon d'effet de l'outil est appelée le *Proportional Editing Falloff*. Par défaut, la loi sélectionnée est le *Smooth Falloff*, mais vous pouvez la changer soit en cliquant sur l'icône appropriée (qui apparaît lorsque vous activez l'outil) et en en sélectionnant une autre dans le menu déroulant, soit en passant par le menu *Mesh* et en cliquant sur *Proportional Editing Falloff*, puis l'option choisie. Enfin, le rayon d'effet de l'outil est symbolisé à l'écran par un cercle. Vous pouvez augmenter son rayon en utilisant la molette de votre souris.

Pour notre carafe, désélectionnez d'abord, grâce à la touche *[A]*, tous les sommets éventuellement sélectionnés. Puis activez le mode d'édition proportionnelle grâce à la touche *[O]* et conservez l'icône *Smooth* par défaut qui devient disponible comme type de *Falloff*. Dans la vue de dessus (*Top Ortho*), appuyez sur la touche *[C]* pour activer l'outil *Circle Select* ; un cercle d'effet apparaît et vous pouvez en régler le rayon grâce aux touches *[+]* et *[-]* du pavé numérique, ou grâce à la molette de la souris.

Comme nous allons faire une sélection assez fine, appuyez quelques fois sur la touche *[-]* pour diminuer sensiblement la taille du cercle d'effet et, sur la vue de dessus, sélectionnez les deux points situés sur la ligne horizontale et correspondant au sommet de la carafe à l'aide du bouton gauche de la souris.

Faites tourner la vue 3D pour vous assurer que d'autres points indésirables n'ont pas été sélectionnés. Au besoin, employez le bouton central de la souris pour les enlever de la sélection.

ASTUCE

Quelques combinaisons de touches pour régler le rayon d'effet

Les combinaisons de touches *[Alt]+[+]* et *[Alt]+[-]* du pavé numérique ou, plus simplement, les touches *[PageUp]* et *[PageDown]* permettent également de changer le rayon d'effet du mode *Proportional Editing*.

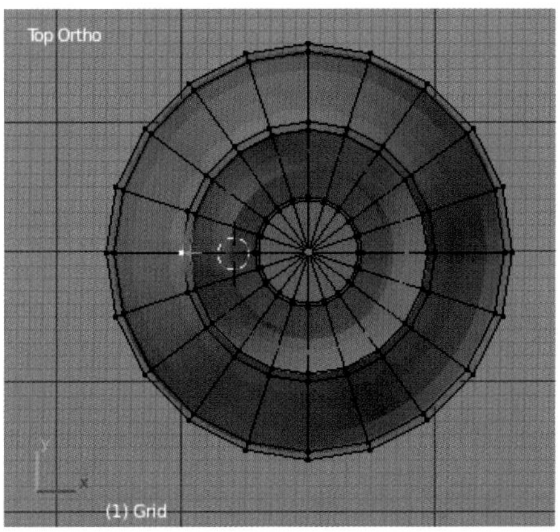

Figure 3–22
Sélection des points à faire tourner autour du curseur 3D

Si la sélection vous convient, validez *via* le bouton droit de la souris (ou la touche *[Entrée]*). Maintenant, revenez dans la vue de face. Nous avons désormais tout ce qu'il nous faut : un centre de rotation défini comme étant le curseur 3D et une sélection de points prêts à être mis en rotation. En fait, il ne nous manque plus qu'à réaliser la rotation. Cela se fait au moyen de la touche *[R]* (pour *Rotate*, « faire tourner » en français). Le rayon d'effet est certes assez grand, mais ne vous laissez pas impressionner : déplacez le curseur de la souris et observez la valeur en bas de la vue 3D ; elle indique en temps réel l'angle de rotation de la sélection.

Maintenez appuyée la touche *[Ctrl]* et déplacez la souris jusqu'à obtenir un angle de `-35.00°`, mais ne validez pas encore. Lâchez d'abord la souris (délicatement, pour ne pas la bouger) puis la touche *[Ctrl]*, et utilisez ensuite les touches *[PageUp]* et *[PageDown]* pour régler le rayon d'effet de

ASTUCE

Utiliser des valeurs réglées

Lorsque vous transformez un objet, il est difficile d'être très précis à la souris et de contrôler la portée de cette modification, surtout si vous « visez » des valeurs rondes ou précises. En maintenant la touche *[Ctrl]* pressée pendant le mouvement de la souris, vous contraignez la transformation à des multiples d'une unité entière pour les opérations de déplacement (touche *[G]*), de 5° pour les opérations de rotation (touche *[R]*), ou d'un facteur multiplicatif de 0,1 pour les opérations de redimensionnement (touche *[S]*).

l'outil d'édition proportionnelle jusqu'à obtenir la forme souhaitée. Vous pouvez maintenant valider la rotation grâce à la touche *[Entrée]*.

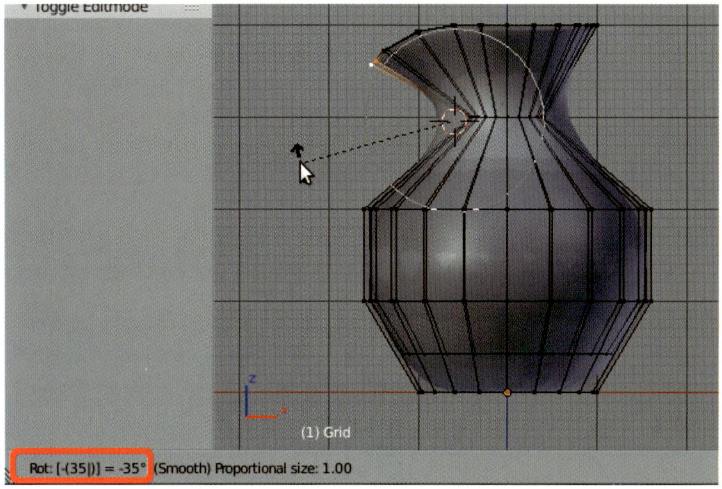

Figure 3–23
Angle de rotation lisible en temps réel

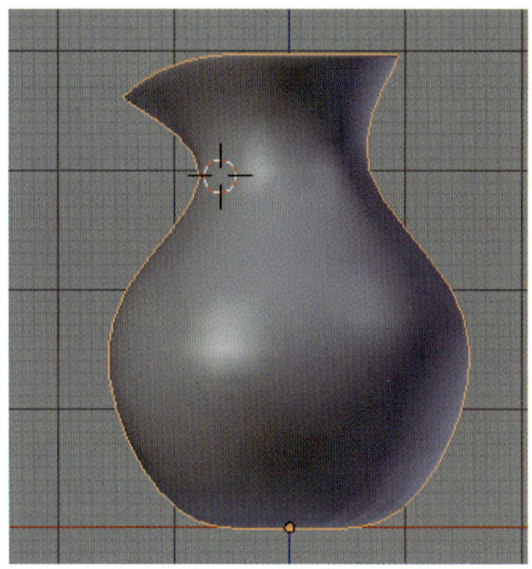

Figure 3–24 La carafe est désormais presque complète.

REMARQUE
Mode de sélection

Par défaut, lorsque vous utilisez un outil de sélection, ce sont des sommets que vous sélectionnez. Mais dans certains cas, il est plus intéressant d'appliquer certains outils (comme *Extrude*) à des arêtes ou des faces, plutôt qu'à des sommets. Dans l'en-tête, vous pouvez spécifier aisément le mode de sélection courant. Dans l'illustration qui suit, le bouton avec le petit point active la sélection de sommets, celui avec le segment vertical active la sélection d'arêtes et, enfin, celui avec la facette active la sélection de faces.

Figure 3–25 Les trois premiers boutons permettent d'activer respectivement la sélection de sommets, d'arêtes et de faces.

À noter que si vous maintenez la touche *[Maj]* pressée pendant que vous choisissez un mode de sélection, il devient possible de mélanger les modes de sélection !

Appuyez sur la touche *[A]* pour désélectionner tous les points qui le sont mais ne quittez pas encore le mode *Edit* : il nous reste encore un accessoire important à donner à notre carafe !

Ajout de l'anse

Les outils de modélisation de Blender étant variés et versatiles, nous disposons, ici aussi, pour ajouter une anse à la carafe, de nombreuses méthodes. Nous en choisirons bien sûr une qui nous permettra de découvrir des facettes intéressantes de Blender.

Dans un premier temps, cliquez sur l'icône *Limit selection to visible* dans l'en-tête afin de masquer à nouveau la géométrie en arrière-plan. Désormais, lorsque vous utiliserez un outil de sélection comme *Border Select* ou *Circle Select*, la sélection ne portera que sur les faces, arêtes et sommets visibles du premier plan. Ensuite, dans l'onglet *Object Modifiers* de l'éditeur des propriétés, le modificateur *Subdivision Surface* doit être actif ; passez la valeur de *View* à 2 afin que le tracé à l'écran corresponde bien à celui du rendu. Enfoncez le bouton *Optimal Display*. À droite du nom du modificateur se trouve une série d'icônes ainsi que des curseurs pointant vers le haut et le bas. Cliquez sur le dernier bouton avant les flèches pour l'activer : l'apparence de votre carafe dans la vue 3D prend immédiatement une autre allure !

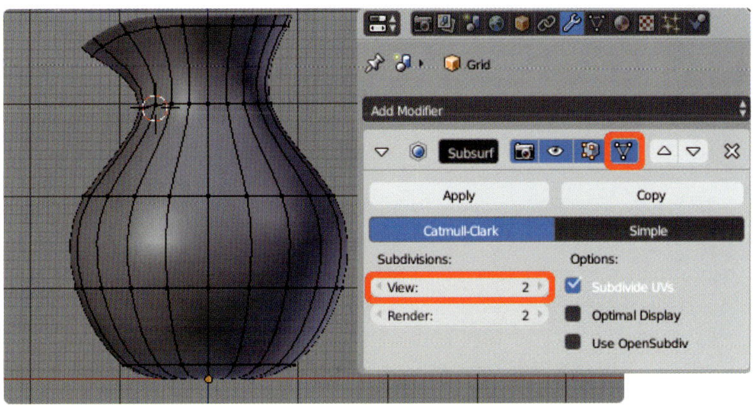

Figure 3–27 Le modificateur Subsurf et l'option « Apply modifier to editing cage during Edit mode » en action

Placez-vous dans la grande vue 3D à gauche (qui contient actuellement la vue de face) et basculez-la en vue de côté, grâce à la touche *[3]* du pavé numérique. Ensuite, dans l'en-tête, activez le mode de sélection de faces.

Dans cette vue depuis le côté droit, activez l'outil *Circle Select* en appuyant sur la touche *[C]*. Diminuez le rayon du cercle de sélection grâce à la touche *[PageDown]* ou en actionnant la molette de la souris, puis sélectionnez les deux faces centrales de la deuxième rangée de faces.

Revenez en vue de face grâce à la touche *[1]*. Nous allons construire une anse à notre carafe, en extrudant celle-ci à partir de notre sélection. Dans le menu *Mesh*, choisissez *Extrude Region* ou appuyez sur la touche *[E]*. Blender affiche alors la normale à la sélection selon laquelle les facettes seront extrudées. Déplacez un peu la sélection vers le haut mais pas trop, et validez avec le bouton gauche de la souris.

BON À SAVOIR

Les options du modificateur Subdivision Surface

Immédiatement à droite du nom du modificateur (par défaut : *Subsurf*), les quatre icônes servent à indiquer à quoi le modificateur doit s'appliquer.

- *Use modifier during rendering* : active le modificateur au cours du rendu ; souvent, lorsqu'un objet est en arrière-plan de la scène, désactiver cette option permet d'économiser de la mémoire.
- *Display modifier in realtime* : active le modificateur dans la vue 3D ou dans le moteur de jeu.
- *Use modifier while in Edit mode* : affiche la surface subdivisée en plus du maillage d'origine, également appelé « cage ».
- *Apply modifier to editing cage during Edit mode* : projette le maillage d'origine sur la surface subdivisée, ce qui autorise un retour visuel beaucoup plus efficace. Cette option est souvent incontournable en modélisation organique.

Figure 3–26 Il est possible de contrôler finement le champ d'application d'un modificateur.

LE SAVIEZ-VOUS ?

Si les touches *[7]*, *[1]* et *[3]* affichent respectivement les vues de dessus, de face et de côté droit, les touches *[Ctrl]+[7]*, *[Ctrl]+[1]* et *[Ctrl]+[3]* affichent pour leur part les vues de dessous, de derrière et de côté gauche.

Figure 3–28
Le bouton avec la facette est celui permettant d'activer le mode de sélection de faces.

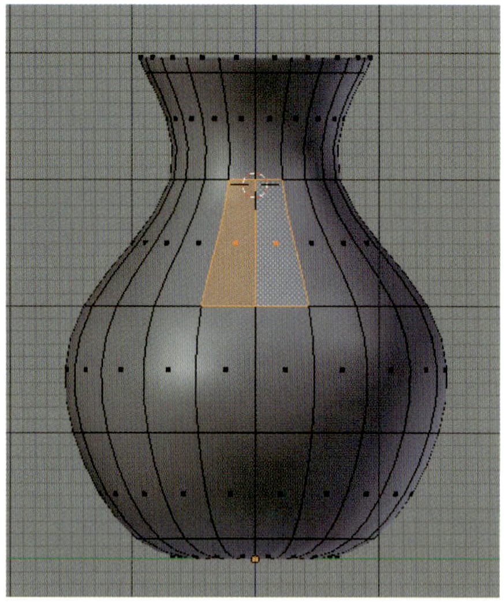

Figure 3–29
Sélection des deux faces à partir desquelles l'anse va être tirée.

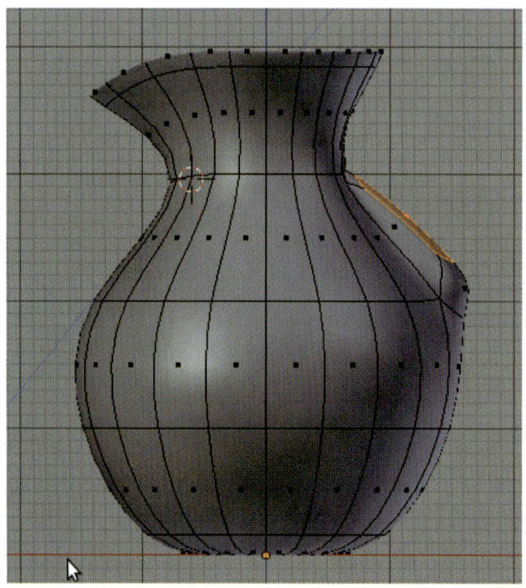

Figure 3–30
Première étape d'extrusion

Comme pivot des transformations, choisissez l'icône *Median Point*, puis désactivez le mode d'édition proportionnelle grâce à la touche *[O]*. Ensuite, dans la vue de dessus, appuyez sur la touche *[S]* pour diminuer la section de la sélection. Validez avec le bouton gauche de la souris ou appuyez sur la touche *[Entrée]*.

Essayez ensuite d'équilibrer la section de la sélection de sorte que longueur et largeur soient à peu près équivalentes, en contraignant les transformations respectivement dans les directions *X* et *Y*. Ainsi, la succession des touches *[S][Y]* permettra de ne redimensionner la sélection que dans la direction Y.

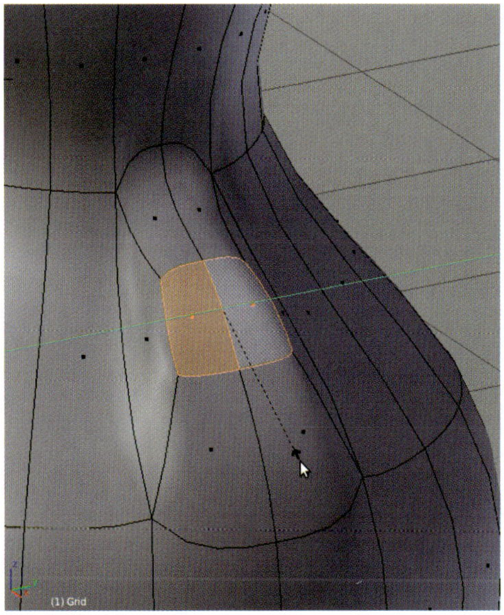

Figure 3–31 Redimensionnement de l'excroissance dans la direction Y grâce à la succession de touches [S][Y]

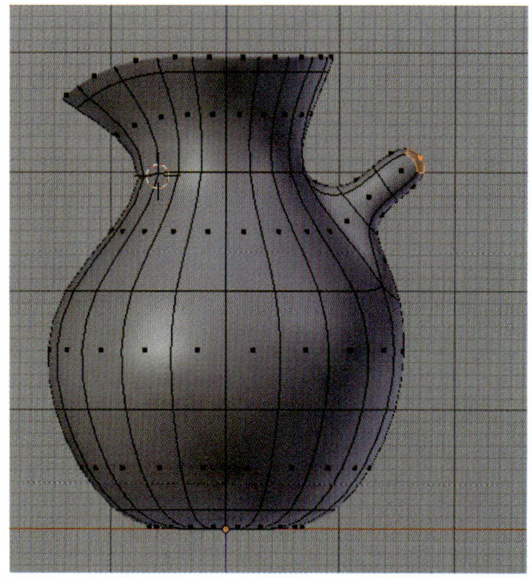

Figure 3–32 Par [Ctrl]+[bouton gauche] successifs, l'anse se dessine.

Nous allons découvrir une nouvelle façon de générer du volume, bien que la fonction d'extrusion (touche *[E]*) soit très intéressante. De retour dans la vue de face (touche *[3]*) et en mode *Ortho* (touche *[5]*), vous allez utiliser la combinaison *[Ctrl]+[bouton gauche]* de la souris pour extruder la sélection jusqu'à la position courante du pointeur de la souris.

Le point intéressant c'est que si vous enchaînez cette opération tout en faisant suivre à vos clics une trajectoire courbe, pour peu que l'espacement entre deux *[Ctrl]+[bouton gauche]* soit suffisamment faible, Blender va automatiquement interpoler la rotation des facettes extrudées de sorte à ce qu'elles suivent de façon naturelle la courbure de la trajectoire.

BON À SAVOIR **Générer des volumes librement à la souris**

Lorsque vous utilisez une succession de *[Ctrl]+[bouton gauche]* pour ajouter du volume à votre modèle, le chemin de celui-ci est toujours dans le plan de la vue 3D. Cela veut dire que vous aurez tout intérêt à travailler dans les vues principales (*Front[1]*, *Right[3]*, *Top[7]* ou leurs opposés) si vous voulez garantir que les volumes créés respectent ces directions. C'est le cas de l'anse dans l'exercice de modélisation de la carafe.
En revanche, dans le cadre d'une modélisation plus « organique », par exemple un arbre, vous gagnerez à travailler uniquement dans des vues en perspective que vous ferez varier de façon plus ou moins importante entre un *[Ctrl]+[bouton gauche]* et un autre.
Vous noterez enfin que la nature de la sélection définit le résultat obtenu : s'il s'agit d'un sommet (ou d'un ensemble de sommets non connectés), le résultat produit sera une arête (ou un ensemble d'arêtes) ; s'il s'agit d'une arrête (ou d'un ensemble d'arêtes non connectées), le résultat sera une facette (ou un ensemble de facettes non connectées).

Après avoir répété l'opération un certain nombre de fois, vous obtenez donc une anse complète ; n'hésitez pas à revenir en arrière grâce à la combinaison *[Ctrl]+[Z]* si la courbure de l'anse n'est pas satisfaisante ou si celle-ci vient pénétrer dans le corps de la carafe.

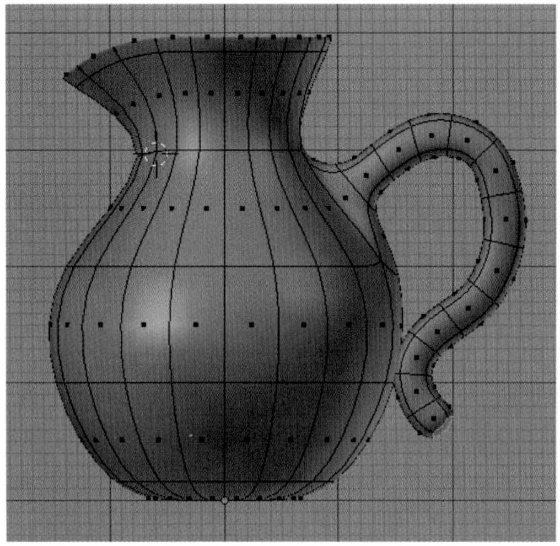

Figure 3–33
L'anse enfin complète

Pour parachever l'aspect esthétique de votre anse, redimensionnez l'extrémité de la carafe grâce à la touche *[S]*.

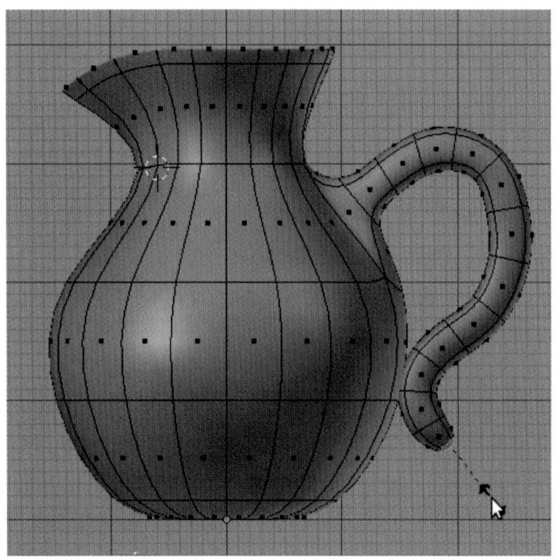

Figure 3–34
L'extrémité de l'anse est affinée individuellement.

Pensez maintenant à quitter le mode *Edit*, soit grâce à la touche *[Tab]*, soit en choisissant *Object Mode* dans l'en-tête de la vue 3D.

Pousser la modélisation : création d'un environnement rudimentaire

Vous avez fini de modéliser votre carafe ! C'est déjà un grand pas dans votre apprentissage du logiciel, mais cette étape à elle seule n'est pas suffisante pour l'obtention d'une image intéressante.

Figure 3–35
Une bien jolie carafe, mais qui se sent très seule !

Pour l'instant, la carafe « flotte » dans les airs, nous allons donc essayer de lui donner une surface sur laquelle s'appuyer. Positionnez le curseur 3D au centre de la scène. Pour cela, vous avez deux options.

- Grâce à la combinaison de touches *[Maj]+[C]* qui permet de replacer le curseur à l'origine du repère et de recentrer la vue active sur la scène.
- Dans le panneau des propriétés numériques (activé grâce à la touche *[N]*), repérez la section *3D Cursor* et tapez la valeur `0.0000` pour chacune des coordonnées *X*, *Y* et *Z*.

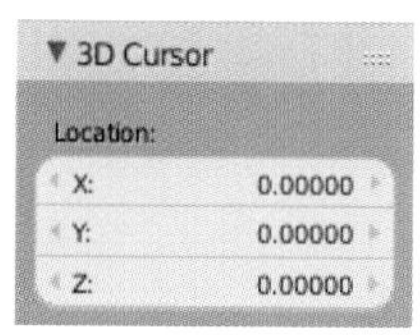

Figure 3–36 Les coordonnées du curseur peuvent être réglées manuellement.

Insérons maintenant un nouvel objet dans la scène. Cela se réalise très simplement de deux façons possibles.

- Passez par le menu *Add*, puis choisissez *Mesh>Plane*.
- Utilisez la combinaison *[Maj]+[A]* (pour *Add*) qui va appeler le même menu d'ajout, et choisissez à nouveau *Mesh>Plane*.

Un plan fait son apparition sous la carafe, mais ses dimensions sont trop petites pour figurer une surface crédible, comme une table. Dans la section *Transform* des propriétés numériques *[N]*, spécifiez une valeur égale à `10.000` pour les champs *X* et *Y* du paramètre *Scale*.

Nous avons désormais une table convenable, mais la scène reste désespérément dépeuplée. Nous allons en profiter pour découvrir une notion bien utile de Blender : la duplication d'objets. Pour cela, sélectionnez la carafe à l'aide du bouton droit de la souris et placez-vous en vue de dessus (*Top*, touche *[7]* du pavé numérique). Dans le menu de l'en-tête de la vue 3D, choisissez *Object* puis *Duplicate Object* (ou utilisez la combinaison *[Maj]+[D]*) : une seconde carafe fait son apparition, surlignée de blanc, indiquant qu'une transformation est en cours. Déplacez-la un peu plus loin et validez sa nouvelle position grâce au bouton gauche de la souris ou à la touche *[Entrée]*.

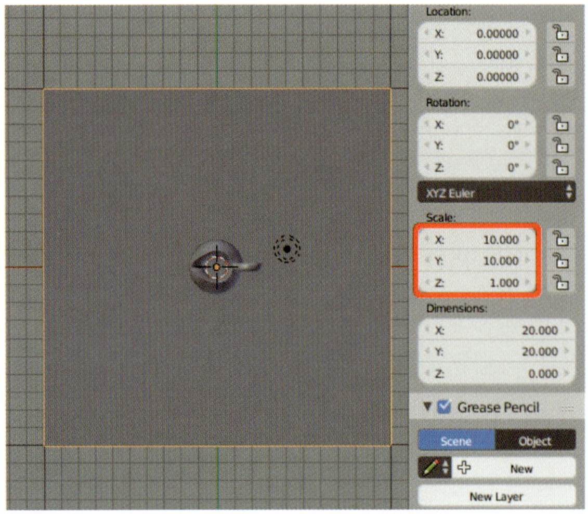

Figure 3–37
Le plan a été redimensionné pour symboliser une table.

Toujours dans la vue de dessus (*Top*, touche *[7]*), faites tourner la seconde carafe sur elle-même grâce à la touche *[R]* et validez sa nouvelle orientation à l'aide du bouton gauche de la souris ou de la touche *[Entrée]*. Puis, dans la vue de face (*Front*, touche *[3]*), redimensionnez-la (par exemple, en la réduisant) grâce à la touche *[S]*, et validez sa nouvelle dimension toujours grâce au bouton gauche de la souris ou à la touche *[Entrée]*.

Figure 3–38
La carafe a été dupliquée pour créer un cruchon.

Prenons de bonnes habitudes dès maintenant, en faisant de l'éditeur de type *Outliner* un allié. Celui-ci présente tous les éléments de la scène. Certains ont été créés par vos soins, comme *Grid* et *Grid.001* (qui sont respectivement votre carafe et son duplicata miniature), d'autres étaient présents dès la scène de démarrage, comme *Camera* ou *Lamp*. Si certains noms sont assez explicites, d'autres le sont moins, mais nous allons y remédier.

BON À SAVOIR Renommer un objet

Vous pouvez renommer un objet de différentes façons :

- dans l'*Outliner*, l'usage du bouton droit sur un objet de l'arbre appelle un menu contextuel. Choisissez *Rename* ;
- dans le panneau des données numériques *[N]*, localisez la section *Item* et modifiez le nom de l'objet dans le champ approprié ;
- dans la fenêtre des propriétés, affichez le contenu de l'onglet *Object* et le premier champ disponible permet de modifier le nom de l'objet sélectionné.

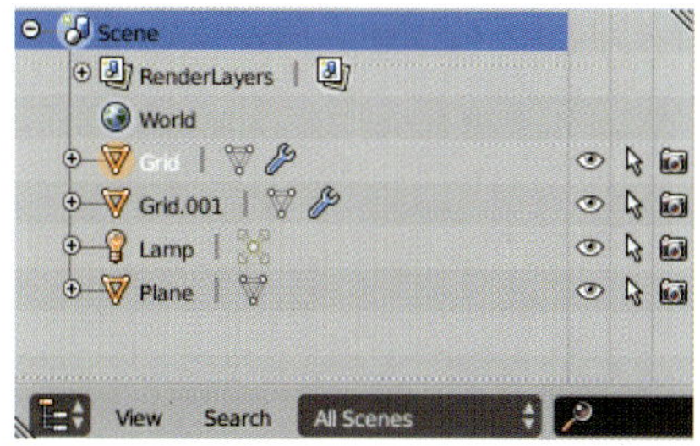

Figure 3–39

Sélectionnez dans l'éditeur de type *Outliner* l'entité *Grid* avec le bouton gauche et cliquez dessus avec le bouton droit pour appeler un menu contextuel. Choisissez *Rename* et rebaptisez l'objet *Carafe*. De la même façon, sélectionnez l'objet *Grid.001* et renommez-le *Cruchon*. Enfin, renommez *Plane* en *Table*.

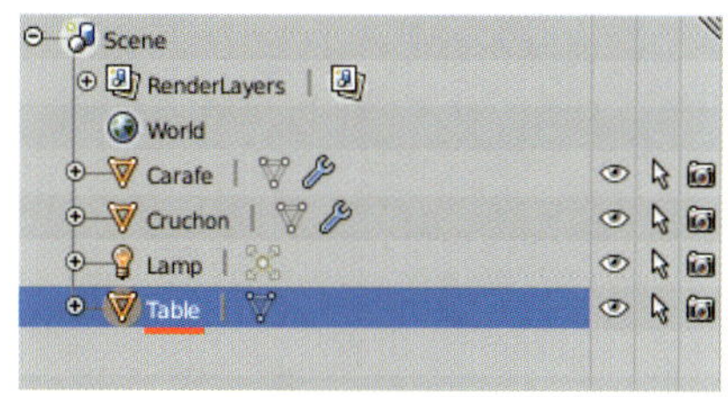

Figure 3–40
Renommage de l'objet Table dans l'Outliner

Nous pourrions nous en tenir là, mais nous allons sélectionner le cruchon et à nouveau le dupliquer. En vue de dessus (*Top*, touche *[7]*), allez dans le menu *Object* de l'en-tête de la vue 3D mais, cette fois, choisissez *Duplicate Linked* (ou utilisez la combinaison *[Alt]+[D]*). Placez le duplicata en arrière-plan de la carafe par rapport à la caméra en validant sa nouvelle position grâce au bouton gauche ou à la touche *[Entrée]*. Puis dans la vue de face (*Front*, touche *[3]*), redimensionnez-la (par exemple, en l'agrandissant) grâce à la touche *[S]*, et validez sa nouvelle dimension grâce au bouton gauche de la souris ou à la touche *[Entrée]*. Dans l'éditeur de type *Outliner*, renommez *Cruchon.001* en *GrandCruchon* par exemple.

Figure 3–41
Une collection de carafes clonées !

BON À SAVOIR Duplicate Objects et Duplicate Linked

Dans les deux cas, un nouvel objet ressemblant au premier fait son apparition, directement en mode transformation : il est entouré d'un liseré blanc et attend que vous le repositionniez où vous le souhaitez.

- *Duplicate Objects* : le duplicata est une simple copie de l'objet, totalement indépendante, offrant généralement une base de travail pour la création d'un modèle différent ; vous pouvez en modifier la structure interne (par exemple, le maillage) ou changer son matériau comme bon vous semble, sans que l'objet d'origine ne soit affecté.
- *Duplicate Linked* : le duplicata est en fait un clone de l'objet sélectionné. À ce titre, si vous apportez des modifications à la structure interne de l'objet d'origine, l'objet dupliqué hérite automatiquement des mêmes modifications. Celles-ci sont bidirectionnelles : les modifications apportées au duplicata se répercutent aussi sur l'original.

Il est important de noter que si les transformations (déplacement, rotation, mise à l'échelle…) sont réalisées en mode *Object*, ce ne sont pas des changements à la structure interne, et qu'elles ne sont, par conséquent, pas transmises d'un clone à l'autre. En revanche, si vous opérez ces transformations (ainsi que d'autres opérations de modélisation, comme des extrusions supplémentaires) en mode *Edit*, les modifications sont bien héritées par les autres clones.

La différence par rapport à précédemment est que le nouvel objet est totalement lié au cruchon : au lieu d'en être un duplicata, il en est un clone. Toute modification structurelle appliquée sur l'un sera répliquée sur l'autre, à l'exception des transformations (ce qui permet de déplacer, tourner, redimensionner indépendamment chaque clone) qui agissent au niveau de l'objet et non pas de sa structure interne. Nous comprendrons l'intérêt de cette variante plus tard, lorsque nous affecterons des apparences aux matériaux constituant ces objets.

Notre scène, carafes et environnement compris, est désormais en place. Mais elle ne fonctionnera correctement que si la caméra est bien positionnée et l'éclairage satisfaisant. Avec ces deux éléments issus de la scène par défaut de Blender, il est très improbable que vous obteniez un résultat satisfaisant.

Occupons-nous tout d'abord de la lumière : dans l'*Outliner*, sélectionnez l'objet *Lamp* et dans les vues de votre choix, déplacez-la (touche *[G]*) de sorte qu'elle soit un peu en arrière-plan et au-dessus de la scène. Par exemple, *X* `4.0`, *Y* `12.0` et *Z* `12.0` (valeurs que vous pouvez directement saisir dans les champs appropriés de la section *Transform*, paramètres *Location* du panneau des propriétés numériques *[N]*) peuvent convenir si vous avez suivi scrupuleusement les proportions des images de ce chapitre.

La caméra est plus difficile à maîtriser : il est souvent utile d'avoir votre vue 3D partitionnée de sorte à avoir une vue depuis la caméra active (touche *[0]* du pavé numérique). On constate alors que, s'il est facile de positionner la caméra en un endroit particulier, l'orienter de façon à ce que, dans sa vue, elle affiche la scène désirée, sera le plus souvent difficile et nécessitera de jongler entre différentes vues.

Figure 3–42
La lampe éclaire la scène entière, sa position simulant grossièrement la lumière d'une ampoule.

Nous allons donc vous présenter une astuce qui simplifiera la gestion de la caméra. En vue de dessus (*Top*, touche *[7]*), commencez par sélectionner la caméra (bouton droit de la souris), puis déplacez-la (touche *[G]*) de manière à l'éloigner du centre de la scène et de façon à ce que sa vue révèle la quasi-totalité de celle-ci.

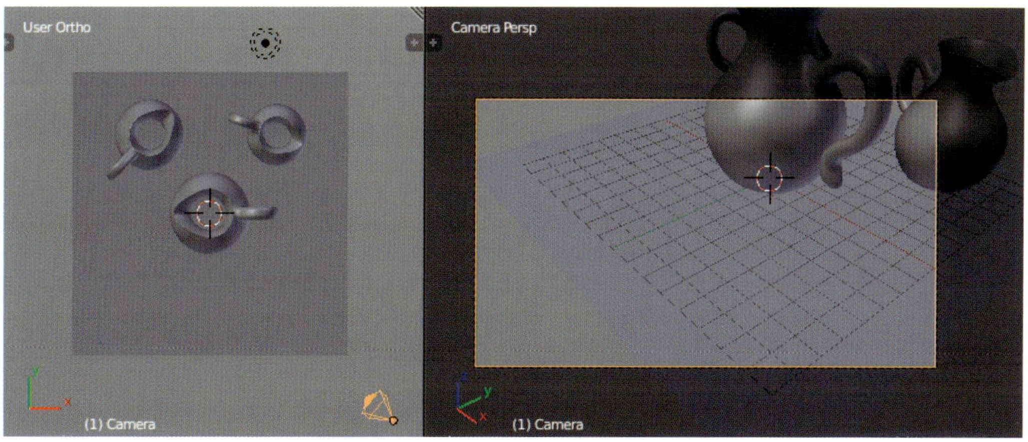

Figure 3–43 La caméra a été éloignée, mais elle ne permet toujours pas de capturer l'ensemble de la scène.

Repositionnez à nouveau le curseur 3D au centre de la scène, mais à une altitude de 10 unités (dans le panneau des propriétés numériques *[N]*, saisissez des valeurs nulles à chaque paramètre *X* et *Y*, puis une valeur `10.0` à *Z* de la section *3D Cursor*), et ajoutez un nouvel objet grâce à la combinaison *[Maj]+[A]* et ensuite à *Empty*. L'*Empty* est un type d'objet spécial de Blender, qui a seulement des coordonnées de position (ainsi que de rotation et d'autres paramètres, mais qui ne nous intéresseront pas ici). Par conséquent, il n'apparaît pas sur les images rendues mais uniquement dans la vue 3D.

Dans l'*Outliner*, sélectionnez l'objet *Camera* avec le bouton gauche de la souris puis, tout en maintenant la touche *[Maj]* enfoncée, cliquez à nouveau avec le bouton gauche sur l'objet *Empty* pour l'ajouter à la sélection. Attention, l'ordre est très important. Dans la vue 3D, la caméra apparaît en orange foncé, indiquant sa sélection, et l'*Empty* s'affiche en orange clair, indiquant qu'il est à la fois sélectionné et actif.

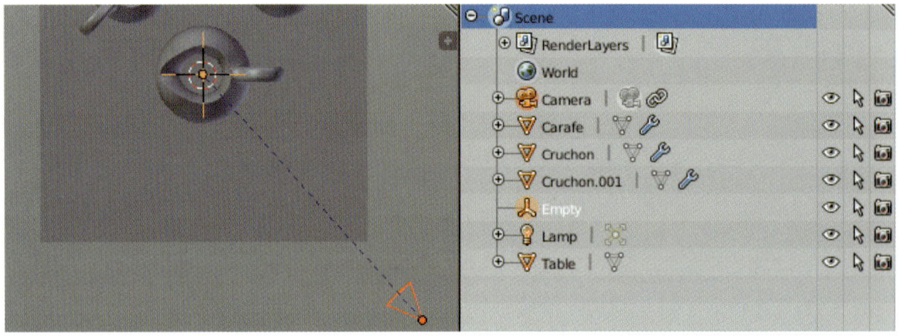

Figure 3–44
En vous aidant de l'Outliner, sélectionnez la caméra puis l'Empty.

En vous aidant de l'*Outliner*, sélectionnez la caméra puis l'*Empty*. Utilisez maintenant la combinaison *[Ctrl]+[T]>Track To Constraint* : un lien automatique se crée entre la caméra et l'*Empty* (matérialisé dans la vue 3D par une ligne noire en pointillés), et la caméra s'est automatiquement réorientée pour fixer l'*Empty*. Si vous avez la curiosité de regarder dans l'éditeur des propriétés, dans l'onglet *Object Constraints*, une nouvelle contrainte de type *TrackTo* a fait son apparition ; elle prend pour cible (*Target*) l'objet *Empty*.

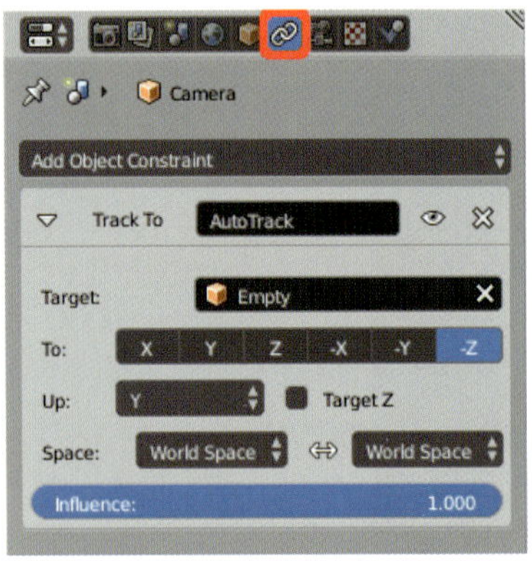

Figure 3–45 L'onglet Object Constraints dans l'éditeur des propriétés

Vous pouvez maintenant sélectionner l'*Empty* dans la vue 3D *via* la bouton gauche de la souris. Grâce à la touche *[G]*, déplacez-le et observez la vue depuis la caméra. Elle s'aligne automatiquement en permanence sur l'*Empty* pour conserver celui-ci au centre de sa vue… Vous l'avez compris, il ne reste plus qu'à déplacer dans les différentes vues la caméra et l'*Empty* jusqu'à ce que vous ayez une vue d'ensemble satisfaisante de la scène depuis la vue de caméra.

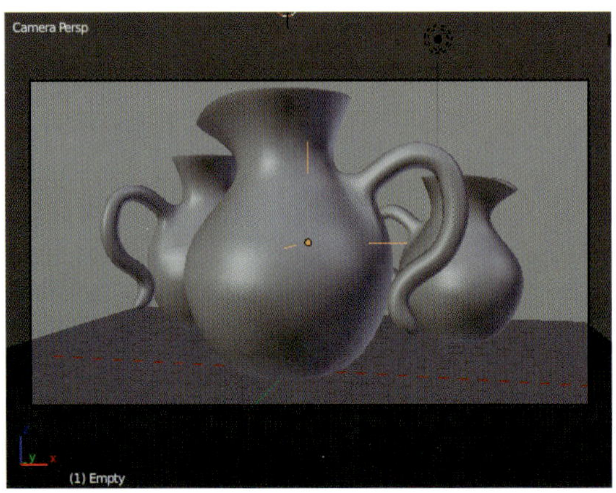

Figure 3–46
L'Empty indique précisément à la caméra ce qu'elle doit fixer, et il ne vous reste plus qu'à déplacer celle-ci jusqu'à capturer la scène dans son intégralité.

Nous allons effectuer un rapide rendu afin de voir à quoi ressemble notre scène. Dans le menu général de Blender, sélectionnez *Cycles Render* comme moteur de rendu.

Figure 3–47
Sélectionnez le moteur de rendu Cycles, nouvellement intégré à Blender.

Il ne vous reste plus qu'à effectuer le rendu de votre scène ! Pour cela, appuyez sur la touche *[F12]* ou en passant par le menu, choisissez *Render>Render Image*. N'oubliez pas de sauvegarder votre image grâce à la touche de fonction *[F3]* ou en passant par le menu *Image>Save As Image* de l'en-tête de la fenêtre affichant le rendu.

Figure 3–49
Notre travail de modélisation enfin achevé !

Nous avons bien avancé ! Notre premier projet a pris une forme agréable, mais il souffre d'un cruel manque de couleurs. C'est ce à quoi nous allons nous attaquer maintenant : donner aux modèles des apparence diverses et variées, et affiner la qualité du rendu.

Mise en couleurs de votre première scène

Une belle modélisation ne vaut rien sans un bon éclairage et une mise en couleurs soignée. Dans le cadre de cet exercice dédié à l'apprentissage, nous nous en tiendrons au service minimum, mais il y aurait beaucoup à dire et à faire à propos de l'usage des textures qui vont habiller la surface de vos objets.

ASTUCE
Avec Cycles, prévisualisez vos rendus dans la vue 3D

Cycles est un moteur de rendu progressif : cela veut dire, entre autres, que le résultat du rendu s'affiche progressivement et que, plus vous lui laissez du temps, plus le résultat s'affine.
Lorsque le moteur de rendu *Cycles* est sélectionné, il est possible d'afficher n'importe quelle vue 3D en mode rendu (*Rendered*), plutôt qu'en mode solide (*Solid*) ou filaire (*Wireframe*). Pour cela, il suffit d'aller dans l'en-tête de la vue 3D et de choisir *Rendered* dans le menu *Viewport Shading*.
Comme le processus est progressif, si vous déplacez un objet (par exemple, une lampe, pour régler l'éclairage de votre scène!) vous avez le retour direct de vos modifications sans passer par la case rendu !

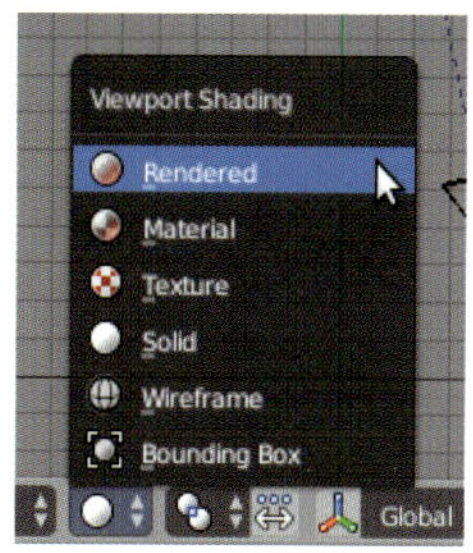

Figure 3–48

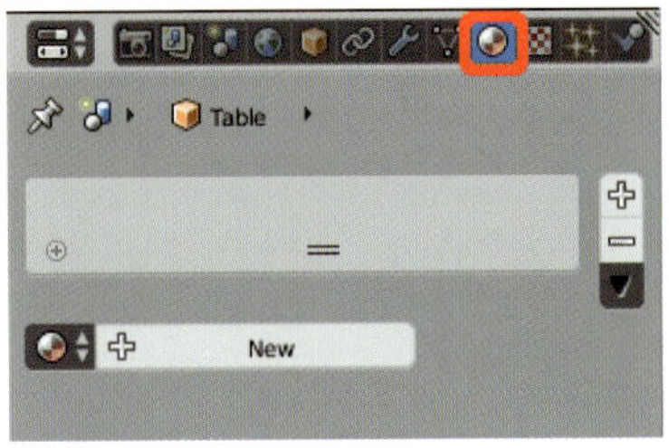

Figure 3–50
Aucun matériau n'est pour l'instant assigné à la table.

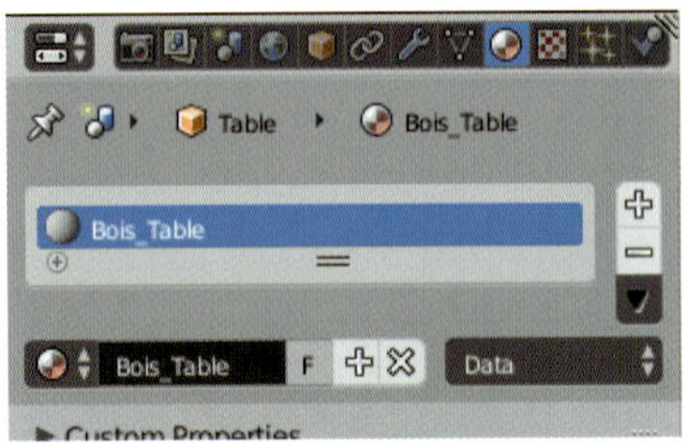

Figure 3–51
Un nouveau matériau, que nous nous empressons de renommer, est assigné à la table.

Appliquer une texture à votre table

Dans une vue de votre choix (par exemple, depuis celle de la caméra ; touche *[0]* du pavé numérique), sélectionnez la table grâce au bouton droit de la souris. Dans l'éditeur des propriétés, à droite de l'écran, affichez l'onglet *Material*. Une pile de matériaux (vide) fait son apparition, ainsi qu'un bouton *New*, en dessous de la pile.

Bien sûr, si vous cliquez sur ce bouton, un matériau par défaut fait son apparition. Il se nomme `Material` et son nom apparaît à la fois dans la pile de matériaux, ainsi qu'en dessous de celle-ci, à la place du bouton *New* et dans un sélecteur de matériaux. Cliquez sur le nom pour le changer en quelque chose de plus explicite, comme `Bois_Table`.

> **BON À SAVOIR Déplier l'arborescence des objets dans l'Outliner**
>
> Chaque item de l'*Outliner* est précédé d'un petit signe plus qui indique qu'il est au sommet d'une petite arborescence. En cliquant sur celui-ci, vous dépliez l'objet et pouvez visualiser ce qui le constitue. À ce stade, l'objet *Table* est constitué d'un maillage (*Plane*) auquel est associé un matériau (*Bois_Table*).
>
> 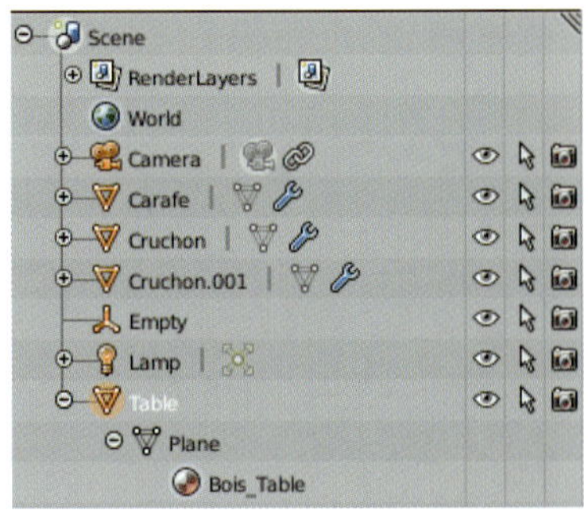
>
>
> **Figure 3–52**

Des paramètres font leur apparition, afin de déterminer l'aspect de ce matériau. Par défaut, la surface est de type *Diffuse BSDF*, c'est à dire qu'elle ne permet de contrôler que la couleur de la surface et, dans une certaine mesure, sa rugosité : un objet lisse réfléchira beaucoup la lumière (surface brillante), un objet rugueux tendra à l'absorber (surface mate).

Au niveau du champ *Color*, si vous cliquez sur le bandeau blanc, vous faites apparaître un sélecteur de couleur. Le disque central sert à choisir une tonalité de couleur et le bandeau vertical le niveau de luminosité de celle-ci. Vous pouvez également saisir les composantes *RGB* (*Red*, *Green*, *Blue* : soit les taux de rouge, vert et bleu) si vous connaissez celles qui vous intéressent. Amusez-vous à mettre en place une couleur marron. Ne touchez pas au paramètre *A* (*Alpha*) qui permet de spécifier le niveau de transparence de cette couleur.

Mais ce n'est pas exactement ce que nous recherchons : à droite du bandeau désormais coloré en marron se trouve un petit bouton sélecteur en forme de point. Si vous cliquez dessus, vous accédez à de multiples données à mettre en entrée. Nous n'explorerons pas ici les possibilités et nous mettrons directement en œuvre celle qui nous intéresse : choisissez *Image Texture* dans la colonne *Texture*.

> **ASTUCE**
> **Choisir son code de couleurs**
>
> Blender supporte différents types de codes de couleurs, selon les habitudes, préférences ou, tout simplement, ressources disponibles de l'artiste numérique.
>
> - *RGB* (*Red, Green, Blue* ou, en français, « Rouge, Vert, Bleu ») est le code utilisé par défaut dans Blender.
> - *HSV* : alternativement, vous pouvez employer *Hue*, *Saturation*, *Value* (respectivement teinte, saturation, valeur en français). Ce code est très utilisé dans les logiciels de peinture ou de retouche numérique (par exemple, Gimp).
> - *Hex* : si vous connaissez une couleur par un code hexadécimal, c'est ce code couleur qu'il vous faut employer ; il est souvent employé par les infographistes, par exemple lors de la définition des couleurs des éléments d'une page web.

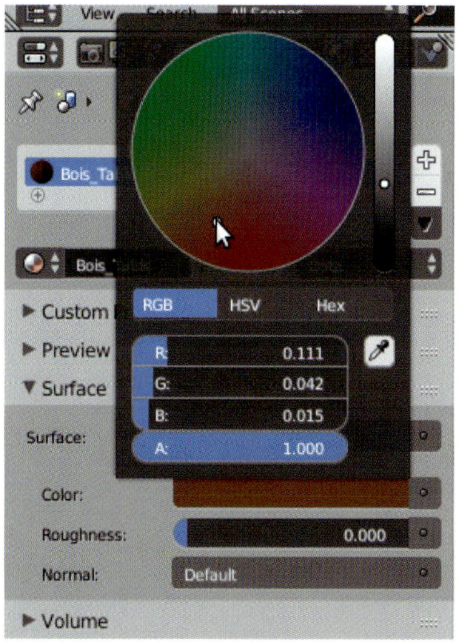

Figure 3–53 Spécifier la couleur d'un objet est simple et intuitif.

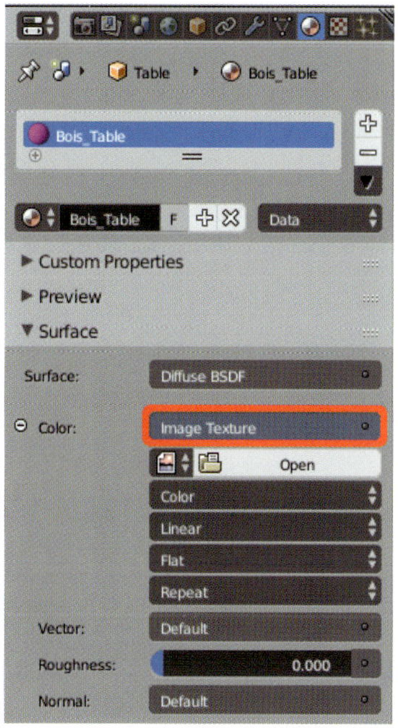

Figure 3–54
Une texture vierge a été mise en place ; il ne reste plus qu'à la paramétrer !

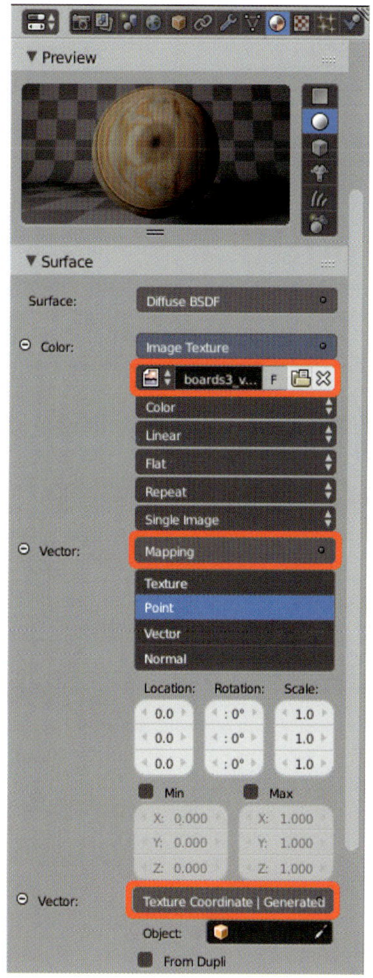

Figure 3–55
La texture pour la table est désormais complète.

Cliquez sur le bouton *Open* pour ouvrir le navigateur de Blender. Déplacez-vous ensuite jusqu'à l'endroit où sont stockées vos textures personnelles sur votre ordinateur (ou alors parcourez les fichiers de travail associés à ce livre : `Blender Texture Disk/texture/`) et sélectionnez la texture de votre choix (par exemple, `boards3_vcyc.jpg` dans le sous-répertoire `Blender Texture Disk/texture/wood/`). Par défaut, Blender va vous proposer les paramètres appropriés à ce type de surface :

- *Color* pour indiquer que Blender doit prendre en compte les informations de couleur de la texture ;
- *Flat* pour indiquer que la texture est projetée à plat sur la surface à habiller ;
- *Single Image* lorsqu'il s'agit d'une simple image, par opposition à une séquence d'images, un fichier vidéo ou une image générée de façon procédurale.

Mais il reste le plus difficile à appréhender : la méthode selon laquelle Blender doit manipuler cette image. C'est la fonction du champ *Vector* : cliquez sur celui-ci et choisissez la méthode *Mapping*. Il vous est alors possible de régler la position de la texture par rapport à l'objet (paramètres *Location*), son orientation (paramètres *Rotation*) mais aussi son échelle (paramètres *Scale*). Nous laisserons tous les paramètres par défaut. En revanche, nous nous intéresserons à la nouvelle section *Vector* qui vient désormais en complément de la première. Cliquez sur le bouton sélecteur et choisissez cette fois l'option *Generate*.

Donner une texture à un objet fait partie des opérations de mise en couleurs les plus complexes, mais également des plus courantes. Nous nous en tiendrons là dans le cadre de cet exercice, mais sachez que Blender offre une grande flexibilité dans le mélange de différentes textures et permet de maîtriser l'application d'images sur des objets aux formes très complexes. Ces notions seront abordées dans les autres chapitres de ce livre.

Figure 3–56 Notre scène commence à avoir de l'allure.

Donner à la carafe l'apparence du verre

Sélectionnez maintenant la carafe au premier plan, toujours avec le bouton droit de la souris. De la même façon que précédemment, assurez-vous d'être dans l'onglet *Material* de l'éditeur des propriétés, et cliquez sur le bouton *New* pour ajouter un matériau dans la pile pour l'instant vierge. Renommez ce dernier en quelque chose de plus explicite, comme *Verre*.

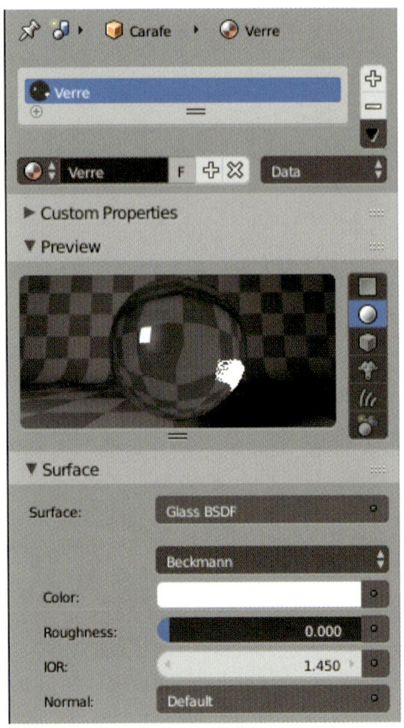

Figure 3–57
Le shader du verre est prêt !

Dans les paramètres de `Surface`, choisissez *Glass BSDF*. Il s'agit d'un matériau prédéterminé de Blender qui restitue de façon réaliste le matériau de verre, en mixant la juste proportion de transparence et de reflets.

Nous ne sommes pas obligés de toucher à ces paramètres, mais la pratique sert à en comprendre les usages.

- *Color* vous permet de choisir la couleur du verre et donc d'obtenir des effets très variés, entre le vert bouteille classique des bouteilles de vin et la couleur pure et cristalline de l'eau. Ici, vous pouvez teinter le verre de la carafe d'un très léger bleu-vert en choisissant, par exemple, *R0.97*, *G1.00* et *B1.00*.

- *Roughness* indique, comme précédemment, la rugosité du matériau et donc la façon dont la lumière va « accrocher » sur les surfaces. Pour une carafe en verre, extrêmement lisse, une valeur de `0.00` semble pertinente.
- *IOR* représente l'indice de réfraction du matériau. Les matériaux transparents, en fonction de leur densité, distordent la lumière qui passe au travers. C'est pour cela que lorsque vous regardez au travers d'un verre (ou de tout autre objet en verre aux surfaces courbes) l'image est distordue.

BON À SAVOIR

Quelques valeurs usuelles d'IOR

La valeur conventionnelle du verre est `1.44`, celle de l'eau est `1.33` et celle de l'air est `1.00`. La valeur par défaut proposée par Blender (`1.45`) est donc tout à fait satisfaisante pour notre carafe. L'annexe C propose une liste de valeurs approchées d'indices de réfraction à destination de l'artiste pressé.

Figure 3–58
Le rendu du verre est du plus bel effet, même dans la vue 3D.

Des cruchons en porcelaine, pour de légers effets de réflexion

Après avoir exploré les surfaces mates de type *Diffuse BSDF*, puis transparentes de type *Glass BSDF*, nous allons maintenant découvrir les matériaux réflectifs. Sélectionnez l'un des cruchons en arrière-plan, et souvenez-vous que ce sont des clones l'un de l'autre : les modifications apportées à l'un se répercuteront à l'autre.

Dans l'onglet *Material* de l'éditeur de propriétés, la pile de matériaux est vierge : cliquez sur le bouton *New* et renommez le nouveau matériau `Porcelaine_bleu`.

Comme type de *Surface*, nous pourrions choisir *Glossy BSDF*, ce qui devrait aboutir à la mise en place d'une surface parfaitement réflective. C'est ce que vous rechercheriez pour un miroir ou du métal poli, par exemple. Mais ce n'est pas exactement ce que nous souhaitons ici, car si

BON À SAVOIR

Miroir parfait et reflets flous

Si vous souhaitez mettre en place un miroir parfait, utilisez un shader de type *Glossy BSDF*, et spécifiez *Sharp* comme méthode de *Distribution*. *Color* doit alors être un blanc pur, mais comme il n'existe pas de miroir parfait dans la réalité, vous spécifierez souvent un gris très léger à la place.
Deux méthodes de distribution, *Beckmann* et *GGX*, permettent de troubler les reflets à la surface de l'objet proportionnellement à la valeur *Roughness*. Attention toutefois à ne pas abuser de ce paramètre : aux alentours de `0.10` ou `0.15`, l'image est considérablement floue et nécessite des temps de calculs supplémentaires en raison de l'échantillonnage de l'environnement réalisé par le moteur de rendu *Cycles*.

Figure 3–59
Mix Shader permet de définir indépendamment deux shaders et de les mélanger proportionnellement à la valeur du paramètre Fac.

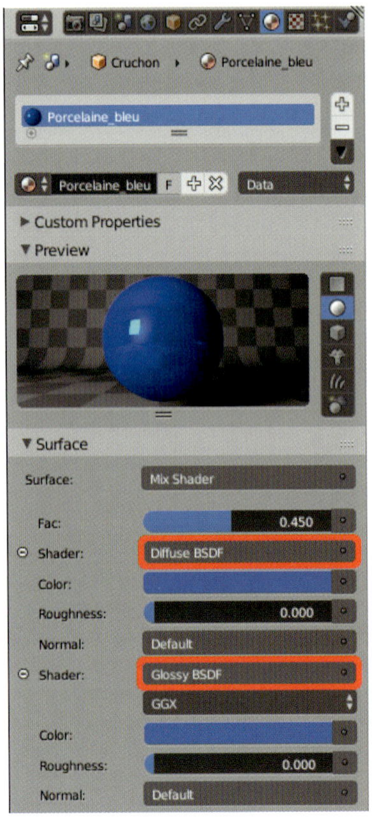

Figure 3–60
Voici comment obtenir
un matériau partiellement réflectif !

nous souhaitons effectivement que la porcelaine reflète son environnement, ce devrait être dans une bien moindre mesure qu'un véritable miroir. Nous allons donc voir comment mélanger deux shaders différents et parfaitement doser l'effet de réflectivité souhaité.

Par conséquent, sélectionnez *Mix Shader* comme type de *Surface*. L'interface donne désormais la possibilité de spécifier deux types de shaders différents, et de les mélanger au travers du paramètre *Fac* (réglé par défaut sur la valeur `0.5`).

Pour le premier shader, mettez en place un simple *Diffuse BSDF*. Modifiez son paramètre *Color* en cliquant sur le bandeau blanc et choisissez une couleur bleue (ou autre !) de votre choix. Parce que nous souhaitons une surface très lisse, vous pouvez laisser, en première approche, la valeur *Roughness* à sa valeur par défaut `0.000`.

Pour le second shader, choisissez *Glossy BSDF*, puis *Sharp* comme type de *Distribution* à la place de *Beckmann*, et copiez la couleur du *Diffuse BSDF* pour la coller dans celle du *Glossy BSDF*. Vous vous assurez ainsi que les reflets sont teintés par la couleur de base de la porcelaine. En première approche, vous pouvez spécifier une valeur nulle `0.000` à la valeur *Roughness* de votre shader, mais vous souhaiterez peut-être que la porcelaine présente un effet de surface qui trouble légèrement le reflet, auquel cas vous pouvez expérimenter avec d'autres valeurs assez faibles, n'excédant pas `0.200` par exemple.

> **ASTUCE Copier-coller une couleur ou une valeur**
>
> Pour copier une couleur sans avoir à repasser par le nuancier ni avoir à ressaisir les composantes *R*, *G* et *B* de celle-ci, il suffit de positionner le curseur de la souris au-dessus du bandeau de couleur source (inutile de cliquer) et d'employer la combinaison *[Ctrl]+[C]* pour en copier le contenu. Positionnez ensuite le curseur de la souris au-dessus du bandeau de couleur cible, et utilisez cette fois la combinaison *[Ctrl]+[V]* pour y coller la couleur précédemment copiée. Cette astuce fonctionne également avec des valeurs numériques, tant que la nature des valeurs source et cible est la même.

Il ne vous reste plus qu'à spécifier la force d'influence de chaque shader. Le paramètre *Fac* indique la part du second shader sur la surface de l'objet. Avec une valeur de `0.000`, le second shader n'influe pas du tout et laisse le premier shader s'exprimer pleinement. Avec une valeur de `1.000` en revanche, le second shader est le seul à influencer la surface de l'objet, comme si le premier shader était désactivé. Si vous souhaitez, par exemple, que la surface ne soit qu'à 45 % réflective, saisissez une valeur *Fac* égale à `0.450`.

Figure 3–61
La scène est modélisée et correctement mise en couleurs, il ne reste plus qu'à habiller l'arrière-plan !

Modifier l'arrière-plan et ajuster l'éclairage

Vous pourriez bien évidemment être amené à modéliser un arrière-plan complet à votre scène : que ce soit un décor champêtre, évoquant un pique-nique, ou un intérieur cosy au coin du feu, l'arrière-plan est très certainement un élément à ne pas négliger.

Contrairement à tous les objets présents dans votre scène, qu'il s'agisse d'éléments modélisés, de lampes ou de caméras, l'arrière-plan n'a pas d'existence géométrique. On accède à ses paramètres au travers de l'onglet *World* qui lui est dédié dans l'éditeur de propriétés. La scène par défaut de Blender propose un arrière-plan gris d'une très grande neutralité. Vous pouvez choisir une couleur alternative en cliquant sur le bandeau coloré du paramètre *Color*.

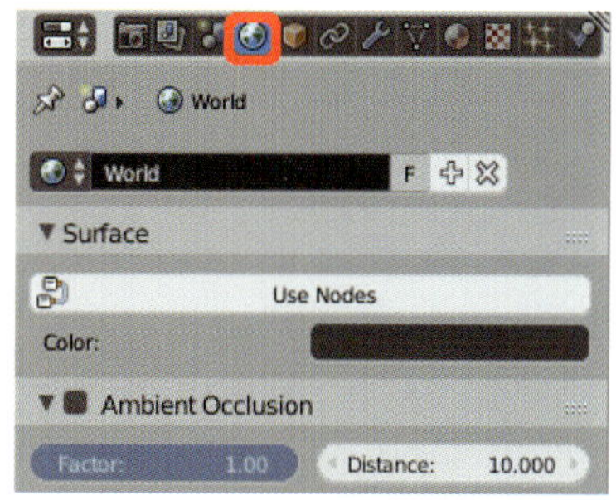

Figure 3–62
Les paramètres World par défaut

Vous pouvez bien évidemment vous en tenir là, par exemple dans le cadre d'une présentation de produit, pour laquelle un arrière-plan uni est suffisant. Mais dans le cas d'une scène qui se veut un petit peu plus élaborée, vous souhaiterez très certainement pousser le réalisme un peu plus loin. Pour cela, cliquez sur le bouton *Use Nodes*, qui vous donnera accès à des paramètres de réglages plus évolués.

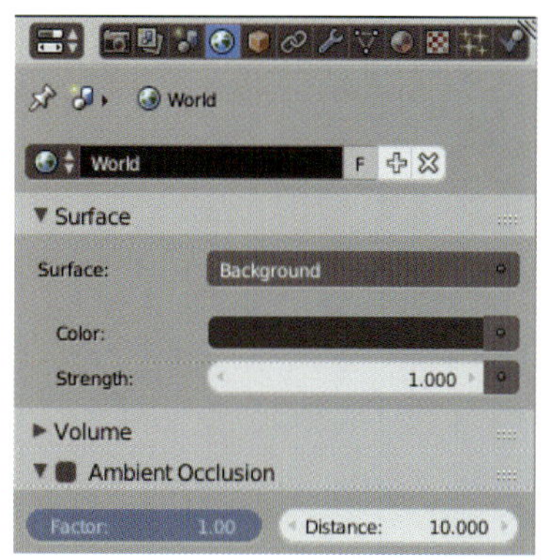

Figure 3–63 Grâce au bouton Use Nodes, les paramètres du World ont désormais la même flexibilité que les matériaux.

Cliquez sur le bouton sélecteur à droite du paramètre *Color* et, dans le panneau déroulant qui s'affiche, choisissez *Image Texture*. Cette option permet de coller en fond de votre rendu une image que vous choisirez en cliquant sur le bouton *Open*. Parcourez l'arborescence de votre système, et choisissez l'image de votre choix (par exemple, `Blender Texture Disc/texture/building/wall/brickvariety_cyc.jpg` qui se trouve dans les fichiers de travail associés à cet ouvrage). Choisissez maintenant un *Vector* d'affichage qui soit compatible avec vos intentions : ici, nous choisirons *Window* dans la catégorie *Texture Coordinate,* car c'est la seule qui garantisse un affichage de l'image en arrière-plan sans distorsion.

ASTUCE Illumination ambiante : quelques cas de figure

- **Scène intérieure, lumière totalement artificielle.** Il s'agit, par exemple, d'une pièce close, sans fenêtre permettant à une lumière naturelle d'illuminer la scène : vous spécifierez dans le menu *World* une valeur *Strength* très faible (de l'ordre de `0.200`) et donnerez à l'intensité de votre lampe une valeur très élevée, pour souligner un éclairage artificiel avec très peu d'interréflexions lumineuses. Idéalement, votre lampe sera de type *Point*.

Figure 3–64 Exemple d'éclairage totalement artificiel d'une scène d'intérieur

- **Scène intérieure, lumière naturelle.** En raison des interréflexions lumineuses, la part de l'éclairage ambiant est plus prépondérante et vous pouvez probablement utiliser une valeur *Strength* pour le *World* de `0.600` environ. L'intensité d'éclairage de la lampe est directement dépendante du scénario d'illumination que vous choisissez, mais on peut l'imaginer assez élevée. Mais surtout, si vous voulez simuler l'éclairage d'une fenêtre ouverte, privilégiez une lampe de type *Area* positionnée au niveau de la fenêtre supposée.

Figure 3–65 Selon ce scénario, l'éclairage est plus riche et chaleureux.

- **Scène extérieure, lumière naturelle.** Ce cas est très difficile à gérer, car la valeur *Strength* dépendra essentiellement de la couverture nuageuse que vous souhaitez simuler. Surtout, il vous faudra choisir entre les lampes de types *Sun* et *Hemi* et choisir celle qui donnera les résultats les plus pertinents pour votre scène, surtout en ce qui concerne les ombres projetées par les objets : un contexte nuageux conduit, par exemple, à des éclairages ambiants très diffus et donc à des ombres très discrètes. Dans le cas d'un ciel clair et dégagé, vous remplacerez avantageusement la couleur d'arrière-plan par l'option *Sky Texture*.

Figure 3–66 Pour cette scène d'extérieur très lumineuse, il a fallu utiliser une lampe de type Hemi, aux dépens de la lampe de type Sun, afin d'obtenir des ombres portées satisfaisantes.

Bon à savoir **Contrôler l'affichage de l'image en arrière-plan**

Lorsque vous utilisez l'option *Image Texture*, l'image choisie est plaquée en arrière-plan de la vue 3D. C'est donc celle-ci qui va implicitement déterminer les proportions de l'image et sa position par rapport à la vue de caméra (touche *[0]* du pavé numérique). Vous aurez toutefois souvent besoin de décaler en *X* et/ou en *Y* votre image d'arrière-plan, voire de l'agrandir ou de la diminuer pour simuler un positionnement à une certaine distance de la scène.
Si vous choisissez *Mapping* comme option pour le paramètre *Vector*, des paramètres *Location*, *Rotation* et *Scale* s'affichent. Vous noterez également l'apparition d'un second paramètre *Vector*, avec l'habituel bouton point sur la droite. Cliquez sur celui-ci, et, comme dans l'exercice, choisissez *Window* et choisissez une image dans votre bibliothèque. Vous pouvez maintenant jouer sur les paramètres du *VectorMapping* pour zoomer, dézoomer, décaler, voire faire tourner l'image de fond sur elle-même, à volonté.

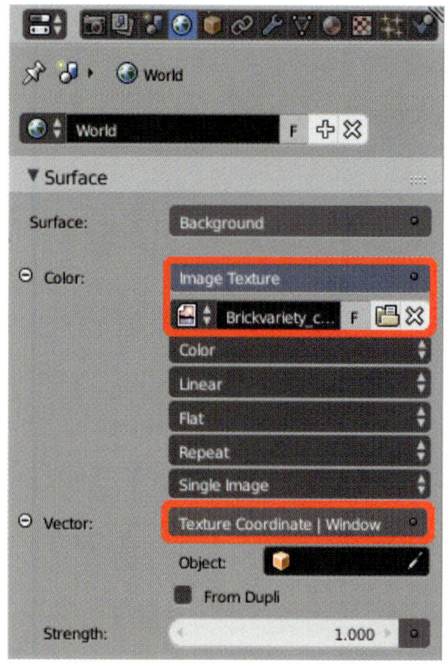

Figure 3–67
La mise en place d'une simple image en arrière-plan se réalise en quelques actions de souris à peine.

Maintenant que nous avons un fond coloré qui habille notre scène, essayons d'en modifier l'illumination afin qu'elle soit plus réaliste. En effet, l'éclairage ambiant est tellement puissant que les ombres des carafes sont difficiles à distinguer, voire invisibles. Il est manifestement nécessaire de corriger l'éclairage ambiant, qui doit être plus discret, et de renforcer la contribution de la lampe, au travers d'ombres plus tranchées.

Figure 3–68
Et voilà notre scène avec un joli arrière-plan ! Malheureusement les ombres des objets sur la table sont à peine visibles.

Tout d'abord, dans l'onglet *World*, diminuez le paramètre *Strength* à une valeur plus modeste, comme `0.050`. L'image de fond, dans ce cas-là, ne contribue plus que de façon marginale à l'éclairage ambiant et l'on peut consi-

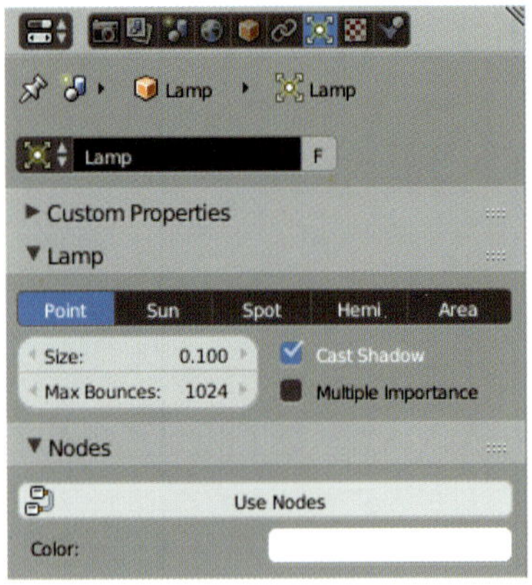

Figure 3–69

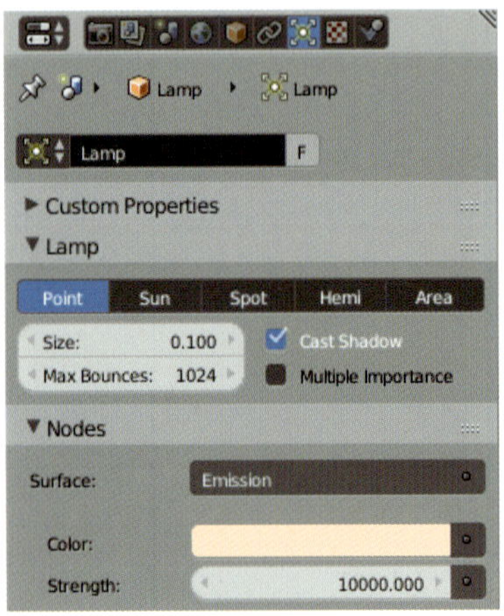

Figure 3–70
La lampe émet une lumière légèrement orangée et l'intensité de celle-ci est ajustée en fonction des besoins de la scène.

dérer que cette contribution se limite aux rebonds de la lumière sur les murs et plafonds, permettant de déboucher les ombres qui autrement auraient été plus pleines et plus opaques si le paramètre *Strength* avait été réglé sur `0.000`, ou à la limite de l'inexistence s'il avait été réglé sur `1.000` ou plus.

Dans l'une des vues 3D, sélectionnez la lampe avec le bouton droit de la souris. Dans l'éditeur des propriétés, affichez l'onglet *Object Data* et cliquez sur le bouton *Use Nodes* afin de débloquer la personnalisation des paramètres de la lampe. Le type de lampe présélectionné est *Point* ; c'est une source lumineuse ponctuelle, dont les rayons de lumière vont irradier dans toutes les directions à la fois, ce qui est parfait pour simuler une ampoule.

L'intensité de l'éclairage n'est toutefois pas exceptionnelle : augmentez le paramètre *Strength* aux alentours de `10000.000`, en fonction de la puissance que vous souhaitez donner à l'éclairage artificiel.

Justement, s'agissant d'une source de lumière artificielle, il conviendra de changer la couleur de la lumière émise par la lampe. Par exemple, en supposant qu'il s'agit d'une ampoule de faible puissance, nous lui donnerons une couleur orangée en cliquant sur le bandeau coloré du paramètre *Color*. Plutôt que de choisir une couleur dans le nuancier, saisissez directement les valeurs suivantes `R1.000`, `G0.773` et `B0.561`, ce qui devrait correspondre à l'éclairage légèrement orangé apporté par une ampoule classique de 40 W de puissance.

BON À SAVOIR **La couleur des sources lumineuses**

La couleur de la lumière émise dépend de plusieurs facteurs, parmi lesquels la température (généralement exprimée en Kelvin) de cette source ainsi que sa nature. L'œil humain parvient de façon innée à corriger la « balance des blancs » de son environnement, mais les lumières incandescentes de notre environnement tirent en vérité vers la couleur orange, la lumière du jour vers le bleu, etc. Voici quelques valeurs *R*, *G*, *B* à utiliser comme point de départ, mais pensez à toujours les ajuster en fonction de l'effet visuel recherché.

- Bougie (1 900 K) : `1.000`, `0.576`, `0.004`
- Ampoule 40 W au tungstène (2 600 K) : `1.000`, `0.773`, `0.561`
- Ampoule 100 W au tungstène (2 850 K) : `1.000`, `0.839`, `0.667`
- Halogène (3 200 K) : `1.000`, `0.945`, `0.878`
- Soleil au zénith (5 400 K) : `1.000`, `1.000`, `0.984`
- Rayon de soleil direct (6 000 K) : `1.000`, `1.000`, `1.000`
- Ciel nuageux (7 000 K) : `0.788`, `0.886`, `1.000`
- Ciel bleu clair (20 000 K) : `0.251`, `0.612`, `1.000`

Figure 3–71
Félicitations, notre scène est désormais complète !

Étalonnage des couleurs et rendu final

Il s'agit là de procéder à l'altération ou à l'amélioration des couleurs d'une image ou d'une séquence d'images, manipulation également employée pour renforcer une ambiance ou une couleur particulière. Il s'agissait autrefois d'une manipulation chimique en laboratoire sur les pellicules de films, mais le procédé est désormais appliqué numériquement, ce que Blender sait faire de façon native, soit en utilisant l'éditeur de nœuds, soit en jouant avec les options de gestion de la couleur de l'onglet *Scene*.

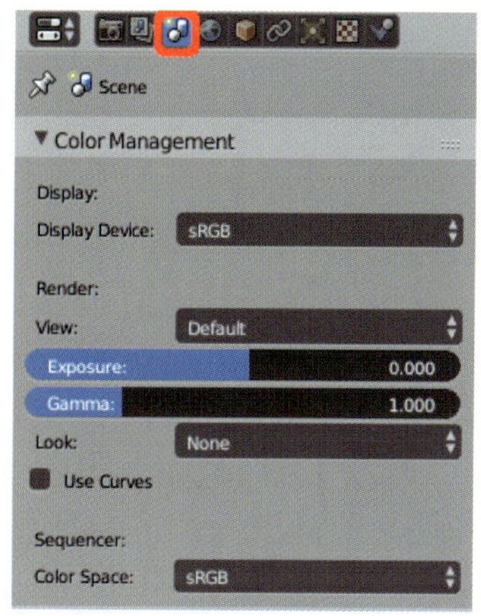

Figure 3–72
Le panneau de gestion de la couleur de Blender

L'un des emplois les plus basiques consiste à corriger le contraste en agissant sur les trois champs lumineux de l'image : les ombres, les tons moyens et les hautes lumières, ceci afin de créer des images plus intéressantes.

Ce sont des opérations de post-traitement, qui ne pourront donc pas s'afficher dans la vue 3D en mode *Rendered*. Transformez l'une de vos vues 3D en éditeur UV/Image et effectuez un rendu grâce à la touche *[F12]* ou en passant par le menu *Render>Render Image*. Lorsque c'est fait, dans la section *Color Management* de l'onglet *Scene*, cochez l'option *Use Curves* pour afficher la courbe de correction. Toutes les modifications que vous apporterez à l'étalonnage de couleurs seront alors reportées sur l'image rendue, vous permettant de fixer très rapidement les réglages qui vous conviennent.

Par défaut, le bouton *C* est actif, indiquant que la courbe va influer sur le contraste de l'image. L'expérimentation révèle rapidement que la partie la plus à gauche influe sur les ombres, celle médiane sur les tons moyens et celle à droite sur les hautes lumières de votre image.

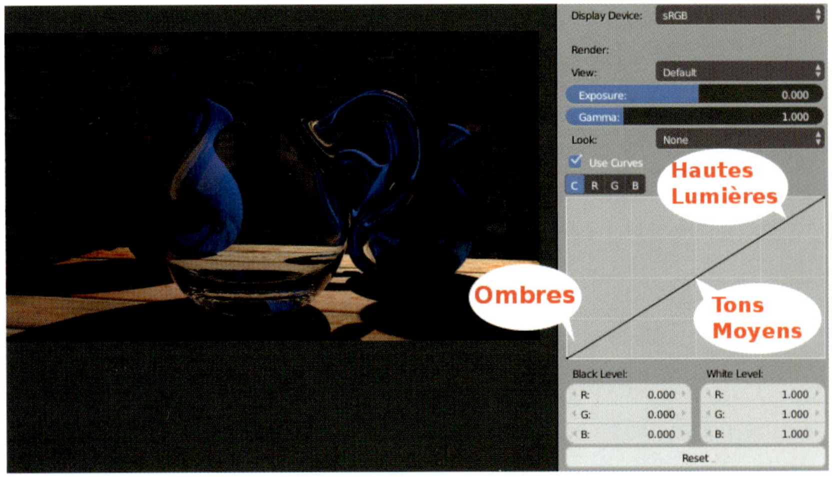

Figure 3–73
Les trois zones de la courbe de couleur

Par exemple, pour les ombres, l'espace situé dans la partie supérieure du graphe est plus lumineux et celui situé dans la partie inférieure, plus sombre. Pour comprendre comment cela fonctionne, rien de plus simple que l'expérimentation !

Pour ajouter et manipuler des points, il suffit de cliquer avec le bouton gauche de la souris sur la courbe, à l'endroit où le point doit apparaître. Créez-en un au milieu de chaque zone. Déplacez ensuite chaque point soit vers le haut, soit vers le bas, selon que vous souhaitez éclaircir ou assombrir chacune des trois zones. Généralement, façonner une courbe en « S » permet de contrôler assez précisément le contraste de l'image.

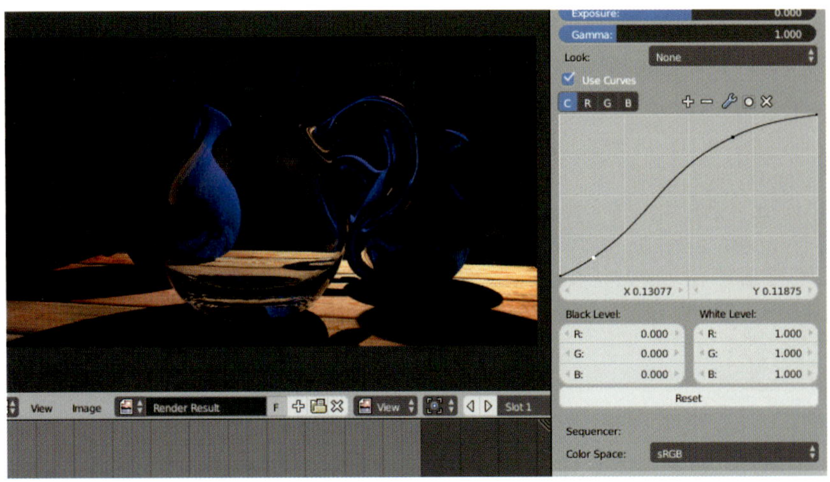

Figure 3–74
Avec un peu de pratique, corriger le contraste de l'image rendue se révèle une formalité.

Prenez toutefois garde à progresser par petites touches subtiles, afin de conserver une cohérence lumineuse à votre image. Il est également possible de modifier drastiquement la tonalité d'une image grâce à ces mêmes courbes d'étalonnage. En effet, plutôt que d'agir sur le contraste, avec l'option C active, vous pouvez choisir un canal de couleur particulier parmi R (*Red*, rouge), G (*Green*, vert) ou B (*Blue*, bleu). Par exemple, en choisissant R, vous pouvez renforcer très légèrement la composante rouge de votre scène de sorte que l'image paraisse plus chaleureuse.

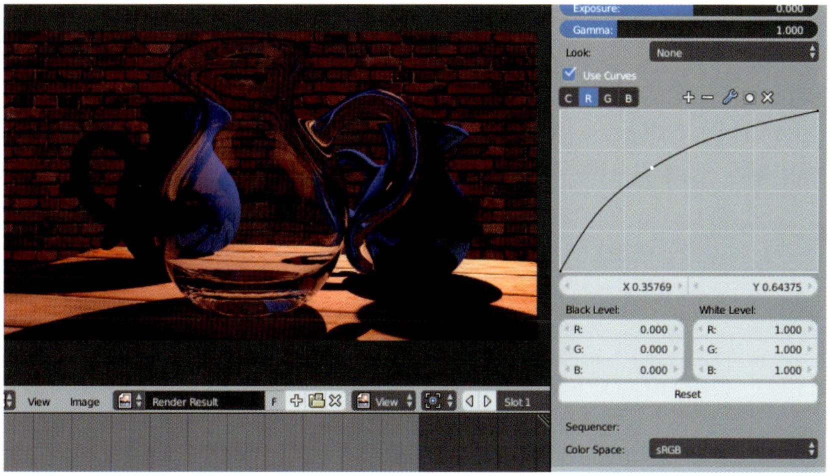

Figure 3–75
La composante R permet, par exemple, de simuler plus fidèlement l'éclairage au feu de cheminée.

Au contraire, en diminuant volontairement la composante rouge (R) et en renforçant un peu les composantes verte (G) et bleue (B), il est possible de créer une ambiance beaucoup plus glaciale (bleu) et légèrement surnaturelle (vert).

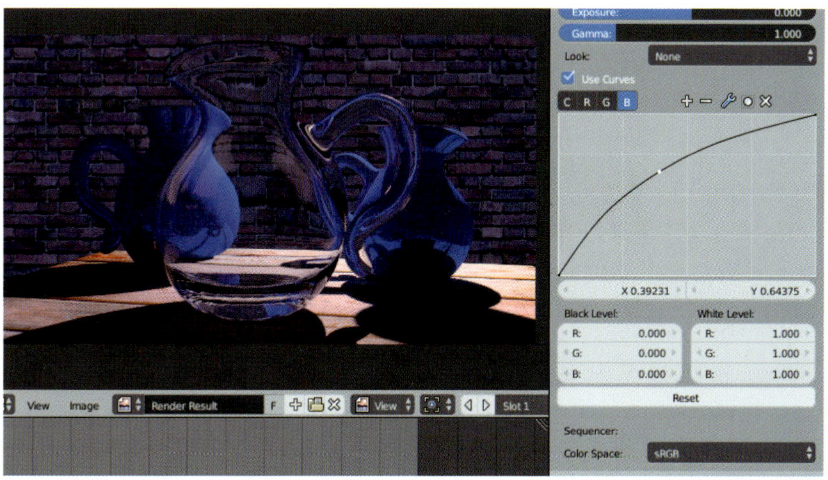

Figure 3–76
A contrario, créer une ambiance glaciale et dérangeante est tout aussi aisé, en jouant sur toutes les composantes à la fois.

Pour le rendu final de votre projet, vous prendrez le soin de laisser Blender calculer l'image aussi longtemps que vous pourrez vous le permettre, en

BON À SAVOIR

Pourquoi étalonner ses couleurs ?

Lorsque vous créez une image avec Blender, les couleurs peuvent véritablement être une aide à la narration, permettant aux images de véhiculer des ambiances, des sensations ou encore des sentiments.

Par conséquent, l'étalonnage des couleurs est une étape à ne pas négliger, d'autant qu'avec assez peu de pratique, il est parfois possible de transfigurer des images terriblement ordinaires.

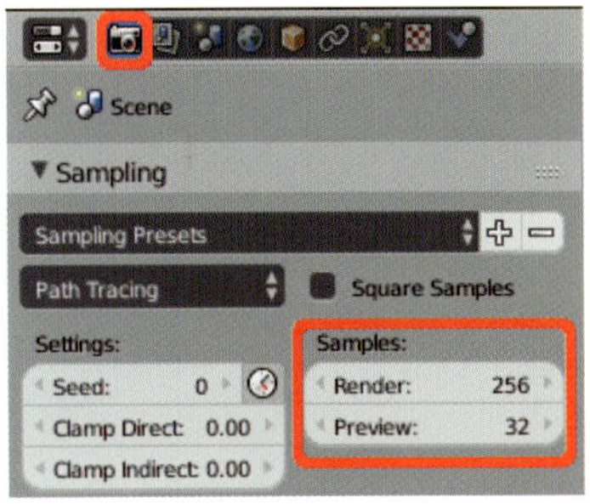

Figure 3–77
Le réglage du nombre d'échantillons Samples pertinent dépend à la fois de votre patience et de la puissance de calcul de votre ordinateur.

fonction des capacités de calcul de votre ordinateur. Pour cela, rendez-vous dans l'onglet *Render* de l'éditeur des propriétés. Dans la partie *Sampling*, augmentez la valeur *Samples* pour *Render* à une valeur élevée : `32` ou `68` pour des ordinateurs peu puissants ou si vous avez peu de temps, `128` ou `256` pour des ordinateurs puissants ou si avez du temps devant vous, `512` ou plus si vous avez à la fois du temps et un ordinateur puissant.

Si vous ne connaissez pas encore les aptitudes de votre ordinateur, nous vous recommandons bien sûr de commencer avec une valeur modeste, proche de `32`. Sachez toutefois que plus vous utilisez d'échantillons *Samples*, moins vous aurez de grain ou de « bruit » sur votre image finale, et que plus les reflets caustiques (dans l'ombre de la carafe en verre) seront de qualité satisfaisante.

ASTUCE Se débarrasser des étincelles indésirables

Lorsque vous utilisez des *shaders* de type *Glass BSDF* ou *Glossy BSDF*, et que le nombre d'échantillons *Samples* lors du rendu est suffisamment élevé (communément, au-dessus de `10`), des points blancs apparaissent parfois sur vos rendus finaux, qui persistent quel que soit le temps passé à effectuer le rendu avec des valeurs de *Samples* élevées. Ce sont en fait des points auquel le moteur de rendu *Cycles* confère une brillance qui va au-delà de la couleur blanche. Ces points blancs sont appelés, en anglais, *fireflies* (littéralement, « lucioles ») ou « étincelles » en français. C'est un phénomène bien connu, souvent éliminé avec un logiciel de retouche d'image comme Gimp.
Pour supprimer ces étincelles, dans l'éditeur des propriétés, vous pouvez utiliser la valeur *Clamp* des paramètres *Sampling* de l'onglet *Render*. Généralement, une valeur comprise entre `1.000` et `2.000` fera l'affaire.

Figure 3–78
Exemples d'étincelles indésirables qui apparaissent au cours du rendu.

Lancez le rendu *via* la touche *[F12]* ou le menu *Render>Render Image*. Une fois l'image entièrement calculée, enregistrez-la précieusement grâce à la touche *[F3]* ou, dans l'en-tête de l'éditeur UV/Image, grâce au menu *Image>Save As Image*.

Figure 3–79 Félicitations, vous avez terminé votre premier projet et déjà beaucoup appris sur Blender !

chapitre 4

Salon modeste (rendu Yafray) CC-BY 4.0 2012, Boris Fauret (http://bobo75014.legtux.org)

Techniques de modélisation

L'art de la modélisation est un genre à part dans l'imagerie de synthèse. De bons modèles sont nécessaires pour inspirer réalisme, atmosphère ou émotions. Ce chapitre vous présente les outils que Blender met à votre disposition pour remplir cette fonction.

SOMMAIRE

- Polygones, sculpture
- Courbes, objets textes, métaéléments
- Modificateurs

MOTS-CLÉS

- Sommets
- Facettes
- Arêtes
- Ngons
- Courbes
- Bézier
- Primitives
- Booléens

Blender est parfaitement à l'aise avec la modélisation polygonale, et fournit dans ce domaine de nombreux outils qui vont de l'utile à l'indispensable. Il permet, malgré tout, de modéliser à l'aide de courbes, de surfaces mathématiques (Bézier ou NURBS), ou encore de métaéléments qui fonctionnent un peu à la façon de gouttes de mercure qui s'agglomèrent selon vos souhaits.

Ce chapitre n'aura pas la prétention de vous apprendre à modéliser ; pour cela, il vous faudra écumer les forums d'utilisateurs, étudier les maillages de leurs modèles lorsqu'ils les mettront à disposition ou en montreront une vue en mode fil de fer, suivre de nombreux didacticiels… Il n'y a pas de secret, car même avec un document vous expliquant pas à pas comment modéliser, par exemple, un corps humain de façon réaliste, il vous faudra retrousser les manches. Ce chapitre a pour seule ambition de vous donner les outils pour y arriver, de vous concentrer sur la finalité plutôt que sur le moyen.

Modélisation polygonale

La modélisation polygonale est un très vaste sujet, Blender étant doté de nombreux outils dans ce domaine. Le contenu de ce chapitre n'est malheureusement qu'un aperçu de ce qui est possible, l'expérience et une bonne connaissance du logiciel permettant souvent d'obtenir des résultats quasi similaires par divers moyens, plus ou moins complexes.

Les primitives

Blender propose un certain nombre de primitives prêtes à l'emploi. Les associer sert à construire des objets simples, ou à s'en servir comme base à des objets plus complexes. Pour ajouter une nouvelle primitive, il faut passer par le menu *Add* de la barre principale, ou par la combinaison *[Maj]+[A]* (*[A]* pour ajouter), choisir *Mesh* puis la primitive à insérer.

Certaines primitives possèdent des paramètres qu'il faut au préalable définir avant qu'elles ne soient affichées. Un panneau interactif apparaît dans l'étagère à outils (invoquée dans la vue 3D grâce à la touche *[T]*) à l'insertion de toute nouvelle primitive.

Au minimum, il est possible de spécifier si l'objet apparaît avec ses directions principales alignées par rapport à la scène ou à la vue 3D, et de préciser des paramètres permettant de le positionner ou de l'orienter selon les trois directions X, Y et Z. Toutefois, certains paramètres servent à définir d'autres caractéristiques de la primitive, comme sa résolution pour une grille, son rayon pour une sphère, etc.

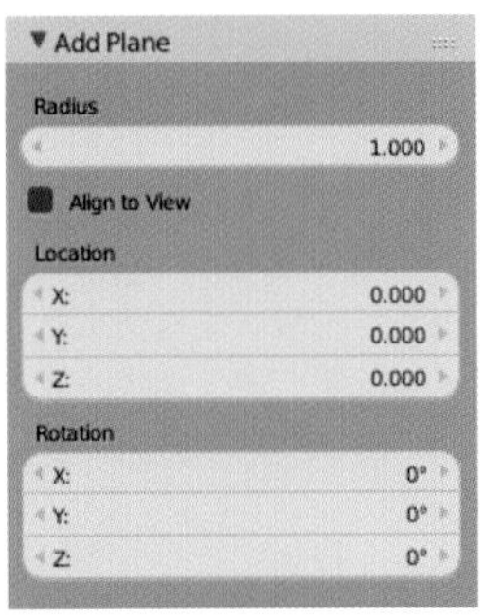

Figure 4–1 Ces options, qui apparaissent dans l'étagère à outils, sont communes à toutes les nouvelles primitives.

ASTUCE Options relatives à une primitive nouvellement insérée

Certains utilisateurs aiment immédiatement manipuler les sommets d'une primitive nouvellement insérée dans leur scène. Par défaut, Blender ajoute les primitives en mode *Object*, mais il est possible de les insérer en mode *Edit*.
Affichez les préférences de l'utilisateur (menu *File>User Preferences*) et dans l'onglet *Editing*, pour la catégorie *New Objects*, cochez l'option *Enter Edit Mode*.
De même, par défaut, la primitive est alignée sur le *World*, ce qui veut dire qu'elle apparaîtra toujours orientée de la même façon par rapport aux coordonnées globales. Mais le modeleur travaillant le plus souvent dans des plans privilégiés, il préférera que la primitive apparaisse en étant alignée sur la vue dans laquelle elle a été insérée. Pour cela, il choisira l'option *View* dans le menu déroulant *Align To*.

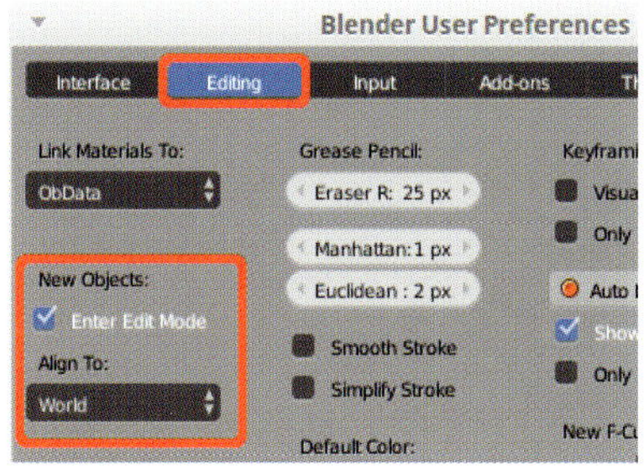

Figure 4–2

- *Plane* : insère un objet de type plan. Cette primitive est souvent le point de départ de toute modélisation, l'utilisateur supprimant tous les sommets sauf un, et ajoutant des sommets (*[Ctrl]+[bouton gauche]*) et construisant des faces au fur et à mesure (touche *[F]* avec au moins trois sommets sélectionnés). Cet objet n'a pas d'épaisseur.
- *Cube* : insère un objet de type cube. Cette primitive est souvent le point de départ des modélisations à base d'extrusion, où l'utilisateur décrit d'abord des formes simples avant de détailler celles-ci à l'aide des outils couteau (touche *[K]*) et extrusion (touche *[E]*).

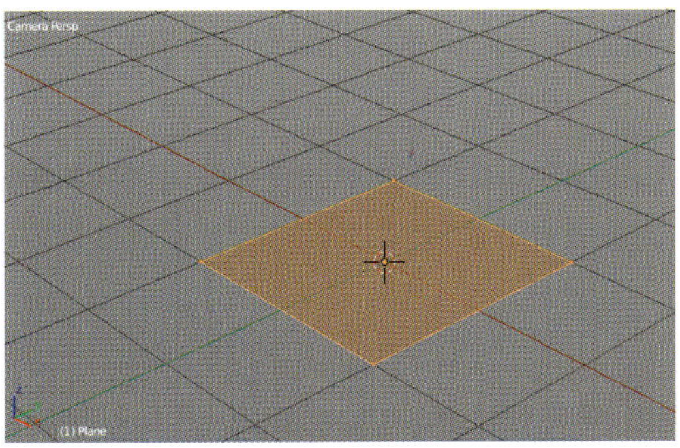

Figure 4–3
Un objet de type plan

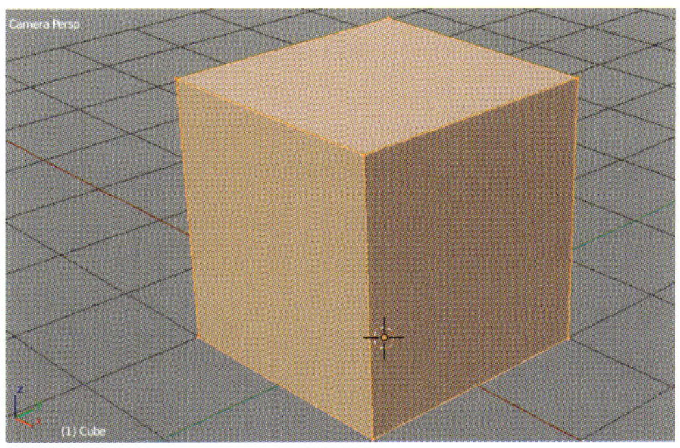

Figure 4–4
Un objet de type cube

- *Circle* : insère un simple cercle. À l'appel de cette primitive, Blender demande le nombre de sommets (*Vertices*) devant constituer le cercle ; un minimum de trois sommets est bien sûr nécessaire pour constituer un profil clos. Les sommets sont reliés les uns aux autres par des arêtes, mais par aucune face. De plus, l'objet n'a aucune épaisseur. En conséquence, il n'apparaît normalement pas lors des rendus, et n'est souvent que le point de départ de modélisations plus complexes. Vous pouvez également spécifier le rayon (*Radius*) du cercle.

Enfin, l'option *Fill Type* permet de clore la surface, transformant le cercle en disque.

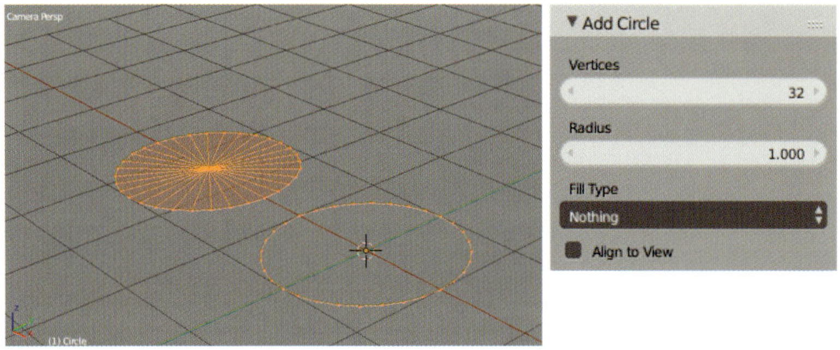

Figure 4–5
Un objet de type cercle, respectivement ouvert (Nothing) ou fermé par l'option Triangle Fan

BON À SAVOIR **Choisir un Fill Type**

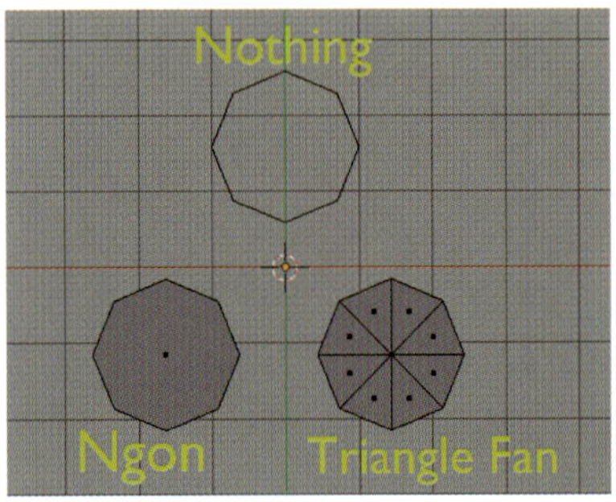

Pendant des années, Blender s'est contenté de supporter les polygones à trois et quatre sommets seulement. À la suite de la refonte de son système relatif au maillage, Blender supporte désormais les polygones d'un nombre indéterminé de sommets, baptisés Ngons par le logiciel. Lors de certaines opérations, l'interface demande alors à l'utilisateur s'il souhaite des surfaces closes par un Ngon ou par un éventail de triangles. Le choix est surtout affaire de préférence personnelle, mais si le maillage doit être manipulé, il est probable que *Triangle Fan* soit l'option la plus pertinente. En revanche, la conversion de plusieurs facettes triangulaires en un Ngon, pour faciliter la visualisation du maillage par exemple, peut être réalisée ultérieurement grâce à la touche *[F]*.

Figure 4–6

- *UVsphere* : insère un objet de type sphère. Cette primitive est constituée de facettes quadrangulaires ; la résolution de la sphère (le nombre de facettes la constituant) est déterminée interactivement par les paramètres *Segments* et *Rings*, lors de l'appel de cette primitive. Vous pouvez également spécifier le rayon (*Radius*) de la sphère.

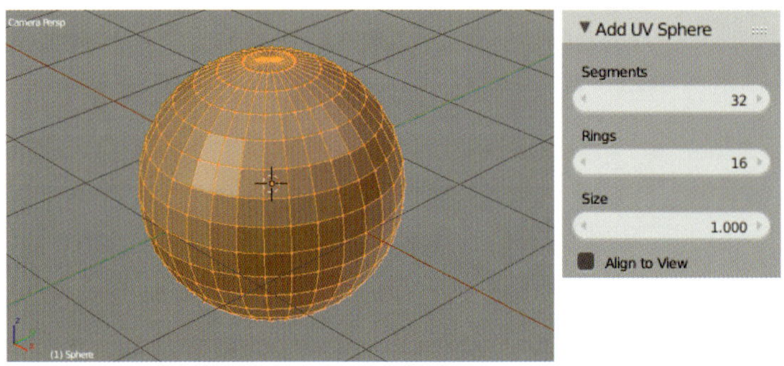

Figure 4–7
Un objet de type sphère

- *Icosphere* : insère également un objet de type sphère, toutefois constituée de facettes triangulaires ; augmenter le nombre de subdivisions permet d'accroître la résolution de l'icosphère. *Icosphere* produit des résultats voisins de ceux d'*UVsphere*, mais avec un maillage plus économique en sommets pour une précision en surface à peu près équivalente. Vous pouvez également spécifier le rayon (*Radius*) de la sphère.

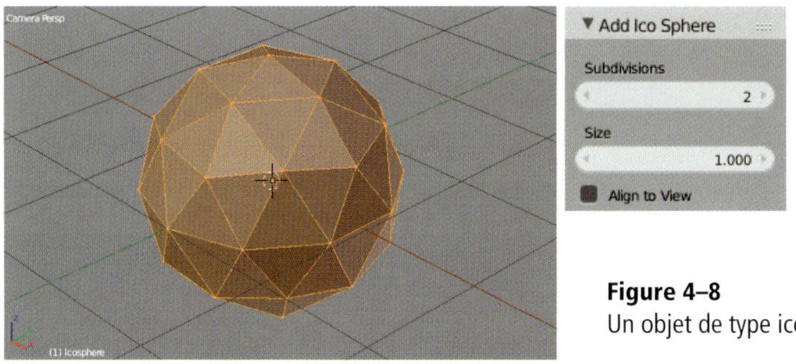

Figure 4–8
Un objet de type icosphère

3ds Max
Primitive Géosphère

Dans 3ds Max, il est possible de créer des géosphères : sphères à base de trigones. Il existe trois bases géodésiques (déploiement du maillage) de type :
- tetra ;
- octa ;
- icosa.

Le type icosa est l'équivalent de l'icosphère dans Blender.
Si l'on regarde le sommet de la géosphère, on remarque que celle-ci est composée de trois tranches pour le type tetra, quatre pour l'octa et cinq pour l'icosa.

- *Cylinder* : insère un objet de type cylindre. Cette primitive a une base circulaire, qui se définit de la même façon que pour la primitive *Circle*, grâce aux paramètres *Vertices* et *Radius*. Elle possède toutefois un paramètre supplémentaire, la longueur du cylindre (*Depth*), ainsi que la possibilité de fermer ses extrémités par des facettes (option *Cap Fill Type*).

Remarque
La primitive Tube

Elle n'existe plus dans Blender ; pour créer un maillage de type tube, ajoutez un maillage de type *Cylinder* et désactivez l'option *Cap Ends* : le cylindre qui sera affiché ne sera pas fermé à ses extrémités.

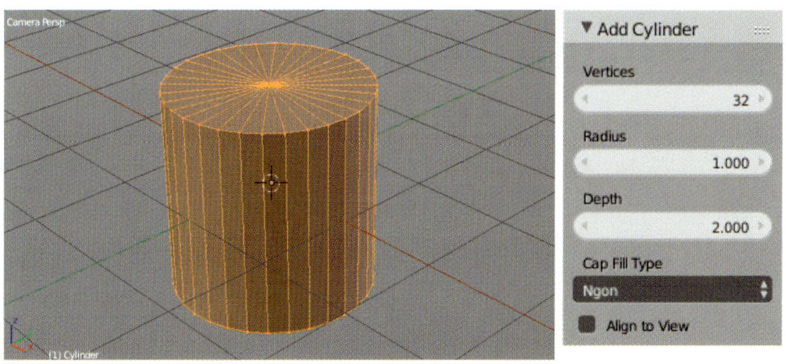

Figure 4–9
Un objet de type cylindre,
fermé grâce à l'option Triangle Fan

- *Cone* : insère un objet de type cône, de base circulaire. Il est défini exactement de la même façon que la primitive *Cylinder*, excepté que le rayon de sa base est défini par *Radius 1* et celui de son extrémité par *Radius 2* (pour avoir un cône parfaitement pointu, *Radius 2* aura pour valeur `0.000`). De la même façon, les extrémités peuvent être ou non closes par des facettes (option *Base Fill Type*). Le cône peut être construit à partir d'un cylindre dont les sommets de la face supérieure sont redimensionnés.

3ds Max
Primitive Pyramide

Elle n'a pas d'équivalent sous Blender mais peut facilement être simulée par un cône dont le nombre de *Vertices* est fixé à 4.

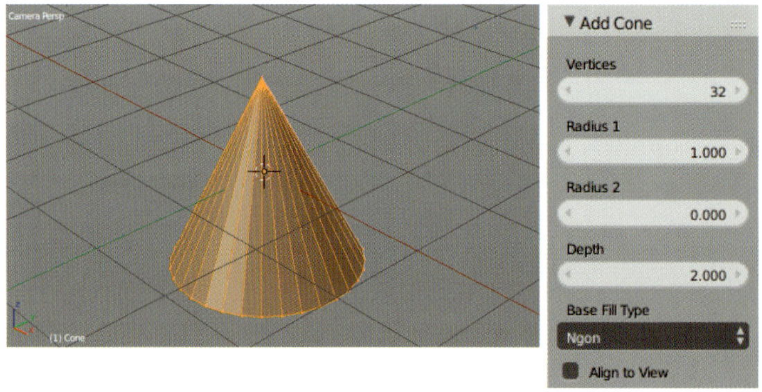

Figure 4–10
Un objet de type cône

- *Grid* : insère un objet de type grille. Il pourrait s'agir d'un objet de type plan dont la résolution serait déterminée individuellement dans ses directions locales X et Y.

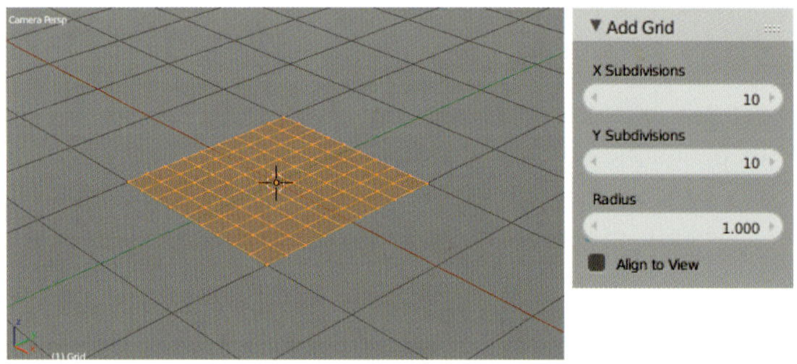

Figure 4–11
Un objet de type grille

- *Monkey* : insère un objet de type tête de singe. En fait, ce modèle a un prénom, Suzanne, et se trouve être la mascotte du logiciel Blender. On ne compte pas le nombre de nouvelles fonctionnalités de Blender testées sur la pauvre Suzanne, à chaque innovation logicielle.

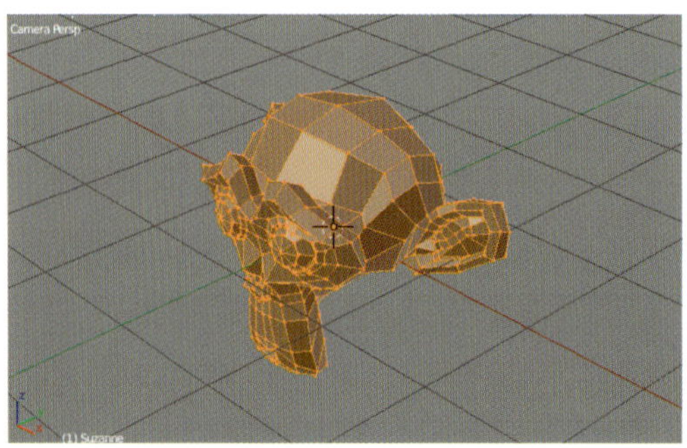

Figure 4–12
Le modèle Suzanne, mascotte de Blender

- *Torus* : insère un objet de type tore. Il s'agit en fait d'un cylindre (de rayon égal à *Minor Radius*, et composé d'un nombre de segments égal à *Minor Segments*) courbe rebouclant sur elle-même, au terme d'une trajectoire circulaire (de rayon égal à *Major Radius*, et composée d'un nombre de segments égal à *Major Segments*).

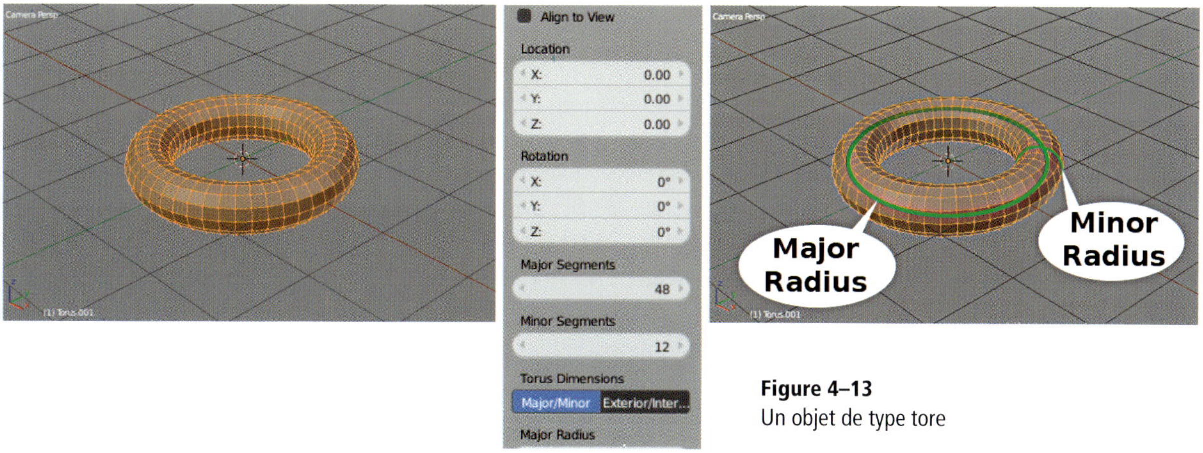

Figure 4–13
Un objet de type tore

> **ASTUCE Définir un tore par ses rayons extérieur et intérieur**
>
> Le tore étant par essence complexe à paramétrer, il est possible de cocher l'option *Use Int+Ext Controls*, afin de spécifier le rayon extérieur (*Exterior Radius*) et le rayon intérieur (*Interior Radius*) déterminant ses dimensions.
> Les paramètres *Major Segments* et *Minor Segments* sont bien sûr à définir comme précédemment.
> Notez que l'emploi de l'option *Use Int+Ext Controls* n'actualise pas les paramètres *Major Radius* et *Minor Radius* équivalents, donc basculer d'une méthode à l'autre peut s'avérer contre-productif.

Les outils de modélisation de base

Ce sont des fonctions qui seront fréquemment invoquées par l'utilisateur débutant, et qui lui donneront déjà une certaine autonomie par rapport à la simple utilisation des primitives abordées jusqu'à présent.

Joindre deux maillages

Il arrivera fréquemment que vous construisiez des ensembles de formes à l'aide de primitives, et que vous désiriez à la fin (ou à n'importe quel moment du processus de modélisation) joindre les différents objets distincts au sein d'un même objet. Pour cela, vous sélectionnerez un premier objet avec le bouton droit de la souris, puis en maintenant la touche *[Maj]* pressée, vous ajouterez d'autres objets à la sélection, toujours avec le bouton droit de la souris. La combinaison de touches *[Ctrl]+[J]* (*[J]* pour *Join*, joindre) vous permet de rassembler tous ces

> **ASTUCE**
> **Sélectionner les sommets liés entre eux**
>
> Comme nous venons de le voir, vous pouvez ajouter à un maillage des groupes de sommets qui ne sont pas forcément liés entre eux. Pour des maillages complexes, il devient alors très difficile, à un moment donné, de sélectionner un même groupe de sommets uniquement grâce aux outils de sélection par boîte *[B]* ou par cercle *[C]*. En mode *Edit*, lorsque aucun sommet n'est sélectionné, vous pouvez toutefois amener le curseur de la souris à proximité d'un sommet en particulier, et utiliser la touche *[L]* (pour *Linked*, liés). Si vous êtes suffisamment proche, le sommet en question ainsi que tous les sommets qui lui sont liés par des arêtes sont automatiquement sélectionnés.

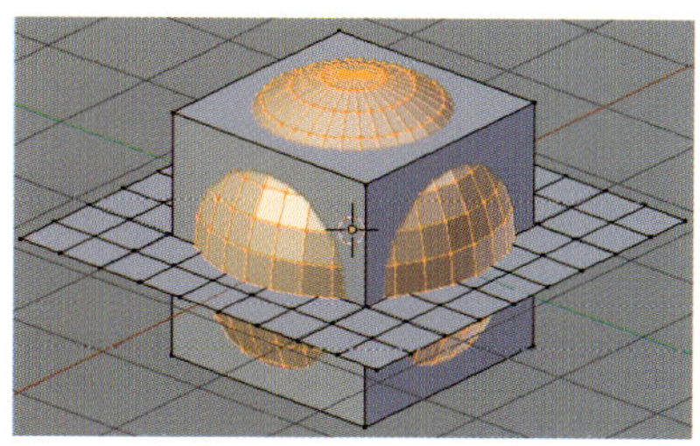

Figure 4–14

objets en un seul ; en mode *Edit*, vous remarquerez que la nouvelle entité sera constituée des maillages de chacun des objets, chacun demeurant distinct. L'objet résultant portera le nom du dernier objet ajouté à la sélection, et son centre sera le centre de ce même dernier objet.

Séparer un maillage pour former deux objets distincts

Il s'agit bien évidemment de l'opération inverse de la précédente. En mode *Edit*, sélectionnez un groupe de sommets par la méthode de votre choix (sélection directe avec le bouton droit de la souris, boîte de sélection avec la touche *[B]*, cercle de sélection avec la touche *[C]*, sélection des sommets liés avec la touche *[L]*, etc.), appuyez sur la touche *[P]* et choisissez l'option *Selected*. La sélection est alors séparée du maillage en cours d'édition. Le nouvel objet séparé conserve le même centre que l'objet d'origine, et prend un nom dérivé du précédent (par exemple, `Voiture` devient `Voiture.001`).

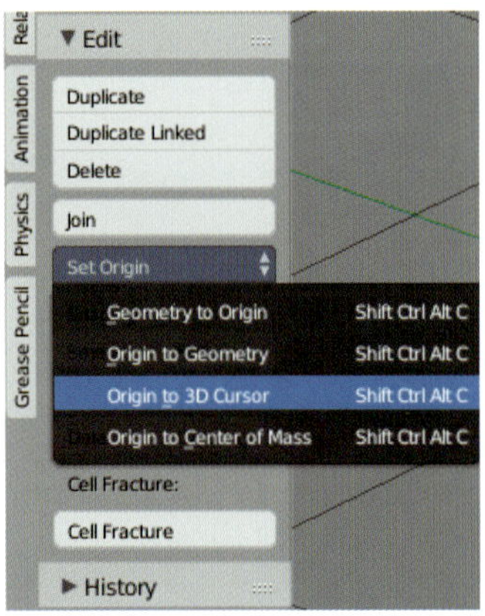

Figure 4–15 L'étagère à outils [T] et les options de positionnement de l'origine d'un objet

ASTUCE Déplacer les centres des objets

Suite à diverses opérations de fusion ou de séparation de maillages, vos objets peuvent se retrouver avec des centres éloignés du centre géométrique théorique du maillage, ou simplement de l'endroit où vous auriez pu souhaiter le placer. Lorsque vous êtes en mode *Object*, dans l'en-tête de la vue 3D, explorez le menu *Object* et son sous-menu *Transform*, pour trouver les trois options qui vous permettront de positionner différemment le centre de l'objet.

- *Geometry to Origin* : si le centre est éloigné du centre géométrique théorique de l'objet, le maillage de l'objet est déplacé de sorte que son centre géométrique corresponde avec le centre distant. C'est le maillage qui est déplacé, et non le centre !
- *Origin to Geometry* : si le centre est éloigné du centre géométrique théorique de l'objet, le centre distant est déplacé pour correspondre avec le centre géométrique de l'objet. Cette fois, c'est le centre qui est déplacé, et non l'objet.
- *Origin to 3D Cursor* : quelles que soient les positions du centre géométrique théorique ou du centre effectif, la position du centre est redéfinie pour qu'elle coïncide avec la position du curseur 3D.
- *Origin to Center of Mass* : l'origine n'est plus déplacée vers le centre géométrique, mais vers le centre de gravité, déterminé à partir des volumes de chaque partie du maillage.

Vous trouverez les quatre mêmes options dans l'étagère à outils *[T]*, en cliquant sur le bouton *Origin* qui se trouve dans les paramètres de la famille *Transform*.

La fonction *Separate* admet trois options.

- *Selection* : elle sépare la sélection courante de sommets du maillage en cours d'édition.
- *By Material* : lorsqu'un même objet s'est vu attribué plusieurs matériaux grâce aux indices matériaux (voir chapitre 5 « Matériaux et techniques d'illumination avec Cycles »), cette fonction permet de créer des maillages distincts pour chaque indice matériau.
- *By loose parts* : un objet peut être constitué de plusieurs maillages qui ne sont pas reliés entre eux par des arêtes ou des facettes ; cette option permet de les séparer automatiquement.

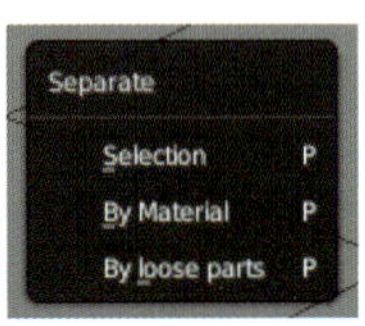

Figure 4–16
Le menu de la fonction Separate (touche [P])

Extrusion

L'opération d'extrusion se réalise en mode *Edit*, sur une facette unique, ou sur un groupe de facettes. Elle consiste à générer un volume allongé pour donner une forme tridimensionnelle à la facette d'origine. L'opération d'extrusion est commandée par la touche *[E]* ou par le menu *Mesh>Extrude Region*. Le résultat est un volume clos par de nouvelles facettes générées à partir de la sélection. Ainsi, par exemple, l'extrusion d'un plan va conduire à l'obtention d'un parallélépipède. C'est la fonction d'extrusion dans ce qu'elle a de plus classique.

> 3DS MAX
> **Modificateurs Extrusion et Tour**
>
> Extrusion et Tour ne se présentent pas sous forme de modificateurs dans Blender, mais sous forme d'outils de modélisation. Il en résulte que le maillage, une fois généré par les fonctions *Extrude* ou *Spin* de Blender, ne peut être redéfini interactivement.

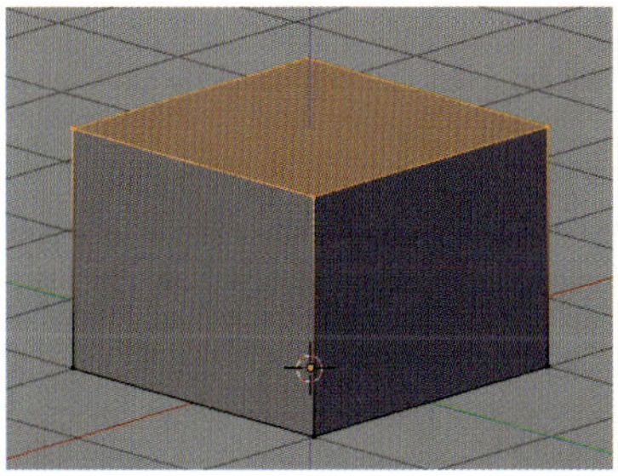

Figure 4–17 Extrusion d'une simple primitive Plane pour obtenir un parallélépipède

> BON À SAVOIR
> **Extrusion de sommets, d'arêtes et de facettes**
>
> L'extrusion permet de générer un élément de degré supérieur à l'élément sélectionné lors de l'opération. Ainsi, l'extrusion d'un sommet permet l'obtention d'une arête. De même, l'extrusion d'une arête génère une facette, et celle d'une facette, un volume.

Il existe toutefois un autre mode d'extrusion, accessible par le menu *Mesh> Extrude* ou la combinaison de touches *[Alt]+[E]*.

- Mode *Region* : il fonctionne à l'identique de la fonction *[E]*, l'extrusion des facettes générant des volumes clos.
- Mode *Individual Faces* : les faces sont extrudées individuellement, indépendamment les unes des autres.
- Mode *Edges Only* : seules les arêtes sont explicitement extrudées, formant des facettes délimitant un volume non clos.
- Mode *Vertices Only* : seuls les sommets sont explicitement extrudés, formant des arêtes déconnectées les unes des autres.

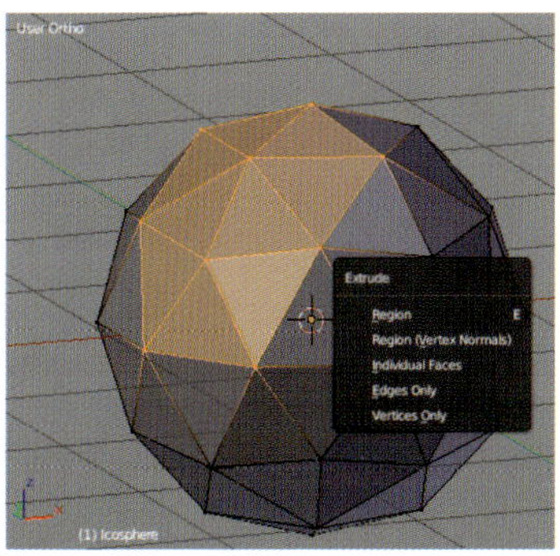

Figure 4–18 Sélection partielle sur une primitive de type Icosphere et les différentes options d'extrusion

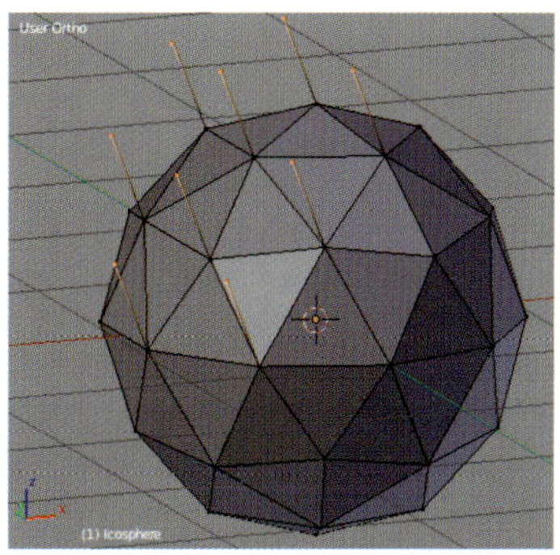

Figure 4–19 Extrude en mode Vertices Only

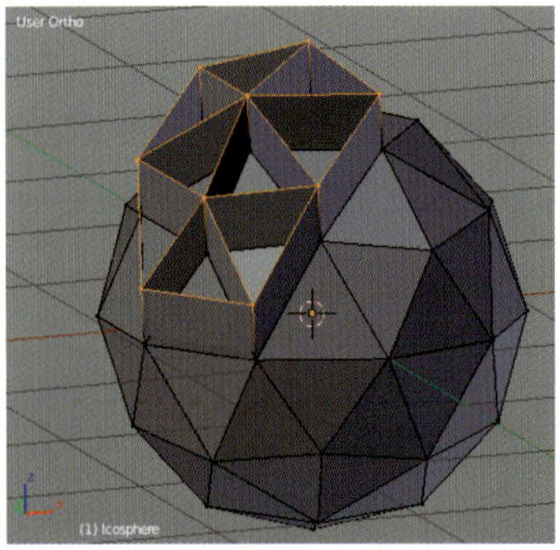

Figure 4–20
Extrude en mode Edges Only

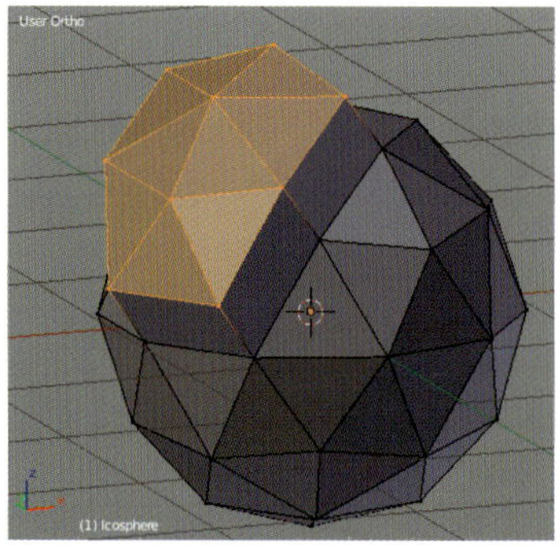

Figure 4–21
Extrude en mode Region

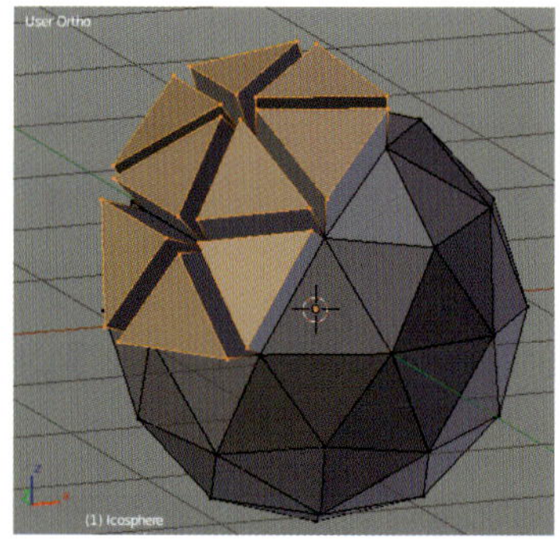

Figure 4–22
Extrude en mode Individual Faces

ASTUCE Les outils de sélection basés sur la dureté ou la planéité des arêtes

Deux outils existent pour faciliter la vie des modeleurs lorsqu'ils réalisent des modèles techniques et/ou mécaniques. Ils fonctionnent par comparaison des angles formés par les arêtes ou les facettes adjacentes. Le premier outil (*Select Sharp Edges*) permet de sélectionner les arêtes qui forment des angles vifs entre deux facettes contiguës, l'angle limite pouvant être fixé par l'utilisateur dans les paramètres dynamiques de l'étagère à outils *[T]*. Il est invoqué en mode *Edit* au travers de l'en-tête de la vue 3D : *Select>Sharp Edges*. Il sélectionne automatiquement toutes les arêtes répondant au critère angulaire ; aucune sélection initiale n'est donc nécessaire.

Le second outil (*Select Linked Flat Faces*) permet de sélectionner l'ensemble des facettes qui forment des angles très faibles les unes par rapport aux autres, l'angle limite pouvant également être fixé par l'utilisateur dans les paramètres dynamiques de l'étagère à outils *[T]*. Il est invoqué en mode *Edit* au travers de l'en-tête de la vue 3D : *Select>Linked Flat Faces* ou grâce à la combinaison de touches *[Ctrl]+[Alt]+[Maj]+[F]*. Il sélectionne automatiquement toutes les facettes répondant au critère angulaire, le test étant toutefois réalisé par rapport à une facette de référence, qui devra donc être sélectionnée au préalable.

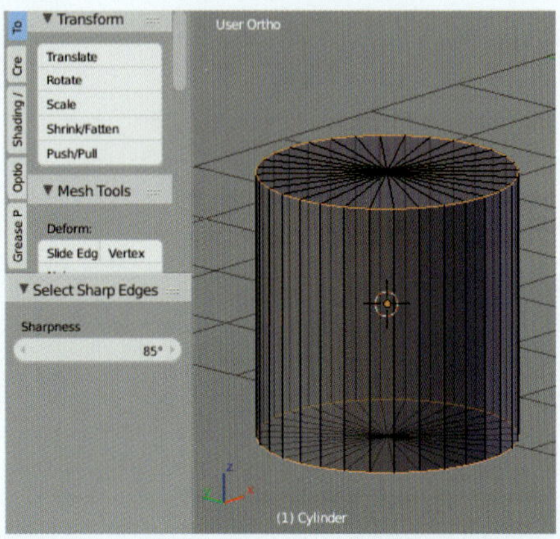

Figure 4–23 Sélection des arêtes qui forment des angles vifs d'au moins 85°.

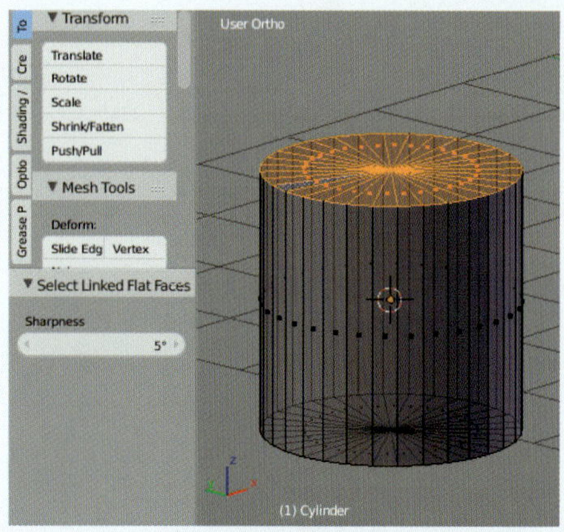

Figure 4–24 Sélection de facettes qui sont coplanaires à 5° près.

ASTUCE Shrink et Fatten

Littéralement, il s'agit des fonctions diminuer et grossir qui vous seront souvent utiles avec l'outil d'extrusion. Après une extrusion, faites immédiatement *[Clic Droit]* pour annuler toute translation, puis en utilisant la combinaison de touches *[Alt]+[S]*, vous activez le mode *Shrink/Fatten* ; la sélection est alors redimensionnée proportionnellement à sa distance par rapport au centre de la zone extrudée (veillez donc à rester en point de pivot *Median Point*). Si vous déplacez le curseur de la souris vers le centre, la sélection sera diminuée ; si vous l'éloignez, elle sera grossie. Le bouton gauche de la souris ou la touche *[Entrée]* valide l'action, tandis que le bouton droit de la souris ou la touche *[Echap]* l'annule.

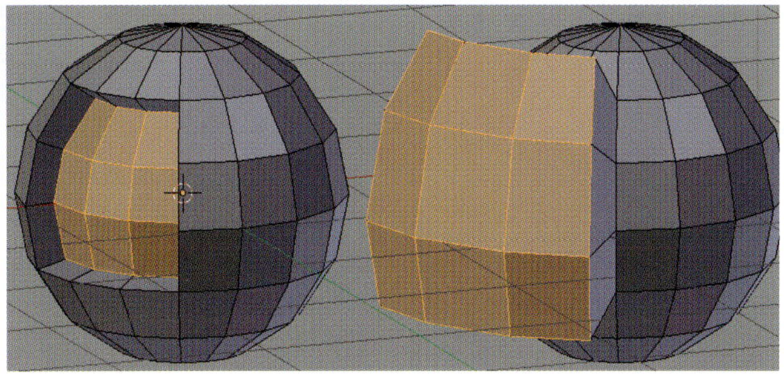

Figure 4–25 Les fonctions Shrink (à gauche) et Fatten (à droite) produisent une augmentation ou une diminution de la surface extrudée.

Objets de révolution : fonction Spin

La fonction *Spin* permet de générer un objet de révolution en 3D par rotation d'un groupe de sommets en 2D (dans le même plan).

Figure 4–26 *Pions* © 2013, Olivier Saraja (http://feeblemind.tuxfamily.org)

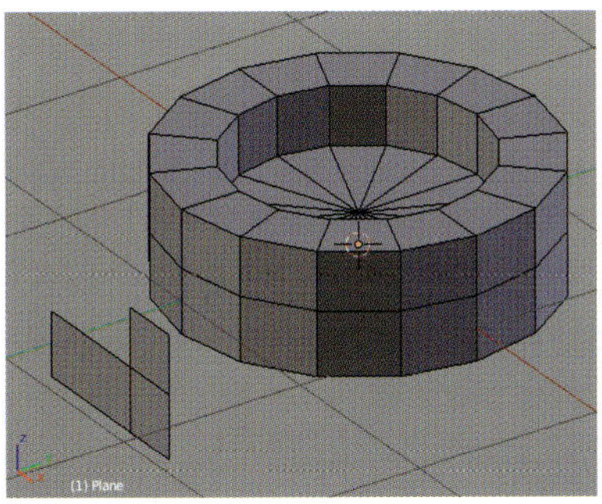

Figure 4–27
Au premier plan, voici un profil qui sert à construire, par rotations successives, l'objet de révolution qui se trouve à l'arrière-plan.

BON À SAVOIR
Sommets en double

Lorsque vous commandez une opération *Spin* sur *360°*, le dernier profil créé coïncide avec le profil d'origine. Lors du rendu ou dans la vue ombrée, il se peut qu'un mauvais ombrage des facettes puisse être constaté en raison de la mauvaise interprétation des normales, en particulier lorsque le modificateur *Subdivision Surface* est actif. La solution consiste, en mode *Edit* :

- à sélectionner tous les sommets de l'objet de révolution et dans l'étagère à outils *[T]*, supprimer les sommets en double grâce au bouton *Remove Doubles* de la section *Remove*. Vous pouvez aussi utiliser cette fonction avec *[W]>Remove Doubles*.
- à recalculer les normales de l'objet, grâce à la combinaison de touches *[Ctrl]+[N]* ou dans l'onglet *Shading/Uvs* de l'étagère à outils *[T]*, grâce au bouton *Recalculate* de la section *Normals*.

ASTUCE
Outil de sélection par chemin

Cet outil nécessite d'avoir deux sommets quelconques sélectionnés au sein d'un même maillage, et d'être appelé par la touche *[W]* en choisissant l'option *Select Shortest Path*. L'outil va alors évaluer toutes les arêtes partant et arrivant à ces deux sommets pour déterminer le chemin d'arêtes le plus court. Le chemin calculé se transforme en sélection.

Souvent, le plus simple pour construire votre profil est de vous placer dans la vue de face (*Front*, touche *[1]* du pavé numérique) et d'ajouter un objet de type *Grid*, paramétré de sorte qu'il soit vertical dans la vue (option *Align to View* active) et avec une résolution impaire (*X Subdivisions* et *Y Subdivisions* à 3, par exemple). En mode *Edit*, sélectionnez et effacez (touche *[X]*) tous les sommets sauf le sommet central, ce qui vous garantit qu'il se trouve bien au centre de la scène en (0, 0, 0). Sélectionnez ce sommet (grâce au bouton droit de la souris) et ajoutez les autres points de votre profil grâce à des *[Ctrl]+[bouton droit]* successifs de la souris. Veillez à ce que le dernier point se retrouve très exactement sur l'axe de rotation *Z* (panneau numérique *[N]*, section *Transform*, valeur *VertexX* `0.0000`).

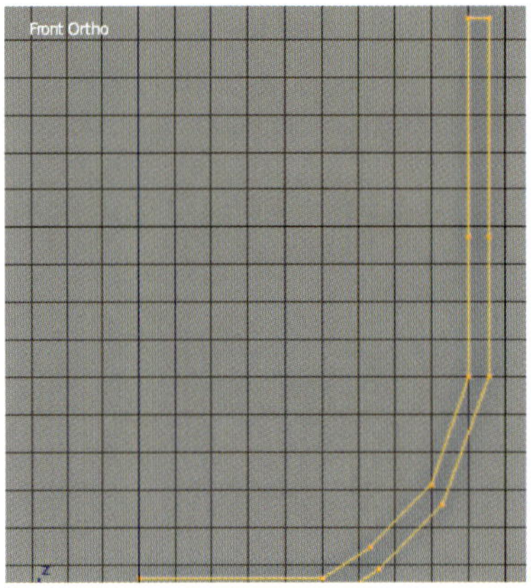

Figure 4–28
Un profil défini dans la vue Front, avec le premier et le dernier sommet avec une coordonnée X très exactement égale à 0.000 pour qu'ils figurent sur l'axe de rotation.

Toujours en mode *Edit*, dans l'étagère à outils *[T]*, la section *Add* propose différents outils de modélisation. Avec tous les sommets du profil sélectionnés (touche *[A]*), cliquez sur le bouton *Spin* pour accéder aux paramètres interactifs de cette fonction : une portion de l'objet de révolution fait déjà son apparition dans la vue 3D mais, le plus souvent, d'autres paramètres doivent être réglés avant d'obtenir un résultat satisfaisant.

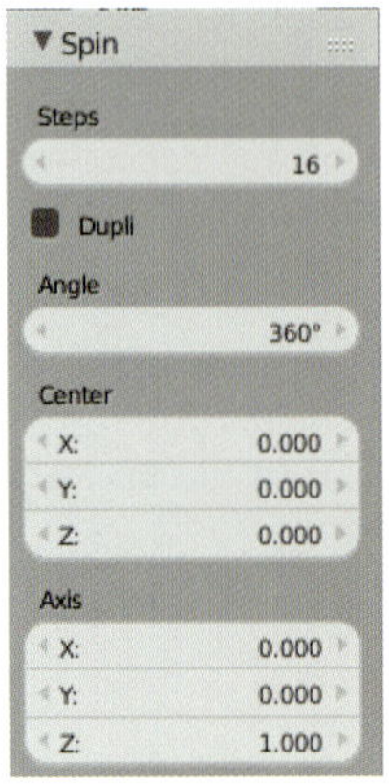

Figure 4–29
Les paramètres interactifs de la fonction Spin

Pour commencer, spécifiez l'angle sur lequel sera projeté le profil grâce au paramètre *Angle* (par défaut, `90°` ; pour un objet de révolution complet, choisissez `360°`), et le nombre d'étapes de révolution (chaque étape représentera alors un segment de rotation) grâce au paramètre *Steps* (par défaut, `9` ; augmentez ce nombre pour améliorer la résolution de l'objet de révolution).

Il est impératif de spécifier l'axe de révolution de l'objet ; celui-ci est défini par un point (les coordonnées *X*, *Y* et *Z* du paramètre *Center*) et un vecteur (dont l'orientation est définie par des coordonnées *X*, *Y* et *Z* du paramètre *Axis*).

Si vous avez suivi la recommandation de modélisation du profil en vue de face (*Front*, touche *[1]* du pavé numérique) et que votre objet doit utiliser l'axe global *Z* (vecteur {0,0,1}) comme axe de révolution, vous emploierez alors *Center* X0.000, Y0.000 et Z0.000 avec comme vecteur *Axis* X0.000, Y 0.000 et Z1.000.

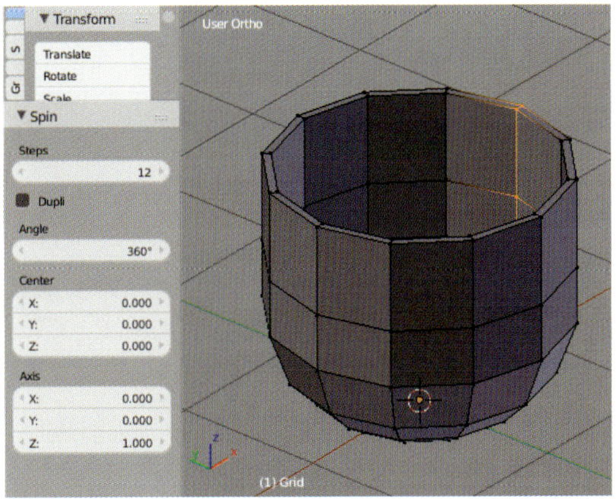

Figure 4–30
L'objet de révolution, après paramétrage complet de la fonction Spin ; le profil d'origine est toujours sélectionné.

Profils hélicoïdaux : fonction Screw

Cette fonction est un dérivé de la fonction *Spin*, car en plus de faire tourner un profil, elle le translate d'une certaine distance à chaque tour réalisé. Il s'agit de la fonction idéale pour réaliser un filetage ou un simple ressort. En mode *Edit*, dans une vue orthogonale (touches *[1]*, *[3]* ou *[7]*) vous ajouterez :

- un profil : il s'agira de la forme qui tournera autour de l'axe de révolution ;
- un segment : il a une importance cruciale, et peut ne comporter que deux points reliés par une arête. Sa longueur (projetée sur l'axe vertical de la vue) définit tout simplement le « pas » de translation du profil à chaque tour ;
- un axe de rotation : il sera comme précédemment spécifié à l'aide d'une origine *Center* et d'un vecteur *Axis*, chacun défini par ses composantes *X*, *Y* et *Z*.

AU SECOURS

Le Spin et le Screw partent en vrille ?

Par défaut, le point autour duquel se feront les opérations *Spin et Screw* est le curseur 3D. Quant à l'axe de révolution, il dépend de l'angle de vue que vous avez dans la fenêtre 3D :

- Pour la fonction *Spin*, l'axe de révolution correspond à votre angle de vue dans la vue 3D, passant par le curseur 3D. Un peu à la manière d'un potier qui serait situé au-dessus du tour.
- Pour la fonction *Screw*, l'axe de révolution est une ligne verticale qui passe par le curseur 3D, quelle que soit l'orientation de votre vue 3D.

Ainsi, les résultats d'une opération de *Spin* ou de *Screw* peuvent être très différents selon la position du curseur 3D ou l'angle de vue adopté. N'oubliez pas que les résultats peuvent être modifiés grâce aux réglages intéractifs dans l'étagère à outils *[T]*.

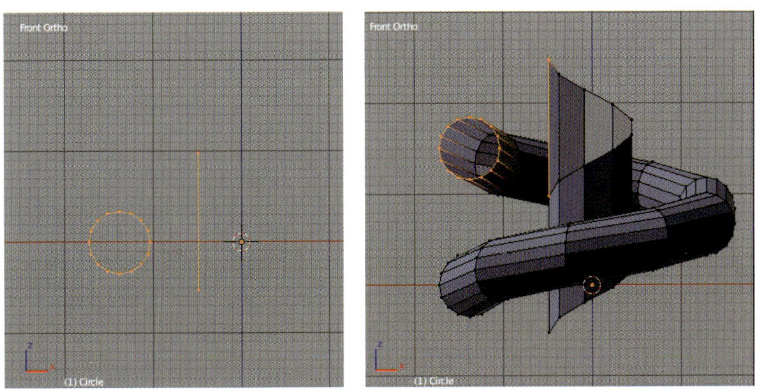

Figure 4–31
Un profil et un segment définissent la forme de révolution et le pas de translation.

Comme précédemment, le bouton numérique *Steps* indique la résolution de l'objet de révolution sur un tour. Pour sa part, le bouton numérique *Turns* indique le nombre de tour que doit faire le profil tout en étant translaté selon la direction indiquée par le segment.

ASTUCE **Objets à section variable**

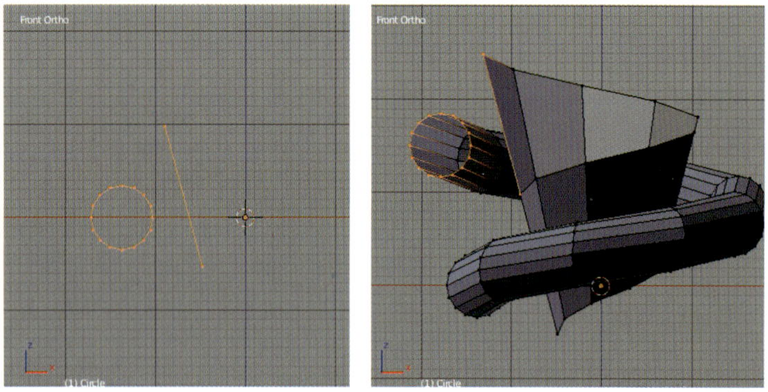

À noter que le segment peut ne pas être vertical, auquel cas son angle par rapport à la verticale indique le taux d'augmentation ou de diminution de la section de l'objet de révolution à chaque tour.

Figure 4–32
Un segment non vertical entraînera une variation de la section de l'objet de révolution.

ATTENTION **Surface générée par la rotation du segment**

De par sa conception, cette fonction implique que le segment définissant à la fois le pas de translation et le taux de changement de section de l'objet de révolution est lui aussi transformé par la fonction. Supprimer cette surface en supprimant un à un les sommets, arêtes ou facettes pourrait se révéler extrêmement fastidieux sans la touche *[L]* : désélectionnez dans un premier temps tout sommet éventuellement sélectionné grâce à la touche *[A]* ; amenez ensuite le curseur de la souris au-dessus de la surface à supprimer, mais n'utilisez aucun bouton. Appuyez sur la touche *[L]* : tous les sommets liés entre eux à proximité immédiate de la souris sont sélectionnés d'un coup. Vous pouvez maintenant les supprimer grâce à la touche *[X]* et en choisissant l'option *Vertices*.

Figure 4–33
Ressorts © 2013, Olivier Saraja
(http://feeblemind.tuxfamily.org)

Duplication procédurale d'objets : fonctions Duplication aux sommets et Duplication aux facettes

Il s'agit à la fois d'une méthode de modélisation et d'une technique pour cloner un grand nombre d'objets selon un arrangement particulier. Le principe est relativement simple : vous spécifiez deux objets et l'un deux sera dupliqué de façon répétitive à la surface de l'autre ; un clone pourra être placé à chaque sommet de l'objet de base (option *Verts*) ou au centre de chacune de ses facettes (option *Faces*).

La technique de base, en bref

Démarrez une nouvelle session de Blender (combinaison de touches *[Ctrl]+[N]* pour réinitialiser la scène par défaut), et supprimez le cube central (sélection *via* *[bouton droit]+[X]*). Insérez à la place un objet grille (combinaison *[Maj]+[A]>Add>Mesh>Grid*) de résolution *X Subdivisions* 4 et *Y Subdivisions* 4. Éventuellement, redimensionnez-le (touche *[S]*) à votre convenance, et veillez à ne pas être en mode *Edit* (touche *[Tab]*) pour ne rien ajouter ultérieurement à ce maillage.

Maintenant, ajoutez un objet de type cône (combinaison *[Maj]+[A]>Add>Mesh>Cone*) et choisissez *Vertices* 4, pour obtenir une petite pyramide. Redimensionnez-la (touche *[S]*) de sorte que la pyramide soit de faible dimension par rapport à l'objet grille. Toujours en mode *Edit*, avec tous les sommets de la pyramide sélectionnés, déplacez la pyramide et positionnez-la à la surface de l'objet grille, au centre de celui-ci. Quittez le mode *Edit* (touche *[Tab]*).

> 3ds Max
> **Objet composé Dispersion**
>
> La fonction *DupliVerts* est à ce jour la plus proche de l'objet composé *Dispersion* de 3ds Max, avec les limitations suivantes : *DupliVerts* duplique systématiquement la géométrie de l'objet source aux sommets de l'objet dit de distribution. Il n'y a pas de possibilité de faire varier les positions, les échelles ou les rotations de chaque instance dupliquée, mais de telles possibilités ont été ajoutées au travers d'un modificateur : *Array*. À noter que la fonction *DupliFaces* permet de dimensionner l'instance en fonction des dimensions de la facette où elle apparaît.

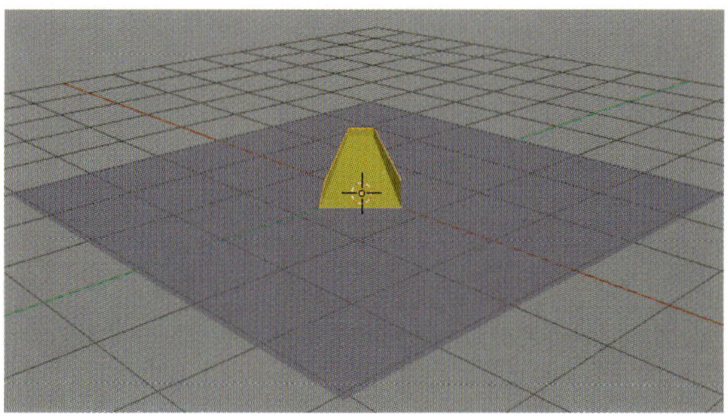

Figure 4–34
La pyramide centrale devra être dupliquée à tous les sommets de la grille plane.

Ensuite, sélectionnez la pyramide (bouton droit de la souris), et ajoutez la grille à la sélection (touche *[Maj]* pressée, utilisez à nouveau le bouton droit). Établissez un lien de parenté entre les deux objets grâce à la combinaison de touches *[Ctrl]+[P]>Object*.

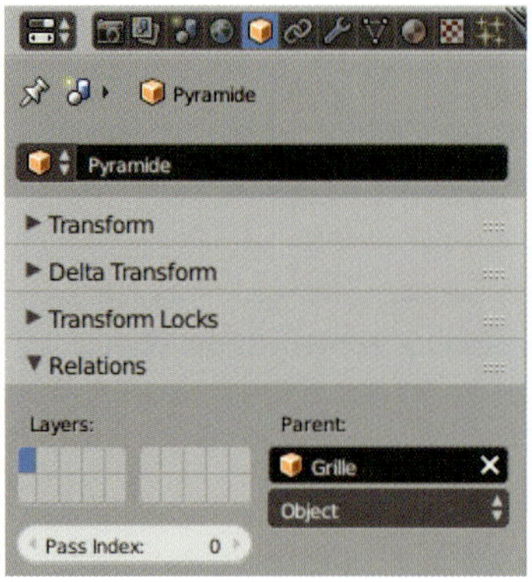

Figure 4–35
Les relations entre la pyramide et la grille ont été établies...

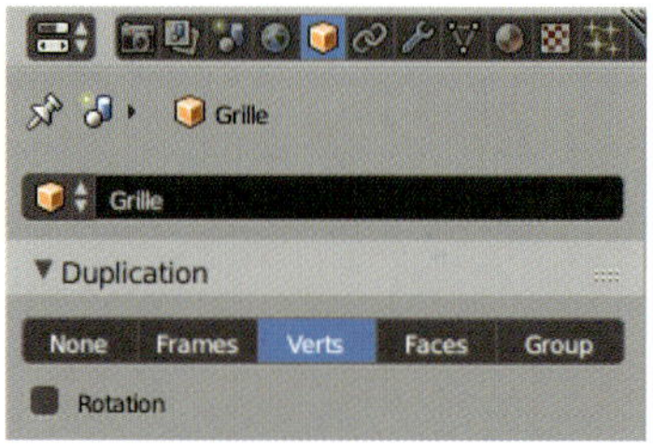

Figure 4–36 ...
et ordre est donné de dupliquer la pyramide aux sommets de la grille.

Maintenant, sélectionnez seulement la grille (bouton droit de la souris) et rendez-vous dans l'onglet *Duplication* du menu *Object*. Activez l'option *Verts* pour dupliquer la pyramide sur la surface de la grille. Si vous effectuez un rendu, vous constaterez que tant l'objet de base que l'objet d'origine à dupliquer n'apparaîtront pas sur l'image finale, bien qu'ils demeurent présents dans la vue 3D.

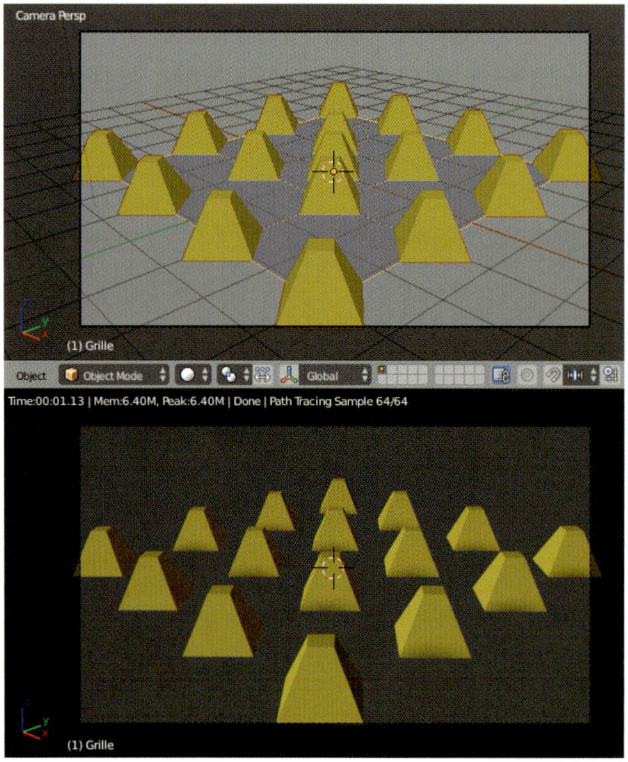

Figure 4–37
Les pyramides ont été dupliquées à chaque sommet de la grille, mais le modèle d'origine (sélectionné en orange) ainsi que l'objet servant de base n'apparaissent pas au rendu.

Il conviendra donc d'ajouter à la scène un sol approprié, par exemple une étendue désertique dans le cadre de notre réseau de pyramides. Celui-ci étant trop régulier, vous pouvez transformer les duplicatas en objets « réels » en sélectionnant la grille de duplication grâce à la combinaison *[Maj]+[Ctrl]+[A]* (ou dans l'en-tête de la vue 3D, en utilisant le menu *Object>Apply>Make Duplicates Real*), puis éliminer de façon sélective quelques pyramides afin de casser l'apparence trop régulière du réseau de duplicatas.

Plus simplement, un résultat similaire aurait pu être obtenu en supprimant (touche *[X]*), en mode *Edit*, les sommets de la grille de duplication où l'artiste ne souhaite pas voir apparaître de pyramide. Mais la première méthode offre en sus l'avantage de pouvoir redimensionner ou réorienter chaque pyramide individuellement.

BON À SAVOIR

Ce qu'il faut savoir pour maîtriser les DupliVerts

Pour garantir un bon contrôle de l'orientation des duplicatas à la surface de l'objet servant de base, il convient de s'assurer que leurs systèmes d'axes locaux (qu'il est possible d'afficher, individuellement, grâce à l'option *Axis* de l'onglet *Display* dans le menu *Object*) sont orientés de la même façon. La méthode la plus simple et la plus rapide d'y parvenir consiste à utiliser la combinaison de touches *[Ctrl]+[A]* pour appliquer l'échelle et la rotation à l'objet.

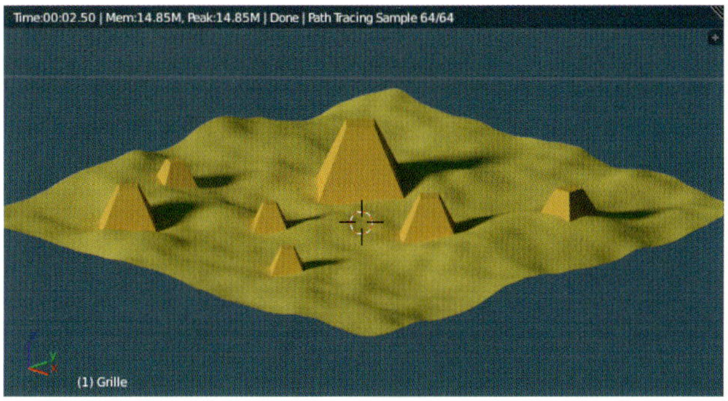

Figure 4–38
Vue d'un désert lors du soleil couchant

Option Rotation des objets dupliqués

Vous pouvez tout aussi bien utiliser les objets dupliqués sur un objet sphérique ou même plus complexe. Toutefois, l'objet à dupliquer sera placé en l'état, toujours vertical, conduisant à un effet visuel peut-être disgracieux.

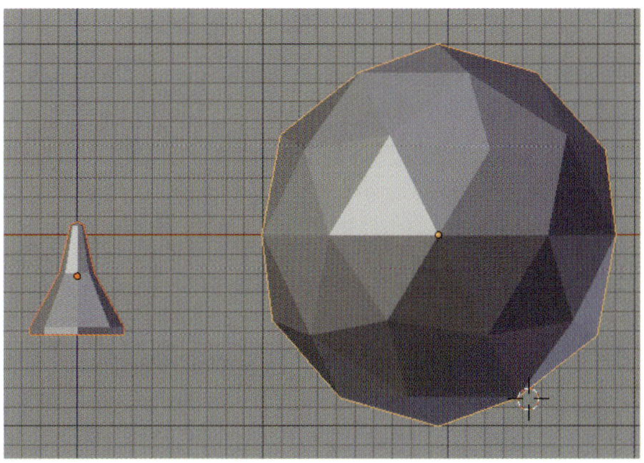

Figure 4–39
Exemple de création d'une mine sous-marine grâce à la duplication. À gauche, la pointe ; à droite, le maillage (une icosphère) servant de base de duplication

Il est toutefois possible d'activer l'option *Rotation* qui permet de réorienter l'axe vertical de l'objet pour suivre la normale des facettes adjacentes au sommet de duplication. Le résultat paraîtra ou non satisfaisant, en fonction de la forme de l'objet dupliqué, mais dans le cas d'une pointe avec un axe prépondérant, ce n'est certainement pas le cas.

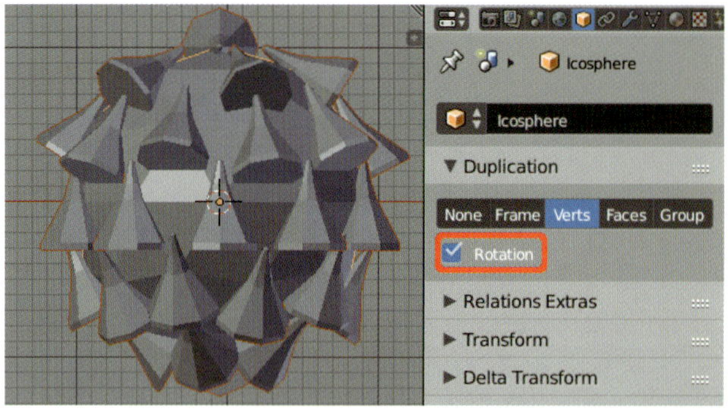

Figure 4–40
L'option Rotation appliquée à la duplication de pointes sur une icosphère

Heureusement, il est possible de déterminer la direction d'orientation de chaque axe. Par exemple, dans le panneau *Relations Extras*, avec l'objet à dupliquer (la pointe) sélectionné, choisissez *Axis+Z* et *Up Axis Z*.

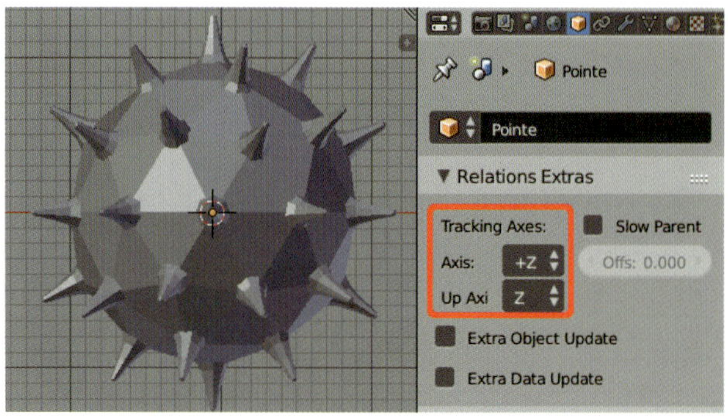

Figure 4–41
La duplication des pointes, orientées dans la direction +Z des normales à l'objet de base

Toutefois, comme précédemment, l'icosphère ayant servi de base à la duplication n'apparaît pas au rendu, bien que présente dans la vue 3D. Il convient donc de modéliser séparément un corps rond afin d'obtenir une jolie mine sous-marine.

Vous pouvez modifier l'orientation de l'instance dupliquée, qui est normalement alignée à la normale de l'objet de base au sommet concerné. Souvent, expérimenter rapidement les différentes possibilités est plus efficace que d'essayer de comprendre quel axe de l'instance doit être aligné sur la normale à la surface de base au sommet considéré. Mais dans notre cas, avec *Axis -Z* orienté sur *Up Axis Z*, on se retrouve avec une mine dont les piques sont… dirigées vers l'intérieur !

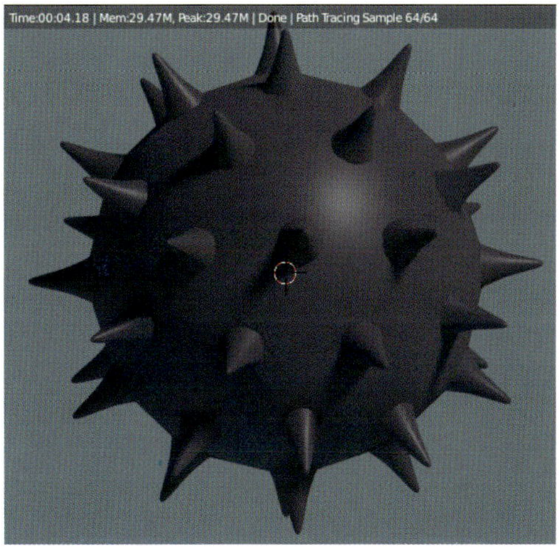

Figure 4–42
Nous voici avec une jolie mine sous-marine, ou la tête d'une masse d'armes

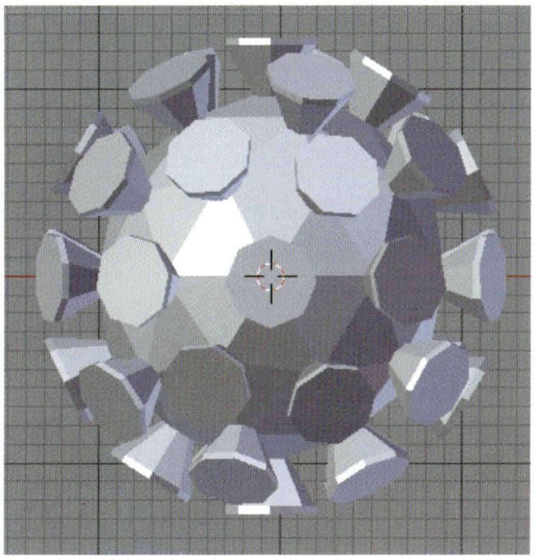

Figure 4–43
Les réglages du panneau Relations Extras sont prépondérants pour une bonne orientation des duplicatas.

> ASTUCE **Transformer les clones en vrais objets**
>
> Si vous modifiez la forme de l'objet servant de base, en particulier en déplaçant, ajoutant ou supprimant des facettes ou des sommets, les clones seront redistribués en conséquence. De même, si vous éditez la forme de l'objet d'origine, les modifications seront répercutées sur tous les clones. Vous pouvez soit conserver cette duplication procédurale, soit la rendre effective en transformant chaque clone individuel en un objet à part entière. Pour cela, vous sélectionnerez l'objet servant de base à la distribution des clones et utiliserez la combinaison de touches *[Maj]+[Ctrl]+[A]* pour les rendre « réels ».

La fonction Duplication aux facettes

Le fonctionnement de l'option *Faces* est très semblable à celui de l'option *Verts*, la principale différence étant qu'au lieu d'être placées à chaque sommet, les instances apparaissent au centre de chaque facette de l'objet servant de base. L'option *Scale* permet alors de dimensionner l'instance pour qu'elle occupe au mieux la facette, s'ajustant à ses dimensions. Vous pouvez bien sûr contrôler cette mise à l'échelle à l'aide du paramètre *Inherit Scale*.

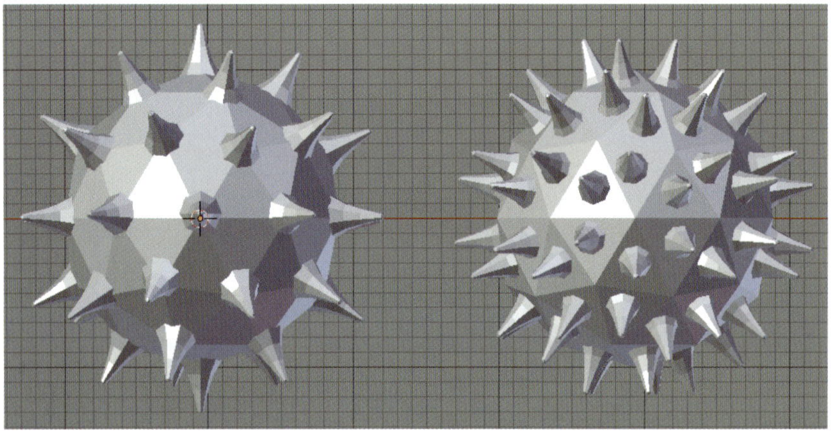

Figure 4–44
À gauche option Verts ; à droite, option Faces. Les instances de sphères apparaissent au centre des facettes de la grille ; avec l'option Scale, elles sont automatiquement redimensionnées proportionnellement aux dimensions de chaque facette.

Le mode d'édition proportionnelle

Le mode d'édition proportionnelle vous permet de modifier harmonieusement un maillage en ne déplaçant qu'un seul sommet à la fois ; le sommet déplacé agira comme un aimant, et attirera dans son déplacement les sommets voisins, la force d'attraction diminuant avec la distance.

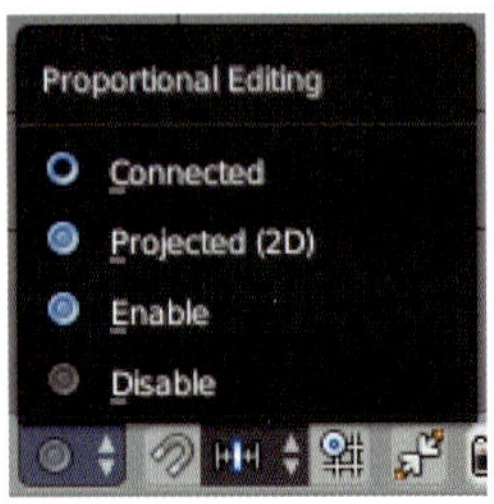

Figure 4–45
Activation de l'outil d'édition proportionnelle par l'en-tête de la vue 3D

Le mode d'édition proportionnelle s'active en mode *Edit*, soit grâce à la touche *[O]*, soit en passant par l'en-tête de la vue 3D *Mesh>Proportional Editing>Enable*, soit encore en utilisant l'icône appropriée de l'en-tête de la vue 3D. La taille de la zone affectée est visible en mode *Edit*, au cours d'une transformation (déplacement *[G]*, rotation *[R]* ou mise à l'échelle *[S]*, par exemple), et est matérialisée par un cercle blanc ; augmenter le rayon d'effet revient à augmenter la « force d'attraction » du sommet (ou du groupe de sommets) déplacé(s). Les touches *[PageSup]* et *[PageInf]* du clavier permettent respectivement d'augmenter ou de diminuer le rayon d'effet. De même, vous pouvez employer la molette de votre souris (si elle en est équipée) pour modifier le rayon d'effet, ou les combinaisons de touches *[Alt]+[+]* ou *[Alt]+[-]* du pavé numérique.

> BON À SAVOIR **Mode Connected de l'outil d'édition proportionnelle**
>
> Outre l'activation (*On*) ou la désactivation (*Off*) de l'outil, il existe un mode *Connected*. Grâce à lui, l'effet proportionnel n'agit que sur les sommets liés, par une chaîne quelconque d'arêtes, au sommet déplacé. En bref, lors de son déplacement, un sommet ne peut entraîner avec lui que les sommets qui lui sont associés lors de l'usage (les mêmes qui seraient sélectionnés, par exemple, au moyen de la touche *[L]*).

Vous noterez que la force d'attraction est décroissante à mesure que le point affecté est éloigné du sommet (ou du groupe de sommets) déplacé(s). Par défaut, la décroissance est douce (*Smooth*), mais il y a divers modes d'atténuation (*Falloff*).

Sur les illustrations qui suivent, le sommet central d'une grille est déplacé grâce à la touche *[G]* ; le mode d'atténuation est alors aisément mis en évidence. Les différents modes disponibles rendent cet outil particulièrement approprié à la modélisation de paysages.

- *Constant* : il n'y a en fait aucune atténuation ; tous les sommets dans la zone d'effet subissent la même transformation. Idéal pour la création de plateaux.

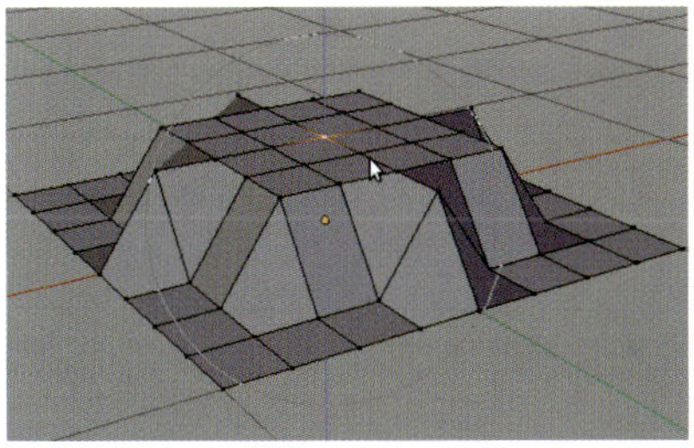

Figure 4–47
Atténuation constante (Constant)

- *Random* : l'atténuation dans la zone d'effet est totalement aléatoire. Idéal pour la création de surfaces irrégulières.

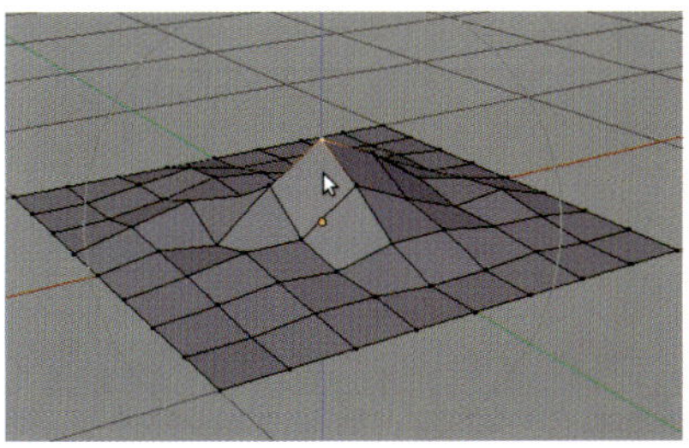

Figure 4–48
Atténuation aléatoire (Random)

- *Linear* : l'atténuation de la transformation est proportionnelle à la distance. Idéal pour la création de surfaces régulières.

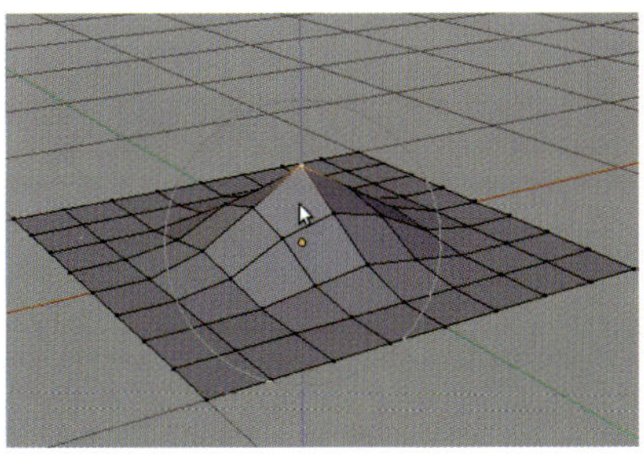

Figure 4–49
Atténuation linéaire (Linear)

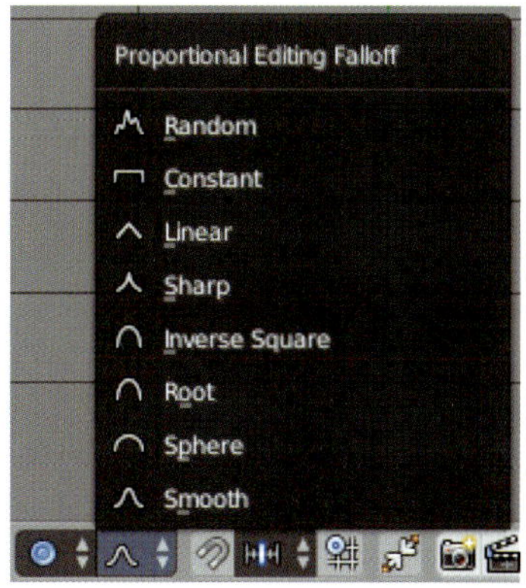

Figure 4–46
Les différents modes d'atténuation de l'effet

3ds Max
Sélection douce

Le mode d'édition proportionnelle est à Blender ce que la sélection douce est à 3ds Max, à ceci près que la sélection douce permet un réglage fin de l'atténuation. Il manque toutefois à l'outil de 3ds Max les différents modes d'atténuation prédéfinis du mode d'édition proportionnelle de Blender.

- *Sharp* : l'atténuation de la transformation est particulièrement brutale, les sommets lointains n'étant pratiquement pas affectés. Idéal pour la création de reliefs accidentés.

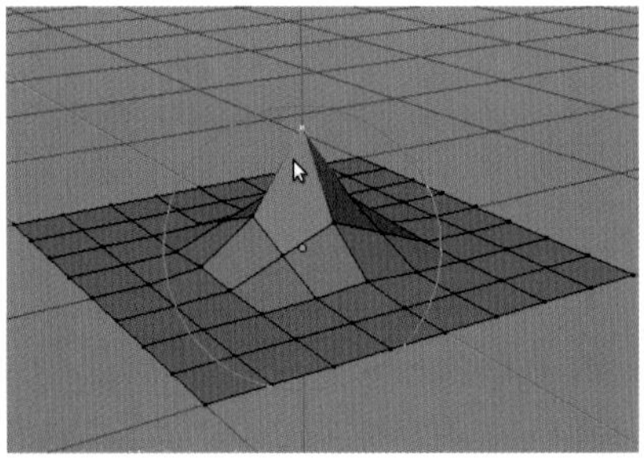

Figure 4–50
Atténuation brutale (Sharp)

- *Root* : l'atténuation de l'effet est particulièrement lente, suivant une loi quadratique (*root*, racine), permettant d'affecter significativement même les sommets en limite de la zone d'effet. Idéal pour la création de collines.

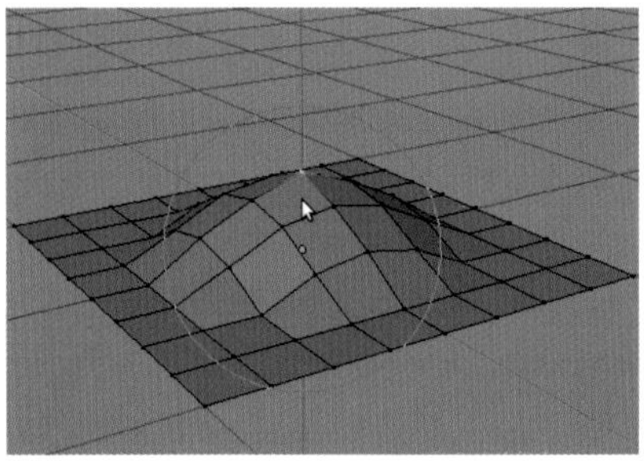

Figure 4–51
Atténuation amortie (Root)

- *Sphere* : l'atténuation agit comme précédemment, mais suivant une loi cubique.

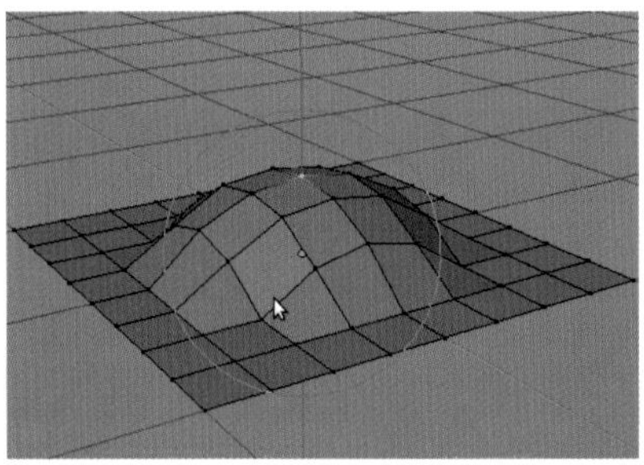

Figure 4–52
Atténuation sphérique (Sphere)

- *Smooth* : l'atténuation est un peu plus amortie que pour le mode *Linear*, mais plus abrupte que pour le mode *Root*. Idéal pour la création de vallées.

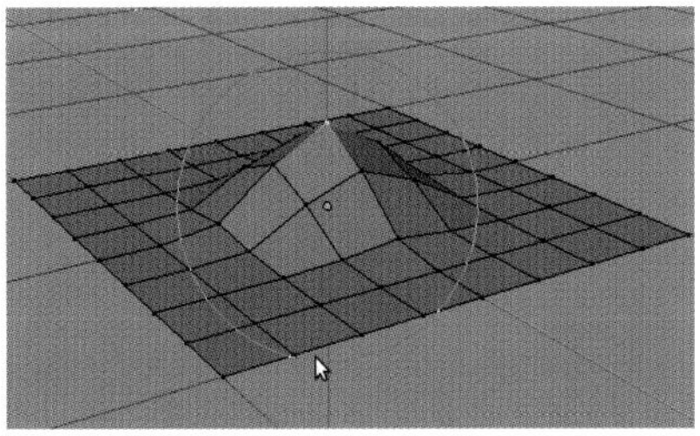

Figure 4–53
Atténuation douce (Smooth)

Outil d'accrochage (Transform Snap)

Lorsque l'outil d'accrochage est actif, les transformations (par exemple, déplacement *[G]* et rotation *[R]* mais aussi certaines fonctions, comme l'extrusion *[E]*) appliquées à la sélection peuvent être contraintes de diverses façons. Ce mode s'active aussi bien en mode *Object* qu'en mode *Edit*, soit grâce à l'icône appropriée dans l'en-tête de la vue 3D, soit grâce à la combinaison des touches *[Maj]+[Tab]*. Dans un cas, ce sont les objets qui sont transformés, et qui accrochent une cible, dans l'autre, ce sont les sommets ou autres éléments constitutifs d'un maillage.

Lorsque vous déplacez votre sélection en direction d'un élément du type prédéterminé (*Vertex*, *Edge*, *Face*...), le point d'accroche possible est cerclé d'orange dès que le curseur de la souris est suffisamment près du point en question. Si la position vous convient, vous pouvez alors la valider avec la touche *[Entrée]* ou grâce au bouton gauche de la souris (le bouton droit annule la manipulation).

Cet outil est très utile lors d'opérations de modélisation nécessitant un placement précis d'éléments les uns par rapport aux autres, comme lors de la modélisation d'éléments mécaniques ou architecturaux. Dans l'exemple architectural ci-dessous, un modèle de fenêtre préexistant a été importé dans Blender. Le mode *Transform Snap* est actif, et l'option *Snap To* a été défini pour *Face* en mode *Closest* ; les arêtes verticales formant l'un des côtés de l'ouverture pour la fenêtre sont déplacés (touche *[G]*) jusqu'au premier élément de type *Face* détecté par Blender et symbolisé par un petit cercle orange.

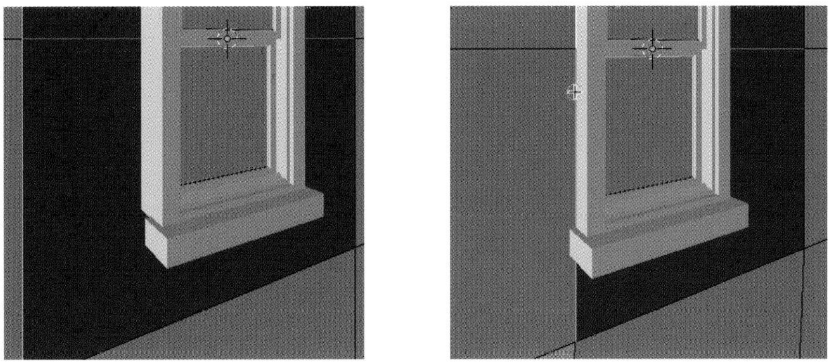

Figure 4–54
Les arêtes de l'ouverture sont déplacées dans le plan du mur jusqu'à venir au contact du montant de la fenêtre.

L'opération est ainsi répétée pour chaque segment, vertical ou horizontal, de l'ouverture jusqu'à encadrer totalement et parfaitement le montant de la fenêtre. Bien sûr, en jouant sur les options de cette fonctionnalité, il aurait été possible de réaliser l'opération inverse : en mode *Object*, amener la fenêtre jusqu'à un sommet particulier du mur, en l'occurrence un des coins de l'ouverture.

Figure 4–55
La fenêtre de cet exemple est sous licence Creative Commons Attribution 3.0.
© 2003-2013, Andrew Kator & Jennifer Legaz (http://3dmodels.katorlegaz.com)

La pertinence d'une solution plutôt que l'autre dépend en fait de votre mode de travail, mais aussi de la façon dont les différents éléments sont modélisés et, par conséquent, des éléments d'accrochage qui sont possibles. Blender propose de nombreuses options qui permettent de piloter aussi bien les éléments que les cibles d'accrochage, c'est ce que nous allons maintenant détailler.

Types d'éléments

Cette option, disponible sous forme d'un menu déroulant, sert à choisir le type des éléments auxquels la sélection viendra s'accrocher.

- *Vertex* : la sélection s'accrochera au sommet situé sous le curseur de la souris. C'est le type d'éléments le plus restrictif, n'autorisant aucun degré de liberté.
- *Edge* : la sélection s'accrochera en n'importe quel point de l'arête sous le curseur de la souris. Ce type d'éléments n'autorise qu'un seul degré de liberté, la sélection pouvant coulisser n'importe où le long de l'arête.
- *Face* : la sélection s'accrochera en n'importe quel point de la facette sous le curseur de la souris. Ce type d'éléments autorise deux degrés de liberté, la sélection pouvant glisser librement à la surface de la facette.

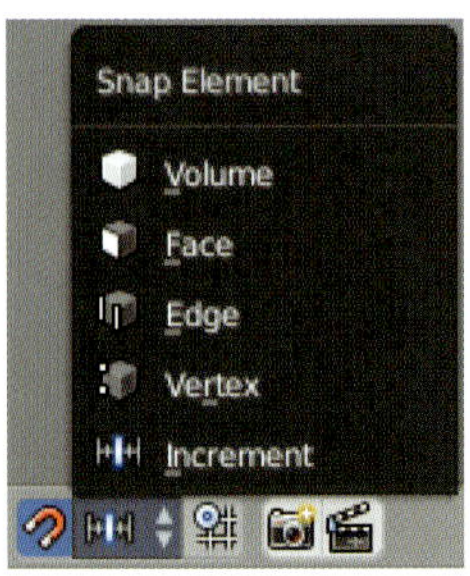

Figure 4–56 Les différents éléments « accrochables » par le mode Snap

- *Volume* : la sélection s'accrochera en n'importe quel point du volume fermé sous le curseur de la souris. Ce type d'éléments autorise une totale liberté à l'intérieur même du volume.
- *Increment* : la sélection s'accroche à la grille de la scène, plutôt qu'à un élément appartenant à un objet tiers. Par exemple, une translation se fera par unité entière de `1.000` dans une direction ou l'autre. La touche *[Maj]* permet de forcer la translation par incréments d'un dixième d'unité (`0.100`) tandis que la touche *[Ctrl]* affine le mouvement à l'extrême, ralentissant la transformation de sorte que de grands mouvements de souris résultent en de toutes petites transformations, plus faciles à maîtriser, pour un maximum de précision.

Cibles d'accrochage possibles

Tous les types d'éléments, à l'exception d'*Increment*, admettent quatre modes de fonctionnement, sous forme d'un menu déroulant supplémentaire.

- *Closest* : dans ce mode, la sélection sera accrochée au sommet de destination par son sommet le plus proche de celui-ci, en fonction du mouvement de transformation effectué.
- *Active* : comme précédemment, mis à part que la sélection sera accrochée au sommet de destination par son point pivot actif (c'est-à-dire celui du dernier objet sélectionné, dans le cas d'une sélection multiple d'objets).
- *Median* : dans ce mode, la sélection sera accrochée au sommet de destination par son barycentre (centre géométrique).
- *Center* : dans ce mode, c'est le centre de transformation tel que défini par le menu déroulant *Pivot Point* qui définit en quel point la sélection sera accrochée au sommet de destination.

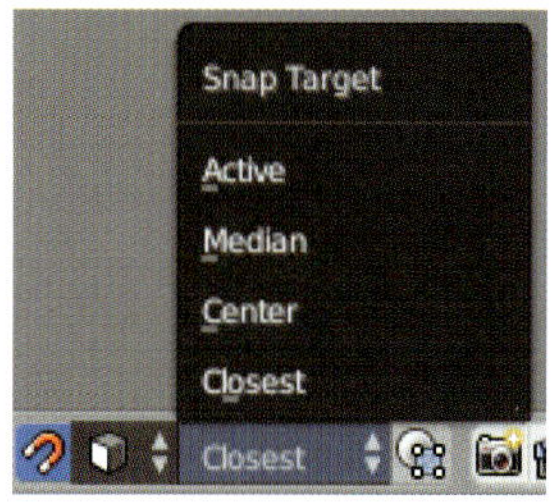

Figure 4–57

Il est également possible d'utiliser les contraintes de transformation (par exemple, touche *[G]* pour initier un déplacement, puis touche *[X]* pour contraindre celui-ci dans la direction *X* seulement) pour limiter l'accrochage dans une direction particulière.

> BON À SAVOIR **Autres options d'accrochage**
>
> Des contrôles supplémentaires permettent d'altérer le mode d'accrochage et apparaissent selon que la sélection est en mode *Object* ou *Edit* lors de la transformation.
> - : aligne la rotation avec la cible d'accrochage (mode *Object* seulement)
> - : projette les éléments individuels à la surface d'autres objets.
> - : accroche les éléments sur son propre maillage (mode *Edit* seulement).
> - : considère les objets comme un tout lorsque le centre d'un volume est trouvé.

Outils de modélisation avancés

Les outils qui vont être présentés ici permettent d'effectuer des manipulations intéressantes au niveau des arêtes, des sommets ou des facettes. Elles sont surtout réservées aux utilisateurs intermédiaires de Blender, ainsi qu'à tous ceux qui se sentent suffisamment motivés pour se lancer dans de véritables travaux de modélisation.

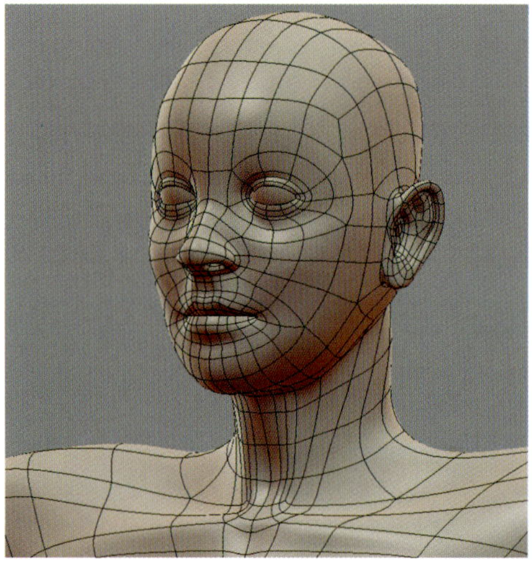

Figure 4–58
Exemple de modélisation polygonale
© 2013, Boris Fauret

Fonctions de base de la modélisation polygonale

Ajouter des sommets

Cette opération est parfaitement à la portée d'un utilisateur débutant, mais a été glissée dans les outils de modélisation avancés pour des raisons de cohérence.

Si vous souhaitez créer un nouveau maillage de toutes pièces, sélectionnez le cube par défaut de la scène, et passez en mode *Edit* (touche *[Tab]*). Sélectionnez tous les points de contrôle (touche *[A]*) et effacez-les (touche *[X]*). Votre objet est vierge de tout maillage, mais existe toujours. En maintenant la touche *[Ctrl]* pressée, créez un premier point avec le bouton gauche de la souris. Si vous cliquez à nouveau ailleurs avec le bouton gauche, toujours en maintenant la touche *[Ctrl]* pressée, vous ajoutez un second point, relié au précédent par une arête.

Par défaut, lorsque vous êtes en mode *Edit*, ces opérations se déroulent en mode de sélection de sommets : avec un premier point sélectionné, chaque *[Ctrl]+[bouton gauche]* ajoute un point supplémentaire, reliant le nouveau point au précédent par une arête.

IMPORTANT
Choix de la vue

Les sommets sont toujours ajoutés dans le plan de la vue. Cela veut dire que si vous êtes dans une vue quelconque ou en perspective, et que vous construisez un maillage complexe point à point, celui-ci ne sera peut-être pas dans un plan en cohérence avec le reste du modèle.

Il est souvent de bon ton, lorsque vous procédez à de la modélisation mécanique ou architecturale, de choisir une vue typique, par exemple de face, (touche *[1]* du pavé numérique), de droite (touche *[3]*) ou de dessus (touche *[7]*), et de vérifier qu'elle est bien en mode orthogonal (touche *[5]* du pavé numérique). *A contrario*, il sera parfois pertinent de fuir ces vues spécifiques pour de la modélisation organique.

Mais si vous avez sélectionné une arête (en mode de sélection d'arêtes, ou en sélectionnant deux points adjacents pouvant former une arête), chaque *[Ctrl]+[bouton gauche]* supplémentaire générera une facette, reliant une nouvelle arête à la précédente par une facette.

Enfin, vous l'avez compris, il est en de même si vous avez sélectionné une facette : chaque *[Ctrl]+[bouton gauche]* supplémentaire génère un volume, reliant la nouvelle facette à la précédente par un volume clos.

> BON À SAVOIR **La retopologie, qu'est-ce que c'est ?**
>
> La retopologie est une technique permettant de construire un nouveau maillage sur les bases de la surface d'autres objets qui peuvent être aussi bien des maillages que des métaéléments (voir plus loin dans ce chapitre) ou encore des surfaces NURBS. L'emploi de la retopologie peut répondre à divers besoins :
>
> - conversion manuelle d'un objet procédural (métaballes) ou mathématique (NURBS) en un maillage ;
> - reconstruction d'un maillage mal modélisé en vue de permettre sa bonne déformation lors des animations ou d'un simple nettoyage ;
> - aide à la modélisation d'éléments devant s'ajuster finement aux formes d'un autre objet (par exemple, modélisation de vêtements ou de parures).
>
> La retopologie nécessite habituellement de solides bases de modélisation pour en tirer un meilleur parti que la modélisation traditionnelle, en particulier lorsque l'objectif est de reproduire un objet existant tout en optimisant le maillage ou en le rendant propre à l'animation à l'aide d'armatures.

Fonction de remplissage (Fill)

Cette fonction est particulièrement versatile, et a plusieurs usages.

Si vous avez dessiné un profil ouvert à l'aide de sommets reliés entre eux par des arêtes, vous pouvez sélectionner le premier et le dernier sommet, et utiliser cette fonction (touche *[F]*) pour fermer le profil en ajoutant l'arête manquante.

> PRATIQUE **La retopologie en pratique**
>
> Deux outils existent pour faciliter la vie des modeleurs lorsqu'ils réalisent des modèles techniques et/ou mécaniques. Ils fonctionnent par comparaison des angles formés par les arêtes ou les facettes adjacentes.
>
> Dans la pratique, l'utilisateur dispose déjà d'un premier modèle : il peut s'agit d'un maillage de NURBS, de métaballes, voire du résultat d'un assemblage hétéroclites à base d'objets et de modificateurs divers. Idéalement, ce modèle siège au centre de la scène, mais ce n'est pas obligatoire. Nous sommes en mode *Object*.
>
> L'utilisateur ajoute un maillage quelconque (par exemple, un plan : *[Maj]+[A]* puis *Mesh>Plane*) et entre en mode *Edit* (touche *[Tab]*). Il sélectionne explicitement tous les sommets (touche *[A]*, une à deux fois si nécessaire), puis les supprime (touche *[X]*). Dans l'en-tête de la vue 3D, il active l'option *Snap during Transform* et choisit *Face* comme cible d'accroche. L'option *Closest* proposée par défaut conviendra parfaitement, mais il pensera à activer l'option *Project individual elements on the surface of other objects*.
>
> Dès lors, lorsque l'utilisateur emploie la technique d'ajout de sommets, d'arêtes ou de facettes par *[Ctrl]+[bouton gauche]* successifs, les nouveaux éléments se positionneront à la surface de l'objet en arrière-plan servant de modèle à la retopologie. La retopologie est un art à part entière nécessitant une bonne connaissance des outils de modélisation, des règles de la topologie et, surtout, une patience permettant de créer des modèles d'une très haute qualité.
>
> 
>
>
> **Figure 4–59** Configuration de l'outil Snap pour la retopologie

Vous pouvez également sélectionner trois sommets quelconques, et employer cette fonction (touche *[F]*, à nouveau), pour créer une facette triangulaire ou quadrangulaire à partir de trois ou quatre sommets.

AVERTISSEMENT
Création de facettes à plus de quatre côtés

Grâce à la fonction *[F]*, il est très tentant, notamment en modélisation architecturale, de créer des polygones (Ngons) complexes, à partir d'une sélection d'arêtes contiguës. Les avantages sont doubles. D'une part, l'utilisateur s'affranchit de la peine de composer une surface aux frontières complexes avec seulement des triangles et/ou quadrangles. D'autre part, le polygone résultant peut facilement être transformé, extrudé, déplié, etc.
L'utilisateur doit toutefois s'efforcer, s'il ne veut pas avoir de mauvaises surprises au rendu ou à la déformation (animation) de son modèle, de garder ses Ngons totalement plans ainsi que de respecter la topologie de son modèle.
En règle générale, ce n'est pas parce que l'utilisateur *peut* transformer une série de facettes quadrangulaires ou triangulaires en un Ngon qu'il *doit* le faire : le modèle final doit rester productif.

BON À SAVOIR **Le modificateur Triangulate**

Au moment du rendu, toutes les facettes sont triangulées, que ce soient des triangles, des quadrangles, voire des polygones avec un grand nombre de côté. Dans certains cas, comme lors de l'export de maillages ou du *baking* de cartes normales ou de bosselages sur une texture à partir d'une géométrie réelle, des artéfacts peuvent survenir en raison d'une triangulation variable d'un système à l'autre. La mise en place de ce modificateur avant baking ou export permet alors de corriger les éventuels problèmes. Notez que si le modèle est animé au moyen d'une armature, le modificateur *Triangulate* doit être placé avant, dans la pile des modificateurs.

Le menu des spécialités

Ce menu est accessible en mode *Edit* lorsque vous appuyez sur la touche *[W]*. Il offre alors plusieurs options qui peuvent interagir avec vos maillages, certaines étant accessibles par ailleurs (dans l'étagère à outils *[T]*, les panneaux de certains menus, ou même les en-têtes de la vue 3D), et ayant été regroupées dans ce menu par souci de convivialité. Les principales options sont décrites ci-dessous.

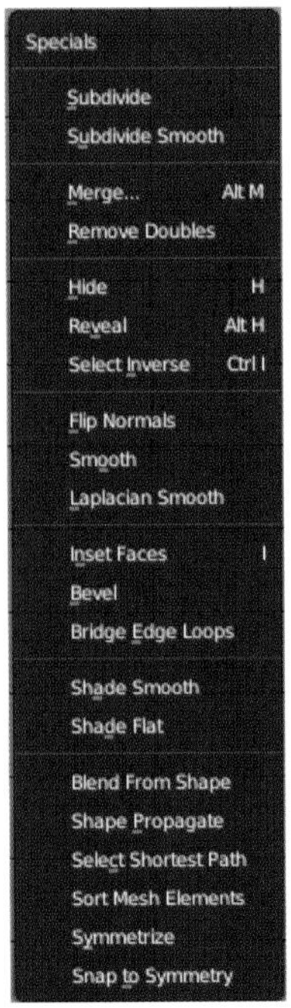

Figure 4–60

- *Subdivide* : toutes les arêtes sélectionnées sont subdivisées en leur centre.

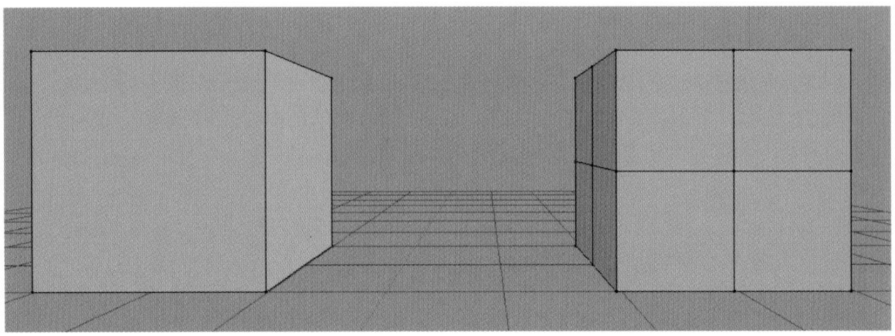
Figure 4–61 À droite, le cube après une simple subdivision

- De nombreuses options sont toutefois disponibles interactivement dans l'étagère à outils *[T]*. Elles permettent notamment de régler le nombre de coupes de subdivision (*Number of Cuts*) et le taux d'adoucissement de celles-ci (*Smoothness*) pour aboutir à des surfaces plus arrondies loin des arêtes initiales). Mais vous pouvez aussi ajouter à la surface initiale une perturbation fractale, contrôlée par un taux de perturbation (*Fractal*), un taux de contrainte le long des normales (*Along Normal*) et une graine aléatoire pour la perturbation (*Random Seed*).

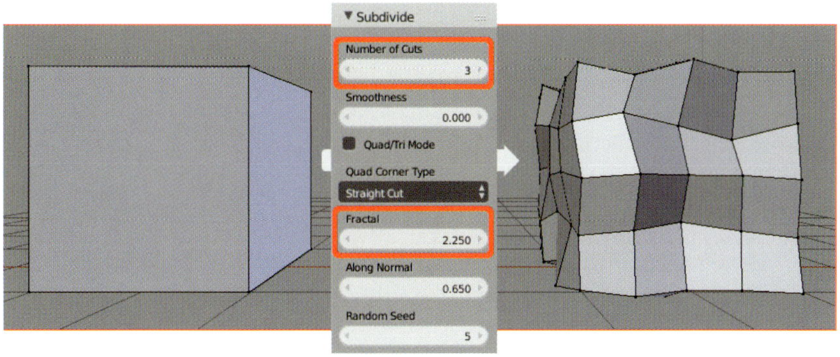

Figure 4–62
À droite, le cube après subdivision à trois coupes et déplacement fractal des sommets

- *Merge* : cette fonction fusionne en un seul sommet tous les sommets sélectionnés et s'invoque également grâce à la combinaison de touches *[Alt]+[M]*. Une fenêtre flottante apparaît pour demander à l'utilisateur l'endroit où la fusion doit avoir lieu : au premier point sélectionné (*At First*), au dernier de celle-ci (*At Last*), au centre géométrique de la sélection (*At Center*), sur la position du curseur (*At Cursor*) ou par effondrement en un point unique de tous les sommets sélectionnés (*Collapse*).

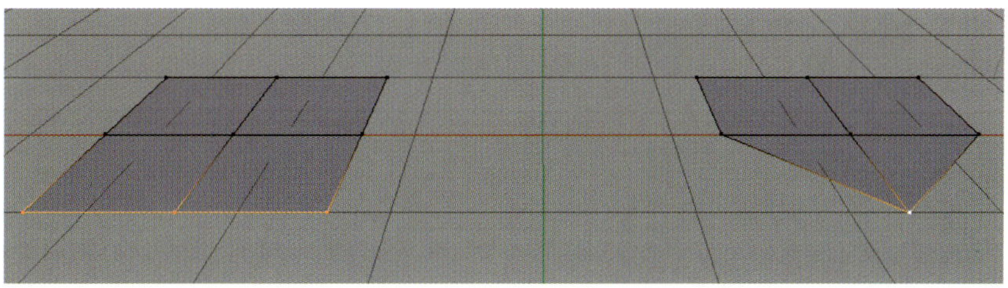

Figure 4–63
Les trois sommets du côté au premier plan ont été fusionnés en un seul sommet central grâce à l'option At Center.

- *Remove Doubles* : cette fonction recherche dans la sélection de sommets tous ceux qui sont à une distance inférieure ou égale à `0.0001` unités de Blender l'un de l'autre (cette valeur peut être réglée dans l'étagère à outils *[T]* grâce à l'option *Merge Distance*), et supprime les sommets répondant à ce critère. Ce traitement est souvent nécessaire après une opération d'extrusion ou de duplication avortée involontairement par l'utilisateur ; les sommets excédentaires se manifestent souvent, dans la vue 3D (mode ombré, touche *[Z]*) ou au cours du rendu, par des artéfacts dans le lissage des surfaces.
- *Hide* et *Reveal* : ces deux options permettent respectivement de masquer la sélection, ou au contraire de la rendre à nouveau visible ; cette opération est souvent utile lorsque l'utilisateur travaille sur un maillage complexe, et qu'il veut n'afficher que la zone qui l'intéresse. À noter que certains outils, comme le mode d'édition proportionnelle, n'ont aucune influence sur les facettes masquées. Les combinaisons de touches *[H]* et *[Alt]+[H]* activent ces deux fonctions.

- *Select Inverse* : permet d'inverser la sélection du maillage en cours, comme avec la combinaison *[Ctrl]+[I]*.
- *Flip Normals* : les normales d'un maillage pointent en principe toutes vers l'extérieur ou vers l'intérieur de celui-ci. Dans certains cas, vous souhaiterez pouvoir inverser la direction des normales ; c'est possible avec cette option.
- *Smooth* et *Laplacian Smooth* : *Smooth* sert à lisser la sélection de votre maillage ; ses creux et ses bosses vont s'atténuer et le maillage semblera légèrement diminuer en volume, à mesure que les angles entre les facettes s'écraseront. Par exemple, si vous partez d'un cube subdivisé plusieurs fois, en appliquant cette fonction à plusieurs reprises, vous allez obtenir un objet aux bords plus arrondis. Pour sa part, *Laplacian Smooth* tente de réduire le « bruit » à la surface d'un objet tout en s'efforçant de préserver sa forme générale ; il s'agit en vérité d'un modificateur à part entière.

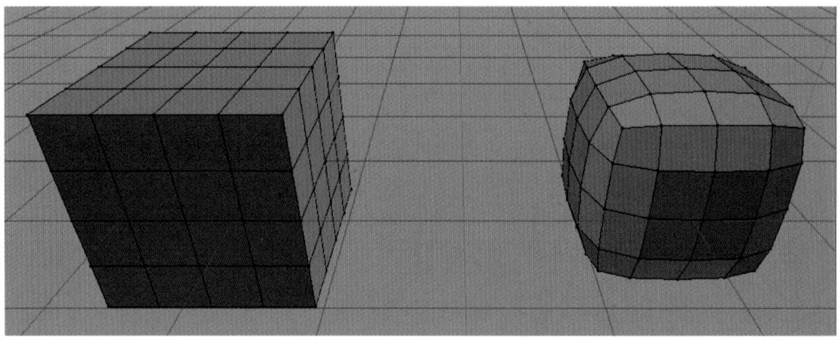

Figure 4–64
À droite, le cube après plusieurs applications de la fonction Smooth

ASTUCE
Chanfreiner seulement les sommets

Vous pouvez utiliser la combinaison *[Maj]+[Ctrl]+[B]* pour que l'opération de chanfreinage s'applique seulement aux sommets, et non plus aux arêtes reliant les sommets. Cette opération est également accessible dans l'étagère à outils *[T]* en cochant l'option *Vertex Only* après avoir fait un chanfreinage classique avec la touche *[B]*. Comme pour la fonction *Bevel* classique, actionner la molette au cours de l'opération permet d'augmenter le nombre de segments créés et, par conséquent, d'arrondir les chanfreins.

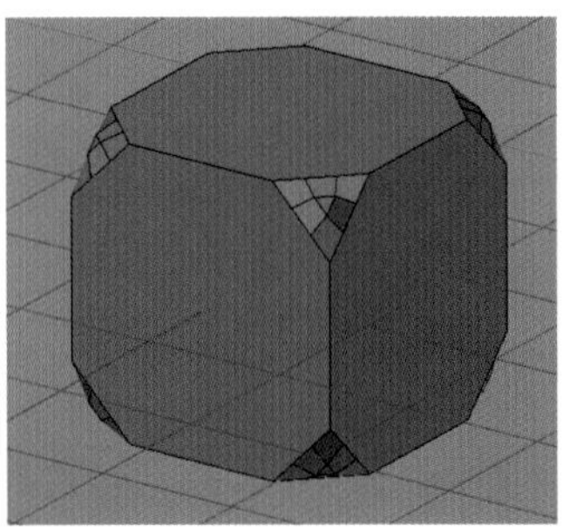

Figure 4–65

- *Bevel* : cette fonction (également accessible au travers du raccourci *[Ctrl]+[B]* en mode *Edit*) permet d'ajouter un chanfrein aux arêtes sélectionnées de votre maillage ; de façon interactive, en déplaçant la souris (bouton gauche de la souris ou touche *[Entrée]* pour valider, bouton droit de la souris ou touche *[Echap]* pour annuler), vous spécifiez la largeur du chanfrein. Optionnellement, en actionnant la molette de la souris, vous pouvez définir le nombre de segments du chanfrein, permettant de réaliser des congés de raccordement.
- *Bridge Two Edge Loops* : cette option permet de relier deux boucles sélectionnées, qui possèdent le même nombre d'arêtes et font partie du même maillage (bien que les deux maillages puissent être déconnectés). L'option est également accessible depuis le menu spécial des arêtes (*[Ctrl]+[E]*). Attention, si les deux boucles constituaient une facette ou un ensemble de facettes, celles-ci ne sont pas supprimées et doivent l'être manuellement si cela a une importance pour l'utilisateur.

Figure 4–66
Sur un volume simple (à gauche), la fonction Bevel appliquée aux arêtes pour obtenir soit un chanfrein (figure du haut), soit un congé (figure du bas)

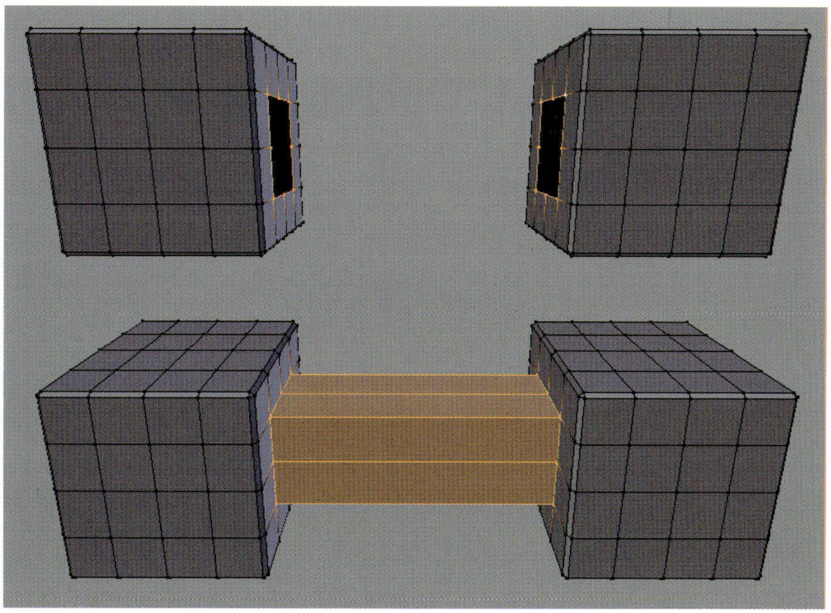

Figure 4–67
La connexion automatique de deux boucles comptant le même nombre d'arêtes est facilitée par la fonction Bridge Two Edge Loops.

- *Shade Smooth* et *Shade Solid* : vos maillages sont constitués de facettes ; lors du rendu, les facettes seront clairement apparentes. En sélectionnant un groupe de facettes (ou la totalité d'entre elles) et en utilisant la fonction *Shade Smooth*, le rendu donnera l'illusion que la surface de l'objet est parfaitement progressive, au lieu d'être constituée de facettes. Au contraire, *Shade Solid* préserve l'aspect à facettes de l'objet.

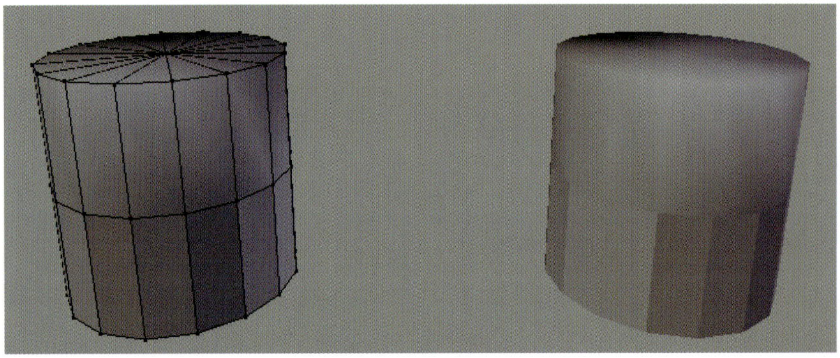

Figure 4–68
La moitié supérieure du cylindre est en Shade Smooth, l'autre moitié en Shade Solid.

- *Symmetrize* : cette fonction permet de générer de façon interactive, en mode *Edit* (le modificateur *Mirror* réalise la même chose, en mode *Object*), une symétrie de la sélection. Dans le panneau interactif de l'étagère à outils *[T]*, le paramètre *Direction* sert à choisir le mode de symétrie, et en fonction de celui-ci, la position de la sélection par rapport aux axes *X*, *Y* et *Z* globaux est important. Une fois la symétrie acceptée, le maillage est recalculé, et les volumes en doublon éliminés.

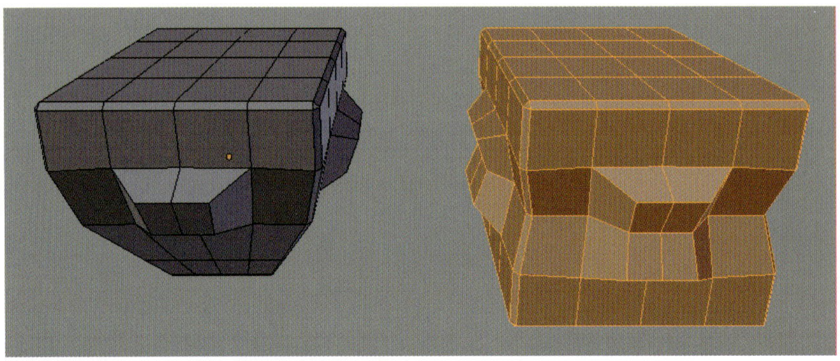

Figure 4–69
L'outil Symmetrize dans la direction +Z to -Z

- *Wireframe* : cet outil sert à transformer un modèle à facettes en un réseau de type « fil de fer » en éliminant les faces et en donnant du volume aux arêtes. En mode *Edit*, utilisez le raccourci *[Ctrl]+[F]* ou passez par le menu *Mesh>Faces* avant de sélectionner *Wireframe*. La partie interactive de l'étagère à outils *[T]* permet notamment de communiquer une épaisseur (*Thickness*) à chaque fil de fer.

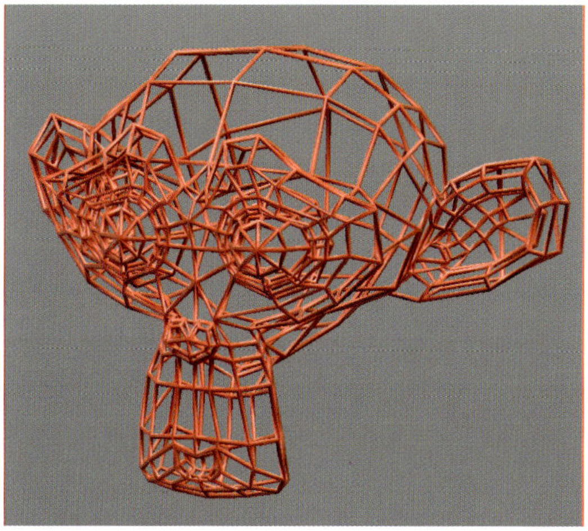

Figure 4–70
L'outil Wireframe permet de convertir un modèle en un réseau de fils de fer.

3ds Max
Transformation de sélection

Dans 3ds Max, la sélection en cours dans l'un des modes (sommet, arête, facette...) n'affecte pas la sélection dans les autres modes de sélection.
Il est donc nécessaire de passer par le menu contextuel (bouton droit de la souris), puis de sélectionner *convert to face*, *convert to vertex* ou *convert to edge*.

Travailler avec les boucles

Les boucles sont soit une suite continue d'arêtes qui démarrent et terminent sur le même sommet, soit une suite continue de facettes qui démarrent et terminent sur la même arête. Dans le premier cas, il s'agit d'une boucle d'arêtes, dans le second, d'une boucle de facettes.

Astuce **Sélection de facettes à partir d'un profil clos d'arêtes**

Lorsqu'une succession d'arêtes closes est sélectionnée, délimitant une région finie, l'option *Select Loop Inner-Region* du menu *Edges* (combinaison de touches *[Ctrl]+[E]*, en mode *Edit*) permet de sélectionner toutes les facettes comprises à l'intérieur de cette frontière virtuelle.

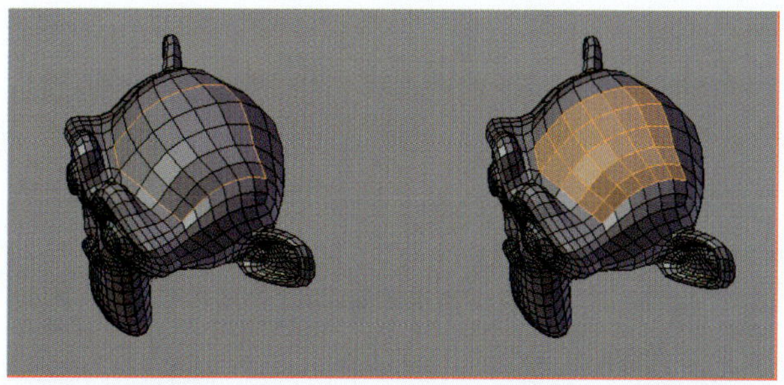

Figure 4–71
Sélection de facettes à l'aide de l'option Select Loop Inner-Region

Vous pouvez créer des frontières complexes grâce aux sélections multiples (touche *[Maj]*) de boucles ou d'arêtes. Si vous définissez une sous-région enclose dans une plus grande région, les facettes de la sous-région seront soustraites aux facettes de la grande région lors de l'usage de l'outil *Select Loop Inner-Region*. Vous pouvez ainsi multiplier à loisir les frontières, créant autant de régions et de sous-régions que souhaité, ainsi qu'en témoignent les illustrations suivantes.

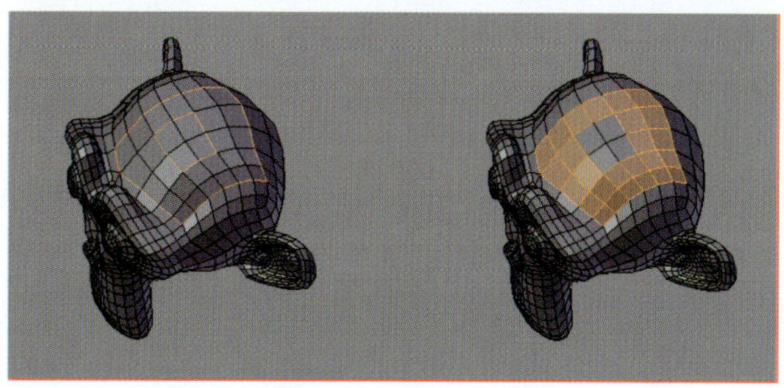

Figure 4–72 Sélection de facettes par la définition de multiples régions et l'utilisation de l'option Select Boundary Loop

À noter, l'existence de l'outil *Select Boundary Loop*, qui fait exactement l'inverse de l'outil *Select Loop Inner-Region* : il transforme les groupes de facettes sélectionnés, ne retenant que les arêtes qui en constituent une frontière close.

Sélection de boucles d'arêtes ou de facettes

Il est possible de sélectionner une boucle d'arêtes en utilisant la combinaison *[Alt]+[bouton droit]* sur une arête particulière. De même, la sélection d'une boucle de facettes s'effectue *via* *[Ctrl]+[Alt]+[bouton droit]*. La position du curseur de la souris par rapport au centre de la facette suggère, lorsqu'il y a ambiguïté possible, quelle bande de facettes sélectionner : à gauche ou à droite du centre pour sélectionner une boucle à dominante horizontale, ou au-dessus ou au-dessous du centre pour une boucle à dominante verticale.

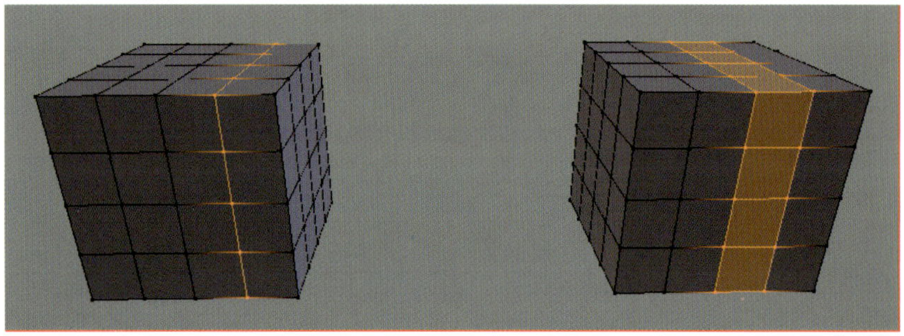

Figure 4–73
À gauche, sélection d'une boucle d'arêtes ; à droite, sélection d'une boucle de facettes

Comme avec toute sélection dans Blender, il est possible d'ajouter à la sélection d'autres boucles (d'arêtes ou de facettes) en maintenant pressée la touche *[Maj]*.

Couper une boucle de facettes

Il s'agit d'une fonction très intéressante, qui permet d'insérer une boucle d'arêtes dans une boucle de facettes existante, ce qui revient à diviser cette dernière. L'insertion de nouvelles boucles est une technique communément utilisée en phase de modélisation pour ajouter des détails en un endroit précis, principalement lors de la modélisation d'objets organiques, par exemple en préliminaire à une extrusion.

Pour couper une boucle de facettes en mode *Edit*, vous emploierez la combinaison de touches *[Ctrl]+[R]* ou le bouton *Loop Cut and Slide* dans l'étagère à outils *[T]*. Dans les deux cas, une boucle d'arêtes couleur magenta apparaît pour indiquer la boucle de facettes qui sera coupée ; vous pouvez alors sélectionner une boucle d'arêtes à un endroit ou l'autre de votre modèle, plus exactement en positionnant le curseur de votre souris sur une arête à séparer, puis en validant la boucle de facettes choisies avec le bouton gauche de la souris ou la touche *[Entrée]* (vous pouvez annuler l'action grâce au bouton droit de la souris ou à la touche *[Echap]*).

ASTUCE
Insérer de multiples boucles

À noter que vous pouvez utiliser la molette de votre souris ou directement saisir au clavier le nombre de boucles d'arêtes que vous souhaitez insérer.

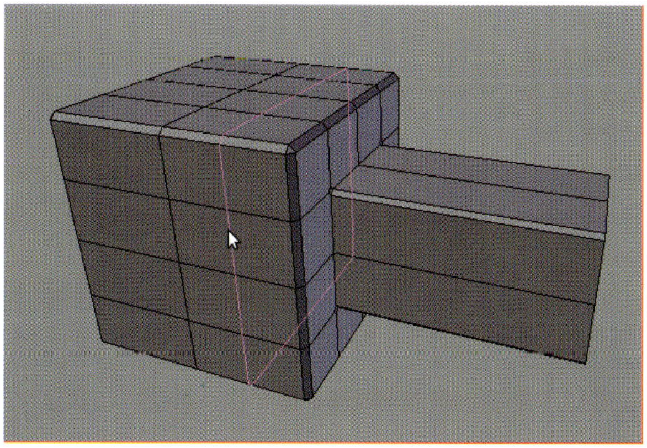

Figure 4–74 ς
La ligne magenta indique la direction de la future boucle d'arêtes.

Après validation, Blender se place en mode interactif, vous autorisant à positionner précisément la boucle d'arêtes ; ainsi, vous n'êtes pas obligé de séparer une boucle de facettes en son milieu, mais à l'endroit de votre choix, le long d'une arête transversale à la future boucle.

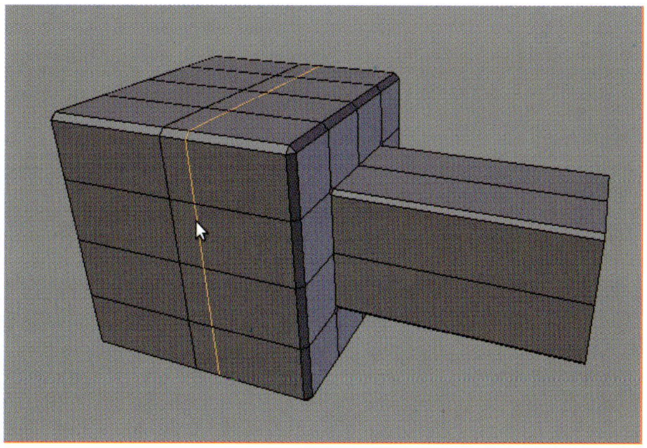

Figure 4–75
La boucle orange est déplacée interactivement à la souris jusqu'à sa position finale au sein de la boucle d'arêtes.

Figure 4–76

Pendant cette phase interactive, vous positionnez à la souris la nouvelle boucle d'arêtes. Pour vous assister, en bas à gauche de la vue 3D, vous visualiserez la position de la future boucle par rapport à l'arrête de référence : 0 correspond au milieu de l'arête, -1 à une extrémité, et +1 à l'autre. En maintenant la touche *[Ctrl]* pressée, l'arête se positionnera selon un pas grossier ; pour un placement plus fin, pressez la touche *[Maj]*.

ASTUCE
Supprimer une boucle d'arêtes

Il vous est possible de supprimer une boucle d'arêtes, à condition qu'elle soit elle-même encadrée par deux boucles d'arêtes. Pour cela, sélectionnez la boucle d'arêtes à supprimer grâce à la combinaison de touches *[Alt]+[bouton droit]* et appuyez sur la touche *[X]* ou la touche *[Suppr]* pour appeler le menu *Delete* : choisissez alors *Edge Loop* dans la liste.

Fonctions avancées de modélisation

Celles-ci sont disséminées dans les différents menus spéciaux. Nous avons déjà abondamment abordé le menu spécial *[W]*, mais chaque type d'éléments dispose de son propre menu de spécialités :

- *[Ctrl]+[V]* pour les sommets (*[V]* pour *Vertices*, sommets) ;

- [Ctrl]+[E] pour les arêtes ([E] pour *Edges*, arêtes) ;
- [Ctrl]+[F] pour les facettes ([F] pour *Faces*, facettes).

D'autres outils spécifiques sont plus génériques et se cachent dans l'étagère à outils [T]. N'hésitez donc jamais à explorer et expérimenter les fonctions regroupées dans ces menus.

Outils couteau (Knife)

L'outil couteau est un autre moyen d'ajouter des détails, plus locaux, à un modèle. En appuyant sur la touche [K], ou en cliquant sur le bouton Knife dans l'étagère à outils [T], le curseur de la souris se transforme en un petit couteau orné d'un point vert. Celui-ci est automatiquement aimanté par les sommets ou les arêtes de votre modèle et, à chaque utilisation du bouton gauche de la souris, vous déposez un nouveau point rouge qui sera relié aux précédents par une ligne mauve. Chaque point rouge sert également d'aimant à l'outil couteau.

BON À SAVOIR
Couteau alternatif

Par défaut, le couteau, lorsqu'il est appelé par la touche [K], découpe uniquement des profils dans les facettes visibles au premier plan de la vue 3D. En appelant l'outil couteau grâce à la combinaison [Maj]+[K], la découpe ne s'applique alors plus qu'à la partie de maillage au préalable sélectionnée, et à toutes les facettes, pas seulement celles visibles au premier plan.

Vous pouvez ainsi dessiner des profils de découpe complexes à la surface de vos objets :

- [Entrée] et [Espace] valident et appliquent la découpe ;
- [Echap] ou le bouton droit de la souris annulent l'opération ;
- [E] définit un nouveau chemin de coupe, non relié au précédent, sans appliquer la découpe précédente.

Pour assurer une définition plus précise des points de découpe :

- [Ctrl] permet de forcer l'aimantation au milieu d'une arête (attention, si celle-ci héberge un point de découpe rouge, l'aimantation s'opère au milieu de la future arête découpée) ;
- [Maj] sert à ignorer l'aimantation d'une arête ou d'un sommet.

AVERTISSEMENT
Génération de Ngons

L'outil Knife est particulièrement flexible, mais est très fortement susceptible d'aboutir à la production de polygones à plusieurs côtés. La touche [E] en cours d'usage et l'aimantation des points de découpe permettront toutefois à l'artiste consciencieux de limiter la production à des polygones à trois ou quatre côtés seulement proprement distribués. Une bonne topologie, en particulier pour les modèles destinés à être déformés au cours d'une animation, doit être plus que jamais présente à l'esprit du modeleur lorsqu'il utilise ce type d'outils.

Enfin, la touche [C] force le placement de la découpe sur une position angulaire réglée à 45°, tandis que la touche [Z] permet d'intercepter toutes les géométries, mêmes masquées par le plan de découpe principal.

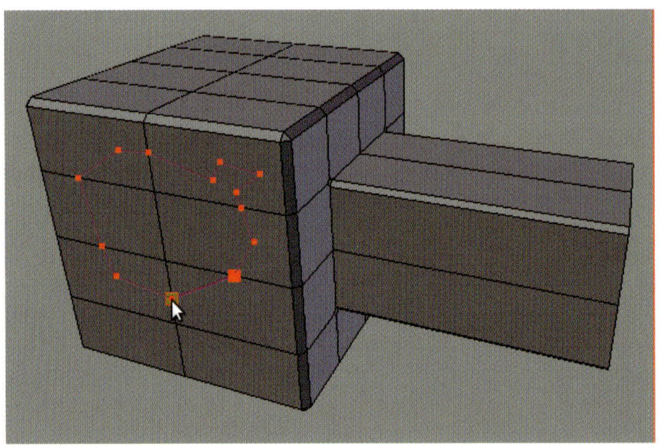

Figure 4–77
L'outil Knife permet de définir des profils (points rouges) complexes de découpe, dégénérant toutefois très facilement en Ngons.

Rotation d'arêtes

Vous pouvez basculer une arête sur elle-même, soit dans le sens des aiguilles d'une montre (*clockwise*, CW), soit dans le sens inverse (*counter-clockwise*, CCW), sans modifier la géométrie générale de votre modèle et en respectant le positionnement des sommets existants. La forme extérieure du modèle ne change pas ; c'est donc la longueur de l'arête qui se modifie en fonction de sa nouvelle position angulaire.

Cette fonction est très pratique pour rediriger des arêtes et ainsi faciliter les déformations dans une direction particulière. Sélectionnez l'arête à faire tourner et utilisez la combinaison de touches *[Ctrl]+[E]* pour afficher le menu spécial des arêtes. Choisissez ensuite Rotate Edge CW ou Rotate Edge CCW. Dans le menu interactif de l'étagère à outils *[T]*, il est possible de cocher une option pour basculer plus facilement d'un mode à l'autre si vous n'avez pas fait le choix du bon sens de rotation.

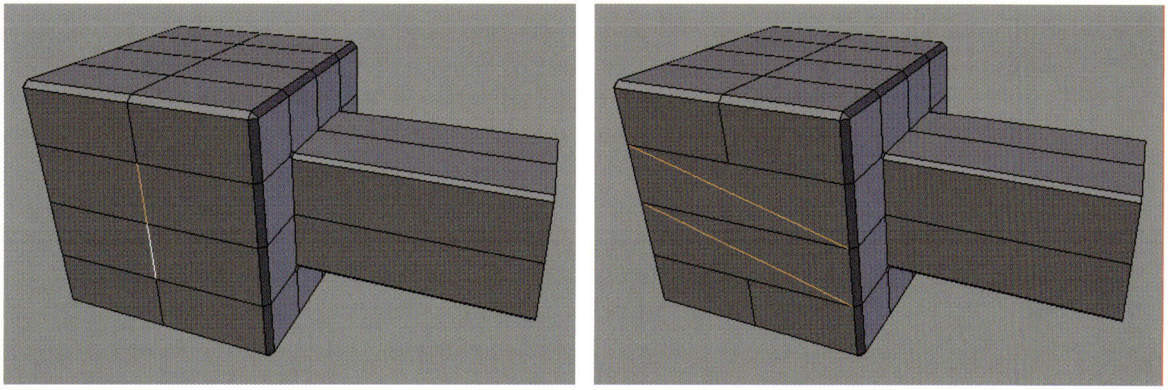

Figure 4–78 En faisant tourner les deux arêtes surlignées, la topologie passe d'une grille à des facettes triangulaires en oblique.

Glissement d'arêtes

Dans le même ordre d'idée que la rotation d'arêtes, il va s'agir de faire glisser la position de l'arête sans modifier la forme extérieure du modèle : c'est la longueur des arêtes liées à celle en cours d'édition qui variera pour préserver la forme extérieure du modèle.

Pour accéder à cette fonction, sélectionnez l'arête à faire glisser et pressez *[G]* deux fois. Vous pouvez également employer la combinaison de touches *[Ctrl]+[E]* pour afficher le menu spécial des arêtes et choisir ensuite *Edge Slide* pour faire glisser l'arête sélectionnée le long de l'arête verte de référence. Vous validerez la nouvelle position de l'arête grâce au bouton gauche de la souris (ou à la touche *[Entrée]*).

ASTUCE
Glissement de sommets

Il est également possible de faire glisser la position d'un sommet le long de son arête d'origine. Sélectionnez un sommet, puis utilisez la combinaison *[Maj]+[V]*. Sélectionnez ensuite une arête le long de laquelle faire glisser le sommet (des lignes de construction vous aident à visualiser la nouvelle forme générée), et validez grâce au bouton gauche de la souris (ou à la touche *[Entrée]*). Cette fonction est tout aussi indispensable en modélisation architecturale qu'organique !

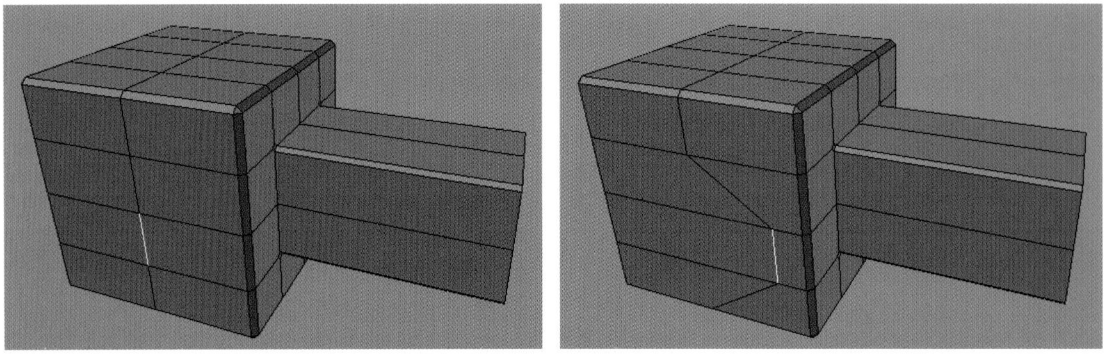

Figure 4–79 La fonction Edge Slide peut s'avérer très utile pour corriger la topologie d'une œuvre architecturale, par exemple en vue de créer des ouvertures de portes ou de fenêtres.

BON À SAVOIR

Déchirer et remplir grâce à l'option Rip Fill

Cette option fonctionne de la même façon que la fonction *Rip*, à ceci près qu'elle est invoquée par le menu spécial des sommets *[Ctrl]+[V]* et qu'il faut choisir *Rip Fill* dans le menu. Dans la fonction normale, la déchirure pratiquée est laissée béante tandis que, dans celle-ci, l'ouverture est fermée par des facettes de formes appropriées. Cette fonction est donc quelque part entre la déchirure et l'extrusion.

Déchirer un maillage

Il est possible de déchirer un maillage très simplement. En mode *Edit*, sélectionnez un sommet et appuyez sur la touche *[V]*, ou appelez le menu spécial des sommets (*[Ctrl]+[V]*) et choisissez l'option *Rip*. Vous êtes désormais dans un mode interactif et le sommet sélectionné est déplacé à la souris (validation de la position grâce au bouton gauche ou à la touche *[Entrée]*), laissant un trou dans le maillage. Comme d'habitude, il est bien sûr possible de contraindre les déplacements dans une direction particulière grâce aux touches *[X]*, *[Y]* et *[Z]*, mais aussi par incréments d'unité, par exemple, grâce à la touche *[Ctrl]*.

Vous pouvez également sélectionner un ou plusieurs sommets contigus à la fois, et même des arêtes contiguës. Les espaces ainsi créés peuvent servir d'ouverture (manches, bouches, paupières) ou être par la suite remplis grâce à de nouvelles facettes pour former des rides ou des plis (voir l'aparté « Déchirer et remplir grâce à l'option Rip Fill »), bien que la fonction *Inset Faces* soit ici plus pratique.

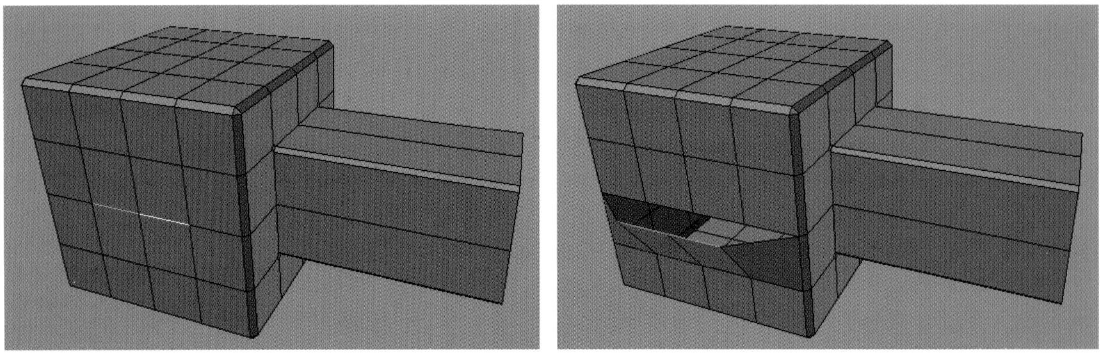

Figure 4–80 Déchirure du maillage sur des arêtes précises

Intercaler des facettes

Blender a également la possibilité d'intercaler des facettes dans une topologie existante (un peu comme si une extrusion était réalisée à une distance de 0, puis redimensionnée à loisir). Cette option est particulièrement intéressante pour réaliser des bosselages, en construction mécanique, ou encore pour préparer la modélisation de rides, de veines ou de plis, en modélisation organique, en particulier en usage conjoint avec l'outil *Knife* pour créer les facettes de départ de ces reliefs.

En mode *Edit*, cette fonction s'applique grâce à la touche *[I]* sur une facette (ou une succession de facettes).

- Le mouvement du curseur de la souris règle l'épaisseur de l'intercalaire.
- La touche *[Ctrl]* permet de communiquer immédiatement une épaisseur au bosselage.
- La touche *[O]* sert à préciser si les nouvelles facettes sont générées à l'intérieur des facettes sélectionnées, ou si la sélection repousse le maillage initial pour insérer les nouvelles facettes.

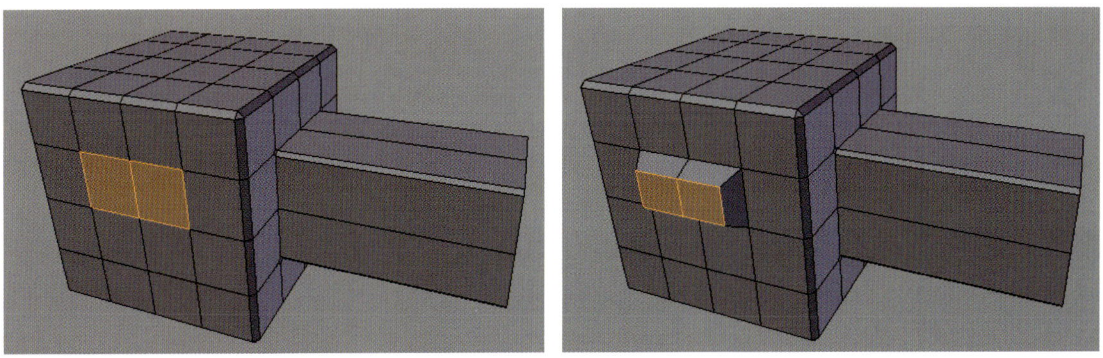

Figure 4–81 La modélisation de bosselages est très simple grâce à la fonction Inset Faces.

Dissolution d'une partie du maillage

Le fait que Blender soit capable de gérer des polygones disposant de plus de trois ou quatre arêtes ouvre la voie à une application intéressante qui consiste à fusionner un certain nombres de facettes entre elles. L'application n'est pas seulement visuelle, elle permet également de faciliter certaines manipulations sur les maillages autrement trop complexes, comme certaines extrusions et d'autres transformations plus classiques.

La dissolution des éléments permet donc de simplifier la topologie du maillage, généralement en produisant des polygones à *n* côtés. Le résultat obtenu diffère selon que les entités sélectionnées avant dissolution sont des sommets, des arêtes ou des facettes.

AVERTISSEMENT

Le piège de la fonction Dissolve

Il s'agit en fait d'un problème propre aux polygones à *n* côtés, puisqu'avec une fonction telle que *Dissolve*, il est très facile de générer des polygones non plans : il est en effet bon de savoir que les facettes sont de toute façon triangulées lorsqu'elles sont transmises au moteur de rendu ; il peut en résulter des artéfacts désagréables et, au final, le besoin de revenir en arrière. Si cela devait vous arriver, l'outil *Knife* sauvera probablement votre modèle.

Le fonctionnement est simple. En mode *Edit*, sélectionnez les sommets, arêtes ou facettes à dissoudre, puis utilisez la touche *[X]*, et dans le menu, choisissez l'option *Dissolve*.

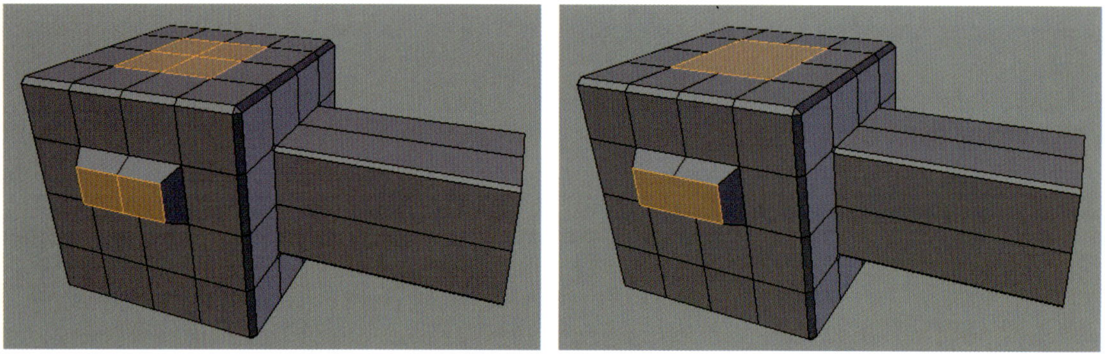

Figure 4–82 Après dissolution, les deux sélections de facettes sont chacune transformées en un polygone à n côtés.

BON À SAVOIR **La fonction Limited Dissolve**

Il s'agit d'une variante de la fonction *Dissolve*, accessible en mode *Edit* à travers le menu *Mesh* de la vue 3D, en choisissant *Dissolve* puis *Limited Dissolve*. Dans la partie interactive de l'étagère à outils *[T]*, il est possible de faire varier le paramètre *Max Angle* qui définit le seuil angulaire à partir duquel les facettes répondant à ce critère sont dissoutes. Attention toutefois, avec des angles trop élevés, les géométries sont susceptibles de s'effondrer (un peu à la manière de la fonction *Remove Doubles*) et conduire à l'altération du volume général.

Opérations booléennes

Par le biais des opérations booléennes, il est possible de considérer les maillages comme des volumes (objets pleins) plutôt que comme des coquilles et, à ce titre, de réaliser des opérations élémentaires entre les volumes enclos. Les opérations booléennes disponibles sont les suivantes :

- union, les volumes sont ajoutés les uns aux autres ;
- intersection, seuls les volumes communs aux différents objets sont conservés ;
- différence, l'un des volumes est soustrait au second.

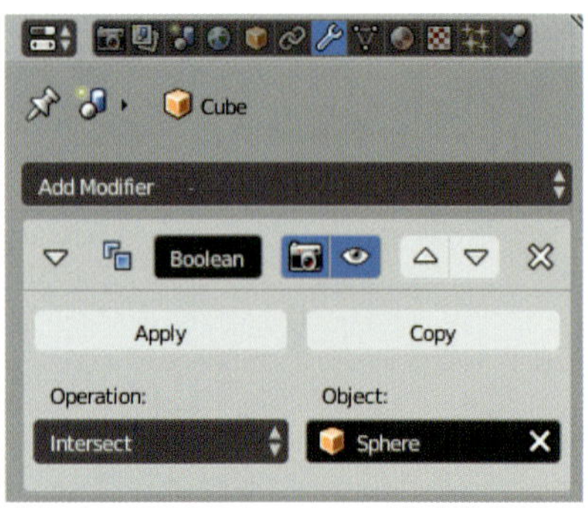

Figure 4–83
Le modificateur des opérations booléennes

Dans Blender, une opération booléenne s'applique à un maximum de deux objets à la fois. Toutefois, s'agissant d'un modificateur, il est possible de créer des piles complexes de modificateurs booléens. Sélectionnez le premier objet de l'opération (bouton droit de la souris) et, dans le menu *Object Modifiers*, appuyez sur le bouton *Add Modifier* ; dans la catégorie *Generate*, choisissez le modificateur *Boolean*.

Le champ *Object* définit le second objet entrant en ligne de compte dans l'opération. Le menu déroulant *Operation* propose trois types d'interactions possibles : *Union*, *Difference* et *Intersect*.

Pour comprendre l'usage de ces opérations, considérons une scène très simple, constituée d'une sphère noire et d'un cube blanc. Vous noterez que, dans tous les cas, l'objet résultant de l'opération booléenne hérite du matériau du premier objet (auquel est appliqué le modificateur), sans tenir compte du matériau propre au second objet (servant à compléter l'opération).

Figure 4–84
Les objets d'origine de nos opérations booléennes

- *Union* : avec cette opération, les deux objets sont fondus en un seul, en ne conservant que les facettes constituant l'enveloppe extérieure. Les sommets, arêtes et faces en surplus à l'intérieur des deux volumes sont supprimés. Il importe peu de savoir auquel des deux objets est appliqué le modificateur, le résultat est géométriquement parlant, mais si chaque objet a un matériau différent, c'est le matériau de l'objet auquel est appliqué le modificateur qui habille alors l'*Union*.

Figure 4–85
Le résultat d'une opération Union

ASTUCE

Objets toujours visibles après l'opération booléenne

Pour éviter que le second objet entrant en compte dans l'opération ne se superpose au résultat du modificateur, vous le déplacerez sur un autre calque invisible au rendu (touche *[M]*, sélectionnez un calque inactif, puis appuyez sur la touche *[Entrée]* ou cliquez sur le bouton *OK*).

ASTUCE

En cas de faces coplanaires

Si vous cherchez à appliquer une opération booléenne sur deux objets dont une ou plusieurs faces sont coplanaires, le résultat peut être imprévisible. Généralement, faire pivoter l'un des deux objets d'un angle très faible pour rompre le caractère coplanaire suffit pour que l'opération soit un succès à la tentative suivante.

BON À SAVOIR

Échec des opérations booléennes

Une opération booléenne n'est possible que si l'intersection de deux maillages produit une boucle d'arêtes totalement fermée. Si vous utilisez, par exemple, un objet plein et un second objet percé en surface, l'intersection de l'objet plein avec le trou peut résulter en un échec de l'opération.

- *Difference* : pour cette opération, il est important de déterminer à quel objet est appliqué le modificateur. En effet, c'est le volume du second objet (défini par le champ *Object*) qui est soustrait au premier objet (auquel le modificateur est appliqué).

Figure 4–86
Le modificateur booléen est ici appliqué au cube et l'objet sphérique lui est soustrait.

REMARQUE

Normales des volumes lors des opérations booléennes

Il est très important, pour obtenir des résultats prévisibles et satisfaisants, que toutes les normales des volumes impliqués dans des opérations booléennes pointent, de façon uniforme, de préférence vers l'extérieur. Pour visualiser celles-ci, en mode *Edit*, affichez le panneau des propriétés numériques *[N]* et dans la section *Mesh Display*, sous-catégorie *Normals*, cliquez sur l'icône représentant une facette. En l'activant, chaque face de votre objet se voit assigner un petit vecteur décrivant la normale et pointant vers l'intérieur ou vers l'extérieur.

Si les vecteurs ne pointent pas toujours dans la même direction, vous pouvez forcer Blender à les recalculer de façon homogène grâce à la combinaison de touches *[Ctrl]+[N]* ou au bouton *Recalculate* de l'étagère à outils *[T]*. Enfin, si vous constatez que les vecteurs pointent vers l'intérieur du volume plutôt que vers l'extérieur, le bouton *Flip Direction* permettra d'inverser les normales.

- *Intersection* : pour cette opération, seul le volume commun aux deux objets est retenu comme résultat de l'opération booléenne. À nouveau, il importe peu de savoir auquel des deux objets est appliqué le modificateur, la géométrie résultante étant la même dans un cas comme dans l'autre.

Figure 4–87
Intersection de la sphère et du cube

Si les opérations booléennes semblent particulièrement utiles, elles sont surtout le fruit de la facilité, en ce sens que l'algorithme qui génère les facettes enclosant le nouveau volume final n'est pas parfait. Les maillages ainsi générés ne sont pas « propres » ce qui produit souvent, au rendu, des surfaces « dentelées » aux abords des arêtes. Parfois, un grand nombre de facettes inutiles peut même être généré, nécessitant le nettoyage « manuel » du modèle (après application du modificateur à l'aide de son bouton *Apply*), ou encore l'usage du modificateur *Remesh*.

Maillages multirésolutions

Les maillages multirésolutions permettent de stocker différents niveaux de subdivision, tout en garantissant que chaque niveau est éditable et que les modifications apportées à un niveau sont communiquées aussi bien aux niveaux inférieurs que supérieurs de résolution. Quelques avantages parmi les plus évidents :

- possibilité de travailler (mise en place d'armatures, mise au point d'animations, etc.) sur un modèle de faible résolution dans la vue 3D sans ralentissement excessif et d'effectuer des rendus avec des maillages de haute (voire très haute) résolution avec tous les détails qui y ont été intégrés ;
- correction aisée de la forme générale d'un maillage sur une version basse résolution par action sur quelques sommets seulement, plutôt que par modifications laborieuses sur des quantités massives de sommets.

Une limitation importante à saisir est qu'il n'est pas possible d'ajouter à la géométrie des formes. On peut seulement les éditer et les subdiviser. Cela veut dire que, à un niveau de résolution donné, il est impossible d'ajouter ou de supprimer des sommets, arêtes ou facettes.

Les maillages multirésolutions sont disponibles sous forme de modificateurs, et sont particulièrement utiles lorsqu'ils sont employés conjointement à *Sculpt mode*, l'outil de sculpture 3D. Il est possible d'activer ce modificateur en se rendant dans le menu *Object Modifiers* de la fenêtre des propriétés, en cliquant sur le bouton *Add Modifier* et en choisissant *Multiresolution* dans la catégorie *Generate*.

Les principales fonctions de ce modificateur sont listées ci-après.

- *Subdivide* : ce bouton ajoute un niveau de résolution au maillage de base (niveau 0). Il peut s'agir d'une *Simple* subdivision (les facettes ajoutées sont coplanaires aux facettes d'origine) ou en faisant passer une surface d'ordre supérieur selon l'algorithme de *Catmull-Clark* (ce qui a pour effet de lisser les angles aigus formés par les facettes d'origine), fonctionnant en cela exactement comme le modificateur *Subdivision Surface*.

ASTUCE

Les opérateurs booléens et les autres modificateurs

La place du modificateur *Boolean* dans la pile des modificateurs est importante. Elle permet notamment de réaliser des opérations booléennes entre objets dont la forme est altérée par d'autres modificateurs (par exemple, *Subfsurf* ou *Lattice*), mais aussi d'utiliser plusieurs modificateurs *Boolean* successifs. Cela permet de construire ainsi des objets très complexes, sans avoir à appliquer (*Apply*) le modificateur entre chaque étape, et donc de conserver intact (et facile à modifier !) l'arbre de construction booléen.

BON À SAVOIR

Avantage du modificateur Multiresolution

De par sa nature de modificateur, *Multiresolution* peut être placé après un modificateur *Armature*, afin que les sculptures suivent la déformation. En revanche, ce modificateur ne peut pas être placé après un autre qui modifie la topologie du maillage, par exemple, comme le modificateur *Mirror*.

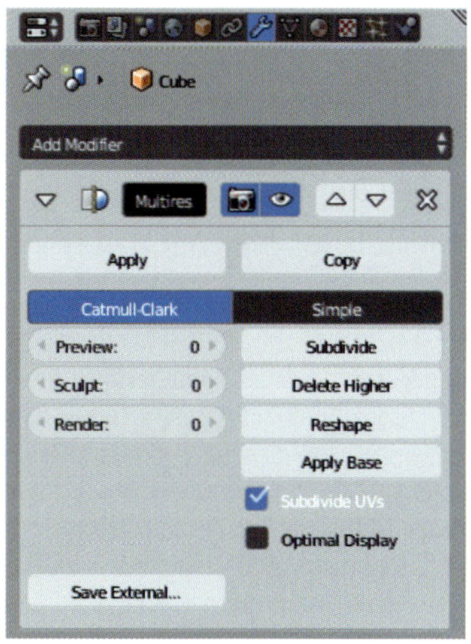

Figure 4–88
Le modificateur Multiresolution

- *Delete Higher* : ce bouton est à utiliser avec la plus grande attention : il permet de supprimer tous les niveaux de multirésolution supérieur à celui affiché en tant que *Preview* dans la vue 3D. Bien sûr, tous les détails qui auraient été sculptés à des niveaux supérieurs sont tout simplement perdus !
- *Reshape* : ce bouton copie les coordonnées des sommets d'un autre objet, et les attribue aux sommets du niveau de résolution courant. Il faut pour cela que les deux objets partagent le même nombre de sommets, arêtes et facettes. Sélectionnez l'objet dont il faut copier les déformations, puis ajoutez à la sélection l'objet à qui les attribuer ; cliquez sur le bouton *Reshape* et le transfert s'effectue !

BON À SAVOIR

Quel intérêt pour la fonction Reshape ?

Si vous sculptez tous vos personnages à partir du même maillage de base, elle vous permet de restaurer assez facilement un modèle multirésolution si votre modèle sculpté a été appliqué (bouton *Apply*) par erreur. De même, appliquer le modificateur *Multiresolution* peut être un choix délibéré, afin d'économiser de la mémoire, et le bouton *Reshape* permet alors de réimporter les déformations sur le maillage de base (avec les niveaux de résolution appropriés, bien sûr) s'il a été sauvegardé par ailleurs.

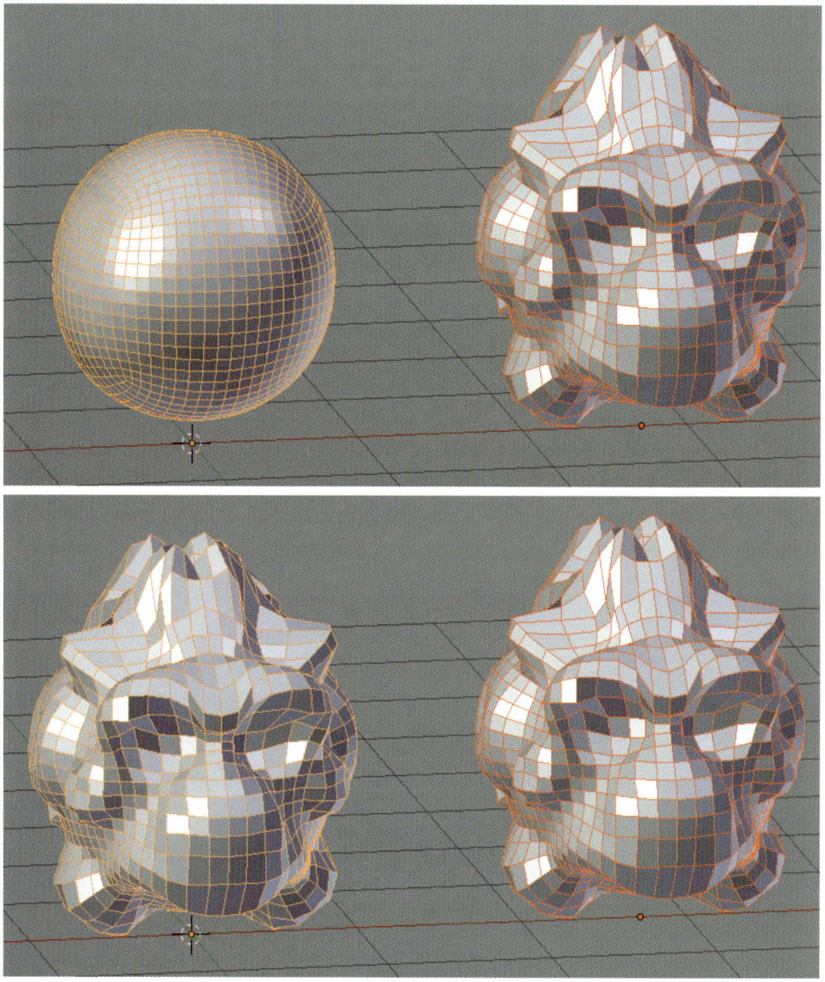

Figure 4–89
Grâce à la fonction Reshape, les déformations de l'objet de droite sont récupérées sur l'objet de gauche, qui partage le même nombre de sommets, d'arêtes et de facettes.

BON À SAVOIR

Quel intérêt pour la fonction Apply Base ?

Si les déformations obtenues en cours de sculpture changent drastiquement les proportions du modèle de base, lors du rendu, lorsque vous basculez d'un niveau de résolution à l'autre en fonction de la proximité du modèle de la caméra, il est alors plus ou moins visible que le modèle de base (au niveau de résolution le plus bas) n'a pas les mêmes proportions que le modèle subdivisé et sculpté. *Apply Base* permet donc d'assurer que les proportions définies en cours de sculpture soient répercutées à tous les niveaux de résolution intermédiaires

- *Apply Base* : ce bouton déforme le maillage de base afin qu'il se conforme le plus possible au maillage subdivisé et sculpté. Les modifications sont proportionnellement appliquées à tous les niveaux de résolution intermédiaires.

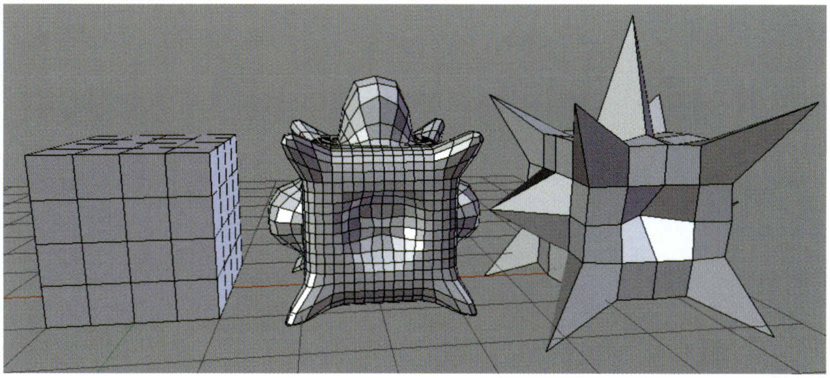

Figure 4–90
À gauche, le maillage de base ; au centre, le même maillage subdivisé et arbitrairement sculpté ; à droite, le maillage de base ajusté au plus près du maillage sculpté grâce à la fonction Apply Base.

Les derniers paramètres de ce modificateur servent à gérer la visualisation ou les niveaux de résolution pris en compte par Blender.

- *View* : détermine le niveau de résolution à afficher dans l'éditeur *3D View* ; utile pour soulager les ordinateurs dotés de cartes graphiques faiblardes, lors des phases d'animation de personnage, par exemple.
- *Sculpt* : précise le niveau de résolution auquel les opérations de sculpture s'appliquent. En choisissant un niveau de résolution *Sculpt* inférieur à celui de *View*, vous pourrez changer rapidement les proportions d'un modèle sans surcharger le processeur tout en conservant un bon retour visuel des déformations, par exemple.
- *Render* : fixe le niveau de résolution auquel le modèle sera rendu. Pour les modèles en arrière-plan, il sera plus économe en mémoire et en temps de calcul d'effectuer le rendu des modèles basse résolution.
- *Optimal Draw* : permet de n'afficher que le maillage de l'objet de base, en projection à la surface de l'objet haute résolution.

ASTUCE
L'option Save External

Les déplacements appliqués aux sommets des différents niveaux de résolution peuvent être sauvegardés dans des fichiers externes plutôt que dans le fichier `.blend`. Grâce à cette fonctionnalité, les fichiers `.blend` conservent une taille raisonnable et les détails des niveaux de résolution sont chargés en mémoire uniquement lorsque nécessaire.
À chaque fois que le fichier `.blend` est sauvegardé, le fichier externe l'est également. Lorsque vous ouvrez le fichier `.blend`, le fichier l'est également, à moins que vous ne spécifiez *Preview0*, ce qui évite ainsi de charger toutes les données en mémoire.

Sculpture en 3D

Le mode *Sculpt* est une méthode de modélisation très différente de ce qui a été présenté jusqu'à présent. Plutôt que d'éditer les sommets, arêtes et facettes individuels d'un maillage, l'utilisateur fait usage de pinceaux et de brosses pour manipuler la surface de l'objet. Quelques informations de base sur ce mode particulier :

- l'ajout ou la suppression de nouveaux sommets, arêtes ou facettes n'est pas permise ;
- l'usage des brosses est particulièrement adapté au travail avec des maillages très denses ;

- le mode *Sculpt* est surtout adapté au façonnage de formes organiques et courbes, plutôt qu'à celui de surfaces plus mécaniques, planes, régulières ou dotées d'arêtes vives.

ASTUCE
Changer de niveau de multirésolution

En mode *Sculpt*, il est souvent utile de basculer d'un niveau de résolution à un autre, lorsque le modificateur *Multiresolution* est employé et que différents niveaux de subdivision ont été créés. Dans ce mode, les touches *[Page Préc.]* et *[Page suiv.]* permettent de changer le niveau de subdivision du paramètre *Sculpt* du modificateur.

Figure 4–91
© 2013, Michalis (artiste officiant sur http://blenderartists.org). Sculpture réalisée avec les outils de sculpture et le modificateur Remesh

Le mode *Sculpt* fonctionne particulièrement bien conjointement aux maillages multirésolutions avec un niveau de subdivision élevé. La possibilité de naviguer d'un niveau de résolution à l'autre permet de sculpter rapidement et facilement la forme générale du maillage à de faibles niveaux de résolution, et de donner d'incroyables détails à leur surface aux niveaux de résolution les plus élevés.

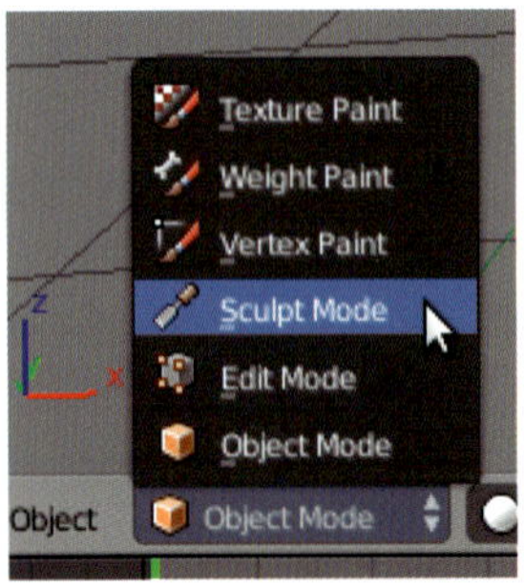

Figure 4–92
Le passage au mode de sculpture se fait en un clic de souris.

Pour activer le mode *Sculpt*, il suffit de changer le mode dans l'en-tête de la vue 3D de votre choix. L'étagère à outils *[T]* change alors d'apparence pour présenter de nouveaux onglets.

ASTUCE **Recommandations de base pour sculpter de hauts niveaux de résolution**

Afin de pouvoir sculpter à de hauts niveaux de résolution, même sur des machines modestes, il y a quelques recommandations à suivre pour rendre la session de sculpture plaisante.

- Ne jamais partir du cube par défaut, ou alors utiliser l'outil de subdivision (en mode *Edit*, touche *[W]* puis *Subdivide*).
- Privilégier l'usage d'un maillage de base présentant déjà les formes (même grossières) de l'objet final, avec une topologie présentant une densité minimale.
- En mode *Sculpt*, l'étagère à outils présente les options des brosses de sculpture. Dans la section *Options*, activez l'option *Fast Navigate* : l'objet en cours de sculpture revient automatiquement à son plus bas niveau de résolution lors des opérations de déplacement, de rotation ou de redimensionnement de l'éditeur *3D View*.

L'étagère *Sculpt* est divisée en plusieurs onglets :

- *Brush* pour déterminer le type d'outil de sculpture à employer ;
- *Texture* pour associer une texture (image ou procédurale) et pour créer des effets de surface sous la brosse ;
- *Stroke* pour déterminer le comportement de la brosse lors du geste de sculpture ;
- *Curve* pour paramétrer l'atténuation des coups de brosse sur sa périphérie ;
- *Dyntopo* pour les paramètres de retopologie dynamique ;
- *Symmetry/Lock*. Les options *Symmetry* permettent qu'un coup de brosse se duplique automatiquement selon certains plans de symétrie à d'autres régions du même modèle (par défaut sur l'axe *X*). Les options *Lock* empêchent le déplacement de sommets selon les axes que vous définissez.
- *History* permet d'annuler, de rétablir ou de répéter une étape.

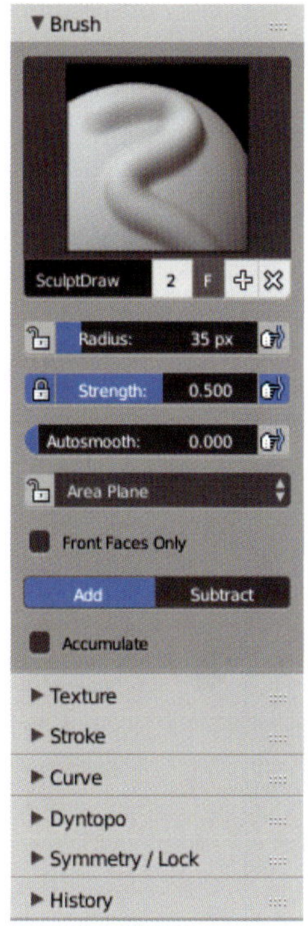

Figure 4–93
L'étagère Sculpt

> **ASTUCE Cacher une partie de l'objet**
>
> Le mode sculpture est redoutable avec des maillages très denses, comme ceux que l'on obtient en multirésolution à des niveaux élevés. En conséquence, vous pouvez observer un ralentissement de votre ordinateur lors de la manipulation de tels objets (rotation du point de vue ou zoom dans la vue 3D).
> En mode *Sculpt*, utilisez la touche *[H]* pour dessiner une boîte (en maintenant pressé le bouton gauche de la souris) qui cachera la géométrie capturée. La combinaison *[Maj]+[H]* révélera, au contraire, la géométrie capturée par la boîte. Enfin, la combinaison de touches *[Alt]+[H]* permet de restaurer la visibilité de toutes les portions masquées. Ces raccourcis sont également accessibles *via* le menu *Hide/Mask* de l'en-tête de la vue 3D.

Dans la vue 3D, lorsque le mode *Sculpt* est activé, le curseur de la souris est entouré d'un cercle dont la dimension peut être déterminée grâce au paramètre *Radius*. Le principe est simple : en maintenant enfoncé le bouton gauche de la souris, déplacez le curseur pour que la surface balayée soit déformée par la brosse. Il faut que la brosse soit en mouvement pour affecter la surface : maintenir le curseur immobile au-dessus de la même position tout en maintenant le bouton gauche appuyé n'affecte la surface que si l'option *Airbrush* est active (onglet *Stroke*, menu déroulant *Stroke Method*).

> **BON À SAVOIR**
> **Quelques options du menu Sculpt**
>
> Lorsque vous êtes en mode *Sculpt*, l'en-tête de la vue 3D présente un menu *Sculpt*. En particulier, il est possible d'y spécifier si la taille de la brosse doit être matérialisée (*Display Brush*). On notera l'option *Threaded Sculpt* qui prend en compte les processeurs à cœurs multiples et l'option *Fast Navigate* qui remplace dans la vue 3D le modèle haute résolution par un modèle basse résolution lors des opérations de déplacement du plan, de rotation ou de redimensionnement de la vue.

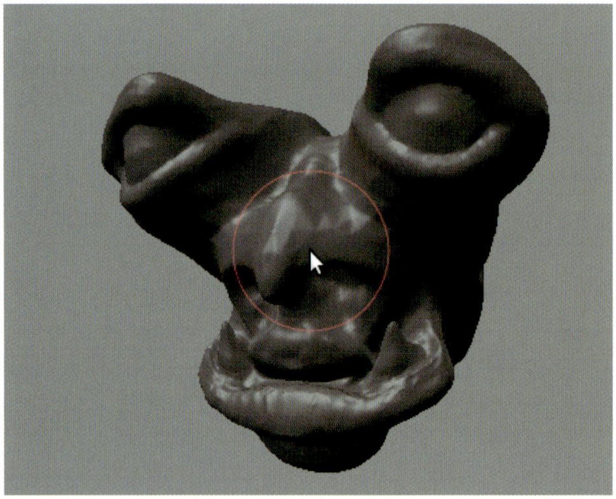

Figure 4–94
La taille de la brosse est matérialisée.

Les outils de sculpture

Les outils permettent des effets variés ; après en avoir sélectionné un, il suffit de déplacer la brosse en maintenant enfoncé le bouton gauche de la souris : la géométrie de l'objet change à mesure qu'il est sculpté.

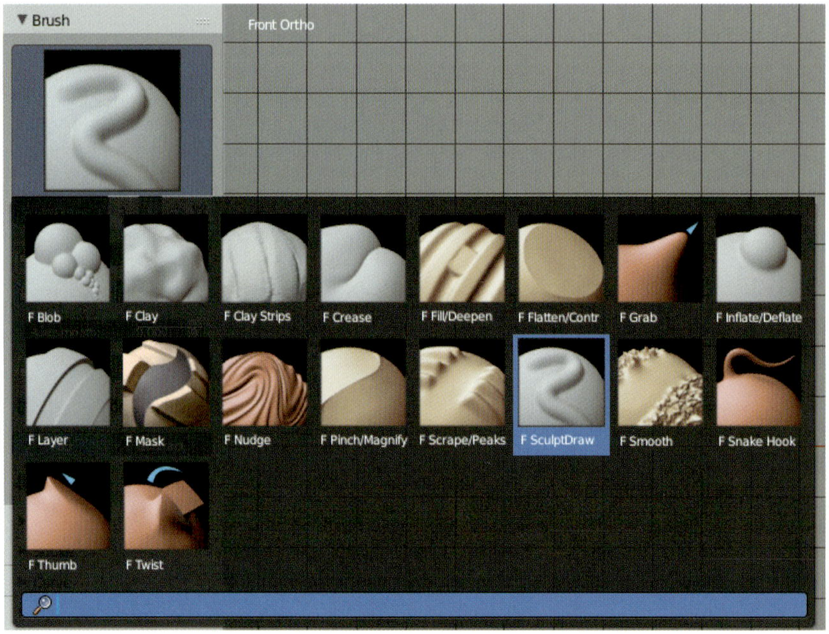

Figure 4–95
Les outils de sculpture sont nombreux et variés, pour procurer la meilleure expérience de sculpture interactive possible.

On retrouve une liste assez exhaustive de brosses, aux effets variés, grâce à des possibilités de personnalisation poussées. Certaines ne sont parfois que des variantes les unes des autres, mais avec des préréglages particuliers utiles.

- *Blob* : attire ou repousse les sommets de façon sphérique, formant des bulles ou des porosités.
- *Crease* : crée des crevasses très aiguës en pinçant et rapprochant des sommets espacés.
- *SculptDraw*: dessine ou creuse un relief aux pentes douces sur la surface, la direction du relief correspondant à la direction moyenne des normales aux sommets pris dans la zone d'effet. Il s'agit de la brosse par défaut, avec une atténuation très douce de la zone d'effet. La touche *[D]* appelle cette brosse, en mode *Sculpt*. Parfait pour ajouter des collines à un paysage, ou des bosses à une peau squameuse. Quelques variantes :
  - *Clay* : agit, afin d'ajouter ou soustraire rapidement de grosses quantités de « matière », comme une combinaison des brosses *Flatten* et *SculptDraw* censée être plus fidèle au résultat obtenu par des sculpteurs non virtuels avec de la vraie glaise. La « profondeur » d'ajout ou de soustraction de matière est limitée par le paramètre *Plane Off*. C'est sans doute l'une des brosses les plus populaires pour la sculpture numérique, car elle permet d'ébaucher rapidement les volumes souhaités.
  - *Clay Strips* : fonctionne comme la brosse *Clay* à la différence que la zone d'influence de cette brosse est cubique, ce qui permet d'ajouter du volume sous forme de bandes. Idéal pour donner un aspect de glaise modelée.
  - *Inflate/Deflate* : repousse les sommets dans la direction de la normale à la surface. Sert à creuser des cratères ou à provoquer des éruptions de verrues sur une peau. La touche *[I]* appelle cette brosse, en mode *Sculpt*.
  - *Layer* : permet de sculpter un plateau dont la hauteur est limitée. Pratique pour délimiter une route ou un plateau. La touche *[L]* appelle cette brosse, en mode *Sculpt*.
- *Flatten/Contrast* : la brosse *Flatten* sert à aplatir les sommets sous la brosse jusqu'à obtenir une surface plane qui se situera à l'altitude moyenne des sommets pris dans la zone d'effet de la brosse. La brosse inverse, *Contrast*, permet d'éloigner les sommets par rapport à cette même altitude moyenne. La touche *[T]* appelle cette brosse, en mode *Sculpt*. Quelques variantes :
  - *Fill/Deepen* : la brosse *Fill* permet de hisser vers le plan d'altitude moyenne les sommets qui se trouvaient en dessous de celui-ci, n'affectant pas les sommets se trouvant au-dessus. Pour sa part, la brosse inverse, *Deepen*, repousse encore plus profondément les sommets qui se trouvaient sous le plan d'altitude moyenne.

ASTUCE

Fusionner des maillages non liés au sein d'un même objet

Si votre maillage de base est constitué de plusieurs maillages non liés entre eux, la brosse *Clay* va vous permettre, en travaillant au niveau des jonctions entre ces maillages individuels, de les fusionner entre eux.

   - *Scrape/Peaks* : il s'agit de la réciproque de *Fill/Deepen*, mais pour les sommets se trouvant au-dessus du plan d'altitude moyenne : *Scrape* abaissera les sommets jusqu'au plan d'altitude moyenne, tandis que *Peaks* les hissera encore plus haut.
- *Grab* : sélectionne un groupe de sommets et les déplace en même temps que la brosse. Permet de sculpter directement la forme générale d'un relief ou d'un visage. La touche *[G]* appelle cette brosse, en mode *Sculpt*. Quelques variantes :
   - *Snake Hook* : au fil du déplacement de la brosse, les sommets qui sont situés le plus en périphérie de la zone affectée permettent de sculpter des excroissances filiformes.
   - *Thumb* : sert à écraser la zone affectée tout en suivant le mouvement de la brosse, comme si vous écrasiez/étaliez de la glaise avec vos pouces.
   - *Nudge* : la brosse déplace les sommets dans sa zone d'effet par incréments, les sommets affectés étant réévalués à chaque incrément. La brosse déplace donc des sommets sur un temps très court, puis les relâche pour se saisir de nouveaux sommets dans sa zone d'effet.
   - *Twist* : permet de faire tourner les sommets situés dans l'aire d'effet de la brosse, en fonction du mouvement de la souris ; la brosse reste immobile, indiquant le centre de rotation de l'effet.
- *Pinch/Magnify* : aspire les sommets (ou les repousse) vers le centre de la brosse, permettant de pincer la surface. Sert à resserrer ou à espacer les parois d'un canyon, les rides ou les lèvres d'un visage. La touche *[P]* appelle cette brosse, en mode *Sculpt*.
- *Smooth* : adoucit la surface du maillage, atténuant les aspérités. Permet d'éroder les angles vifs d'un paysage ou de lisser des rides trop marquées sur une peau. La touche *[S]* appelle cette brosse, en mode *Sculpt*.
- *Mask* : peint en noir, à la surface des objets, des masques qui empêchent les outils de sculpture de s'appliquer. En mode *Sculpt*, la brosse *Mask* peut être appelée avec la touche *[M]*. Le masque créé peut être inversé avec la combinaison de touches *[Ctrl]+[I]*, ou effacé avec *[Alt]+[M]*.

ASTUCE

La brosse Smooth et la touche [Maj]

Quelle que soit la brosse en cours d'utilisation, si vous actionnez la touche *[Maj]*, la brosse courante est automatiquement remplacée par la brosse *Smooth*, ce qui est très utile lorsque vous sculptez des détails assez fins, vous évitant d'avoir à basculer sans cesse d'un outil à l'autre pour estomper veines ou rides.

Les paramètres des brosses

Le panneau *Brush* ne permet pas seulement de sélectionner des brosses prédéfinies, il donne également accès aux différents paramètres qui les contrôlent. Certains sont communs à toutes les brosses, d'autres ne sont disponibles que pour certaines, en fonction de leurs spécificités.

- *Radius* : définit la taille de la brosse, en pixels par rapport à la vue 3D. Le raccourci *[F]* permet de modifier interactivement la taille de la brosse, à la souris, le bouton gauche de la souris validant la dimension et le bouton droit l'annulant.
- *Strength* : détermine la force de l'effet de la brosse sur la surface balayée. La combinaison *[Maj]+[F]* permet de modifier interactivement cette valeur à la souris, le bouton gauche de la souris validant la force et le bouton droit l'annulant.
- L'effet de brosse est généralement orienté par la normale moyenne des sommets affectés. Tout en respectant cette orientation, l'option *Add* dirige l'effet vers l'extérieur de la surface, tandis que l'option *Substract* le dirige vers l'intérieur de la surface. Certaines brosses prennent également en compte le plan moyen de ces sommets, comme la brosse *Fill/Deepen*, ou d'autres critères subtilement différents. Les options d'effets sont alors baptisées en fonction du nom de la brosse, par exemple respectivement *Fill* et *Deepen*.
- Gestion de la pression : si vous utilisez une tablette graphique, divers paramètres de la brosse peuvent être détectés par la pression exercée sur le stylet. Ceci est possible en activant l'icône située à côté de chacun des paramètres souhaités.

Les paramètres qui suivent offrent à l'utilisateur avancé une meilleure expérience de la sculpture numérique, en permettant de contrôler plus finement le fonctionnement des brosses.

Astuce

Effet de la brosse et la touche [Ctrl]

Si vous actionnez la touche *[Ctrl]* pendant que vous utilisez une brosse, son effet est inversé : par exemple, il devient *Substract* si la brosse était en mode *Add*, ou devient *Magnify* si la brosse était en mode *Pinch*.

Texture

Dans ce panneau, il est possible de personnaliser l'outil de sculpture en lui associant, *via* le bouton *New*, une texture. La surface sculptée est ainsi affectée par cette dernière, reproduisant ses motifs suivant différents réglages.

On notera le menu déroulant *Brush Mapping*, qui permet de définir la superposition des échantillons de texture dans l'espace, avec en particulier :

- *Area Plane* : les coordonnées de la texture sont positionnées par rapport au centre de la brosse, sa surface sculptant les détails perpendiculairement à la surface. Cette option permet donc de sculpter la surface sans tenir compte de l'orientation de l'objet sculpté ;
- *View Plane* : comme précédemment, à ceci près que les détails sont sculptés perpendiculairement à la vue 3D. Cela peut produire une distorsion du motif de la texture en fonction de l'angle formé par la vue 3D et la surface sculptée ;
- *Tiled* : les coordonnées de la texture sont positionnées par rapport à la vue 3D et non plus par rapport à la brosse. Cette option vous permet

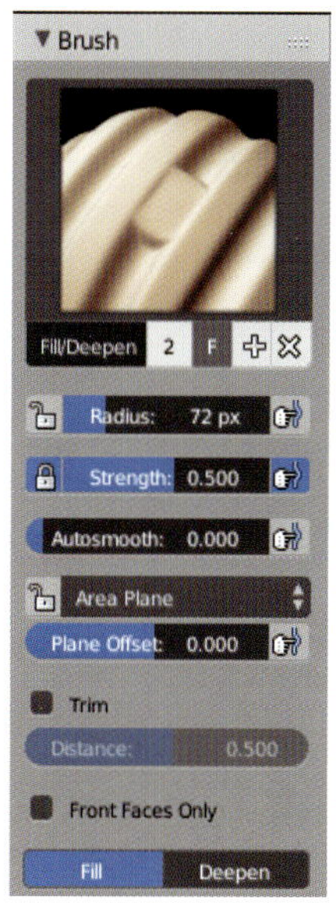

Figure 4–96
Le panneau de contrôle des brosses

de carreler la surface de l'objet sculpté avec la texture utilisée. À employer en particulier avec des textures qui sont jointives ;

- *3D* : les textures procédurales peuvent être définies en 3D. Cette option permet d'en tirer parti et d'avoir un positionnement de la texture par rapport aux sommets de l'objet sculpté, plutôt que par rapport aux coordonnées de la brosse.

Il est possible de contrôler l'*Angle* de répétition du motif par rapport à l'écran ou à la brosse.

- *User* : dans les modes *Area Plane* et *View Plane*, il est possible de faire pivoter la texture autour de son point central d'une valeur en degrés.
- *Rake* : cette option permet de sculpter des sillons correspondant aux valeurs de la texture associée à l'outil, les tracés changeant automatiquement d'orientation pour suivre le mouvement du curseur. Associée à une texture appropriée, cette fonction est très utile pour sculpter des poils et de la fourrure, ou bien, pour les paysages, par exemple des dunes de sable ou des sillons d'agriculture !
- *Random* : comme pour le mode *User*, à chaque intervalle de déplacement de la brosse, la texture pivote dans son plan propre, mais d'un angle aléatoire.

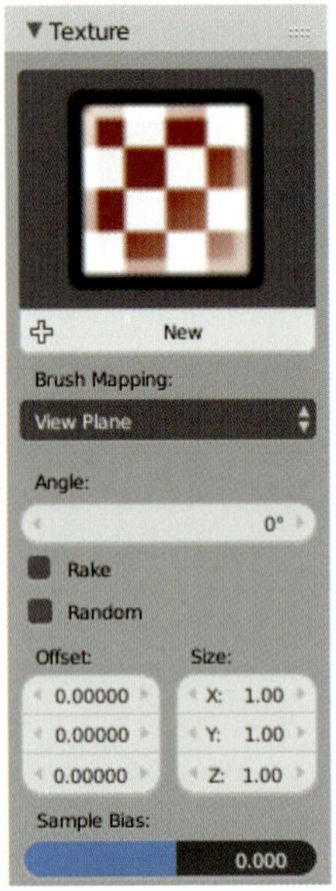

Figure 4–97
Le panneau de gestion des effets de texture des brosses

Il est aussi possible de décaler l'image par rapport au centre de la brosse (paramètres *Offset*) ou son échelle par rapport à celle-ci (paramètre *Size*).

Stroke

Ce panneau permet de déterminer comment chaque mouvement de souris ou de stylet est interprété par Blender pour sculpter la surface d'un objet. Par défaut, la méthode *Space* est utilisée, positionnant ainsi un « point » de sculpture à un intervalle défini par le paramètre *Spacing*. Il s'agit d'un pourcentage de la taille de la brosse, et si par exemple celle-ci fait 80 pixels, avec une valeur *Spacing* de `10 %`, Blender va calculer un point de sculpture tous les 8 pixels et interpoler le résultat entre ceux-ci.

- *Airbrush* est un mode très intéressant, car la brosse va déformer de façon continue la surface sous le curseur tant que le bouton gauche de la souris est pressé, en fonction du taux défini par le paramètre *Rate*. Cette option n'est pas disponible pour la brosse *Grab* et ses variantes. Elle est également activable par la touche *[A]*, en mode *Sculpt*.
- *Anchored* est un autre mode souvent utile : la surface est déformée une seule fois sous la position de la brosse. En cliquant sur le bouton gauche et en déplaçant la brosse, le diamètre de celle-ci varie et permet, tout en restant centrée sous le clic originel, de déterminer interactivement la zone affectée. L'option *Edge to Edge* permet de définir le cercle d'effet à l'aide de deux points diamétralement

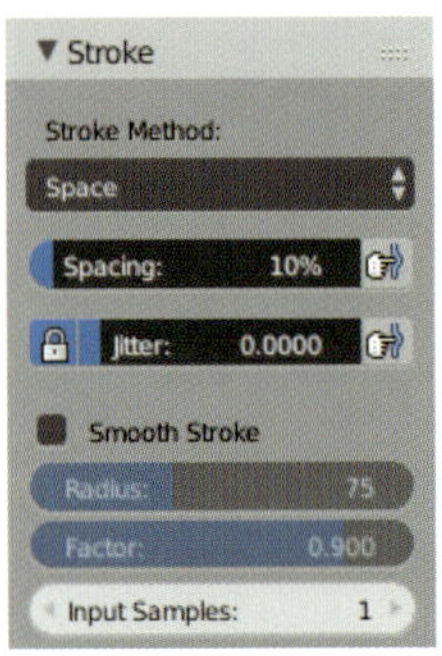

Figure 4–98
Le panneau de gestion des coups de brosse

opposés sur le même diamètre, plutôt que par un centre et un rayon comme précédemment.

Curve

Ce panneau est utilisé pour personnaliser l'atténuation (*Falloff*) dans la zone d'influence ; une succession d'icônes permet de revenir à un préréglage courant (*Sharp*, *Sphere*, *Root*, etc.) ou de se servir de celui-ci comme base pour une nouvelle courbe d'atténuation. La personnalisation se fait en cliquant sur la courbe ou sur des points existants pour les créer et/ou les déplacer.

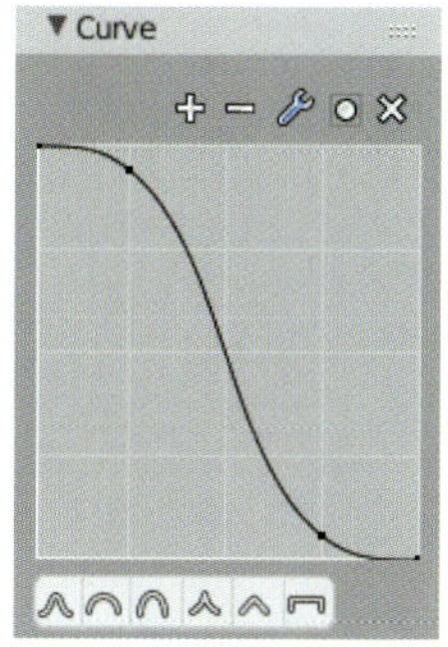

Figure 4–99
Le panneau de gestion de l'atténuation des brosses

Dyntopo

Il s'agit d'un mode de sculpture qui subdivise le maillage autant que nécessaire, là où la sculpture classique se contente d'agir sur la topologie existante de l'objet de base. En mode *Sculpt*, la retopologie dynamique est activée dans l'étagère à outils *[T]* en cliquant sur le bouton *Enable Dyntopo*, ce qui donne accès à de nouvelles options. Alternativement, toujours en mode *Sculpt*, on peut activer ou désactiver le mode dynamique grâce à la combinaison de touches *[Ctrl]+[D]*.

Lorsque cette option est active, la plupart des brosses de sculpture sont capables de subdiviser le maillage sur leur passage. Toutes les arêtes qui ont une longueur supérieure à celle spécifiée par le paramètre *Detail Size* (exprimé en pixels ; la combinaison de touches *[Maj]+[D]* permet de le régler interactivement) sont divisées en deux. Dans les faits, si vous zoomez sur votre modèle ou si vous diminuez ce paramètre, vous avez la possibilité de sculpter des détails de plus en plus fins. Mais il est également possible d'enlever du détail. L'influence de la brosse sur la densité du maillage peut être réglée avec les options suivantes :

- *Subdivide Collapse* : c'est le mode par défaut qui permet de subdiviser les arêtes – et donc d'ajouter du détail – si vous êtes proche de votre modèle dans la vue 3D, ou de joindre les arêtes si vous en êtes éloigné, estompant ainsi le relief.
- *Collapse Edges* : permet uniquement d'enlever des arêtes.
- *Subdivide Edges* : permet seulement d'ajouter du détail en subdivisant les arêtes.

Bon à savoir

Les brosses n'influant pas sur la topologie

La topologie n'est jamais subdivisée au passage d'une brosse lorsque le *Stroke Method* est réglé sur *Anchored* ou *Drag Dot*. De même, les brosses qui suivent ne subdivisent jamais le maillage sur leur passage, mais elles conservent toutefois le même comportement que lorsque le mode de topologie dynamique est désactivé :

- Grab ;
- Rotate ;
- Thumb ;
- Layer ;
- Smooth ;
- Mask.

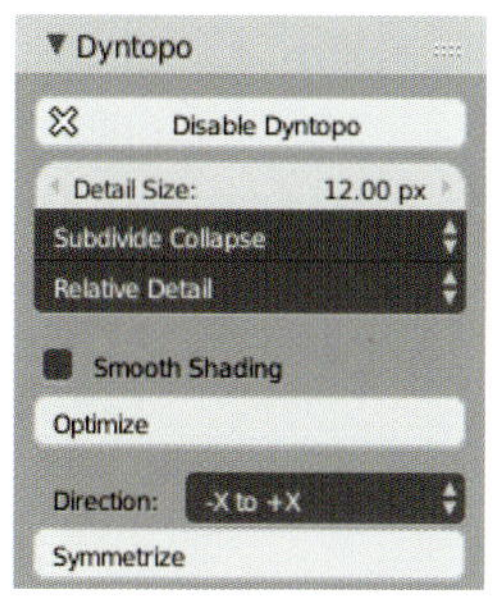

Figure 4–100
Le panneau de gestion de la retopologie dynamique (Dyntopo)

Symmetry/Lock

Les options de symétrie permettent d'alléger le travail sur les modèles organiques qui présentent des plans de symétrie, comme une figure humanoïde dont les côtés gauche et droit sont opposés en miroir. Bien sûr, après avoir sculpté un modèle, l'artiste numérique considérera qu'il est plus réaliste et naturel de casser légèrement la symétrie du modèle,

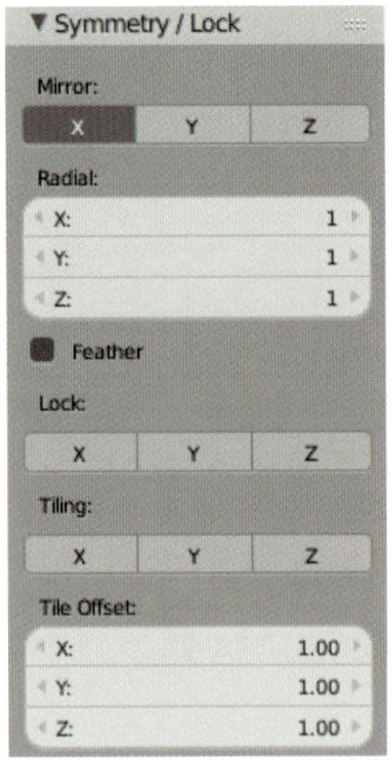

Figure 4–101
Le panneau de gestion des actions symétriques des brosses

ASTUCE
L'utilisation des matcaps

Il est possible d'attribuer à votre modèle différents matériaux appelés *matcaps* qui seront uniquement utilisés pour la visualisation dans la vue 3D. Certains d'entre eux peuvent rendre la tâche de sculpture plus agréable, permettant de mieux appréhender les reliefs par rapport aux matériaux de base proposés. Cette option est disponible dans l'onglet *Shading* du panneau latéral droit *[N]*. Certains de ces matériaux ne sont pas sans rappeler ceux qu'on trouve dans des logiciels comme Zbrush.

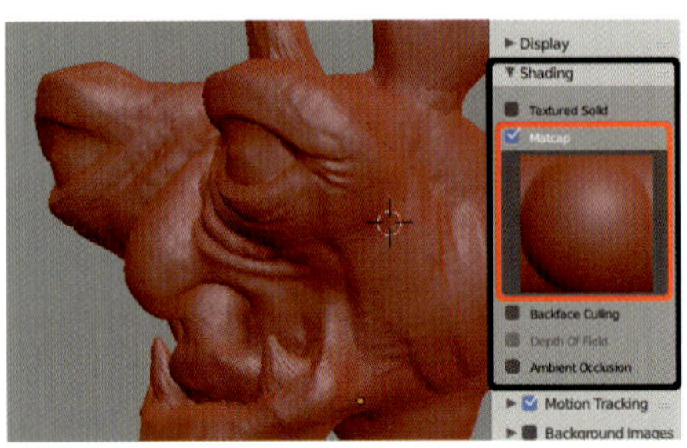

Figure 4–102
Attribution d'un matcap à un modèle

notamment pour les visages de créatures humaines, dont une symétrie trop parfaite pourrait nuire à la crédibilité du modèle.

- L'option *Mirror* permet de définir la symétrisation des coups de brosse dans les axes locaux X, Y et Z sélectionnés. Par défaut, elle est dorénavant activée sur l'axe X.
- L'option *Feather* permet d'adoucir l'effet de sculpture lorsque la brosse s'approche ou interfère avec le plan de symétrie lui-même. Les touches *[X]*, *[Y]* et *[Z]* appellent ces options de symétrie, en mode *Sculpt*.
- Les options *Lock* permettent de verrouiller les déformations dans une ou plusieurs directions privilégiées.
- Les options *Tiling* permettent la répétitivité des coups de brosses sur les axes désirés, la distance entre chaque instance pouvant être réglée (en unités Blender) sur chacun de ces axes.

Appearance

Ces options, disponibles dans l'onglet *Options*, permettent de changer la couleur de la brosse selon son mode de fonctionnement, afin de savoir en un coup d'œil le mode dans lequel la brosse se trouve. Optionnellement, il est possible de personnaliser jusqu'à l'icône de la brosse.

Modéliser un paysage grâce au mode Sculpt

Il s'agit en fait d'un excellent exercice permettant d'appréhender très rapidement le mode *Sculpt*, procurant toutes les bases indispensables à la sculpture de projets plus conséquents, comme un visage ou une créature.

Ouvrez une nouvelle session de Blender ou réinitialisez la scène courante (*[Ctrl]+[N]*). Supprimez le cube par défaut (touche *[X]*), ajoutez un objet de type *Grid* (combinaison *[Maj]+[A]* ou *Add>Mesh>Grid*) et modifiez les résolutions *X* et *Y* proposées (par défaut : `10`) pour avoir `32` dans chaque direction. Appuyez sur la touche *[S]* et en maintenant la touche *[Ctrl]* enfoncée, redimensionnez l'objet *Grid* jusqu'à ce qu'il atteigne six fois sa taille précédente. Faites pivoter la vue 3D pour voir le plan en légère perspective.

Dans le menu *Object Modifiers*, dans la fenêtre des propriétés, utilisez le bouton *Add Modifier* pour ajouter un modificateur de type *Multiresolution* dans la catégorie *Generate*. Pressez trois fois le bouton *Subdivide*, option *Simple* active. Nous sommes prêts à travailler.

Avant de façonner les caractéristiques générales de notre paysage, nous allons peindre un masque pour définir à la surface une zone d'exclusion qui sera insensible aux outils de sculpture. Dans l'en-tête de la vue 3D, sélectionnez *Sculpt Mode* à la place d'*Object Mode* : l'étagère à outils *[T]*

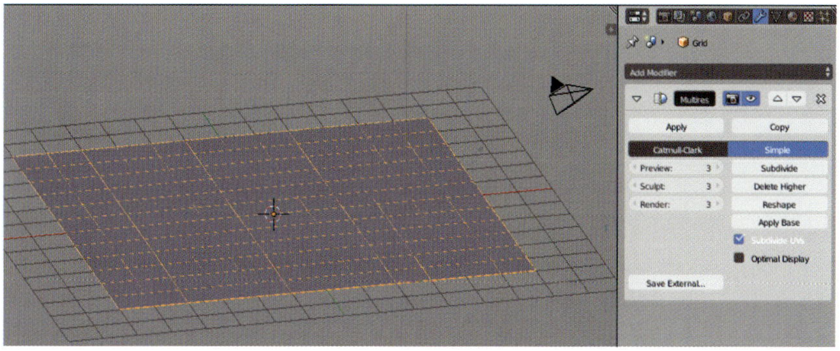

Figure 4–103
Notre grille est prête à être sculptée.

est remplacée par une étagère *Sculpt*. Dans le panneau *Brush*, cliquez sur la vignette de la brosse et dans la palette des outils disponibles, choisissez *Mask*. Enfin, en vue de dessus (touche *[7]*), spécifiez *Strength* à `1.000` (nous souhaitons un masque total), puis ajustez *Radius* à la taille de votre surface, et enfin avec le bouton gauche de la souris, peignez une ligne sinueuse qui figurera une route. N'hésitez pas à basculer entre les effets *Add* et *Substract* pour dessiner ou gommer le masque.

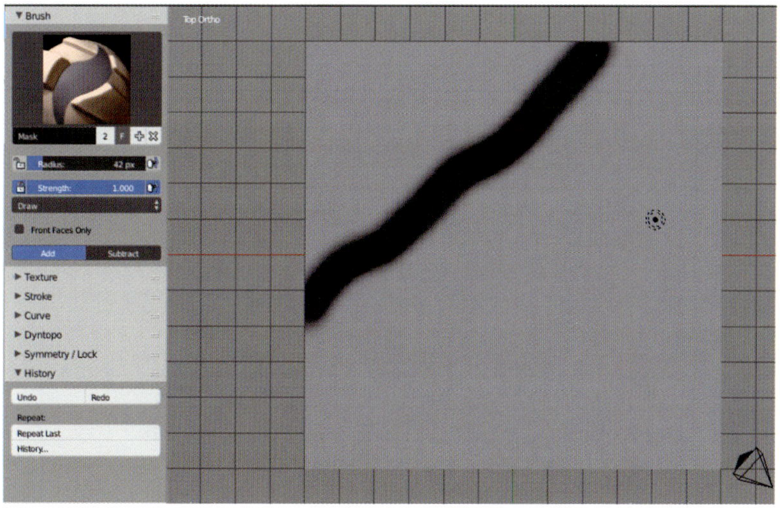

Figure 4–104
Le masque est en place, parfait pour figurer une route ou un lit de rivière.

Donnons maintenant un premier niveau d'aspérités à la surface de notre grille. Choisissez la brosse par défaut *SculptDraw* et augmentez *Radius* de sorte à avoir une brosse de taille relativement importante par rapport à la surface (environ 1/5e de celle-ci, il n'est pas utile d'être précis) ; dans l'onglet *Texture* de l'étagère *Sculpt*, cliquez sur le bouton *New*. Rendez-vous sur le panneau *Properties* et dans le menu des textures, choisissez une texture procédurale de type *Clouds*. Nous nous en tiendrons à cette texture par défaut pour cet exercice. Gribouillez uniformément la surface entière de l'objet, sans oublier les bords de la grille.

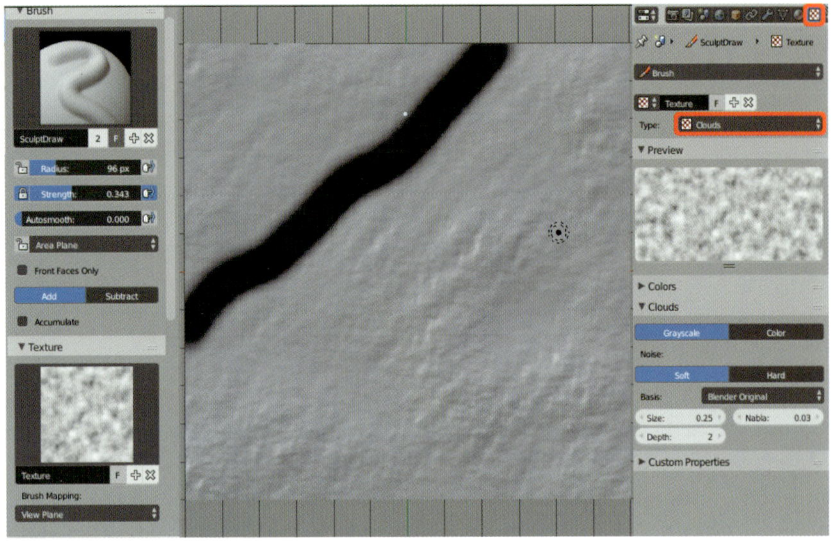

Figure 4–105
Un premier passage pour donner une certaine texture à la surface

Dans l'onglet *Stroke* de l'étagère *Sculpt*, choisissez l'outil aérosol (*Airbursh*) dans le menu déroulant *Stroke Method.* Dans l'onglet *Brush*, augmentez *Strength* à une valeur plus significative, comme `1.000`. Peignez quelques reliefs lointains, en laissant les déformations s'accumuler à la surface, mais pas trop longtemps, car les choses vont très vite avec l'outil *Airbrush*.

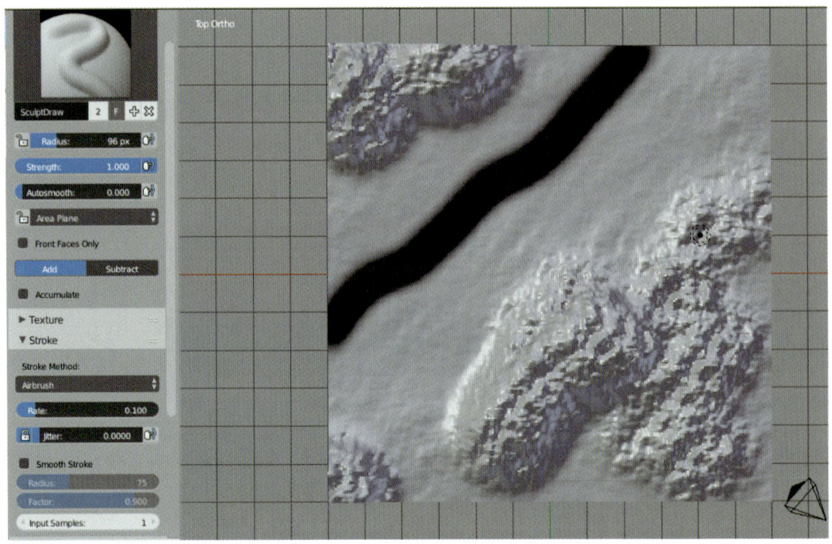

Figure 4–106
Avec le mode Airbrush, les reliefs principaux sont rapidement mis en place.

Toujours avec le même outil (brosse *SculptDraw* en mode *Airbrush*), diminuez le rayon (*Radius*) de la brosse environ de moitié, de même que son intensité (*Strength*). Sculptez quelques reliefs plus modestes pour assurer la continuité du paysage entre les hauts reliefs en arrière-plan et la route sinueuse au centre. Répétez à volonté avec des valeurs de *Strength* sans cesse décroissantes et avec des pressions de plus en plus légères du stylet si vous possédez une tablette graphique.

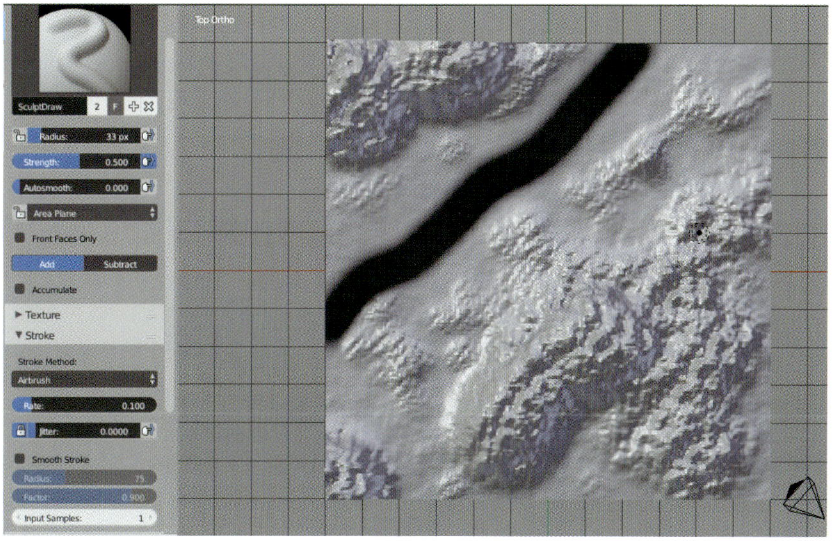

Figure 4–107
Par petites touches successives, l'uniformité de la plaine est également rompue.

Astuce
Créer ses propres brosses

Si vous voulez ajouter des motifs personnalisés dans votre sculpture, rien de plus simple. Il vous suffit d'attribuer une texture en noir et blanc à votre brosse. Les zones claires de votre texture modifieront la géométrie de votre modèle. A contrario, le noir total n'affectera rien.

À partir de là, l'artiste devra choisir entre pousser plus loin le détail et ajouter de la diversité aux textures, ou d'arrêter là son projet de sculpture. En imaginant qu'il s'agisse là d'un décor d'arrière-plan pour une scène, il est possible de s'arrêter là et de commencer à jouer avec les matériaux et les rendus.

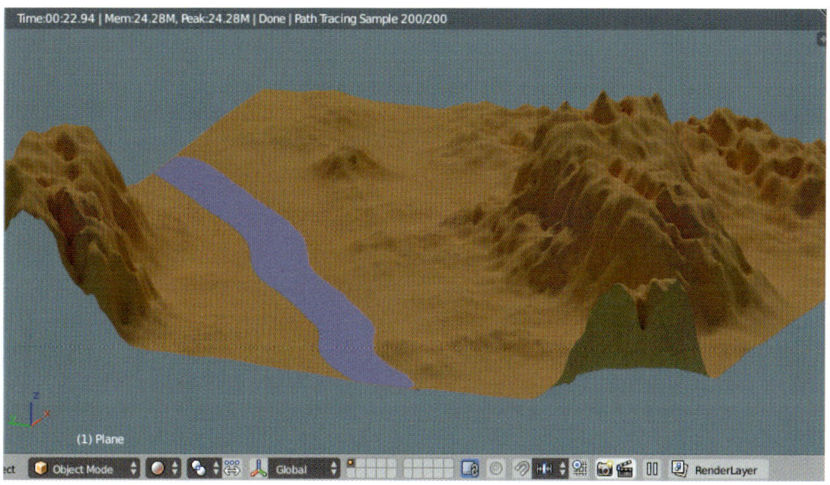

Figure 4–109
Un exemple d'ambiance étouffante pour une scène désertique

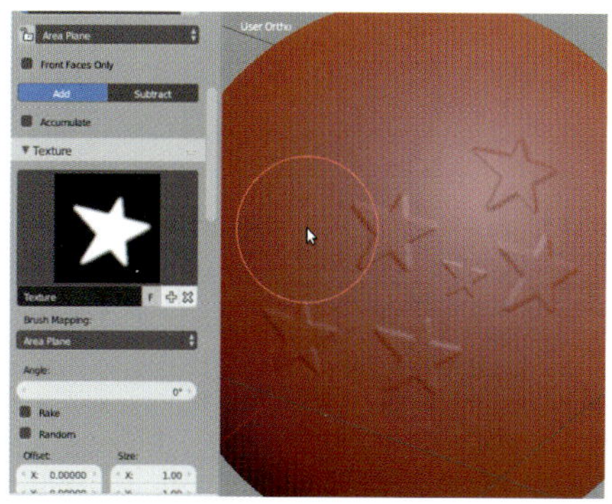

Figure 4–108
Exemple de brosse personnalisée

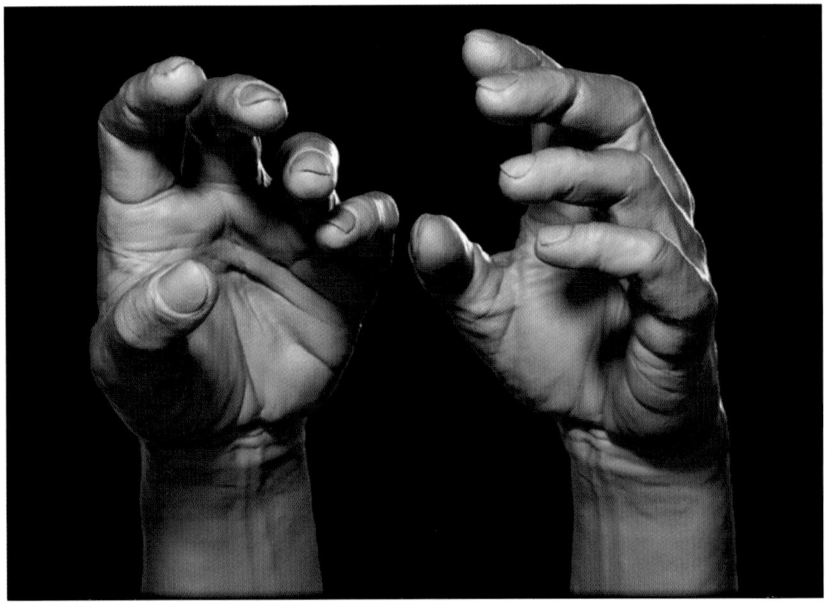

Figure 4–110 © 2013, Michalis (artiste officiant sur http://blenderartists.org), réalisé notamment avec les outils de topologie dynamique

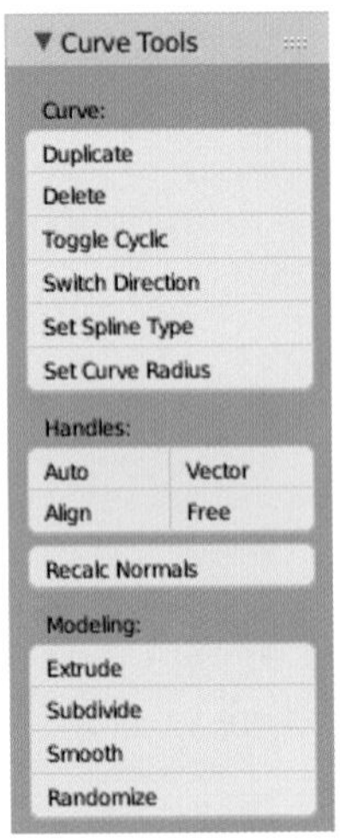

Figure 4–111
L'étagère à outils pour l'édition des courbes

BON À SAVOIR
Et les F-Curves ?

Dans le chapitre 7 « Techniques d'animation fondamentales », il est fait un usage intensif des courbes dans l'éditeur *Graph*. Il est important de savoir que leur manipulation suit strictement les mêmes règles que celles présentées dans ce chapitre consacré à la modélisation.

Courbes et objets textes

De même que les métaéléments, les courbes et les surfaces sont des outils de modélisation hautement mathématiques. Ils ont l'avantage de pouvoir décrire des surfaces courbes, éventuellement complexes, avec peu de points de contrôle (ou « sommets », pour respecter l'analogie avec la modélisation polygonale).

Blender propose de travailler avec deux types de courbes distinctes : les courbes de Bézier et les NURBS *(Non Uniform Rational B-Splines)*. Chacune fonctionne sur la base de points de contrôle permettant de façonner la courbe, mais chacune se conforme à ses propres lois. Les NURBS (courbes ou surfaces) ne seront toutefois pas abordées dans cet ouvrage mais seront mises de côté au profit de la modélisation polygonale.

Les courbes de Bézier

L'ajout d'une courbe de Bézier à une scène se fait soit en utilisant le menu *Add* de la barre de menus principale, soit en appuyant sur la combinaison *[Maj]+[A]* pour faire apparaître la boîte à outils. Dans les deux cas, il faut alors suivre le chemin *Add>Curve>Bezier*, qui insérera l'objet à la position du curseur.

Les poignées

Une courbe de Bézier est constituée de groupes de 3 points de contrôle, qui forment une poignée de manipulation. En déplaçant ou en faisant tourner ces poignées, il vous est possible de modifier la forme de la courbe.

Il y a quatre types de poignées. On peut en modifier la nature avec la touche *[V]* soit dans l'en-tête de la vue 3D, par le menu *Curve>Control Points>Set Handle Type*, soit dans l'étagère à outils *[T]*, section *Handles*.

- *Free* : poignées libres (rouge). Chaque portion de poignée est indépendante.

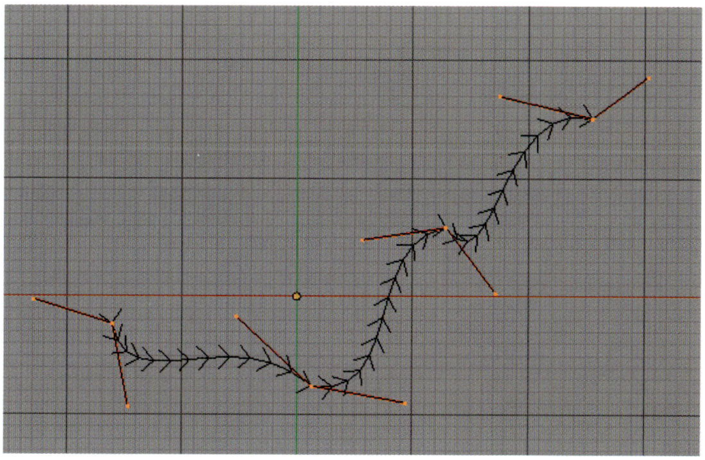

Figure 4–112
Poignées libres

- *Align* : poignées alignées (rose). Les portions de la poignée sont toujours parfaitement alignées.

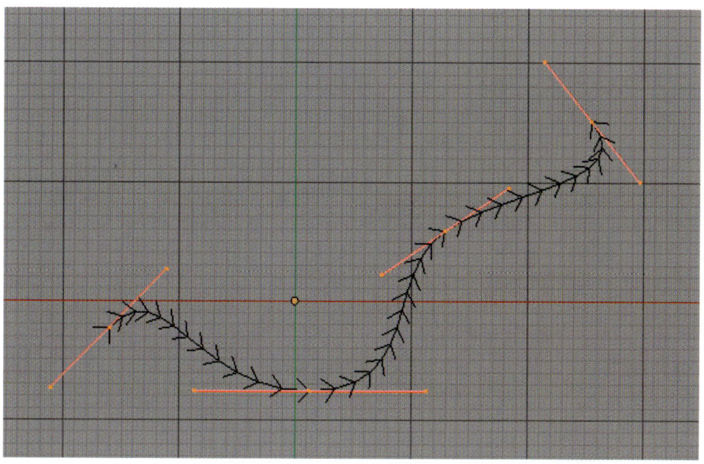

Figure 4–113
Poignées alignées

ASTUCE
Transformations affectant les poignées

En sélectionnant le point central de la poignée, la touche *[G]* permet de déplacer celle-ci, la touche *[R]* de la faire tourner autour du point central, et la touche *[S]* de redimensionner la portion de courbe.

- *Vector* : poignées vectorielles (vert). Chaque segment de la poignée pointe, soit vers la poignée précédente, soit vers la poignée suivante. Déplacer un point de la poignée transforme celle-ci en poignée libre.

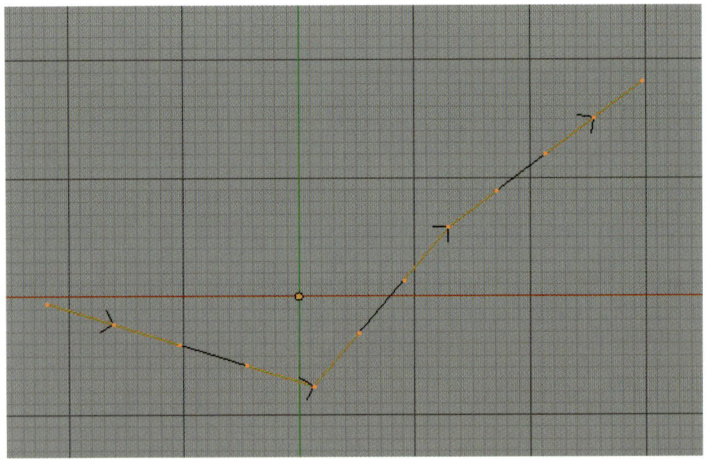

Figure 4–114
Poignées vectorielles

- *Auto* : poignées automatiques (jaune). La longueur et la direction de ces poignées sont automatiquement déterminées. Déplacer un point de la poignée transforme celle-ci en poignée alignée.

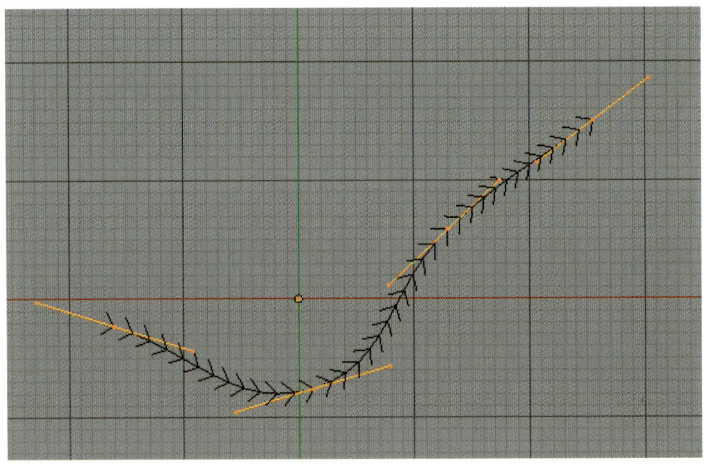

Figure 4–115
Poignées automatiques

Opérations sur les courbes

En mode *Edit*, il vous est possible de rajouter des « segments » à votre courbe de Bézier : avec l'une des poignées d'extrémité sélectionnée, appuyez sur la touche *[Ctrl]*, et cliquez, avec le bouton gauche de la souris, à l'endroit où vous souhaitez voir apparaître une nouvelle poignée.

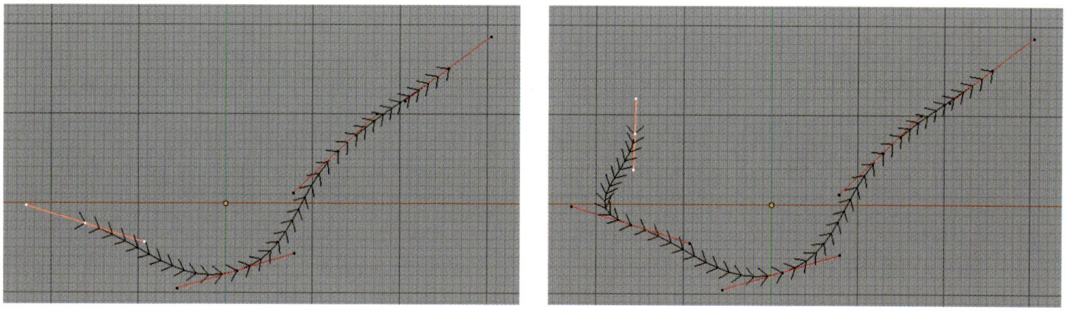

Figure 4–116 Ajout d'un segment à une portion de courbe

Astuce Passage de la courbe 2D en 3D

Par défaut, la courbe de Bézier créée est en 3D. Il est donc possible d'éditer les poignées dans toutes les directions souhaitées. Dans la section *Shape* du menu *Object Data* de l'éditeur des propriétés, vous pourrez également activer le bouton *2D*. Ainsi, les poignées ne seront éditables que dans le plan de création de la courbe. À noter que les surfaces de type Bézier ne sont possibles qu'avec des courbes 2D.

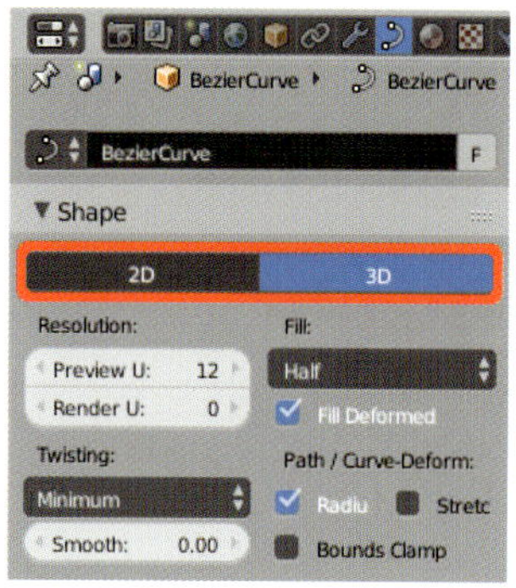

Figure 4–117
Boutons permettant l'édition d'une courbe de Bézier en 2D ou 3D

Avec deux poignées consécutives sélectionnées, vous pouvez créer une poignée intermédiaire grâce à la touche *[W]*. Cette nouvelle poignée s'alignera automatiquement de façon à être tangente à la courbe de Bézier existante, ne perturbant en rien l'influence des deux poignées d'origine.

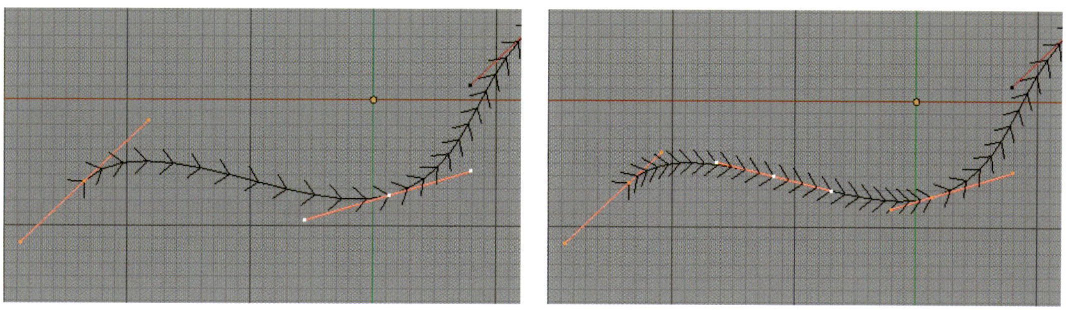

Figure 4–118 Subdivision d'une portion de courbe

En mode *Edit*, vous pouvez ajouter autant de courbes de Bézier que souhaité ; même si elles sont discontinues, elles formeront une courbe unique, au final. Mais à tout moment du mode *Edit*, vous pouvez joindre deux courbes distinctes : sélectionnez les deux extrémités à joindre, et utilisez la touche *[F]*.

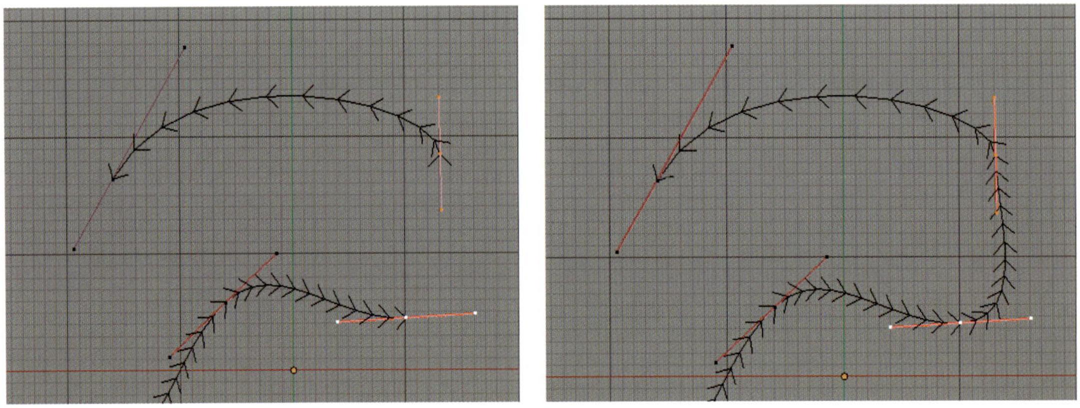

Figure 4–119 Fusion de deux courbes distinctes en mode Edit

ASTUCE **Résolution de la courbe de Bézier**

Il est possible de régler la résolution de la courbe dans le menu *Object Data* de l'éditeur des propriétés. Il suffit de modifier la valeur du bouton numérique *Resolution* dans l'onglet *Active Spline* : des valeurs élevées conduisent à des courbes plus lisses.

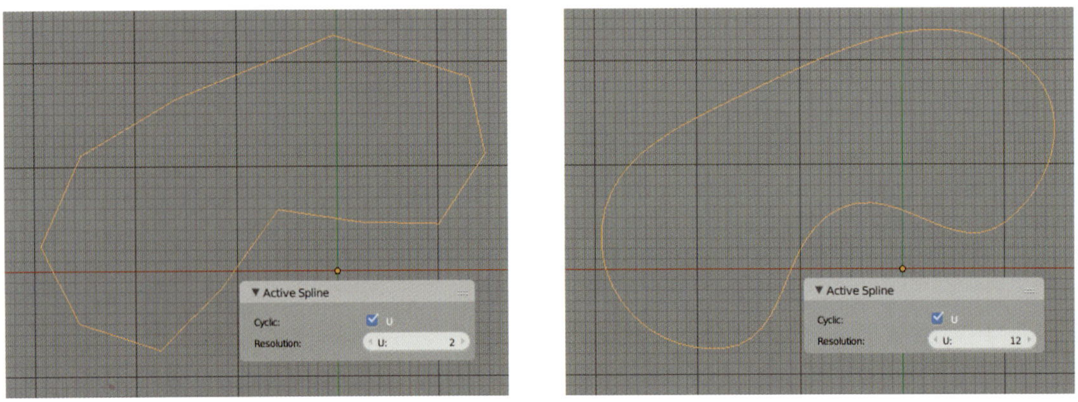

Figure 4–120

Quel que soit le profil de votre courbe de Bézier, vous souhaiterez peut-être le fermer à un moment ou à un autre. Sélectionnez alors au moins une poignée du profil à clore et utilisez la combinaison *[Alt]+[C]* ; vous pouvez rouvrir le profil en employant à nouveau la combinaison *[Alt]+[C]*. Dans l'étagère à outils *[T]*, le bouton *Toggle Cyclic* du groupe *Curve* permet d'atteindre le même résultat.

Enfin, la touche *[X]* vous sert à supprimer une poignée ; la courbe n'est pas rompue pour autant, car la courbe de Bézier est redessinée pour se conformer aux poignées restantes. Dans l'étagère à outils *[T]*, le bouton *Delete* du groupe *Curve* permet la même chose.

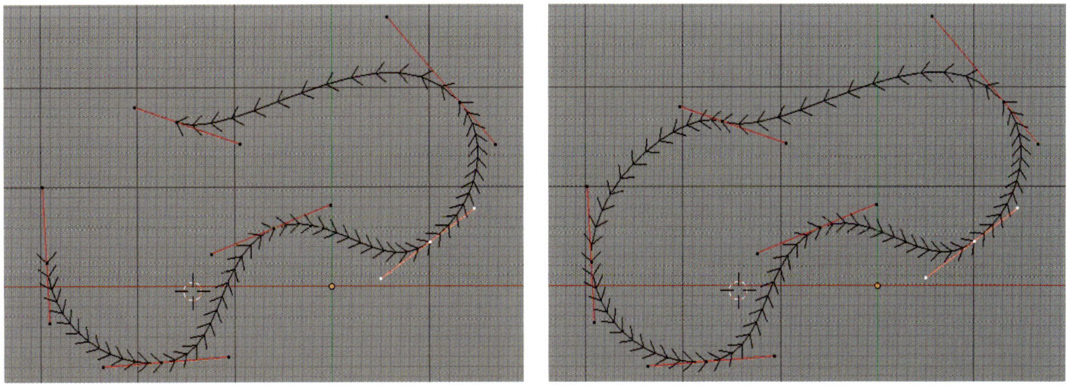

Figure 4–121 Clôture d'une courbe

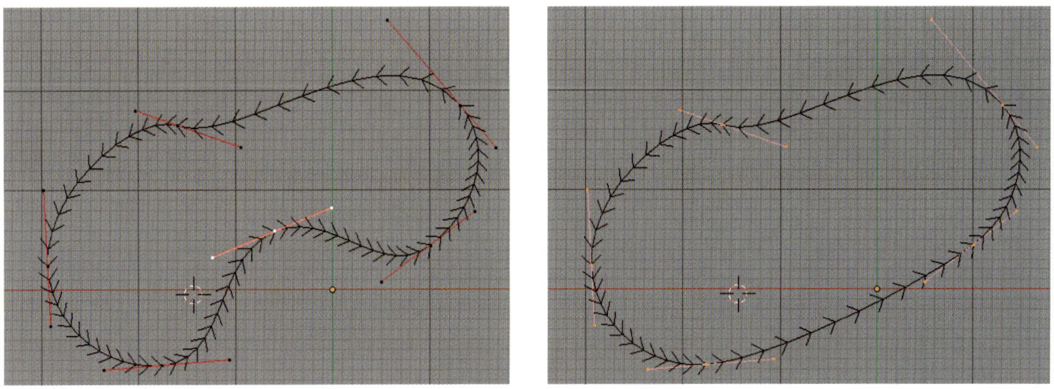

Figure 4–122 Suppression d'une poignée

Les surfaces de Bézier

Il ne s'agit pas à proprement parler d'un type d'élément (comme peuvent l'être les maillages, les métaéléments ou les NURBS), mais plutôt d'un dérivé des courbes de Bézier. En effet, il s'agit de surfaces encloses par des courbes de Bézier. Pour en créer une, il suffit donc d'ajouter une courbe de Bézier, menu *Add>Curve>Bezier*, de veiller à ce qu'elle soit en 2D en cochant le bouton *2D* de l'onglet *Shape* du menu *Object Data*, et une fois le profil général souhaité obtenu, de le clore, grâce à la combinaison *[Alt]+[C]*. Plus rapidement, il vous est possible d'insérer un cercle de Bézier à la position du curseur, menu *Add>Curve>Bezier circle*, et ensuite de subdiviser celui-ci (touche *[W]*) soit entièrement, soit par portions.

Si vous vous placez en mode ombré (touche *[Z]*) plutôt qu'en mode fil de fer, vous noterez que Blender détermine automatiquement si la surface est interne ou externe au profil clos.

APPROFONDIR

L'étagère à outils des curves

Comme d'habitude, cette étagère s'affiche grâce à la touche *[T]*. Le groupe de boutons *Curve* contient différentes options déjà exploitées dans ces pages (notamment *Delete* ou *Toggle Cyclic*) mais présente également un bouton *Set Spline Type*. Celui-ci permet de transformer la sélection soit en polylignes (option *Poly*), soit en poignées de Bézier (option *Bezier*), soit en points NURBS (option *NURBS*).

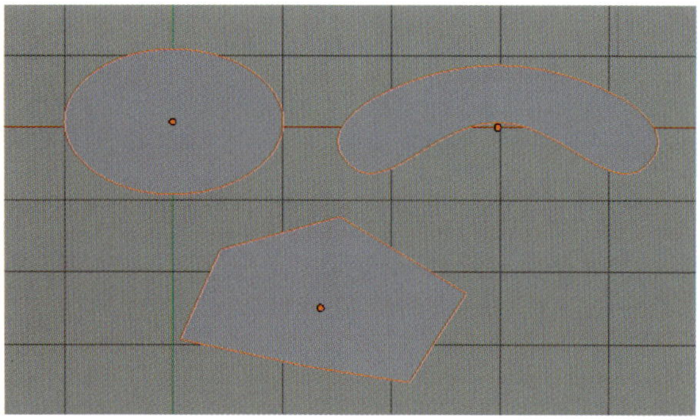

Figure 4–123
Exemple de surfaces de Bézier obtenues à partir de courbes closes

Là où les choses deviennent intéressantes, c'est qu'en mode *Edit*, pour la même surface de Bézier, vous pouvez insérer, à l'intérieur de la première courbe, d'autres courbes de Bézier, également closes : Blender va automatiquement reconnaître les surfaces closes, et soustraire les surfaces encloses à la plus grande surface. Par exemple, une petite courbe de type *Bezier Circle* à l'intérieur d'une courbe close découpera celle-ci.

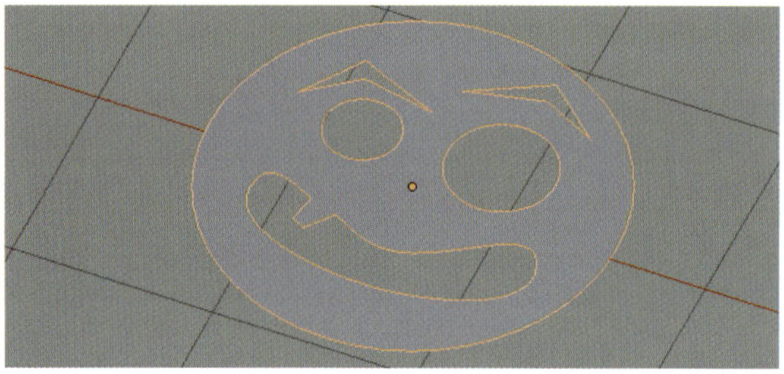

Figure 4–124
Interaction de multiples courbes closes au sein du même objet

Prévoir si une surface sera creuse ou pleine est assez simple : il « suffit » de compter le nombre de surfaces se chevauchant en un point donné : si le nombre de surfaces est impair, la surface est pleine et donc visible ; s'il est pair, la surface est creuse et invisible. Cela est particulièrement flagrant lorsque deux surfaces se chevauchent mais qu'aucune n'englobe totalement l'autre, comme sur l'illustration suivante.

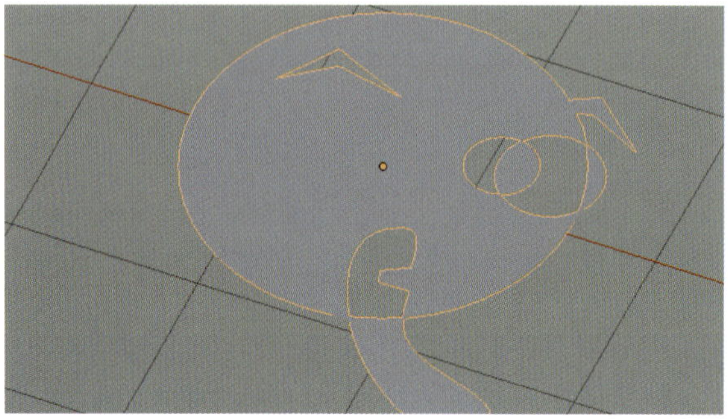

Figure 4–125
Surfaces closes se chevauchant

Quelques options propres aux surfaces

Prêtons maintenant attention au menu *Object Data* dans l'éditeur des propriétés. Il contient différentes options relatives tant aux courbes qu'aux surfaces, qu'elles soient de Bézier ou NURBS. Le panneau *Geometry* est particulièrement intéressant.

- *Extrude* : ce champ numérique permet d'extruder (toujours perpendiculairement à la surface) le profil sur une longueur égale à la valeur saisie, en unités de Blender.

Figure 4–127 Notre profil extrudé grâce à la fonction Extrude

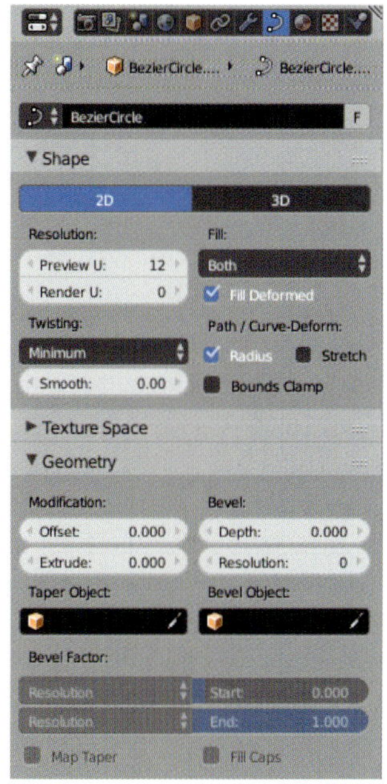

Figure 4–126
Le panneau Curve and Surface

- *Depth* : ce champ numérique dans la section *Bevel* permet de déterminer la profondeur (en unités de Blender) du chanfrein affectant tous les bords de l'objet extrudé.

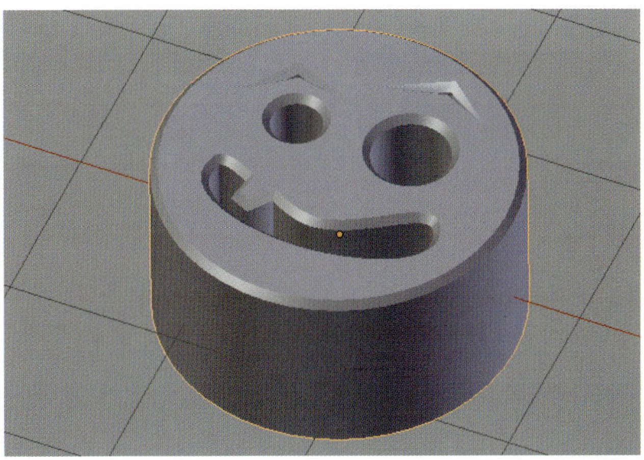

Figure 4–128
L'objet extrudé est désormais chanfreiné.

- *Resolution* : ce champ numérique détermine la résolution du chanfrein appliqué à l'objet extrudé. Avec une valeur nulle, il s'agit d'un véritable chanfrein ; pour des valeurs supérieures, il s'agit d'arrondis de plus en plus fins.

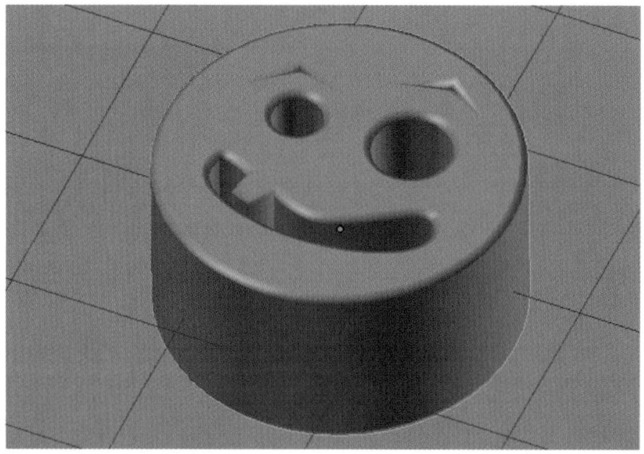

Figure 4–129
Le chanfrein est désormais arrondi, grâce à la valeur Resolution disponible sous Bevel.

Extrusion le long d'un chemin

En modélisation, l'un des usages les plus courants de la courbe de Bézier consiste à s'en servir comme chemin pour une opération d'extrusion. Deux courbes distinctes sont alors nécessaires : la première sera le chemin d'extrusion, la seconde sera le profil extrudé.

Supposons que nous voulions modéliser un élément de décoration en fer forgé. Nous mettrons en place, en premier lieu, le chemin en 2D, à la position du curseur : menu *Add>Curve>Bezier*. Nous façonnons celle-ci de sorte à ce qu'elle ressemble finalement à l'illustration suivante, à l'aide de plusieurs poignées libres.

3DS MAX
Extrusion de formes le long d'un chemin

3ds Max admet immédiatement plusieurs courbes splines comme sections transversales de l'objet extrudé, extrudant la forme en interpolant sa section en fonction des splines transversales. Blender a un comportement différent, dans le sens où une courbe sert de chemin, une autre courbe sert de section transversale uniforme, et une troisième courbe décrit les éventuelles variations d'échelle de la section. Mais la où 3ds Max interpolera des sections aux formes variables entre elles, Blender sera cantonné à un profil unique (dans le cadre des extrusions seulement : ce n'est pas le cas avec la modélisation par Dupli Frames ou par les NURBS, (non couverts par cet ouvrage).

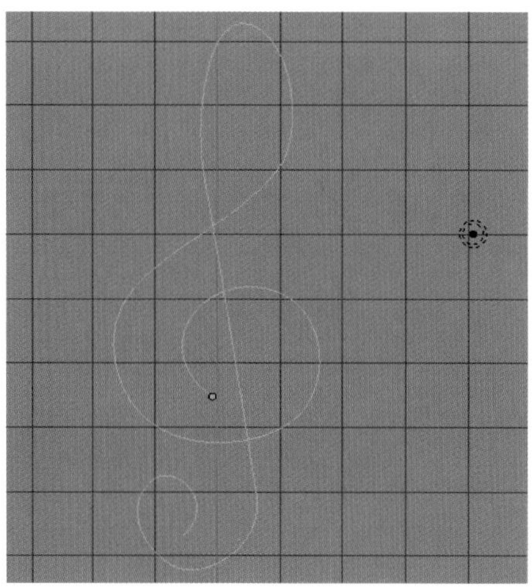

Figure 4–130
Le chemin d'extrusion, une simple clé de sol

Cliquez ailleurs avec le bouton gauche de la souris, pour relocaliser le curseur hors de la première courbe. Ajoutez ensuite, à cette nouvelle position, une deuxième courbe (menu *Add>Curve>Circle*). En mode *Edit*, subdivisons-la deux fois (touche *[W]*, *Subdivide*). Sélectionnez ensuite, *via* le bouton droit de la souris, une poignée sur deux, en cliquant sur le point de contrôle central de chacune et en maintenant la touche *[Maj]* enfoncée, passée la première sélection. Appuyez enfin sur la touche *[S]* pour activer la mise à échelle interactive de la sélection, jusqu'à obtenir le profil de l'illustration suivante, que vous devez valider avec le bouton gauche de la souris ou la touche *[Entrée]*.

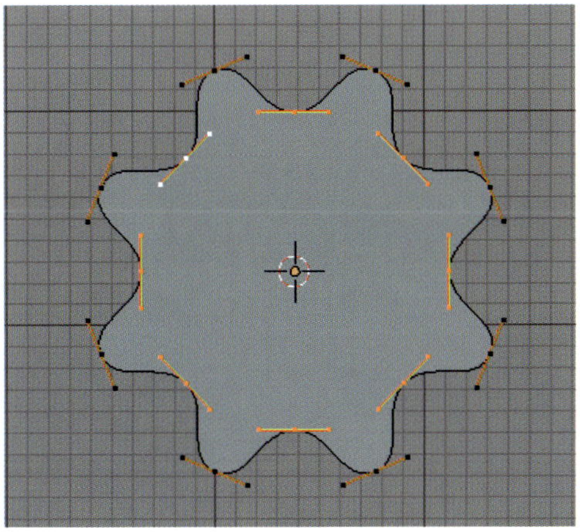

Figure 4–131
Le profil à extruder

Nous pouvons maintenant quitter le mode *Edit*, mais la deuxième courbe n'est pas du tout à l'échelle souhaitée par rapport au chemin. La touche *[S]* nous permet alors de redimensionner cette courbe. Nous noterons que Blender a automatiquement nommé celle-ci `CurveCircle` (son nom est visible dans le panneau des données numériques *[N]*, dans la section *Item*).

Sélectionnez maintenant la première courbe. Dans le panneau *Geometry* du menu *Object Data*, repérez le champ *Bevel Object*. Saisissez-y le nom exact de la seconde courbe, en prenant soin de respecter les majuscules et minuscules : `CurveCircle` (une liste apparaît en cours de saisie, permettant ainsi de choisir l'objet plutôt que de taper son nom).

Le profil est alors immédiatement extrudé le long du chemin défini par la première courbe. Vous pouvez passer en mode ombré (touche *[Z]*) pour mieux visualiser le résultat, et éditer indifféremment l'une et l'autre des deux courbes : le résultat final sera affiché à l'écran en temps réel.

ASTUCE
Masquer le Bevel Object

L'objet qui sert de profil d'extrusion sera visible lors du rendu. Il conviendra donc de le déplacer dans un endroit où il ne sera pas visible. Ce peut être hors du champ de la caméra, sur un autre calque, ou à l'intérieur d'un autre objet, plus gros.

Figure 4–132
Résultat de l'extrusion le long du chemin

Courbes de variation (Taper Curves)

Grâce à ces courbes, il est possible de faire varier la largeur du profil le long de son chemin d'extrusion. L'objet extrudé est donc défini, au final, à l'aide de trois courbes :

- le chemin, qui après manipulations deviendra l'objet final ;
- le profil *(Bevel Object)*, qui va donner du volume au chemin ;
- la courbe de variation *(Taper Object)*, qui va contrôler le volume du chemin.

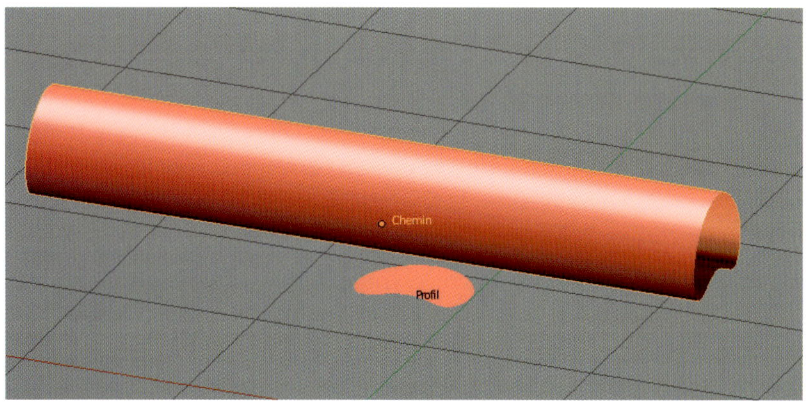

Figure 4–133
Notre objet, tel que défini par le chemin initial et un Bevel Object

Cette courbe de variation va jouer le rôle d'un facteur d'échelle pour la dimension du profil. Pour obtenir les effets escomptés, il est important de la définir correctement. À cette fin, nous retiendrons les règles suivantes :

- la courbe est représentée horizontalement ;
- la longueur (dans son axe X local) qu'elle balaie est proportionnelle à la longueur du chemin ;
- son centre (le point orange) définit l'altitude zéro de la courbe (dans son axe Y local).

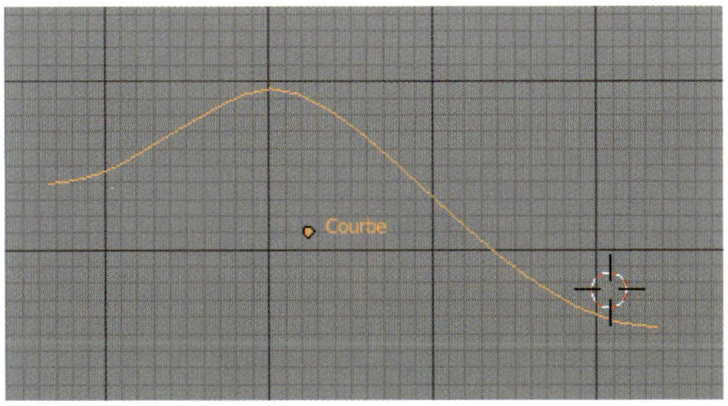

Figure 4–134
Exemple de Taper Object, dont une partie est négative (altitude inférieure à celle du centre de l'objet).

L'altitude égale à une unité correspond à la dimension d'origine du profil. Si le point local de la courbe se situe à une altitude supérieure à l'unité, le profil à l'endroit correspondant du chemin sera agrandi proportionnellement ; si le point local se trouve à une altitude inférieure à l'unité, le profil sera diminué proportionnellement jusqu'à devenir inexistant, si le point est d'altitude nulle. Enfin, les altitudes négatives « inversent » le haut et le bas de l'objet extrudé.

Par exemple, la courbe de variation de l'illustration précédente donne l'objet extrudé suivant.

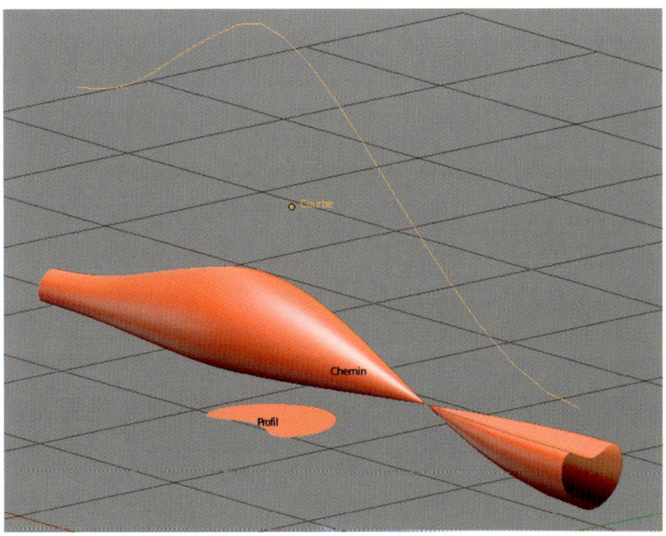

Figure 4–135
Influence du Taper Object sur l'objet extrudé : notez que pour les altitudes négatives, le haut et le bas du profil sont inversés.

ASTUCE
Longueur du Taper Object

Sa longueur n'a pas d'importance : sa première poignée coïncide avec la première poignée du chemin, et sa dernière poignée avec la dernière poignée du chemin, l'influence des poignées intermédiaires étant interpolée sur le chemin par rapport à leur position sur le *Taper Object*. Vous pouvez donc avoir un *Taper Object* d'une unité de Blender de long, affectant sur toute sa longueur un objet dont le chemin fait plusieurs dizaines d'unités de long. Les variations entre deux poignées sont bien sûr interpolées.

ASTUCE
Définition du chemin

Si vous avez un *Taper Object* avec de nombreuses variations, mais que l'objet extrudé ne semble prendre en considération que quelques-unes de ces variations (ou pire, seulement le point de départ et le point final !), ne cherchez pas la résolution de votre problème au niveau du *Taper Object* : il faut que la courbe représentant votre chemin soit constituée de suffisamment de points de contrôle pour permettre de restituer la « richesse » des variations du *Taper Object*.

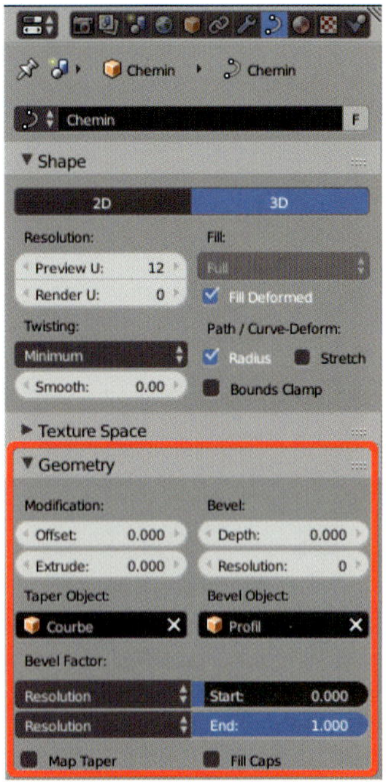

Figure 4–136 Le panneau Geometry, qui permet de manipuler aisément des courbes de Bézier et les surfaces qui en résultent.

Pour désigner une courbe donnée comme étant le *Taper Object* d'un objet extrudé, il suffit de spécifier son nom (attention à la casse : les minuscules et les majuscules comptent) dans le champ *Taper Object* du panneau *Geometry*, situé dans le menu *Data Object* de l'éditeur des propriétés.

Les objets textes

Les objets textes sont apparentés aux courbes et aux surfaces. À ce titre, il est possible de régler leur apparence au travers du menu *Object Data*, dans l'éditeur des propriétés. Pour ajouter un nouvel objet texte à la position du curseur, utilisez le menu *Add* ou appelez la boîte à outils de Blender, grâce à la combinaison *[Maj]+[A]*, et choisissez ensuite *Add>Text*. Comme d'habitude, l'étagère à outils *[T]* se transforme pour offrir des options propres au type d'objet sélectionné.

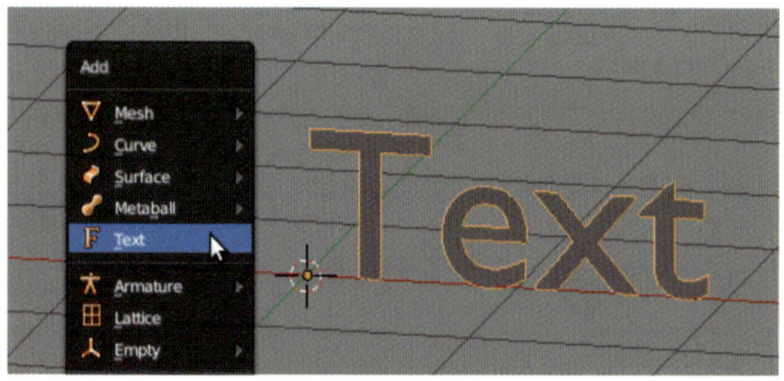

Figure 4–137 Ajout d'un objet texte

3ds Max

Création de texte

L'utilisateur de 3ds Max sera ravi de découvrir dans Blender des fonctions de mise en forme des textes un peu plus riches que dans son logiciel fétiche, avec notamment la possibilité dans Blender de créer des cadres de texte. Pour le reste, dans l'esprit, tout est très similaire.

En mode *Edit*, vous avez la possibilité de changer le texte, exactement comme sous un traitement de texte simplifié. Le curseur clair indique la position de saisie. Vous pouvez utiliser les flèches directionnelles, les touches d'effacement, les raccourcis clavier habituels pour copier, couper ou coller, et bien sûr toutes les touches alphanumériques du clavier. La touche *[Entrée]* renvoie le texte à la ligne suivante, mais toujours au sein du même objet texte.

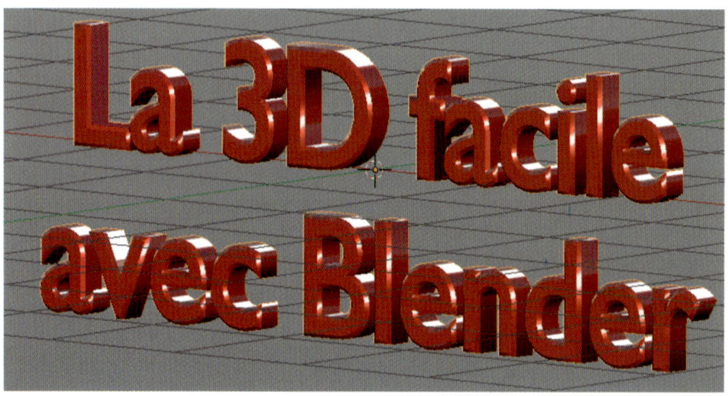

Figure 4–138
Un texte en 3D en quelques clics seulement

Ce qui est surtout intéressant, c'est qu'il est très facile de donner à ces objets textes un volume grâce aux paramètres du panneau *Geometry* : *Extrude* (*Modification*) et *Depth* (*Bevel*), ce qui peut être particulièrement utile pour la création de logos.

Pour ce type d'objet, deux nouveaux panneaux *Font* et *Paragraph* sont disponibles, permettant de gérer l'apparence au niveau du texte lui-même.

Le panneau *Font* sert à définir quatre polices différentes à utiliser : *Regular* est la police classique, *Bold* pour les caractères gras, *Italic* pour les caractères en italique et *Bold & Italic* cumule les deux dernières propriétés. Ces polices sont activées *via Character* qui permet notamment d'activer les propriétés *Bold* et *Italic*.

Le paramètre *Size* sert bien évidemment, à spécifier, la taille des caractères, tandis que *Shear* permet de cisailler le texte de façon à le pencher, comme une police italique, en quelque sorte. Les paramètres *Underline*, enfin, permettent de souligner les caractères : *Position* définit la distance entre le trait de soulignement et les caractères, tandis que *Thickness* spécifie l'épaisseur de ce trait.

Le paramètre *Paragraph* permet, pour sa part, de contrôler la distribution des caractères au sein d'une boîte de texte. Le paramètre *Align*, en particulier, offre plusieurs options pour caler le texte à gauche (*Left*), au centre (*Center*) ou à droite (*Right*), ou encore de justifier le texte (*Justify*) de sorte que les espaces intermots varient et permettent au texte d'occuper toute la largeur du bloc de texte. Enfin, *Flush* a sensiblement la même action que *Justify*, mais en variant également la distance entre deux caractères (ce qu'on appelle l'approche).

Une boîte de texte peut être définie dans l'onglet *Text Boxes* en spécifiant ses *Dimensions*, en unités de Blender, sa largeur (*Width*) et sa hauteur (*Height*). Les boîtes de texte apparaissent en mode *Edit* sous la forme de boîte en pointillés encadrant l'objet *Text*. C'est sur la distribution des caractères de l'objet *Text* au sein des *Text Boxes* que servent les options du panneau *Paragraph*.

ASTUCE

Convertir le texte en courbes ou en maillage

Il est possible de convertir vos objets textes en courbes ; sélectionnez le texte à convertir, puis utilisez la combinaison de touches *[Alt]+[C]* et dans le menu déroulant, choisissez l'option *Mesh from Curve/Meta/Surf/Texte*.

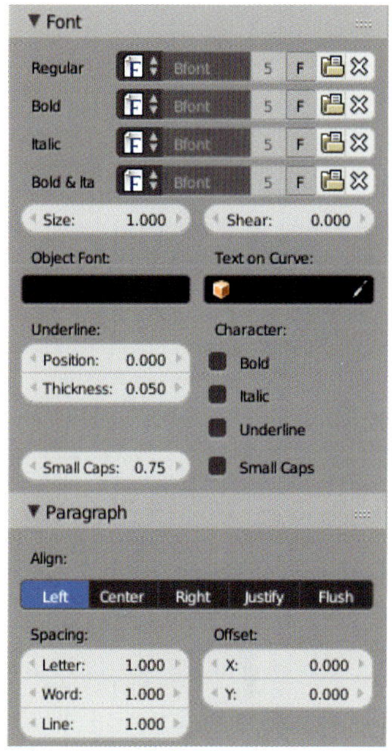

Figure 4–139
Les panneaux Font et Paragraph

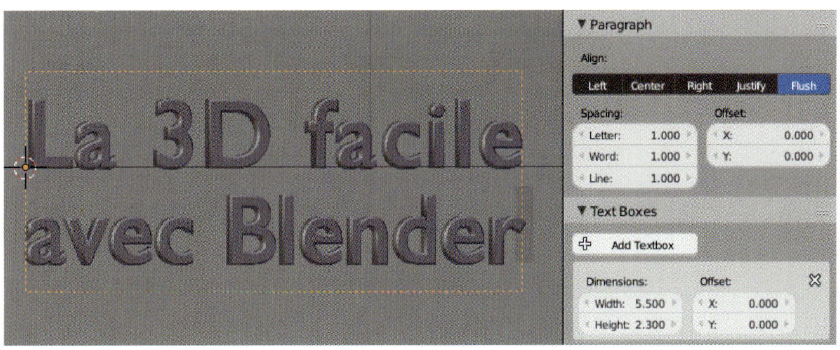

Figure 4–140
Édition d'une boîte de texte

ASTUCE Placer un texte le long d'une courbe

Il est possible d'obliger le texte à s'ajuster à la courbure d'un objet de type Curve. Pour cela, il suffit d'insérer dans le champ *Text on Curve* le nom de la courbe à suivre.

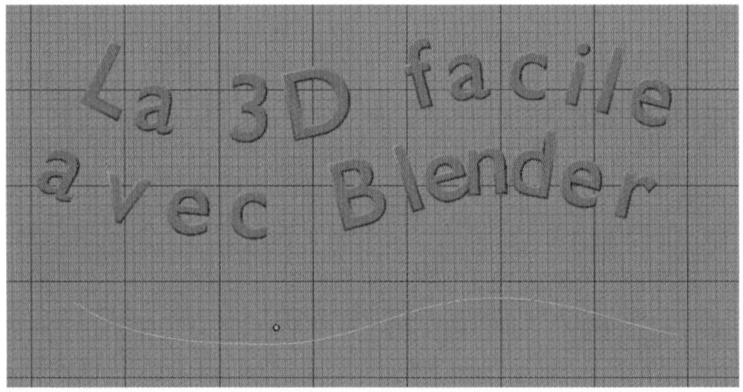

Figure 4–141
Le texte suit la courbe nommée BezierCurve.

Les métaéléments

3DS MAX
Les maillages liquides

Les métaéléments sont l'équivalent sous Blender des maillages liquides de 3ds Max, mais la mise en œuvre est largement différente. Pour reproduire la création d'un maillage liquide à partir d'une géométrie, il faudrait, dans Blender, utiliser la fonction *DupliVerts* pour reproduire une métaballe à chaque sommet de l'objet. De même, pour reproduire la création d'un maillage liquide à partir de systèmes de particules, il faudrait créer, dans Blender, une liaison parent/enfant entre la métaballe et l'émetteur de particules.

Les métaéléments sont des entités procédurales, définies à la volée par l'ordinateur, en fonction de leur géométrie d'origine et de forces interactives, que l'on pourrait qualifier de magnétiques. En fait, nous pourrions comparer les métaéléments à des volumes de mercure, qui s'assemblent les uns les autres en s'absorbant partiellement. Dans l'illustration ci-dessous, lorsque les deux métaballes sont éloignées, elles conservent leur géométrie d'origine.

Mais à mesure qu'elles se rapprochent, des forces « magnétiques » vont « aspirer » les volumes l'un vers l'autre, jusqu'à fusion ou absorption ; ce n'est toutefois pas une simulation de fluides, les volumes ne vont pas s'ajouter.

Figure 4–142
Deux métaballes sur un damier…

Figure 4–143
Les métaballes s'agglutinent, puis se séparent !
Le tout est géré par une procédure.

ASTUCE Des métaéléments variés à votre service

Des métaéléments de différentes formes existent, permettant de faciliter la création de formes sophistiquées.

- *Meta Ball* : balle ;
- *Meta Capsule* : cylindre ;
- *Meta Plane* : plan ;
- *Meta Ellipsoid* : ellipsoïde ;
- *Meta Cube* : cube.

Ainsi la création d'un poire pourra se limiter à la composition de deux métaéléments : une balle et un tube.

Figure 4–144
Une poire formée de deux métaéléments : une balle et une capsule

Insérer un métaélément dans vos scènes

L'ajout d'un métaélément dans une scène, à la position du curseur, se fait en utilisant la combinaison *[Maj]+[A]*, ou en passant par le menu principal et en choisissant *Add>Meta Ball>Ball*. L'élément choisi apparaît alors ; en mode *Edit*, on peut observer, de l'intérieur vers l'extérieur :

- un maillage ayant la forme générale de l'élément choisi. Si le métaélément se trouve dans la zone d'effet d'un autre métaélément, son maillage peut ne plus ressembler à celui de l'élément de base choisi ;
- un premier cercle de couleur verte, qui définit la portée de l'action éventuelle de l'élément sur les autres métaéléments environnants ;
- un dernier cercle en rose, qui permet de sélectionner l'élément et le manipuler normalement grâce aux touches de transformation (*[G]*, *[R]* et *[S]* en particulier).

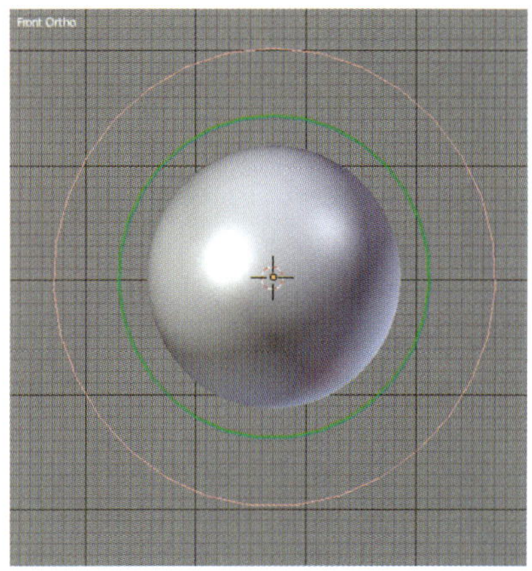

Figure 4–145
Une métaballe en mode Edit, dans la vue 3D

Comportement général des métaéléments

Dans le menu *Object Data* de l'éditeur des propriétés, le panneau *Metaball* permet de définir le comportement général des métaéléments.

- *View (Resolution)* : il s'agit de la résolution du maillage représentant l'élément dans la vue 3D.
- *Render (Resolution)* : c'est la résolution du métaélément au moment du rendu.
- *Threshold (Settings)* : cette valeur définit dans quelle mesure le métaélément influence les autres métaéléments à proximité.

Ces paramètres sont valables pour tous les métaéléments d'un même groupe. Ils peuvent donc changer d'un métaobjet à l'autre, mais restent identiques pour tous les métaéléments faisant partie du groupe actif.

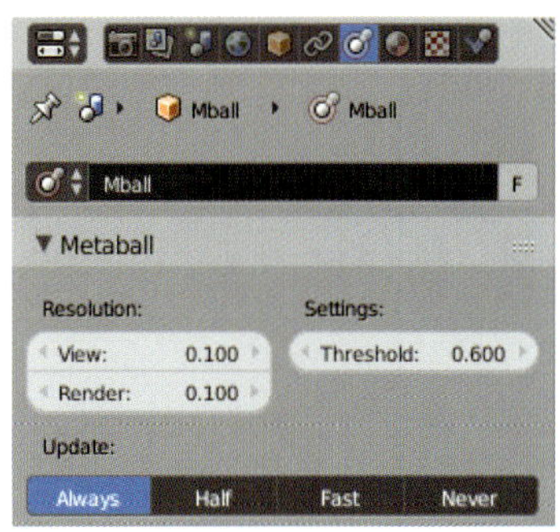

Figure 4–146
Le panneau Metaball

Comportement individuel des métaéléments

Lorsqu'un métaélément est en mode *Edit*, le panneau *Active Element* permet de contrôler son comportement. Son principal paramètre est le bouton numérique *Stiffness*, qui règle plus finement l'influence propre du métaélément, là où *Threshold* fixe une valeur de base commune à tous les métaéléments du groupe.

En fonction du type d'élément, des curseurs de taille *Size* supplémentaires *X*, *Y* et *Z* peuvent apparaître pour régler plus finement les dimensions du métaélément.

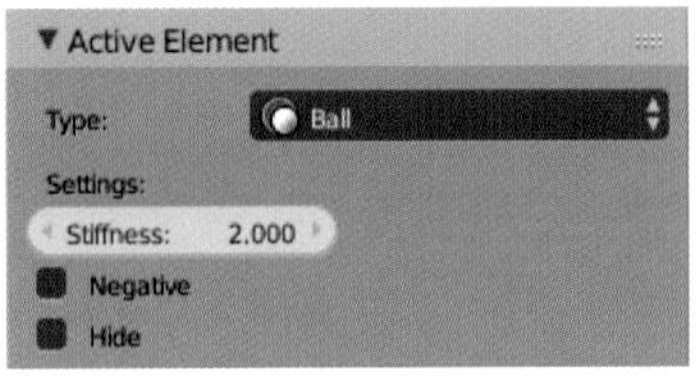

Figure 4–147
Le panneau Metaball tools

> ASTUCES **Influence négative et désactivation d'un métaélément**
>
> Le bouton *Negative*, au lieu d'aspirer un métaélément voisin, aura pour effet de le repousser. En revanche, le bouton *Hide* masquera complètement le métaélément, suspendant provisoirement son influence sur les autres métaéléments du groupe.

Outils spéciaux de modélisation : les modificateurs

> 3DS MAX, MAYA
> **Les modificateurs**
>
> La pile des modificateurs de 3ds Max est un élément central de modélisation, qui se révèle très riche et très complète. Pour sa part, Maya fait plutôt usage d'un arbre plutôt que d'une pile, ce qui peut parfois rendre la navigation dans les modificateurs confuse. Blender implémente également une pile de modificateurs, qui continue à s'enrichir avec le temps.

Les modificateurs sont des fonctions qui vont altérer (de façon réversible) vos maillages ou vos objets. Il est avantageux de les utiliser en ce sens qu'ils sont organisés sous forme d'une pile de modificateurs, et que leur ordre dans la pile peut influencer le résultat des autres modificateurs, et donc conduire à des effets intéressants. Ils ont souvent un double intérêt, que ce soit en matière de modélisation, d'animation ou de simulation. Lorsque cela est pertinent, ils sont étudiés dans les chapitres appropriés de cet ouvrage, en particulier dans le chapitre 7 « Techniques d'animation fondamentales ».

Tous les objets ont donc, dans l'éditeur des propriétés, un menu *Object Modifiers*. Le bouton *Add Modifier* permet d'afficher une liste déroulante des modificateurs disponibles. Ils sont répartis en quatre catégories : *Modify*, *Generate*, *Deform* et *Simulate*.

- *Modify* : ces modificateurs affectent les structures de données, et non pas les objets ou les sommets des maillages, permettant par exemple de réaliser des opérations sur les groupes de sommets..
- *Generate* : ces modificateurs affectent les objets au niveau le plus intime, c'est-à-dire celui du maillage, ajoutant ou enlevant à la topologie de celui-ci. Ils permettent par exemple d'ajouter une épaisseur à une enveloppe, d'alléger ou de densifier le maillage, d'y ajouter des chanfreins, de

le rendre symétrique, etc. Ce sont des modificateurs généralement utilisés pour faciliter les étapes de construction ou de modélisation.

- *Deform* : ces modificateurs affectent les objets au niveau de leur surface, pliant ou tordant celle-ci, sans toutefois changer la topologie du maillage originel. Ce sont des modificateurs généralement utilisés dans le cadre d'animations (par exemple, modificateurs *Armature* et *MeshDeform*), mais ils aident également (les modificateurs *Displace* et *Smooth*, entre autres) à la modélisation, en altérant de façon spécifique la surface externe des objets.
- *Simulate* : ces modificateurs n'affectent pas en tant que tel les objets, mais leur permettent de prendre part à une simulation physique ou à la mise en œuvre de systèmes de particules. Ils servent donc aussi bien à générer de nouveaux objets (*Particle System*) qu'à déformer les objets affectés (*Soft Body*, *Cloth*), ou de favoriser les interactions entre plusieurs systèmes.

Figure 4–148
Exemple de bandeau
pour le modificateur Solidify

Les modificateurs ont très souvent des boutons ou fonctions communes.

- *Apply* : ce bouton permet d'appliquer les modifications du modificateur à l'objet de base, de façon permanente. Cela supprime bien évidemment le modificateur de la pile.
- *Copy* : ce bouton permet de dupliquer le modificateur dans la pile. La copie apparaît un cran immédiatement plus bas dans la pile et devient totalement indépendante de l'original.
- **Boutons de visualisation :** chaque modificateur, dans son bandeau, propose différentes icônes.
  - Rendu : active ou désactive le modificateur pour le rendu. Particulièrement pratique pour économiser des ressources de calcul, lors de rendus d'animation, par exemple, sur des modèles éloignés ou en arrière-plan.
  - Temps-réel : active ou désactive le modificateur dans la vue 3D ou le moteur de jeu. Souvent utile lorsque l'animateur crée les poses de ses personnages et souhaite alléger ses modèles pour les manipuler plus facilement.
  - Édition : active ou désactive le modificateur pendant l'édition de l'objet. Activer cette option permet de conserver un retour visuel du résultat final lors d'opérations de modélisation.
  - Cage d'édition : certains modificateurs peuvent s'appliquer directement à la cage d'édition de l'objet, ce qui est visuellement plus clair que d'avoir en superposition le maillage et le résultat visuel du modificateur.
- **Boutons de déplacement :** chaque modificateur, dans son bandeau, propose deux icônes ornées de flèches et permettant de déplacer le

modificateur vers le haut ou le bas de la pile. Un bouton supplémentaire, en forme de croix, sert à le supprimer.

- *Vertex Group* : les modificateurs de la catégorie *Deform*, essentiellement, proposent un champ qui permet de limiter leurs effets à un groupe de sommets préalablement déterminés. C'est actuellement la façon la plus efficace de déterminer sur quelle partie de maillage doit s'appliquer un modificateur, au sein d'un même objet. Grâce aux modificateurs de la catégorie *Modify*, il est même possible de définir de façon paramétrique des groupes de sommets, mais cela dépasse le cadre de cet ouvrage.

BON À SAVOIR **Les modificateurs de groupes de sommets**

Dans la catégorie *Modify*, trois modificateurs ont été créés pour la manipulation complexe de groupes de sommets. Ils permettent de travailler sur les poids affectés à des groupes de sommets, comme en résultat du mode *Weight Paint* mais de façon procédurale. De nombreuses applications peuvent donc être trouvées en fonction des techniques d'animation employées.

- *Vertex Weight Edit* : ce modificateur permet d'éditer les poids de groupes de sommets, en ajoutant ou supprimant les sommets dont les poids sont au-dessus ou en deçà de certains seuils, en déterminant un profil d'atténuation pour l'influence en dehors du groupe de sommets.
- *Vertex Weight Mix* : ce modificateur permet de mélanger les poids d'un second groupe de sommets au premier, pour différents types d'opérations (ajouter, supprimer, multiplier, diviser, etc.).
- *Vertex Weight Proximity* : ce modificateur très puissant sert à spécifier le poids des sommets d'un groupe en fonction de leur distance par rapport à un autre objet, afin de contrôler dynamiquement un modificateur de type *Deform*, comme *Wave* ou *Displace*, en leur permettant de n'affecter que des portions délimitées, mais variables, de leur cible.

MAYA
Le mode Proxy et subdivision de surfaces

Le mode *Proxy* est très semblable à *Subdivision Surface* dans Blender, dans le sens où il permet de subdiviser uniformément le modèle entier, mais sans pouvoir appliquer de *Crease* (gestion de la dureté des arêtes). Maya possède toutefois son propre système de subdivision de surfaces, avec trois niveaux de *Crease* : *none*, *medium*, *full*. Si le modificateur *Subdivision Surface* de Blender semble plus abouti, le système de subdivision de surfaces de Maya supporte une subdivision partielle du maillage, ce qui permet d'obtenir des maillages plus denses localement. De plus, dans Blender, il est impératif de déterminer le niveau de subdivision à afficher au rendu, ce qui n'est pas le cas avec Maya.

Le modificateur subdivision de surfaces (Subdivision Surface)

Il est parfois difficile de modéliser des surfaces organiques, aux multiples courbures ou potentiellement complexes. Grâce à la subdivision de surfaces, il est possible d'utiliser un algorithme (option *Catmull-Clark*) spécialisé pour afficher un maillage de plus grande résolution et plus progressif, à la place du maillage d'origine. Dans ce cadre, le maillage d'origine devient une sorte de cage de contrôle de la surface de subdivision. L'autre option (*Simple*) se contente de subdiviser le maillage existant comme le ferait la fonction de modélisation *Subdivide* (touche *[W]*) sauf que cette opération bénéficie des avantages communs aux modificateurs.

Par exemple, l'image qui suit montre le résultat de l'application de l'algorithme de subdivision de surfaces sur le cube par défaut : un maillage de résolution plus élevée et aux courbures progressives s'inscrit dans le maillage d'origine.

3DS MAX
Modificateur Liss.Maillage

Le modificateur *Liss.Maillage* de 3ds Max est très similaire au modificateur *Subdivision Surface* de Blender à ceci près que pour ce dernier, le modificateur s'applique systématiquement à l'objet entier, tandis que sous 3ds Max, il est possible de ne l'appliquer qu'à un groupe de facettes. Mais en réglant à `1.000` le niveau *Crease* des arêtes à exclure du modificateur, il est possible d'obtenir assez aisément le même type de comportement, avec en complément la possibilité de choisir des valeurs intermédiaires indiquant une influence partielle du modificateur sur les arêtes.

Il est possible de déterminer le niveau de subdivision des surfaces : plus celui-ci sera élevé, plus la surface inscrite dans le maillage d'origine sera dense et progressive. Par exemple, l'image qui suit présente le même maillage que précédemment, mais avec un niveau de subdivision de 2, au lieu de 1 précédemment.

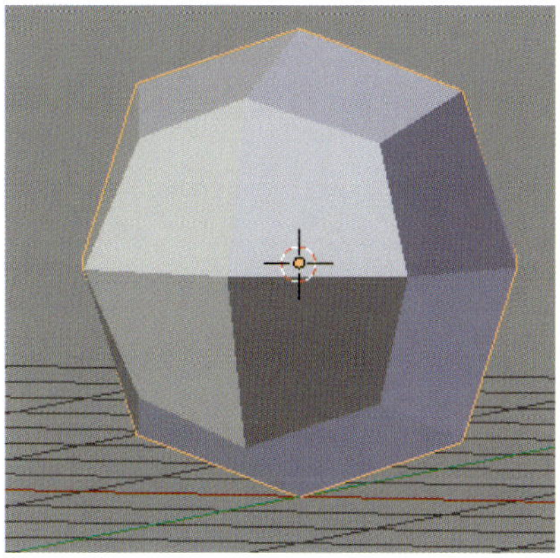

Figure 4–149 Exemple d'un cube avec subdivision des surfaces de niveau 1

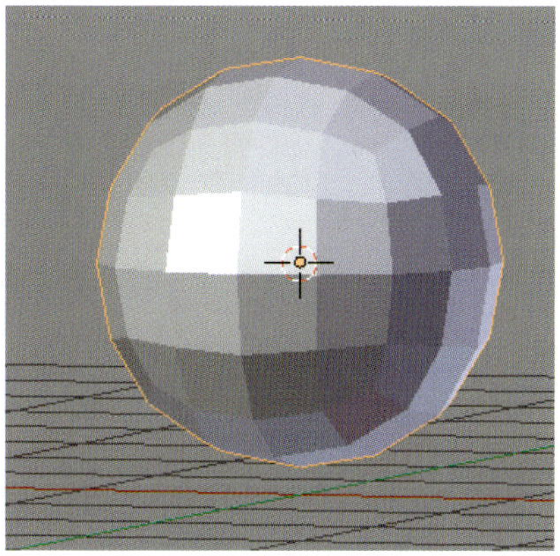

Figure 4–150 Exemple d'un cube avec subdivision des surfaces de niveau 2

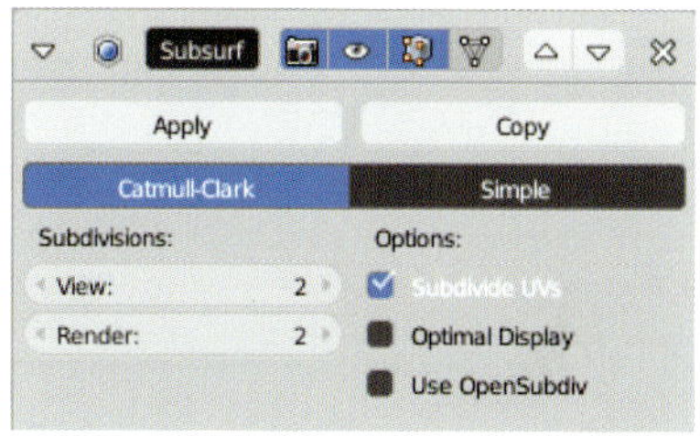

Figure 4–151
Le modificateur Subdivision Surface

ASTUCE Régler la dureté des arêtes

Il est possible, en mode *Edit*, de régler individuellement la susceptibilité de chaque arête au modificateur *Subdivision Surface*. Par exemple, dans le cas du cube par défaut, sélectionnez toutes les arêtes formant la face inférieure du cube, et utilisez la combinaison de touches *[Maj]+[E]* pour régler interactivement, à la souris, la dureté de l'arête, en faisant varier la valeur *Crease* de `0.000` (le modificateur *Subdivision Surface* s'applique pleinement aux arêtes) à `1.000` (le modificateur ne s'y applique pas du tout). L'objet passe alors de la forme de sphère inscrite dans le cube par défaut à celle d'ogive, mais vous pouvez bien sûr choisir une valeur intermédiaire et valider celle-ci grâce au bouton gauche de la souris ou à la touche *[Entrée]*. Éventuellement, vous pouvez afficher le panneau flottant des propriétés de l'objet en appuyant sur la touche *[N]* et en spécifiant manuellement une valeur *Crease* (ou *Median Crease* si plusieurs arêtes sont sélectionnées).

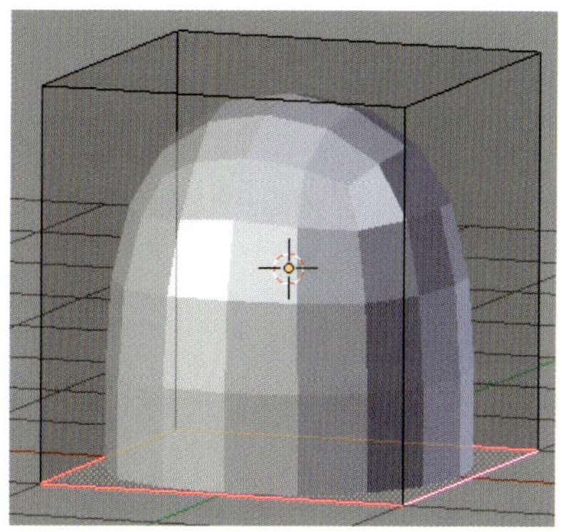

Figure 4–152
Seules les arêtes inférieures du cube ont été rendues insensibles au modificateur Subdivision Surface.

Le niveau de subdivision se règle indépendamment pour l'affichage dans la vue 3D et pour le rendu : en effet, un niveau de subdivision élevé, appliqué à un maillage déjà complexe, peut conduire à une brusque dégradation des performances d'affichage et de réponse de votre machine. Le niveau de subdivision dans la vue 3D est piloté dans les paramètres *Subdivisions* du modificateur par le bouton numérique *View* ; au cours du rendu, il est piloté par le bouton *Render*.

ASTUCE Éditer la surface de subdivision

Pour éditer l'objet subdivisé, vous pouvez soit éditer la cage de contrôle, ou faire appel à une fonctionnalité très puissante de Blender : éditer directement l'objet subdivisé ! Pour cela activez l'option *Optimal Display*, puis activez *Apply modifier to editing cage during Edit mode* juste à gauche des boutons ascenseur du modificateur.

Figure 4–153

Dans la vue 3D, vous pouvez maintenant éditer sommets, arêtes et faces de la surface de subdivision, comme s'il s'agissait d'un maillage normal ! La cage de contrôle, temporairement désactivée, se mettra à jour automatiquement.

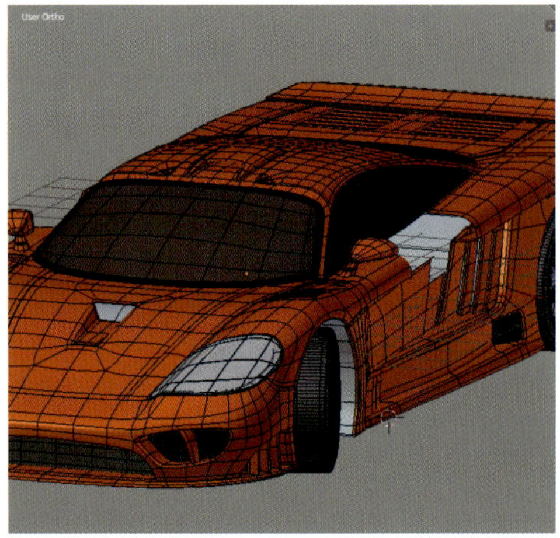

Figure 4–154
Modélisation de voiture en mode édition de la surface de subdivision

Le modificateur miroir (Mirror)

Ce modificateur vous permet de modéliser des objets symétriques (simples ou complexes) sans avoir à répéter les mêmes opérations, parfois fastidieuses, pour chaque côté. Ainsi, vous n'avez plus à vous concentrer que sur un seul côté de votre maillage, Blender se chargeant de compléter l'autre côté à votre place.

ASTUCE
Rompre la symétrie de votre modèle

En particulier pour les modèles organiques, une parfaite symétrie pourra paraître surnaturelle et donc manquer de réalisme. Vous souhaiterez donc certainement pouvoir éditer les deux côtés du modèle pour induire des dissymétries et donc rendre celui-ci plus naturel. Cette opération n'est recommandée que lorsque le modèle de base sera entièrement terminé. Il vous restera alors à appuyer sur le bouton *Apply*, pour que votre demi-modèle symétrique se transforme en un modèle entier, totalement éditable, des deux côtés, de façon indépendante.

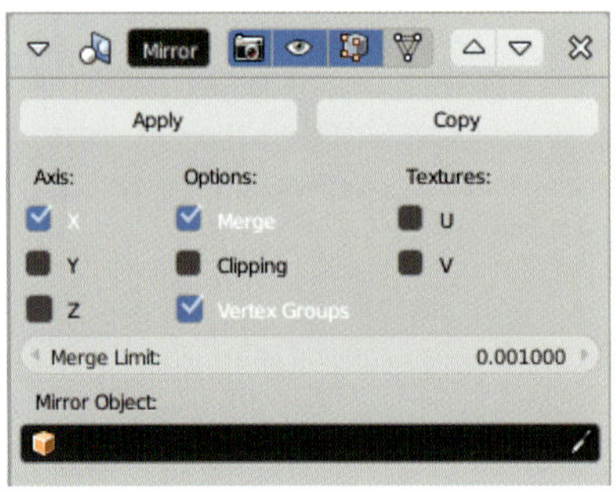

Figure 4–155
Le panneau du modificateur Mirror

Les paramètres de ce modificateur sont à la fois simples et pratiques, vous permettant de choisir l'axe de symétrie : *Axis X*, *Y* ou encore *Z*. Si l'option *Merge* est cochée, Blender se charge également de fusionner les sommets occupant le même espace, avec une tolérance déterminée par le paramètre *Merge Limit* : une valeur faible ne fusionnera probablement que les sommets réellement coïncidents, des valeurs plus élevées fusionneront des sommets proches mais distincts.

Figure 4–156
Une création d'objets siamois facilitée par le modificateur Mirror suivant X

Le modificateur décimation (Decimate)

Comme son nom le suggère, avec ce modificateur, il va effectivement s'agir de décimer (temporairement) les sommets de vos modèles ! En effet, dans certains cas (par exemple, des modèles situés loin en arrière-plan de votre scène générale) vous souhaiterez n'effectuer le rendu que d'objets « allégés » en faces et en sommets, pour des raisons d'occupation mémoire ou de temps de rendu trop longs. Ce type d'option vous intéressera probablement lorsque vous chercherez à dupliquer dans votre scène des modèles très détaillés, comme des personnages ou des arbres, lorsque vous souhaiterez mettre en scène des foules ou des forêts, par exemple. Grâce à ce modificateur, vous serez donc en mesure d'abaisser le niveau de détail de vos modèles (par réduction du nombre de polygones) en fonction de leur position dans la scène.

REMARQUE
Cadre d'utilisation du modificateur décimation

Ce modificateur s'emploie hors du mode *Edit*. Comme il s'applique interactivement, si vous éditez un objet dont le modificateur *Decimate* est actif, le maillage qui apparaîtra sera celui du modèle d'origine, et non celui du modèle décimé. Si vous devez vraiment éditer le modèle décimé, appliquez de façon permanente la décimation à votre modèle grâce au bouton *Apply*.

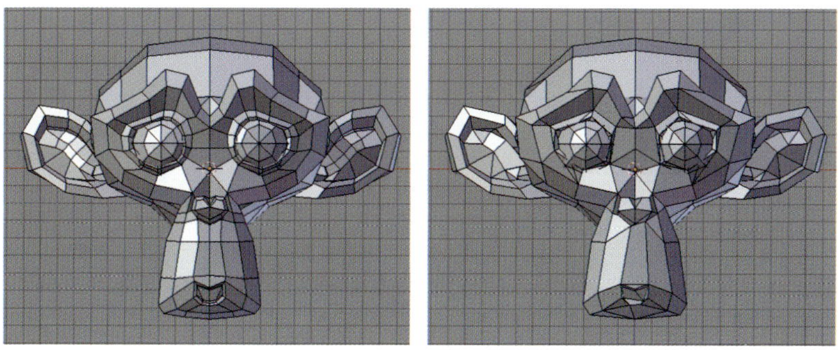

Figure 4–157
Réduction du nombre de polygones de moitié grâce au modificateur Decimate (décimation) en mode Collapse avec un Ratio 0.6500

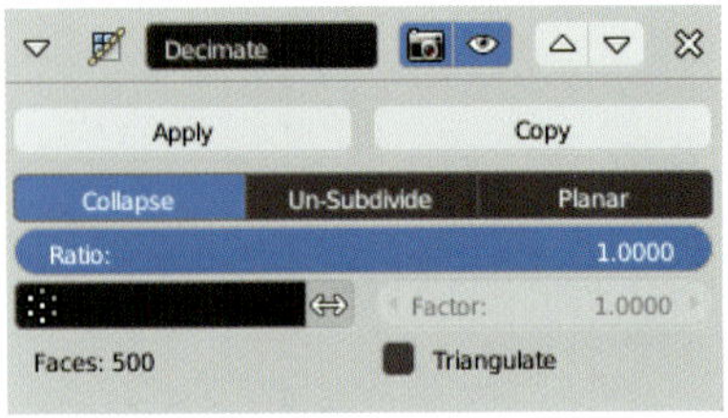

Figure 4–158
Le panneau du modificateur Decimate

Trois algorithmes différents de décimation sont disponibles.

- *Collapse* : cette option est la plus courante et simplifie le maillage en se basant sur la proximité des sommets et en fusionnant entre eux ceux qui sont proches. Le paramètre *Ratio* indique la proportion de facettes à afficher : `1.000` correspond à la totalité, `0.500` à la moitié, etc.
- *Un-Subdivide* : cette option se spécialise dans la simplification de maillages très denses constitués de quadrangles uniformément répartis, un peu comme ceux obtenus lorsque vous appliquez (*Apply*) un modificateur *Subdivision Surface* (volontairement ou par erreur sans possibilité d'annulation). Le paramètre *Iterations* détermine le nombre de fois successives que doit être appliqué l'algorithme pour atteindre le niveau de détail souhaité.
- *Planar* : la simplification ne s'opère qu'entre les facettes qui forment entre elles des angles inférieurs à un certain seuil *Angle Limit*, ce qui permet de simplifier la géométrie dans les zones planes tout en préservant les volumes de formes complexes.

Le modificateur Array (arrangements)

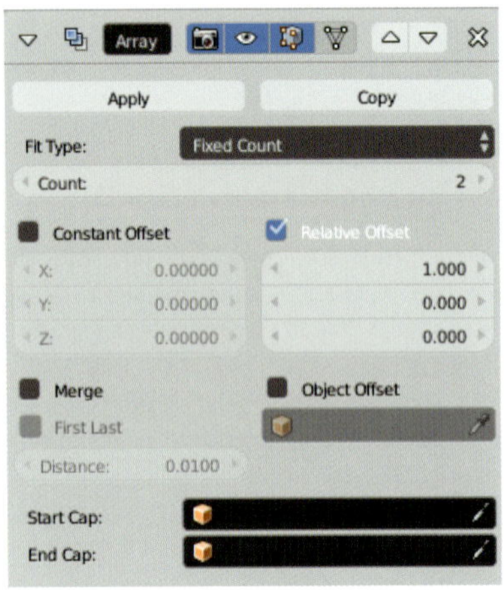

Figure 4–159
Le panneau du modificateur Array

Ce modificateur permet de créer des rangées de clones de l'objet de base, la position de chaque copie étant dérivée de celle du clone précédent. Il existe trois types d'arrangement.

Le premier est *Fixed Count*, c'est-à-dire que Blender crée un nombre prédéterminé de duplicatas, nombre déterminé par le paramètre *Count*. Le décalage entre deux copies peut alors être spécifié de deux façons différentes : avec l'option *Constant Offset*, le décalage est spécifié par rapport aux coordonnées de l'objet d'origine, tandis que pour l'option *Relative Offset*, le décalage est spécifié par rapport aux coordonnées de l'objet cloné précédent. Il est bien sûr possible de spécifier des décalages dans les trois directions principales *X*, *Y* et *Z*, voire même de combiner des décalages constants ou relatifs.

Le deuxième type d'arrangement est *Fit Length*. La distribution des duplicatas est, comme précédemment, assurée par les paramètres *Constant Offset* et/ou *Relative Offset*, mais le paramètre *Length* permet de déterminer la longueur de la chaîne de duplicatas ainsi générée, en unités de Blender entre le premier élément et le dernier duplicata.

Le troisième et dernier type d'arrangement est *Fit Curve*. Dans l'esprit, cet arrangement est semblable à *Fit Length* à la différence qu'au lieu de générer des instances sur une distance, le nombre de duplicatas sera déduit de la longueur d'une courbe désignée par le champ *Curve*.

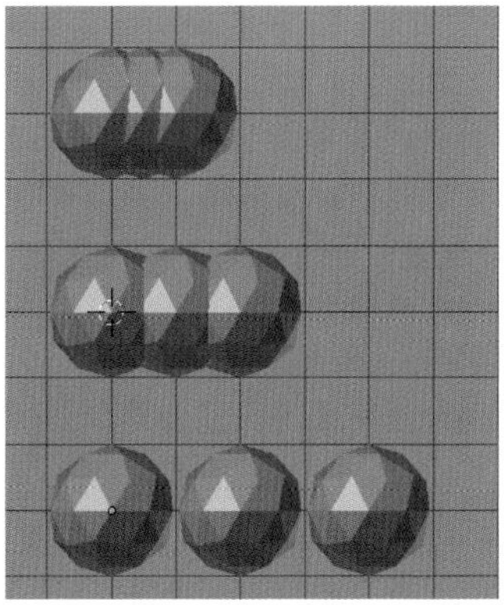

Figure 4–160
Pour l'option Constant Offset, le centre de chaque nouvelle instance est déterminé par décalages successifs par rapport au centre de l'objet d'origine (de haut en bas : X = 0.50, X = 1.00 et X = 2.00).

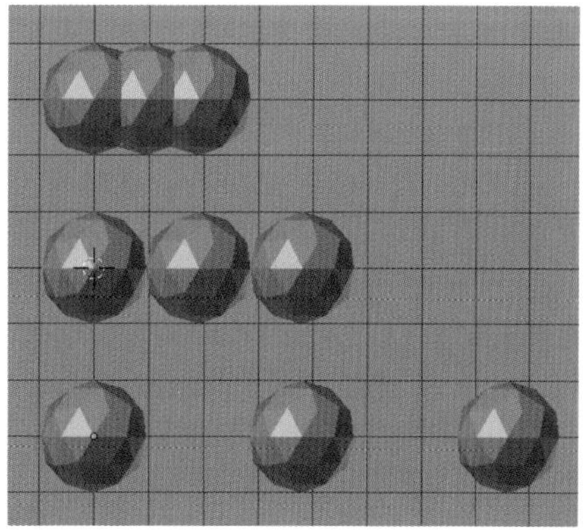

Figure 4–161
Pour l'option Relative Offset, le centre de chaque nouvelle instance est déterminé par un décalage par rapport au centre de l'objet précédent (de haut en bas : X = 0.50, X = 1.00 et X = 2.00).

Le modificateur *Array* présente également quelques options utiles.

- Le bouton *Merge* permet de fondre les points de contrôle adjacents des différentes instances, s'ils sont suffisamment proches, ce qui est déterminé par la valeur du paramètre *Distance*. Dans le cas des duplicatas rebouclant sur eux-mêmes (par exemple, avec l'arrangement *Fit Curve* utilisé avec une courbe close), l'option *First Last* permet de fusionner la première et la dernière instance.
- L'option *Object Offset*, enfin, est particulièrement puissante et autorise des raffinements intéressants : elle permet de transmettre les transformations (position, rotation, et échelle) d'un objet (nommé dans le champ approprié) d'un clone à l'autre, en plus des décalages habituels, ce qui permet de transmettre ainsi un incrément de dimension ou de rotation aux instances consécutives.

ASTUCE **Cumuler les modificateurs Array et Curve**

Il est possible de distribuer des duplicatas le long d'une courbe en utilisant deux modificateurs : le premier, *Array*, paramétré comme précédemment avec un arrangement de type *Fit Curve*, et *Relative Offset* sur *X* seulement. Le second sera un modificateur de type *Curve*. Les deux modificateurs feront référence au même objet courbe. Le résultat sera que le modificateur *Array* va prendre la longueur de la courbe et créer autant d'instances que nécessaire pour remplir sa longueur d'un nombre de duplicatas déterminé par *Relative Offset*, tandis que le modificateur *Curve* va réutiliser les duplicatas et les disposer sur le trajet de la même courbe de référence. Attention, pour obtenir l'effet désiré, les origines du mesh à dupliquer et de la courbe doivent néanmoins être au même endroit.

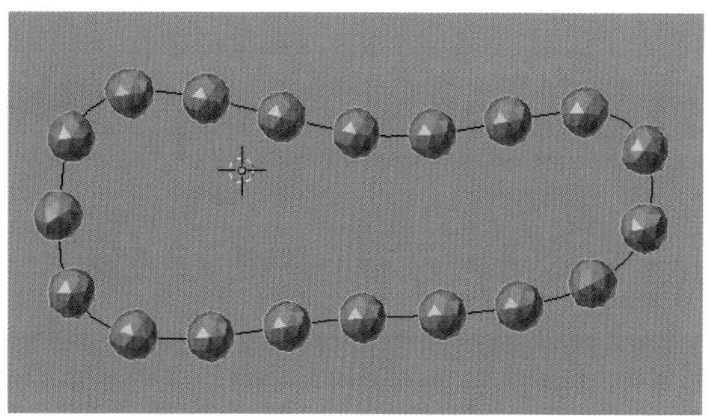

Figure 4–162
Un collier de perles, aisément réalisé grâce aux modificateurs Array et Curve

Le modificateur Displace (déplacement)

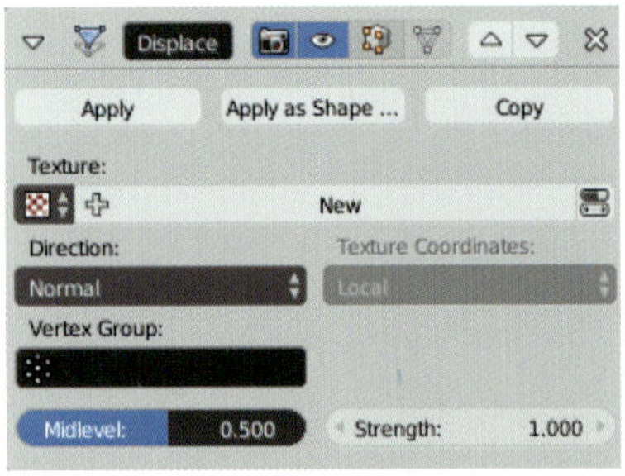

Figure 4–163
Le panneau du modificateur Displace

Ce modificateur permet de déformer la surface (suffisamment dense ou subdivisée) d'un objet conformément à l'interprétation de l'intensité d'une texture. La déformation peut être orientée dans une direction particulière, appliquée selon la normale à l'objet, ou chaque canal de couleur de la texture peut être affectée à une direction de déformation privilégiée. Malgré leur apparente pluralité, les contrôles de ce modificateur sont simples.

Pour le faire fonctionner, il suffit de sélectionner une *Texture* existante dans la scène ; celle-ci peut aussi bien être une image bitmap qu'une texture procédurale. Le menu déroulant *Normal* précise en fait la direction de déplacement (*X*, *Y* ou *Z* déplace la surface dans la direction proposée seulement ; *RGB -> XYZ* décompose la texture en fonction de ces couleurs, l'intensité de la couleur R indiquant la valeur du déplacement dans la direction X, et de même avec les couleurs G et B, et les directions Y et Z ; *Normal* indique que le déplacement est effectué dans la direction de la normale à la facette), tandis que le menu déroulant *Texture Coordinates* indique quel système de coordonnées prendre pour effectuer le déplacement (*Local* prend en compte les coordonnées de l'objet pour origine, *Global* prend celles absolues de la scène ; *Object* permet de déterminer un autre objet comme étant l'origine, un champ apparaissant pour spécifier celui-ci ; *UV* prend strictement les coordonnées de l'objet s'il a été déplié, un champ *UV Map* apparaissant pour sélectionner celle à prendre en considération).

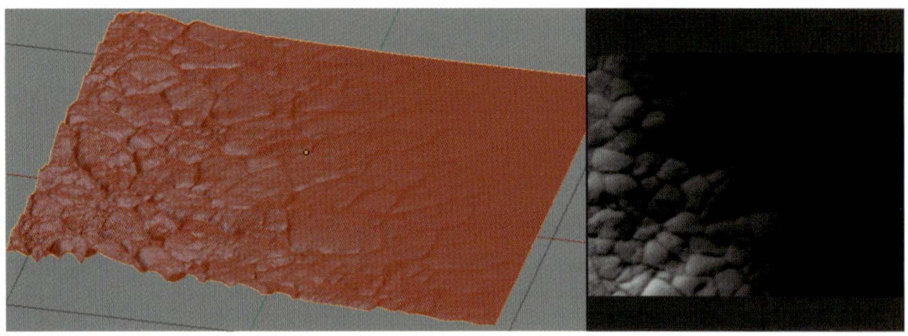

Figure 4–164 Exemple d'une image appliquée en tant que modificateur de déplacement sur un maillage finement subdivisé

Enfin, le paramètre *Strength* sert à régler la force du déplacement, tandis que *Midlevel* permet de déterminer la valeur de l'intensité de la texture correspondant à un déplacement nul. Par exemple, pour une texture procédurale variant du noir (intensité `0.000`) au blanc (intensité `1.000`), un *Midlevel* `0.500` définit la couleur grise à 50 % comme étant l'intensité de déplacement nul. Les portions plus claires de la texture indiquent une élévation (déplacement positif) tandis que celles qui sont plus sombres suggèrent une cuvette (déplacement négatif).

ASTUCE
Peindre des terrains dans Blender

Blender vous permet de peindre des images directement dans le mode *Texture Paint*, avec des outils appropriés proches de ceux offerts par Gimp. Vous pouvez donc créer une texture de type *Image* appelant l'image peinte par vos soins, et vous en servir avec le modificateur *Displace* pour générer ainsi des décors fantastiques. Le résultat n'est toutefois pas aussi immédiat qu'avec le mode *Sculpt*, puisqu'il est nécessaire de retourner en mode *Object* pour observer l'influence de la texture sur le modificateur *Displace*. En revanche, s'il est moins convivial de sculpter des terrains de cette façon, cet outil préserve tous les avantages d'un modificateur : il peut être placé avant ou après tout autre modificateur dans la pile, il est paramétrable, et peut être facilement animé (par exemple, à l'aide de textures procédurales). Si vous peignez vos propres textures en mode *Texture Paint*, n'oubliez pas de sauvegarder la texture utilisée pour la génération de votre terrain !

Le modificateur EdgeSplit (séparation aux arêtes)

Blender permet d'interpoler l'ombrage des facettes à la surface des maillages de façon à simuler leur lissage ; cela est possible grâce au bouton *Smooth* (appliqué à l'objet entier en mode *Object*, ou à une sélection de facettes en mode *Edit*), dans l'étagère à outils *[T]*. Le bouton *Solid* fait l'inverse : l'ombrage n'est pas interpolé, et révèle parfaitement les facettes modélisées. Il y a également la fonction *Auto Smooth* (*Object Data>Normals*) qui permet de lisser ou non l'apparence de la surface en fonction de l'angle (exprimé en degrés) formé par les normales de deux facettes consécutives.

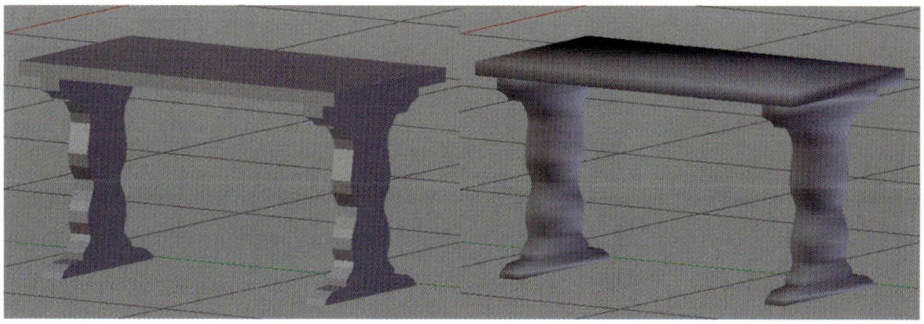

Figure 4–165 À gauche, une table dont toutes les arêtes sont vives ; à droite, la même pièce, mais pour laquelle la surface entière a été lissée : aucune arête vive ne semble subsister.

Le modificateur *EdgeSplit* permet de marquer des arêtes comme vives dans le lissage de la fonction *Smooth*, et donc de contrôler finement le lissage des surfaces. Il fonctionne de deux façons différentes, qui peuvent être mises en œuvre en même temps.

- *Edge Angle* : cette option permet de contrôler le lissage des surfaces exactement de la même façon que la fonction *Auto Smooth*. Le paramètre *Split Angle* sert à définir l'angle limite formé par deux surfaces à partir duquel l'arête les séparant restera vive : avec un angle de 0°, toutes les arêtes seront vives ; avec un angle de 180°, aucune arête ne sera vive.
- *Sharp Edges* : cette option permet de spécifier comme vives uniquement les arêtes qui auront été marquées comme telles ; pour marquer une arête comme vive, en mode *Edit*, sélectionnez-la et utilisez la combinaison de touches *[Ctrl]+[E]* pour appeler le menu spécial des arêtes, et choisissez *Mark Sharp* (ou *Clear Sharp* pour annuler un tel marquage sur une arête spécifique).

Bien évidemment, rien n'empêche d'employer ces deux méthodes en même temps.

BON À SAVOIR

Ombrage lisse et surfaces lissées

Les fonctions *Solid*, *Smooth*, *Auto Smooth* et le modificateur *EdgeSplit* permettent de lisser l'*ombrage* des facettes : la géométrie de l'objet n'est en rien altérée. Le modificateur *Subdivision Surface*, en revanche, subdivise le maillage tout en le lissant ; plus le maillage sera subdivisé finement, plus on aura l'illusion d'un ombrage parfaitement lissé. La première méthode est un simple effet d'optique n'affectant pas le maillage de l'objet, tandis que la seconde affine effectivement celui-ci. Ce sont donc deux approches totalement distinctes qu'il convient de ne pas confondre, d'autant qu'elles sont souvent mises en œuvre en même temps.

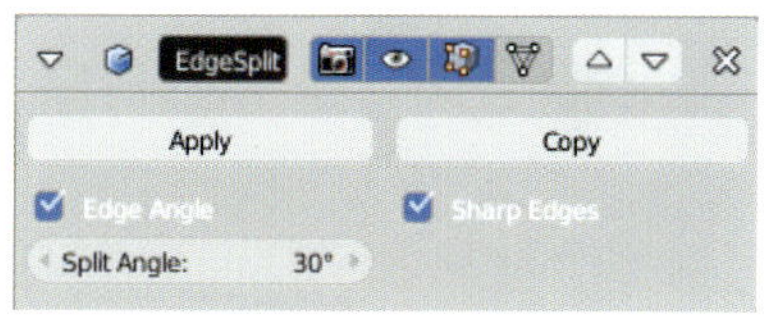

Figure 4–166
Le panneau du modificateur EdgeSplit

Figure 4–167
À gauche, on peut voir sur le maillage les arêtes marquées comme vives, tandis qu'à droite, on observe le résultat du lissage correspondant.

Le modificateur *EdgeSplit* sera avantageusement mis en œuvre dans le cadre de la représentation d'objets mécaniques usinés (tournage, fraisage, etc.) présentant des parties parfaitement lisses et de nombreuses arêtes vives.

Le modificateur lissage (Smooth)

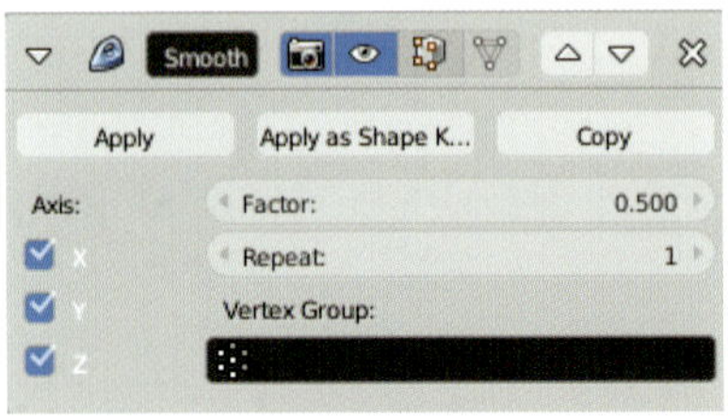

Figure 4–168
Le panneau du modificateur Smooth

Autant le modificateur *Subdivision Surface* permet d'obtenir un effet de lissage d'un modèle en le subdivisant, autant ce modificateur-ci opère en adoucissant les angles formés par les arêtes, mais sans ajouter de géométrie. En fait, il est possible d'obtenir le même résultat sur les sommets sélectionnés en mode *Edit*, grâce au bouton *Smooth Vertex* de l'étagère à outils *[T]* ou grâce à l'option *Smooth* du menu *Specials* appelé par la touche *[W]*. Mais le modificateur lissage va plus loin, car il affecte la totalité du maillage en mode *Object* (à moins qu'un groupe de sommets n'ait été défini et spécifié dans le champ *Vertex Group* auquel cas il n'opère que sur le groupe) tout en offrant la possibilité de contrôler l'intensité de l'effet, ainsi que le nombre d'itérations.

Le paramètre *Factor* permet de déterminer l'intensité du lissage. Plus celle-ci est importante, plus le maillage s'accommode et semble rétrécir à mesure que les facettes s'agencent de façon à adoucir les angles. Il est intéressant de noter que *Factor* peut également être négatif, ce qui peut produire des résultats intéressants en soi !

ASTUCE **Le modificateur Laplacian Smooth**

Les modèles numérisés par laser (ou autres méthodes) génèrent un très grand nombre de points qui, après reconstruction, produisent des surfaces parfois très bruitées. Le modificateur *Smooth* est alors inapproprié, car s'il lisse effectivement les surfaces, il dénature malheureusement les volumes numérisés. Le modificateur *Laplacian Smooth* a été conçu pour répondre à cette problématique : lisser les surfaces tout en préservant les volumes.
En quelques mots, le paramètre *Repeat* définit le nombre de fois que l'algorithme de lissage est appliqué ; il convient donc d'être très prudent avec les objets reconstruits à partir d'un très grand nombre de points. Le paramètre *Lambda Factor* spécifie le taux de lissage appliqué aux sommets ; des valeurs comprises entre `0.000` et `5.000` donnent généralement de bons résultats, tandis que des valeurs supérieures tendent à gommer les volumes réels.
Enfin, des valeurs négatives ne sont pas inintéressantes, car elles tendent à exagérer les volumes initiaux, donnant une allure caricaturale aux modèles.

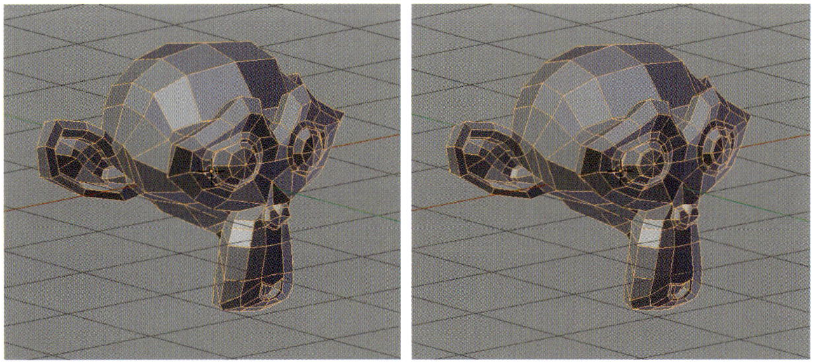

Figure 4–169
Avec un Factor égal à 1.000, le maillage paraît plus lisse mais il semble s'être affiné.

Le paramètre *Repeat* détermine le nombre de fois consécutives où l'opération de lissage est appliquée au maillage. Enfin, les boutons *X*, *Y* et *Z* permettent de contraindre le lissage dans certaines directions seulement.

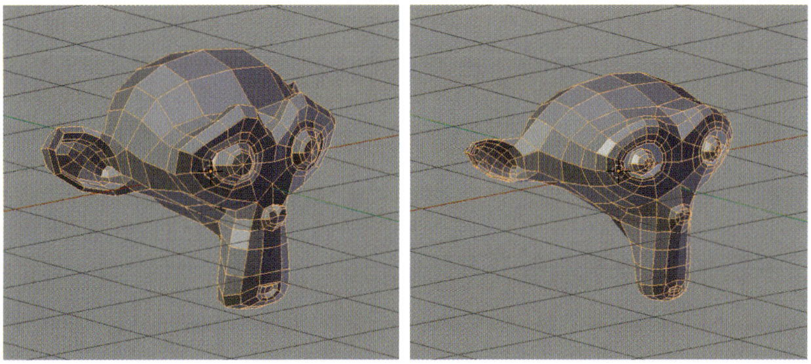

Figure 4–170
Après plusieurs itérations, la pauvre Suzanne est certes plus lisse, mais tellement méconnaissable !

Le modificateur Cast (projection)

Ce modificateur permet d'altérer les coordonnées des sommets d'un maillage afin de les projeter selon trois formes prédéterminées : cube, cylindre ou sphère.

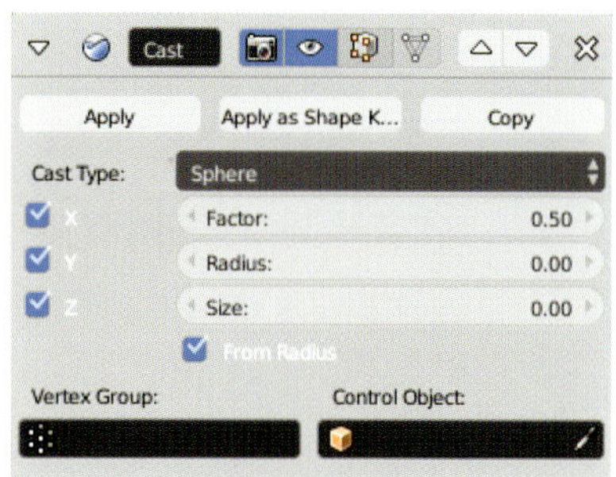

Figure 4–171
Le panneau du modificateur Cast

Le menu déroulant permet de choisir la forme de projection : *Cuboid*, *Cylinder* et *Sphere*. Le modificateur peut être contraint à ne fonctionner que dans un axe privilégié (*X*, *Y* ou *Z*) ; par défaut, le maillage entier est affecté, mais il est possible de spécifier un groupe de sommets, grâce au paramètre *Vertex Group*, sur lequel le modificateur agira. Optionnellement, vous pouvez spécifier un objet tiers, grâce au champ *Control Object*, dont la position définira le centre de l'effet.

Bien évidemment, *Factor* détermine l'intensité de l'effet, mais il est bon de savoir que le modificateur accepte des valeurs négatives, pouvant être intéressantes dans le cadre de caricatures si vous avez des maillages réalistes sous la main.

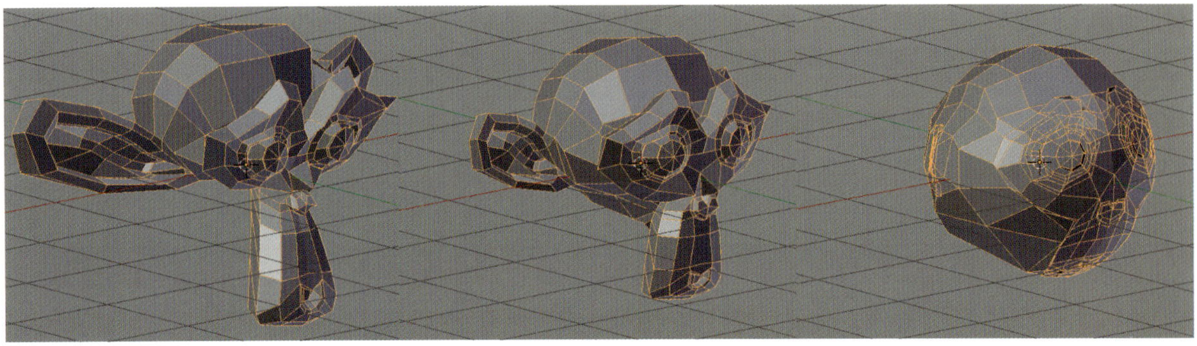

Figure 4–172 Exemple d'usage du modificateur Cast, pour une transformation en sphère, avec des valeurs de Factor respectivement égales à -1.000, 0.000 et 1.000

Le paramètre *Radius* définit la distance (depuis le centre de l'effet, en unités de Blender) sur laquelle les sommets du maillage sont affectés par le modificateur ; une valeur nulle suggère que tous les sommets sont affectés. Si le bouton *From Radius* est désactivé, vous pouvez spécifier une valeur *Size*, en unités de Blender. Par exemple, *Size*`1.000` aura tendance à produire une sphère de rayon égal à une unité de Blender si l'intensité de l'effet *Factor* vaut également un.

Le modificateur Bevel (Chanfrein)

Nous avons déjà vu la fonction *Bevel* qui permet de chanfreiner les arêtes ou les sommets sélectionnés d'un maillage. Le modificateur *Bevel* fonctionne de façon assez similaire mais procédurale, comme tous les autres modificateurs, ce qui permet de l'animer.

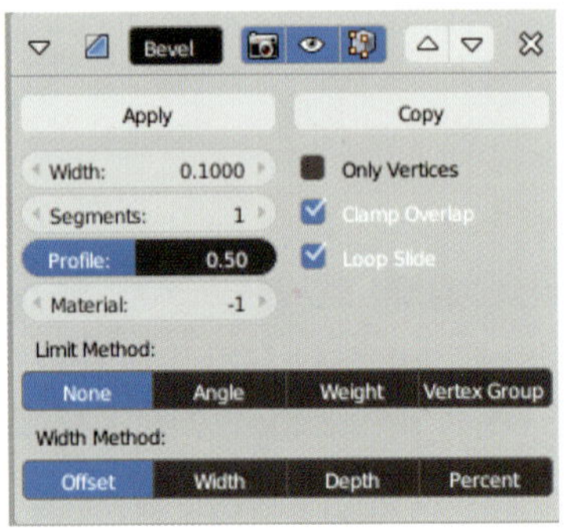

Figure 4–173
Le panneau du modificateur Bevel

Le paramètre *Width* donne la largeur du chanfrein opéré sur votre objet. Le paramètre *Segments* permet d'augmenter la résolution du chanfrein, ce qui conduit à des transitions plus arrondies. La valeur *Profile* sera quant à elle définie pour régler le taux d'atténuation des angles chanfreinés : une valeur de `1.00` gardera les angles d'origine, tandis que `0.00` les aplatira complètement. Enfin, le paramètre *Material* vous permet d'attribuer un matériau spécifique aux arêtes chanfreinés dans le cas d'un objet à matériaux multiples.

La façon dont vous attribuez le chanfrein aux diverses arêtes est gérée par les boutons *Limit Method*. Dans son usage le plus simple (*Limit Method: None*), un chanfrein de largeur égale au paramètre *Width* est appliqué à toutes les arêtes (ou uniquement aux sommets si l'option *Only Vertices* est active). L'option *Limit Method: Angle* permet d'appliquer le modificateur seulement aux arêtes suffisamment vives ; sélectionnée, un paramètre *Angle* apparaît pour spécifier la valeur au-delà de laquelle le chanfrein sera appliqué.

L'option *Limit Method Weight* est plus complexe, mais offre une plus grande versatilité. Après avoir ajouté le modificateur *Bevel* au maillage, activez le bouton *Weight* et, en mode *Edit*, sélectionnez les arêtes que vous souhaitez chanfreiner (mode *Sélection d'arêtes*). Utilisez la combinaison *[Ctrl]+[E]* pour appeler le menu *Specials* et choisissez l'option *Edge Bevel Weight* pour spécifier l'influence du chanfrein sur l'arête. L'option *Vertex Group* permet de limiter le modificateur Bevel à un groupe de sommets préalablement créés.

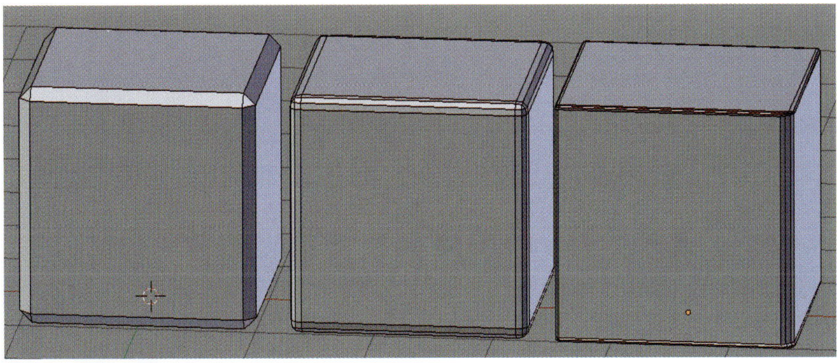

Figure 4–174
À gauche, un cube avec les paramètres du Bevel par défaut. Au milieu, le chanfrein comprend plus de segments et ses arêtes sont plus franches. À droite, les chanfreins sont personnalisés grâce au Limit Method Weight.

L'avantage du modificateur par rapport à la fonction *Bevel* de modélisation (menu *Specials* appelé grâce à la touche *[W]* puis *Bevel*, ou *[Ctrl]+[B]*) est qu'il est possible, en mode *Weight*, d'avoir un chanfrein de largeur variable le long d'une arête, en fonction de l'influence donnée aux arêtes voisines.

Le modificateur SimpleDeform (Déformation Simple)

Ce modificateur permet d'appliquer très simplement à des objets une fonction de déformation prédéfinie parmi les suivantes. Les déformations sont toujours calculées relativement à l'axe global Z, en considérant l'origine de la scène comme « centre de déformation », le cas échéant. Attention, donc, aux objets excentrés ou dont la direction « principale » diffère de Z !

- *Twist* (torsader) : l'objet est torsadé autour de l'axe global Z.
- *Bend* (tordre) : l'objet est tordu perpendiculairement à l'axe global Z.
- *Taper* (effiler) : les extrémités selon l'axe global Z sont redimensionnées (élargissement du côté des Z positifs et rétrécissement du côté des Z négatifs).
- *Stretch* (étirer) : l'objet est étiré dans la direction globale Z ; dans le cas où *Factor* est négatif, il s'agit bien évidemment d'une compression.

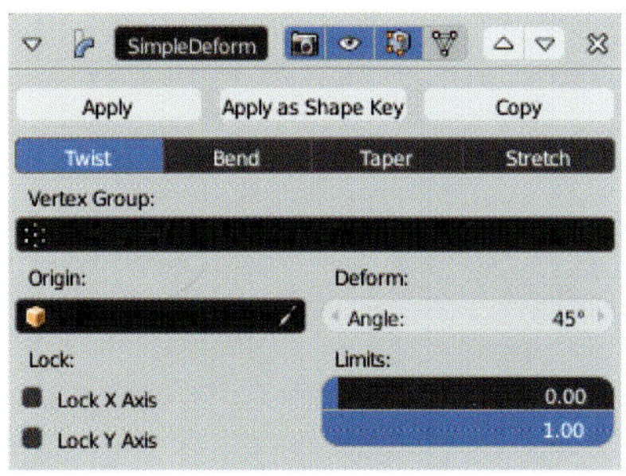

Figure 4–175
Le panneau du modificateur SimpleDeform

Le taux de déformation est contrôlé par le paramètre *Factor*, tandis que les paramètres *Limits* permettent de pondérer cette déformation en partie haute (vers les Z positifs) et partie basse (vers les Z négatifs). Pour certaines méthodes de déformation (*Taper* et *Stretch*), il est possible d'exclure les déformations dans les directions X ou Y grâce aux boutons *Loc X Axis* et *Loc Y Axis*.

ASTUCE Le modificateur Subsurf au secours de SimpleDeform

Le modificateur *SimpleDeform* s'applique aux sommets (cas des maillages) ou aux points de contrôle (courbes ou surfaces NURBS) et pour obtenir de meilleurs résultats, l'usage du modificateur *Subdivision Surface* (de type *Simple*) permettra d'ajouter à la volée le niveau de détail requis pour obtenir de jolis effets, notamment lors de l'usage de la fonction *Twist*, par exemple. Il faudra alors ajouter le modificateur *Subdivision Surface* au-dessus du *SimpleDeform* dans la pile des modificateurs.

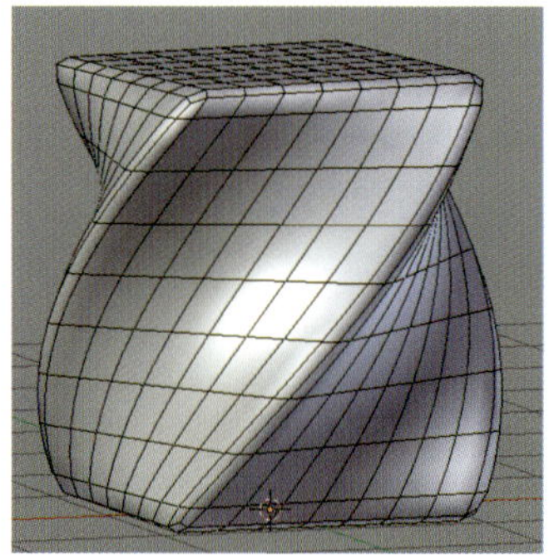

Figure 4–176

Le modificateur Shrinkwrap (rétrécir et emballer)

Ce modificateur très astucieux permet de contraindre un objet à rétrécir jusqu'à emballer un autre objet. Les sommets du maillage de « l'emballage » sont ainsi projetés sur la surface de l'objet « emballé » selon diverses règles. Les usages sont multiples: faciliter la modélisation de vêtements, la création de formes clés (ou *Shape Keys*, voir chapitre 7 « Techniques d'animation fondamentales »), le tracé de routes sur des paysages, et bien d'autres encore.

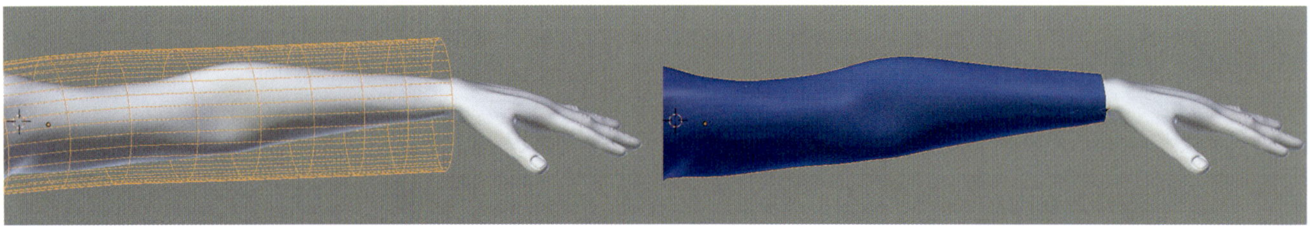

Figure 4–177 Exemple d'application d'un modificateur Shrinkwrap pour générer la manche d'un vêtement

ASTUCE
Modéliser des vêtements de façon interactive

Après avoir ajouté un modificateur de type *Shrinkwrap* au maillage du futur vêtement, entrez en mode *Edit* (touche *[Tab]*) et poursuivez sa modélisation ; sa surface modifiée est automatiquement mise à jour, à la surface du corps, ce qui facilite grandement l'opération de modélisation, surtout si celle-ci est réalisée par extrusions successives.

Le modificateur s'applique bien évidemment à l'objet qui va venir en emballer un autre ; dans le champ *Target* des paramètres, il est nécessaire de préciser le nom de la cible emballée. Le paramètre *Offset* (en unités de Blender) permet de réserver un espace entre la cible emballée et l'objet subissant le modificateur.

Trois algorithmes de rétrécissement ont été mis en œuvre, accessibles par un menu déroulant :

- *Nearest Surface Point* : les sommets (ou points de contrôle) de l'emballage viennent coller la cible du modificateur parfaitement en tout point de sa surface. L'option *Keep Above Surface* permet de garantir que les sommets déplacés ne glissent pas sous la surface lors de la visualisation ou du rendu, dans le cas de surfaces coïncidentes.

- *Nearest Vertex* : les sommets (ou points de contrôle) de l'emballage viennent coller à la surface de la cible du modificateur à la position exacte du sommet le plus proche.
- *Project* : les sommets (ou points de contrôle) de l'emballage sont projetés dans une (ou plusieurs) directions particulières (*X*, *Y* ou *Z*) ou selon leur normale (*Normal*). Il est possible de restreindre la déformation dans les directions *Positive* ou *Negative*, ainsi que d'ignorer les faces frontale (*Cull Front*) ou arrière de la cible (*Cull Back*). Enfin, il est possible de spécifier un second objet cible à emballer grâce au champ *Auxiliary Target*.

Le modificateur Solidification (Solidify)

Ce modificateur permet de transformer une surface ou une coque en un objet solide, lui donnant une épaisseur. Des facettes sont donc virtuellement extrudées depuis la surface et dans la direction opposée aux normales de l'objet : si les normales sont orientées vers l'extérieur du maillage, l'extrusion aura lieu vers l'intérieur de celui-ci et réciproquement si elles sont orientées vers l'intérieur.

Les applications possibles de ce modificateur sont trop nombreuses pour être citées ; il est toutefois extrêmement utile à la modélisation de récipients de toutes sortes, mais aussi de vêtements, en leur donnant une épaisseur artificielle qui n'interférera pas avec les simulations de corps souples ou de tissus dont Blender est capable. Enfin, ce modificateur est extrêmement utile à la modélisation architecturale : il permet de donner de l'épaisseur aux cloisons qui auront été modélisées.

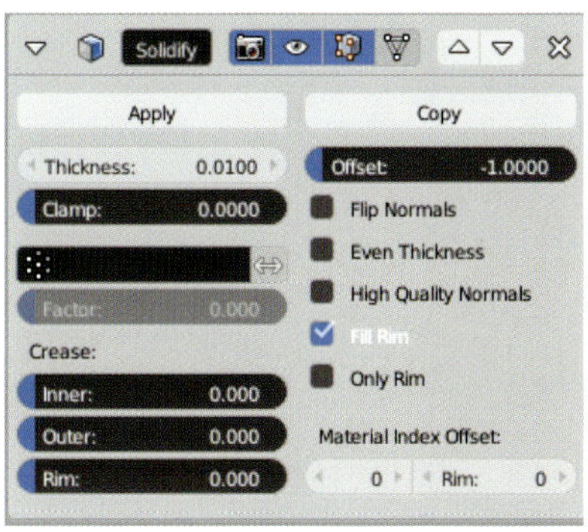

Figure 4–179
Le panneau de contrôle du modificateur Solidify

L'épaisseur donnée à l'enveloppe est simplement contrôlée par le paramètre *Thickness*, exprimé en unités de Blender. En décochant l'option *Fill Rim*, les surfaces intérieure et extérieure résultantes sont disjointes, don-

BON À SAVOIR

Le modificateur Subdivision Surface à l'aide du Shrinkwrap

Pour des performances optimales, le modificateur *Subdivision Surface* doit être ajouté au maillage d'emballage avant le modificateur *Shrinkwrap*, et maintenu en haut de la pile des modificateurs.

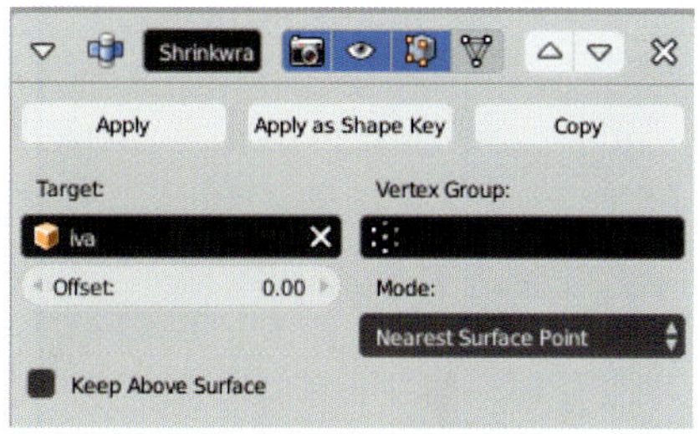

Figure 4–178
Le panneau du modificateur Shrinkwrap

ASTUCE

Afficher, recalculer et inverser les normales

Dans le panneau de données numériques *[N]*, en mode *Edit*, cochez la case *Faces* dans *Normals > Mesh Display*. La valeur *Normal Size* permet d'ajuster à l'écran la longueur des normales affichées en bleu à la surface de l'objet.
Pour que le modificateur *Solidify* fonctionne, il est important que les normales soient toutes orientées dans la même direction ; vous pouvez vous en assurer grâce à la combinaison *[Ctrl]+[N]* pour toutes les recalculer vers l'extérieur, ou *[Ctrl]+[Maj]+[N]* pour toutes les recalculer vers l'intérieur.
Alternativement, vous pouvez inverser les normales grâce au bouton *Flip Direction* dans la section *Normals* de l'étagère à outils *[T]*.

nant lieu à deux enveloppes séparées de la valeur *Thickness*. Les options *Even Thickness* et *High Quality Normals* ne sont à cocher que si les résultats obtenus avec les réglages de base du modificateur ne sont pas très probants ; elles aideront à garantir l'épaisseur la plus harmonieuse et constante possible.

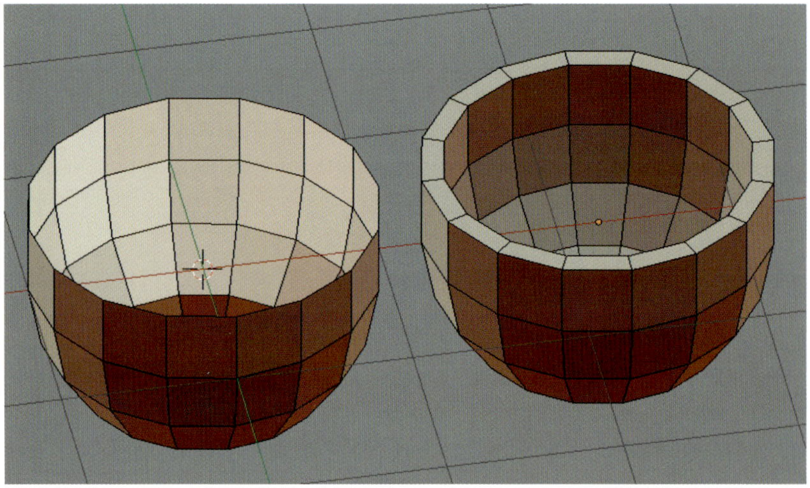

Figure 4–180
À gauche, la coque initiale et, à droite, le modèle avec une épaisseur qui semble avoir été obtenue par extrusion.

Les paramètres de la section *Crease* sont à réserver à l'usage conjoint avec un modificateur de type *Subdivision Surface*. En effet, non seulement ce modificateur ajoute de la définition aux modèles, mais il a également une tendance naturelle à adoucir leurs angles les plus aigus. Grâce à ces trois paramètres, il est possible de spécifier l'enveloppe initiale (*Outer*) ou finale (*Inner*) comme devant conserver une arête vive (avec une valeur `1.000`). Il est même possible de spécifier que le rebord (*Rim*) doit demeurer vif.

Figure 4–181
Le paramètre Inner permet de garder vive l'arête interne, au niveau du rebord, comme si le modificateur Subdivision Surface n'avait pas été ajouté au modèle. Il est facile d'imaginer le même résultat avec le paramètre Outer.

Le modificateur Distorsion (Warp)

Ce modificateur n'a pas été créé pour un usage précis, mais plutôt comme une version plus élaborée du modificateur *Hook* (crochet) qui, lui, ne s'applique qu'à un groupe de sommets prédéterminés. L'avantage de ce modificateur est d'affecter les sommets situés dans une zone d'effet : si vous déplacez la source de distorsion, la déformation à la surface de l'objet affecté se déplace également.

Ce modificateur est donc particulièrement utile pour simuler un biceps qui se gonfle, une chose se glissant sous un drap ou tout objet pouvant se dilater en un point en mouvement de sa surface.

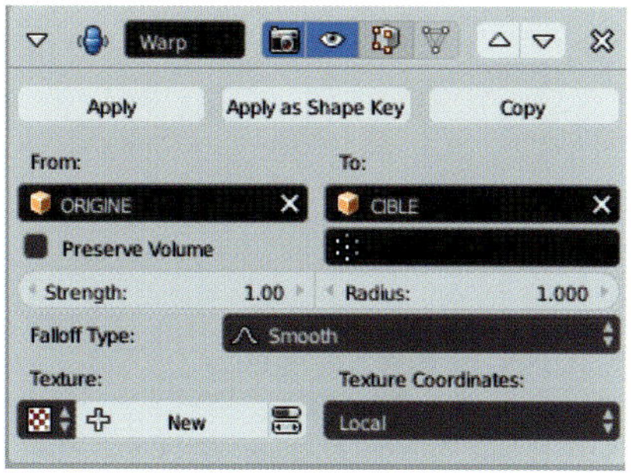

Figure 4–182
Le panneau de contrôle du modificateur Warp

- *From* : ce champ permet de désigner un objet de la scène comme étant source de déformation. Sa position par rapport à la surface affectée par le modificateur va être évaluée pour déterminer la zone de déformation et l'intensité de la déformation.
- *To* : ce champ permet de désigner un objet de la scène comme étant la cible de déformation. La matière déformée va s'étirer depuis la surface jusqu'à la cible.
- *Strength* : détermine la force d'attraction de la cible de déformation ; une valeur de `1.000` indique que la déformation va pleinement prendre prendre place et une valeur de `0.000` que celle-ci est inexistante. Des valeurs intermédiaires permettent bien sûr de doser cette force d'attraction.
- *Radius* : détermine le rayon (en unités de Blender) sur lequel le modificateur affecte la surface. Ce paramètre conditionne également la distance maximale à laquelle l'objet source de déformation doit se trouver de la surface pour affecter cette dernière.
- *Falloff Type* : à la manière du mode d'édition proportionnelle, la déformation va affecter les sommets de l'objet affecté en fonction de leur distance par rapport à la source de déformation, suivant une distribution linéaire, constante, etc.

Dans son principe, le fonctionnement est assez simple : un objet est défini comme source de déformation (par exemple un objet *Empty* nommé `Empty-From`) et un autre comme cible de la déformation (un second *Empty* nommé `Empty-To`). La nature de ces objets importe peu : c'est leur origine respective qui va être prise en considération par le modificateur. En pratique, les objets de type *Empty* sont souvent les plus appropriés, car ils ne bloquent que très peu la vue 3D et sont invisibles au rendu, mais vous pouvez tout aussi bien utiliser n'importe quel modèle 3D s'insérant dans votre scène.

Par défaut, si l'origine d'`Empty-From` coïncide avec la surface, celle-ci est étirée jusqu'à l'origine d'`Empty-To` et l'atteint effectivement. Si l'origine d'`Empty-From` s'éloigne de la surface, celle-ci continue à s'étirer en direction de l'origine d'`Empty-To`, mais avec une force inversement proportionnelle à la distance d'`Empty-From` à la surface : la zone déformée n'atteint alors plus l'objet `Empty-To`, et lorsque l'origine d'`Empty-From` dépasse une certaine distance de la surface, plus aucune déformation n'est visible.

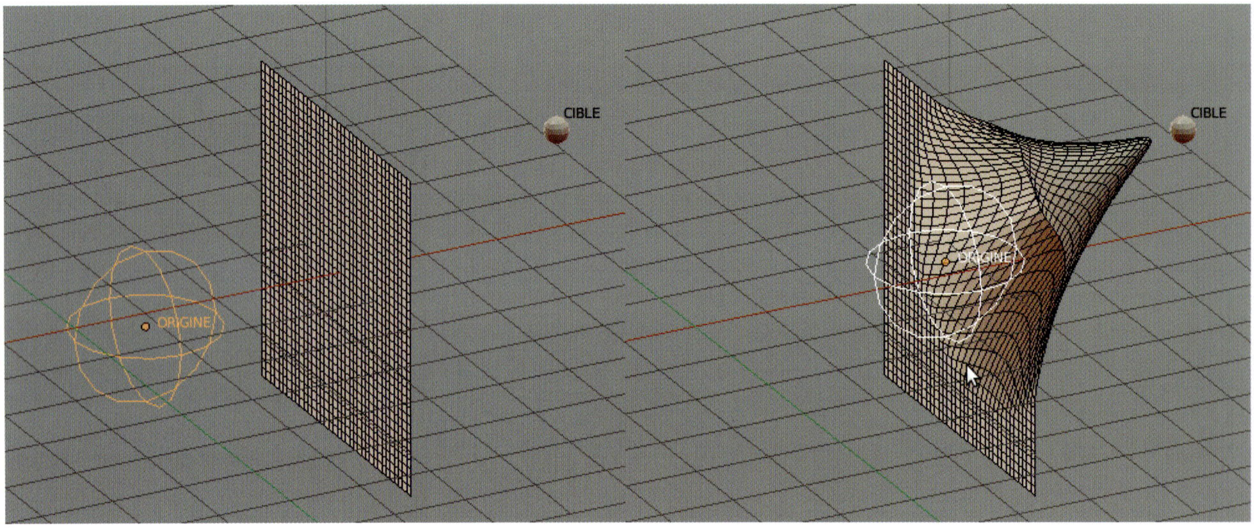

Figure 4–183 La source de déformation affecte tous les sommets à une distance égale à Radius, qui sont déplacés proportionnellement jusqu'à la cible.

BON À SAVOIR

Limitation du remaillage

Il est préférable que le maillage d'origine possède une épaisseur ou forme un volume clos pour que l'opération de remaillage donne un résultat prévisible. Dans le cas où il serait totalement plat, ajoutez un modificateur *Solidify* plus haut dans la pile des modificateurs.

Le modificateur Remaillage (Remesh)

Ce modificateur permet de générer un maillage à partir de la cage d'édition formée par l'objet auquel il est appliqué. La topologie de son propre maillage est constituée exclusivement de quadrangles et se révèle très respectueuse des courbures de l'objet dont il est issu.

Ce modificateur se révèle particulièrement intéressant pour améliorer les maillages produits par quelques-unes des techniques suivantes (cette liste est non exhaustive) :

- opérations booléennes ;
- conversion de texte ou de courbes en maillage ;
- triangulation de mauvaise qualité ou importation de tels modèles ;
- modèles reconstruits à partir de numérisations 3D ou autre.

Il permet en effet de générer un maillage de topologie plus propice à la poursuite d'opérations de modélisation, qu'elle soit polygonale ou en mode sculpture.

Le modificateur accepte trois modes de fonctionnement.

- *Blocks* : est le mode de remaillage de base, sans aucun lissage des surfaces. Il peut parfaitement convenir dans le cadre de modélisations architecturales classiques, pour corriger les triangulations hasardeuses des opérateurs booléens par exemple.
- *Smooth* : dans ce mode, les surfaces se conforment généralement assez bien à celles du maillage d'origine. Ce mode est adapté à des cas de remaillage de surfaces plutôt « organiques ».
- *Sharp* : fonctionne comme le mode *Smooth*, à ceci près qu'il prête une attention particulière à la préservation des arêtes vives du modèle d'origine. Ce mode convient particulièrement à des cas de remaillages de surfaces mécaniques issues d'opérations booléennes complexes mêlant arêtes vives et surfaces courbes ou complexes.

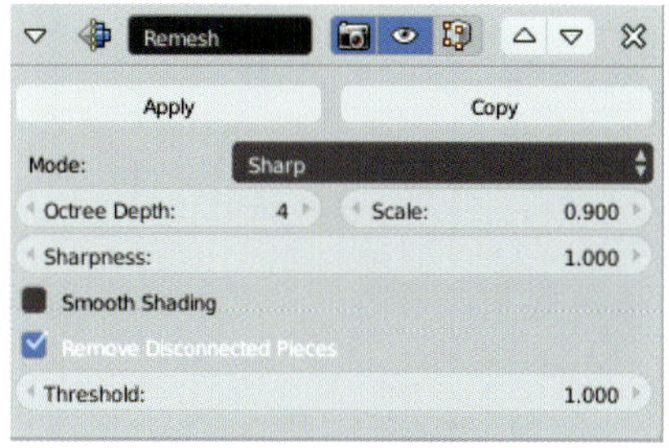

Figure 4–184
Le panneau du modificateur Remesh

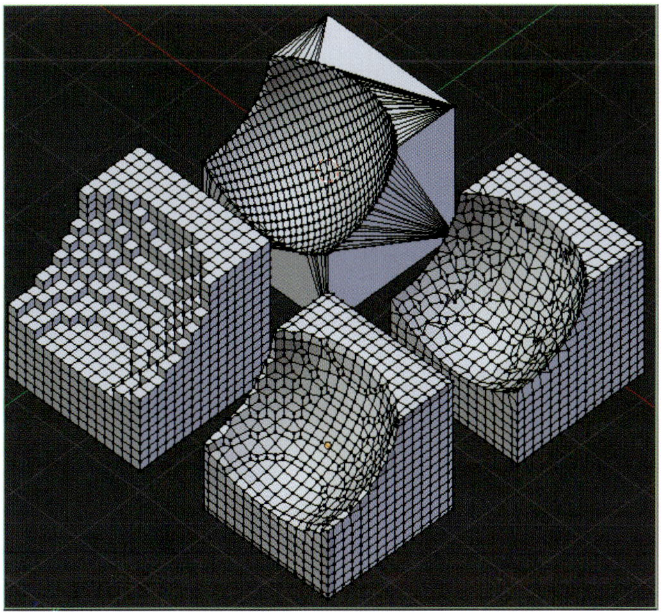

Figure 4–185
En haut, un exemple de modèle obtenu par opération booléenne auquel est appliqué le modificateur Remesh, avec les trois résultats suivants ; ligne du milieu, à gauche : mode Blocks, et à droite : mode Sharp ; en bas : le mode Smooth

Les autres paramètres et options du modificateur permettent de contrôler plus finement le résultat de remaillage.

- *Octree Depth* : détermine la finesse du remaillage, de grandes valeurs autorisant des maillages plus denses et des détails plus fins.
- *Size* : permet de donner la résolution générale du remaillage, en spécifiant le ratio entre la plus grande dimension du modèle d'origine et la taille de la grille de remaillage.
- *Sharpness* : précise dans quelles proportions le remaillage doit respecter les angles vifs du modèle d'origine. Une valeur élevée indique

un fort respect des angles vifs, tandis que des valeurs faibles tendront à lisser les aspérités de surface ainsi que les détails du modèle.

- *Remove Disconnected Pieces* : certains modèles d'origine peuvent présenter des excroissances dont la finesse peut conduire le remaillage à générer des blocs désolidarisés de la masse générale. En activant cette option, les blocs isolés dont la taille est inférieure au paramètre *Threshold* sont simplement supprimés.

Le modificateur Peau (Skin)

Ce modificateur s'applique à un maillage basique constitué de sommets et d'arêtes et transforme ceux-ci (les éventuelles facettes sont ignorées) en un volume polygonal, constitué essentiellement de quadrangles, bien que des triangles puissent faire leur apparition à certaines intersections. Le squelette peut continuer à être édité avec les outils de modélisation traditionnels (ajout de sommets grâce à *[Ctrl]+[bouton droit]* à partir d'une sélection, extrusion de celle-ci, opérations de transformation *[G]*, *[R]* et *[S]* ainsi que d'habitude, etc.) et la peau résultant de ce modificateur continue à se recalculer interactivement.

Ce modificateur est idéal pour la création de petits personnages basiques (le bouton *Create Armature* permet par la suite d'animer ceux-ci) ou de générer des silhouettes qui seront par la suite (après application par le bouton *Apply* du modificateur) détaillées, soit par opérations de modélisation polygonale traditionnelle, soit par sculpture grâce au mode approprié.

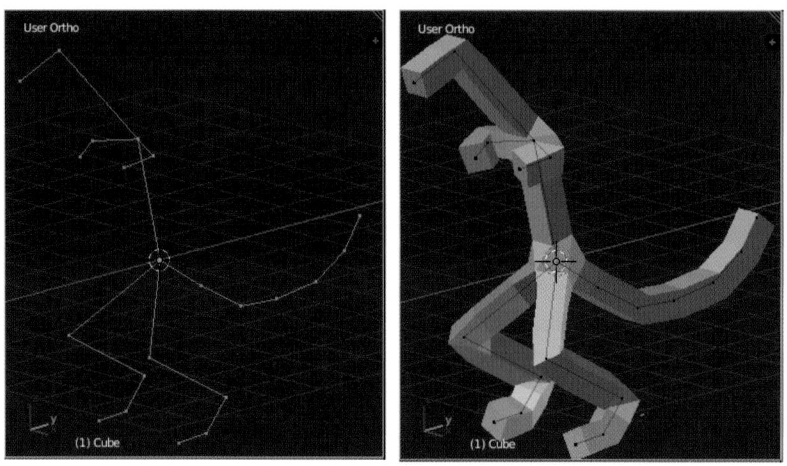

Figure 4–186
Exemple d'application du modificateur Skin à un maillage « squelette » pourtant très sommaire

Une fois le modificateur appliqué, il est possible de sélectionner chaque arête du « squelette » et de contrôler le rayon du volume généré autour de lui grâce à la combinaison *[Ctrl]+[A]*. Notez que le fait d'enchaîner cette combinaison avec les touches *[X]* ou *[Y]* permet de redimensionner le rayon dans une direction privilégiée, et que le bouton *Equalize Radii* sert à réinitialiser un redimensionnement. Adjoindre un modificateur de type *Subdivision Surface*, pour donner à la silhouette un volume plus organique, est souvent une bonne idée. Une fois les modificateurs appliqués, le modèle fait une excellente base de sculpture !

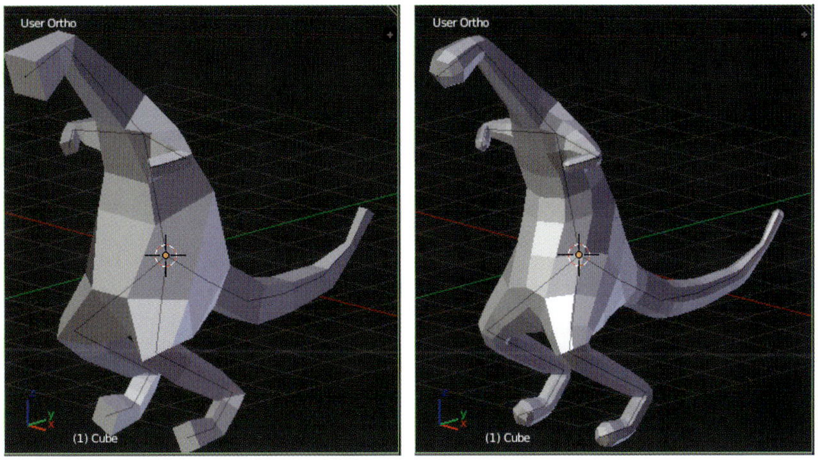

Figure 4–187
Envie de sculpter un tyrannosaure ? Ajoutez un modificateur Multires et lancez-vous !

Il est également possible de créer une armature rudimentaire grâce au bouton *Create Armature*. Celui-ci n'est toutefois disponible qu'en mode *Object* et fonctionne de façon très simple : il remplace chaque arête par un os d'armature (voir chapitre 8 « Techniques d'animation avancées »).

Les autres principales options disponibles pour ce modificateur sont détaillées ci-après.

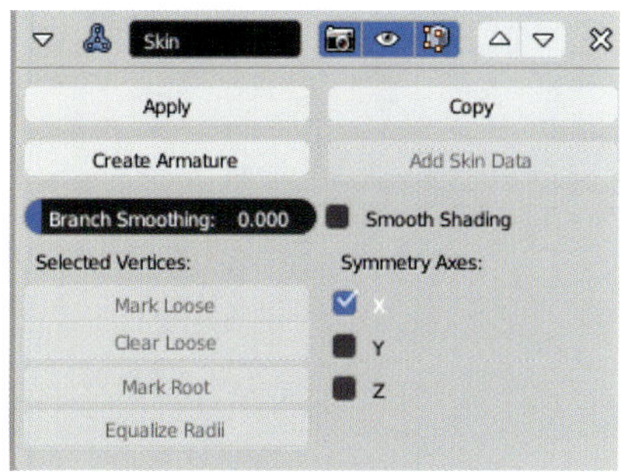

Figure 4–188
Le panneau du modificateur Skin

- *Branch Smoothing* : lorsqu'un sommet du « squelette » est connecté à trois arêtes ou plus, la topologie générée à l'articulation tend à se compliquer assez vite, avec un possible chevauchement des facettes. Ce paramètre tend à adoucir les volumes générés, avec comme contre-effet possible un rétrécissement des volumes.
- *Mark Loose*, *Clear Loose* : par défaut, les volumes générés sont le plus uniforme possible autour des arêtes. En choisissant *Mark Loose*, le volume autour du sommet ainsi marqué tendra à s'étirer en direction des sommets adjacents, ce qui est plus facile pour décrire de grosses masses. Le bouton *Clear Loose*, appliqué au même sommet, permet d'annuler ce comportement.
- *Mark Root* : cette option permet de spécifier un sommet comme étant la racine de la chaîne d'arêtes constituant le squelette. Les orientations des « membres » déployés à partir de cette racine auront leur rotation calculée en fonction de celle-ci. Le sommet racine, lorsqu'il est défini, est cerclé d'un pointillé rouge.

chapitre 5

Dusty Attic CC-0 2015, Gleb Alexandrov (http://creativeshrimp.com)

Matériaux et techniques d'illumination avec Cycles

Au même titre que la modélisation, de mauvais matériaux, de mauvaises textures ou un mauvais éclairage peuvent ruiner la plus belle des scènes 3D. Ce chapitre met à votre disposition divers outils qui permettront de donner à vos scènes les couleurs qu'elles méritent.

SOMMAIRE

- Matériaux
- Textures
- Éditeur de nœuds Material
- Dépliage UV
- Lampes disponibles avec Cycles
- Illumination globale
- Éclairage par image à grande gamme dynamique

MOTS-CLÉS

- Matériau
- Reflets
- Réfraction
- Éditeur de nœuds Material
- Texture image
- Texture procédurale
- Dépliage UV
- Lampe
- Ambient Occlusion
- Global Illumination
- HDRI
- Sky

BON À SAVOIR
Cycles, le futur de Blender ?

Avec *Cycles*, l'objectif de la fondation Blender est de proposer un moteur de rendu qui soit interactif et d'usage aisé, tout en restant au maximum orienté vers des besoins de production. Si l'objectif n'est pas de fournir un moteur de rendu photoréaliste au sens strict du terme, l'utilisation de shaders *BSDF*, qui sont physiquement corrects, permet d'éviter les approximations lorsque cela est possible, et d'envisager sereinement la gestion de géométries conséquentes, les déplacements de polygones, la simulation de cheveux et de fourrure, etc., dans le cadre de productions ambitieuses encore à venir.

Ce chapitre tient compte de l'état de développement actuel du moteur de rendu *Cycles*. Celui-ci est présenté par la fondation Blender comme le futur du rendu avec Blender. Basé sur des algorithmes visant le photoréalisme et des mécanismes de rendu modernes (faisant appel aussi bien au processeur de l'ordinateur qu'aux unités de calcul de la carte graphique), il permet des gammes de performances impressionnantes s'approchant du lancé de rayon en temps réel.

Maîtriser les matériaux avec Cycles

Un objet est visible lorsqu'il est illuminé par une source de lumière. Ce que nous percevons avec nos yeux (ou au travers de la caméra) est la lumière reflétée par l'objet. La quantité de lumière réfléchie ainsi que sa longueur d'onde locale déterminent la couleur perçue et plus généralement les propriétés visuelles du matériau de l'objet. Celles-ci sont nombreuses et ce chapitre s'attachera à les présenter de façon ordonnée.

Les dernières versions de Blender ont vu apparaître un tout nouveau moteur de rendu, baptisé *Cycles*, entièrement refait et basé sur une architecture moderne de traitement de la lumière et des matériaux. La rapidité, la qualité des images produites mais également la facilité d'utilisation en font l'outil idéal pour débuter dans la création de matériaux avec Blender.

Mise en place de l'espace de travail

Le moteur *Cycles* n'est pas activé par défaut dans l'interface. Un petit menu en haut de l'interface utilisateur permet de passer du système de rendu par défaut (*Blender Render*) à celui étudié dans ce chapitre (*Cycles Render*).

Un des avantages de *Cycles* est qu'il propose une visualisation en temps réel de la scène courante directement dans la vue 3D. Grâce à cette technique, également appelée « rendu interactif », l'utilisateur peut voir quasiment en temps réel les modifications qu'il fait sur le rendu final. Il est donc nécessaire d'avoir une vue 3D active pour profiter de cette fonctionnalité. La capture d'écran suivante montre un exemple d'interface possible pour travailler efficacement sur la création de matériaux.

L'écran est divisé en trois fenêtres. En bas à gauche de l'écran se trouve une vue 3D en mode *Rendered*. C'est dans cette fenêtre que nous visualiserons le résultat des matériaux créés. Pour activer ce mode, il suffit de choisir l'option *Rendered* dans le menu *Viewport Shading* situé en bas de la fenêtre. En réalité, cette vue fait maintenant office de fenêtre de rendu : à la moindre modification faite sur la scène, Blender va recalculer le

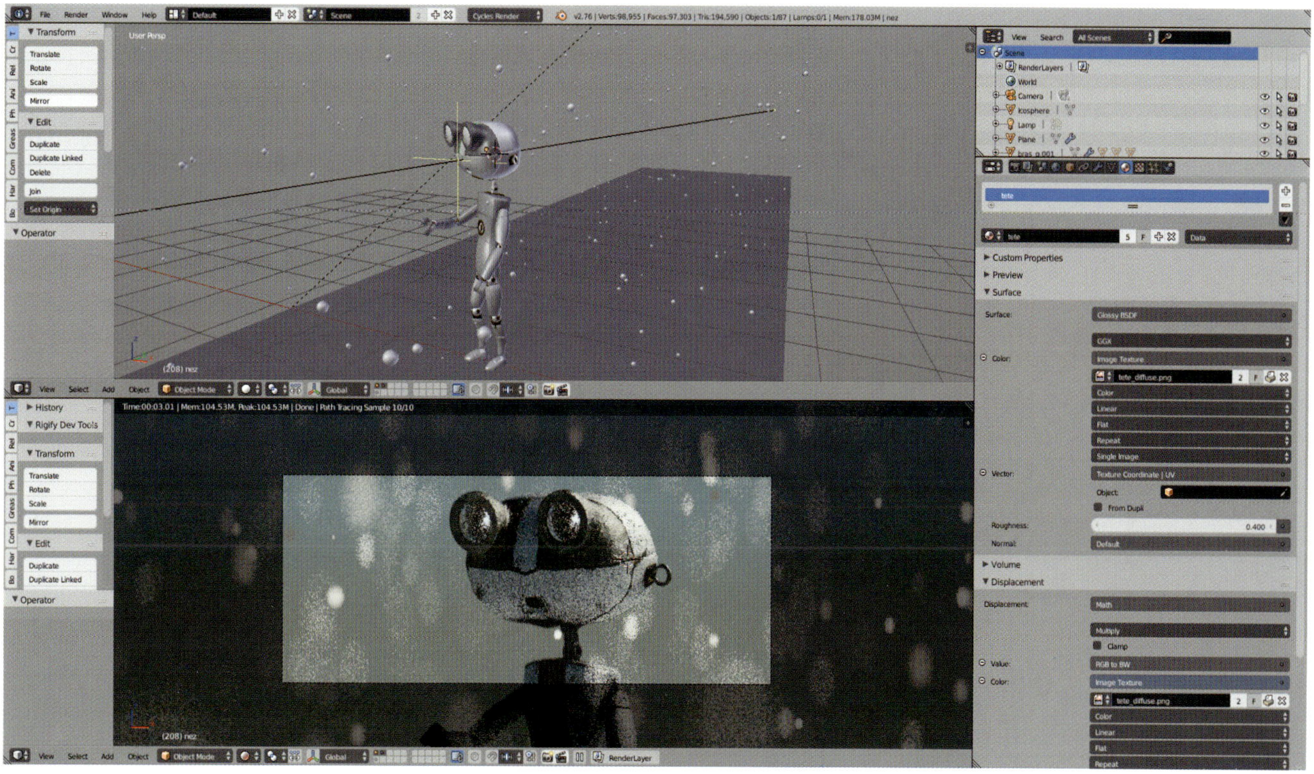

Figure 5–1 L'interface de Blender, prête pour le réglages des matériaux

rendu en repartant de zéro, créant un nuage de pixels grossiers qui vont s'affiner avec le temps et « converger » vers une image lisible. À noter que, malgré son mode d'affichage particulier, cette fenêtre reste une vue 3D à part entière : vous pouvez donc naviguer dedans, tourner autour des objets et même les modifier. Blender recommencera automatiquement le rendu progressif dès qu'il détectera une modification d'affichage.

La fenêtre en haut est une vue 3D classique. Elle nous servira à sélectionner les objets et à naviguer plus facilement dans la scène qu'en mode *Rendered*. Enfin, sur la partie droite de l'écran se trouve la fenêtre des propriétés avec le menu des matériaux. C'est dans ce dernier que se fera la grande majorité des actions.

Tout au long de ce chapitre, à chaque fois qu'il sera possible d'appuyer une explication par un rendu, nous ferons appel à la même scène de démonstration. Il s'agit d'un objet de test fourni par la communauté pour mettre en valeur les différents réglages du matériau dans un environnement constitué de murs et d'un sol à damiers. Elle a été créée par l'utilisateur Robin Maren et est disponible à l'adresse en marge.

▸ http://blenderartists.org/forum/showthread.php?127215-Blender-Material-Preview/

Figure 5–2 Voici la scène qui servira d'environnement à tous nos tests.

Le matériau

Lorsque vous ajoutez un nouvel objet à votre scène, aucun matériau ne lui est attribué ; il convient donc de lui en ajouter un. Avec l'objet sélectionné, affichez le menu *Material* dans la fenêtre des propriétés. Ce menu est presque vide à l'exception d'un cadre gris, permettant de lister les différents matériaux qui seront assignés à l'objet, et d'un bouton *New*. Ce dernier, comme son nom l'indique, sert à créer un nouveau matériau. En cliquant sur le sélecteur à sa gauche, une liste déroulante avec tous les matériaux actuellement disponibles dans votre scène apparaît ; vous pouvez réutiliser celui de votre choix.

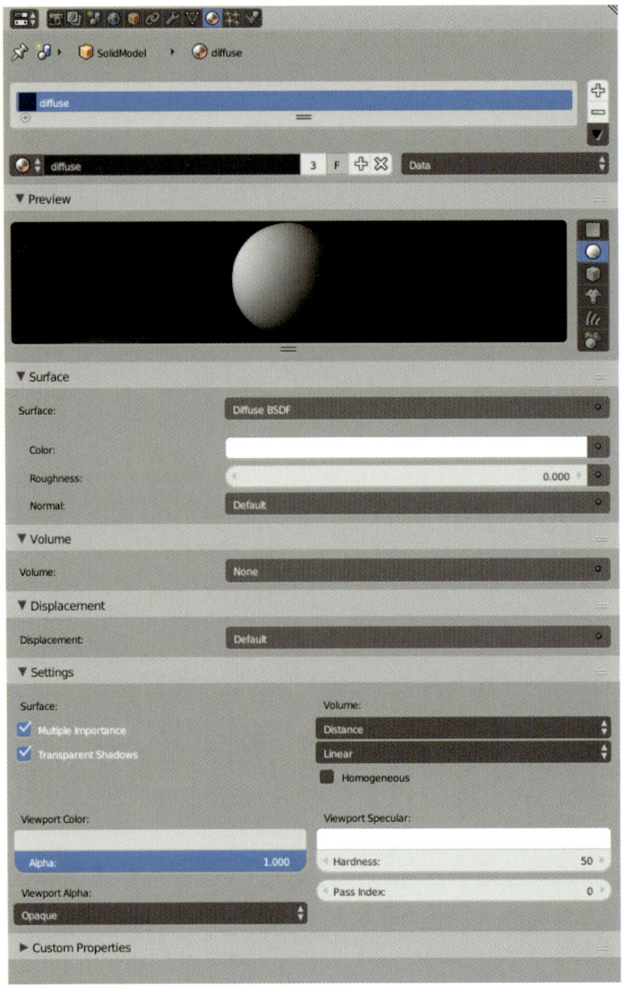

Figure 5–3
Le menu Material après la création d'un nouveau matériau

Cliquez sur le bouton *New* : trois onglets apparaissent, avec très peu d'options pour l'instant.

> **Bon à savoir Organisation du menu Material**
>
> Le menu *Material* est divisé de manière logique :
> - L'onglet *Preview* permet d'avoir une prévisualisation de notre matériau dans une petite fenêtre. À chaque fois que nous modifierons un paramètre ou une option du matériau, cet onglet sera automatiquement mis à jour. Il est possible de prévisualiser les matériaux de façon plus rigoureuse en choisissant l'une ou l'autre des options du panneau *Preview*. Les shaders les plus complexes (en particulier ceux obtenus avec l'éditeur nodal) seront mis en valeur par l'option *Monkey*, tandis que les systèmes de particules statiques trouveront également un mode approprié en l'option *Hair Strands*. Vous noterez enfin la dernière option permettant de tester le matériau sur une sphère à grande échelle en tenant compte des interactions avec les paramètres du panneau *World* de la scène.
> - L'onglet *Surface* permet de définir la manière dont notre objet réagit à la lumière. Nous pourrons y définir sa couleur mais également le type de matériau que nous souhaitons créer. Est-ce un matériau brillant, transparent ou opaque ? Les possibilités sont infinies et grâce aux options proposées dans cet onglet, il est possible de réaliser n'importe quel type de matériau.
> - L'onglet *Displacement* permet de définir la manière dont notre matériau va « accrocher » la lumière. Si on prend l'exemple d'un matériau représentant un mur de brique, pour ne pas apparaître complètement lisse au moment du rendu, il faut que les aspérités de notre mur soient visibles. Grâce à cet onglet, nous pourrons définir toutes les options possibles pour ajouter du relief à notre matériau.
> - Enfin, l'onglet *Settings* permet de régler quelques options générales afin, notamment, d'optimiser le rendu et l'affichage dans la vue 3D. C'est également dans cet onglet que l'utilisateur peut définir le numéro de passe du matériau qui sera récupéré lors de l'étape de post-traitement de l'image.

Couleurs et nuancier

La couleur du matériau est donc définie dans l'onglet *Surface* sous l'option *Color*. Cliquez sur le bouton représentant la couleur : le nuancier de Blender apparaît. Les trois curseurs RGB permettent d'en définir respectivement les composantes R (*Red*, rouge), G (*Green*, vert) et B (*Blue*, bleu). Contrairement à nombre d'autres applications graphiques, codant ces valeurs de 0 à 255, Blender code celles-ci de 0.00 à 1.00. Cette habitude déroutante de prime abord fonctionne assez bien *a posteriori* et reste homogène avec le codage de tous les autres paramètres de Blender. Le nuancier permet également de définir les couleurs grâce à la notation hexadécimale ou le système Teinte-Saturation-Valeur (HSV, *Hue-Saturation-Value*), ou *via* le sélectionneur de couleur *(Color Picker)*. Ce dernier permet à l'utilisateur de choisir une couleur présente dans l'interface en cliquant dessus.

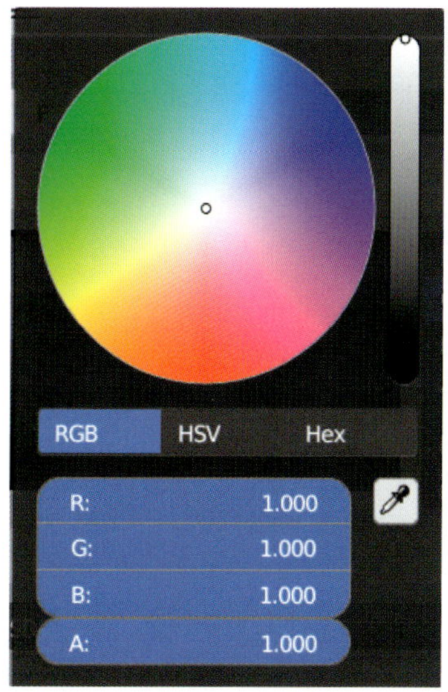

Figure 5–4 Le nuancier de Blender

> **Bon à savoir**
> **Les shaders BSDF**
>
> Les shaders de Blender sont basés sur une architecture de type BSDF *(Bidirectional Scattering Distribution Function)*. Sous ce nom compliqué se cache le principe de calcul des matériaux, basé sur des observations physiques de diffusion de la lumière. Le modèle BSDF présente l'avantage d'être physiquement correct. Ils permettent donc de réaliser des matériaux relativement réalistes très rapidement.

Les shaders de Cycles

Les shaders sont le cœur du système de matériaux. Ce sont eux qui déterminent la façon dont un objet va se comporter à la lumière. Blender possède une petite liste de shaders par défaut, tous hautement personnalisables, chacun ayant ses spécificités et permettant de réaliser un type de matériau. En cliquant sur le bouton de l'option *Surface* dans l'onglet *Surface*, nous faisons apparaître une liste contenant tous les shaders disponibles.

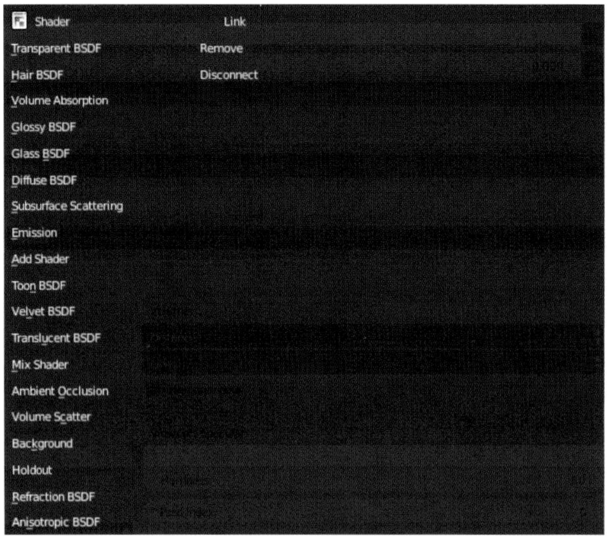

Figure 5–5
La liste des shaders disponibles dans le menu des matériaux

- *Diffuse BSDF* : c'est le shader par défaut de Blender. Il est idéal pour les matériaux qui n'auront aucune brillance, mais seulement une couleur diffuse. Le seul paramètre spécifique à ce shader est *Roughness.* En augmentant sa valeur, les zones de transition entre les parties ombrées et éclairées vont diminuer, augmentant l'impression de « dureté » de la surface du matériau. *Roughness* permet de définir la rugosité de la surface au niveau microscopique de cette dernière. Ainsi, en mettant la valeur de ce paramètre au maximum, la surface apparaîtra toujours parfaitement, mais sa microstructure sera fortement perturbée, accrochant ainsi plus la lumière.

Figure 5–6
À droite, en définissant le paramètre Roughness à 1.0, le matériau semble plus diffus.

- *Glossy BSDF* : ce shader est idéal pour les matériaux métalliques ou les miroirs. À noter qu'il est possible de choisir entre trois algorithmes de distribution de la lumière pour affiner le shader. Il s'agit d'un réglage très pointu et il est donc recommandé d'utiliser la valeur par défaut, *Beckmann*, qui conviendra parfaitement à tous les usages. On retrouve également le paramètre *Roughness* qui détermine la valeur du flou des réflexions du shader. À `0.00`, le shader se comportera comme un miroir parfait. Pour des valeurs supérieures, les réflexions seront floutées, ce qui est utile pour simuler des métaux usés ou polis.

Bon à savoir

Les algorithmes de distribution Beckmann, GGX et Sharp

Sous ces noms exotiques se cachent les algorithmes de distribution de la lumière sur les surfaces *Glossy*. *Sharp* ne produira que des réflexions parfaitement nettes mais les deux autres réagissent de manière presque équivalente au rendu. *GGX* donnera de manière générale des résultats un peu plus sombres et contrastés que *Beckmann*. Ce dernier conviendra cependant à l'immense majorité des matériaux.

Figure 5–7
Le shader Glossy permet de simuler des miroirs parfaits avec le paramètre Roughness à 0.0. En augmentant sa valeur, on obtient un aspect plus poli.

- *Anisotropic BSDF* : très similaire au précédent, il possède la spécificité de contrôler la direction dans laquelle le paramètre *Roughness* va s'appliquer. Cela permet tout simplement de faire des effets de métal brossé ou de simuler la surface gravée d'un CD-Rom. Les trois paramètres *Anisotropy*, *Rotation* et *Tangent* servent à définir l'inclinaison des reflets sur le matériau. Pour en savoir sur la mise en place des matériaux anisotropes, rendez-vous à la section dédié de ce chapitre, page 239.

Figure 5–8
Le shader Anisotropic est idéal pour simuler du métal brossé.

- *Transparent BSDF* : sans doute le shader le plus simple à utiliser puisqu'il ne possède qu'un seul paramètre, celui de la couleur. Cette dernière influera légèrement sur le rendu de l'objet : la couleur blanche rendra votre objet totalement transparent au rendu alors que le noir le rendra entièrement opaque.

Figure 5–9
Le shader Transparent est parfait pour gérer la transparence en économisant les coûteux calculs de réflexion et de réfraction.

- *Glass BSDF* : comme son nom l'indique, ce shader servira pour simuler les matériaux de type verre. Il possède les mêmes paramètres que le shader *Glossy* pour choisir la distribution de la lumière. Une nouvelle fois, l'algorithme *Beckmann* satisfera pleinement nos besoins. Le paramètre *Roughness* détermine ici la transparence de l'objet. Avec une valeur de `0.00`, le matériau se comportera comme du verre parfaitement translucide. En augmentant cette valeur, il ressemblera plus à du verre dépoli, floutant la transparence du matériau. Enfin, le dernier paramètre spécifique est le réglage de l'indice de réfraction. Par défaut à `1.45` (indice du verre), ce facteur influera sur la déviation des rayons lumineux quand ils passeront au travers du matériau.

Figure 5–10
Le shader Glass donne des résultats impressionnants avec très peu de réglages. Les temps de calcul s'en ressentent !

- *Refraction BSDF* : ce shader est un peu particulier puisqu'il s'utilise rarement seul. En effet, il est conseillé de le créer conjointement à un shader *Glossy* pour récréer des effets de transparence complexes. L'intérêt est moindre si vous l'employez seul pour créer des matériaux transparents, car les résultats seront alors moins réalistes. On retrouve les même paramètres que pour le shader *Glass BSDF*.
- *Translucent BSDF* : il est très simple à paramétrer puisqu'on ne peut définir que la couleur du matériau. Comme son nom le laisse à penser, l'effet produit ressemble à un matériau translucide, qui laisse légèrement passer la lumière. Il est parfait pour créer un matériau pour l'abat-jour d'une lampe qui diffuse légèrement la lumière.

Figure 5–11
Le shader Translucent
donne un côté très diffus aux matériaux.

- *Velvet BSDF* : l'effet produit par ce shader est idéal pour simuler les matériaux des vêtements, tapis et autres tissus. Le paramètre *Sigma* permet, pour des valeurs comprises entre `0.00` et `1.00`, de sélectionner la zone d'influence du shader en fonction de la direction de la caméra. À `0.00`, toutes les facettes de l'objet pointant vers la caméra seront ignorées, les rendant noires sur l'image. À `1.00`, toutes les facettes sont prises en compte.

Figure 5–12
Le paramètre Sigma est déterminant sur le résultat du shader. Avec une valeur faible (à gauche), seules les « arêtes » de la silhouette sont éclairées, alors que le modèle est bien mieux éclairé avec un Sigma élevé (à droite).

- *Emission* : dans *Cycles*, n'importe quel objet de la scène peut devenir une source de lumière. Grâce à ce shader, nous pouvons choisir la couleur et la puissance de la luminosité.

Figure 5–13
Avec le shader Emission, l'objet se comporte comme une lampe dans la scène. Dans cet exemple, toutes les autres lampes ont été désactivées pour montrer comment l'objet éclaire son environnement.

- *Mix Shader* et *Add Shader* : ce ne sont pas des shaders à proprement parler mais deux options qui permettent de mélanger ou d'ajouter deux shaders entre eux. Les possibilités de création de matériaux sont alors quasi infinies. Attention cependant, si l'utilisation du *Add shader* est mal maîtrisée, les matériaux créés renverront plus de lumière qu'ils n'en reçoivent, ce qui est contraire aux principes physiques employés dans *Cycles*.
- *Hair BSDF* : ce shader est dédié à la simulation des surfaces recouvertes de cheveux et de poils, qui ont une façon spécifique de réfléchir la lumière. Pour créer un matériau de poil réaliste, il est nécessaire d'ajouter deux instances de ce nœud : un nœud en mode *Reflection*, qui permettra de déterminer le comportement des taches de lumières sur la surface, et un nœud *Hair* en mode *Transmission* qui permettra de déterminer la couleur de base du matériau.
- *Toon BSDF* : si *Cycles* est pensé pour le rendu photoréaliste, il n'en reste pas moins capable de gérer des matériaux dans un style plus « cartoon ». Comme pour *Hair BSDF*, ce nœud fonctionne en deux modes, il est donc nécessaire de le dupliquer dans l'arbre nodale et d'utiliser les deux options *Diffuse* et *Glossy* pour obtenir un matériau cartoon crédible.

Figure 5–14
Avec le shader Toon BSDF, la transition entre les parties éclairées et les zones d'ombre est très nettement marquée, donnant un côté non réaliste au rendu.

- *SSS BSDF* : le *Subsurface Scattering* est un effet complexe permetttant de simuler la dispersion de la lumière sous la surface d'un modèle. Les rayons de lumière traversent la surface de l'objet, s'enfoncent légèrement à l'intérieur du volume et finissent par rebondir pour ressortir vers la surface. Cet effet est indispensable pour simuler certains types de surfaces comme la peau humaine, la cire ou certains plastiques.
- Les shaders *Holdout* et *Ambient Occlusion* ont des usages très spécifiques et seront détaillés plus tard dans cet ouvrage.

Figure 5–15
Le Subsurface Scattering permet de diffuser la lumière, donnant un aspect cireux à la surface de l'objet.

Mise en place d'un shader simple

Dans cette exemple, nous allons voir comment créer un shader permettant de simuler un matériau de céramique. Avant de commencer à travailler dans Blender, il convient de se renseigner sur le matériau que nous voulons imiter. En observant des photos sur Internet ou, mieux, autour de nous, nous pouvons déterminer les caractéristiques du matériau : comment réagit-il à la lumière ? Est-il brillant ou, au contraire, plus diffus ? Est-il réfléchissant ? Transparent ?

Dans notre exemple, nous souhaitons réaliser une céramique vernie blanche, idéale pour un vase par exemple. Notre matériau aura donc une forte composante réfléchissante de part son aspect « verni ». La couleur principale sera donnée par une composante blanche plus diffuse. En décrivant simplement notre matériau, nous pouvons donc déterminer quels shaders vont être nécessaires : un shader *Glossy* pour la brillance de la céramique et un shader *Diffuse* pour déterminer la couleur et limiter les réflexions. Pour mélanger les deux matériaux, nous emploierons logiquement un *Mix Shader*.

Commençons par sélectionner l'objet sur lequel nous allons appliquer le matériau et ajoutons-lui un nouveau *Material* en cliquant sur le bouton *New* dans le menu des matériaux de la fenêtre des propriétés. N'oubliez pas de renommer le matériau nouvellement créé en `Céramique`. Par défaut, le shader proposé est un *Diffuse BSDF* de couleur grise. Comme nous souhaitons utiliser deux shaders, nous allons changer ce shader en cliquant dessus et en choisissant *Mix Shader*. Il y a alors trois paramètres à déterminer : le facteur de mélange entre les deux shaders, et les réglages de chacun d'eux.

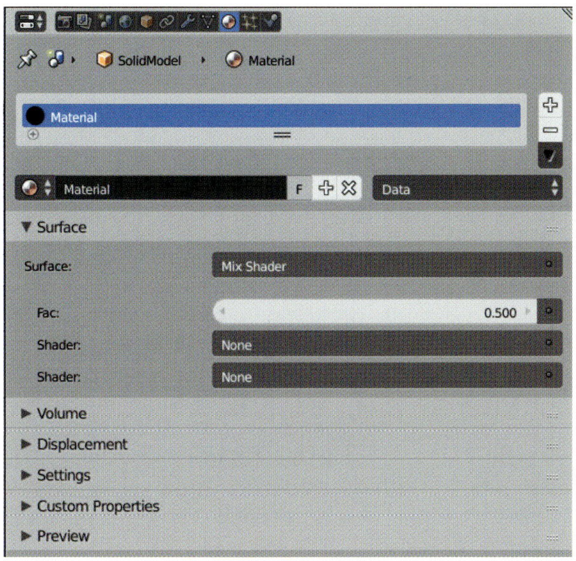

Figure 5–16
Les trois paramètres disponibles avec le Mix Shader

Commençons par déterminer la couleur de base de notre céramique : laissez le facteur de mélange à `0.5` et choisissez un *Diffuse BSDF* pour le premier shader. De nouvelles options apparaissent. Changeons simplement la couleur du matériau en cliquant sur le bouton. La valeur de *Roughness*, la dureté du matériau, ne nous intéresse pas dans ce cas et nous la laissons à sa valeur par défaut. De même, nous laissons le paramètre *Normal* à sa valeur actuelle. Notez comme la prévisualisation se met à jour automatiquement quand vous changez une valeur dans le menu : vous avez un retour immédiat sur le résultat final.

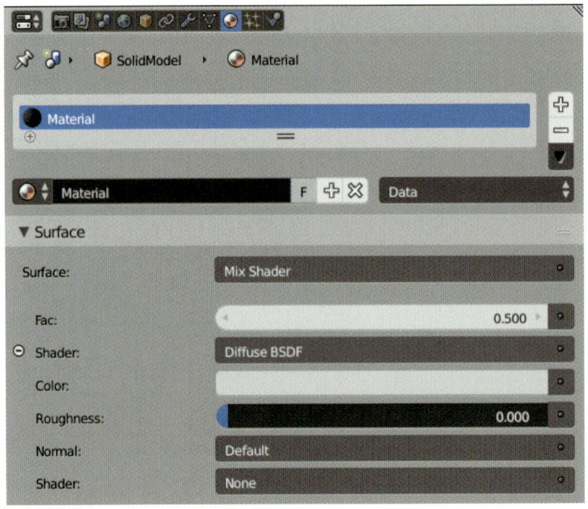

Figure 5–17
Le premier shader est maintenant réglé.

Nous allons maintenant ajouter le coté « brillant » à notre céramique. Pour cela, choisissez *Glossy BSDF* pour le deuxième shader. Le matériau devient tout à coup beaucoup plus réfléchissant. Nous pouvons définir une couleur pour ce shader : elle influera sur les taches de brillance à la surface de l'objet, appelées dans le jargon technique « taches de spéculaire ». La couleur par défaut, un gris blanc, conviendra tout à fait. Par défaut, le paramètre *Roughness* est défini à `0.2` ce qui, dans notre cas, est légèrement trop diffus. Nous souhaiterions des reflets et des taches de brillance un peu plus nets. Changez donc le paramètre *Roughness* à `0.05`.

À cet instant, notre matériau est presque terminé. Cependant, en l'observant bien, on remarque que les réflexions sont trop marquées et que le côté brillant ressort trop. Le dernier réglage consiste donc à définir dans quelle proportion chaque shader sera utilisé pour le matériau final. Pour l'instant, *Cycles* mélange nos deux shaders en prenant chacun d'eux à part égale (ce qui correspond au `0.5` du paramètre *Fac*). Nous allons donc augmenter la proportion du shader diffus pour diminuer les reflets : une valeur de `0.2` dans *Fac* indique à *Cycles* de mélanger les deux shaders à hauteur de 80 % pour le premier, et 20 % pour le second.

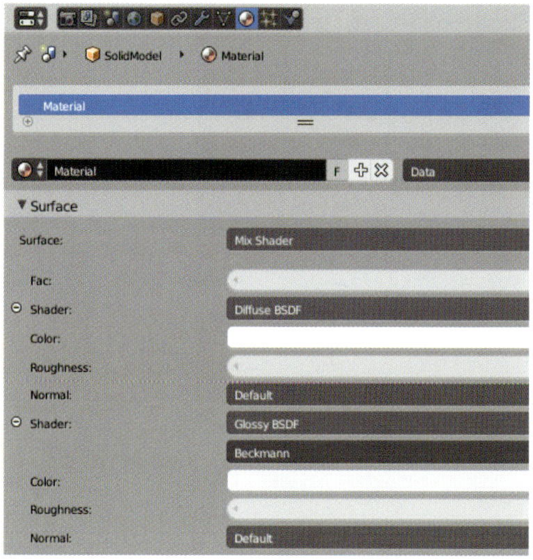

Figure 5–18
Les paramètre finaux de notre shader

Notre matériau est maintenant terminé. Vous pouvez retrouver le résultat final dans le fichier `exemple-ch05.01-final.blend`.

Figure 5–19
Notre shader est terminé.

Les textures

Jusqu'à présent, nous avons réalisé des matériaux simples et assez uniformes. Dans l'exemple précédent, le matériau de céramique n'avait qu'une seule couleur pour tout l'objet et les réflexions étaient uniformes sur toute sa surface. Mais si nous avions par exemple souhaité définir des zones sans reflets, ou bien ajouter des variations de couleurs, les shaders ne l'auraient pas permis en l'état. *Cycles* permet de répondre à ce genre de problématique grâce à l'utilisation des textures. Les textures influent sur n'importe quel paramètre du menu *Material*. En effet, à la droite de chaque paramètre se trouve un petit bouton cliquable qui révèle un menu contenant toutes les textures disponibles pour l'utilisateur.

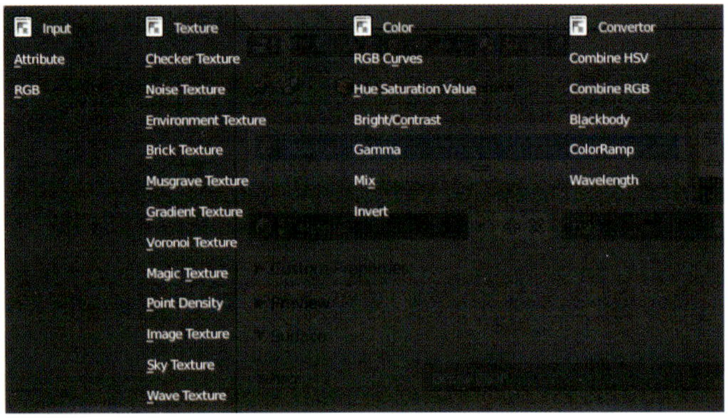

Figure 5–20
La liste, plutôt longue, de toutes les textures disponibles pour Cycles

En choisissant parmi les textures disponibles, nous avons la possibilité de faire varier le paramètre sélectionné en fonction de la valeur de la texture.

Influence des textures

Comme nous l'avons vu, les textures peuvent servir à régler n'importe quel paramètre du matériau qui déduira de la couleur de la texture une valeur déterminant son influence. Dans les exemples suivants, nous allons voir comment une simple texture peut influer sur les paramètres des shaders.

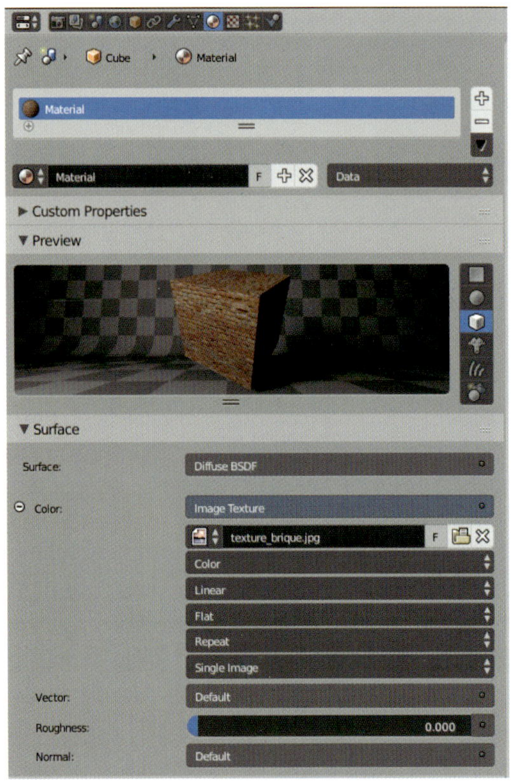

Figure 5–21
Dans cet exemple, une texture Image remplace la couleur de base du matériau.

Cycles utilise un système de niveaux de gris pour déterminer l'influence de la texture. Le principe est très simple et se retrouve pour toutes les textures : si le pixel de la texture est noir (valeur du pixel à `0.0`) alors il n'aura pas d'influence sur le paramètre qu'elle affecte. Au contraire, si le pixel de la texture est blanc (valeur à `1.0`) alors il influencera totalement le paramètre, *Cycles* se chargeant d'interpoler les valeurs intermédiaires en fonction du niveau de gris de chaque pixel individuel.

Figure 5–22
Une texture en niveau de gris qui servira à illustrer les exemples suivants.

Influence Color

Sans doute l'usage le plus commun, à savoir l'utilisation d'une texture pour déterminer la couleur du matériau. Il suffit alors de choisir un type de texture dans la liste pour le paramètre *Color*.

Figure 5–23
La texture influence la couleur du matériau.

Influence Roughness

Dans un shader *Glossy BSDF*, la texture peut être employée pour déterminer la netteté des réflexions du matériau en associant une texture au paramètre *Roughness*. Cet usage convient parfaitement, par exemple, à des objets partiellement usés sur leurs zones les plus exposées aux manipulations.

D'un autre côté, associer une texture au paramètre *Roughness* d'un shader *Glass BSDF* permet d'influencer l'homogénéité du verre, ce qui peut être très pratique pour simuler de la glace ou du verre abîmé, ou qui comporte de nombreuses impuretés.

Figure 5–24
Certaines zones du matériau sont plus nettes grâce à notre texture.

Figure 5–25
La texture définit les zones d'homogénéité du verre.

Influence Strengh

Pour un shader de type *Emission*, la texture peut être utilisée pour définir la valeur de la puissance d'émission du matériau. Il est très facile de réaliser ainsi des effets lumineux de type néon à la surface d'objets, comme dans certains films de science-fiction.

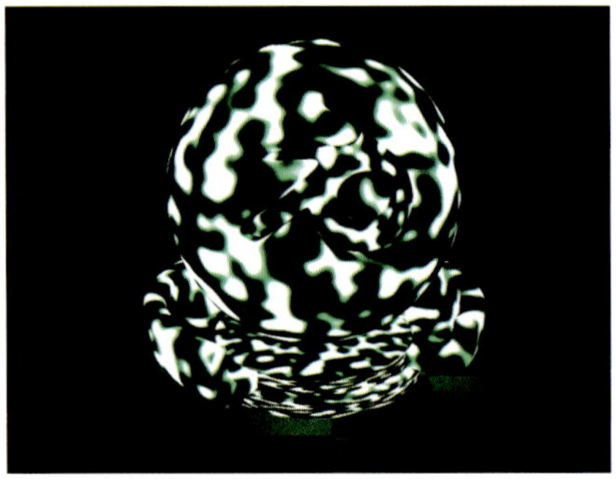

Figure 5–26
Seuls les pixels colorés de la texture émettent de la lumière.

L'onglet Displacement

La grande majorité des matériaux ne présentent pas une surface complètement lisse, mais de nombreuses aspérités et reliefs (bosselages, rides, ondes, stries, marque de ciselage, rayures, etc.) qui vont « attraper » la lumière et faire ressortir les détails de l'objet. Pour simuler cela sur les matériaux, *Cycles* propose, dans l'onglet *Displacement*, des options dédiées : il est possible de choisir n'importe quelle texture, de type *Image* ou procédurale (générée mathématiquement), pour déterminer le relief du matériau. Attention cependant si vous utilisez une texture de type *Image*, il faut normalement qu'elle soit en niveaux de gris, les couleurs n'ayant pas d'influence dans le calcul du relief. Si ce n'est pas le cas, *Cycles* convertira à la volée les valeurs des pixels de l'image en niveaux de gris.

Pour déterminer la valeur du relief, *Cycles* se base sur le même principe que pour l'influence des autres textures : si le pixel de la texture de relief est noir (valeur `0.0`), aucune élévation n'est simulée et la surface apparaît telle qu'elle aurait été sans utilisation de l'option *Displacement.* Si le pixel de la texture de relief est blanc (valeur `1.0`), l'élévation simulée à la surface de l'objet est maximale. Bien évidemment, *Cycles* se charge d'interpoler la hauteur simulée de déplacement en fonction des niveaux de gris intermédiaires de chaque pixel individuel. La remarque « Moduler l'intensité de la carte de relief » dans ce même chapitre (voir page 238) explique comment il est possible de nuancer l'intensité de l'effet de relief sur la surface de l'objet.

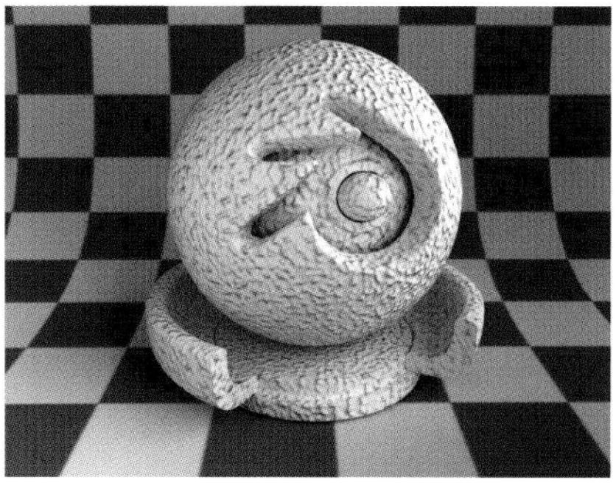

Figure 5–27 Exemple d'utilisation de l'onglet Displacement pour simuler des microreliefs sur la surface de l'objet

Définition du système de plaquage des textures

Pour qu'une texture puisse être calculée, il faut fixer, grâce au menu déroulant *Vector* de la texture, le système de coordonnées de plaquage à employer. Ces dernières permettent de définir le placement de la texture (procédurale ou non) sur l'objet, et *Cycles* propose plusieurs possibilités de plaquage suivant les besoins de l'utilisateur.

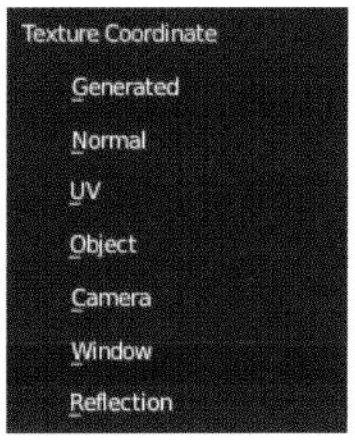

Figure 5–28 Les différentes options offertes par Cycles pour déterminer les coordonnées de plaquage des textures

Si nous ne définissons pas explicitement un système de coordonnées à utiliser, *Cycles* emploiera par défaut *Generated*, c'est-à-dire qu'il calculera automatiquement les coordonnées de plaquage en fonction de la boîte englobante (en anglais *Bounding Box*) de l'objet. Blender va déterminer un cube au dimensions de l'objet et projeter la texture sur celui-ci en fonction de sa taille. Ce système est d'ailleurs celui qui est recommandé si vous n'êtes pas familier avec le plaquage de textures, les autres options étant réservées à des usages plus particuliers. Dans la suite de ce chapitre, nous verrons notamment comment utiliser la méthode de plaquage UV, très employée dans le monde des images de synthèse.

BON À SAVOIR

Se retrouver dans le menu Vector

Lorsque vous cliquez sur le paramètre *Vector*, un grand panneau s'ouvre avec de nombreuses options possibles, dont *Texture Coordinate* présenté ici. En effet, *Cycles* autorise plusieurs types de vecteurs pour déterminer le système de coordonnées du plaquage. Nous pouvons donc plaquer les textures en fonctions de paramètres donnés par un système de particules ou par la position de la caméra dans la scène... Cette flexibilité permet une liberté artistique fabuleuse mais attention aux résultats voire même aux crashs intempestifs si vous décidez d'utiliser des vecteurs qui ne sont pas dans la liste *Texture Coordinate*.

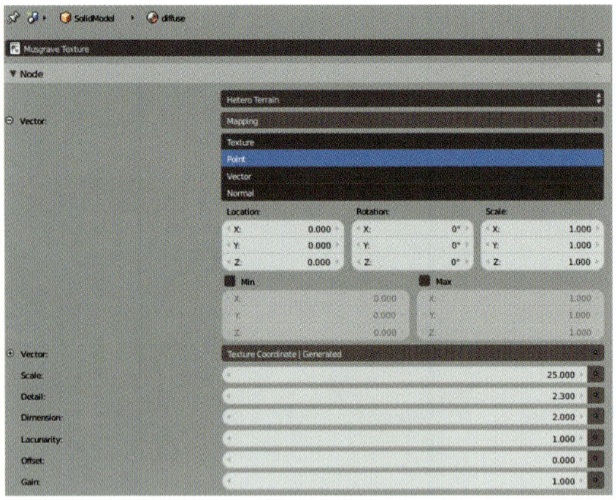

BON À SAVOIR **Placer précisément les textures grâce à l'option Mapping**

Pour permettre de plaquer plus précisément nos textures, *Cycles* propose l'option-*Mapping* pour le paramètre *Vector*. Au lieu de définir directement le système de coordonnées, nous ajoutons un intermédiaire *Mapping* qui prend un vecteur de coordonnées par défaut pour en modifier les valeurs. On peut notamment changer la position, l'échelle et la rotation des points selon les axes X, Y et Z.

Figure 5–29 Exemple d'un matériau qui utilise une texture de type Noise dont les coordonnées sont filtrées par l'option Mapping.

Les textures de type Image

En ajoutant une texture, dans le menu déroulant, choisissez *Image texture*. De nouvelles options apparaissent. Cliquez sur le bouton *Open*, choisissez une image sur votre disque dur et validez. Par défaut, l'image n'apparaît pas dans la prévisualisation car nous n'avons pas encore défini toutes les options nécessaires pour que *Cycles* puisse l'afficher.

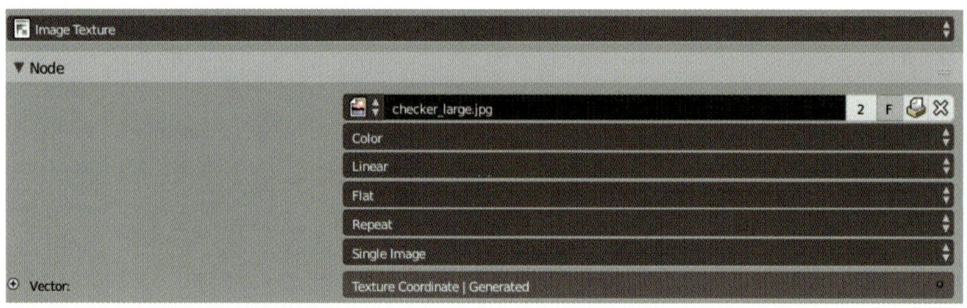

Figure 5–30 Les options relatives à une texture de type Image

BON À SAVOIR
Le Linear Workflow

Le *Linear Workflow* est un problème théorique d'affichage des couleurs qui est dû à la façon dont les écrans d'ordinateur, tout comme notre vision, fonctionnent. Les pixels qui sont affichés sur un écran ont besoin d'être ajustés à l'aide d'une courbe Gamma, qui est directement dépendante de l'espace colorimétrique utilisé pour afficher les pixels (l'espace sRGB est le plus courant). Cependant, lors d'un rendu ou du compositing d'une image, les calculs ne peuvent pas être faits dans un tel environnement : grâce au Linear Workflow, *Cycles* va linéariser toutes les textures images employées, faire le rendu, puis retransformer le résultat final dans l'espace colorimétrique de départ.

- *Color Space* : cette option permet de dire à *Cycles* si les couleurs de l'image que nous venons de charger vont être utilisées au moment du rendu ou si l'image ne contient que des informations qui n'apparaîtront que dans l'image finale. En effet, si nous choisissons l'option *Color*, Blender tiendra compte du *Linear Workflow*, une technique pour rendre de façon non déformée les couleurs des images lors du rendu. Si au contraire nous choisissons *Non-Color Data*, les opérations du *Linear Workflow* seront ignorées, accélérant ainsi le rendu et augmentant la précision de la texture. De manière générale, toutes les images contenant des couleurs qui seront utilisées pour le paramètre *Color* d'un shader devront employer l'attribut *Color.* Pour les cartes de déplacement, les cartes de reliefs, les cartes de normales ou tout autre type de carte d'influence, ce sera l'attribut *Non-Color Data*.

- *Projection* : à moins d'utiliser le dépliage UV, il est important de préciser à *Cycles* la façon dont l'image 2D devra être projetée sur l'objet 3D. *Cycles* supporte à ce jour quatre types de projections.
  - *Flat* (projection plane) : la texture est comme une image de film projetée sur un mur ou sur une toile depuis un projecteur, sauf que le projecteur est strictement vertical (projection sur l'axe Z dans les deux sens). Si l'objet recevant la texture est plus ou moins courbe, la texture présentera des distorsions importantes.

Figure 5–31 Les quatre types de projections de l'onglet Map Input

Figure 5–32
La projection plane implique de fortes distorsions pour les objets sphériques.

  - *Box* (projection cubique) : la texture est projetée comme précédemment, mais dans les six directions à la fois (+/- X, +/- Y et +/- Z).

Figure 5–33
Les distorsions sont en parties corrigées avec la projection cubique, mais on peut voir des « cassures » très nettes sur la texture pour les objets sphériques.

Notez que pour la projection cubique, un paramètre supplémentaire est disponible ; il s'agit de *Blend*. Ce type de projection ne se comporte pas idéalement sur les surfaces sphériques et arrondies, et crée donc des frontières avec des jointures très visibles au rendu. En augmentant la valeur de *Blend*, les frontières entre les zones de projection sont floutées, rendant ainsi la projection de la texture plus réaliste.

  - *Sphere* : Blender utilise les coordonnées de projection sphérique pour plaquer la texture image sur le modèle. À noter que pour éviter les distorsions, et particulièrement sur les modèles arrondis, il est nécessaire d'utiliser le mode de projection *Generated* des coordonnées de texture.

Figure 5–34 Avec le paramètre Blend à 1, la texture est distribuée uniformément sur tous les objets.

Figure 5–35
Même en utilisant les coordonnées sphériques, la texture n'est pas parfaitement projetée sur la sphère car nous utilisons ici le mode de projection Object pour les coordonnées de texture.

– *Tube* : Blender utilise la projection cylindrique pour plaquer la texture sur le modèle. Comme pour le mode de projection précédent, il est nécessaire d'utiliser le mode de coordonnées *Generated* pour éviter de trop fortes distorsions sur le modèle.

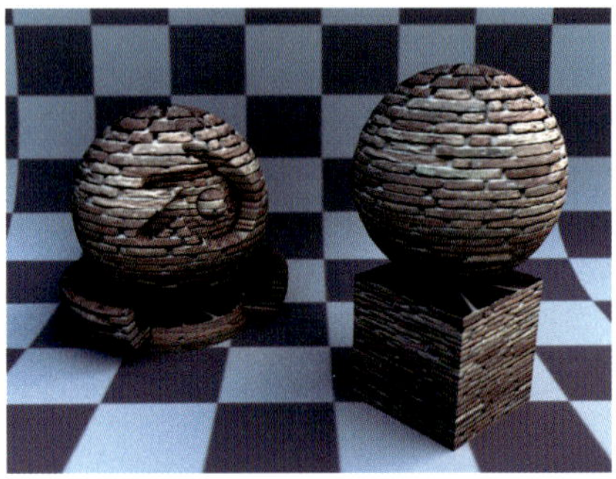

Figure 5–36
Pour éviter les distorsions, la texture est plaquée en mode Tube avec les coordonnées Generated.

BON À SAVOIR **Charger une vidéo à la place d'une image**

Cette option se révèle pratique dans le cadre de textures animées. Si vous pouvez aisément animer une texture procédurale grâce à ses courbes F-Curves, vous aurez parfois besoin de spécifier en arrière-plan (menu *World*) ou à la surface d'un objet une texture sur laquelle défilera une vidéo, plutôt que de présenter une image statique. La mise en place d'une vidéo se fait exactement comme celle d'une image : il suffit de créer une texture image, de charger la vidéo souhaitée avec le bouton *Load* et de sélectionner *Movie* à la place du paramètre *Single Image*. Vous pouvez désormais spécifier la longueur (en *frames*) de la vidéo grâce au bouton *Frames*. Puis indiquez la frame de votre animation à partir de laquelle votre vidéo sera jouée (*Start*) et ajoutez un décalage par rapport au début de l'animation de la scène (*Offset*). Vous pouvez charger des séquences d'images ou des vidéos au format AVI (compressé ou non). Et sous Windows, toute vidéo dont le codec est installé sur votre poste sera acceptable.

Les textures procédurales

Une texture procédurale a une apparence qui est fixée à l'aide de fonctions mathématiques plus ou moins complexes. Elle se définit dans l'espace, en 3D. Ainsi, par exemple, un objet avec une texture procédurale de type marbre (*Marble*) révèle les veines du marbre en surface de l'objet, mais si l'on coupait l'objet ainsi texturé en deux, on se rendrait compte que les veines observables en surface se propagent également en son cœur.

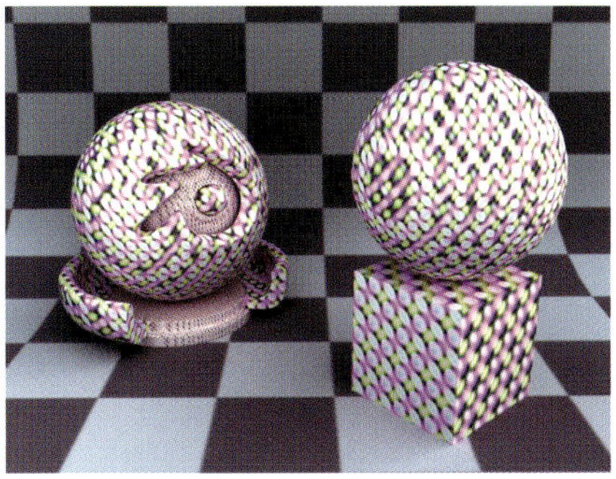

Figure 5–37
Les textures procédurales sont définies dans les trois dimensions.

Les textures procédurales sont bien évidemment pratiques pour donner rapidement de la couleur aux matériaux de vos objets, mais elles sont aussi redoutables lorsqu'elles sont attribuées aux autres canaux de texture, afin d'apporter variété et irrégularité à des surfaces au rendu autrement trop parfait.

Il existe différents types de textures procédurales, à choisir dans le menu déroulant du paramètre à influencer. Chacune apparaît avec ses propres paramètres, mais les options les plus courantes sont les suivantes – toutes les textures n'y font toutefois pas appel.

- *Scale* : définit la taille du motif de la texture procédurale.
- *Detail* : spécifie la profondeur du dégradé de la texture procédurale ; plus cette valeur est grande, plus le dégradé de couleur est fin. Au contraire, plus cette valeur est faible, plus le dégradé est abrupt.
- *Distortion* : déforme le motif de base de la texture procédurale ; plus cette valeur est élevée, plus le motif est chaotique et probablement plus naturel.
- *Vector* : définit la méthode de plaquage de la texture.

Usages par type de texture

De nombreux champs de textures sont à votre disposition. Employées seules, les textures procédurales sont rarement satisfaisantes. Elles requièrent, au contraire, le mélange de deux ou trois textures différentes, de même type ou non. Vous pouvez donc réaliser des mélanges extrêmement conséquents de textures procédurales ; les possibilités sont très nombreuses.

Gardez à l'esprit que ces textures peuvent se voir doter de couleurs suivant leur type et qu'elles peuvent également être étirées, grâce au *Mapping*, dans certaines directions.

- *Noise* : crée du bruit ou un effet de nuage. C'est très pratique en tant que carte de bosselage, si elle est utilisée dans l'onglet *Displacement.*
- *Wave* : génère des vagues. Avec une valeur de *Distortion* élevée, c'est idéal pour simuler du marbre ou des flammes.
- *Voronoi* : pour le métal martelé ou ciselé, ou encore pour des textures plus organiques (écailles, peau, réseaux de veines…).
- *Musgrave* : idéal pour les textures organiques (par exemple, cerveau) mais aussi pour la création de cuir tanné ou de pierres, en combinant plusieurs textures différentes en jouant, notamment, avec les matériaux nodaux.
- *Gradient* : génère différents type de dégradés (sphériques, linéaires, diagonaux...). En utilisant cette texture dans le paramètre *Fac* d'un *Mix Shader*, on peut facilement créer des matériaux aux couleurs subtilement dégradées.
- *Magic* : pour simuler les reflets irisés des bulles de savon (influence sur la couleur de l'objet) ou les mailles de tissus (onglet *Displacement*).
- *Checker* : permet de générer des textures de damiers en choisissant les couleurs et la taille des cellules.
- *Brick* : idéal pour simuler des murs en brique. Couplé avec une texture Noise pour ajouter des irrégularités avec une texture *Mix Color*, les résultats sont rapidement très réalistes.

Les matériaux nodaux

Jusqu'à présent, les matériaux que nous avons créés sont assez simples. On peut cependant se rendre compte que dès que nous voulons ajouter plusieurs textures, les choses se compliquent assez rapidement, les paramètres s'empilent et il est difficile de savoir quel paramètre agit sur quelle texture ou sur quel shader.

De même, jusqu'à maintenant, si nous voulions utiliser une texture ayant plusieurs influences (par exemple, sur la couleur et le *Displacement*), il nous fallait en réalité créer deux textures avec les mêmes paramètres dans l'onglet *Shader* et dans l'onglet *Displacement.* Ce n'est pas très pratique !

Pour éviter ce type de problème, *Cycles* emploie un système nodal qui permet de visualiser les différents éléments du matériau sous la forme d'un graphe interactif. Si cette vision est assez déroutante pour un débutant, elle devient redoutable d'efficacité avec un peu d'habitude et de pratique. Après avoir goûté au *Node Editor*, il est rare de revenir au menu *Material* de la fenêtre des propriétés tant ce dernier paraît limité.

> ATTENTION
>
> **L'éditeur de nœuds, un compagnon incontournable mais pas forcément indispensable**
>
> Il est à noter que là où l'éditeur de nœuds est à l'ancien moteur un ajout tardif censé apporter de la flexibilité, il est directement au cœur du nouveau moteur *Cycles*. L'utilisateur débutant se contentera donc d'une approche élémentaire des matériaux avec *Cycles*, comme dans le chapitre 3 « Premier projet avec Blender », tandis que l'utilisateur avancé se plongera avec satisfaction dans les raffinements de l'éditeur de nœuds grâce au présent chapitre.

Introduction à l'éditeur de nœuds

La première chose à faire est d'organiser son espace de travail pour pouvoir utiliser les *Nodes*. Une configuration pratique est de séparer horizontalement la vue 3D, la partie supérieure étant dédiée à l'éditeur de nœuds et celle inférieure nous servant d'espace de visualisation du résultat.

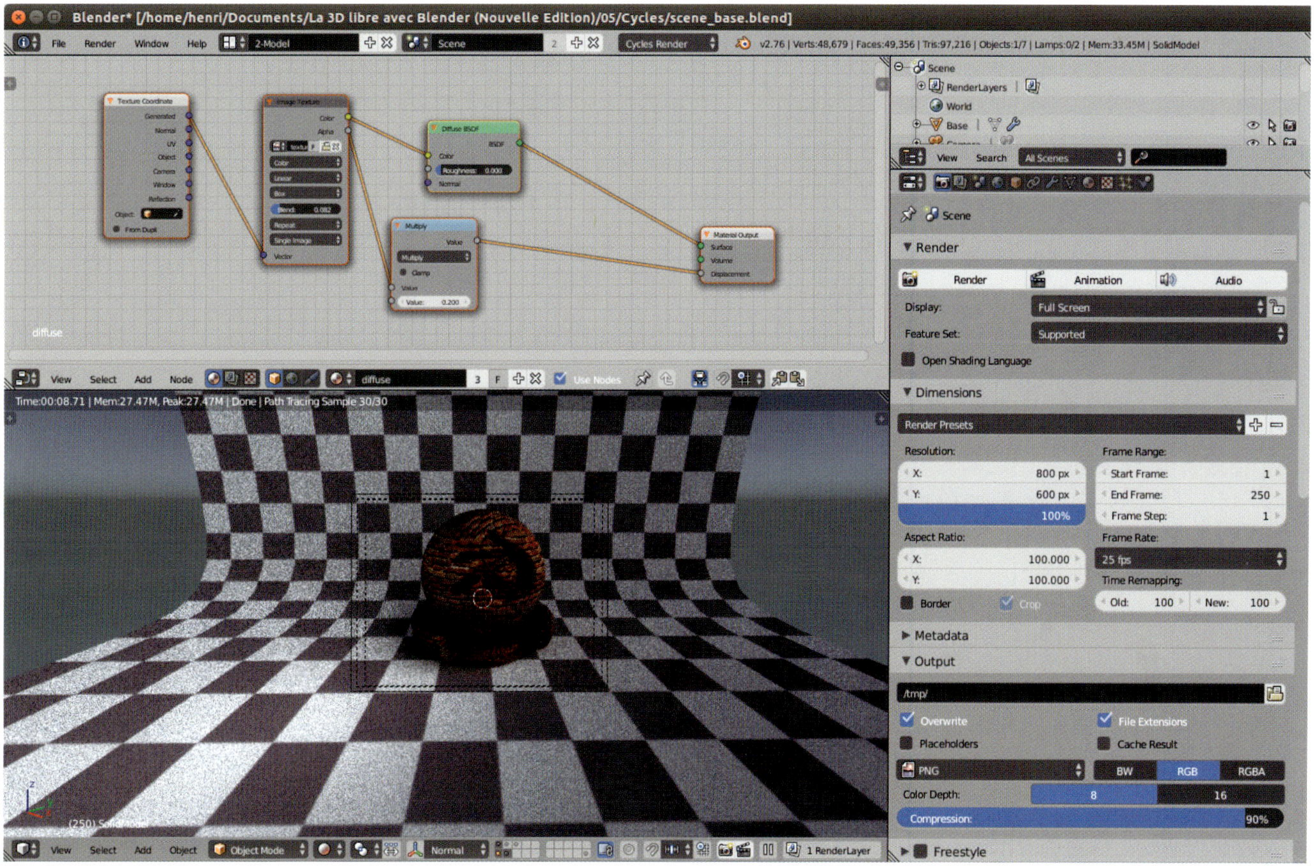

Figure 5–38 L'espace de travail dans lequel nous allons travailler.

L'éditeur de nœuds est accessible dans le sélecteur de fenêtres sous le nom de *Node Editor* ou avec la combinaison *[Maj]+[F3]*. Il sert à la création de matériaux, de textures et pour le compositing, c'est-à-dire la partie postproduction d'une image qui est décrite dans le chapitre 9 de cet ouvrage. Veillez donc à ce que l'icône *Material* soit activée dans l'en-tête de la fenêtre.

Figure 5–39
L'en-tête indique que nous travaillons les nœuds Material du matériau nommé « diffuse ».

Le principe de l'éditeur est très simple : tous les éléments pour créer un matériau sont présentés sous forme de petites boîtes que l'on peut relier entre elles pour les mélanger, choisir leurs influences et définir leurs paramètres.

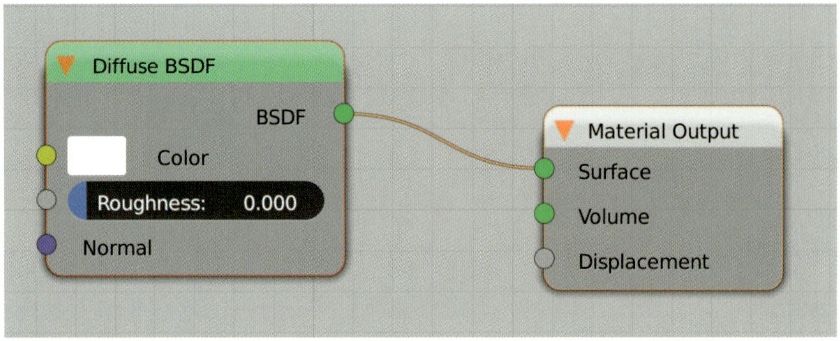

Figure 5–40
Voici les deux nœuds présents par défaut lorsque l'on crée un nouveau matériau.

Pour ouvrir le menu d'ajout des *Nodes*, il faut utiliser le menu *Add* ou la combinaison *[Maj]+[A]*. Il existe de nombreux nœuds qui sont, pour des raisons de clarté, regroupés par type. On retrouve la liste des shaders disponibles, les textures, ainsi que divers outils qui permettent de convertir et de modifier les valeurs, les couleurs, etc.

Un graphe de *Nodes* se lit de gauche à droite. À gauche, nous avons les valeurs que nous mettons en donnée d'entrée, comme les coordonnées de textures que nous voulons utiliser, ou la couleur que nous souhaitons donner à notre shader. La liste complète se trouve dans le sous-menu *Input* du menu *Add.*

À droite, se trouve le résultat final de notre shader. La liste des résultats possibles est disponible dans le sous-menu *Output* du menu *Add*. Comme nous souhaitons réaliser des matériaux, nous n'utiliserons ici que le nœud *Material Output*, mais nous pouvons voir que l'éditeur de nœuds donne également la possibilité de créer des lampes, ou encore des textures pour le *World* de notre scène.

En suivant les liens qui relient les nœuds, nous pouvons rapidement décrire les différentes étapes de la création du matériau.

L'exemple précédent se lit de la manière suivante : les coordonnées de texture *Generated* sont utilisées pour déterminer le plaquage de la texture *Wave.* Cette même texture est appliquée deux fois. Tout d'abord, elle sert à déterminer la couleur du shader *Diffuse* mais elle détermine également la valeur du *Displacement* sur le matériau final.

Nous voyons déjà un avantage à se servir des *Nodes* dans cet exemple : les paramètres de la texture *Wave* n'ont été définis qu'une seule fois alors que celle-ci est utilisée deux fois.

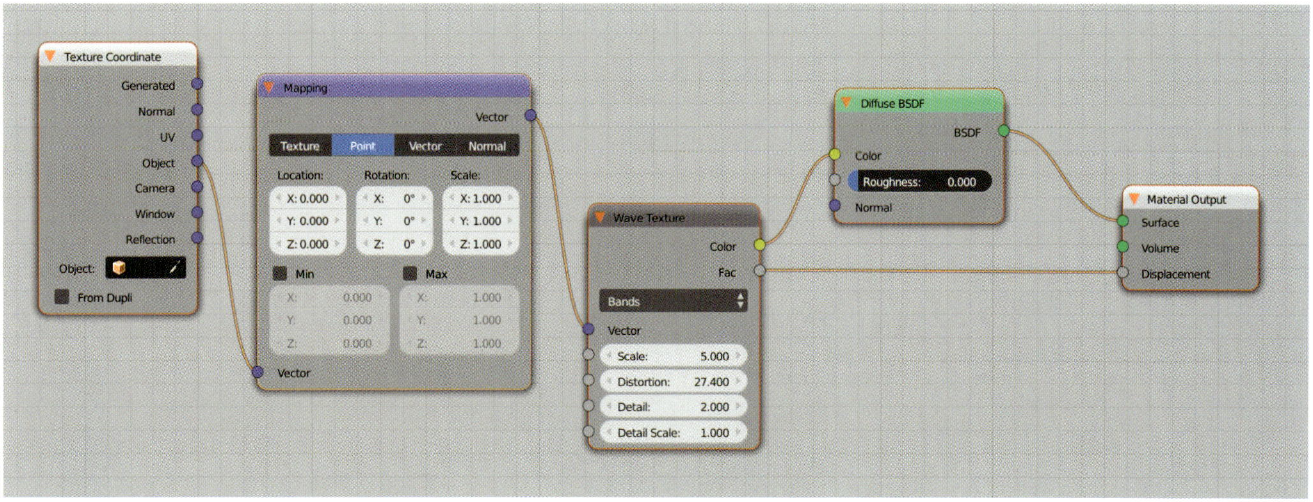

Figure 5–41 Un exemple simple de l'utilisation de matériau nodal

Figure 5–42
La texture Wave définit à la fois la couleur de l'objet et le relief à sa surface.

Exemple de matériau nodal

Pour nous familiariser avec les *Nodes*, nous allons réaliser dans cet exemple un matériau aux propriétés particulières. Il s'agira d'un matériau dont la couleur change en fonction de l'angle entre la surface de l'objet et la caméra. Ainsi les faces qui pointent vers la caméra seront de couleur bleue alors que les faces pointant vers d'autres directions seront orange. Cet effet dépend directement du principe physique de Fresnel.

Pour commencer, nous allons ajouter un nouveau matériau dans le menu *Material*. La fenêtre de l'éditeur de nœuds est automatiquement mise à jour avec deux nœuds : le shader *Diffuse* qui est relié au nœud de sortie *Output*.

Créons ensuite un deuxième shader de type *Glossy* depuis le menu *Add>Shader>Glossy BSDF*. Donnez une couleur bleue au premier shader et une autre, orange, pour le shader que nous venons de créer.

Figure 5–43
Le shader que nous souhaitons obtenir.

BON À SAVOIR

Manipulation des nœuds

Pour manipuler les nœuds, on retrouve les mêmes principes que dans le reste du logiciel. On sélectionne un nœud avec le bouton droit de la souris et on le déplace grâce à la touche *[G]*. En sélectionnant plusieurs nœuds, on peut les faire tourner entre eux avec la touche *[R]* ou encore les redimensionner avec la touche *[S]*.

L'étape suivante est de mélanger ces deux shaders. Pour cela, nous ajoutons le nœud *Mix Shader*. En entrée de ce nœud, nous lions les deux shaders créés précédemment : le *DiffuseBSDF* dans la première entrée et le *Glossy BSDF* dans la seconde. Pour créer un lien entre deux nœuds, il suffit d'appuyer le bouton gauche de la souris sur la sortie du shader et, en maintenant le bouton enfoncé, de placer la souris sur l'entrée du nœud *Mix*. De même, pour supprimer le lien qui existait entre le premier shader et le nœud de sortie *Output*, maintenez la touche *[Ctrl]* enfoncée et dessinez un trait sur le lien qui reliait les deux boites en maintenant le bouton gauche.

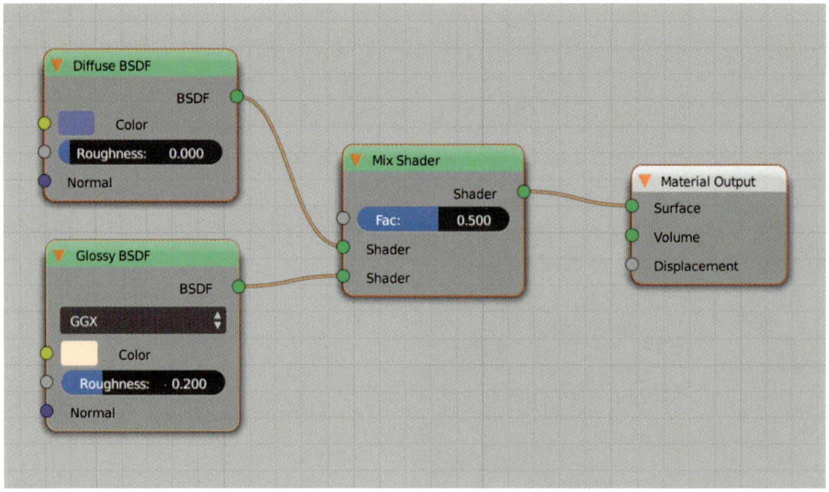

Figure 5–44
Les deux shaders sont maintenant mélangés uniformément.

Pour l'instant, les deux shaders sont mélangés de manière uniforme, formant une sorte de couleur rose saumon. Ce n'est pas exactement ce que nous attendions ! Pour obtenir un effet de Fresnel, utilisons le nœud *Layer Weight* qui se trouve dans le menu *Add>Input>Layer Weight*. Nous branchons alors la sortie *Facing* de ce nœud à l'entrée *Fac* du nœud *Mix Shader*. En faisant cela, nous indiquons à *Cycles* d'employer les normales des faces comme facteur de mélange entre les deux shaders. Autrement dit, les faces qui pointent face à la caméra seront de couleur bleue tandis que celles qui pointent à 90° de la caméra seront complètement orange, *Cycles* se chargeant d'interpoler les valeurs intermédiaires.

Enfin, grâce à la valeur *Blend* du nœud *Layer Weight*, nous pouvons jouer sur la quantité de bleu ou d'orange qui apparait sur le shader final.

Le résultat de cet exercice est disponible dans le fichier `exemple-ch05.03-final.blend`.

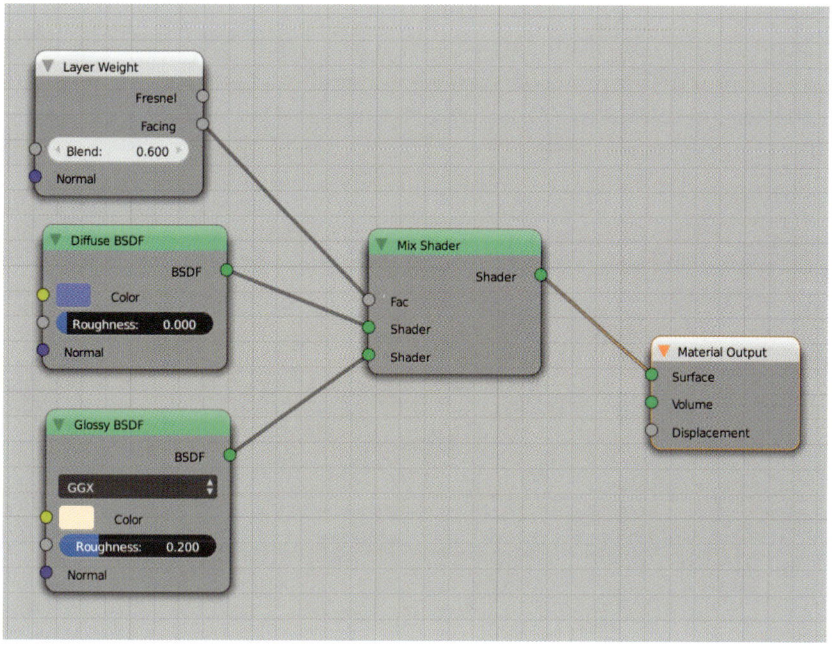

Figure 5–45
L'arbre nodal terminé

Les matériaux volumétriques

Cycles gère les matériaux volumétriques avec la présence de la sortie *Volume* dans le nœud *Material Output*. Il existe deux shaders dédiés à la simulation des volumes :

- *Volume Absorption* : comme son nom l'indique, ce nœud va simuler l'absorption de la lumière dans le volume de l'objet, assombrissant ainsi les rayons de lumière en fonction de la profondeur du volume traversé.
- *Volume Scatter* : idéal pour simuler le brouillard et la fumée, ce nœud diffuse les rayons de lumière à l'intérieur du volume. Le paramètre *Density* permet de jouer sur la densité de la fumée, la rendant plus ou moins opaque selon les besoin de la scène.

Figure 5–46
Exemple de matériau volumétrique appliqué sur la scène de test

Combinaison des deux nœuds

Dans la réalité, les deux phénomènes d'absorption et de diffusion de la lumière sont presque toujours combinés ensemble à l'intérieur d'un volume. Pour simuler cela dans *Cycles*, il est nécessaire de combiner les deux shaders avec un nœud *Add Shader* et non pas un *Mix Shader*. La figure 5-47 montre l'arbre nodal permettant de mélanger correctement les deux shaders.

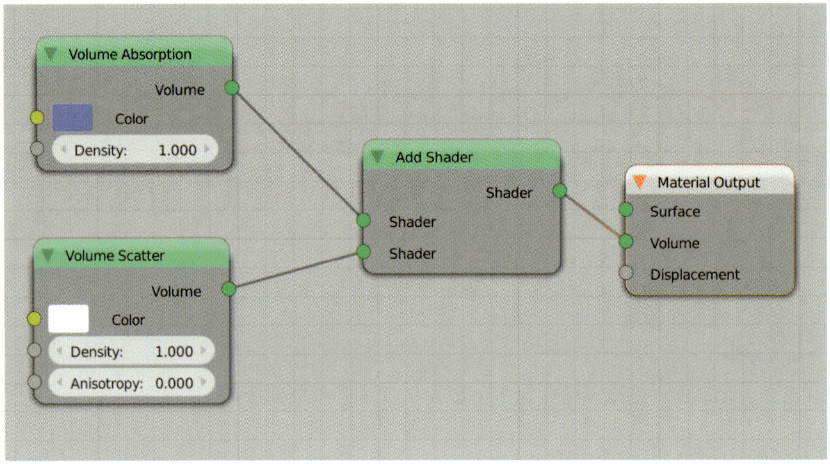

Figure 5–47
Les deux shaders sont mélangés par un nœud Add Shader.

Gestion des milieux non homogènes

En branchant une texture procédurale dans l'entrée *Density* d'un shader *Volume*, la densité va varier selon les valeurs de la texture, créant ainsi des volumes non homogènes. Il est recommandé d'utiliser des textures procédurales car ces dernières ont un motif défini en trois dimensions, ce qui est fondamental pour le calcul du volume.

Simulation de fumée

Blender possède un simulateur de fumée accessible depuis le menu des simulations, dans le dernier onglet de la fenêtre des propriétés. Pour qu'une simulation de fumée puisse fonctionner, il est nécessaire de posséder au moins deux objets dans la scène. Le premier sera la source de la fumée, il sera donc de type *Flow* dans la simulation, le second définira le volume dans lequel la simulation aura lieu et sera de type *Domain*. La mise en place d'un système de simulation de fumée est décrite plus en détail dans le chapitre 8, pages 385 et suivantes.

Lorsque la simulation est calculée, la fumée apparaît dans la vue 3D mais pas dans la fenêtre de rendu. En effet, nous devons faire le lien entre la simulation et le matériau *Cycles* qui apparaîtra au rendu. Attention, il est nécessaire de configurer le matériau du *Domain* et non pas du *Flow* pour obtenir le bon rendu. En ayant sélectionné le *Domain*, ajoutez-y un nouveau matériau et les deux shaders *Volume Scatter[Maj+A>Shader>Volume Scatter]* et *Volume Absorption [Maj+A>Shader>Volume Absorption]* que vous pouvez mélanger avec un *Add Shader [Maj+A>Shader>Add Shader]*. La simulation de fumée a généré deux attributs *Color* et *Density* qui sont accessibles par le nœud *Attribute*. Ajoutez donc ce nœud *[Maj+A>Input>Attribute]* et dans le champ de texte, rentrez le texte `color`. Reliez la sortie *Col* aux entrées *Col* des deux nœuds *Volume Scatter* et *Volume Absorption*.

Dupliquez le nœud *Attribute* avec *[Maj+D]* et dans le champ texte, entrez `density`. Reliez la sortie *Fac* aux entrées *Density* des nœuds *Volume Scatter* et *Absorption*. Afin de densifier la fumée dans le rendu, il est possible de rajouter un nœud *Multiply[Maj+A>Converter>Math]* et de l'intercaler entre le nœud *Attribute* et les shaders. En passant ce nœud en mode *Multiply* et en jouant sur des valeurs supérieures à *1,0*, on augmente l'épaisseur de la fumée. La figure 5-48 montre l'arbre nodal final pour le matériau que nous venons de créer. Le résultat de cet exercice est disponible sur le fichier `exemple-ch05-volume.blend`.

BON À SAVOIR

Rendu de la fumée sur la carte graphique

Le rendu de la fumée issu de la simulation n'est pas disponible depuis la carte graphique. Il est donc important de s'assurer que le mode de calcul de la scène est bien activé sur le CPU dans le menu *Render* de la fenêtre des propriétés.

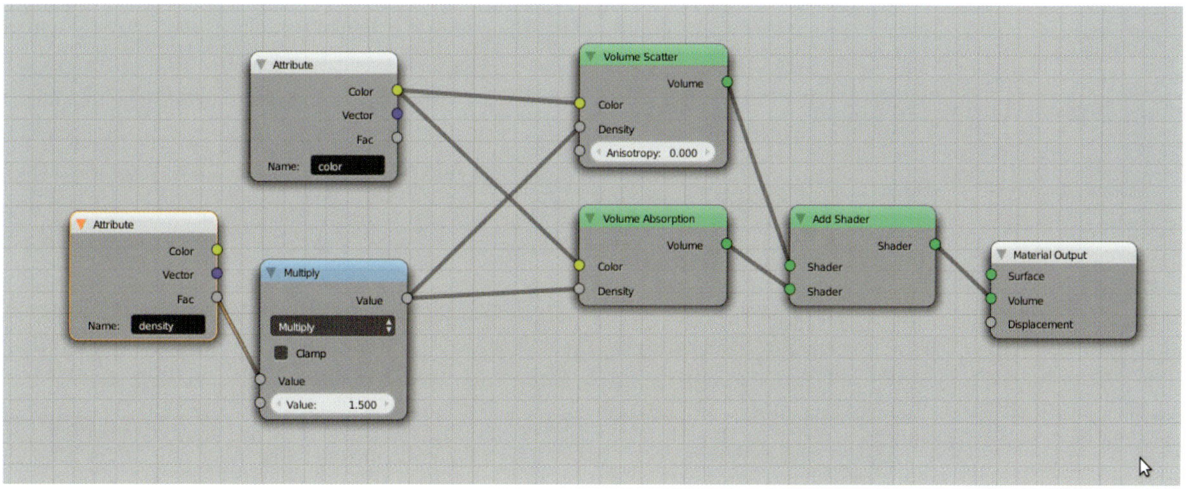

Figure 5–48 Pour pouvoir faire le rendu de la fumée, nous devons utiliser deux nœuds Attribute.

Qualité du rendu volumétrique

Le calcul des shaders volumétriques est particulièrement long et va nécessiter de nombreux samples dans les paramètres de rendu pour faire disparaître le bruit induit par la complexité des calculs. L'unique réglage dans les paramètres de rendu de la fenêtre des propriétés est le champ *Step Size* du menu *Volume Sampling*. Plus cette valeur sera petite, plus les calculs seront précis et le temps de rendu augmentera en conséquence. Au contraire, en augmentant cette valeur, les temps de rendu diminueront, mais la qualité des calculs sera dégradée.

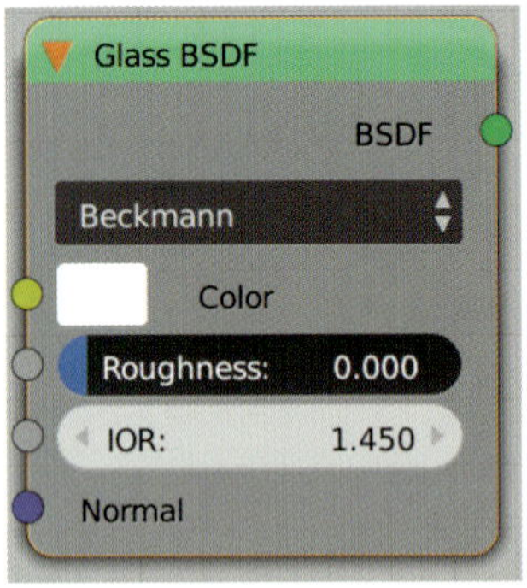

Figure 5–49 Le nœud Glass BSDF possède trois types d'entrée différents.

Plus loin avec les matériaux nodaux

Lorsque le principe des matériaux nodaux est compris, il devient très rapidement facile de créer des matériaux complexes tout en tirant avantage de la lecture visuelle qu'offre l'éditeur de nœuds.

Il convient cependant d'ajouter quelques précisions sur le fonctionnement de l'éditeur. En effet, pour éviter les bogues lors de la création de matériaux, il ne faut pas relier n'importe quels nœuds entre eux, car cela pourrait donner des résultats incohérents. Blender propose un code couleur sur les entrées et les sorties de chaque nœud. Ainsi l'utilisateur sait qu'il ne peut relier que des nœuds qui ont la même couleur en entrée et en sortie.

Le code couleur est détaillé ci-après.

- *Bouton Gris* : l'entrée est une valeur numérique. Cela peut être des entiers ou des flottants, négatifs ou positifs.
- *Bouton Jaune* : l'entrée est une couleur, soit un vecteur de trois entiers dont la valeur est comprise entre `0.00` et `1.00`.
- *Bouton Violet* : l'entrée est un vecteur. On trouve de nombreux types de vecteurs, véhiculant des informations sur la géométrie des modèles, la vue courante, la position de la caméra...
- *Bouton Vert* : l'entrée est un shader. On ne peut donc pas vraiment modifier ses valeurs, mais nous pouvons les mélanger ou les ajouter, *via* les nœuds *Mix Shader* ou *Add Shader*, et bien sûr les relier au nœud *Material Output*.

Le nœud Normal

Depuis le début de ce chapitre, nous avons ignoré l'entrée *Normal*. Comme nous avons pu le constater, il n'est pas obligatoire de donner une valeur à ce paramètre, son emploi étant réservé à des cas bien précis.

Tous les objets dans Blender possèdent des normales attachées à chacune de leurs facettes. Une normale indique la direction vers laquelle se tourne sa face d'attache et *Cycles* utilise celle-ci pour calculer l'ombrage de chaque face.

Nous avons déjà vu que grâce à la sortie *Displacement* du nœud *Material Output*, nous pouvons modifier la surface de nos objets en ajoutant des irrégularités sur le matériau grâce à des images en dégradés de gris. Le paramètre *Normal* agit de façon assez similaire : il va perturber les normales aux facettes et ainsi simuler un effet de relief en fonction des valeurs passées en entrée par une image colorée. Les images colorées étant codées sur un plus grand nombre de *bits* que les images en dégradés de gris, la richesse des détails est potentiellement plus importante avec le paramètre *Normal* qu'avec le paramètre *Displacement*.

Autant il est facile de peindre des « cartes d'élévation » en dégradés de gris à destination du paramètre *Displacement*, autant il est nécessaire de convertir des données géométriques (ou de convertir des cartes d'élévation à l'aide d'algorithmes adaptés) selon des codes de couleur précis pour obtenir des « cartes de normales » à utiliser avec le paramètre *Normal*. C'est donc un paramètre très pointu, fréquemment employé dans la conception des jeux vidéos.

BON À SAVOIR

Création d'une carte « normale »

Cycles Render permet de réaliser le baking de cartes normales, en traduisant en valeurs RGB les reliefs d'un modèle haute résolution par rapport au même modèle basse résolution, plus facile à afficher et à animer dans un moteur de jeu, les détails du relief étant simulés par la carte normale. La section Render Baking de ce chapitre fournit des détails sur comment générer de telles cartes, bien évidemment réutilisables avec *Cycles*.

Mise en place d'une carte de normale

Commencez par ouvrir le fichier `exemple-ch05.03-normal-start.blend`. Vous allez mettre en place une carte de normale sur le cube présent dans la scène.

Figure 5–50
La carte de normale qui va être utilisée pour simuler du relief sur notre cube.

Dans l'éditeur de nœuds, ajoutez une nouvelle *Image Texture* depuis le menu *Add* (*Add>Texture>Image Texture*) et chargez la carte de normale fournie avec l'exercice. Sélectionnez *Non-Color Data*, car les informations contenues dans la texture ne seront pas rendues directement dans l'image finale. Changez le mode de projection de la texture de *Flat* à *Box.* Ajoutez un nœud *Texture Coordinate* (*Add>Input>Texture Coordinate*) et reliez sa sortie *Generated* à l'entrée *Vector* du nœud *Image Texture* pour dire à *Cycles* de calculer automatiquement les coordonnées de la texture.

Ajoutez un nouveau nœud *Normal Map* (*Add>Vector>Normal Map*) entre la sortie de la texture et l'entrée *Vector* du shader *Diffuse BSDF*. Ce nœud va convertir les informations de couleur stockées dans la texture en vecteurs de relief interprétables par *Cycles*. Assurez vous que le mode de calcul est bien *Tangent Space* et que la valeur du *Strength* est bien à `1.000`.

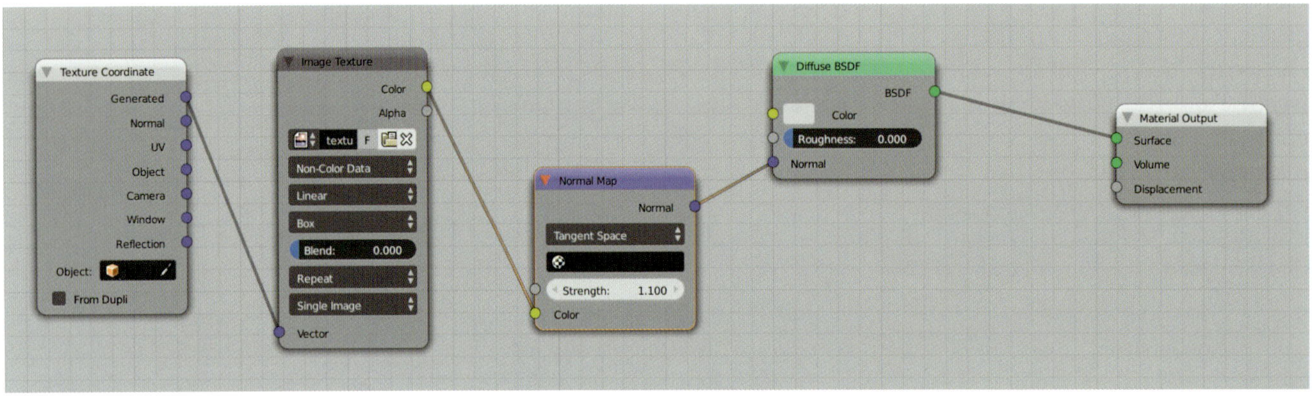

Figure 5–51 L'arbre nodal final

Le résultat apparaît automatiquement dans la vue 3D, les détails apparaissant sur notre modèle. En jouant sur le paramètre *Strength*, vous pouvez bien sûr ajuster la force de l'effet de relief. Le résultat est visible dans le fichier `exemple-ch05.03-normal-final.blend`.

Figure 5–52
Le cube avec la carte de normale appliquée

Les indices matériaux

Blender vous offre la possibilité d'attribuer plusieurs matériaux distincts à un même objet, et ce, de façon quasiment illimitée (plus de 70 000 matériaux au maximum). En réalité, chaque facette du maillage peut être individuellement assignée à l'un des matériaux possibles. La plupart des opérations se déroulent en mode *Edit*.

AVERTISSEMENT

Et avec le moteur interne Blender Render ?

Les informations relatives aux indices matériaux fonctionnent de façon très similaire avec le moteur de rendu interne de Blender. Ces informations ne seront pas dupliquées dans le chapitre 6 « Matériaux et techniques d'illumination avec Blender ».

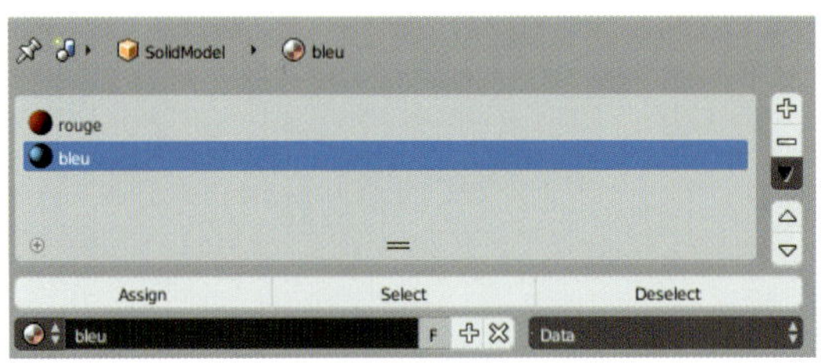

Figure 5–53
La liste des matériaux est affichée en haut du menu.

La liste des matériaux disponibles pour l'objet sélectionné se situe en haut du menu *Material*. Le matériau actif est surligné en bleu dans la liste. Cliquez sur *Add New* pour ajouter un matériau mais, pour l'instant, toutes les facettes sont uniquement attribuées au premier matériau. Passez en mode édition de l'objet et sélectionnez les faces devant appartenir au deuxième indice matériau. Prenez garde à ce que le deuxième matériau soit bien actif dans la liste, puis utilisez le bouton *Assign* pour lui attribuer les faces sélectionnées. Le bouton *Select* ajoute à la sélection en cours toutes les faces assignées à l'indice matériau courant. De même, le bouton *Deselect* enlève de la sélection en cours les faces assignées à l'indice courant.

Figure 5–54
Les faces assignées à l'indice matériau n° 2 sont sélectionnées.

Figure 5–55
Un premier matériau d'apparence métallique et un second basé sur un shader Diffuse rouge

Vous pouvez retrouver le fichier source de cet exemple dans le répertoire `/exercices` des fichiers de travail sous le nom `exemple-ch05.04-final.blend`.

Le dépliage UV

Parfois, vous souhaiterez pouvoir positionner très précisément une image sur un maillage. À d'autres occasions, vous ne désirerez absolument aucune distorsion de l'image plaquée, dont la projection devra suivre précisément les circonvolutions de l'objet, quelle que soit sa complexité. À ces problèmes, une seule solution : le dépliage UV.

Avertissement Et avec le moteur interne Blender Render ?

Les informations relatives au dépliage UV fonctionnent de façon très similaire avec le moteur de rendu interne de Blender. Ces informations ne seront pas dupliquées dans le chapitre 6 « Matériaux et techniques d'illumination avec Blender ».

La technique consiste « simplement » à déplier votre maillage pour le poser « à plat ». Bien sûr, il faudra pratiquer ici et là des incisions afin de rendre le dépliage possible. Ces incisions s'apparenteront, lors du rendu, à des coutures.

Bon à savoir

Le dépliage UV et la confection

Le dépliage UV s'apparente, d'une certaine façon, à la fabrication de vêtements. En confection, on réalise la découpe des bouts de tissus selon des patrons, à plat. Les vêtements sont alors assemblés grâce à des coutures et, enfin, le modèle est habillé du vêtement assemblé et cousu. En dépliage UV, l'ordre des opérations est inverse : l'objet est déjà habillé, on indique la position des coutures pour une opération d'incision virtuelle, et on déplie la « peau » de l'objet à plat, pour former le patron que l'on pourra peindre et ainsi lui donner matière et texture.

3ds Max, Maya Dépliage UV

Les outils de dépliage de 3ds Max sont très corrects, mais malheureusement, ils n'autorisent pas le positionnement de coutures avant dépliage (sauf en cas d'utilisation du *Pelt unwrapper*). En revanche, ils permettent aisément de juxtaposer des arêtes adjacentes. De son côté, Maya offre plus de fonctionnalités que 3ds Max en matière de dépliage, mais selon certains utilisateurs, ses outils peuvent se révéler plus confus. Grâce au script MEL, un nouvel outil *Pelting* est disponible ; mais vu que c'est un processus totalement automatisé, il offre moins d'options.
Les outils de dépliage UV fournis par Blender font partie des meilleurs outils sur le marché, avec un dépliage selon la méthode *Conformal* ou *Angle Based*, la mise en place des coutures, le clouage des coordonnées, la mise à jour interactive de la carte dépliée après déplacement de coordonnées clouées, etc. Depuis la version 2.42 de Blender, de nouvelles fonctionnalités ont encore été ajoutées, dont une révision de l'algorithme de dépliage et des outils pour limiter la déformation du dépliage.
Enfin, notez que dans 3ds Max, il s'agit d'un modificateur UVW tandis que dans Blender, il s'agit d'un outil d'édition.

Nous allons voir ici comment réaliser le dépliage d'un objet simple. Ouvrez le fichier `exemple-ch05.05-depart.blend`, qui présente l'écran principal scindé en plusieurs parties : en haut, la vue 3D et, en bas, l'éditeur UV/Image et le panneau des propriétés sur la droite.

Dans la vue 3D, entrez en mode *Edit* et sélectionnez (touche *[A]*) tous les points de contrôle. Avec le pointeur de la souris dans la vue 3D, utilisez la touche *[U]* pour commander le dépliage, en essayant les diverses méthodes standards de dépliage : *Project from View* (de préférence, effectuez ce dernier test depuis la vue de la caméra, touche *[0]* du pavé numérique) et *Reset*, puis les boutons *CubeProjection*, *SpherefromView* et *Cylinder-*

Bon à savoir

Au sujet de la méthode de dépliage Angle Based

Cette méthode de dépliage (*Angle Based Flattening*) favorise de faibles distorsions angulaires au lieu de favoriser de faibles distorsions surfaciques, un peu comme la méthode *Conformal*, à ceci près que cette méthode n'a pas tendance à produire de cartes dépliées qui s'effondrent en présence de facettes très étirées. Cela permet de gérer des cartes de dépliage particulièrement complexes sans avoir recours au *pinning*.
Généralement, vous réserverez l'usage de *Angle Based* aux dépliages de formes organiques et celui de *Conformal* aux formes mécaniques ou architecturales.

fromView. En fait, chacune de ces options détermine une méthode de dépliage, mais ce ne sont que des points de départ à de nombreuses opérations de dépliage qui devront être réalisées à la main pour des utilisateurs avancés. L'apparition d'un onglet *Unwrap* ne vous échappera pas dans l'étagère à outils *[T]* de la vue 3D. Plusieurs options sont alors disponibles.

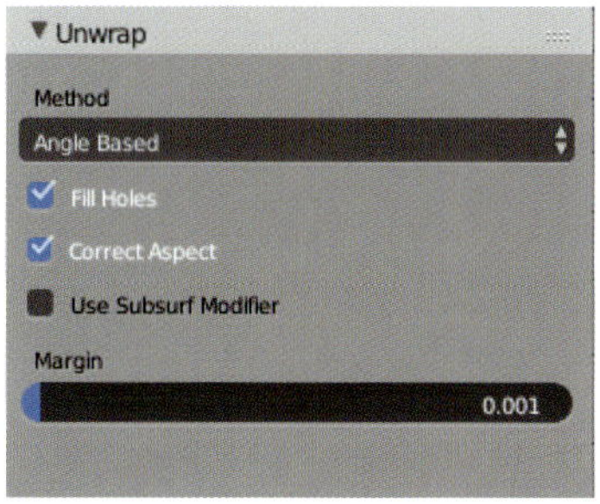

Figure 5–56
L'onglet Unwrap de l'étagère à outils dans la vue 3D

C'est, en effet, l'onglet le plus important que nous allons étudier maintenant. Repérez le bouton *Angle Based* et cliquez dessus : un menu déroulant vous permet de choisir la méthode de dépliage, mais laissons-le sur *Angle Based*.

ASTUCE Usage des modes de projection autres que Conformal et Angle Based

Si *Conformal* et *AngleBased* sont les méthodes de dépliage les plus avancées, les autres méthodes ne sont pas à négliger pour autant. En effet, avant même de définir des coutures, vous pouvez utiliser un mode de projection particulier (*ProjectfromView*, par exemple) pour afficher dans l'éditeur UV/Image un groupe de sommets dont l'arrangement est déjà relativement à plat. Vous pouvez ensuite sélectionner (touche *[B]* ou *[C]* selon les configurations) les sommets dont l'arrangement est satisfaisant et figer leur position en les clouant (*Pin*, touche *[P]*). Après avoir disposé des coutures de façon adéquate, ou en faisant varier successivement les modes de projection (ou les angles dans la vue 3D pour l'option *Project from View*), vous obtenez un dépliage manuel satisfaisant, en prenant soin à chaque fois de clouer les groupes de sommets qui vous conviennent.

Pour notre part, nous allons nous contenter de la méthode *Angle Based* par défaut, car c'est la plus naturelle et parce qu'elle a été développée dans un souci d'aisance. Comme nous l'avons déjà suggéré, cette méthode fonctionne mieux lorsque des coutures ou des joints (*seams*, en anglais) sont définis. La méthode pour les ajouter consiste à sélectionner les arêtes de notre choix et à spécifier des jointures le long de celles-ci grâce à la combinaison de touches *[Ctrl]+[E]*, qui appelle un menu spécial. Ce dernier permet d'ajouter des coutures (*Mark Seam*) ou d'en supprimer (*Clear Seam*).

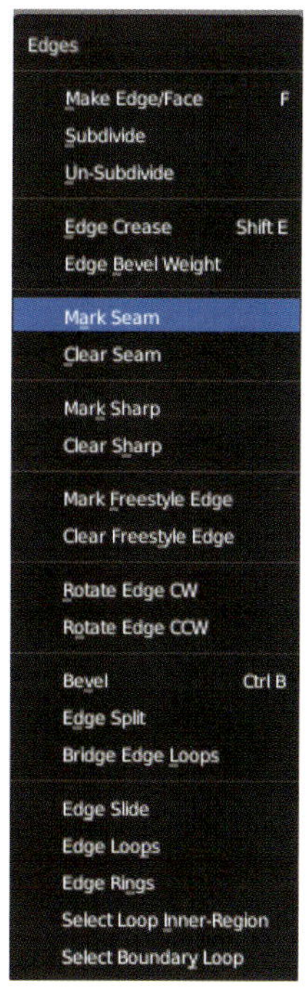

Figure 5–57
Le menu spécial des arêtes, invoqué grâce à la combinaison de touches [Ctrl]+[E]

ASTUCE Marquage rapide de coutures

Lorsque la sélection du maillage se fait en mode *Edge Select* et que le paramètre *Edge Select Mode* est mis sur *Tag Seam* dans l'étagère à outils de la vue 3D, la combinaison de touches *[Ctrl]+[bouton droit]* de la souris sur une arête sert à ajouter ou à supprimer une couture sur celle-ci. De même, cette combinaison de la souris permet de marquer/supprimer toutes les coutures entre la dernière couture marquée et l'arête cliquée.

ASTUCE Clouage et déclouage

Avec les méthodes *Conformal* comme *Angle Based*, la position des sommets dépliés est recalculée à chaque fois selon le même algorithme. Parfois, le résultat ne sera pas conforme à vos attentes, ou vous viserez des résultats particuliers non prévus par l'algorithme de dépliage. Dans l'éditeur *UV/Image*, vous pouvez sélectionner (touche *[B]*) des sommets spécifiques, les déplacer à l'endroit de votre choix, et les clouer sur place grâce à la touche *[P]* (utilisez la combinaison de touches *[Alt]+[P]* pour déclouer la sélection). Lorsque vous relancerez le dépliage (touche *[E]*), tous les sommets seront redistribués par l'algorithme, à l'exception des sommets cloués qui resteront parfaitement statiques. Par exemple, dans l'image suivante, le dépliage est réalisé en *Project from View* depuis la vue de la caméra. Les sommets de la face avant ont été cloués, et si l'on relance maintenant le dépliage, les positions de tous les autres sommets seront recalculées.

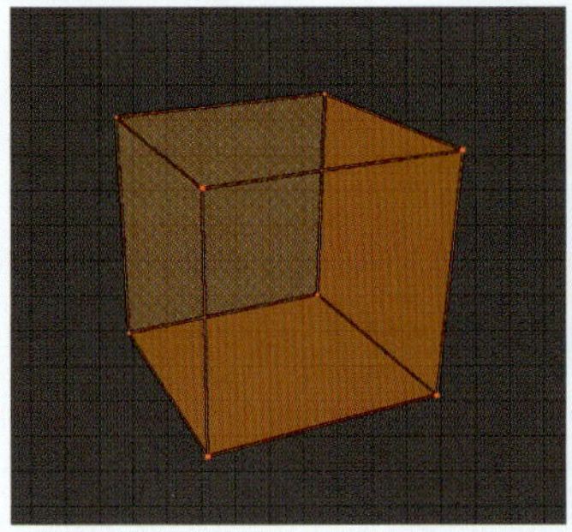

Figure 5–58

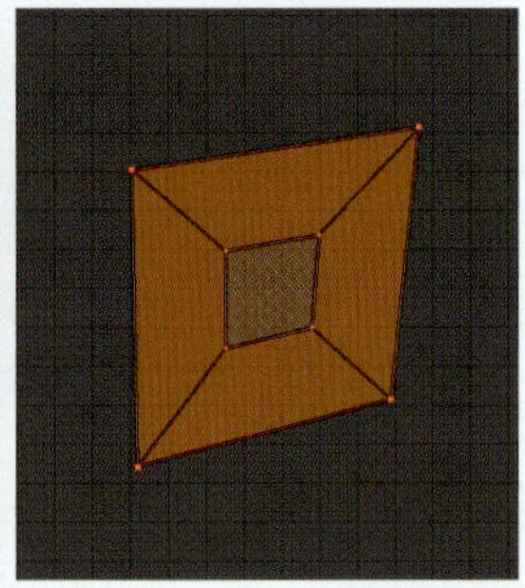

Figure 5–59

Figure 5–60
Le mode de sélection des arêtes

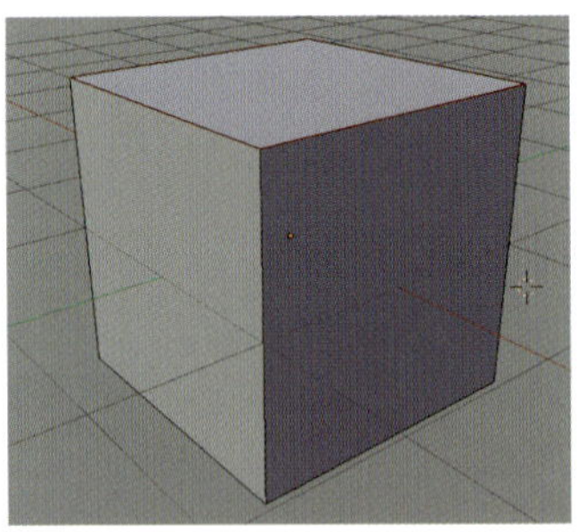

Figure 5–61 Les coutures apparaissent en rouge (en mode Edit).

IMPORTANT
Les limites d'application du dépliage

Quelle que soit la méthode de dépliage employée, celle-ci ne s'applique qu'aux faces sélectionnées de votre modèle.

Dans la vue 3D, toujours dans le mode *Edit* (touche *[Tab]*), choisissez dans l'en-tête le mode de sélection des arêtes. Commencez par sélectionner l'une des arêtes de la face supérieure (bouton droit de la souris), puis ajoutez à la sélection (bouton droit de la souris pendant que la touche *[Maj]* est maintenue enfoncée) toutes les arêtes horizontales de la face supérieure. Appuyez sur la combinaison de touches *[Ctrl]+[E]* pour définir les coutures du maillage. Sélectionnez à nouveau tous les sommets (touche *[A]*).

Avec le curseur de la souris dans l'éditeur *UV/Image*, appuyez sur la touche *[E]*. Nous obtenons enfin quelque chose d'intéressant : une face carrée et des faces effondrées.

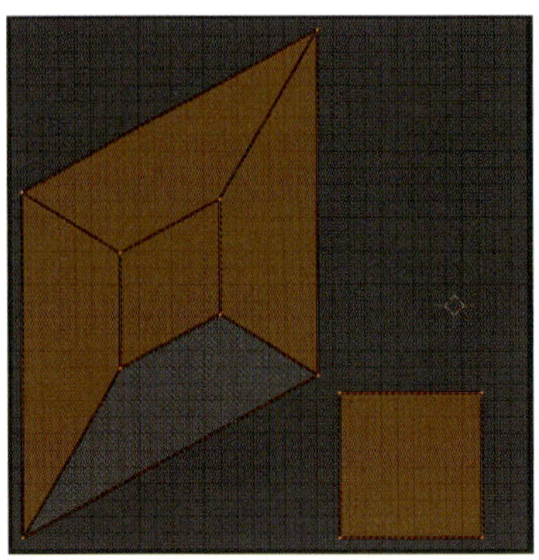

Figure 5–62
Notre patron est encore loin d'être parfait, malgré les premières coutures.

Il va sans dire que la face parfaitement carrée est celle dont les arêtes ont été déclarées comme étant des coutures. De retour dans la vue 3D, sélectionnez l'une des arêtes horizontales de cette face et supprimez-en la couture (*[Ctrl]+[E]*, puis *Clear Seam*). En revanche, sélectionnez les quatre arêtes verticales et ajoutez une couture (combinaison de touches *[Ctrl]+[E]* et *Mark Seam*). Sélectionnez ensuite toutes les arêtes (touche *[A]*) et, à nouveau avec le pointeur de la souris dans l'éditeur *UV/Image*, appuyez sur la touche *[E]* pour ordonner un nouveau dépliage.

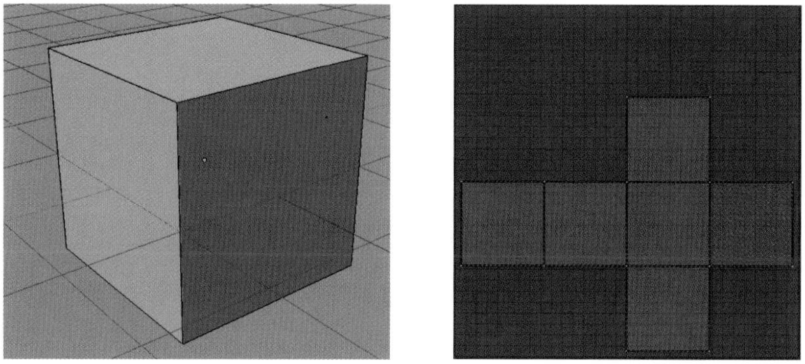

Figure 5–63
Les nouvelles coutures sont définies, et la forme dépliée est cohérente, facile à peindre !

Les coutures étant correctement définies, le cube donne au dépliage un patron cohérent et facile à colorer. Pour peaufiner ce dernier, vous pouvez utiliser, dans l'éditeur *UV/Image*, les mêmes touches d'édition que dans les vues 3D :

- touche *[A]* sélectionne/désélectionne ;
- touche *[G]* déplace la sélection ;
- touche *[R]* effectue une rotation de la sélection ;
- touche *[S]* redimensionne la sélection.

Bien sûr, pour toutes les manipulations, vous pouvez régler les incréments de transformation en maintenant la touche *[Ctrl]* appuyée (forçant, par exemple, les rotations à des incréments de 5°). L'en-tête de l'éditeur *UV/Image* présente une entrée *UVs* qui donne accès à de nombreuses options d'édition qui vous sont déjà familières, comme l'édition proportionnelle (touche *[O]*), la possibilité de masquer ou révéler des faces (touches *[H]*, *[Alt]+[H]*, *[Maj]+[H]*) ou encore de retourner symétriquement la sélection selon les directions horizontale et verticale (touche *[M]*).

ASTUCE

Limiter l'étirement des facettes sur la carte de dépliage

Un outil est à votre disposition pour limiter l'étirement excessif de certaines facettes lors du dépliage de la carte UV. Une fois le dépliage réalisé, la combinaison de touches *[Ctrl]+[V]* permet de « relaxer » le maillage aux endroits où il paraît trop tendu ou étiré, sans toucher aux bords du maillage dépliés. Vous pouvez ensuite utiliser la molette de la souris ou les touches *[+]* et *[-]* du pavé numérique pour ajuster l'effet entre la version d'origine et la version dont l'étirement est limité : le taux de mélange est alors interactivement affiché au bas de la vue de l'éditeur *UV/Image*.

Minimize Stretch. Blend 0.40 (Press + and -, or scroll wheel to set)

Figure 5–64

Peindre la texture avec un outil de dessin externe

Si vous souhaitez peindre l'image qui sera plaquée sur l'objet dans un logiciel de dessin tiers, comme Gimp (http://www.gimp.org), que nous vous recommandons, il vous faut au préalable exporter le patron sous forme d'image lisible par ce logiciel. Pour cela, utilisez la fonction *Export UV Layout* qui se trouve dans le menu *UVs*.

En choisissant la fonction *Export UV Layout*, Blender va enregistrer dans un fichier l'image dépliée de l'objet sélectionné, qui portera le nom du fichier `.blend` associé à l'extension `.png`. Par défaut, l'image fait 1 024 × 1 024 pixels d'arête (comme défini par le bouton numérique *Size*). Les arêtes dépliées seront matérialisées par des lignes et vous pouvez définir l'opacité des faces grâce au paramètre *Fill Opacity*. *A priori*, vous n'aurez pas à toucher aux autres paramètres à moins de comprendre ce que vous faites.

AVERTISSEMENT
Et avec le moteur interne Blender Render ?

Les informations relatives à la peinture de texture avec des outils de dessin externes, dans l'éditeur *UV/Image* ou directement dans la vue 3D, fonctionnent de façon très similaire avec le moteur de rendu interne de Blender. Ces informations ne seront pas dupliquées dans le chapitre 6 « Matériaux et techniques d'illumination avec Blender ».

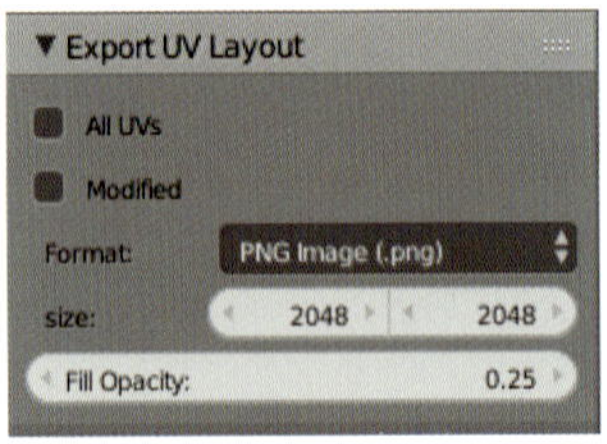

Figure 5–65
La fonction Export UV Layout en action

Figure 5–66
L'image dépliée générée par le script

ASTUCE **Mise en place de calques pour les cartes UV**

Il est possible d'attribuer à un maillage plusieurs calques distincts de dépliage UV. Cela permet, par exemple, d'avoir un calque contenant les coordonnées UV pour les textures classiques, un calque pour stocker le résultat d'une opération de baking automatique, etc. L'intérêt est que les coordonnées UV peuvent différer d'un calque à l'autre. Cela permet, par exemple, d'avoir un calque englobant le corps entier d'un personnage, et un autre uniquement pour le visage qui peut nécessiter des détails beaucoup plus fins (bosselage, carte normale) que le reste du corps, tout en partageant une carte de couleur avec le reste du corps.
Les contrôles sont placés dans le menu *Object Data* de l'onglet *UV Maps*. Le bouton + sert à ajouter de nouveaux calques (la caméra détermine le calque actif) et le bouton - permet de le supprimer. Le calque actif est affiché dans la vue 3D et est disponible pour édition dans la vue *UV/Image Editor*. Certaines fonctions de Blender, comme le modificateur *Displace*, peuvent nécessiter de spécifier un nom de calque UV lorsqu'elles en ont besoin. Elles disposent alors d'un champ spécifique à cette information.

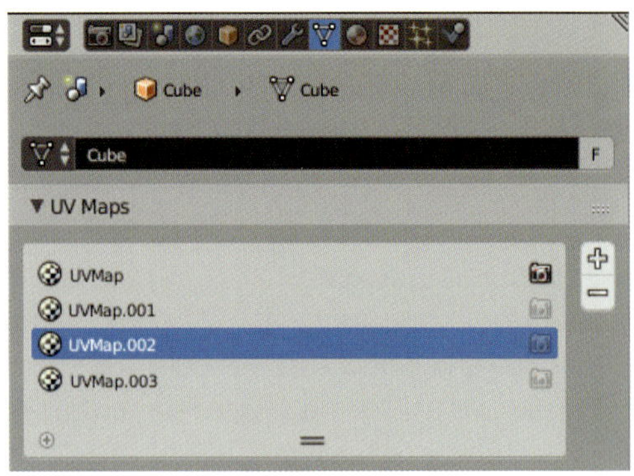

Figure 5–67

L'image dépliée sauvegardée par le script est stockée par défaut dans le même répertoire que le fichier `.blend` sur lequel vous travaillez. Vous pouvez alors l'ouvrir dans le programme de dessin de votre choix et peindre les couleurs souhaitées par-dessus ce gabarit. Nous n'aborderons pas ici les techniques de peinture de cartes UV et passerons directement à ce qui est une image finale très basique.

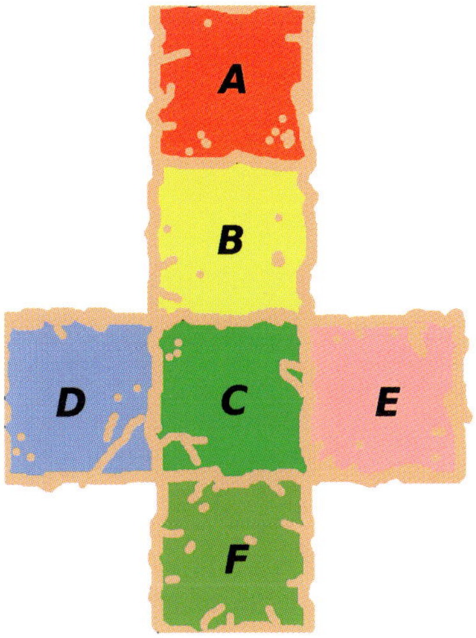

Figure 5–68
Un exemple de carte UV peinte à la main dans Gimp

Peindre la texture dans une vue de type UV/Image Editor

Blender intègre un mini studio de peinture pour peindre ou retoucher des cartes UV. Ainsi, plutôt que d'exporter le patron du cube déplié pour l'ouvrir dans Gimp et le rappeler ensuite dans Blender, choisissez *New* dans le menu *Image* de l'éditeur *UV/Image*.

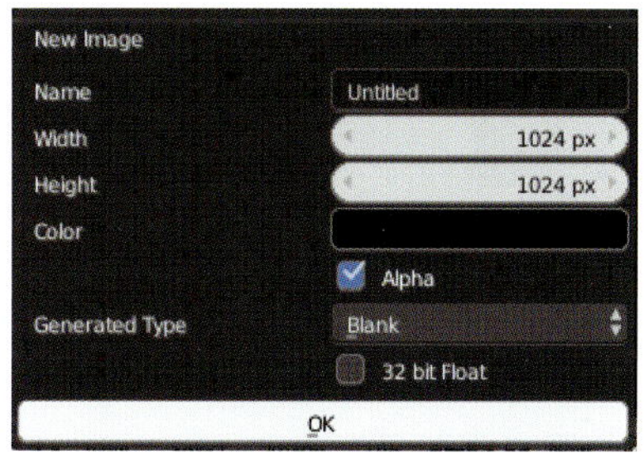

Figure 5–69
L'option New Image du menu Image

Outre le nom de la texture, un panneau flottant apparaît et vous invite à spécifier les dimensions en largeur et en hauteur de la texture (*Width* et *Height*). Vous pouvez désormais chercher à peindre vos textures, soit directement à la surface de l'objet, dans la vue 3D, soit dans l'éditeur *UV/Image*.

- Dans la vue 3D, choisissez le mode *Texture Paint* : dans le menu latéral, de nombreux nouveaux onglets font leur apparition. L'image précédemment créée dans l'éditeur *UV/Image* (par défaut, un fond noir) est automatiquement affichée en temps réel dans la vue 3D.
- Dans l'en-tête de l'éditeur *UV/Image*, activez le mode *Paint*. Avec le curseur de la souris dans cette même vue, appuyez sur *[N]* ou passez par le menu *View>Properties* pour afficher les outils de peinture sous forme d'un panneau flottant.
- N'oubliez pas de sauvegarder l'image nouvellement créée, par exemple *Image>Save as Image*.

Astuce
Sauvegarder les brosses inactives

Lorsqu'un bloc de données n'a pas d'utilisateurs, il n'est pas enregistré et à la prochaine ouverture du fichier, le bloc a disparu. Vous ne pouvez avoir qu'une brosse active à la fois, mais vous ne souhaitez certainement pas que toutes les brosses créées pour détailler une texture soient perdues à chaque début de session. Vous veillerez alors à ce que le bouton *F* à droite du nom de la brosse soit actif. Si c'est le cas, le bloc de données sera sauvegardé et à nouveau disponible pour la prochaine session.

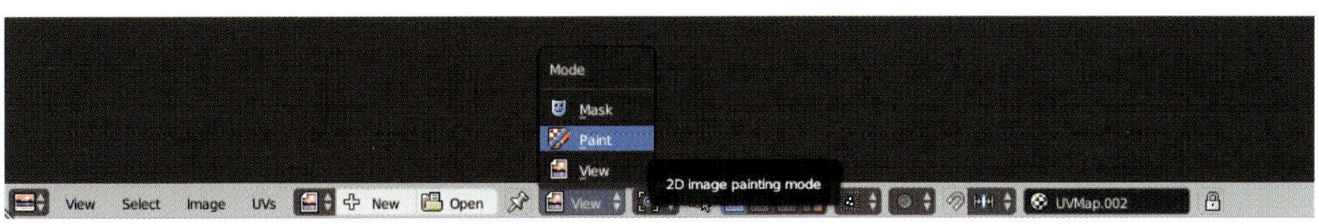

Figure 5–70
Le mode Texture Paint de l'en-tête de l'éditeur UV/Image

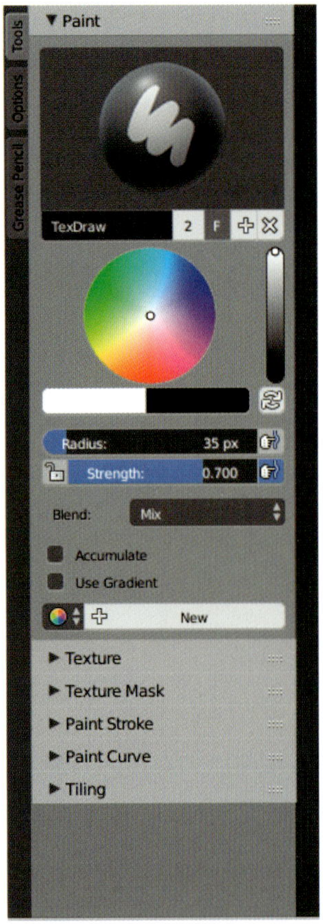

Figure 5–71 Outils de peinture des textures intégrés à Blender

> BON À SAVOIR
> **Une texture en guise de brosse**
>
> Tout en bas de la fenêtre flottante se trouve un sélecteur de textures. Vous pouvez choisir toute texture déjà existante ou en créer une nouvelle (*Add New*). La texture se définit normalement dans le menu *Texture*, mais prenez garde à bien sélectionner l'option *Brush* dans le panneau *Preview*.
> La texture peut être procédurale ou *bitmap*. L'utilisation d'une texture permet d'obtenir des brosses aux formes très complexes. Les amateurs de logiciels de dessin 2D apprécieront particulièrement les richesses que de tels outils peuvent apporter à la peinture des textures.

Les outils à votre disposition pour peindre votre texture vous rappelleront certainement ceux de Gimp. Vous pouvez définir différentes brosses et passer de l'une à l'autre grâce au bouton sélecteur devant l'onglet *Paint*. Dans le même sélecteur, utilisez l'option *Add New* pour créer une nouvelle brosse.

Une brosse est définie par différentes propriétés.

- *Radius* : le rayon de la brosse en pixel.
- *Strength* : l'intensité de la brosse sur une échelle de `0` à `1`.
- *Jitter* : paramètre qui permet de rajouter des irrégularités dans les coups de brosse, ce qui est très utile pour avoir un rendu plus organique des textures.
- Tout comme Gimp, Blender permet de définir pour chaque brosse le mode de fusion qui va être employé. On retrouve par défaut *Mix*, mais certains autres modes de fusion comme *Multiply* ou *Screen* peuvent s'avérer très utiles lors du peaufinage d'une texture.

À noter qu'il existe d'autres onglets intéressants liés au *Texture Painting*. On retrouve des options spécifiques au *Falloff*, le paramètre qui va définir le taux d'atténuation de la brosse dans l'onglet *Paint Curve*. Les options proposées sont exactement les mêmes que celles présentes dans la vue 3D.

Enfin, l'onglet *Paint Stroke* propose deux options très utiles.

- *Airbrush* permet à la brosse de se comporter comme une bombe de peinture aérosol. Tant que l'utilisateur maintient le bouton gauche de la souris enfoncé, Blender va projeter la texture sur l'image.
- *Space* définit, quant à lui, la finesse du tracé. De faibles valeurs vont permettre une très grande précision lors de la peinture aux dépens d'une grande demande de mémoire et de possibles ralentissements.

Une brosse opère selon différents modes de fonctionnement.

- *Draw* : dépose effectivement la couleur sélectionnée sur la texture.
- *Soften* : agit comme une gomme pour cette couleur.
- *Smear* : estompe et étale la couleur sélectionnée.
- *Clone* : permet de cloner depuis une image vers une autre. Dans le sélecteur *Image*, il faut indiquer l'image source et l'appliquer avec le bouton gauche de la souris sur la texture en cours de peinture. Le paramètre *Alpha* sert à indiquer l'opacité de l'image source par rapport à celle de destination.

Peindre la texture directement dans la vue 3D

Blender offre également la possibilité de peindre directement à même le modèle 3D (même modifié par un modificateur *Subdivision Surface* ou une armature, ou en *Multiresolution*. Le gros avantage est que l'utilisateur peut ainsi peindre son modèle, en particulier dans la région des coutures, de façon uniforme, sans que le dépliage UV ne trahisse leur présence.

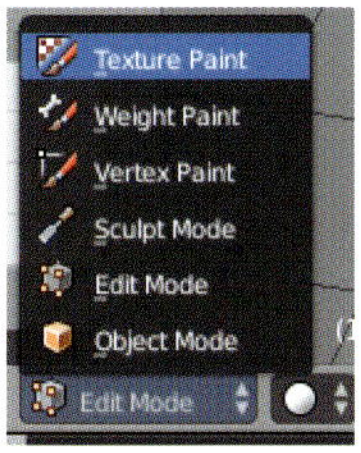

Figure 5–72
Activation du mode Texture Paint dans l'en-tête de la vue 3D

Après avoir suivi la même procédure que décrite précédemment, afin de peindre dans une vue de type *UV/Image Editor*, rendez-vous dans l'en-tête de la vue 3D et choisissez *Texture Paint* comme mode de travail. Dans la vue 3D, des onglets relatifs au *Texture Painting* font leur apparition. Ils ressemblent beaucoup aux panneaux disponibles dans la vue *UV/Image Editor*. Leur fonctionnement est bien sûr très similaire et les retouches effectuées dans la vue 3D se reportent automatiquement (à la fin de chaque coup de pinceau) dans la vue *UV/Image Editor*.

Voici les principales options supplémentaires disponibles, dans les onglets du menu latéral *Image Paint*.

- *Project Paint* : ce mode, activé par défaut, permet d'améliorer la peinture en 3D grâce aux options qui suivent.
- *Occlude* : pour peindre seulement les pixels exposés sous le pinceau. Les options *Cull* et *Normal* servent à en contrôler plus finement le fonctionnement.
  - *Cull* : permet d'ignorer les facettes se détournant de la vue et, par conséquent, d'accélérer la vitesse de peinture.
  - *Normal* : la peinture se dépose majoritairement sur les facettes qui font face à la vue. Le paramètre situé immédiatement à droite de ce bouton sert à régler l'angle sur lequel est projeté la peinture. Les surfaces les plus éloignées de cet angle théorique reçoivent une densité de peinture décroissante avec la distance. Cette option est à désactiver si vous peignez à la surface de grandes facettes.
- *Bleed* : afin de minimiser les marques de peinture au niveau des coutures, les coups de pinceau donnés sur le modèle 3D seront prolongés sur l'image résultante sur un certain nombre de pixels. Si vous observez des artéfacts au niveau des coutures de votre modèle, c'est peut-être que cette valeur est à 0 ou à un niveau insuffisant.

Travailler avec des cartes UV

De retour à Blender, en mode *Edit*, prenez garde à ce que tous les sommets soient sélectionnés et que le dépliage soit visible dans l'éditeur *UV/*

ASTUCE

Pour ceux qui sont allergiques au dépliage UV

La seule condition pour que la peinture sur le modèle 3D fonctionne, c'est que le dépliage UV, quel qu'il soit, ne présente pas de facettes se chevauchant. L'utilisateur est obligé de réaliser le dépliage de son modèle, mais il peut sans complexe se satisfaire de la méthode *Smart UV Project*, accessible grâce à la touche *[U]* lors de l'opération de dépliage, ou de toute autre de son choix, tant que les UV ne se chevauchent pas.

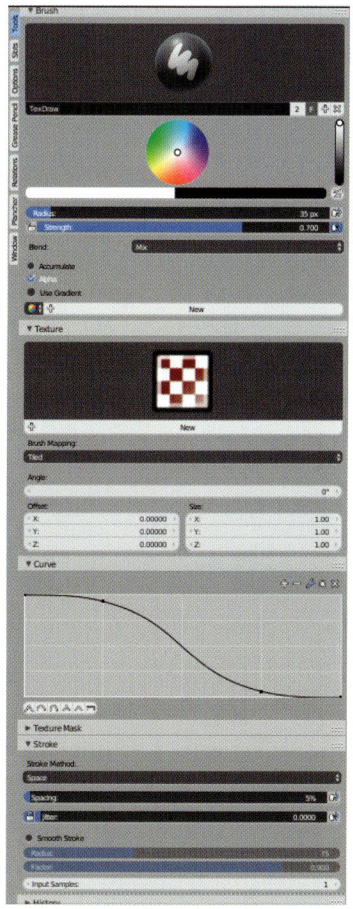

Figure 5–73
Le panneau Texture Painting

Image : le patron précédemment obtenu refait normalement son apparition. Dans l'en-tête de l'éditeur, dans le menu *Image* se trouve l'entrée *Open*, qui ouvre le sélecteur de fichiers. Choisissez, *via* le bouton gauche de la souris, l'image dans laquelle vous avez enregistré vos travaux de peinture et appuyez sur la touche *[Entrée]* pour valider.

ASTUCE
Peindre uniquement les facettes sélectionnées

Si vous sélectionnez certaines facettes en mode *Edit*, vous pouvez, lorsque vous êtes de retour en mode *Texture Paint*, activer le mode *Painting Mask* (en activant l'icône appropriée dans l'en-tête de la vue 3D) pour limiter les coups de pinceau aux facettes sélectionnées, ce qui vous évitera de déborder sur des zones déjà peintes de votre modèle.

Figure 5–74

BON À SAVOIR **Vertex Painting**

Il existe dans Blender un mode très voisin du *Texture Paint* : le mode *Vertex Paint*. Il fonctionne de manière très similaire, mais au lieu de peindre sur une texture image, les informations de couleur sont stockées directement dans chaque vertex du maillage. Des objets très subdivisés donneront donc des résultats plus précis. Cette méthode de peinture est plus ancienne que le *Texture Painting* et servait notamment pour définir précisément l'influence de l'éclairage de type Radiosité qui a depuis été abandonné dans le logiciel.

ASTUCE **Textures répétitives**

Vous n'êtes pas fondamentalement obligé de peindre une carte UV parfaitement adaptée à votre dépliage. Vous pouvez en effet redimensionner votre dépliage UV de sorte que son espace déborde du canevas de l'image ! L'image est alors considérée comme se répétant autant de fois que nécessaire dans les deux directions, afin que tous les sommets UV soient couverts par celle-ci. L'avantage est que vous pouvez ainsi utiliser des textures raccordables de faibles dimensions pour orner vos maillages.

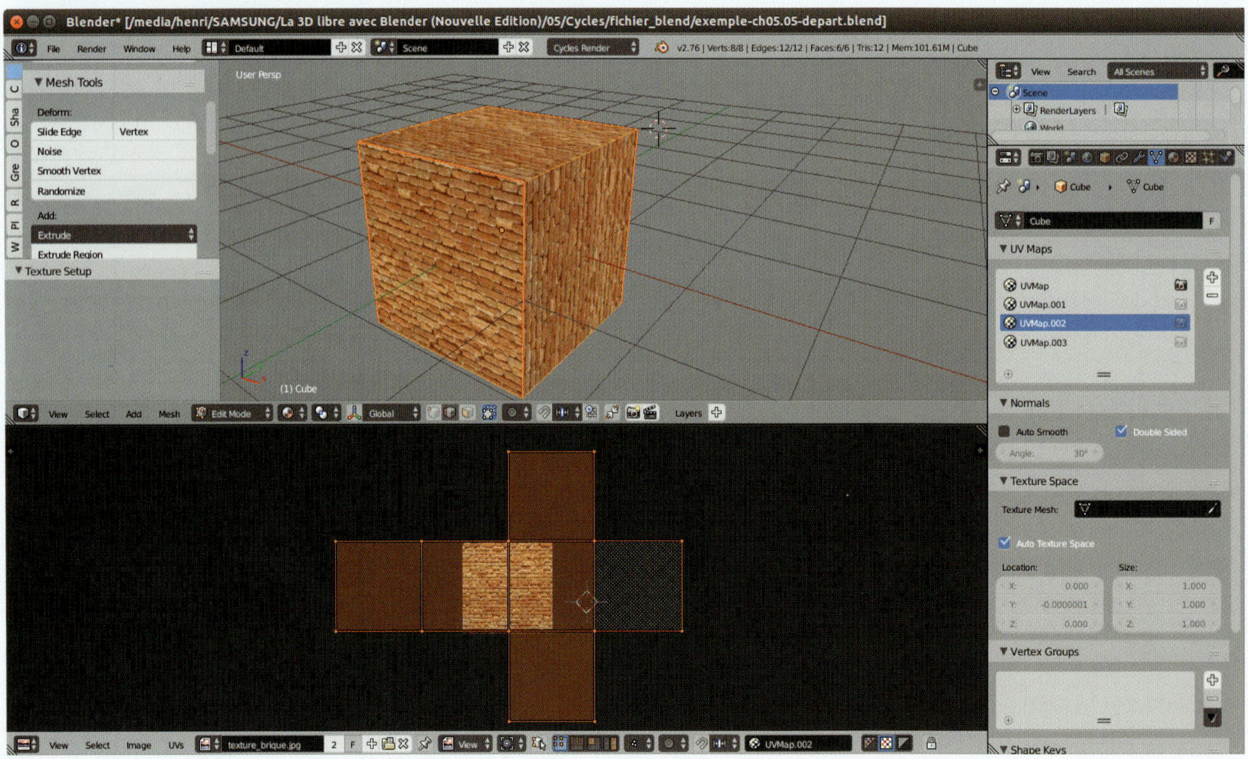

Figure 5–75 Le dépliage UV permet de placer très précisément la texture sur l'objet

Rendez-vous alors dans la vue *Node editor* : il faut tout d'abord ajouter une texture image grâce au menu *Add>Texture>Image Texture*. Chargez la texture grâce au bouton *Load*. En entrée de ce nœud, nous connectons la sortie *UV* du nœud *Texture Coordinate* (disponible dans le menu *Add>Input>Texture Coordinate*). En connectant la sortie de ce nœud à l'entrée de couleur du nœud *Diffuse BSDF*, la carte *UV* remplacera désormais la couleur diffuse du matériau. Le fichier de travail final, nommé `exemple-ch05.05-final.blend`, est disponible dans le répertoire `/exercices` des fichiers de travail.

Figure 5–76 Notre cube, enfin paré des couleurs de la carte UV

ASTUCE Live Unwrap Transform

Nous avons déjà vu que lorsque le bouton de dépliage est activé grâce à la touche *[E]*, les sommets sont redistribués, à l'exception des sommets cloués. Mais, lorsqu'un sommet cloué est déplacé (par exemple, touche *[G]*), le dépliage ne se met pas à jour automatiquement ; il faut relancer le dépliage. Il existe toutefois un mode spécial dans le menu *UVs* de l'éditeur *UV/Image* : *Live Unwrap*. Activez-le et, dans l'éditeur *UV/Image*, clouez deux des points de la branche centrale du patron, comme sur l'illustration suivante.

Maintenant, désélectionnez tous les sommets (touche *[A]*) et sélectionnez seulement le sommet cloué supérieur (touche *[B]* ou bouton droit de la souris). Promenez ce sommet (touche *[G]*) et observez comment le *Live Unwrap Transform* opère : tous les sommets sont recalculés en temps réels, tenant compte des coutures, des sommets cloués et du déplacement imposé interactivement à la sélection de sommets cloués.

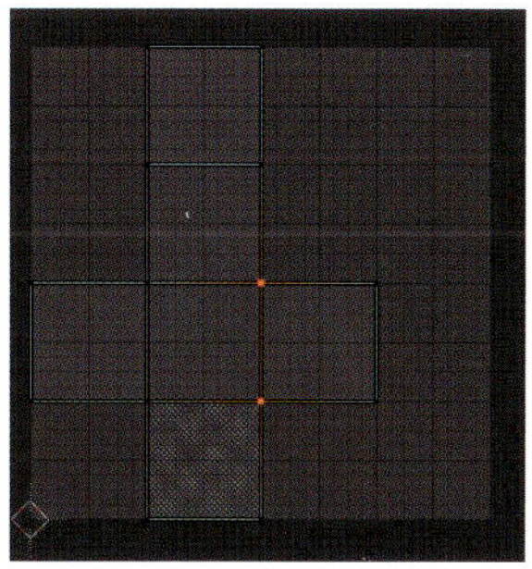

Figure 5–77

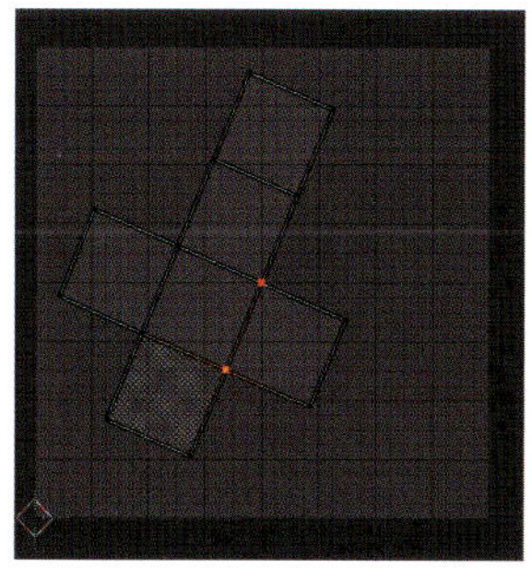

Figure 5–78

Plusieurs cartes UV affectant différents canaux

Nous avons vu qu'il était possible d'associer des images à des canaux de texture particuliers, comme cela peut être le cas pour une image en dégradés de gris associée au canal *Normal*, pour simuler des bosses, des rayures ou des aspérités à la surface de l'objet. Cela est également possible sous forme de cartes UV, mais il faudra que toutes vos images respectent le même patron de dépliage, car à un matériau ne peut être associé qu'un seul patron. Par exemple, supposons que nous avons l'image en noir et blanc suivante pour illustrer des rayures à la surface de l'objet.

Rendez-vous dans l'éditeur de nœuds du fichier final de l'exercice précédent et ajoutez un nœud *Image Texture* comme nous l'avons fait pour la carte UV des couleurs *Diffuse*. Chargez la carte de relief et reliez la sortie *UV* du nœud *Texture Coordinate* à l'entrée *Vector* de ce nouveau nœud *Image Texture*. Enfin, reliez sa sortie *Color* à l'entrée *Displacement* du nœud *Material Output*.

ASTUCE Moduler l'intensité de la carte de relief

Il se peut que vous trouviez que les reliefs marqués par la carte sont trop visibles. On peut alors moduler les valeurs données par l'image en intercalant un nœud *Math* (*Add>Convertor>Math*) entre la sortie de l'image texture et l'entrée du *Material Output*. En choisissant *Multiply* dans le menu déroulant proposé dans le nœud, vous pouvez décider du facteur d'atténuation sur la carte de relief. Ce nœud se contente de multiplier entre elles les valeurs qu'il reçoit. Dans la première entrée, connectez-y la sortie de la texture image et choisissez votre facteur d'atténuation dans le deuxième paramètre. Nous souhaitons faire apparaître nos traits noirs sous forme de creux ; il faut donc mettre une valeur négative dans le champ du second paramètre pour obtenir cet effet.

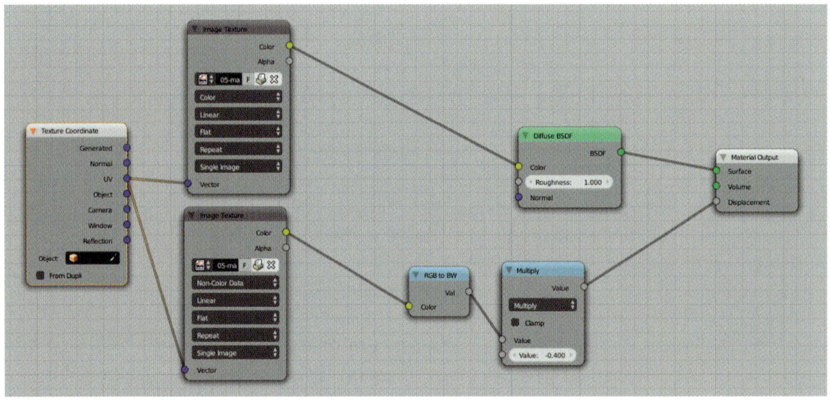

Figure 5–79
L'arbre final avec deux images : une pour les couleurs diffuses et une autre pour la carte de relief qui est modulée par le nœud Multiply.

BON À SAVOIR Conversion des images en niveaux de gris

Dans la capture d'écran précédente, un nœud à été rajouté pour convertir les couleurs en sortie de la texture image et le premier paramètre du nœud *Multiply*. Ce nœud, accessible par le menu *Add>Convertor>RGB to BW*, traduit simplement les couleurs d'une image en niveau de gris. Ce nœud n'était pas indispensable car Blender fait automatiquement la traduction entre une couleur et une valeur lorsque l'on relie des nœuds entre eux. Cependant, c'est une bonne pratique que de s'assurer que l'on relie des nœuds uniquement avec des entrées/sorties de nature compatible (couleurs des connecteurs similaires).

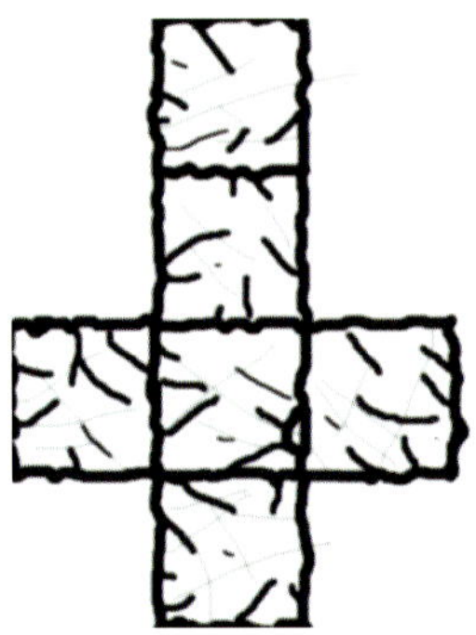

Figure 5–80
Une texture noir et blanc dans le canal Normal permet de rayer la surface de notre cube.

De cette façon, vous pouvez ajouter autant de textures que vous le souhaitez, et même combiner texture *UV* et texture *Generated* si cela présente un intérêt pour vous, par exemple lorsque vous souhaitez appliquer de façon uniforme une texture procédurale sur un objet doté d'une carte UV.

Le shading anisotropique

Cycles possède un shader anisotropique qui permet d'ignorer les normales à la surface lors du rendu pour les remplacer par le vecteur de la direction de la facette, adoptant ainsi un shading de type anisotrope. Ce type de shader convient parfaitement à la simulation de métal brossé, tourné ou fraisé, pour lequel les marques d'usinage provoquent des petites crevasses qui vont orienter les reflets spéculaires.

En plus des paramètres *Color* et *Roughness* communs à de nombreux shaders, le paramètre *Anisotropy* sert à définir la quantité de reflets spéculaires qui vont être étirés et à fixer manuellement l'orientation de la réflexion. Enfin, le plus important, l'entrée *Tangent* permet de préciser comment les reflets vont être orientés en fonction de la géométrie de l'objet.

Mise en place d'un shader anisotrope

1. Ouvrez la scène `exemple-ch05.06-start.blend`. Elle se compose de deux casseroles blanches disposées dans notre environnement désormais familier de test à damier.
2. Commencez par supprimer le shader *Diffuse BSDF* présent par défaut et choisissez le shader *Anisotropic BSDF* dans la liste des shaders.
3. Dans l'éditeur de nœuds, reliez directement sa sortie à l'entrée *Surface* du nœud *Material Output*.
4. Augmentez la valeur du paramètre *Roughness* à `0.05` et celle du paramètre *Anisotropy* à `0.950`. L'effet du shader commence à apparaître.
5. Il ne reste plus qu'à créer un nœud *Tangent* (*Add>Input>Tangent*) en laissant ses valeurs par défaut (*Radial* selon l'axe *Z*) qui conviennent parfaitement ici, et à relier ce nœud à l'entrée *Tangent* du shader. C'est terminé !

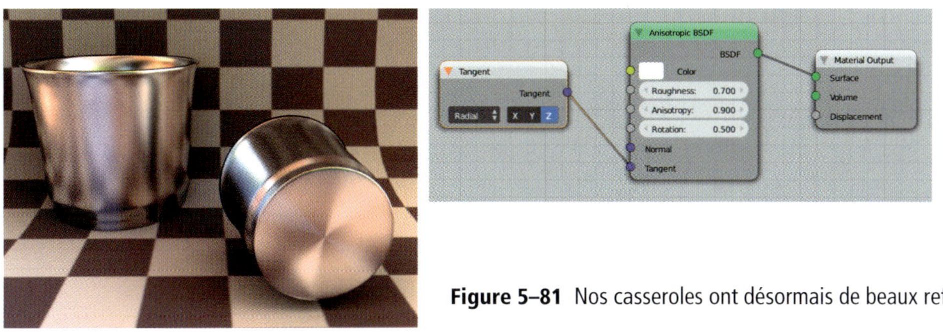

Figure 5–81 Nos casseroles ont désormais de beaux reflets !

Le résultat de cet exercice est disponible dans le fichier `exemple-ch05.06-final.blend`.

Render Baking, ou la sauvegarde du résultat de rendu dans une texture UV

Cette technique permet d'effectuer un rendu d'un objet, et d'en stocker le résultat directement dans la carte UV de l'objet. Les avantages sont multiples, surtout que Blender, grâce à ses passes de rendu, peut stocker le résultat d'une passe particulière dans la texture UV.

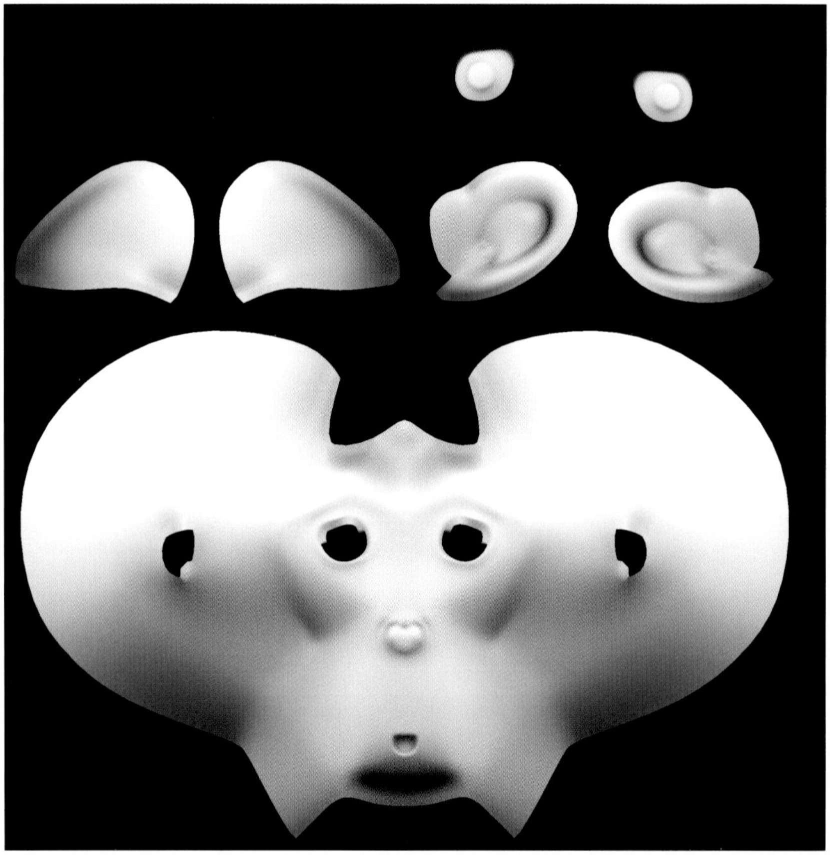

Figure 5–82
Les informations d'éclairage sont stockées sur une carte de texture grâce à la fonctionnalité Render Baking.

Par exemple, les informations relatives à l'occlusion ambiante sont stockées dans la carte UV du modèle ; celui-ci peut alors être rendu, par exemple en mode *Shadeless* et avec l'occlusion ambiante désactivée : les ombres relatives à l'occlusion, enregistrées lors du baking, sont alors restituées.

Le *Render Baking* n'est disponible que pour les maillages à l'exclusion de tout autre type d'objet. Une image doit avoir été assignée à la texture, dont les coordonnées UV ont été spécifiées, soit par calcul simple des UV (en mode *Edit* : touche *[U]* puis choix d'une méthode de calcul), soit par dépliage UV (vue *UV/Image Editor* : touche *[E]* avec les méthodes *Conformal* ou *Angle Based*), soit par dépliage automatique (en mode *Edit* : touche *[U]* puis option *Unwrap*).

Le *Render Baking* s'effectue sur tous les objets sélectionnés et éligibles (maillage dont les coordonnées UV ont été déterminées).

La fonction est accessible depuis le panneau des propriétés, menu *Render*, onglet *Bake*.

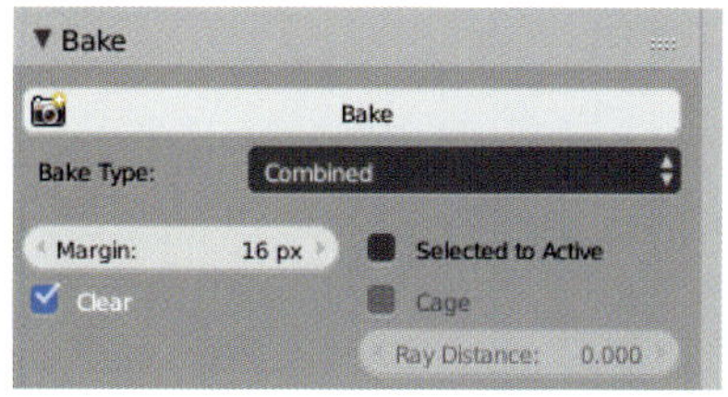

Figure 5–83 L'onglet Bake, qui donne accès aux options de baking.

C'est cet onglet qui permet de contrôler le plus finement l'opération de sauvegarde du rendu dans les textures.

- *Combined* : stocke le résultat complet du rendu (incluant les textures, les reflets, les ombres, la passe d'occlusion ambiante, etc.) dans la texture UV de l'objet.
- *Ambient Occlusion* : la passe d'occlusion ambiante est stockée dans l'image dépliée, pouvant ainsi affecter la couleur diffuse de l'objet, lors d'un prochain rendu, tout en s'épargnant de recalculer à nouveau cet effet d'éclairage.
- *Shadow* : cette passe permet de récupérer les ombres projetées sur le modèle. Attention cependant car seules les ombres issues des objets de type lampe seront prises en compte.
- *Normal* : cette passe permet de récupérer les informations de relief à la surface de l'objet. Particulièrement utile pour enregistrer les détails créés lors de la phase de sculpture d'un modèle 3D.
- *Emit* : permet d'enregistrer les zones émettant de la lumière sur le modèle.
- Les autres passes correspondent aux différentes options techniques pour enregistrer les informations de lumière en fonction des types de surfaces du modèle : *Glossy*, *Diffuse*, *Transmission*...

À noter le paramètre *Margin*, qui définit le nombre de pixels suivant lequel l'image, dont le rendu a été sauvegardé dans les textures, doit être prolongée. Ceci permet de prévenir tout risque d'apparition de coutures noires lors du placage de la texture sauvegardée au moment d'un rendu. Il est déconseillé de le baisser en dessous de 1, sa valeur par défaut étant 2. Pour sa part, le bouton *Clear* force la purge des images devant recevoir le résultat du baking avant l'opération.

BON À SAVOIR

L'option Selected to Active

Cette option permet de transférer les informations d'un modèle vers un autre. Il suffit de sélectionner le modèle avec les détails, puis le modèle sur lequel on va enregistrer ces détails dans une texture et de lancer le baking. Pour un résultat correct, il est indispensable que les deux modèles se superposent dans l'espace 3D.

Techniques d'illumination

Cette section propose de découvrir les différentes formes d'illumination des scènes en 3D. Les plus simples couvrent l'emploi de diverses lampes, et les plus complexes font appel à des notions de simulation d'illumination globale.

Utiliser des sources lumineuses pour éclairer une scène en 3D est une démarche logique et naturelle. Idéalement, l'artiste placera de nombreuses lumières ici et là afin de simuler le plus fidèlement possible un éclairage réaliste. Mais souvent, la pratique est tout autre : l'artiste débutant se contente d'une source lumineuse unique, celle par défaut la plupart du temps. S'il n'y a aucune contre-indication réelle à procéder de la sorte, la scène perd généralement en profondeur, en chaleur et en ambiance. Au même titre qu'une modélisation bâclée ou un texturage pauvre ou inexistant, un mauvais éclairage peut totalement ruiner une scène.

C'est pourquoi nous allons aborder ici les techniques offertes par *Cycles* pour produire des éclairages intéressants, ainsi que nombre d'astuces qui vous aideront à installer des ambiances particulières et à rehausser le réalisme de vos scènes.

Utilisation des lampes

Contrairement aux objets peuplant vos scènes, dans Blender, les lampes n'ont aucune limite géométrique définie (à l'exception des aires lumineuses, comme nous le verrons plus loin, ou dans une certaine mesure, les spots). Elles se contentent d'émettre des rayons lumineux selon des règles propres au type de lampe. Si le rayon de lumière intercepte une face, le pixel correspondant de l'image rendue sera illuminé ; dans le cas contraire, il sera ombré.

Par conséquent, si vous braquez une caméra en direction d'une lampe, celle-ci n'apparaîtra tout simplement pas au rendu. Seules les taches spéculaires sur les objets de la scène pourront trahir la présence d'une lampe.

BON À SAVOIR

Le shader Emission

Les objets dont le matériau est configuré avec le shader *Emission* seront, en revanche, visibles au rendu s'ils sont situés dans le champ de la caméra.

Quelques notions sur l'illumination globale

Depuis l'arrivée de *Cycles* dans Blender, l'illumination globale est employée dans tous les rendus par défaut. L'utiliser signifie que le moteur de rendu va simuler la trajectoire d'un rayon de lumière à la manière de ce qu'il se passe dans le monde réel. Chaque rayon lancé depuis une lampe va frapper le premier objet rencontré et éclairer sa surface : c'est l'illumination directe. Le rayon peut ensuite « rebondir », en absorbant au passage une légère quantité de la couleur de l'objet qu'il vient de heurter. Les interactions lumineuses venant des réflexions des surfaces des autres objets de la scène sont donc prises en compte par l'algorithme d'illumination globale : on parle alors d'illumination indirecte.

Figure 5–84
L'éclairage indirect du mur rouge est très visible sur cette image.

Dans l'exemple précédent, on peut voir l'influence de l'illumination indirecte dans le rendu, avec la face rouge du décor qui donne une teinte globale à toute la scène. Les rayons venant frapper cette face se teintent de rouge et reportent, par rebonds successifs, cette coloration aux zones qu'ils interceptent en continuant leur chemin.

Comprendre le concept d'illumination globale est très important pour la réalisation de bons éclairages, car tous les calculs prenant en compte des lampes et leur façon de fonctionner dans la scène sont régis par cet algorithme.

Le menu Lamp

Dans la fenêtre des propriétés se trouve le menu *Lamp*, qui sert à définir les options propres à chaque lampe. Il se compose de plusieurs onglets, notamment le panneau *Preview* qui permet d'avoir un aperçu de l'influence de la lampe dans le rendu final. Il est cependant déconseillé de ne se baser que sur ce panneau pour effectuer le réglage de vos lampes : le mode *Rendered* dans la vue 3D donne à l'utilisateur un retour direct bien plus précis, qui tient compte de la distance entre les objets, de l'échelle de la scène et, bien sûr, de l'illumination globale.

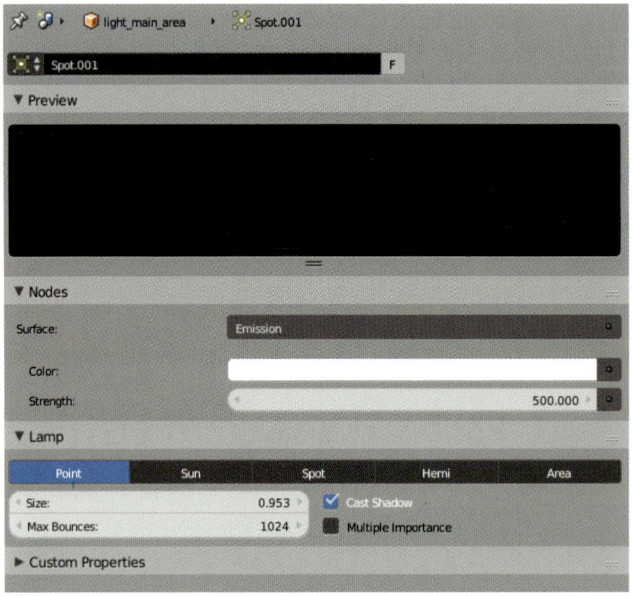

Figure 5–85
Le menu Lamp est relativement simple, avec seulement quelques options.

BON À SAVOIR
Multiple Importance Sampling

Dans l'onglet *Lamp*, l'option à cocher *Multiple Importance Sampling* sert à optimiser les temps de rendu lorsque vous utilisez des lampes qui émettent des lumières non uniformes. Attention cependant à ne pas cocher systématiquement cette option pour toutes vos scènes, cela peut rajouter des calculs inutiles au rendu.

3DS MAX
Les différents types de lampes

Les principales sources de lumière de 3ds Max existent également dans Blender, avec des noms parfois légèrement différents : *Spot* (le projecteur), *Sun* (la lumière directionnelle), *Lamp* (l'éclairage omnidirectionnel) et *Hemi* (le dôme de lumière). D'autres types de lampes existent dans chacun des deux logiciels.

En plus de définir le type de source lumineuse, l'onglet *Lamp* spécifie si cette dernière doit émettre des ombres (option *Cast Shadow*) et sa taille virtuelle – le paramètre *Size*, rapporté à la taille de la scène, précise si les frontières des zones d'ombre sont nettes (valeurs faibles) ou, au contraire, floues (valeurs élevées) rappelant des sources lumineuses plutôt surfaciques.

On retrouve également un onglet *Nodes* dans lequel on peut régler la couleur (*Color*) et la puissance (*Strength*) de chaque lampe. On remarque au passage que, à l'instar des autres matériaux abordés dans ce chapitre, l'utilisateur peut choisir le shader à appliquer pour la lampe, mais seul celui par défaut (*Emission*) peut être affecté à une lampe.

Les différentes lampes : présentation et usage

Une lampe unique suffit pour éclairer une scène mais, souvent, le résultat sera sans relief et peu attrayant. Pour donner une ambiance ou une atmosphère à vos scènes, pour les dynamiser, les rendre attrayantes ou plus réalistes, vous devrez la plupart du temps combiner différents types de lampes. Cette section va donc présenter les différents types de lampes existants ainsi que leur usage.

Chaque type de lampe propose une courte description, des conseils sur son usage, sa représentation dans les vues 3D, ainsi qu'un exemple d'utilisation.

La lampe (Lamp)

Il s'agit du type de lampe le plus classique ; la lumière irradie à partir d'un point central, dans toutes les directions, et son intensité décroît avec la distance. La lampe 3D est utilisée pour la simulation de toutes les lumières dites ponctuelles, comme les ampoules, les bougies, les étincelles, les diodes, etc.

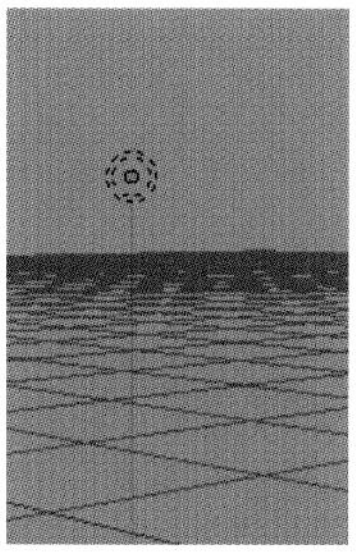

Figure 5–86
L'objet Lamp dans les vues 3D

Figure 5–87
La lampe distribue ses rayons lumineux uniformément, et leur intensité diminue avec la distance.

La valeur du paramètre *Size* dans l'onglet *Lamp* a une influence directe sur la netteté des ombres produites par la lampe. En mettant ce paramètre à `0.0`, les ombres créées par la lampe sont parfaitement franches et la luminosité est très crue, dure. Au contraire, en augmentant cette valeur, les ombres sont plus floues et la luminosité est également plus diffuse.

Figure 5–88
La scène est exactement la même que précédemment, seule la valeur Size de la lampe est augmentée à 2.0.

L'aire lumineuse (Area)

Cette fois, l'origine de la lumière n'est plus ponctuelle mais surfacique, d'où le nom *Area*. De plus, son orientation impose la direction de l'éclairage. Il est possible de spécifier les longueur et largeur de l'aire, de sorte qu'elle puisse être carrée ou rectangulaire. L'aire est employée pour la simulation de toutes les lumières surfaciques, comme celles irradiant des fenêtres, des écrans ou des néons. En fonction des réglages, elle permet d'obtenir des ombres très douces.

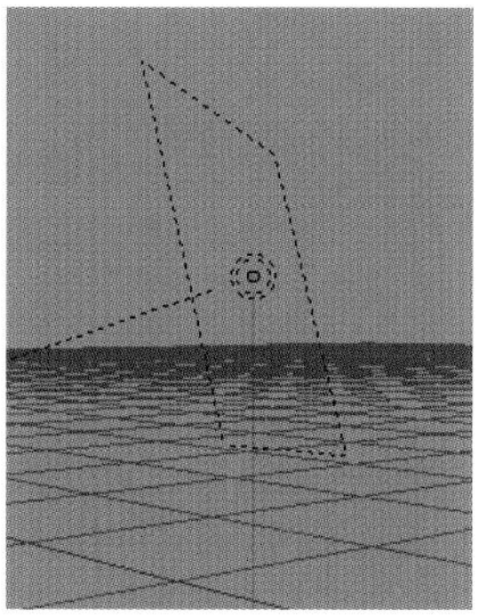

Figure 5–89
L'objet Area dans les vues 3D

L'utilisation des *Area* est idéale pour simuler les éclairages studio en photographie, avec de grandes aires lumineuses, les *lightboxes*, pour avoir un éclairage diffus sur le modèle.

Paramétrages propres à l'aire lumineuse

Il vous est possible de spécifier dans l'onglet *Lamp* une forme carrée (option *Square*) ou rectangulaire (option *Rectangle*) pour votre *Area*. Blender vous propose alors de définir la longueur du côté du carré grâce à un bouton numérique *Size*, ou les longueurs des deux côtés du rectangle grâce aux boutons numériques *SizeX* et *SizeY*. L'éclairage sera d'autant plus réaliste que les dimensions de l'*Area* seront proches de la source « physique » de votre scène, comme une large fenêtre rectangulaire.

3DS MAX
Les effets de rendu d'éclairage

À l'instar de 3ds Max, Blender dispose d'une petite panoplie d'effets de rendu d'éclairage, mais ces derniers sont organisés très différemment. Par exemple, l'effet *Glow* est le résultat d'un post-traitement de l'image (voir le chapitre 9 « Le rendu avec Blender »).

Figure 5–90
Les rayons lumineux sont émis par une surface et permettent l'obtention d'ombres douces.

Le Spot

La lumière est émise à partir d'un point, mais de façon directionnelle et dans un volume délimité par un cône. Ce type de lampe est régulièrement employé pour attirer l'attention du spectateur sur un objet ou un point précis de la scène. Ses effets peuvent être très théâtraux. Vous pourrez l'utiliser pour simuler des feux de voiture, des lampes torches, ou tout autre type d'éclairage très directionnel.

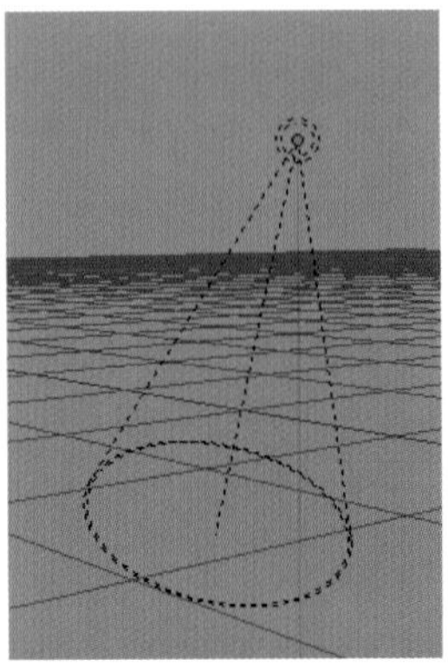

Figure 5–91
L'objet Spot dans les vues 3D

Figure 5–92
Spot émet un cône de lumière, autorisant ainsi des mises en scène très théâtrales.

Les paramètres propres au Spot

Ils sont définis dans le panneau *Spot Shape*. Pour un usage courant, deux paramètres vous intéresseront particulièrement : le curseur *Size*, qui fixe l'angle d'ouverture du spot (en degrés) et le curseur *Blend*, qui détermine le gradient de transition entre la zone éclairée par le spot et la zone d'ombre au-delà du cône de lumière. Une faible valeur de *Blend* indique une transition très brutale, aux frontières très dures, et une valeur élevée indique une zone de pénombre importante et une transition très progressive.

ASTUCE

Lumière volumétrique

Pour réaliser de la lumière volumétrique dans *Cycles*, il faudra utiliser les matériaux volumétriques avec un faible paramètre *Density* comme présenté précédemment dans ce chapitre.

Figure 5–93
Avec la valeur Blend à 1.0, les frontières du spot sont plus floues. On note cependant que l'ombre projetée par la lampe n'est pas influencée par ce paramètre.

Le soleil (Sun)

Ce type de lampe n'est défini que par son orientation, et l'intensité lumineuse de ses rayons est constante en fonction de la distance. Vous pouvez donc placer un objet *Sun* n'importe où dans votre scène (même sous le sol !), celle-ci sera éclairée de la même façon. Elle est bien sûr prévue pour simuler le soleil, mais également toute source de lumière située à une distance infinie. Ce type de lampe est idéal pour les scènes d'extérieur simulant un temps très ensoleillé.

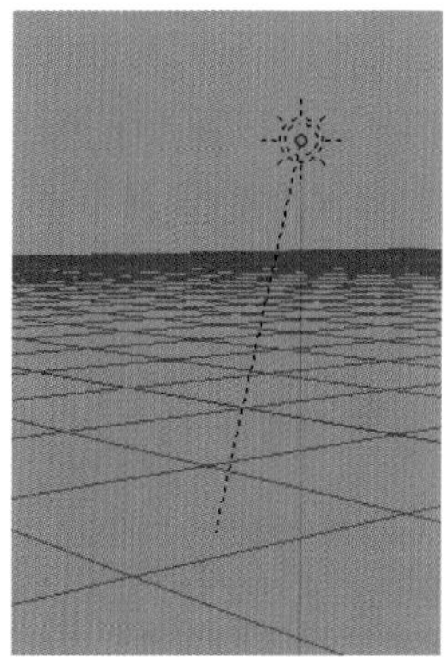

Figure 5–94
L'objet Sun dans les vues 3D

Figure 5–95
Peu importe la position de la lampe de type Sun : seule la direction de ses rayons importe à l'éclairage de vos scènes.

Comme pour les autres lampes, en augmentant la valeur du paramètre *Size*, les ombres seront plus floues, permettant alors de simuler un éclairage extérieur nuageux.

Figure 5–96 En projetant des ombres floues, la scène semble éclairée par un ciel nuageux.

Éclairage avec le shader Emission

Comme nous l'avons déjà indiqué dans ce chapitre, *Cycles* propose un shader *Emission*. Grâce à celui-ci, n'importe quel objet de la scène peut se transformer en lampe. Il suffit de choisir *Emission* dans la liste des shaders disponibles et de bien régler la puissance (*Strength*) selon vos besoins.

Figure 5–97 L'objet Suzanne central est l'unique lampe de la scène.

BON À SAVOIR

La lampe Hemi

Le menu *Lamp* propose la source lumineuse de type *Hemi* qui, théoriquement, peut simuler un éclairage uniforme sur 180° sans pour autant projeter d'ombre dans la scène. Cette lampe est en réalité un reliquat du moteur interne de *Blender Render* et n'est pas implémentée dans *Cycles Render*. Si vous avez ce type de lumières dans vos scènes, elles seront interprétées comme des lampes de type *Sun*.

Éclairage d'environnement

Blender propose un shader spécial pour définir l'éclairage d'environnement de chaque scène. Il s'agit du shader *Background*, dont les paramètres se trouvent dans le menu *World* de la fenêtre des propriétés. Par défaut, ce shader se compose d'une couleur gris foncé et d'une faible valeur *Strength*. En augmentant cette valeur, la scène s'éclaircit de manière uniforme. La couleur du shader *Background* donne une teinte uniforme à tous les objets de la scène.

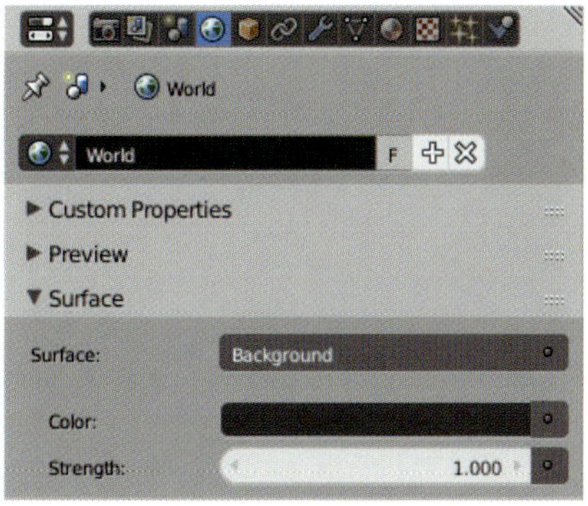

Figure 5–98
Par défaut l'éclairage du menu World utilise une couleur grise uniforme.

La texture Sky

Cycles propose une option spécifique permettant de simuler un ciel complet en tant que texture d'environnement. Il suffit pour cela de brancher une texture *Sky Texture* sur l'entrée *Color* du shader *Background.*

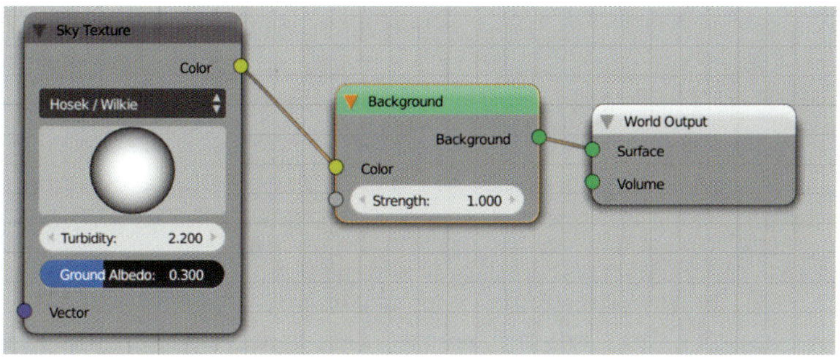

Figure 5–99
La mise en place d'une texture de ciel Sky est très simple.

La sphère sur la texture représente la position du soleil dans la scène. On peut modifier sa position en maintenant le bouton gauche de la souris. Les couleurs du ciel se changent alors automatiquement pour s'adapter : si le soleil est proche de la ligne d'horizon, nous aurons les couleurs de l'aube ou du crépuscule avec un bleu profond pour le ciel et un orange vif à l'emplacement du soleil.

L'autre paramètre important du *Sky Texture* est *Turbidity* qui définit globalement la quantité de nuages dans le ciel ainsi que l'humidité de l'air. La valeur par défaut `2.2` correspond à un ciel immaculé sans nuages. En augmentant cette valeur, le ciel virera au gris, synonyme de temps plus couvert. Attention cependant, seul l'éclairage de la scène est modifié, car le *Sky Texture* ne permet pas de générer des nuages visibles dans la scène.

Figure 5–100
Notre scène est éclairée par une texture Sky.

Éclairage par image à grande gamme dynamique

Cette technique, appelée plus communément IBL *(Image-Based Lighting)* consiste à utiliser des images à grande gamme dynamique pour éclairer la totalité de la scène. Contrairement aux fichiers images classiques, comme les JPEG ou PNG, les images à grande gamme dynamique (en anglais, *High Dynamic Range*) ne se contentent pas de stocker les informations de couleurs sur des canaux RVB, mais elles gardent également les informations de luminance de chaque pixel. Ainsi, cela permet de définir quelle zone de l'image projette de la lumière et agit comme une lampe sur la scène. Les deux formats d'images dynamiques les plus populaires sont `.hdr` et `.exr`. Blender est capable de lire les deux mais il est conseillé de travailler avec des fichiers `.exr`, ce format étant libre et très bien implémenté dans Blender.

L'avantage de ce type d'éclairage est qu'il permet de s'affranchir de toute lampe dans la scène. Une seule image suffit pour toutes les simuler. La mise en place de ce type d'éclairage se fait dans le menu d'environnement *World*. La première chose à faire est de récupérer une image HDR sur Internet. Le site http://www.openfootage.net/ propose gratuitement de nombreux panoramas de très bonne qualité. Vu que les images HDR contiennent beaucoup plus d'informations que les images classiques, leur taille est également plus importante !

Figure 5–101
Assurez-vous que vous êtes bien en mode d'édition World dans l'éditeur de nœuds.

Dans l'éditeur de nœuds de Blender, activez les nœuds relatifs à l'environnement en cliquant sur la petite planète bleue située dans l'en-tête. En entrée du paramètre *Color* du shader *Background,* nous allons ajouter une texture *Environment Texture*. Chargez l'image que vous avez téléchargée précédemment. Les images proposées sur OpenFootage sont toutes de type *Equirectangular,* ce qui signifie qu'il s'agit de panoramas à 360° présentés sous la forme d'images rectangulaires.

Nous laissons donc ce paramètre comme il est. La scène est automatiquement éclairée par les valeurs de luminance stockées dans l'image. On voit également que le panorama est désormais plaqué sur une sphère qui englobe toute la scène. Lorsque nous tournons la caméra, nous pouvons voir l'image dans toutes les directions.

Figure 5–102
Notre scène n'est éclairée que par une image !

Il est possible d'ajuster la position des ombres dans la scène en opérant une rotation à l'image HDR dans la scène. Pour cela, il faut modifier les paramètres de plaquage de la sphère dans l'éditeur de nœuds. Nous avions laissé l'entrée *Vector* de l'*EnvironmentTexture* vide, ce qui indique à Blender d'utiliser les coordonnées de textures automatiques pour le plaquage de l'image HDR. Cette fois, nous relions cette entrée à un nœud *Mapping* (menu *Add>Vector>Mapping)* qui prend lui-même, comme entrée, un vecteur *Generated* (menu *Add>Input>TextureCoordinate).* En modifiant les valeurs de rotation du nœud *Mapping*, nous pouvons désormais ajuster la position de l'image HDR dans la scène.

BON À SAVOIR

L'option Multiple Importance Sampling

Dans l'onglet *Lamp*, l'option à cocher *Multiple Importance Sampling*sert à optimiser les temps de rendu lorsque vous utilisez des lampes qui émettent des lumières non uniformes. Attention cependant à ne pas cocher systématiquement cette option pour toutes vos scènes, cela peut ajouter des calculs inutiles au rendu.

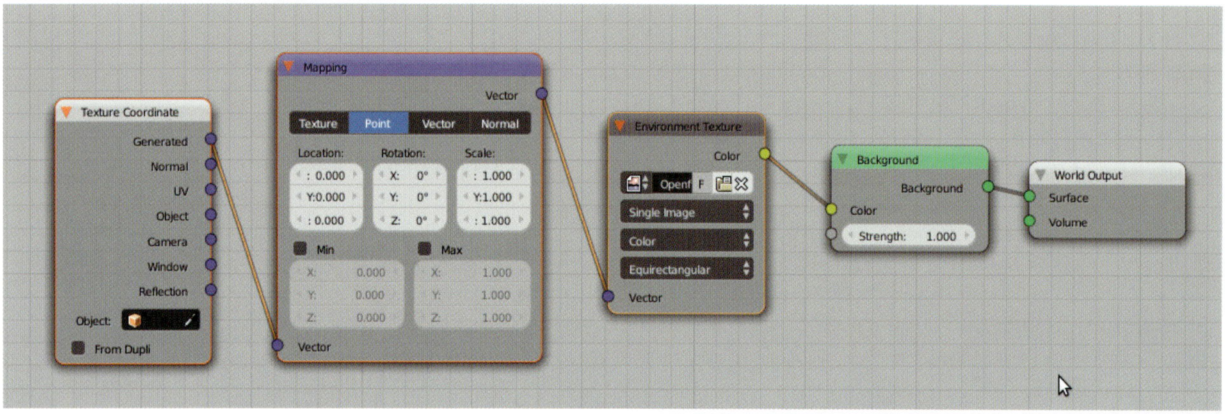

Figure 5–103 L'arbre nodal final pour la mise en place d'un éclairage HDR

L'occlusion ambiante

Cette méthode d'illumination a pour objet la simulation d'un éclairage ambiant, qui remplit la scène et produit des ombres très douces. Son principe est relativement simple : pour chaque pixel de l'image finalement rendue, *Cycles* va lancer une poignée de rayons dans à peu près toutes les directions, et déterminer ainsi la proportion de rayons qui aboutissent jusqu'au « ciel » ou qui terminent leur course contre un objet. Dans le premier cas, le rayon indique que le pixel est éclairé et, dans le second, qu'il est obscurci par un obstacle (la notion d'occlusion vient de ce résultat). Le pixel est alors obscurci ou éclairé proportionnellement aux indications des rayons, produisant des ombres plus ou moins douces.

Figure 5–104 Il n'y pas de lampe dans cette scène, mais l'occlusion est mise en évidence par les ombres très diffuses calculées.

Pour activer l'occlusion ambiante, il faut cocher l'option *AmbientOcclusion* dans le menu *World* de la fenêtre des propriétés. Les options sont réduites au strict minimum puisqu'il n'y en a que deux. Le bouton *Factor* permet de définir l'influence de l'occlusion ambiante dans la scène. Le paramètre *Distance* définit, quant à lui, la distance maximum à partir de laquelle les facettes n'ont plus d'effet d'occlusion sur la face courante. Des valeurs élevées augmentent donc l'effet d'occlusion et assombrissent l'image en prenant en compte des facettes de plus en plus lointaines.

ASTUCE **Augmenter l'effet de l'occlusion ambiante sur les matériaux**

L'occlusion ambiante est un effet très visible sur le rendu final et il arrive qu'il soit si fort que certains détails des objets disparaissent à cause de lui ; on peut notamment voir sur l'image précédente que le contraste global de l'image est très faible et que les têtes de l'objet Suzanne se distinguent mal du sol. Pour pallier cet effet déplaisant, *Cycles* propose un shader spécial nommé logiquement… *Ambient Occlusion*. En appliquant ce shader sur les objets de vos scènes, vous pourrez utiliser l'occlusion ambiante tout en gardant visibles tous les détails de vos images.

Figure 5–105 Grâce au shader Ambient Occlusion, les détails ressortent mieux sur les objets de la scène.

chapitre 6

Snap Attack © 2015, Poked Studio (http://pokedstudio.com)

Matériaux et techniques d'illumination avec Blender

Les notions présentées ici sont semblables à celles du précédent chapitre. Mais là où le moteur de rendu *Cycles* (option *Cycles Render*) offre des résultats photoréalistes au travers d'algorithmes et de mécanismes de rendu modernes, le moteur interne de Blender (option *Blender Render*) offre souplesse, flexibilité et pluralité de services, permettant une liberté artistique réelle.

SOMMAIRE

MOTS-CLÉS

- Matériau
- Reflets
- Réfraction
- Material Node Editor
- Texture image
- Texture vidéo
- Texture procédurale
- Lampe
- Ombres
- Ambient Occlusion
- HDRI
- Sky/Atmosphere

En effet, le moteur interne permet de paramétrer certains effets au-delà des limites physiques réelles, de composer des effets à partir de paramètres n'intervenant pas forcément ensemble ou de décorréler certains phénomènes visuels. Autre avantage de poids : la maturité. Le moteur interne accuse son âge, pour certains travaux visant notamment le photoréalisme, mais permet des raffinements que *Cycles*, encore jeune et en cours de développement, mettra encore quelques mois à implémenter : rendu volumique (fumées, feux), halos lumineux, dispersion subsurfacique (SSS)...

Il est probable que les deux moteurs de rendu cohabiteront quelques années encore, tant chacun d'eux a ses avantages et inconvénients, laissant le choix à l'artiste du résultat auquel il aspire : développer son style visuel propre ou se conformer au photoréalisme.

Plusieurs aspects de Blender étaient communs aux deux moteurs de rendu. Lorsque c'est le cas, nous avons préféré faire figurer les informations pertinentes dans le chapitre 5, consacré à *Cycles*. En effet, le nouveau moteur de rendu se dessine comme le futur de Blender, et nous gageons que son développement rattrapera son retard et permettra « rapidement » les mêmes raffinements que le moteur interne.

Parmi les sujets communs, qui ont déjà été étudiés dans le chapitre 5 « Matériaux et techniques d'illumination avec Cycles », nous retrouvons :

- l'éditeur de nœuds *Material* ;
- les indices matériaux ;
- le dépliage UV ;
- la peinture d'une texture avec un outil de dessin externe ;
- la peinture d'une texture dans une vue de type UV/Image Editor ;
- la peinture d'une texture directement dans la vue 3D ;
- le travail avec des cartes UV ;
- plusieurs cartes UV affectant différents canaux.

Nous n'avons pas voulu dupliquer ces informations, les différences étant souvent mineures et propres aux possibilités de chaque moteur de rendu.

Maîtriser les matériaux avec Blender

Si certaines approches sont communes entre *Cycles* et le moteur interne de Blender, l'approche non photoréaliste et particulièrement flexible de ce dernier sous-entend des options très denses et très nombreuses. Cette partie a pour objectif de révéler l'utilité de la majorité des réglages possibles à l'artiste curieux qui souhaite développer sa propre signature visuelle, au travers d'un style qui sera reconnaissable parmi d'autres grâce à sa maîtrise particulière des matériaux.

Le matériau

Lorsque vous ajoutez un nouvel objet à votre scène, aucun matériau ne lui est attribué, et il convient donc de lui en ajouter un. Avec l'objet sélectionné, affichez le menu *Material* dans la fenêtre des propriétés. Ce menu est presque vide à l'exception d'un cadre gris, permettant de lister les différents matériaux qui seront assignés à l'objet et d'un bouton *New*. Ce bouton permet, comme son nom l'indique, de créer un nouveau matériau. En cliquant sur le sélecteur à sa gauche, une liste déroulante avec tous les matériaux actuellement disponibles dans votre scène apparaît, vous permettant de réutiliser celui de votre choix.

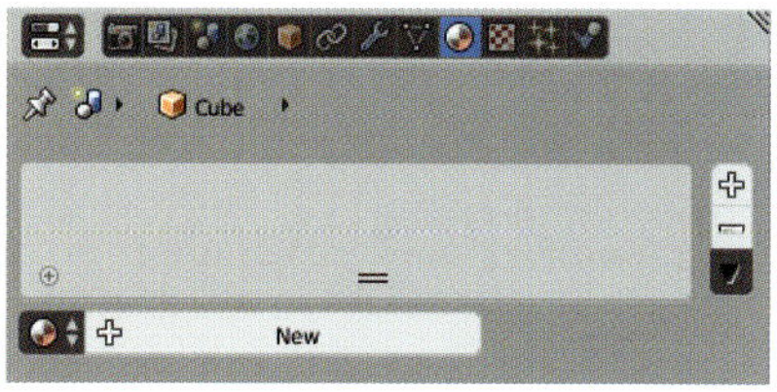

Figure 6–1
Le panneau Links and Pipeline, avant l'attribution d'un matériau à l'objet courant

BON À SAVOIR **Organisation du menu Material**

Outre le panneau *Preview* qui propose différents modes de prévisualisation, le menu est divisé en plusieurs panneaux qui répondent à des besoins spécifiques. En particulier :

- *Diffuse* est un panneau qui permet de choisir la couleur diffuse de l'objet et de définir les algorithmes d'ombrage des surfaces (shader diffus) chacun avec des propriétés spécifiques, en fonction des types choisis. Il permet aussi d'ajouter des rampes de couleurs qui seront discutées plus en détail dans la suite de ce chapitre.
- *Specular* est un panneau très similaire au précédent mais permettant de définir la couleur et les algorithmes de calcul des reflets spéculaires.
- *Shading* regroupe les différentes options relatives aux propriétés physiques du matériau : l'émission *Emit*, la quantité de couleur ambiante reçue par l'objet *Ambient* ou encore le facteur de translucence, *Translucency*. Plusieurs options discrètes mais importantes sont également accessibles depuis ce panneau : la simulation de matériaux anisotropes (*Tangent* , une option relative à l'illumination (*Shadeless*) ou encore au rendu du matériau (*Cubic Interpolation*).
- *Transparency* permet de définir les options de transparence du matériau : le type de transparence utilisée par Blender au moment du rendu – *Mask, Ztransp* ou *Raytrace* –, mais aussi la valeur de la transparence ou l'indice de réfraction du matériau.
- *Mirror* permet de déterminer les propriétés du matériau devant être prises en compte lors du lancer de rayons *(raytracing)* pour le calcul de reflets à la surface de l'objet.
- *Strands* est un panneau spécifique pour les options liées aux matériaux de type herbe ou fourrure. On y retrouve des options pour définir la taille de la racine et des pointes, l'activation du *Tangent Shading* pour l'éclairage des poils ou encore la transparence le long des fibres (*With Fade*).
- *Options* permet d'activer plusieurs options générales du matériau comme l'activation de la peinture de sommets pour définir la couleur de l'objet, la prise en compte du lancer de rayons pour le calcul du rendu et d'autres parmi lesquels *Full Oversampling*, *Invert Z depth*, *Sky*, *Use Mist* et *Uv Project*.
- *Shadow* est un panneau qui permet, comme son nom l'indique, de gérer les différents paramètres relatifs à la gestion des ombres. Il est ainsi possible d'indiquer que les matériaux ne doivent pas recevoir les ombres provenant des différentes lumières présentes dans la scène ou au contraire ne doivent produire que des ombres, ignorant complètement le rendu de la surface de l'objet.
- *SSS (SubSurface Scattering)* contrôle l'effet de dispersion sous-surfacique qui permet de simuler des matériaux ayant tendance à la translucidité comme le marbre ou la porcelaine pour les minéraux, la cire, les feuilles des plantes ou la peau humaine pour les matériaux organiques, ou encore le lait pour les liquides.

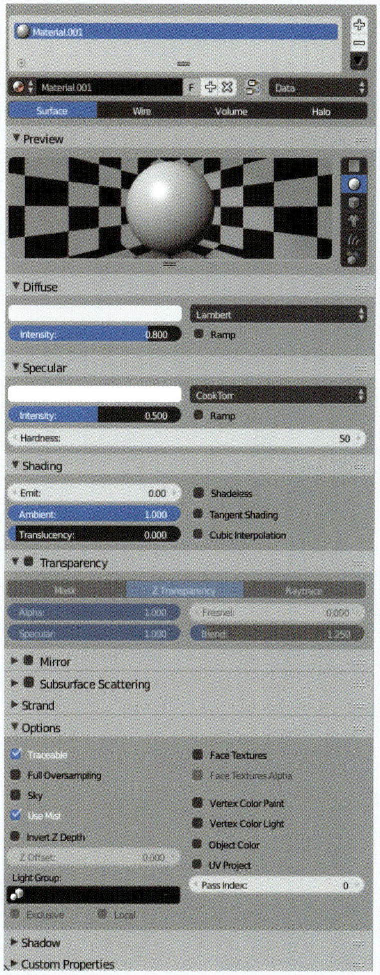

Figure 6–2 Les panneaux du menu Material

Cliquez sur le bouton *New* : de nombreux panneaux apparaissent avec notamment un panneau *Preview* qui affiche une prévisualisation du matériau (créée avec les paramètres par défaut de Blender).

ASTUCE Modes de prévisualisation

Il est possible de prévisualiser les matériaux de façon plus rigoureuse en choisissant l'une ou l'autre des options du panneau *Preview*. Les shaders les plus complexes (en particulier ceux obtenus avec l'éditeur nodal) seront mis en valeur par l'option *Monkey*, tandis que les systèmes de particules statiques trouveront également un mode approprié en l'option *Hair Strands*. Vous noterez enfin la dernière option permettant de tester le matériau sur une sphère à grande échelle en tenant compte des intéractions avec les paramètres du panneau *World* de la scène.

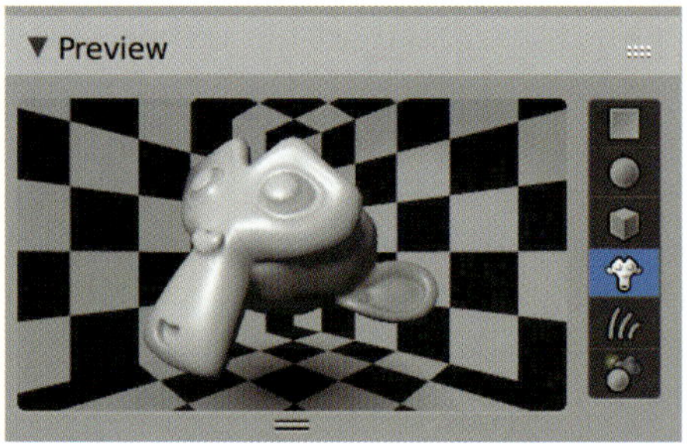

Figure 6–3
Le panneau Preview et ses options de prévisualisation

LE SAVIEZ-VOUS ?
Le matériau par défaut de Blender

Théoriquement, si aucun matériau n'est défini pour un objet, ce dernier est incapable de réfléchir la lumière, et apparaît donc comme une silhouette noire totalement insensible à la luminosité de la scène. Pour éviter ce désagrément, Blender habille automatiquement tout objet qui en est dépourvu d'un matériau par défaut, aisément reconnaissable : un gris évoquant vaguement l'aspect du plastique. Donc, même si vous ne spécifiez pas de matériau à votre objet, il apparaîtra malgré tout sur vos rendus.

Tout au long de ce chapitre, à chaque fois qu'il sera possible d'appuyer une explication par un rendu, nous ferons appel à la même scène de démonstration. Il s'agit d'un objet de test fourni par la communauté pour mettre en valeur les différents réglages du matériau dans un environnement constitué de murs et d'un sol à damiers. Elle a été créée par l'utilisateur Robin Maren et est disponible à cette adresse : http://blenderartists.org/forum/showthread.php?127215-Blender-Material-Preview/.

Cette scène est éclairée par trois lampes, mais celles-ci pourront être activées ou désactivées selon les besoins, avec une forte incidence sur l'éclairage de l'objet principal.

Figure 6–4
La scène qui va servir de base à nos tests

Le shading et la couleur

Lorsqu'un matériau vient d'être créé, les premières choses à faire sont de définir sa couleur de base et la façon dont celle-ci répond à une source d'illumination. C'est le propos des onglets *Diffuse* et *Specular*, correspondant respectivement au shader diffus et au shader spéculaire. Chaque shader a ses propres spécificités.

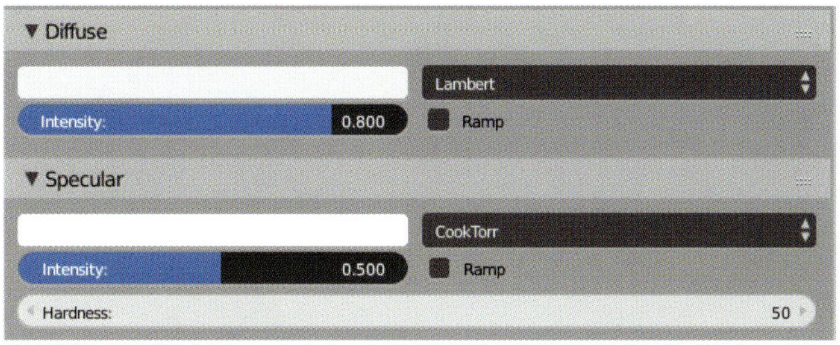

Figure 6–5 Les onglets Diffuse et Specular

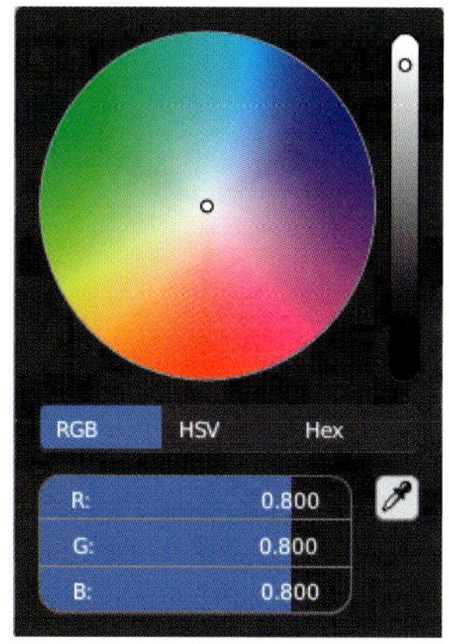

Figure 6–6
Le nuancier de Blender

Couleurs et nuancier

L'onglet *Diffuse* permet de choisir la couleur de base de l'objet, également appelée couleur diffuse, celle qui est vue lorsque l'objet est parfaitement éclairé ; à noter que cette couleur peut ultérieurement être substituée par une texture procédurale, une texture image, ou même le *vertex painting* (peinture sur sommets). C'est également la couleur qu'aura votre objet dans une vue 3D lorsque l'ombrage est activé (touche *[Z]*).

L'onglet *Specular* permet quant à lui de choisir la couleur de la tâche spéculaire de l'objet ; la tâche spéculaire est ce reflet lumineux qui apparaît à la surface d'un objet un minimum brillant, trahissant souvent la position d'une source d'éclairage. Généralement, les tâches spéculaires sont blanches, mais elles peuvent être colorées, par exemple pour le métal.

Pour définir l'une de ces deux couleurs, cliquez sur le bouton la symbolisant : le nuancier de Blender apparaît. Les trois curseurs RGB permettent d'en définir respectivement les composantes *Red* (R, rouge), *Green* (G, vert) et *Blue* (B, bleu). Contrairement à nombre d'autres applications graphiques, codant ces valeurs de `0` à `255`, Blender code celles-ci de `0.00` à `1.00`. Cette habitude déroutante de prime abord fonctionne assez bien *a posteriori*, et reste homogène avec le codage de tous les autres paramètres de Blender. Le nuancier permet également de définir les couleurs en utilisant la notation hexadécimale, le système Teinte-Saturation-Valeur (HSV, *Hue-Saturation-Value*) ou encore *via* le sélectionneur de couleur *(Color Picker)*. Ce dernier permet à l'utilisateur de choisir une couleur présente dans l'interface en cliquant dessus.

Shaders diffus

Ce sont des shaders qui déterminent la façon dont la lumière est reflétée par le matériau ; le comportement peut en effet différer dans la mesure où certains matériaux absorbent plus la lumière que d'autres et que l'angle incident entre le rayon de lumière et la normale à l'objet peut également influer.

- *Lambert* : il s'agit du shader par défaut de Blender. Son paramètre *Ref* (qu'il partage avec tous les autres shaders) détermine la quantité de lumière reflétée, et donc perçue par un observateur. De faibles valeurs conduisent à des matériaux sombres ; des valeurs élevées à des matériaux clairs.

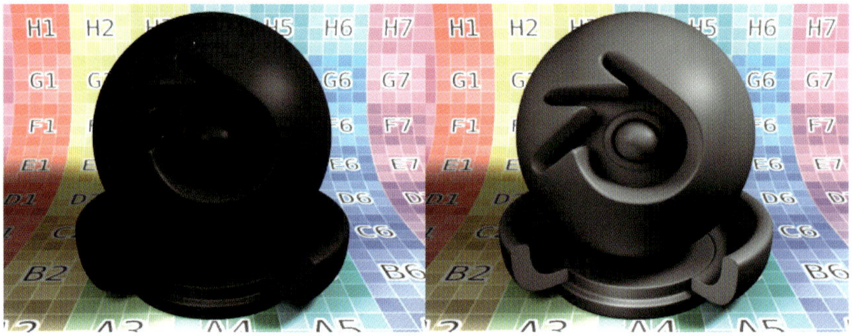

Figure 6–7
Lambert, le shader par défaut de Blender, avec une valeur Ref faible à gauche et élevée à droite

- *Oren-Nayar* : ce shader permet de faire varier la réflexion de la lumière en tenant compte de la rugosité en surface du matériau ; une matière poreuse ou rugueuse aura tendance à renvoyer moins de lumière, au contraire d'un matériau poli ou parfaitement lisse (verre, miroir). Il admet un paramètre supplémentaire témoignant de la rugosité du matériau : *Rough*. Ce paramètre ne vous dispense toutefois pas de modéliser ou d'utiliser une texture pour simuler véritablement la rugosité de surface.

BON À SAVOIR
L'option Cubic

Si vous avez plusieurs lampes dans votre scène, il se peut que des bandes ombrées apparaissent à la surface de vos objets, marquant les frontières normales d'éclairage de chaque lampe individuelle. Si ce phénomène est le plus souvent discret, il est particulièrement visible à la surface de primitives simples (`UVsphere`, par exemple). L'option *Cubic Interpolation* du panneau *Shading* assure des transitions plus douces en interpolant les valeurs diffuses des points à la surface des objets.

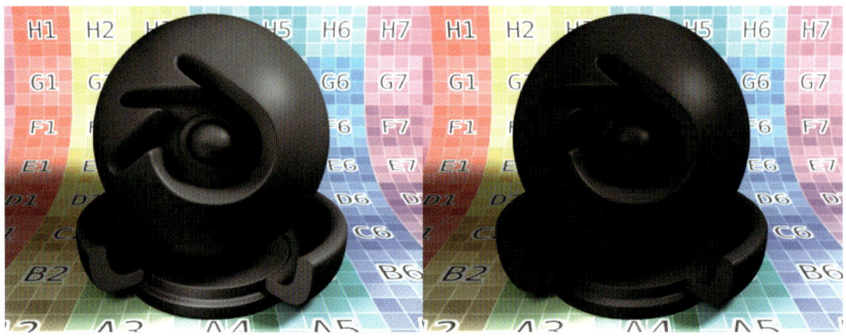

Figure 6–8
Le shader Oren-Nayar avec une rugosité élevée à gauche, et très faible à droite

- *Minnaert* : ce shader est une variante de *Lambert*. Grâce à un paramètre *Dark* supplémentaire, il éclaircit ou assombrit les surfaces en tenant compte de la normale locale à l'objet, de l'angle du rayon lumineux et de l'angle d'observation. Une valeur égale à `1.000` correspond exactement au modèle de *Lambert*. Mais des valeurs de *Dark* supérieures assombriront les silhouettes des objets, leur donnant une apparence plus métallique et mettant en valeur les spéculaires ; au contraire, des valeurs de *Dark* inférieures à `1.000` éclairciront ces mêmes silhouettes, aidant à simuler des matériaux comme la soie ou le velours.

Figure 6–9
Deux tests du shader Minaert, avec la même valeur de Ref : à gauche, une valeur Dark elevée, à droite, une valeur Dark faible

- *Fresnel* : ce shader utilise le même algorithme que pour la détermination de l'effet Fresnel dans le cadre de reflets ou de transparence. Il affecte principalement l'illumination des contours opposés aux sources lumineuses, et est piloté par deux paramètres : *Fresnel* et *Fac*, le premier définissant l'intensité de l'effet, le second la proportion suivant laquelle le shading de l'objet est affecté. Le shader *Fresnel* est utile pour illuminer les surfaces sombres des objets.

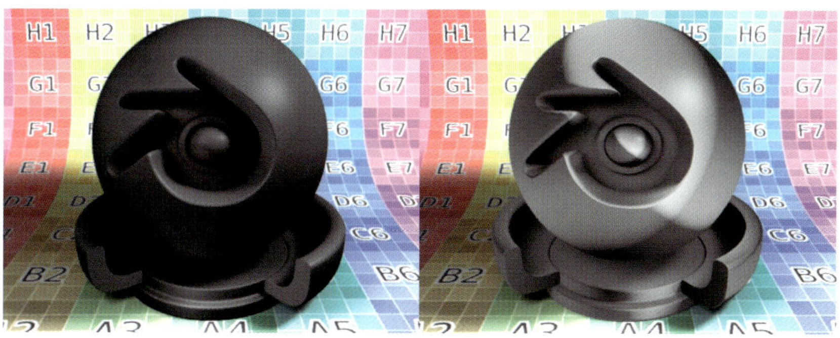

Figure 6–10
À gauche, un test du shader Lambert, et à droite, le même avec le shader Fresnel ; l'illumination diffuse affecte surtout les facettes ayant un angle d'incidence très ouvert entre la direction d'éclairage et la normale à la facette.

Shaders spéculaires

Les tâches spéculaires sont les reflets lumineux que l'on peut observer à la surface des objets soumis à un éclairage vif. Les shaders qui suivent vont régler le comportement de ces rehauts lumineux.

> LE SAVIEZ-VOUS ? **Réflexion diffuse et réflexion spéculaire**
>
> L'intensité de la couleur diffuse est déterminée en fonction de l'angle entre la normale à l'objet au point considéré et la direction de la lumière qui rebondit à sa surface (l'angle d'observation ne joue aucun rôle) : plus l'angle sera ouvert, moins l'intensité sera importante et donc le point considéré sera assombri. Au contraire, plus l'angle sera fermé et plus l'intensité sera élevée, et le point considéré sera éclairci.
> La réflexion spéculaire est au contraire dépendante de l'angle d'observation, puisque l'intensité du rehaut spéculaire est à son maximum lorsque la réflexion sur la face observée pointe vers la source lumineuse.

CookTorr : il s'agit du shader spéculaire par défaut de Blender. Le paramètre *Spec* détermine l'intensité du rehaut spéculaire ; plus la valeur sera élevée, plus le rehaut sera visible à la surface de l'objet, indiquant un objet brillant. Le paramètre *Hard* indique la dureté du rehaut à sa frontière : une valeur basse indiquera une frontière très floue, et donc un rehaut très étendu.

Figure 6–11 De gauche à droite, les valeurs de Spec et de Hard sont graduellement plus élevées, changeant la forme de la tache de brillance sur le modèle.

Phong : il s'agit d'un modèle très proche de *CookTorr*, sauf qu'il est un peu plus adapté à la simulation des spéculaires de matériaux plastiques. Il possède les deux mêmes paramètres *Spec* et *Hard*.

Blinn : ce shader spéculaire est à utiliser conjointement avec le shader diffus *Oren-Nayar*. Il met en œuvre un paramètre supplémentaire *Refr* qui indique l'indice de réfraction du matériau. Vous trouverez en annexe les indices de réfraction d'un certain nombre de matériaux, mais il faut comprendre que ce paramètre n'intervient pas du tout dans la réfraction de la lumière au travers d'objets transparents. Il s'agit là du travail du moteur de rendu et en particulier du lanceur de rayons.

WardIso : à l'instar de *Phong*, ce shader est particulièrement approprié au rendu de rehauts spéculaires sur matériaux plastiques mais plus spécialement sur ceux qui sont brillants.

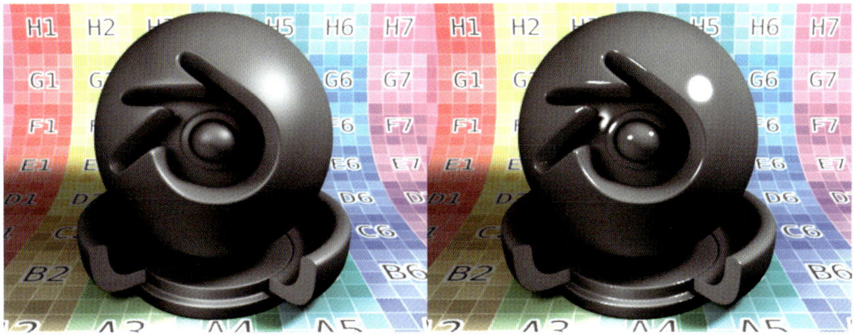

Figure 6–12
Comparatif entre le shader Phong à gauche et WardIso à droite, les deux étant dédiés à des matériaux plastiques

Les rampes de couleur

Certains matériaux peuvent présenter des variations de couleur plus ou moins marquées en fonction de la luminosité reçue ou de l'angle incident d'un rayon de lumière. Si le shader *Minnaert* prend partiellement en compte ce type de phénomène, les rampes de couleur *(Ramp colors)* ont été développées pour répondre à ce type de problématique. Pour les deux shaders *Diffuse* et *Specular*, en cliquant sur le bouton *Ramp*, vous accédez à de nouvelles options vous permettant de régler une rampe de couleur. Apparaît alors une bande dégradée, transparente à son extrémité gauche (curseur n° 0) et blanche à son extrémité droite (curseur n° 1).

Il est possible d'ajouter des curseurs à la position de votre choix sur la bande (petit bouton *Add* et détermination de la position grâce au curseur *Pos*). Un curseur est représenté par une barre verticale sur la rampe qui peut être sélectionnée grâce au bouton gauche de la souris. La combinaison *[Ctrl]+[bouton gauche]* permet d'ajouter d'autres curseurs à l'endroit où vous aurez cliqué. À chaque curseur peuvent être associées les valeurs habituelles *R*, *G*, *B* et *A*. Si *A* est actif, la rampe laisse apparaître la couleur de base du matériau (ou sa texture éventuelle) sous sa propre couleur. Le petit bouton *Del* permet de supprimer le curseur actif ; celui-ci peut être sélectionné grâce au bouton numérique *Cur*. Par défaut, le gradient entre deux curseurs est linéaire (petit bouton *L* activé). Le fonctionnement de la rampe au moment du rendu est défini par trois options supplémentaires : *Input*, *Blender* et *Factor*. À noter que *Input* permet de déterminer si la rampe ne prend en compte que le shading de base du matériau (option *Shader*), ou si elle tient également compte de l'énergie d'éclairage également reçue (option *Energy*), entre autres possibilités.

3DS MAX
Rampe dégradée

Il s'agit d'une texture 2D qui permet de créer des effets très variés au moyen de nombreuses couleurs, textures et fusion, au choix de l'utilisateur. Les *Ramp colors* de Blender en sont l'équivalent, bien qu'elles ne permettent que de créer des effets à base de couleurs.

Autres paramètres liés aux shaders

L'onglet *shading* propose plusieurs options permettant d'ajuster la réponse de la surface du matériau à la lumière. Ces paramètres peuvent se montrer très utiles lorsque l'on souhaite créer des matériaux ne se comportant pas de manière réaliste face à l'éclairage de la scène.

- La translucidité (*Translucency*). Il s'agit d'un phénomène surtout lié aux objets dont les parois sont très fines, comme les membranes, certains vêtements, les abat-jour et autres. Grâce à cette propriété, lorsqu'une lumière est placée derrière (ou à l'intérieur) de l'objet, celui-ci laisse passer une part de la luminosité. À noter, pour que la lumière puisse éclairer au-delà de l'objet, il est nécessaire que l'objet translucide ait un minimum de transparence (paramètre *Alpha (A)* dans l'onglet *Transparency*, qui doit être activé) et que tous les objets susceptibles d'être éclairés aient leur bouton optionnel *Recieve transparent* activé dans l'onglet *Shadows*.
- L'absence d'ombrage (*Shadeless*). Cette option assure que l'objet soit toujours parfaitement illuminé, quel que soit l'éclairage de la scène. Ainsi, la couleur observée est toujours la couleur diffuse du matériau, sans tenir compte d'éventuels ombrages.
- L'émittance (*Emit*). Ce paramètre détermine la quantité de lumière émise par l'objet, le rendant plus ou moins visible même en l'absence de lampe, comme s'il luisait d'une lumière propre. Attention, l'objet ne peut pas éclairer une scène au travers de ce paramètre. Pour obtenir l'effet d'un objet émettant de la lumière, il est nécessaire de coupler ce paramètre avec de véritables lampes.
- Couleur ambiante (*Ambient*). Blender propose dans le menu *World* de définir une couleur ambiante qui agira sur tout les objets présents dans la scène. Cette option permet de définir dans quelles proportions la couleur ambiante aura une influence sur le matériau.

Le rendu de halos

Vous pouvez activer l'option *Halo* lors de la sélection du type de matériau, située juste au dessus du panneau *Preview*. Ce faisant, les options présentées dans le menu *Material* sont désormais complètement différentes d'un matériau de type *Surface*. En activant *Halo*, les faces de l'objet ne seront plus rendues, mais chaque sommet sera remplacé par un petit halo lumineux, montrant ainsi une constellation ordonnée de lumières. Attention, ces halos ne sont pas en mesure d'éclairer la scène, ils sont ajoutés à l'image finale à titre de post-traitement.

> 3DS MAX
> **Rendu de halos**
>
> 3ds Max permet de créer des effets de halo de deux façons distinctes : par ajout d'un effet dans la scène même, auquel cas l'effet sera également visible dans les reflets et la réfraction de la lumière au moment du rendu ; par post-traitement de l'image, après le rendu. Blender Internal n'est à ce jour capable que de cette seconde méthode.

Par défaut, un halo est une petite sphère lumineuse aux frontières diffuses ; sa taille est déterminée par le paramètre *Size*, et la dureté de ses contours (qui lui donne un effet de transparence) par le paramètre *Hardness*. Le

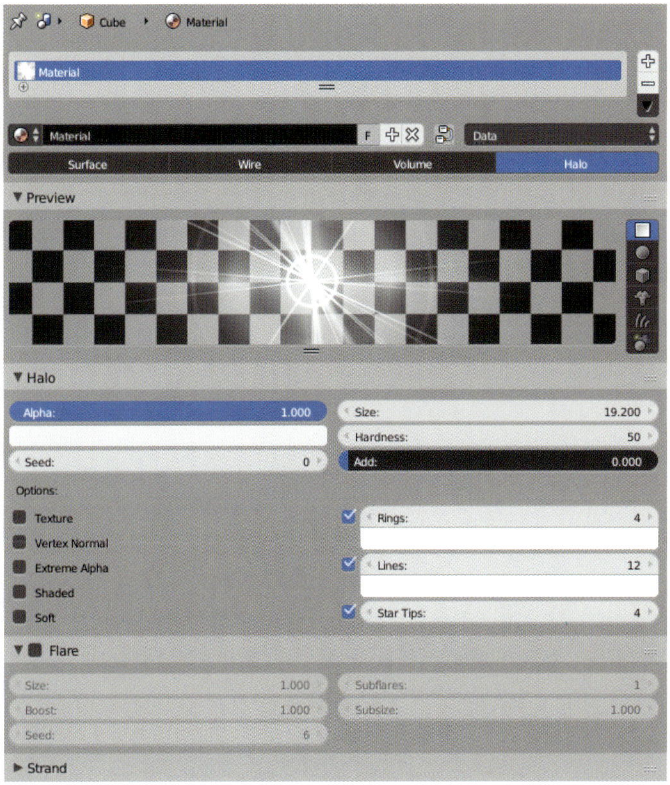

Figure 6–13
Le panneau Shaders lorsque l'option Halo est active.

curseur *Add* permet de déterminer la proportion selon laquelle les couleurs du halo sont ajoutées aux couleurs de l'arrière-plan, plutôt que simplement mélangées à celles-ci. Les options *Rings* (anneaux), *Lines* (lignes), *Star* (étoile) sont autant d'options changeant l'apparence du halo. *Texture* permet d'adjoindre une texture au halo, tandis que *Vertex Normal* utilise la normale au sommet pour déterminer les dimensions du halo. L'option *Flares* appelle à son tour de nouvelles options, permettant de simuler les éclats de lumière colorés que l'on obtient en filmant le soleil ou une autre source intense de lumière.

Les halos sont pratiquement incontournables lorsqu'il s'agit de simuler des flammes, de la fumée, des étincelles, ou d'autres phénomènes de ce type grâce aux systèmes de particules (voir le chapitre 7 « Techniques d'animation fondamentales »). À ce titre, le paramètre *Alpha* du panneau *Material* peut aider à donner à vos halos une substance encore plus éthérée, et l'option *Shaded* permet de prendre l'éclairage et le calcul des ombres en compte au moment du rendu. Enfin, l'option *Soft* leur confère une apparence plus volumétrique, en particulier lorsqu'ils interceptent d'autres objets.

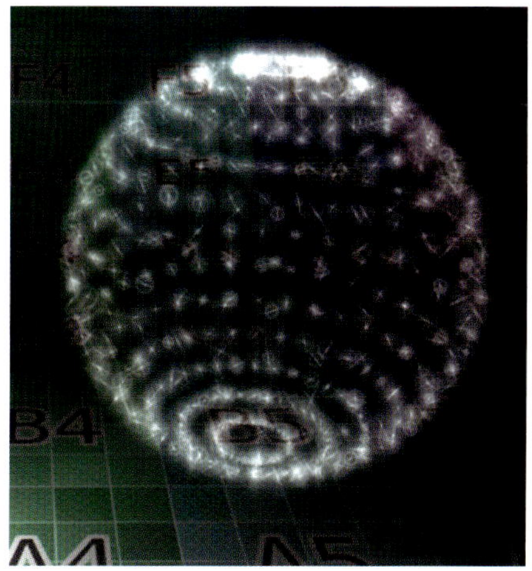

Figure 6–14
Exemple de rendu de halo

BON À SAVOIR

Raytracing et transparence

Le moteur de rendu *Blender Internal* supporte la technique du raytracing pour simuler des réflexions et des réfractions réalistes sur les objets. Cependant, ce type de surface est très long a calculé et les algorthyme sont très peu performants, augmentant les temps de rendu de manière exponentiel dès qu'on active ces paramètres. Il est donc très fortement recommandé d'utiliser le moteur de rendu *Cycles* qui gère nativement ce type de surface et qui est bien plus performant pour le lancer de rayons.

Les textures

Dans Blender, il est possible de distinguer deux types de textures : les textures à base d'images, et les textures procédurales. À un même matériau, il est possible d'associer de nombreuses textures différentes (menu *Texture*), chaque texture pouvant être plaquée sur l'objet suivant des règles précises (onglet *Mapping*), ou affecter un ou plusieurs canaux (*Influence*).

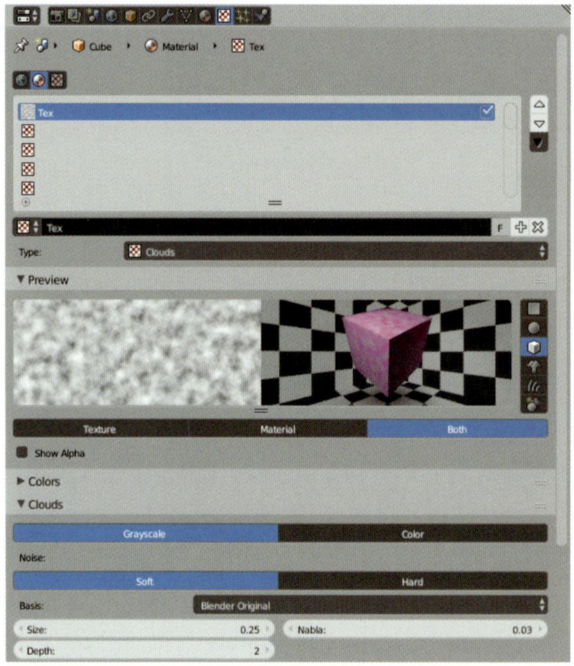

Figure 6–15
Les onglets relatifs à la gestion des textures dans le menu Texture

1 Le menu *Texture* présente de nombreux champs vides. Pour ajouter une texture, choisissez un champ libre et cliquez sur le bouton *Add New*. Une nouvelle texture vierge fait son apparition, et vous pouvez la renommer dans le champ prévu à cet effet. De nombreux autres onglets sont présentés, chacun permettant de régler des paramètres spécifiques tels que le plaquage de la texture, l'influence sur l'objet ou encore les couleurs de la texture.

2 L'onglet *Mapping* permet de définir la façon dont la texture sera plaquée sur l'objet. En particulier, vous pouvez définir le centre de la texture comme coïncidant avec le centre de l'objet (option *Generated*), ou utiliser les coordonnées UV de l'objet pour le placement de la texture (option *UV*). Si vous utilisez une texture de type *Image*, vous pouvez définir la méthode de projection : plane, cubique, cylindrique ou sphérique. Les boutons numériques *offset X*, *Y* et *Z* permettent de décaler le centre de la texture dans les trois directions. Enfin, les paramètres numériques *size X*, *Y* et *Z* permettent de redimensionner la texture dans

les trois directions. Attention, il s'agit d'un multiplicateur d'occurrence et non pas d'un facteur d'échelle : dans le même espace, `sizeX = sizeY = sizeZ = 2` feront apparaître deux fois la texture (les détails apparaîtront donc deux fois plus petits). De même, `sizeX = sizeY = sizeZ = 0.5` feront apparaître seulement la moitié de la texture sur le même espace (les détails apparaîtront donc deux fois plus grands).

3 L'onglet *Influence* permet de définir le canal affecté par la texture. Pour plus de clarté, les différents canaux sont regroupés selon leur action sur le shader final (*Diffuse*, *Specular*, *Shading* et *Geometry*). En particulier, nous noterons les canaux *Color* (les informations de la texture servent à colorer la surface de l'objet) et *Normal* (les informations de la texture servent à bosseler la surface de l'objet), qui sont les plus utilisés. Lors de l'usage de textures procédurales, à moins d'utiliser l'option *Colorband* de la texture (*Texture buttons*, onglet *Colors*), il est possible de définir ici la couleur qui sera opposée à la couleur de base du matériau.

Les canaux de texture

À l'exception des canaux *Color*, *Specular Color* et *Specular mirror*, il suffit, la plupart du temps, d'avoir une texture en dégradés de gris pour fonctionner avec les canaux ; un point noir indique une influence nulle de la texture, un point blanc une influence maximale, et des dégradés de gris une influence comprise entre les deux extrêmes, proportionnelle à la part de noir et de blanc. Pour les textures de type *Image*, le type de projection (onglet *Mapping*) est essentiel et conditionnera fortement le résultat final. Pour vos propres expérimentations, vous trouverez la scène de base pour les images suivantes dans le fichier `exercice-ch06.03-depart.blend` du répertoire `/exercices` des fichiers de travail.

BON À SAVOIR
Éditeur de nœuds de texture

Sur le même principe que l'éditeur de nœuds *Material*, Blender permet de créer et gérer des textures sous formes de nœuds. Il s'agit essentiellement d'une alternative à l'usage des canaux de texture, qui ne sera pas développée dans cet ouvrage.

Figure 6–16
Un dégradé de gris qui va être utilisé pour les canaux de texture.

Les principaux canaux sont décrits et illustrés ici. Depuis la version 2.5 de Blender, les canaux sont regroupés selon leur influence sur le matériau en quatre groupes distincts : *Diffuse*, *Specular*, *Shading* et *Geometry*.

Influence Diffuse

- *Intensity* : les niveaux de gris de la texture déterminent la quantité de réflexions diffuses sur le matériaux. Ce paramètre permet de nuancer la couleur de base du *Material* défini dans l'onglet *Diffuse* du menu *Material*.
- *Color* : les couleurs de la texture sont plaquées sur l'objet, en remplacement de la couleur *Diffuse* de l'onglet *Material*. Le curseur *Color* et le *Blend* (par défaut *Mix*) permettent de doser l'effet de ce canal.
- *Alpha* : la surface de l'objet sera transparente là où la texture sera sombre, et opaque lorsqu'elle sera claire. La transparence sera dépendante de la valeur *Transparency* définie dans l'onglet *Material*, et l'effet est contrôlé par le curseur *DVar*. Dans la plupart des cas, activer *ZTransparency* ou *RayTransparency* se révélera utile.
- *Translucency* : la surface de l'objet sera translucide là où la texture sera sombre, et opaque lorsqu'elle sera claire. La translucidité n'est contrôlée par aucun curseur : un point noir de la texture correspond à une translucidité maximale, et un point blanc à une translucidité nulle.

Figure 6–17

Figure 6–18

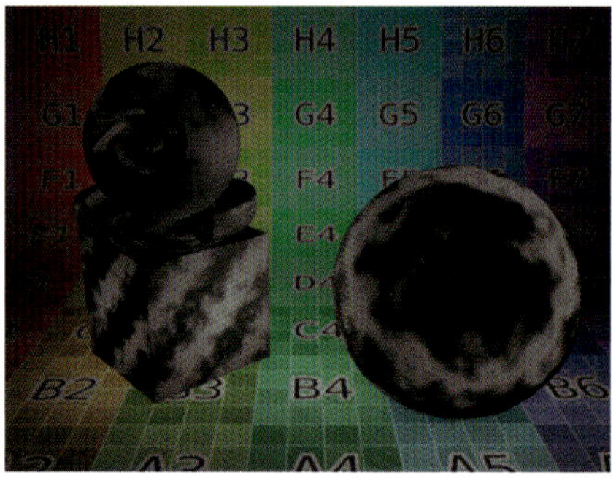

Figure 6–19

Influence Specular

- *Intensity*, *Color* : similairement au groupe d'influence *Diffuse*, les paramètres *Intensity* et *Color* permettent de définir l'intensité et la couleur des zones de réflexions spéculaires.
- *Hardness* : ce paramètre utilise les informations en niveaux de gris de la texture pour définir la dureté des réflexions spéculaires sur le matériau. À noter que ce paramètre dépend également dans la valeur du curseur *DVar*. *Dvar* à `1.0` correspondra à une valeur de *Hardness* à `130`, et à `0.5` une valeur de `65`.

Influence Shading

- *Mirror* : ce canal affecte la réflectivité de l'objet, et réfléchira plus ou moins la lumière en fonction du dégradé de gris de la texture ; il sera donc plus clair quand la texture sera elle-même claire, et plus sombre lorsqu'elle sera elle-même sombre. L'effet sera contrôlé par le curseur *DVar*.

- *Ray Miror* : la surface de l'objet réfléchira plus ou moins parfaitement son environnement dans les zones claires de la texture, à concurrence de la valeur *Ray Mir* de l'onglet *Ray Transp*. L'effet sera contrôlé par le curseur *DVar* (astuce : essayez *RayMir* à `0` et *DVar* à `1`, puis inversez les valeurs).

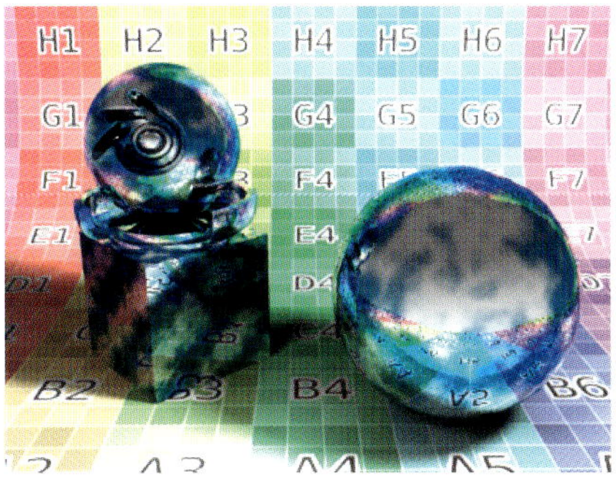

Figure 6–20

Figure 6–21

BON À SAVOIR

Choisir l'algorithme de Bump Mapping.

Depuis la version 2.5, l'algorithme de Bump Mapping a été complètement revu et corrigé permettant ainsi d'avoir des bumps maps beaucoup plus efficaces et contenant plus de détails qu'auparavant. Pour des raisons de compatibilités avec les anciens fichiers .blend, il est possible de choisir le type d'algorithme utilisé en bas de l'onglet influence. Les algorithmes proposés sont Best Quality, Default, Compatible et Original. Si vous travaillez uniquement avec des versions récentes de Blender, il est conseillé d'utiliser Best Quality qui donne des résultats beaucoup plus fin que les autres algorithmes.

Influence Geometry

- *Normal*, *Displace* : ces canaux affectent l'aspect de surface de l'objet, en définissant le bosselage de celui-ci. Les parties sombres de la texture définiront les « creux » de la surface et les parties claires les « bosses » de celle-ci. À noter, que pour le canal *Normal*, ce bosselage est purement visuel, et ne modifie en rien la géométrie de l'objet. Au contraire, le canal *Displace* va effectivement déplacer (au moment du rendu) la géométrie de l'objet ; il conviendra alors d'avoir un maillage suffisamment subdivisé pour que le déplacement soit satisfaisant. Les effets sont respectivement contrôlés par les curseurs *Normal* et *Displace*.

Figure 6–22
Notez que pour le canal Displace, la densité du maillage est un facteur très important pour déterminer l'intensité de l'effet. Dans cet exemple, on remarque que sur le cube très peu subdivisé, il n'y a quasiment pas de déplacement.

À noter que certains canaux peuvent être inversés. L'utilisateur peut alors rentrer des valeurs entre `-1` et `1` au lieu des traditionnelles limites `0` et `1`.

Les textures de type Image

Dans le menu *Texture*, dans le menu déroulant *Type*, choisissez *Image*. Un nouvel onglet intitulé *Image* apparaît. Cliquez sur le bouton *Load Image*, choisissez une image sur votre disque dur et validez. L'image apparaît dans l'onglet de prévisualisation.

BON À SAVOIR
Les images et la transparence

Si l'image utilisée supporte la transparence (par exemple, le format PNG) et que certaines zones de celle-ci sont transparentes, il est possible de préciser à Blender de tenir compte de cette transparence en activant le bouton *Use Alpha* dans l'onglet *Image Sampling*. Au rendu, les zones transparentes révéleront donc la couleur de base du matériau de l'objet.

Si l'image utilisée ne supporte pas la transparence, il est possible de forcer Blender à considérer l'intensité de la couleur comme critère de transparence : les couleurs sombres seront transparentes, tandis que les couleurs claires seront opaques ! Pour cela, il vous faudra cocher l'option *Calculate*.

Que votre image supporte ou non la transparence, vous pouvez utiliser le bouton *Invert* pour inverser les informations de transparence communiquées par l'image.

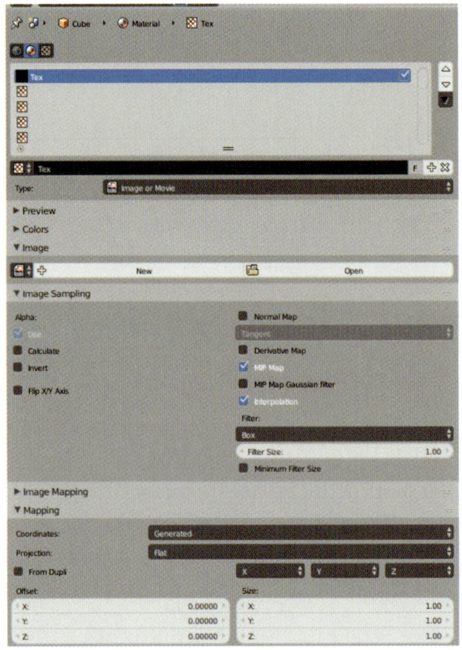

Figure 6–23
Les panneaux relatifs à une texture de type Image

Par défaut, les boutons *Mip Map* et *Interpolation* du panneau *Image Sampling* sont activés. Il est également possible de choisir le *Filter* qui permet de filtrer l'image : des valeurs supérieures à `1.000` conduiront au placage sur l'objet d'une version floue de l'image, des valeurs inférieures produiront un tracé plus net. Le paramètre *Eccentricity* permet également d'affiner le filtrage de la texture : en augmentant la valeur, la texture paraîtra moins floue dans les zones où les distorsions sont fortes au dépend de temps de rendu plus long.

BON À SAVOIR **Influence de la méthode de filtrage sur l'anticrénelage des images**

Il existe plusieurs méthodes de filtrage des pixels lors de l'anticrénelage des images rendu. Un menu déroulant est disponible dans le panneau *Anti-Aliasing* du menu *Render* de la fenêtre des propriétés. L'option *Mitchell-Netravali* est sélectionnée par défaut et permet de produire des images nettes avec des performances intéressantes. Parmi les nombreuses autres options, on relève en particulier :

- *Gaussian*, qui produit des résultats plus flous, mais a longtemps été le réglage par défaut de Blender ;
- *Catmull-Rom*, qui est la méthode employée par Renderman, le moteur de rendu des studios Pixar pour leurs longs métrages d'animation.

Bon à savoir Extension de l'image

Si jamais la taille d'une image finie n'est pas suffisante pour couvrir un objet en entier, il est possible de définir le comportement de la texture dans l'onglet *Image Mapping*.

- *Extend* : la couleur des bords de l'image est projetée à l'infini pour compléter la couverture de l'objet.
- *Clip* : au-delà des bords de l'image, l'image est considérée comme étant transparente, laissant apparaître le matériau de base dans la zone non couverte. Idéal pour la création d'étiquettes ou d'autocollants à la surface de vos objets.
- *Repeat* : l'image est répétée indéfiniment dans les directions de projection ; idéal pour la répétition d'un même motif sur la surface d'un objet.
- *Checker* : l'image est répétée indéfiniment mais sous la forme d'un motif de type damier. Si l'option *Odd* est activée, l'image est affichée une case sur deux, laissant voir la couleur du matériau de base lorsqu'elle n'est pas affichée. Si l'option *Even* est activée, l'image est affichée à chaque case, ce qui conduit à un résultat similaire à *Repeat* si *Mortar* est égale à `0.00`. *Mortar* permet de régler l'espace (en unités de Blender) entre deux images, cet espace révélant la couleur de base du matériau.

À moins d'utiliser le dépliage UV (voir chapitre 5 « Matériaux et techniques d'illumination avec Cycles »), il est important de préciser à Blender la façon dont l'image devra être projetée sur l'objet. Blender supporte à ce jour quatre types de projection, que l'on retrouve dans l'onglet *Map Input*.

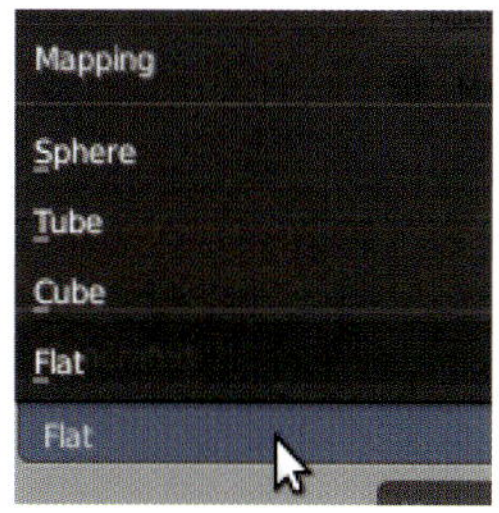

Figure 6–24 Les quatre types

3ds Max Matériau Fusion

Le matériau Fusion permet de combiner deux définitions de matériaux et utilise un masque définissant le pourcentage de fusion. Blender fournit des résultats similaires, mais limités à la combinaison de textures, grâce à la fonction *Stencil* (voir la section « L'usage des masques » dans ce même chapitre).

- **Projection plane** (*Flat*) : la texture est comme une image de film projetée sur un mur ou sur une toile depuis un projecteur, sauf que le projecteur est strictement vertical (projection dans la direction +/- Z). Si l'objet recevant la texture est plus ou moins courbe, la texture présentera des distorsions importantes.
- **Projection cubique** (*Cube*) : la texture est projetée comme ci-avant, mais dans les six directions à la fois (+/- X, +/- Y et +/- Z).

Figure 6–25 Projection plane

Figure 6–26 Projection cubique

Figure 6–27

Bon à savoir Les formats d'image supportés par Blender

Les formats d'image supportés sont BMP, JPG, PNG et TGA mais d'autres formats sont partiellement supportés (comme le format PSD natif de Photoshop). Vous ne pourrez utiliser que ces formats-là en guise de texture pour vos objets.

- **Projection cylindrique** (*Tube*) : l'image est projetée de façon à « enrouler » verticalement l'objet recevant la texture. Seules les faces orientées perpendiculairement à la direction +/- Z ne sont pas habillées convenablement.

3ds Max Les types de Mapping

De 3ds Max à Blender, les noms de types de mapping changent quelque peu : *Planaire* correspond à *Flat* ; *Cylindrique* à *Tube* ; *Sphérique* à *Sphere* ; *Boîte* à *Cube*. Les options *Couvercle* et *Emballage* n'ont toutefois pas d'équivalent. L'option *Face* est très facile à reproduire : dans le panneau *Map Input* de Blender, choisissez simplement *UV* pour reproduire l'image sur chaque facette de votre maillage.

Figure 6–28

- **Projection sphérique** (*Sphere*) : la texture est projetée uniformément dans toutes les directions à la fois, de façon à ce qu'elle enveloppe complètement l'objet. Si l'objet recevant la texture n'est pas lui-même sphérique, la texture pourra présenter des distorsions plus ou moins importantes.

Bon à savoir Charger une vidéo à la place d'une image

Cette option se révèle pratique dans le cadre de textures animées ; si vous pouvez aisément animer une texture procédurale grâce à ses courbes F-Curves, vous aurez parfois besoin de spécifier en arrière-plan (menu *World*) ou à la surface d'un objet une texture sur laquelle défilera une vidéo, plutôt que de présenter une image statique. La mise en place d'une vidéo se fait exactement comme celle d'une image : dans le menu *Texture*, choisissez *Image* en guise de *Texture type* ; puis, dans le panneau *Image*, appuyez sur le bouton *Open* pour choisir votre vidéo. Blender va automatiquement détecter un film et proposer des options correspondantes. Il est préférable de désactiver les boutons *Interpolation* et *MipMap dans l'onglet Image Sampling*. Vous pouvez désormais spécifier la longueur (en frames) de la vidéo grâce au bouton *Frames*, puis indiquez la frame de votre animation à partir de laquelle votre vidéo sera jouée (*Start*) et ajouter un décalage par rapport au début de l'animation de la scène (*Offset*). Vous pouvez charger des séquences d'images ou des vidéos au format AVI (compressé ou non), bien que sous Windows, toute vidéo dont vous disposez du codec idoine sera acceptable.

Les textures procédurales

Une texture procédurale est une texture dont l'apparence est définie à l'aide de fonctions mathématiques plus ou moins complexes. Il est possible de l'attribuer à un canal ou un autre, comme pour toute autre texture. En revanche, il n'est pas possible de spécifier leur mode de projection car, de par leur nature mathématique, les textures procédurales sont définies dans l'espace, en 3D. Ainsi, par exemple, un objet avec une texture procédurale de type marbre (*Marble*) révèle les veines du marbre en surface de l'objet, mais si l'on coupait l'objet ainsi texturé en deux, on se rendrait compte que les veines observables en surface se propagent également à cœur de l'objet.

Figure 6–29 Les textures procédurales sont définies dans les trois dimensions.

Les textures procédurales sont bien évidemment pratiques pour donner rapidement couleur aux matériaux de vos objets, mais elles sont aussi et surtout redoutables lorsqu'elles sont attribuées aux autres canaux de texture, afin d'apporter variété et irrégularité à des surfaces au rendu autrement trop parfait.

Il existe différents types de textures procédurales : il faut choisir celle que vous souhaitez insérer dans le menu déroulant *Type* lorsque vous souhaitez en insérer une. Chaque type de texture procédurale apparaît avec ses propres paramètres, mais les trois plus fréquents sont les suivants (toutes les textures n'y font toutefois pas appel).

- *Size* : ce paramètre définit la taille du motif de la texture procédurale. Il est également possible d'ajuster celle-ci grâce aux boutons numériques *SizeX*, *SizeY* et *SizeZ* de l'onglet *Mapping*.
- *Depth* : ce paramètre définit la profondeur du dégradé de la texture procédurale ; plus cette valeur sera grande, plus le dégradé de couleur sera fin. Au contraire, plus cette valeur sera faible, plus le dégradé sera abrupt.
- *Turbulence* : ce paramètre permet de déformer le motif de base de la texture procédurale ; plus cette valeur sera élevée, plus le motif sera chaotique et probablement plus naturel.

Usages par type de texture

Les possibilités sont très élevées : disposant de nombreux champs de texture, vous pouvez réaliser des empilements extrêmement conséquents de textures procédurales. Utilisées seules, elles sont rarement satisfaisantes et requièrent, au contraire, le mélange de deux ou trois textures différentes, de même type ou non.

Gardez à l'esprit que les textures procédurales peuvent se voir doter des couleurs et de la transparence au travers de l'option *Colorband*, dans l'onglet *Colors*. Elles peuvent également être étirées dans certaines directions, dans le panneau *Mapping*, grâce aux boutons *sizeX*, *sizeY* et *sizeZ*.

Clouds : très utile pour les nuages, la fumée ou même les flammes. Également pratique en tant que carte de bosselage, dans le canal de texture *Normal*.

Marble : bien évidemment indispensable pour le marbre, mais aussi pour les flammes.

Stucci : généralement utilisé pour générer, après association au canal de texture *Normal*, des surfaces granuleuses (pierre, goudron, orange, rouille). Il est possible de spécifier si l'on souhaite obtenir des bosses ou des crevasses.

Wood : indispensable pour... les textures de bois ! Les meilleurs résultats seront obtenus après empilement de plusieurs couches paramétrées différemment.

Magic : pour simuler les reflets irisés des bulles de savon (canal *Color*) ou les mailles de tissus (canal *Normal*).

Blend : une texture qui permet de prendre le contrôle d'autres textures. Spécialement utile pour la création de masques (voir ci-après) ou d'effets spéciaux (simulation d'effet Fresnel ou d'épaisseur de verre, par exemple, en activant l'option *Normal* dans le panneau *Mapping*).

Noise : pour générer un parasitage type écran télé qui ne capte rien. Prévu pour les animations, le bruit n'est jamais identique d'une image à l'autre.

Musgrave : idéal pour les textures organiques (cerveaux par exemple) mais aussi pour la création de cuir tanné ou de pierres, en combinant plusieurs textures différentes.

Voronoi : pour le métal martelé ou ciselé, ou encore pour des textures plus organiques : écailles, peau, réseaux de veines.

Distorted Noise : vous pourrez obtenir de nombreux résultats plus ou moins inattendus en mélangeant un bruit de base et une méthode de distorsion. Très utiles en complément des autres textures procédurales, pour casser leur aspect répétitif ou introduire des « accidents » supplémentaires sur les surfaces.

LE SAVIEZ-VOUS ?

Textures et matériaux prêts à l'emploi

Vous trouverez avec les fichiers de travail, dans le répertoire `bonus/material/` de nombreux matériaux prêts à l'emploi. Certains reposent sur des textures procédurales mais, globalement, ils sont anciens et ne tirent que peu ou pas parti des textures procédurales les plus évoluées actuellement disponibles dans Blender. Il y a toutefois sur l'Internet une référence à ne pas manquer, qui propose plus de 20 catégories différentes de matériaux, soit plus de 500 références prêtes à l'emploi au total !

‣ http://www.blender-materials.org/

Pour réutiliser un matériau existant, utilisez `[Maj]+[F1]` et naviguez dans le fichier `.blend` comme s'il s'agissait d'une suite de répertoires. Dans le répertoire `Material/`, sélectionnez celui que vous souhaitez importer dans votre scène et validez. Une fois cela fait, vous pouvez attribuer le matériau importé à n'importe lequel des objets de votre scène, grâce au bouton ascenseur qui figure en haut du menu *Material*.

ASTUCE **Animation des textures procédurales**

Comme vous le verrez dans le chapitre 7 « Techniques d'animation fondamentales », il vous est possible d'associer des courbes F-Curves aux paramètres de votre texture procédurale, et ainsi créer très facilement des textures animées.

Cartes normale et de déplacement

Dans l'industrie du jeu ou en complément de logiciels 3D spécialisés, il est souvent utile d'extraire des informations très détaillées d'un modèle haute résolution, de stocker celles-ci dans une carte UV, et de l'appliquer à un modèle basse résolution.

Figure 6–30
À partir d'un modèle 3D haute résolution d'une caisse en bois (sans couleurs pour facNSiliter la compréhension), une carte normale est générée en utilisant la fonction Bake.

Dans le cas des cartes normales, il s'agit de donner l'illusion qu'un modèle basse résolution présente le même niveau de détails (plis, rayures, rides, écailles et boutons, etc.) qu'un modèle haute résolution. Le modèle conserve sa géométrie : il reste en basse résolution.

Figure 6–31
Appliquée à un simple cube, la carte normale apporte alors un niveau appréciable de détails supplémentaires.

Dans le cas des cartes de déplacement, il s'agit plutôt de donner la possibilité de reconstruire le modèle haute résolution à partir du modèle basse résolution. Cela implique que le modèle basse résolution soit subdivisé jusqu'à atteindre le même niveau de densité de maillage que l'original. Contrairement au cas précédent, la géométrie est altérée.

À ces fins, les options suivantes sont également disponibles dans l'onglet *Bake* :

- *Normals* : calcule les valeurs normales à la surface, et les retranscrit sous forme d'image RGB ; il s'agit en particulier de créer une carte normale à partir d'un modèle haute résolution, puis de l'appliquer sur un modèle basse résolution pour créer l'illusion de formes complexes sur des maillages simples. Utile dans le cadre de la création de modèles (personnages, décors ou accessoires) à destination de jeux vidéo supportant les cartes normales.

- *Displacement* : calcule la distance entre le point d'un modèle sculpté en haute résolution et la surface d'un modèle basse résolution ; il est alors possible d'appliquer cette carte de déplacement au modèle basse-résolution, suffisamment subdivisé (modificateur *Subsurf*) et de le déformer grâce au modificateur *Displace*.

Texture volumétrique et dispersion sous-surfacique

Tout comme pour les techniques de lancer de rayons, le moteur de rendu Cycles donne de bien meilleurs résultats pour simuler les rendus volumétriques et l'effet SSS. Nous vous recommandons donc de passer par lui pour créer ces types d'effets, décrits au chapitre 5 de cet ouvrage.

Astuce

Images au format 32 bits Float

Par défaut, la fonction *Image>New* permet de créer des images 8 bits, suffisantes pour stocker les couleurs et donc appropriées pour le baking de textures, de l'occlusion ambiante et même de cartes normales.

Pour les cartes de déplacement, en revanche, 8 bits sont insuffisants pour stocker les distances relatives aux surfaces : avec de telles images, il est possible d'observer des artéfacts et des phénomènes d'escalier sur les surfaces déplacées. L'option *32 bits Float* permet donc de générer des images capables de stocker le supplément de profondeur nécessaire à la restitution de déplacements proches de la perfection !

Outils spéciaux de mise en couleurs : les modificateurs

Les modificateurs affectant les matériaux ne sont pas très nombreux. Il est possible de les mettre en œuvre au travers du menu *Object Modifiers* : le bouton *Add Modifier* permet d'afficher une liste déroulante des modificateurs disponibles. La plupart sont plus particulièrement étudiés dans les chapitres 4 « Techniques de modélisation » et 7 « Techniques d'animation fondamentales ».

Le modificateur UV Project (projection UV)

Ce modificateur permet de projeter littéralement une texture UV sur un maillage, depuis un objet défini comme étant le projecteur. Vous pouvez alors déplacer ou faire tourner votre projecteur, et l'image projetée suit les mêmes transformations. Au préalable, votre objet devra avoir été déplié, car ce modificateur transforme les coordonnées UV, sans les créer. Pour que la texture soit visible au rendu, le bouton *Face Textures* doit être actif, comme pour tout modèle utilisant une cartographie UV.

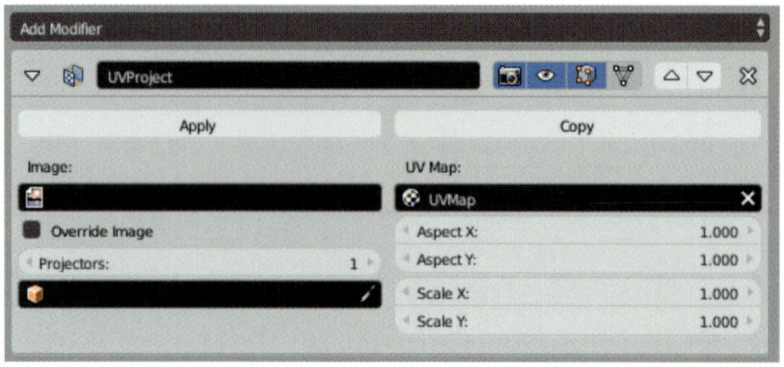

Figure 6–32
Le modificateur UV Project

Les champs *AspX* et *AspY* permettent de modifier le ratio d'aspect de l'image projetée. Le bouton numérique *Projectors* permet de définir le nombre de projecteurs dont le modificateur doit tenir compte, un champ `Ob:` permettant d'identifier nommément chacun d'eux (attention à respecter la casse et l'orthographe du projecteur, comme d'habitude). Le type de projection est automatiquement orthographique, sauf si le projecteur est une caméra, auquel cas la projection n'est orthographique que si l'option *Orthographic* est active dans le panneau *Camera*. Le champ *Image* est très particulier :

- laissé vide, il indique que l'image du projecteur affecte toutes les facettes de l'objet ;
- si un nom d'image y figure, cela signifie que seules les facettes associées à cette image lors du dépliage sont affectées par l'image projetée.

Le bouton *Override Image* permet d'imposer à la facette l'image désignée par le champ *Image* même si elle était normalement associée à une autre image.

ASTUCE À quel usage réserver ce modificateur ?

Basiquement, vous pouvez très bien projeter une image à la surface d'un objet en assignant simplement une texture à une lampe de type *Spot*, par exemple. La principale différence est qu'avec le modificateur *UVProject*, vous pouvez utiliser le bouton *Apply* pour enregistrer définitivement le résultat dans la carte UV de l'objet déplié.
Cette méthode se révèle très pratique, par exemple, pour bâtir rapidement des prototypes de cartes UV lorsque votre projet comprend de nombreuses parties planes, sans avoir à tout déplier d'emblée : vous pouvez donc modéliser et texturer tout en progressant (en ajoutant des caméras orientées perpendiculairement aux surfaces et dirigées vers celles-ci ; vous ajoutez ensuite le modificateur *UVProject* et, interactivement, dans la vue 3D texturée, vous déplacez le projecteur jusqu'à obtenir l'échelle et le positionnement souhaités de la texture sur l'objet, très facilement). Une fois le prototype terminé, vous dépliez votre modèle normalement et appliquez les derniers ajustements aux caméras. Une fois satisfait du résultat, vous cliquez sur le bouton *Apply* du modificateur et la texture est dès lors parfaitement plaquée sur votre objet.

Figure 6–33
Le tatouage sur le bouclier a été positionné grâce au modificateur UV Project. Il s'agit d'une image créée par le projet Durian de la Blender Foundation (http://www.sintel.org/).

BON À SAVOIR
Illumination directe et indirecte

Ces notions sont vulgarisées dans le chapitre 5 « Matériaux et techniques d'illumination avec Cycles », dans la section « Quelques notions sur l'illumination globale », en introduction de la deuxième moitié du chapitre, consacrée aux « Techniques d'illumination ». Référez-vous-y pour mieux comprendre la différence d'approche entre le moteur *Cycles* et le moteur interne de Blender.

Techniques d'illumination

Les techniques d'illumination du moteur de rendu de Blender sont très différentes de celles développées avec *Cycles*. Là où ce dernier privilégie l'illumination globale, au travers d'une gestion robuste et physiquement réaliste de l'illumination indirecte, le moteur interne s'est longtemps contenté de l'illumination directe comme seule méthode disponible. Atteindre un certain réalisme dans l'illumination des scènes demandait donc l'utilisation de nombreux artifices, notamment pour simuler l'illumination indirecte, parfois au travers de montages complexes de lampes.

Heureusement, au fil des années, le moteur de rendu interne s'est pourvu d'outils permettant de simuler certaines méthodes d'illumination globale, comme l'occlusion ambiante, et plus récemment encore, l'illumination indirecte (utilisation de l'émittance d'un objet pour éclairer « réellement » son environnement) grâce à l'occlusion ambiante dite « approximative ».

L'un dans l'autre, le moteur interne offre aujourd'hui la flexibilité nécessaire à l'obtention de résultats réalistes, mais au prix de réglages qui semblent le réserver à l'utilisateur averti. Cette section a justement pour ambition de mettre ces techniques à portée de tout utilisateur, même débutant.

Utilisation des lampes

Comme nous l'avons déjà souligné dans le chapitre précédent, les lampes n'ont aucune limite géométrique définie (à l'exception des aires lumineuses, ou, dans une certaine mesure, les spots) ; elles se contentent d'émettre des rayons lumineux selon des règles propres au type de lampe. Si le rayon de lumière intercepte une face, le pixel correspondant de l'image rendue sera illuminé ; dans le cas contraire, il sera ombré. C'est le cas typique du modèle d'illumination direct. Il en résulte deux observations majeures :

- si vous braquez une caméra en direction d'une lampe, celle-ci n'apparaîtra pas au rendu, et seules les tâches spéculaires sur les objets de la scène trahissent sa présence ;
- les ombres générées sont totalement opaques (noir absolu), avec des bords nets et tranchés.

Le reste de cette section va permettre, en explorant les paramètres des différents types de lampes et méthodes de simulation d'illumination globale, de dégager des pistes permettant de contourner ces deux limitations irréalistes.

Les ombres par le shadow buffering

En tant que moteur de rendu originellement de type scanline, Blender peut reposer sur la technique des shadow buffers pour la génération des ombres, mais seule la lampe de type *Spot* peut générer de telles ombres, ce qui peut être un handicap dans le cas de scènes à l'éclairage complexe. Pour pouvoir mettre en œuvre le shadow buffering, l'option *Shadows* de l'onglet *Shading* du menu *Render* dans la fenêtre des propriétés doit être active ; puis, dans le menu *Object Data* de toute lampe de type *Spot*, dans l'onglet *Shadow*, le bouton *BufferShadow* doit également être actif.

Il existe quatre méthodes de shadow buffering disponibles, chacune ayant des avantages qui lui sont propres.

Le shadow buffer classique

Cette technique consiste à générer une image, dont le point de vue serait la lampe, et qui stockerait la distance Z entre les surfaces et la lampe, pour chaque pixel de l'image ainsi créée. Le moteur de rendu se sert alors des valeurs Z ainsi relevées pour déterminer si, pour un pixel rendu, il reçoit ou non de l'ombre. La génération du shadow buffer pouvant être assimilée à un rendu, sa résolution revêt une importance particulière puisque sans anticrénelage spécifique, les frontières de l'ombre sont toujours en dents de scie et il faut rééchantillonner l'ombre pour en obtenir une suffisamment lisse pour être crédible. De même, les paramètres *Clip Start* et *Clip End* peuvent avoir une influence directe sur la qualité des ombres obtenues, et il est nécessaire de les régler le plus finement possible.

ASTUCE Réglage automatique de Clip Start et Clip End

Dans l'onglet *Shadow*, les paramètres *Clip Start* et *Clip End* sont précédés par une option *Autoclip*. En l'activant (individuellement pour chaque paramètre), la valeur correspondante est automatiquement déterminée, sur la base des sommets visibles depuis la lampe.

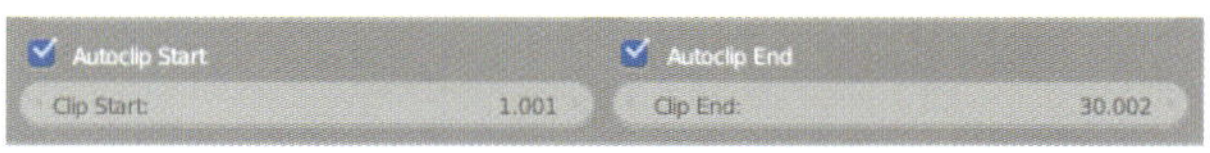

Figure 6–34

Il convient normalement de régler *Clip Start* au plus proche de la surface du premier objet émettant de l'ombre, et *Clip End* immédiatement après le dernier objet projetant de l'ombre. De cette façon, les valeurs Z, qui sont stockées dans une image en dégradés de gris (256 couleurs) occupent le maximum de la partie utile du dégradé.

La résolution du shadow buffer est tout simplement conditionnée par le paramètre *Size* disponible dans l'onglet *Shadow* : plus la valeur est élevée, plus les ombres paraîtront lisses. Il est également possible d'appliquer un filtre aux échantillons d'ombre, parmi *Box*, *Tent* et *Gauss*, ce dernier étant

BON À SAVOIR
La lente évolution du moteur interne de Blender

Blender a pendant de longues années été un moteur de rendu de type *scanline*, le seul type de lampe permettant de générer des ombres au rendu étant alors le *Spot*. La méthode de calcul déployée était la méthode dite du *shadow buffer* : fastidieuse et produisant des ombres de piètre qualité mais très rapides à calculer.
Quelques années plus tard, le moteur a évolué pour devenir un lanceur de rayon (raytracer). Outre des reflets et de la réfraction pour les matériaux, toutes les lampes ont alors gagné des ombres parfaitement calculées, avec la possibilité de flouter leurs frontières par suréchantillonnage en spécifiant une taille virtuelle à chaque lampe.
Étant propres au moteur de rendu de type scanline, les ombres produites par la technique du shadow buffering ne seront visibles ni dans les reflets, ni au travers des surfaces transparentes obtenues par lancé de rayons.

celui qui donnera les résultats les plus flous. Le paramètre *Soft* permet d'adoucir les ombres, comme si elles étaient émises par une lampe de type *Area*, le paramètre *Samples* permettant alors d'augmenter leur échantillonnage et donc de les rendre plus progressives.

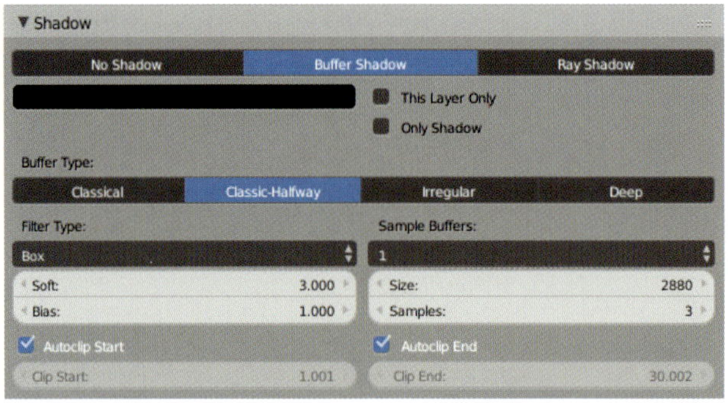

Figure 6–35
En activant Buffer Shadow, le panneau présente de nombreuses options.

ASTUCE
Bias et Buffer Bias

La valeur *Bias* de la lampe est à augmenter lorsque l'éclairage produit un effet moiré indésirable à la surface des objets. L'inconvénient est qu'une valeur trop élevée peut « délaver » l'ombre obtenue, et trouver le juste compromis pour tous les objets de la scène peut se révéler être un vrai casse-tête. Le paramètre *buffer Bias* qui se trouve dans l'onglet *Shadow* du menu *Material* est justement un facteur multiplicatif permettant de moduler les effets de la valeur *Bias* seulement sur le matériau en question. Cela permet ainsi de doser l'effet du *Bias* de la lampe en fonction des besoins de la scène.

Enfin, il est également possible d'augmenter artificiellement le nombre de lampes virtuelles utilisées pour l'échantillonnage grâce au bouton *Sample Buffers*. Attention toutefois, car au-delà de la valeur par défaut (`1` échantillon), utiliser `4` ou `9` échantillons multiplie d'autant les temps de génération du shadow buffer. Les améliorations sont particulièrement visibles avec les lampes dotées de faibles *Size* et *Samples* (par exemple, respectivement `512` et `1`) ou dans le cadre d'animations où les ombres tendraient à être irrégulières.

Une juste combinaison de *Size*, *Samples* et *Sample Buffers* associée à un filtre *Gauss* permet donc d'obtenir des ombres de qualité acceptable tout en conservant une excellente vitesse de rendu, comparativement aux autres méthodes de génération d'ombres. Cela est d'autant plus vrai que le nombre de lampes dans la scène est important.

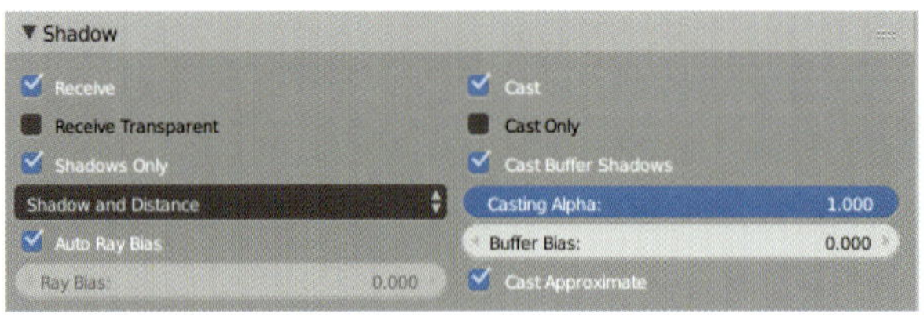

Figure 6–36
Le paramètre Casting Alpha sert à régler l'opacité des ombres transparentes.

L'irregular shadow buffer

Il s'agit d'une méthode alternative à la précédente. Plutôt que de stocker dans une image la distance entre la lampe et les surfaces visibles depuis celle-ci, tous les pixels de l'image à rendre (depuis le point de vue de la caméra) sont échantillonnés et stockés dans la mémoire de la lampe. Tous les échantillons sont ensuite testés individuellement afin de savoir s'ils reçoivent ou non de l'ombre, produisant au final des ombres de qualité égale à celles obtenues par raytracing (voir ci-après). S'il est toujours nécessaire de régler les paramètres *Clip Start* et *Clip End* pour définir la portée du spot, ces paramètres n'ont désormais plus d'influence sur la qualité de l'ombre produite. Toutefois, si les ombres obtenues sont de grande qualité, il n'est pas possible de les adoucir, comme c'est le cas avec la méthode classique. En revanche, là où la méthode classique échoue à produire des ombres transparentes (ombres tenant compte de la transparence de l'objet émetteur), cet exploit devient possible avec la méthode irrégulière. Dans le menu *Material, onglet Shadow* d'un objet devant projeter des ombres transparentes se trouve un paramètre *Casting Alpha* pour lequel une valeur nulle indique une transparence totale, tandis qu'une valeur de `1.000` indique une opacité totale.

La méthode classique dite « à mi-chemin »

Cette méthode permet de diminuer l'effet de biais *(biasing)* inhérent à la première méthode, en prenant la moyenne entre la valeur Z la plus proche et la deuxième valeur immédiatement la plus proche. Le biais est un phénomène qui va produire, à la surface des objets ombrés, un effet de moiré. En augmentant le paramètre *Bias*, vous diminuerez ce phénomène, mais la méthode *Classical Half-Way* a déjà tendance à le limiter.

Le deep Shadow Buffer

Historiquement, cette méthode de génération des ombres est la plus récente des quatre disponibles. Très similaire à la méthode classique dans son fonctionnement, elle permet cependant de générer des ombres en tenant compte de la transparence des matériaux. Contrairement à la méthode *Irregular*, avec le *Deep Shadow Buffer*, le rendu d'ombres douces est également possible. La contrepartie logique est bien sur une demande supplémentaire en calcul au moment du rendu. Cette méthode ajoute un paramètre nommé *Compress* à l'onglet *Shadow*.

Les ombres par le raytracing

En tant que moteur de rendu de type raytracer, Blender offre la possibilité de lancer, pour chaque lampe, un certain nombre de rayons supplémentaires. Les pixels correspondant à des faces interceptées par ces rayons sont alors illuminés, ceux correspondant à des faces non interceptées restent logiquement dans l'ombre. L'avantage est sans conteste la simplicité de la mise en œuvre de cette méthode d'ombrage, et l'obtention d'ombres toujours nettes et parfaites. En revanche, chaque rayon lancé demande du temps de calcul supplémentaire, et plus grand sera le nombre de lampes dans votre scène, plus grande sera la puissance de calcul nécessaire pour venir à bout de toutes les ombres de celle-ci. Les options *Shadows* et *Raytracing* de l'onglet *Shading* du menu *Render* dans la fenêtre des propriétés doivent être actives pour bénéficier de ces ombresci. De plus, dans le panneau *Shadow* du menu *Object Data* de la lampe active, le bouton *Ray Shadow* doit également être actif.

AVERTISSEMENT Ombres : quelle méthode choisir ?

Entre shadow buffering classique et raytracing, tout est affaire de compromis. En règle générale, on peut retenir les faits suivants au sujet du shadow buffering :

- ombres imparfaites, nécessitant de nombreux réglages pour un résultat fin ;
- peu gourmand en puissance de calcul, et donc rapide ;
- ombres douces faciles à obtenir, sans grand effort supplémentaire ;
- possibilité de générer des halos de lumière volumétrique ;
- limité aux lampes de type *Spot*.

Pour leur part, on peut retenir les choses suivantes au sujet des ombres obtenues par raytracing :

- ombres parfaites, sans aucun réglage ;
- très gourmand en puissance de calcul, et donc lent ;
- ombres douces faciles à obtenir mais encore plus gourmandes en puissance et en temps de calcul ;
- lumières volumétriques impossibles à mettre en place ;
- toutes les lampes (à l'exception d'*Hemi*) peuvent émettre des ombres.

Souvent, l'artiste 3D n'hésite pas à combiner ces deux méthodes d'éclairage pour tirer le meilleur de chacune. Par exemple, dans une scène normalement éclairée par la méthode du raytracing, un *Spot* (sans ombres !) avec les options *No Diffuse*, *No Specular* et *Halo* actives, permettront d'obtenir un effet de lumière volumétrique.

Réglages des lampes

L'interface des lampes est très similaire d'un type de lampe à l'autre. En fonction du type, des options supplémentaires apparaissent dans le panneau *Lamp* (qui permet au sens propre de définir la source d'éclairage) et le panneau *Shadow* (qui, comme son nom l'indique en anglais, permet de paramétrer les ombres). Dans tout ce qui suit, l'accent est surtout mis sur l'usage de lampes ayant l'option *Ray Shadow* active dans le panneau *Shadow*.

Le panneau Lamp

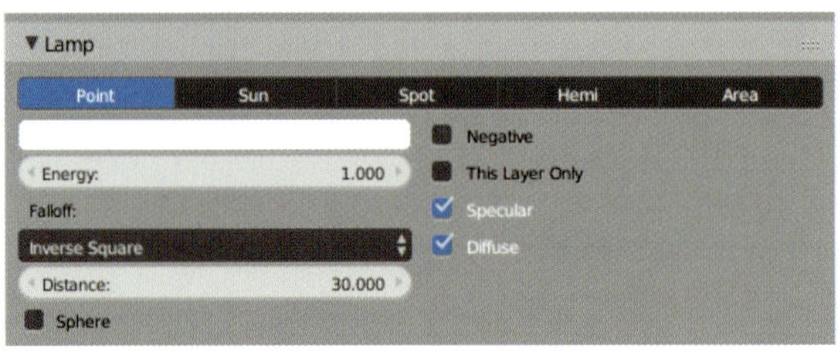

Figure 6–37
Le panneau Lamp

Couleur : de la même façon que les autres options de la fenêtre des propriétés, la couleur de la lampe peut être définie en cliquant sur le rectangle coloré qui fait apparaître le nuancier de Blender.

Energy : le curseur *Energy* détermine l'intensité lumineuse à la source.

Distance : ce paramètre est couplé au paramètre *Fall Off* dont il sera discuté plus tard dans ce chapitre. La valeur par défaut de ce dernier *Inverse Square* signifie qu'à une distance égale au paramètre *Distance* (en unités de Blender), l'intensité lumineuse n'est plus égale qu'à la moitié de l'énergie initiale.

Quatre boutons optionnels sont également présents pour vous aider à obtenir des réglages lumineux particuliers.

This Layer Only : en activant cette option, la lampe n'éclairera que les objets situés sur le même calque qu'elle.

Negative : l'énergie de la lampe soustrait à la luminosité de la scène plutôt que d'y contribuer.

Diffuse : par défaut active, cette option permet aux matériaux de tenir compte de la lampe pour le calcul d'ombrage de la surface. En désactivant l'option, la lampe enrichira la scène en reflets spéculaires sans pour autant contribuer à l'intensité lumineuse générale.

Specular : par défaut active, cette option permet aux matériaux de tenir compte de la lampe pour la détermination des reflets spéculaires sur leur surface. En désactivant cette option ainsi que les ombres, en utilisant des valeurs *Distance* et *Energy* très faibles, on parvient, par un placement judicieux de lampes colorées de ce type, à simuler une illumination indirecte.

Le panneau Shadow

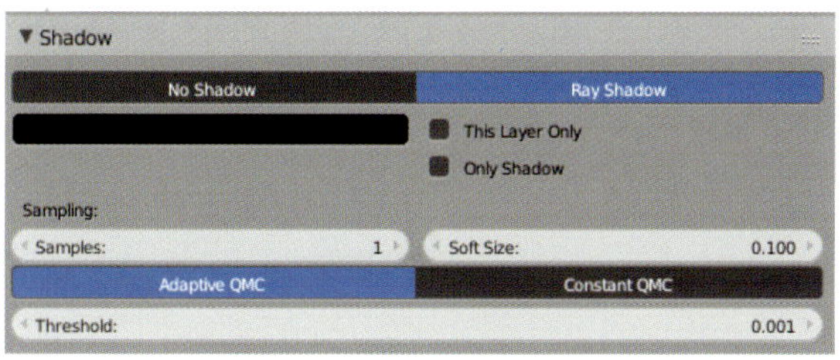

Figure 6–38
Le panneau Shadow

Ray Shadow : ce bouton (activé par défaut) indique que la lampe peut projeter des ombres par la méthode du raytracing.

Only Shadow : ce bouton indique que la lampe se contente de projeter des ombres, mais ne contribue ni à l'éclairage de la scène, ni aux reflets spéculaires de celle-ci.

This Layer only : lorsque cette option est activée, seuls les objets placés dans le même calque que la lampe projettent des ombres ; bien sûr, ces objets peuvent projeter des ombres sous l'influence d'autres lampes dont cette option est inactive.

Lorsque *Ray Shadow* est actif, il est possible de demander aux lampes de simuler la projection d'ombres douces, comme si la lumière était émise à partir d'une surface plutôt que d'un point : cette surface émettrice est soit un disque (type *Spot* ou *Sun*), soit un rectangle (type *Area*), soit une sphère (type *Lamp*).

L'échantillonnage des ombres douces est réalisé selon deux méthodes : *Adaptive QMC* ou *Constant QMC* (voir la première partie de ce chapitre, dans l'aparté « L'échantillonnage Quasi Monte-Carlo »). La première est plus rapide à calculer, mais la seconde produit des ombres plus régulières et moins bruitées.

Soft Size : ce paramètre détermine, en unités de Blender, la taille de l'aire lumineuse générant les ombres douces. Plus cette valeur sera grande, plus les ombres seront diffuses.

Samples : plus l'échantillonnage est élevé, moins les ombres paraissent bruitées. En revanche, elles en sont d'autant plus longues à calculer ! Les ombres dures sont obtenues avec une valeur d'échantillons égale à `1`, la valeur par défaut.

Threshold : ce paramètre n'est utile que dans le cas de l'*Adaptative QMC* et permet de déterminer le seuil en dessous duquel l'échantillonnage des ombres doit être stoppé. Par conséquent, plus cette valeur sera élevée, plus le résultat paraîtra bruité.

ASTUCE
Spécifier la couleur des ombres

Un nuancier permet de choisir une couleur autre que le noir pour les ombres. L'avantage principal est de pouvoir simuler à peu de frais un éclairage ambiant :
- une couleur gris-bleu pour une scène d'extérieur ;
- un simple gris plus ou moins sombre, pour déboucher les ombres.

Attention toutefois : seules les ombres projetées sont affectées ; les ombres auto-portées conserveront leurs densité et couleur habituelles. L'ajustement de la couleur de l'ombre ne doit être employée qu'en dernier ressort, pour équilibrer la luminosité (ou plus exactement la densité des ombres) de la scène, lorsque l'ajout d'une lampe supplémentaire, ou l'usage de l'occlusion ambiante risqueraient de rompre l'équilibre lumineux de la scène sans avoir nettoyé les derniers recoins d'ombres trop présentes.

Figure 6–39 Le paramètre Soft Size change radicalement l'allure des ombres projetées ! Ici, des valeurs respectivement égales à 0.0 et 0.50.

Les différentes lampes : présentation et usage

Une lampe unique suffit pour éclairer une scène. Mais souvent, le résultat sera sans relief et peu attrayant. Pour communiquer une ambiance ou une atmosphère à vos scènes, pour les dynamiser ou encore les rendre attrayantes ou plus réalistes, vous devrez la plupart du temps combiner différents types de lampes pour parvenir au résultat recherché. Cette partie va donc consister à présenter les différents types de lampes existants, ainsi que leur usage.

3DS MAX
Les différents types de lampes

Les principales sources de lumière de 3ds Max existent également dans Blender, avec des noms parfois légèrement différents : le projecteur est l'équivalent de *Spot* ; la lumière directionnelle de *Sun* ; l'éclairage omnidirectionnel de *Lamp* ; et enfin le dôme de lumière est l'équivalent de *Hemi*. D'autres types de lampes existent dans chacun des deux logiciels.

Chaque type de lampe propose une courte description, des conseils sur son usage, sa représentation dans les vues 3D, ainsi qu'un exemple d'utilisation, où sa position et son orientation sont simulées par un objet ressemblant.

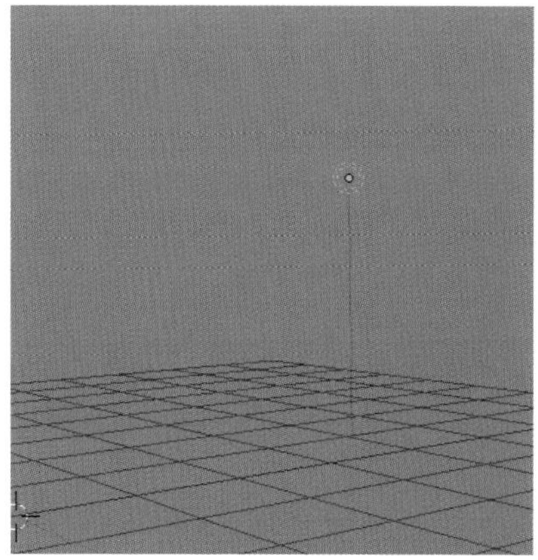

Figure 6–40
L'objet Lamp dans les vues 3D

La lampe (Lamp)

Il s'agit du type de lampe le plus classique ; la lumière irradie à partir d'un point central, dans toutes les directions, et son intensité décroît avec la distance. La lampe est utilisée pour la simulation de toutes les lumières dites ponctuelles, comme les ampoules, les bougies, les étincelles, les diodes, etc.

Figure 6–41
La lampe distribue ses rayons lumineux uniformément, et leur intensité diminue avec la distance.

Contrôler l'atténuation lumineuse des lampes

Il est possible de spécifier avec quelle intensité l'énergie lumineuse propage depuis la lampe, en fonction de la distance parcourue (paramètre *Distance*). Le menu déroulant *Falloff* nous permet d'accéder aux différentes options possibles.

Figure 6–42
Illustration de l'atténuation de la lumière en fonction des différentes options : Constant, Inverse Linear, Inverse Square et Custom Curve

Constant : l'intensité lumineuse ne décroît pas avec la distance, ce qui est pratique pour simuler l'éclairage du soleil, par exemple. C'est le type d'atténuation dont bénéficient automatiquement les lampes de type *Sun* et *Hemi*.

Inverse Linear : la lumière s'atténue de façon linéaire, le long de son parcours, en fonction de la valeur *Distance* qui a été spécifiée. Si l'option *Sphere* n'est pas activée, elle perd la moitié de son intensité lorsqu'elle parcourt une distance égale à *Distance*. C'est l'option par défaut.

Inverse Square : l'intensité lumineuse est très sensible à la distance parcourue. Elle s'atténue très rapidement, ce qui est idéal pour l'éclairage fourni par une ampoule ou une lampe de bureau, par exemple.

Lin/Quad Weighted : cette option est assez proche de la précédente, sauf qu'il est possible de contrôler les parts respectives d'atténuation linéaire et quadratique, exprimés par des valeurs comprises entre `0.000` et `1.000`. Le paramètre *Linear* permet de définir le taux d'atténuation linéaire de la lampe, tandis que *Quad* permet de définir le taux d'atténuation quadratique de la lampe.

Custom Curve : cette option permet d'invoquer un panneau supplémentaire *Falloff Curve* pouvant contrôler précisément et graphiquement l'atténuation de la lampe. L'abscisse symbolise la distance, de `0` à la valeur *Distance*. L'ordonnée, pour sa part, représente l'intensité de la lumière, de la valeur *Energy* jusqu'à `0`. Il est ainsi possible de produire des éclairages totalement irréalistes en manipulant la courbe d'atténuation, par exemple en lui donnant plusieurs piques et creux.

Sphere : cette option modifie le comportement du paramètre *Distance*. À une distance égale à *Distance* (en unités de Blender), l'intensité lumineuse devient nulle au lieu d'être moitié moindre. Cela est particulièrement utile lorsque vous souhaitez simuler une illumination globale au moyen de lampes colorées avec des valeurs *Distance* et *Energy* très faibles. À noter que dans les vues 3D, la lampe s'entoure d'un cercle de rayon égal à *Distance* pour vous aider à matérialiser la zone d'effet de la lampe *Sphere*.

BON À SAVOIR **Visualisation des lampes dans la vue 3D.**

Il existe un moyen très rapide de savoir si une lampe émet des ombres dans la scène en regardant la vue 3D. Si les ombres sont activées pour une lampe, alors un petit cercle en pointillés est affiché autour de celle-ci.

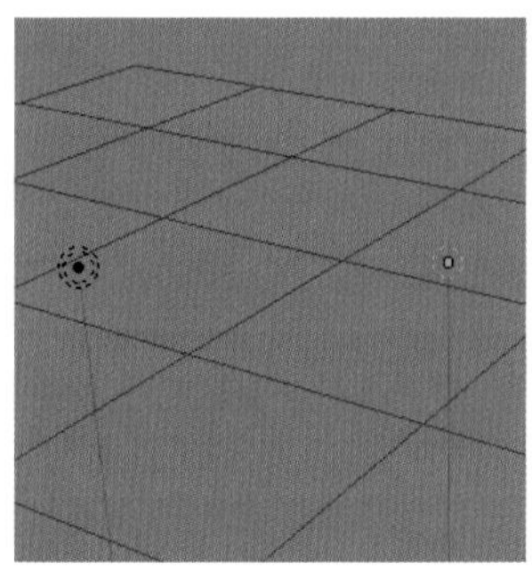

Figure 6–43
La lampe sélectionnée à droite ne projettera pas d'ombre contrairement à celle de gauche.

L'aire lumineuse (Area)

L'origine de la lumière n'est cette fois plus ponctuelle, mais surfacique, d'où le nom de cette lampe : *Area*. De plus, son orientation impose la direction de l'éclairage. Il est possible de spécifier les longueur et largeur de l'aire, de sorte qu'elle puisse être carrée ou rectangulaire. L'aire est utilisée pour la simulation de toutes les lumières surfaciques, comme celle irradiant des fenêtres, des écrans, ou des néons. En fonction des réglages, elle permet d'obtenir des ombres très douces.

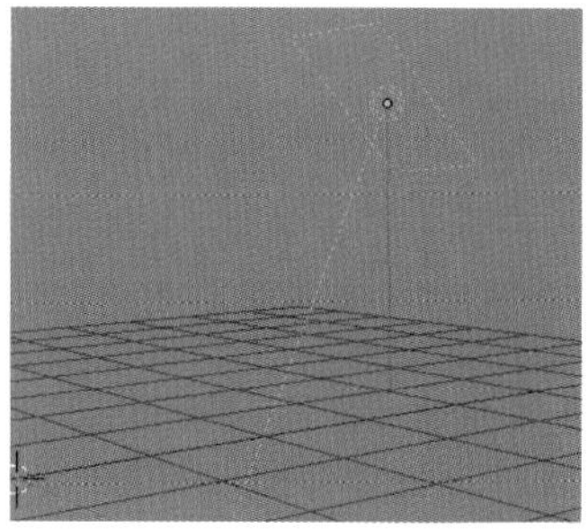

Figure 6–44
L'objet Area dans les vues 3D

Paramétrages particuliers de la lampe Area

Il vous est possible de spécifier dans le panneau *Lamp* une forme carrée (option *Square*) ou rectangulaire (option *Rectangle*) à votre *Area* ; Blender vous propose alors de définir la longueur du côté du carré grâce à un bouton numérique *Size*, ou les longueurs des deux côtés du rectangle grâce aux boutons numériques *SizeX* et *SizeY*. L'éclairage sera d'autant plus réaliste que les dimensions de l'*Area* seront proches de la source « physique » de votre scène, comme une large fenêtre rectangulaire.

Dans le panneau *Shadow*, vous prêterez une attention particulière aux boutons numériques *SamplesX* et *SamplesY* qui, dans le cas où vous souhaiteriez produire des ombres douces, permettent de régler l'échantillonnage de l'ombre. Bien sûr, plus vous augmenterez ces valeurs, plus les ombres seront douces mais plus les temps de calcul seront importants.

3ds Max

Les effets de rendu d'éclairage

À l'instar de 3ds Max, Blender permet également une petite panoplie d'effets de rendu d'éclairage, mais ils sont organisés très différemment. Par exemple, l'effet *Glow* est le résultat d'un post-traitement de l'image (discuté dans le chapitre 9 « Le rendu avec Blender »). Les effets *Ring*, *Ray* et *Star* sont des options de *Halo* (voir le chapitre 5 « Maîtriser les matériaux de Blender ») et s'appliquent donc à des maillages (ou pour le moins, à des sommets uniques).

Figure 6–45 Les rayons lumineux sont émis par une surface, et permettent l'obtention d'ombres douces.

Figure 6–46 La lampe est la même que dans l'exemple précédent, seule sa taille a été augmentée, ce qui donne des ombres plus douces dans la scène.

Le Spot

La lumière est émise à partir d'un point, mais de façon directionnelle et dans un volume conscrit par un cône. Les résultats du *Spot* peuvent être très théâtraux, et ce type de lampe est régulièrement utilisé pour attirer l'attention du spectateur sur un objet ou un point précis de la scène. Le *Spot* est utilisé pour la simulation des feux de voiture, des lampes torches, ou tout autre type d'éclairage très directionnel. C'est le seul type de lampe capable de produire des halos lumineux.

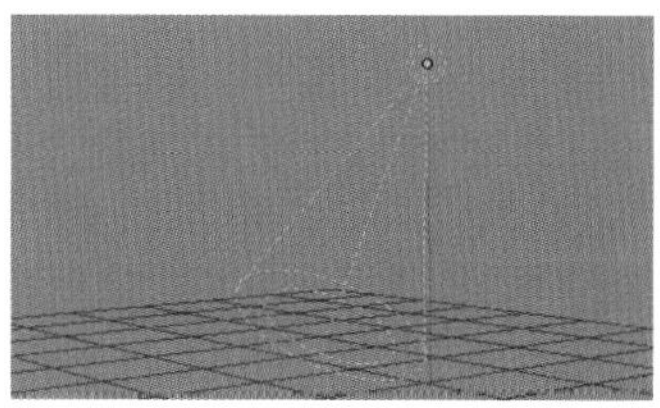

Figure 6–47
L'objet Spot dans les vues 3D

Figure 6–48
Le Spot émet un cône de lumière, autorisant des mises en scène très théâtrales.

Les paramètres propres au Spot

Ils sont définis dans le panneau *Shadow*. Pour un usage courant, deux paramètres vous intéresseront particulièrement : le curseur *Size*, qui permet de déterminer, en degrés, l'angle d'ouverture du spot, et le curseur *Blend*, qui détermine le gradient de transition entre la zone éclairée par le spot et la zone d'ombre au-delà du cône de lumière. Une faible valeur indique une transition très brutale, aux frontières très dures ; une valeur élevée indique une zone de pénombre importante et une transition très progressive.

ASTUCE Lumière volumétrique

Par souci de simplicité, nous n'avons abordé que la technique du raytracing pour la production d'ombres. Mais l'usage du *Shadow Buffering* (en activant le bouton *Buffer Shadow* disponible pour les spots dans le panneau *Shadow*) permet un effet intéressant : matérialiser le cône de lumière du spot, sous forme de halo. Il est ainsi possible de simuler la lumière s'échappant des combles d'un grenier ou de la frondaison d'une voûte sylvestre, par exemple. Il faut alors activer le bouton *Halo* et déterminer la fréquence d'échantillonnage de celui-ci grâce au bouton numérique *Step*. En plaçant ensuite des obstacles sur la course du ou des spots émetteurs de halo, vous devriez obtenir de jolis effets de lumière tombant en cascade du ciel.

Figure 6–49 L'option Halo en action

ASTUCE Projection d'ombres

Quel que soit le type de lampe (y compris *Hemi*), vous pouvez lui attribuer une texture, exactement comme s'il s'agissait d'un objet. Pour ce faire, cliquez sur le bouton *Add New* dans le menu *Texture* en vérifiant bien que la texture est applicable à la lampe. (Le bouton représentant une lampe en haut du menu doit être actif). L'onglet *Influence* permet de régler le comportement de la texture vis-à-vis de la lampe. Par exemple, l'image suivante sera projetée sur la scène entière, vous évitant de modéliser la grille qui aurait dû projeter de telles ombres.

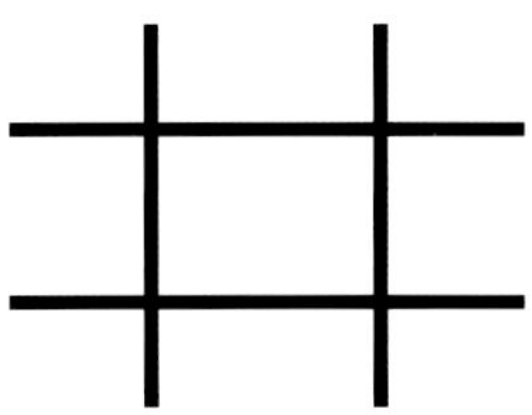

Figure 6–50
Exemple « bitmap » d'ombre à projeter

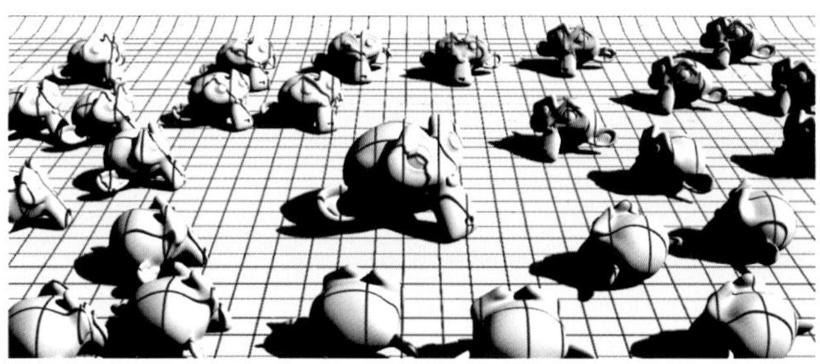

Figure 6–51 L'ombre « bitmap » est projetée sur la scène.

Le soleil (Sun)

Ce type de lampe n'est défini que par son orientation, et l'intensité lumineuse de ses rayons est constante en fonction de la distance. Vous pouvez donc placer un objet *Sun* rigoureusement n'importe où dans votre scène (même sous le sol !), celle-ci sera éclairée de la même façon. Elle est bien sûr prévue pour simuler le soleil, mais également toute source de lumière située à une distance infinie. Ce type de lampe est idéal pour les scènes d'extérieur simulant un temps très ensoleillé.

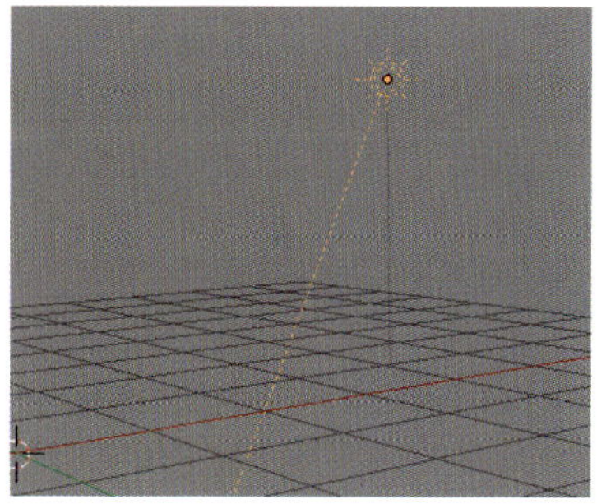

Figure 6–52
L'objet Sun dans les vues 3D

Figure 6–53
Peu importe la position de la lampe de type Sun : seule la direction de ses rayons importe pour l'éclairage de vos scènes.

L'option Sky

Lorsque la lampe est de type *Sun*, un onglet *Sky & Atmosphere* fait son apparition dans les panneaux disponibles. En activant l'option *Sky*, l'arrière-plan de la scène (plus exactement le *World*) est remplacé par un ciel physiquement correct (la caméra doit donc être orientée de façon à pouvoir l'observer).

- *Horizon Brightness* contrôle la luminosité de l'horizon, avec une valeur comprise entre `0` (pas d'intensité particulière) et `10`.
- *Horizon Spread* contrôle l'étendue de largeur de la ligne d'horizon, avec une valeur comprise entre `0` (couleur d'horizon inexistante) et `10` (couleur d'horizon qui occupe l'essentiel du ciel).
- *Sun Brightness* contrôle l'intensité du soleil, avec une valeur comprise entre `0` (pas de soleil visible) et `10` (soleil qui monopolise le ciel).
- *Sun Size* contrôle la taille du soleil et la luminosité émise, avec une valeur comprise entre `0` (soleil très volumineux, faible intensité) et `10` (soleil de petite taille, très lumineux).
- *Back Light* permet d'ajouter à l'aura du soleil, avec une valeur comprise entre `-1` (pas d'aura supplémentaire) et `1`.

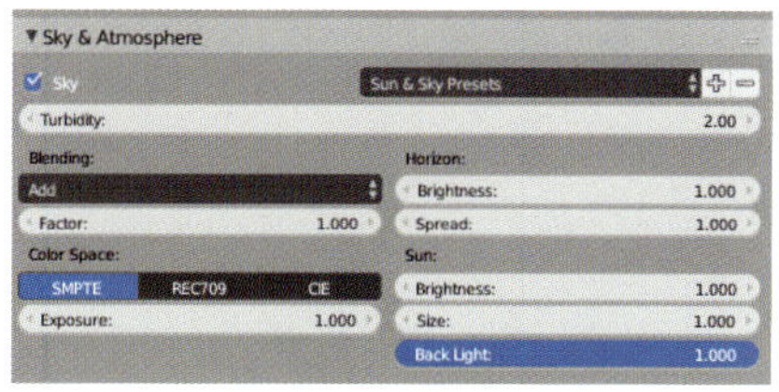

Figure 6–54
Le panneau Sky & Atmosphere présente de nombreuses options.

L'orientation de la lampe de type *Sun* est cruciale pour l'option *Sky*, et plusieurs éléments physiquement corrects en sont déduits : sa position dans la scène indique la direction cardinale dont provient la lumière, et son orientation définit l'heure de la journée (lampe orientée verticalement: midi, soleil au zénith). Enfin, l'option *Turbidity* définit la pureté de l'atmosphère, des valeurs élevées indiquant de l'air chargé d'humidité ou de particules ou encore de pollution.

Figure 6–55
Un ciel physique et réaliste en quelques clics grâce à l'option Sky

L'option Atmosphere

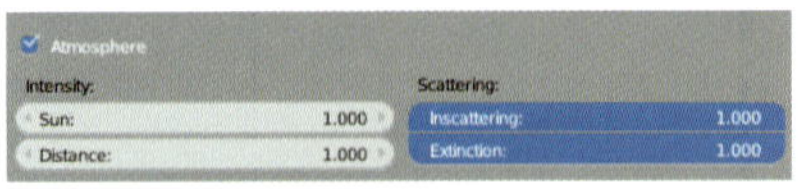

Figure 6–56
L'option Atmosphere permet de régler la distance et l'intensité de la brume de distance.

Lorsque la lampe est de type *Sun*, un onglet *Sky & Atmosphere* fait son apparition dans les panneaux. En activant l'option *Atmosphere*, il est possible de simuler la dispersion lumineuse due à une atmosphère chargée en humidité ou en pollution, par exemple. Il s'agit du fameux voile bleuté que l'on peut observer sur les reliefs lointains, que l'on nomme aussi parfois brume de distance.

- *Intensity Sun* contrôle l'intensité du soleil et la densité du voile, avec une valeur comprise entre `0` et `10` (voile très bleuté sur les objets lointains).
- *Intensity Distance* permet de communiquer une idée d'échelle à l'effet atmosphérique, la couleur du voile s'intensifiant avec cette valeur. Démarrer avec de faibles valeurs est une bonne idée.
- *Inscattering* permet d'atténuer l'effet de dispersion entre les objets de la scène et la caméra. Par défaut, la valeur est égale à `1.0` et ne doit normalement pas être modifiée.
- *Extinction* permet de limiter l'atténuation lumineuse due à l'atmosphère. Comme précédemment, la valeur par défaut est égale à `1.0` et ne doit normalement pas être modifiée.

Enfin, l'option *Turbidity* définit la pureté de l'atmosphère, des valeurs élevées indiquant de l'air chargé d'humidité ou de particules ou encore de pollution.

Figure 6–57
L'ambiance lumineuse de la scène est modifiée par l'ajout de l'Atmosphere

L'hémi (Hemi)

Ce type de lampe est très similaire au *Sun* dans le sens où sa position n'influe pas sur l'éclairage de la scène ; mais au lieu de projeter des rayons parallèles les uns aux autres depuis une origine « infiniment distante », les rayons sont tirés selon une distribution hémisphérique. *Hemi* est idéale pour l'obtention d'un éclairage très diffus, parfaitement adapté à l'illumination des scènes d'extérieur par temps couvert ou nuageux. Toutefois, c'est le seul type de lampe qui soit totalement incapable de projeter des ombres, donc pour un plus grand réalisme, il devra être utilisé conjointement à une ou plusieurs autres lampes.

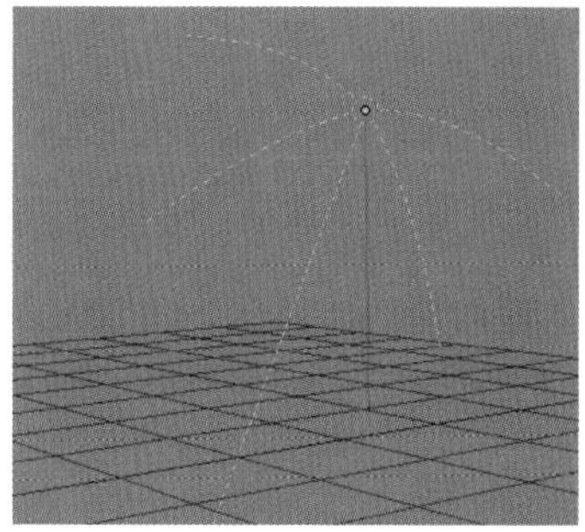

Figure 6–58
L'objet Hemi dans les vues 3D

Figure 6–59
L'hémi ne projette pas d'ombre, mais fonctionne comme un soleil hémisphérique plutôt qu'infiniment distant.

Occlusion ambiante par lancé de rayons

Cette méthode d'illumination a pour objet la simulation de l'éclairage d'une scène obtenue par illumination globale, c'est-à-dire une lumière qui remplit la scène et produit des ombres très douces. Le principe en est relativement simple : pour chaque pixel de l'image finalement rendu, le logiciel va lancer une poignée de rayons dans à peu près toutes les directions, et déterminer ainsi la proportion de rayons qui aboutissent jusqu'au « ciel » ou qui terminent leur course contre un objet. Dans le premier cas, le rayon indique que le pixel est éclairé, et dans le second, qu'il est obscurci par un obstacle (la notion d'occlusion vient de ce résultat). Le pixel est alors obscurci ou éclairé proportionnellement aux indications des rayons, produisant des ombres plus ou moins douces.

Figure 6–60
Éclairage d'une scène par la méthode de l'occlusion ambiante seule

3DS MAX
Traceur de lumière

Blender utilise pour sa part la technique de l'occlusion ambiante, en tant qu'option *World*, pour parvenir à des résultats similaires à l'usage d'un dôme de lumière et du traceur de lumière dans 3ds Max. Il s'agit donc également de simuler une illumination globale, et cette méthode n'est pas non plus physiquement précise.

Ce type d'éclairage est idéal pour des scènes d'extérieur, par temps couvert ou plafond nuageux particulièrement bas. Il peut toutefois être couplé à l'usage d'une ou plusieurs lampes conventionnelles pour apporter à l'éclairage de la scène une dimension supplémentaire. Par exemple, l'image qui suit présente la même scène que précédemment, mais avec l'ajout d'une simple lampe, parfaite pour simuler un extérieur ensoleillé !

Figure 6–61
Éclairage d'une scène par occlusion ambiante et une lampe conventionnelle

Distribution des rayons

Bien sûr, le nombre de rayons lancés va être crucial pour la qualité ou la densité des ombres obtenues, mais en contrepartie, plus il sera élevé, plus les temps de calcul seront longs. Le panneau *Gather*, dans le menu *World* de la fenêtre des propriétés, permet de choisir au travers d'un menu déroulant une méthode de d'échantillonnage lorsque la méthode est *Raytrace*.

Constant QMC : il s'agit de la méthode par défaut, les rayons étant émis uniformément afin d'échantillonner l'environnement. Bien qu'étant la méthode la plus longue, elle est celle qui produit les ombres de la meilleure qualité. L'échantillonnage est en effet le plus régulier.

Adaptive QMC : cette méthode est particulièrement adaptée aux images présentant de forts contrastes lumineux.

- *Threshold* : ce paramètre permet de définir la sensibilité de détection des zones éclairées et ombrées et, lorsque ce seuil est franchi, d'espacer l'échantillonnage. Potentiellement, cette méthode permet donc de lancer moins de rayons et, par conséquent, de gagner en temps de calcul.
- *Adapt To Speed* : lors d'une animation, l'occlusion ambiante peut très significativement pénaliser les temps de rendu. Qui plus est, l'usage du Vector Blur rend floues les surfaces en mouvement rapide. Logiquement, il n'est pas très utile de dépenser beaucoup d'échantillons sur ces zones-ci. Plus la valeur de ce paramètre sera élevée (proche de `1.000`), plus l'*Adaptive QMC* aura tendance à espacer son échantillonnage sur les surfaces en mouvement rapide, au profit des surfaces plus statiques.

AVERTISSEMENT
L'occlusion ambiante et le lancé de rayons

Cette méthode d'illumination relève du domaine du raytracing, puisque pour chaque pixel de l'image finale, un certain nombre de rayons supplémentaires seront lancés pour déterminer son exposition lumineuse. Par conséquent, le bouton *Raytracing* du panneau *Shading* (menu *Render*, de la fenêtre des propriétés) doit impérativement être actif.

Constant Jittered : il s'agit de la plus ancienne méthode d'échantillonnage offerte par Blender pour la détermination de l'occlusion ambiante, à délaisser au profit de *Constant QMC* qui donne de meilleurs résultats.

- *Bias* : cette méthode d'occlusion ambiante peut faire apparaître les facettes des objets, même lissés. Le problème n'est pas lié à la fonction *Shading Smooth* (étagère à outils *[T]* de la vue 3D) mais bien à la méthode d'occlusion ambiante. Pour diminuer ce phénomène, il vous faudra agir sur ce curseur, des valeurs comprises entre `0.05` et `0.1` donnant généralement les résultats souhaités.

Réglages de base

La mise en place d'une solution d'occlusion ambiante pour l'éclairage se fait dans l'onglet *Ambient Occlusion* du menu *World* dans la fenêtre des propriétés. En activant cet onglet, les options de l'onglet *Gather* deviennent disponibles.

L'occlusion ambiante est calculée séparément au moment du rendu pour être ensuite « fusionnée » sur l'image finale. Deux méthodes de « fusion » sont donc proposées dans l'onglet *Ambient Occlusion*. La première, *Add*, indique que la valeur de chaque pixel calculé lors de l'occlusion ambiante sera ajoutée à la valeur précédente du pixel. Il en résulte une image finale significativement plus claire, avec des ombres plus subtiles et des couleurs moins contrastées. Au contraire, l'option *Multiply* produira des images plus sombres et plus contrastées, car Blender ne gardera que les pixels sombres résultant de l'occlusion ambiante. Dans les deux cas, l'influence de l'occlusion ambiante sur le rendu peut être gérée grâce au paramètre *Factor*.

Figure 6–62
À gauche de l'image, la scène n'est éclairée que par une simple lampe, au milieu l'occlusion ambiante est calculée en mode Multiply et à droite en mode Add.

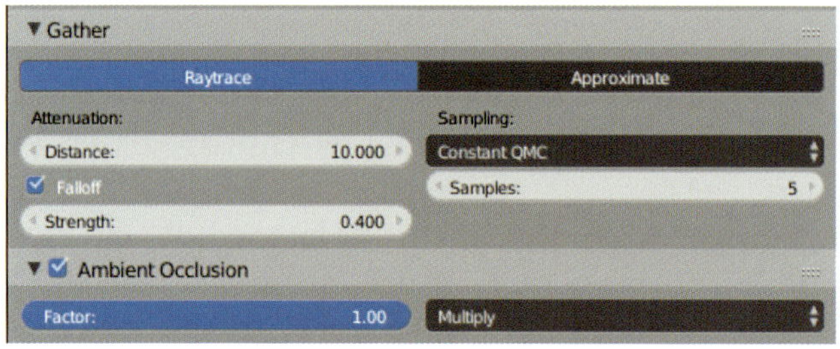

Figure 6–63
Les paramètres d'occlusion ambiante

Pour un usage basique, le paramètre le plus important est le bouton numérique *Samples*, dans l'onglet *Gather*. Il définit le nombre de rayons qui sont lancés depuis chaque pixel de l'image, afin de connaître son exposition à la lumière ambiante. Plus *Samples* sera élevé, plus les ombres seront lisses mais le temps de calcul long. Plus il sera faible, plus les ombres seront bruitées mais le calcul rapide. L'image qui suit propose l'agrandissement d'une portion d'image rendue avec cette méthode d'illumination et une valeur de *Samples* très faible : le rendu est manifestement granuleux, comme si l'image était bruitée.

BON À SAVOIR
L'occlusion ambiante dans les grandes scènes

Le paramètre *Distance* détermine la distance qu'un rayon a le droit de parcourir dans sa quête d'un obstacle. S'il n'en rencontre pas avant d'avoir franchi celle-ci, le point correspondant est considéré comme recevant de la lumière.
Plus cette valeur est grande, plus l'espace à analyser pour déterminer la présence d'obstacles au rayon sera important. En conséquence, maintenir des valeurs de *Distance* aussi petites que possible permet d'optimiser les temps de rendu.

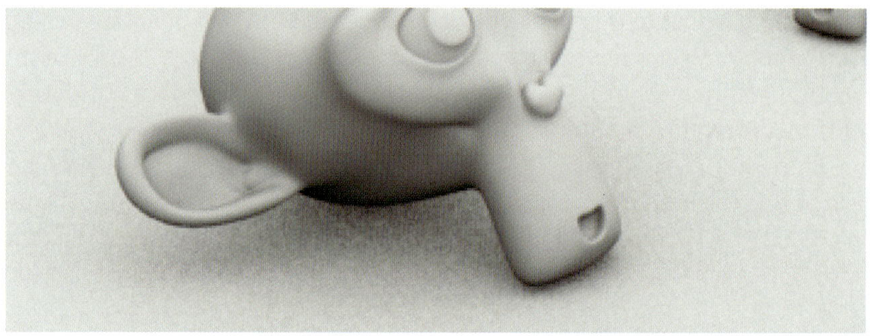

Figure 6–64 Influence du paramètre Samples sur la qualité des ombres : de faibles valeurs induisent beaucoup de bruit !

L'option Environment Lighting

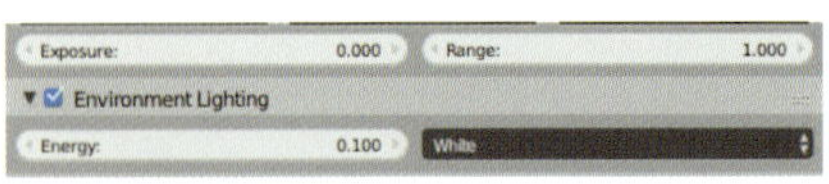

Figure 6–65 L'onglet d'éclairage d'environnement dans le menu World

Dans le menu *World*, juste en dessous de l'onglet *Ambient Occlusion*, se trouve un onglet qui est désactivé par défaut : *Environment Lighting*. Cette option va offrir des possibilités d'éclairage intéressantes.

En particulier, en activant l'option *Sky Texture*, le moteur de rendu ne se contente pas de rechercher si un rayon atteint le ciel ou s'il rencontre un obstacle : s'il parvient jusqu'au ciel, il enregistre sa couleur à l'endroit « d'impact » et teinte le pixel de l'image rendu avec cette couleur. Par exemple, si vous utilisez comme ciel à votre scène un magnifique couché de soleil, grâce à cette option d'éclairage environnemental, votre scène entière sera baignée d'une chaleureuse couleur orangée.

ASTUCE
Atténuation de l'occlusion ambiante

Il est possible d'activer le bouton *Falloff*, permettant d'atténuer les ombres en fonction de la distance qui sépare le point émetteur du rayon de la surface à l'origine de cette ombre. Le taux d'atténuation est contrôlé par le paramètre *Strength*. Plus sa valeur est élevée, plus les ombres semblent être raccourcies.

Illumination HDR avec Blender

Vous pouvez bien sûr tirer parti de l'option *Sky Texture* avec n'importe quelle image en arrière-plan, mais les meilleurs résultats seront obtenus avec des images HDR utilisées en tant que cartes angulaires *(angular maps)*. Les cartes angulaires sont des images qui présentent sur 360° tout l'environnement d'une scène. Elles sont notamment très utiles pour donner à vos objets quelque chose à refléter, mais utilisées conjointement avec l'occlusion ambiante, elles permettent un éclairage considérablement plus réaliste de vos scènes grâce aux intensités lumineuses stockées en même temps que les couleurs des pixels.

ASTUCE Où trouver des cartes angulaires ?

Sur Internet, en faisant une simple recherche sur les mots-clés *light probes angular map*, vous devriez notamment tomber sur le site de référence :

http://www.debevec.org/Probes/

Les cartes angulaires présentées ici, notamment au format HDR, sont d'une très grande qualité, mais également parmi les premières diffusées et incontestablement les plus utilisées dans le monde de la 3D amateur ! Certains artistes 3D sont d'ailleurs capables de reconnaître la light probe utilisée en examinant simplement l'ambiance lumineuse d'une image rendue avec l'une d'elles. Vous trouverez d'autres light probes de qualité variable aux URL suivantes, des problèmes de droits évidents ne nous permettant pas de les diffuser sur l'extension web de cet ouvrage :

http://www.hdrimaps.com/downloads.html
http://www.unparent.com/images_hdr/unparentProbes.zip
http://hdri.3dweave.com/library/
http://www.deviantart.com/deviation/9597501/
http://www.deviantart.com/deviation/10036562/
http://www.deviantart.com/deviation/10152791/

REMARQUE
L'option Sky Color

Cette option fonctionne selon le même principe que *Sky Texture*, à ceci près que la lumière sera teintée par la couleur d'horizon (*Horizon Color*, *Zenith Color*, *Ambient Color*) définie en haut du menu *World*. Cette option est surtout utile pour créer une ambiance lumineuse dans une scène où il n'y a pas ou peu d'objets réfléchissants susceptibles de dévoiler le ciel.

La mise en place d'une carte angulaire n'est pas complexe mais répond à une démarche précise. Tout d'abord, rendez-vous dans le menu *Texture*, et assurez vous que vous êtes bien en mode d'édition de texture du *World* (le bouton représentant une planète bleue doit être actif, au-dessus du sélecteur de texture) pour signifier à Blender que la texture qui sera ajoutée ne le sera pas à l'objet actif, mais au ciel en arrière-plan de votre scène.

Cliquez ensuite sur le bouton *New* ; renommez si vous le souhaitez votre texture, puis allez dans le menu déroulant *Type* et choisissez *Image*. De nouveaux panneaux apparaissent, mais nous ne nous intéresserons qu'au panneau *Image*. En cliquant sur le bouton *Open*, vous appelez le navigateur de fichiers. Sélectionnez la carte angulaire au format HDR de votre choix et validez votre choix.

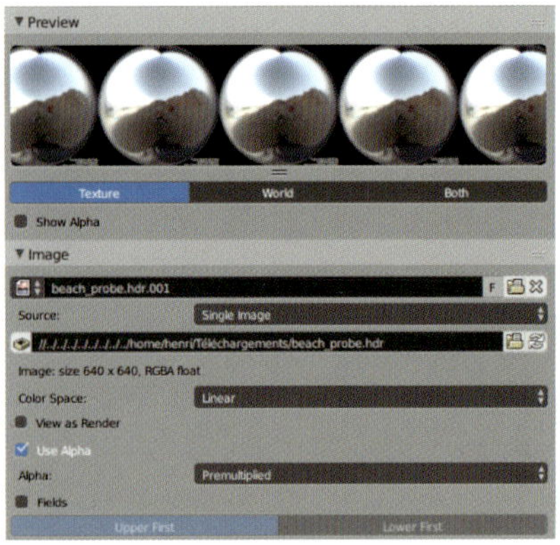

Figure 6–66
Ajout de la carte angulaire comme texture à l'environnement World

Le plus dur est fait ; dans l'onglet *Mapping*, choisissez la valeur *AngMap* pour l'option *Coordinates*; enfin, dans l'onglet *Influence*, activez l'option *Horizon* pour que la texture puisse affecter la couleur de l'horizon, et choisissez le mode de fondu *Mix* entre la couleur d'arrière-plan et la texture (la couleur d'arrière-plan ne sera perceptible dans la scène que si le bouton *Blend Sky* du menu *World* est actif ; ne l'activez donc que si vous savez ce que vous faites, car vous allez fausser les informations données par la carte angulaire). Puis, dans le menu *World*, activez l'option *Real Sky* pour faire correspondre l'image à la ligne d'horizon (le plan de coordonnée `z = 0`) de la scène.

Enfin, dans l'onglet *Environment Lightning*, il ne vous reste plus qu'à activer l'option *Sky Texture*, et à définir de préférence un niveau élevé de *Samples* dans l'onglet *Gather*. Rien ne vous empêche toutefois d'expérimenter d'autres combinaisons de paramètres, en particulier la distribution *Constant QMC* à la place du classique *Adaptative QMC* par défaut.

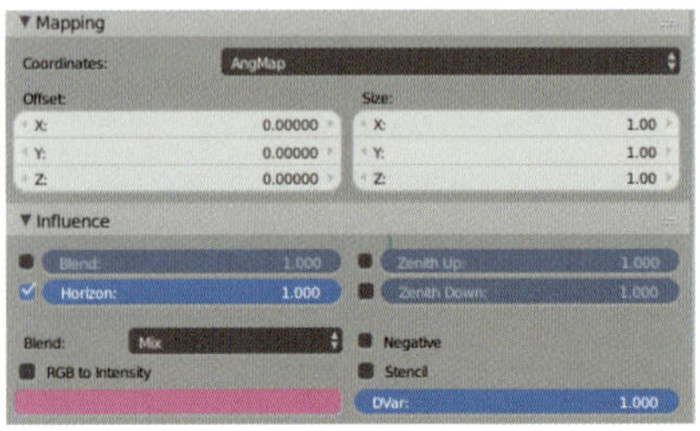

Figure 6–67
Les réglages de la carte angulaire dans les réglages du *World*

ASTUCE LuminanceHDR, pour la manipulation des fichiers HDR

Les logiciels libres, gratuits et multi-plates-formes pour la manipulation des fichiers HDR sont rares. Luminance est fonctionnel, permettant de fabriquer vos propres images HDR, de les visualiser, de les manipuler (*Tone Mapping*, opération qui consiste à ramener les niveaux de luminosité dans le spectre affichable sur les écrans) ou de les sauvegarder sous différents formats LDR (JPEG, PNG, etc.).
Disponible aussi bien pour Linux, Mac OS X et Windows, vous le retrouverez sur l'extension web ainsi qu'à l'adresse http://qtpfsgui.sourceforge.net/.

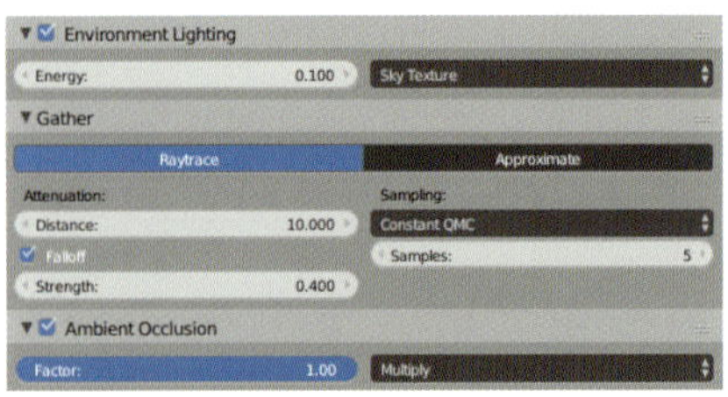

Figure 6–68
Les réglages de l'occlusion ambiante pour tenir compte de la carte angulaire

L'avantage de l'illumination HDR est qu'elle se suffit à elle-même pour éclairer une scène. Là où l'occlusion ambiante produit des ombres en fonction des géométries environnantes, de véritables ombres peuvent être générées grâce aux images HDR. Toutefois, cette technique d'illumination manque cruellement de raffinement, telle qu'elle est à ce jour intégrée à Blender : elle repose sur la force brute, tendant à produire des images très bruitées (le nombre d'échantillons *Samples* est limité à `128`, mais de hautes valeurs pour ce paramètre allongeront considérablement le temps de calcul d'une image). De plus, certaines zones lumineuses peuvent être largement surexposées, et poser des problèmes de crénelage se révéler insolubles en raison des très forts contrastes lumineux.

Figure 6–69
Exemple d'illumination HDR : les ombres sont directement issues des intensités lumineuses enregistrées dans l'image HDR ; aucune lampe classique n'a été utilisée dans ce rendu, pas même pour les ombres portées sur le sol.

Occlusion ambiante approximative

Cette méthode d'occlusion ambiante a été mise au point spécialement pour la simulation de l'illumination globale lors des animations ; elle ne produit pas de grains et est relativement rapide à calculer mais, en revanche, elle n'offre pas une illumination exacte et produit parfois des artéfacts indésirables.

Le principe ne repose pas sur le lancé de rayons, mais sur une toute autre technique. Résumée à l'extrême, elle est la suivante : à chaque sommet de la scène est positionné un disque (dont la taille dépend des surfaces des facettes dont le sommet est à la frontière) qui émet de la lumière à partir de sa face externe et de l'ombre à partir de sa face interne, proportionnellement à sa surface. On détermine à quel point un sommet est obscurci en prenant en compte la quantité de lumière et d'ombre émise par tous les disque voisins de celui-ci et on ombre le sommet proportionnellement.

S'il est possible d'obtenir des surfaces joliment ombrées par cette technique, elle crée l'illusion de l'occlusion ambiante, et non pas l'illumination globale en elle-même. C'est pour cela qu'elle est appelée « méthode approximative d'occlusion ambiante ».

Figure 6–70
La méthode approximative d'occlusion ambiante est rapide à calculer et présente l'avantage de ne pas être bruitée, ce qui la rend idéale pour les animations.

Réglages de base

Dans l'onglet *Gather* du menu *World*, dans la fenêtre des propriétés, choisissez l'option *Approximate* comme méthode d'illumination globale.

Sampling Passes : certains sommets peuvent se retrouver beaucoup trop assombris (problème de surocclusion) par la géométrie environnante. Il est possible de réduire ce phénomène en évaluant au préalable l'occlusion attendue, en un certain nombre de passes successives.

Sampling Error : cette fonction définit la tolérance aux erreurs de calcul ; de faibles valeurs produisent des résultats de meilleure qualité, mais au sacrifice de la rapidité de calcul.

Correction : ce paramètre permet d'atténuer la surocclusion de certaines surfaces en rehaussant artificiellement le niveau de luminosité des zones ombrées. Cela a pour principal effet de diminuer la contraste de l'occlusion ambiante approximative.

Pixel Cache : cette option permet de réutiliser les résultats d'occlusion ambiante obtenus sur un sommet pour interpoler l'illumination des sommets voisins. L'occlusion devient encore plus approximative, mais elle est comparativement encore plus rapide à calculer.

Les paramètres *Falloff* et *Strength* ne diffèrent pas de l'occlusion ambiante par lancé de rayons.

AVERTISSEMENT **Limitations connues de l'Approximate Ambient Occlusion**

Les problèmes de surocclusion apparaissent le plus fréquemment lorsque deux facettes, placées l'une derrière l'autre, pointent dans la même direction (typiquement : lorsque des objets très fins sont empilés les uns derrière les autres).
Les *Strands* (ou brins, utilisés pour la génération d'herbes ou de cheveux grâce aux particules) ne peuvent pas occlure les surfaces environnantes. De même, ils ne sont pas directement occultés, mais reçoivent le niveau d'ombrage de l'objet parent à l'endroit considéré. En effet, l'occlusion de plusieurs milliers de brins peut prendre un temps considérable, quelle que soit la méthode d'occlusion ambiante (approximative ou par lancé de rayons) choisie.

L'illumination Indirecte

Nous n'avons pas encore évoqué l'onglet *IndirectLightning*, également disponible dans le menu *World*. Lorsque cette option est active, l'utilisateur a la possibilité de prendre en compte l'éclairage indirect des objets émettant de la lumière au moment du rendu. Si cette technique se rapproche de l'illumination globale par son résultat, elle ne se base cependant que sur l'occlusion ambiante approximative pour être calculée. Le paramètre *Factor* permet de déterminer l'importance de l'effet sur la scène finale. Le paramètre *Bounce* définit, quant à lui, le nombre de rebonds que vont faire chaque rayon de lumière dans la scène. En augmentant sa valeur, le rendu gagne en finesse et l'éclairage ambiant sera plus lumineux mais les temps de rendu augmenteront aussi en conséquence ! La valeur par défaut donne de très bons résultats visuels pour des temps de calculs raisonnables.

L'exemple d'utilisation typique de l'éclairage indirect est l'illumination d'une scène avec des matériaux émissifs. La valeur du paramètre *Emit* dans l'onglet *Shading* du menu *Material* définit alors la puissance de la lumière émise par l'objet au moment du rendu. Attention cependant, si les objets portant le matériau émettront bien de la lumière, celle-ci ne produira pas d'ombre dans la scène.

Figure 6–71
Exemple d'utilisation de l'éclairage indirect :
les matériaux émissifs peuvent désormais émettre réellement de la lumière !

chapitre 7

Djinn (rendu Internal) CC-BY 4.0 2014, Boris Fauret (http://bobo75014.legtux.org/)

Techniques d'animation fondamentales

Ce chapitre aborde les techniques d'animation pour la réalisation de films avec Blender. Les notions présentées ici sont fondamentales.

SOMMAIRE

- Animation le long d'un chemin
- Apprentissage de l'éditeur de graphes
- Formes clés et éditeur d'actions
- Usage des modificateurs
- Systèmes de particules

MOTS-CLÉS

- Path
- F-Curves
- Interpolation
- Extrapolation
- Modificateur
- Formes
- Clé
- Courbes
- Éditeur
- Timeline
- Frames
- Particules
- Fourrure, coiffure
- Intelligence artificielle

Blender est une suite complète de modélisation et de rendu, mais aussi d'animation. À la fois puissant et compact, le système permet d'animer rapidement et simplement les scènes les plus simples comme les plus complexes. Qui plus est, la consistance des outils mis en œuvre, très similaires dans l'esprit et la pratique aux outils de modélisation ou d'édition de matériaux, assure à l'utilisateur une maîtrise rapide des techniques encore inconnues.

Appréhender le système d'animation de Blender peut se faire par étapes progressives, et c'est ce que propose ce chapitre, en commençant par expliquer comment imposer à un objet une trajectoire prédéfinie. Vient ensuite la présentation de l'éditeur de graphes gérant les F-Curves, clé de voûte de tout le système d'animation, avec la description de deux approches complémentaires. En préliminaire à la découverte d'un système d'animation plus avancé, au travers de l'éditeur d'actions, vous apprendrez à mettre en place des clés de forme (les formes intermédiaires intervenant dans les animations par *morphing*), puis à les animer. Ensuite, vous découvrirez quelques modificateurs supplémentaires, et réaliserez que ce sont autant des outils d'animation que de modélisation. Enfin, vous découvrirez les utilisations quasi infinies des systèmes de particules de Blender, qui permettent de tout simuler, du gazon à la fourrure ou aux cheveux, sans oublier des systèmes dotés d'une intelligence artificielle.

Animation le long d'un chemin

3ds Max

Animation avec trajectoire

Dans 3ds Max, pour réaliser l'animation d'un objet le long d'un chemin, il faut affecter un contrôleur *Position* de type *Contrainte trajectoire*. Dans Blender, il faut établir une relation parent-enfant entre l'objet à animer et sa trajectoire, grâce à la touche *[P]*, qui appellera le menu *Make Parent*. Il ne vous restera alors plus qu'à choisir *Follow Path*.

Le type d'animation le plus simple consiste à faire se déplacer un objet le long d'un chemin. Nous allons en faire la brève démonstration. Ouvrez le fichier `exercice-ch07.01-depart.blend` présent dans le répertoire `/exercices` des fichiers de travail associés à ce livre. La scène représente un simple couloir, éclairé par des néons. Le curseur de Blender se trouve à peu près face à la caméra, au fond du couloir, à mi-hauteur du sol.

Figure 7–1
La scène de départ

Appuyez sur la combinaison *[Maj]+[A]* pour appeler le menu *Add*, ou passez par le menu déroulant *Add* du menu principal. Choisissez *Add>Curve>Bezier*.

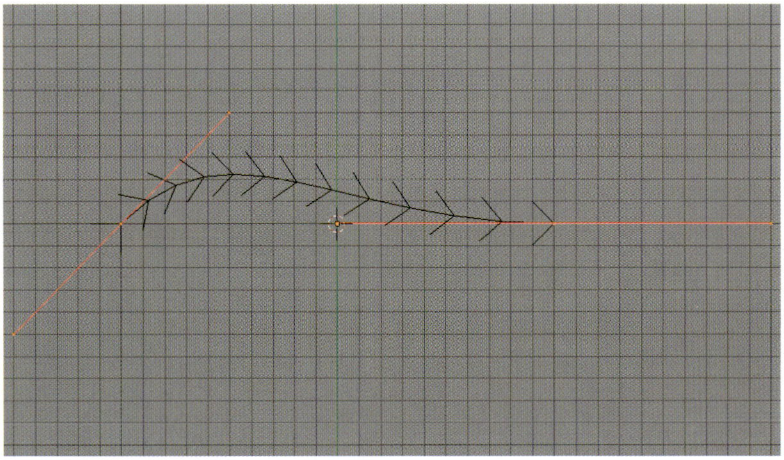

Figure 7–2
L'ajout d'une courbe de Bézier, une entame de chemin

Sélectionnez la poignée la plus à gauche, et en maintenant pressée la touche *[Ctrl]*, cliquez à l'aide du bouton gauche de la souris pour placer de nouvelles poignées dans la vue de dessus. À l'aide des touches *[G]* et *[R]* sur les nœuds centraux, réorientez la courbe de façon à ce qu'elle soit plus naturelle et moins saccadée.

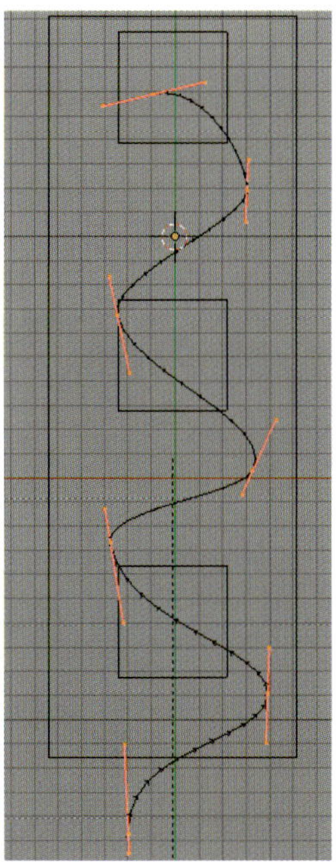

Figure 7–4
Le chemin, tracé et lissé

ASTUCE
Un chemin en 3D

Dans le menu *Curve*, vous trouverez des boutons *2D* et *3D*. Si vous activez le bouton *2D*, la courbe devient seulement éditable en 2D, dans le plan. Par défaut, le bouton *3D* est activé et permet d'éditer la courbe dans les trois dimensions.

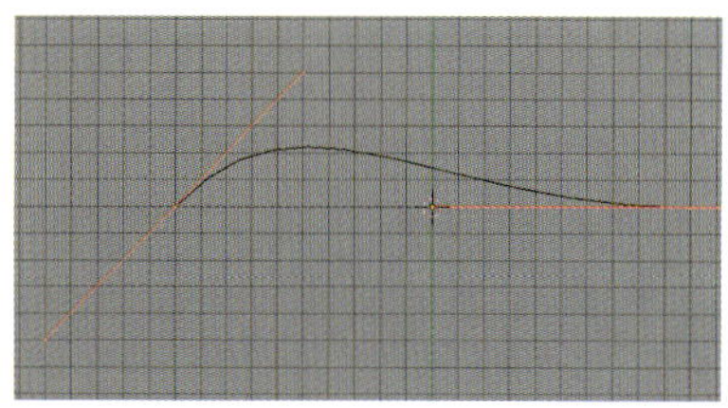

Figure 7–3 En 2D, le chemin change d'allure.

Pour ce faire, placez-vous en vue de face ou de côté, et à l'aide de la touche *[G]*, ajustez l'altitude des nœuds de votre choix.

NOTE IMPORTANTE

Où est le début de chemin ?

Lorsque vous utilisez une *Bezier Curve* pour spécifier un chemin, vous déroulez la courbe à partir de la fin du chemin, pour remonter à son origine. Cela veut dire que les premières poignées par défaut posées par Blender sont situées à la fin du chemin. Si vous souhaitez inverser le sens du chemin, en mode *Edit* appuyez sur *[W]* pour ouvrir la fenêtre *Specials* et choisissez *Switch Direction*.

Désélectionnez tous les nœuds (touche *[A]* autant de fois que nécessaire pour que plus aucun n'apparaisse en orange) puis avec le bouton droit de la souris, sélectionnez le dernier nœud (la partie centrale, pas les poignées) que vous avez créé. Utilisez la combinaison de touches *[Maj]+[S]* et choisissez *Cursor To Selected* pour positionner le curseur à l'endroit de la sélection. Vous pouvez maintenant quitter le mode *Edit* (touche *[Tab]*).

Ajoutez maintenant un simple cube : *Add>Mesh>Cube*. Ce cube se situe maintenant au début du chemin.

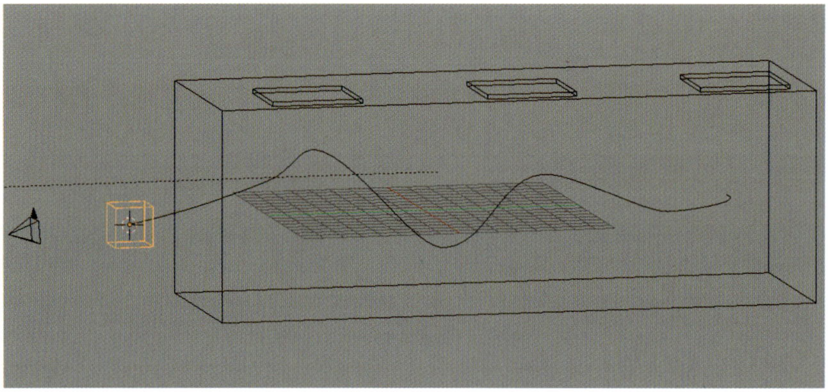

Figure 7–5 Le cube, positionné au début du chemin

Le cube doit être sélectionné (en orange à l'écran) à l'exclusion de tout autre objet. En maintenant la touche *[Maj]* pressée, utilisez le bouton droit de la souris pour ajouter le chemin à la sélection. Utilisez maintenant la combinaison de touches *[Ctrl]+[P]* pour définir le cube comme étant parenté à la courbe. Une fenêtre apparaîtra pour vous demander comment établir le lien. Indiquez à Blender que le cube doit suivre le chemin : *Follow Path*.

BON À SAVOIR

Option Follow par défaut

Lorsque vous procédez au « parentage » avec les touches *[Ctrl]+[P]*, dans le panneau *Object Data* de la courbe, l'option *Follow* s'active automatiquement dans l'onglet *Path Animation*. Ceci signifie que, par défaut, l'objet parenté à la courbe va suivre sa trajectoire.

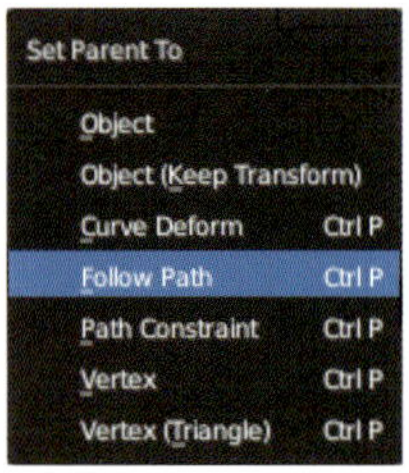

Figure 7–6 Follow Path pour obliger le cube à suivre le chemin

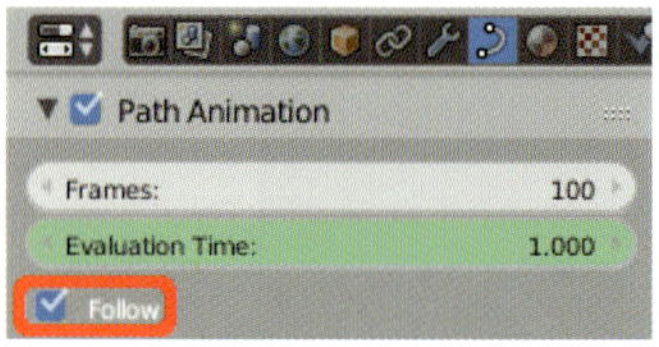

Figure 7–7 L'option Follow est automatiquement activée.

Normalement, un segment de droite en pointillés devrait apparaître pour relier le centre du cube à l'origine du chemin. Si vous avez bien suivi les instructions précédentes, le cube a été posé à l'origine du chemin et ce segment en pointillés devrait logiquement être invisible.

Astuce Prévisualisation d'une animation

Lorsque l'on met en place une animation, il est important de pouvoir la prévisualiser sans effectuer le rendu entier de la vidéo elle-même ! Heureusement, Blender propose plusieurs outils qui permettent des aperçus plus ou moins fidèles de la future animation.

- Combinaison de touches *[Alt]+[A]* : à utiliser dans une vue 3D. Cette combinaison de touches permet de jouer en temps réel l'animation dans la vue 3D, ou toutes les vues 3D en même temps si vous en avez plusieurs.
- *Timeline* : ce type de vue est visible par défaut dans Blender. La *Timeline* permet de visualiser divers éléments en fonction du temps, de jouer l'animation, de l'interrompre et d'éditer la scène à tout instant. Par exemple, si vous avez spécifié des points clés, chacun apparaîtra comme une barre verticale jaune dans la *Timeline*, la frame courante étant quant à elle symbolisée par une barre verticale verte. L'affichage de la *Timeline* est bien sûr différent pour chaque objet sélectionné. Cet outil est idéal pour visualiser des instants précis de votre animation, mais les boutons et menus de cette vue permettent aussi de jouer les animations.

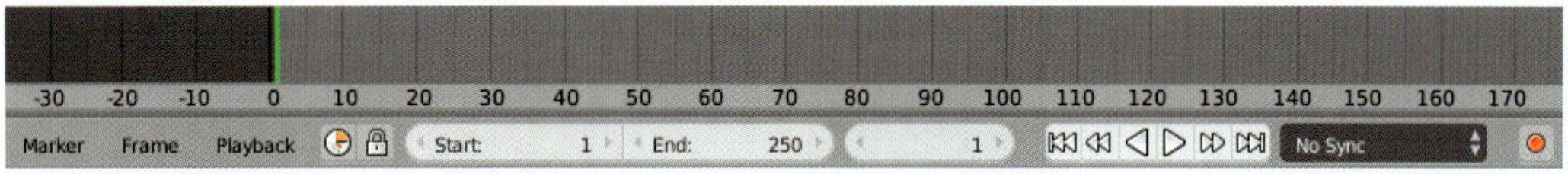

Figure 7–8 L'en-tête de la vue Timeline

Il ne vous reste maintenant plus qu'à jouer la prévisualisation de l'animation (de préférence dans la vue 3D représentant la vue depuis la caméra) pour voir votre cube suivre le chemin : combinaison de touches *[Alt]+[A]*.

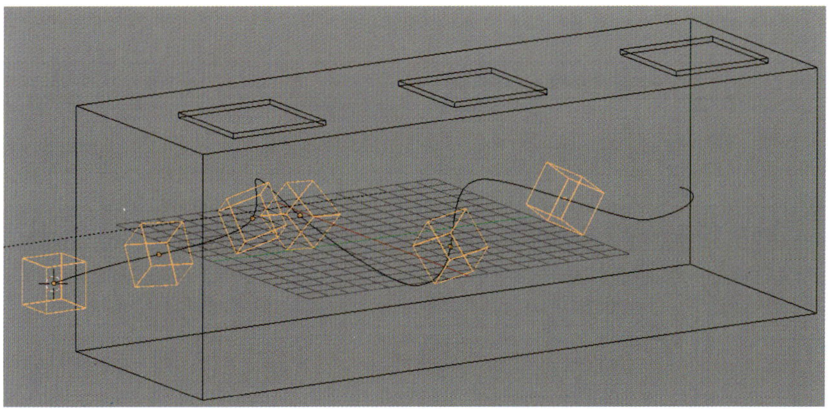

Figure 7–9 La trajectoire du cube lors de l'animation suit parfaitement le chemin.

Vous noterez que le cube met très exactement 100 frames pour parcourir le chemin. Dans le cadre d'une animation personnalisée, vous souhaiterez certainement que le parcours soit plus lent, ou plus rapide. Sélectionnez le chemin et allez dans le menu *Object Data* : dans le panneau *Path Animation*, changez la valeur du bouton numérique *Frames* pour spécifier une nouvelle durée de parcours (en frames) du chemin.

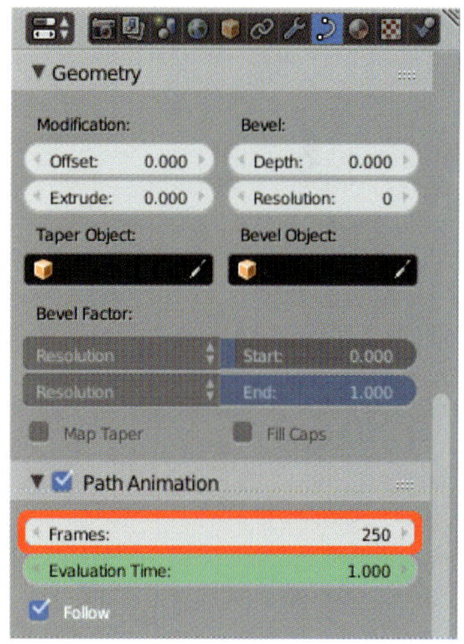

Figure 7–10 Le bouton numérique Frames permet de régler la « durée » du chemin.

Figure 7–11 Le résultat du rendu de l'animation suivant un chemin

Vous trouverez le fichier final de cet exemple dans le répertoire `/exercices` des fichiers de travail, sous le nom `exercice-ch07.01-final.blend`.

BON À SAVOIR

Paramètre Evaluation Time des F-Curves

Supposez que vous avez plusieurs chemins similaires, à peu près parallèles. Par exemple, le premier chemin est suivi par le cube ; le deuxième est suivi par la caméra, pour donner une vue subjective à une scène de type poursuite du cube ; le troisième est suivi par un *Empty*, sur lequel la caméra est braquée (contrainte de type *Track To*). Dans l'éditeur de F-Curves (*Graph Editor*) vous disposez d'une courbe *Evaluation Time* permettant de contrôler la vitesse de déplacement sur chaque chemin. Vous pouvez contrôler cette courbe en y ajoutant des points. Cela permet ainsi d'avoir, par exemple, la caméra qui accélère et décélère en essayant de rattraper le cube, renforçant ainsi la sensation de course-poursuite subjective.

Approfondir : utiliser le Vector Blur pour simuler le flou de vitesse

Vous aimeriez sans doute que le cube en mouvement soit légèrement flou lors de son déplacement. À partir du fichier final de l'exercice précédent (`exercice-ch07.01-final.blend`), nous allons voir comment y parvenir grâce aux nœuds *Composite* ; il faut toutefois bien comprendre que cette astuce n'est possible que parce que le mouvement du cube a déjà été défini, soit au travers d'un chemin, soit au travers de F-Curves (voir plus loin). Transformez la plus grande des vues 3D en *Node Editor*. Dans l'en-tête de la vue, cliquez sur le bouton activant les nœuds *Composite*, et cliquez sur le bouton *Use Nodes*.

Figure 7–12 L'en-tête du Node Editor

Les deux premiers nœuds par défaut font leur apparition, et ils sont reliés entre eux par leur entrée/sortie *Image*. En utilisant le bouton gauche de la souris avec la touche *[Ctrl]* enfoncée, dessinez un trait chevauchant la liaison : celle-ci est effacée. En gardant le curseur de la souris dans la vue de l'éditeur, appuyez sur la combinaison de touches *[Maj]+[A]* pour faire apparaître le menu d'insertion : *Add>Filter>Vector Blur*. Un nouveau nœud *Vector Blur* vient de faire son apparition. Reliez maintenant les sorties *Image*, *Z* et *Speed* du nœud *Render Layer* aux entrées correspondantes du nœud *Vector Blur*. De même, reliez la sortie *Image* du nœud *Vector Blur* à l'entrée correspondante du nœud *Composite*. Que vous utilisiez le moteur de rendu interne à Blender ou *Cycles*, la démarche reste identique.

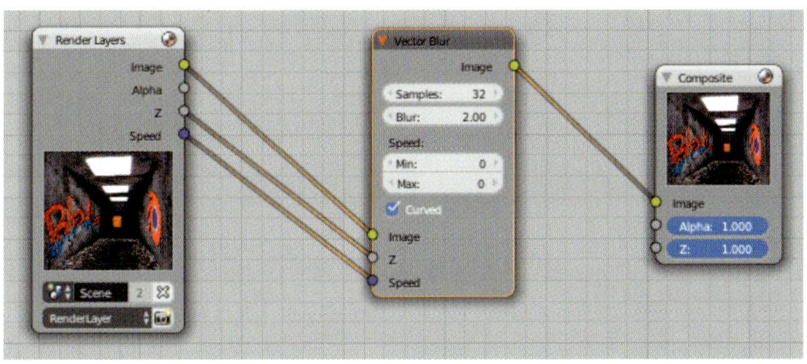

Figure 7–13 Mise en place des nœuds pour un effet de flou de vitesse

Vous pouvez maintenant soit appuyer sur la touche *[F12]* soit cliquer sur la petite icône de rendu dans le nœud *Render Layer*.

> **ASTUCE L'option Curved du nœud Vector Blur**
>
> Lorsque l'option *Curved* du nœud *Vector Blur* est activée, la courbe d'interpolation entre les frames n'est plus une droite mais une courbe de Bézier, ce qui permet d'obtenir des traînées de flou courbes.

> AU SECOURS !
> **Je n'ai pas de sortie Speed à mon nœud Render Layer**
>
> Inutile de paniquer ; si la sortie *Speed* n'est pas disponible, c'est certainement parce que la passe *Vector* n'est pas active dans l'onglet *Render Layers*, bien évidemment pour le *Render Layer* en cours d'usage. Activez-la et la sortie *Speed* sera disponible en sortie du nœud *Composite*.

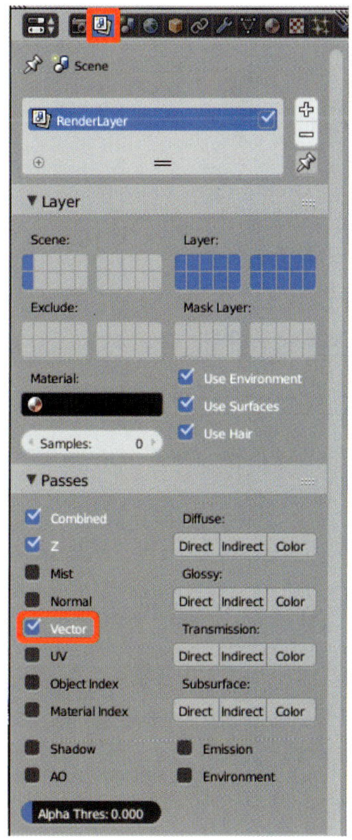

Figure 7–14 Activation de l'option Vector dans le panneau Render Layers

Figure 7–15
Le Vector Blur en action : un effet pouvant être vertigineux

Explications sur les paramètres du nœud Vector Blur

- *Samples* est le nombre d'échantillons définissant l'effet de flou. Augmentez ce nombre pour un résultat plus fin.
- *Speed>Min*. Utilisez cette valeur pour améliorer la séparation entre les objets mobiles et immobiles dans votre scène ; particulièrement utile lors des mouvements de caméra ou lorsque le décor bouge très légèrement.
- *Speed>Max*. Utilisez cette valeur pour améliorer le flou sur les objets se déplaçant très vite.
- *Blur*. Utilisez ce facteur pour accélérer ou ralentir les vecteurs *Speed* ; produit des résultats analogues à des « temps d'obturation » plus ou moins longs avec une vraie caméra. Visuellement, plus cette valeur est importante, plus la traînée engendrée par le flou est longue.

Animation linéaire par F-Curves

Le principal système d'animation de Blender consiste à spécifier pour un objet, à un moment donné, l'état de certains de ses paramètres, comme sa position, sa couleur ou encore sa taille, et ce, parmi de très nombreuses possibilités. À un autre moment, on spécifie des valeurs différentes pour ces mêmes paramètres, qui représentent un deuxième état. Blender va se charger de mettre en place une courbe (dite F-Curve) entre chaque état consécutif de façon que la transition soit la plus progressive possible. Bien sûr, il n'y a pas de limite conventionnelle au nombre d'états que vous pouvez souhaiter intégrer, ce qui vous permet de générer des animations d'une grande complexité, pour atteindre un degré de réalisme quasi parfait.

LE SAVIEZ-VOUS ?
IPO et F-Curves

Dans les versions plus anciennes de Blender, on parlait de courbes IPO (le terme IPO n'était pas un acronyme quelconque, mais une abréviation, *IPO Curve* signifiant courbe d'interpolation). Le terme *F-Curve* est désormais utilisé pour s'aligner sur les autres logiciels de 3D, mais quel que soit le nom utilisé, nous avons à faire à la même chose : des courbes interpolées par Blender entre plusieurs points clés représentant l'état des objets animés à des moments clés.

L'animation d'un objet va donc consister à lui associer un bloc de données *Action*, chaque bloc *Action* pouvant contenir une ou plusieurs F-Curves, chacune associée à un paramètre de l'objet animé. Bien sûr,

3DS MAX Les outils d'animation

Les principaux outils d'animation disponibles dans 3ds Max le sont également dans Blender, parfois sous des formes et des appellations différentes.

- **Vue piste** : il s'agit de l'équivalent de l'éditeur de F-Curves.
- **Barre de piste** : la *Timeline* de Blender permet de rendre les mêmes services de visualisation.
- **Panneaux d'animation et hiérarchie** : il n'y a pas de panneau similaire dans Blender, les mêmes informations, options et fonctions étant distribuées entre différents outils d'animation, notamment le menu *Insert Key* accessible par la touche *[I]* et les panneaux du menu *Object*.
- **Commandes de temps** : les commandes permettant de se déplacer dans le temps sont également reprises dans la *Timeline* de Blender.

chaque type d'objet de Blender dispose d'une liste de paramètres qu'il est possible de faire varier dans le temps.

La courbe F-Curve est tracée sur un graphe présentant sur l'axe vertical la valeur du paramètre animé, et sur l'axe horizontal, les frames (l'unité de temps interne à Blender).

BON À SAVOIR
La frame, unité de temps par défaut

Dans le cadre d'une animation, on parle souvent d'un certain nombre d'images par seconde, ou frames par seconde. Par exemple, pour le cinéma moderne, la norme est à 25 images par seconde. L'unité de temps, dans Blender, va donc être la frame, ou image unitaire de l'animation. Rendez-vous dans le menu *Render*, onglet *Dimension*, menu déroulant *Frame Rate*, pour fixer le nombre d'images par seconde de votre animation. Le choix *Custom* vous permet d'entrer la valeur de votre choix.

Changer la frame courante

Deux types de vue vous proposent un compteur de frames, qui permet d'afficher l'état de la scène, à un instant donné, dans les vues 3D. Un compteur se trouve dans l'en-tête de la vue *Timeline*. Un autre, plus discret, est situé dans le coin inférieur gauche de la vue 3D où la frame courante est spécifiée par le nombre entre parenthèses précédant le nom de l'objet sélectionné.

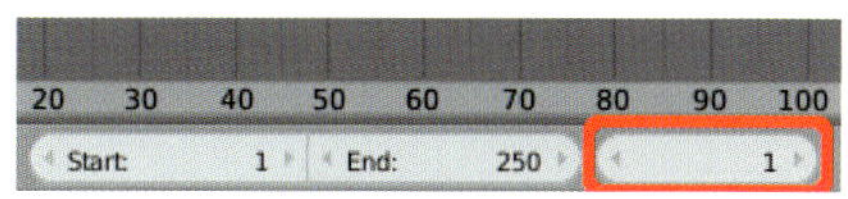

Figure 7–16
Le compteur de frames, à droite de la capture

Il existe plusieurs façons de faire évoluer ce compteur.

- **Saisie numérique :** en cliquant sur le compteur, vous pouvez saisir au clavier la frame dont vous souhaitez afficher l'état de la scène.
- **Souris :** en cliquant sur les petites flèches pointant vers la gauche ou la droite, vous faites reculer ou avancer le temps frame par frame. En maintenant appuyé le bouton gauche et en déplaçant (lentement) la souris vers la gauche ou vers la droite, vous diminuez ou augmentez le compteur par incréments de 60 frames à partir de la valeur courante.
- **Clavier :** les touches directionnelles (pas celles du pavé numérique, celles du clavier) sont peut-être les plus utiles ; les flèches gauche et droite diminuent ou augmentent le compteur d'une frame. Les flèches bas et haut permettent de passer d'une frame contenant une clé d'animation à l'autre.

Par exemple, un cube tournant à la fois sur lui-même, et oscillant de bas en haut de façon cyclique se verra associer un bloc de données *Action* comportant deux courbes. La première sera une droite infinie, associée au paramètre *X Euler Rotation* (angle de rotation autour de la direction *X*) ; la seconde sera une courbe pseudo-sinusoïdale ondulant entre deux positions, associée au paramètre *Z Location* (position dans la direction *Z*).

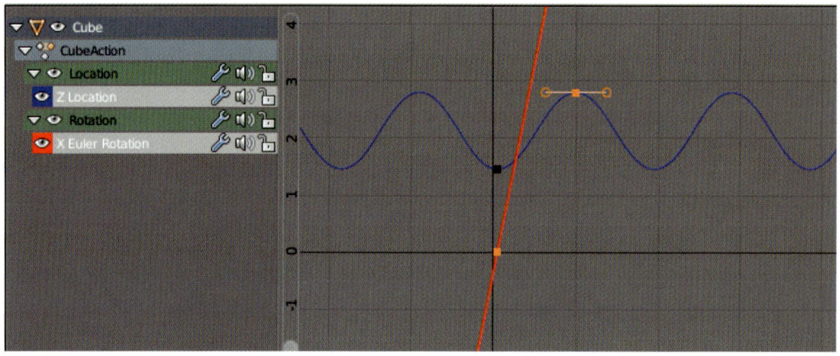

Figure 7–17
Exemple de vue sur l'éditeur de F-Curves

Pour bâtir ces F-Curves, il existe deux méthodes très utilisées. La première est plus propre aux objets, et consiste à insérer des clés d'animation. La seconde est plus universelle et demande à éditer les courbes manuellement dans l'éditeur de F-Curves. Nous allons brièvement explorer les deux méthodes.

Dans les deux cas, vous lancerez Blender, ou ouvrirez une nouvelle session en utilisant la combinaison de touches *[Ctrl]+[N]*. En cliquant avec le bouton central de la souris sur le bord séparant la vue 3D de la fenêtre des boutons, coupez la vue 3D en deux en choisissant *Split Area* dans le menu flottant qui apparaît. Tout à fait à gauche de l'en-tête de l'une des deux vues, vous trouverez une icône représentant un cube. En cliquant dessus vous affichez la liste des types de vues disponibles. Choisissez *Graph Editor*.

Figure 7–18 L'en-tête du Graph Editor

ASTUCE
Dupliquez des F-Curves existantes

Dans le cadre d'animations très mécaniques, vous allez devoir mettre en place des F-Curves très similaires, voire identiques, pour un grand nombre d'objets. Pour vous simplifier la tâche, notez la présence de deux boutons qui permettent de copier et coller une courbe d'un objet à l'autre.

Dans l'en-tête de cette vue, vous pouvez choisir le type de F-Curves que vous voulez voir en activant l'option *Filters*. Par défaut, toutes sont visibles et présentent les types *Scene*, *World*, *Node*, *Object*, *Mesh*, *Material*, *Lamp*, *Texture* et *Camera*. Mais d'autres icônes peuvent encore s'ajouter à cette liste selon ce que vous animez ! Si vous insérez des Shape Keys à un objet (chose que nous ferons dans le chapitre suivant) un nouveau filtre les gérant fera son apparition. Idem si vous créez un système de particules.

Figure 7–19
Les filtres des différentes F-Curves

LE SAVIEZ-VOUS ? Une évolution importante

Dans les précédentes versions de Blender, il était possible de créer un nombre important de types différents de courbes directement depuis l'éditeur de courbes, ce qui permettait de modifier les déplacements, rotations, changements d'échelles, vitesses de déplacement, modifications de couleur, de forme, etc. Le choix d'opérations était donc très vaste. Mais encore incomplet ! Dorénavant, absolument TOUS les paramètres à valeur numérique d'un objet peuvent être animés sur simple insertion de clés d'animation. Et ce ne sont pas les seuls ! Cela peut aller jusqu'au paramètre le plus subtil dans la configuration d'un matériau, comme le fait de faire évoluer l'échantillonnage de la clarté des réfractions d'un matériau transparent, ou bien dans l'animation d'un modificateur, comme l'augmentation progressive d'une déformation créée par un modificateur de *Displacement*. Ainsi, afin d'éviter de se retrouver avec une liste de types de courbes encore plus importante qu'auparavant, la création de courbes depuis le *Graph Editor* n'est plus possible. Il faut dorénavant insérer une clé d'animation sur le paramètre de son choix directement dans l'interface pour créer une F-Curve. Cela rend la tâche très intuitive et flexible, et autorise une liberté accrue.

Insertion de clés d'animation

Préparez votre écran comme indiqué précédemment, ou ouvrez le fichier `exercice-ch07.02-depart.blend` du répertoire `/exercices` des fichiers de travail. Dans la vue 3D, sélectionnez le cube central à l'aide du bouton droit de la souris, s'il ne l'est pas déjà. Nous n'interviendrons pas dans le *Graph Editor*, mais nous conserverons un œil dessus pour comprendre le fonctionnement des clés d'animation. En revanche, nous allons fortement nous concentrer sur le compteur de frames.

Changez la frame courante (si nécessaire) pour qu'il s'agisse de la frame `1`. Le cube est en position centrale dans la scène, nous n'avons touché à rien. Veillez à ce que le pointeur de la souris se trouve dans la vue 3D, puis appuyez sur la touche *[I]* pour insérer une clé d'animation et choisissez *Rotation*.

L'éditeur de courbes F-Curves s'actualise et vous pouvez dorénavant afficher les courbes affectant la rotation de votre cube (*X Euler Rotation*, *Y Euler Rotation* et *Z Euler Rotation*).

Mais nous ne nous arrêterons pas là. Grâce au compteur de frames, déplacez-vous jusqu'à la frame `101` (soit 100 frames plus loin). Dans la vue 3D, placez-vous en vue de dessus (touche *[7]* du pavé numérique) et appuyez sur la touche *[R]* pour faire tourner le cube de `-90°` (le maintien de la touche *[Ctrl]* pendant la rotation du cube contraindra celle-ci à des multiples entiers de 5°). Insérez une nouvelle clé d'animation grâce à la touche *[I]* et choisissez à nouveau *Rotation*.

Dans la colonne de gauche, sélectionnez *X Euler Rotation, Y Euleur Rotation* et supprimez les clés en appuyant sur la touche *[X]* ou *[Suppr]*. Une question apparaît à l'écran pour valider la suppression de ces courbes.

Figure 7–20 Boutons permettant de copier-coller les blocs de données

3DS MAX
Animation à l'aide de clés

3ds Max vous permet d'insérer des clés d'animation de deux façons : la première consiste à cliquer sur le bouton *Clé auto*, la seconde à éditer des valeurs pour certains paramètres directement dans la vue *Piste*. Deux méthodes rigoureusement équivalentes de Blender sont décrites dans cette section.

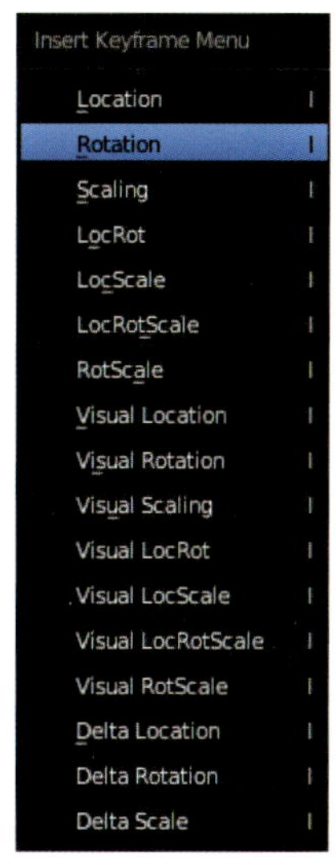

Figure 7–21
Le menu d'insertion de clés d'animation

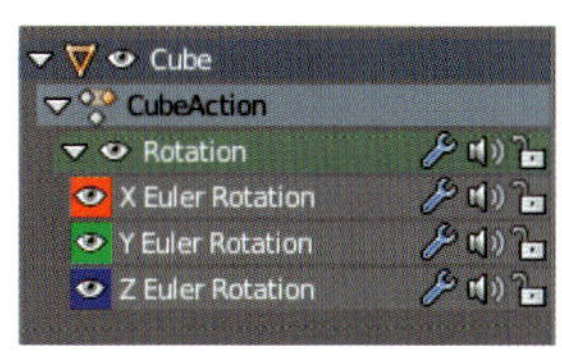

Figure 7–22 Le menu du Graph Editor faisant apparaître les nouvelles courbes

Astuce Supprimer une clé d'animation

La combinaison *[Alt]+[I]* permet de supprimer une clé de l'objet sélectionné pour la frame courante. Une menu flottant très similaire à celui pour l'insertion d'une clé apparaît et permet donc de choisir le type de clé à supprimer.

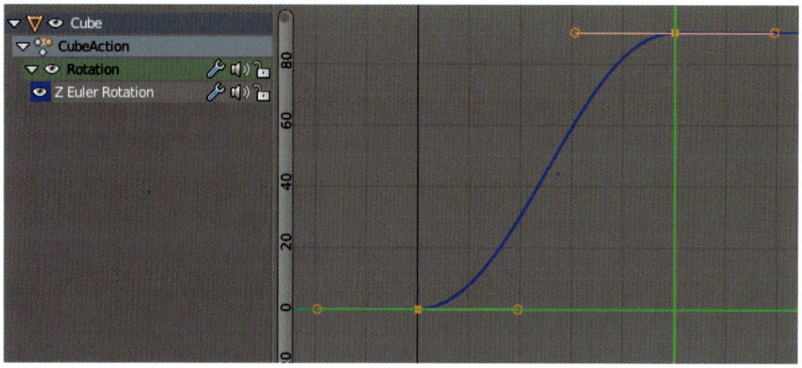

Figure 7–23
La courbe F-Curve
du paramètre de rotation sur l'axe Z

Positionnez maintenant le curseur de la souris dans la vue 3D et utilisez la combinaison de touches *[Alt]+[A]* pour lancer la prévisualisation de l'animation : vous devriez voir le cube tourner sur lui-même, conformément à la valeur imposée à *RotZ* dans l'éditeur, mais uniquement entre les frames `1` et `101`. La rotation s'arrête brutalement, mais nous verrons plus tard comment la faire continuer sur sa lancée. Le fichier final de ce premier exemple se nomme `exercice-ch07.02-final.blend` et peut être trouvé dans le répertoire `/exercices` des fichiers de travail.

Insérer d'autres clés d'animation

Lorsque vous utilisez la touche *[I]* dans la vue 3D pour insérer des clés d'animation, plusieurs options apparaissent.

- *Location* : n'enregistre que la position de l'objet pour la frame courante.
- *Rotation* : n'enregistre que l'angle de rotation de l'objet pour la frame courante.
- *Scale* : n'enregistre que l'échelle de l'objet pour la frame courante.
- *LocRot* : enregistre à la fois la position de l'objet et l'angle de rotation de l'objet pour la frame courante.
- *LocRotScale* : enregistre à la fois la position, l'angle de rotation et l'échelle de l'objet pour la frame courante.
- *RotScale* : enregistre à la fois l'angle de rotation et l'échelle de l'objet pour la frame courante.

Astuce
Utiliser la touche [I] d'insertion de clés dans les autres fenêtres

Si vous déplacez le curseur de la souris sur le paramètre de votre choix, une pression sur la touche *[I]* insérera une clé d'animation concernant le paramètre survolé. Pratique pour créer rapidement des clés pour des matériaux, des textures ou des paramètres de caméra, en fonction du type de menu dans lequel vous êtes. N'hésitez pas à expérimenter à outrance où bon vous semble !

Utilisation de l'éditeur de courbes

Nous allons refaire manuellement ce que nous avons réalisé avec des clés d'animation. Préparez votre écran comme indiqué précédemment, ou ouvrez le fichier `exercice-ch07.03-depart.blend` du répertoire `/exercices` des fichiers de travail. Dans la vue 3D, sélectionnez le cube central à l'aide du bouton droit de la souris, et portez à nouveau votre attention au *Graph Editor*. C'est ici que tout va se passer !

Dans la vue 3D, à la frame `1`, insérez une clé en pressant *[I]* et choisissez *Rotation*. Vous remarquez que dans le *Graph Editor* un nouveau bloc de données d'action est apparu pour le cube. Ce bloc contient trois courbes pour les rotations sur les axes X, Y et Z, figurant respectivement en rouge, vert et bleu. Pour le moment, ces courbes sont confondues avec l'axe des abscisses car aucune rotation n'est effectuée.

Nous allons chercher à faire tourner le cube sur lui-même, autour de l'axe vertical Z. Dans la liste des variables dans la colonne de gauche de l'éditeur, sélectionnez *Z Euler Rotation* (bouton gauche de la souris). Cliquez ensuite dans le graphe avec le bouton gauche de la souris, tout en maintenant la touche *[Ctrl]* pressée pour obtenir le point frame `101` et l'angle `90°`.

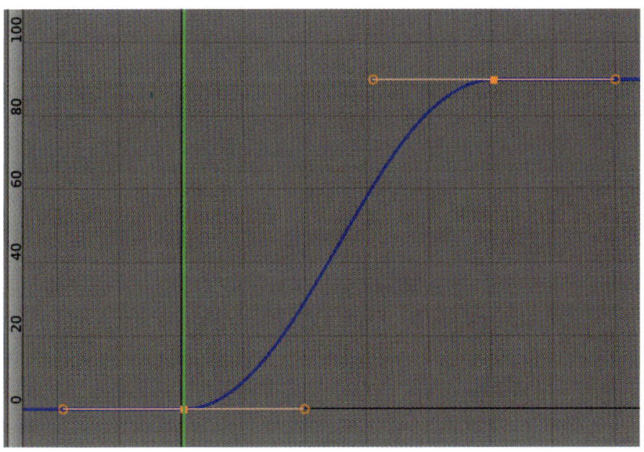

Figure 7–24
Les deux points du paramètre Z Euler Rotation dans le Graph Editor

Positionner précisément les points

Le point a été positionné approximativement, mais il est possible d'ajuster sa position très précisément. La courbe F-Curve étant sélectionnée, entrez en mode *Edit* (touche *[Tab]*) si ce n'est pas le cas. Chaque point créé est désormais constitué d'un nœud central et de deux poignées. Pour le dernier point que nous venons de créer manuellement, sélectionnez le nœud central et appuyez sur la touche *[N]*. Un panneau latéral apparaît à droite pour vous permettre de spécifier des valeurs précises. Prêtez attention aux champs *Frame* et *Value* dans l'onglet *Active Keyframe*. Saisissez `101` et `90°`.

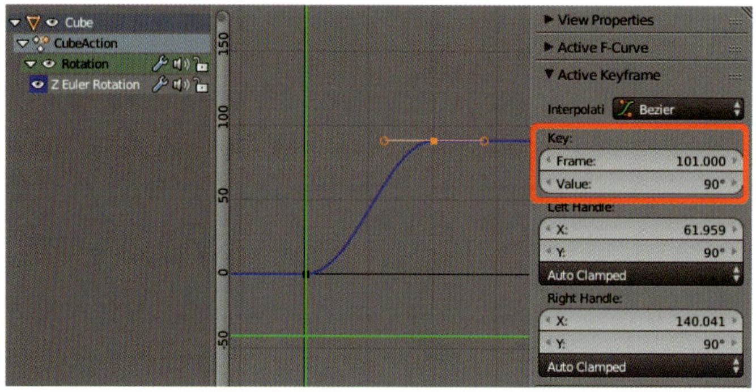

Figure 7–25
Positionnement précis des points formant la F-Curve grâce à la touche [N]

Utilisez maintenant la combinaison de touches *[Alt]+[A]* pour lancer la prévisualisation de l'animation : vous devriez voir votre cube tourner sur lui-même conformément à la valeur imposée à *Z Euler Rotation* dans l'éditeur, mais uniquement entre les frames `1` et `101`. Comme précédemment, la rotation s'arrête brutalement ! Le fichier final de cet exemple se nomme `exercice-ch07.03-final.blend` et peut être trouvé dans le répertoire `/exercices` des fichiers de travail.

Régler le comportement des courbes au-delà de leur plage de définition

> BON À SAVOIR
> **Quel mode d'interpolation pour quelle animation ?**
>
> Généralement, vous choisissez l'option *Constant* pour un mouvement très saccadé, l'option *Linear* pour un mouvement mécanique parfaitement asservi, et l'option *Bezier* pour un mouvement souple, ou légèrement amorti.

Que vous ayez utilisé des clés d'animation ou l'éditeur de courbes, vous avez obtenu un résultat identique (vous pouvez ouvrir l'un ou l'autre des fichiers `exercice-ch07.02-final.blend` ou `exercice-ch07.03-final.blend` du répertoire `/exercices` des fichiers de travail). Dans l'éditeur de courbes, sélectionnez le paramètre *Z Euler Rotation* et, dans le menu *Key*, choisissez *Interpolation Mode* : vous avez le choix entre *Constant*, *Linear* et *Bezier*. Il s'agit ici de spécifier à Blender si les points créés doivent être reliés par des plateaux horizontaux (*Constant*), des segments de droite (*Linear*) ou des courbes de Bézier (*Bezier*), qui est l'option par défaut. Ce menu peut également être invoqué en pressant la touche *[T]* dans le *Graph Editor*. Nous souhaitons une rotation parfaitement continue, choisissez donc l'option *Linear*.

Toujours dans le menu *Channel*, intéressez-vous maintenant à *Extrapolation Mode*. Ces options permettent de définir le comportement de l'animation en dehors des bornes de définition de la F-Curve. L'option *Constant Extrapolation* fige l'objet dans sa dernière position angulaire ; l'option *Linear Extrapolation* permet de projeter la courbe à l'infini selon la pente de la courbe au dernier point défini ; l'option *Make Cyclic* permet de répéter indéfiniment la portion de courbe déjà décrite. Enfin, l'option *Clear Cyclic* supprime l'effet de la précédente option. Sachez que ces deux dernières options activent ou désactivent un modificateur de courbe (*F-Modifier*) que nous allons détailler.

Choisissez *Linear Extrapolation*. La « courbe » finale est donc une droite infinie, passant par deux couples de points définis par nos soins : `{frame 1, angle 0°}` et `{frame 101, angle 90°}`.

Une autre méthode, réversible de surcroît, a fait nouvellement son apparition : le modificateur de courbes *Cycles*. Faites *[Ctrl]+[Z]* pour annuler l'extrapolation linéaire que vous venez d'ajouter *via* le menu *Channel*. Dans le panneau latéral droit des propriétés que vous pouvez afficher en pressant la touche *[N]*, ajoutez le modificateur *Cycles*. Celui-ci va nous permettre de contrôler le comportement de la courbe avant et après les dernières clés qu'elle comporte en fonction des paramètres que nous allons choisir dans les champs *Before* et *After*. Sélectionnez *Repeat with Offset* pour chacun de ces champs. La courbe est maintenant parfaitement linéaire, y compris au-delà des deux clés que nous avons créées précédemment. Le modificateur *Cycles* offre bon nombre d'options qui vous permettent aisément de gérer l'extrapolation d'une F-Curve.

- *Repeat Mirrored* : duplique la courbe en inversant sa progression. Idéale avec une *F-Curve Bezier* pour en faire une courbe pseudosinusoïdale.
- *Repeat with Offset* : prolonge la pente de la courbe à l'infini au-delà des clés créées et peut donc permettre une extrapolation linéaire.
- *Repeat Motion* : duplique la courbe à l'identique. Notez que la courbe est forcément discontinue si la composante *Value* du premier point et celle du dernier point ne sont pas identiques.
- *No Cycles* : empêche le prolongement de la courbe.
- *Restrict Frame Range* : permet de limiter l'action du modificateur à un intervalle de frames que vous pouvez définir avec les paramètres *Start* et *End*.
- *Use Influence* : permet de régler l'intensité du modificateur *Cycles*.

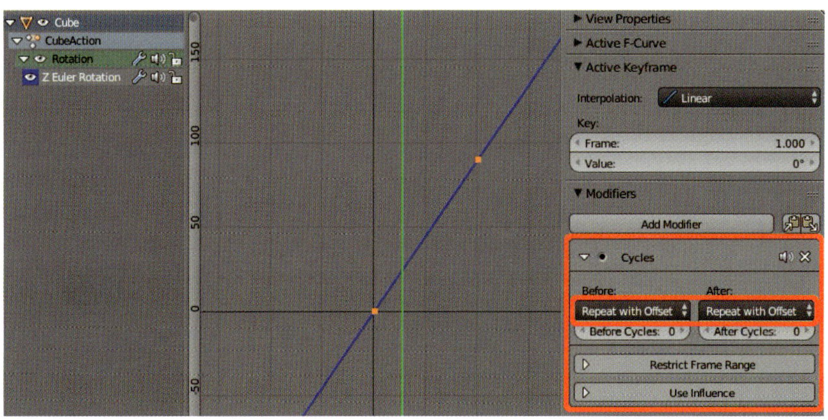

Figure 7–26
La courbe après définition des points, et des modes d'interpolation et d'extrapolation

Si maintenant vous jouez l'animation dans une vue 3D (combinaison des touches *[Alt]+[A]*), vous aurez la satisfaction de voir votre cube tourner indéfiniment. Le résultat final de cet exemple peut être examiné dans le fichier `exercice-ch07.04-final.blend`.

Régler la durée de l'animation

Lorsque vous effectuez le rendu de votre animation, vous devez définir la première frame de l'animation, ainsi que la dernière. Par défaut, ces deux valeurs sont respectivement égales à `1` et `250`, à une vitesse de 24 frames par seconde. Cela correspond donc à une animation d'un peu plus de 10 secondes.

Dans l'en-tête de la vue *Timeline*, vous avez deux boutons numériques (*Start* et *End*) qui vous permettent de déterminer ces frames de départ et de fin.

Sinon, dans le panneau *Render* se trouvent également des boutons numériques *Start* et *End*. De même, le bouton numérique *Frame Rate* permettant de régler la vitesse de l'animation (en frames par seconde) se trouve dans le panneau *Dimensions* du panneau *Render*.

Autres types de F-Curves

Nous savons maintenant travailler dans l'espace des objets grâce aux courbes F-Curves. Mais comme nous l'avons aperçu, il en existe d'autres types parmi lesquelles deux peuvent s'avérer très utiles : *Camera* et *Lamp*. À part leur existence, vous n'apprendrez rien de plus, car le fonctionnement de l'éditeur est le même d'un type de F-Curve à l'autre. Nous pourrons toutefois illustrer deux exemples d'usage de ces autres types.

F-Curve de type Camera

Pour une caméra, il est très facile d'associer une courbe au paramètre *Focal Length*, ce qui a pour effet de contrôler le facteur de zoom de la caméra pendant l'animation.

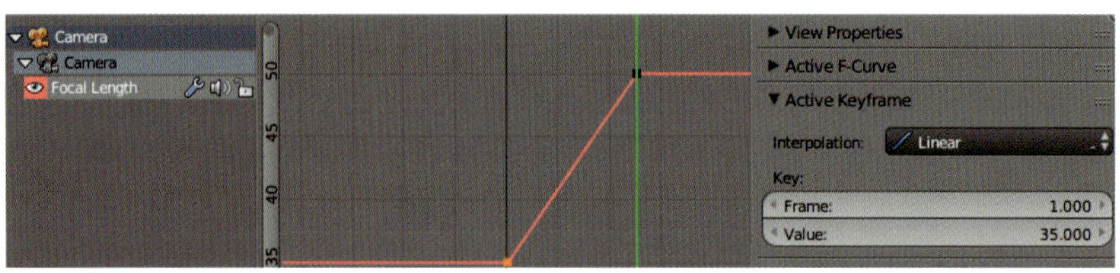

Figure 7–27 Une F-Curve de type Camera qui permet de zoomer sur le sujet grâce au paramètre animé Focal Length

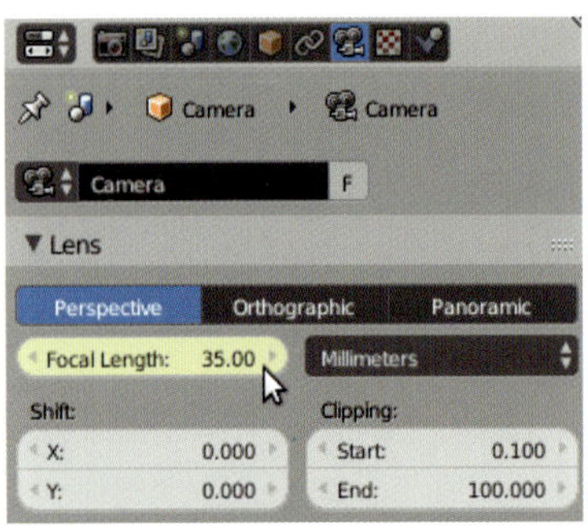

Figure 7–28 Insertion d'une clé avec la touche *[I]* sur la longueur de focale de la caméra

Pour créer la courbe *Focal Length*, il vous faut insérer une clé d'animation depuis le menu de la caméra en pressant la touche *[I]* lorsque le curseur survole le champ de la valeur *Focal Length* dans la partie *Lens*.

F-Curve de type Lamp

L'animation de l'intensité lumineuse d'une lampe est souvent utile pour simuler, par exemple, une nuit orageuse. Le but est simplement d'illuminer la scène sur des instants très courts (de une à quelques frames seulement) et à des intensités diverses. On tirera aisément avantage du mode d'interpolation *Constant*, dans ce cas de figure. Comme pour créer la courbe précédente, il vous faudra insérer une clé d'animation sur la valeur *Strength* dans le menu de la lampe.

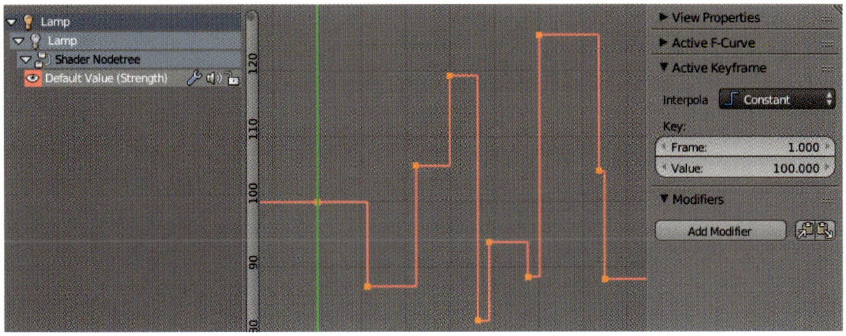

Figure 7–29
Une F-Curve particulièrement saccadée et chaotique

Autres types de F-Curves ?

Il existe d'autres formes d'animation, plus spécialisées. En particulier, le type *ShapeKeys* permet d'animer la transformation ou la déformation des objets, à condition de définir des clés de forme spécifique. C'est l'objet de la prochaine partie de ce chapitre.

Les formes clés (shape keys)

De la même façon qu'il est possible, pour un objet, d'insérer une clé de position (*Location*), de rotation (*Rotation*) ou d'échelle (*Scale*), il est possible, au niveau interne de l'objet (c'est-à-dire au niveau du point de contrôle du maillage, de la courbe, de la surface ou du treillis) d'insérer des formes clés (*Shape Keys* en version originale). Chaque clé est alors représentative d'un état de la position des points de contrôle. Cette démarche est à la fois simple et brillante. Si vous avez passé des heures à modéliser un visage, vous apprécierez de pouvoir l'animer facilement en créant une clé pour représenter le maillage avec l'œil droit fermé, une clé pour représenter la bouche grande ouverte, et ainsi de suite. Plus tard, dans l'éditeur d'actions, pour réaliser votre animation, il ne vous restera plus qu'à préciser la mimique que vous souhaitez à chaque instant, et Blender se chargera docilement d'interpoler les formes, en fonction du temps et des formes clés que vous aurez choisies.

MAYA
Blend Shapes

Les *Blend Shapes* de Maya fonctionnent de façon très similaire aux Shape Keys de Blender ; l'utilisateur de Maya ne sera donc pas perdu. En revanche, il appréciera la possibilité qu'offre Blender de corriger les déformations grâce au *weight painting*.

Démarrez une nouvelle session de Blender, ou réinitialisez la scène courante grâce à la combinaison de touches [Ctrl]+[N]. Séparez la vue 3D en deux, en cliquant sur le bord entre la vue 3D et la fenêtre des boutons grâce au bouton central de la souris. Laissez telle quelle l'une des vues, mais transformez la seconde en éditeur d'actions (icône DopeSheet). Nous nous en servirons juste pour visualiser les effets de nos actions à venir. Dans la vue 3D, sélectionnez le cube central par défaut, et effacez-le (touche [X] ou [Suppr]). En utilisant la combinaison de touches [Maj]+[A] ou le menu Add, ajoutez un nouveau maillage : Add>Mesh>Monkey en validant les paramètres par défaut. Rendez-vous dans le menu Object Data et trouvez l'onglet Shape Keys. Cliquez sur le bouton + ; la première clé insérée par défaut se nomme Basis, et sera la forme de base de tous les morphings à venir.

En quelques mots, le bouton + permet d'ajouter une nouvelle clé de forme pour le maillage actuel. Le bouton Relative, s'il est activé, permet d'appliquer les déformations par rapport au maillage ; autrement, les déformations seront appliquées par rapport au repère absolu de la scène, ce qui pourra conduire à des résultats étonnants : ne désactivez cette option que si vous savez ce que vous faites.

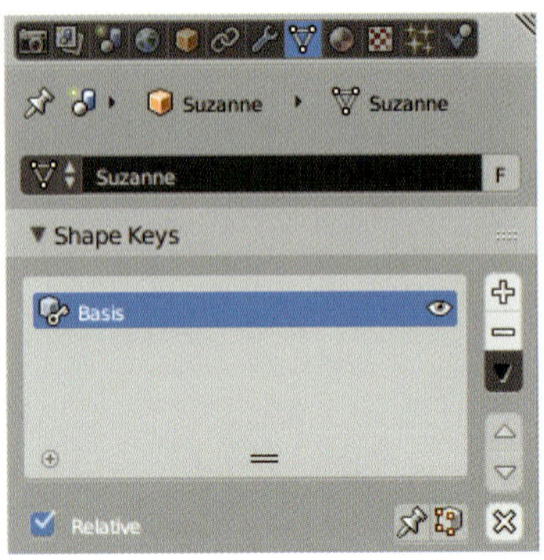

Figure 7–30
L'onglet Shape Keys

Viennent ensuite les différentes clés de forme que vous avez ajoutées : une ligne par forme. Chaque ligne présente une icône en forme d'œil permettant d'ignorer la forme clé en question (ce paramètre est « animable » en appuyant sur [I] lorsque le pointeur survole l'icône). L'icône représentant une punaise permet de « figer » la forme de la vue 3D avec la clé courante. L'icône avec le cube d'Edit Mode permet d'appliquer les déformations des clés de forme dans ce mode-ci. Les flèches sur la droite de la liste des Shape Keys permettent de monter ou descendre la position de la forme courante dans la pile, et enfin, la touche symbolisant le signe négatif permet de supprimer la forme courante.

Par exemple, nous allons nous amuser à créer quelques formes. Gardez la clé Basis que vous avez créée et ajoutez-en une nouvelle en cliquant sur +. La nouvelle clé de forme s'appelle Key 1. Avec la tête de singe toujours sélectionnée, passez en mode Edit (touche [Tab]). De préférence, désactivez le *Backface-Culling*, et activez le mode d'édition proportionnelle (touche [O]). Maintenant, sélectionnez quelques points de contrôle à la pointe de l'oreille droite du singe, pressez les touches [G] puis [Z] pour les déplacer vers le bas, selon la direction Z. Au besoin, réglez l'aire d'effet de l'outil d'édition proportionnelle pour n'affecter que les points de contrôle de l'oreille. Une fois la forme souhaitée obtenue, repassez en mode Object (touche [Tab]). Suzanne revient à la forme de base.

Maintenant, nous allons arrondir la bouche du singe, pour symboliser un « oh ! » de surprise. Commencez par insérer une nouvelle clé en cliquant sur le bouton + ; la liste des Shape Keys s'enrichit d'une nouvelle clé *Key 2*, la dernière pour notre exemple. Revenez dans le mode *Edit* (touche *[Tab]* à nouveau) et sélectionnez les points de contrôle au centre de la lèvre supérieure. Grâce aux touches *[G]* puis *[Z]*, déplacez les points de contrôle vers le haut, dans la direction Z. Une fois les points placés selon vos souhaits, validez grâce à la touche *[Entrée]* et repassez en mode *Object* (touche *[Tab]*).

Nous avons maintenant trois formes différentes : le maillage d'origine, sous le nom *Basis* ; une variante avec l'oreille droite tombante, sous le nom *Key 1* ; et enfin une seconde variante du maillage d'origine, avec la bouche arrondie, nommée *Key 2*.

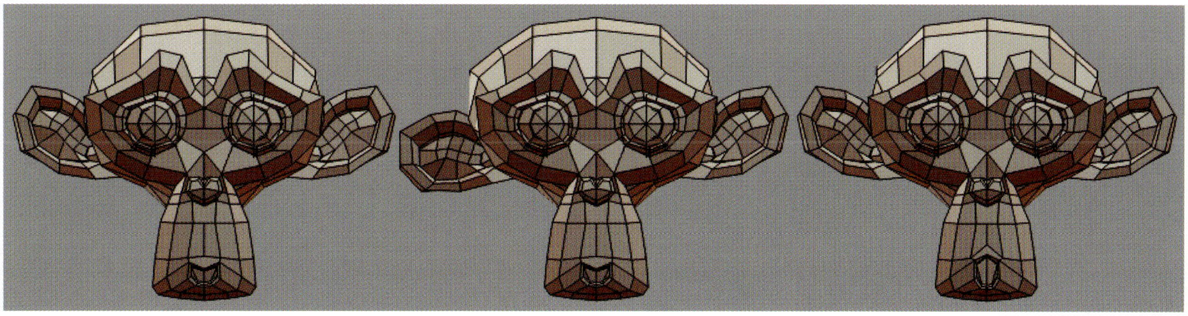

Figure 7–31 Nos trois formes clés, prêtes à être recyclées dans une animation

Vous constatez qu'en mode *Edit*, Suzanne apparaît avec les déformations que nous avons réalisées. Mais en passant en mode *Object*, elle revient à la forme de base. Ceci est dû au fait que pour le moments nos Shape Keys ont une valeur égale à 0 et ne changent donc pas la forme de base. Mais en déplaçant le curseur *Value* des deux morphings, vous pouvez les faire évoluer.

Côté éditeur d'actions (*DopeSheet*), il est vierge pour le moment car aucune clé d'animation pour ces Shape Keys n'a été insérée. Placez-vous donc à la frame 1 et insérez une première clé d'animation pour le morphing *Key 1* : dans le panneau *Object Data* placez le pointeur de votre souris sur le curseur *Value* réglé à 0 et appuyez sur *[I]*. Vous noterez que le curseur *Value* devient jaune, ce qui signifie qu'une clé a été insérée à cette frame. Faites de même pour *Key 2*.

Dans le *DopeSheet*, la colonne de gauche s'est enrichie de deux nouvelles clés, *Key 1* et *Key 2*, qui correspondent à nos deux morphings. Nous allons voir maintenant comment les mettre en œuvre.

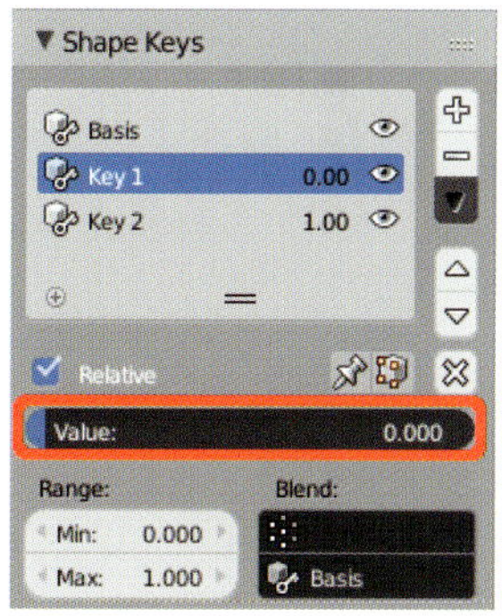

Figure 7–32

Astuce
Add Shape Key

Avant d'insérer une nouvelle clé de forme, revenez toujours, hors mode *Edit*, à la forme *Basis* d'origine. Ajoutez alors une nouvelle clé de forme grâce au bouton *Add Shape Key* avant de modifier votre maillage. Sinon, c'est le maillage *Basis* que vous retouchez !

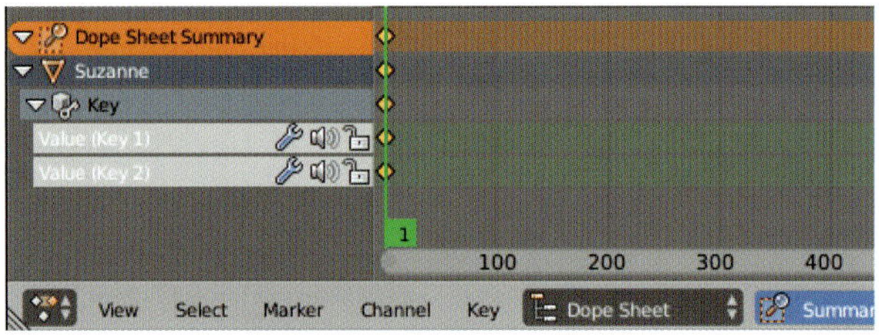

Figure 7–33
Les formes apparaissent dans la fenêtre d'animation, appelée DopeSheet.

Le DopeSheet

La fenêtre d'informations d'animation, que nous appellerons *DopeSheet*, va se charger de régler, au cours d'une animation, le passage d'une forme clé à une autre, ou d'une pose à l'autre (dans le cas, par exemple, d'animations à base de formes clés ou d'armatures). Le passage sera réalisé conformément à des F-Curves, qu'il sera possible de mettre en place de deux façons différentes :

- dans l'éditeur de graphes, la colonne de gauche est alors mise à jour pour montrer les clés ou les poses disponibles pour l'objet en cours d'animation ;

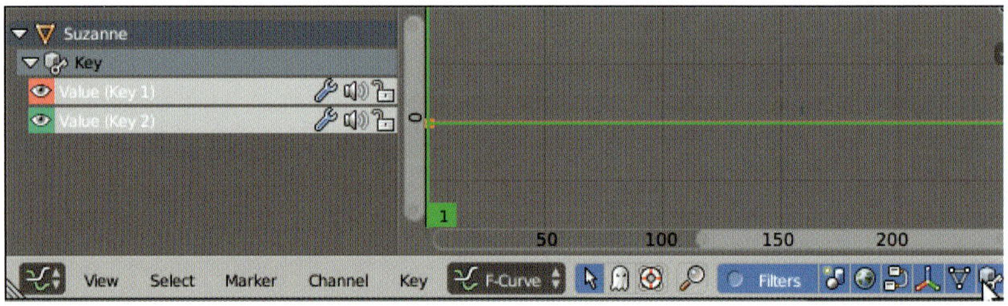

Figure 7–34
L'éditeur de graphes F-Curves pour le type Shape Keys

- dans le *DopeSheet,* en sélectionnant le type *ShapeKey Editor* dans le menu déroulant ; c'est cette méthode que nous allons développer ici.

Découverte du DopeSheet

Ouvrez le fichier `exercice-ch07.05-depart.blend`, qui présente un environnement de travail complet pour l'édition d'actions : une vue 3D pour visualiser l'animation, et une *Timeline* pour passer aisément d'une clé à l'autre tout en jouant ou arrêtant l'animation ; un *DopeSheet* pour créer l'animation ; et un éditeur de F-Curves pour visualiser et éventuellement corriger ou affiner le travail réalisé dans l'éditeur d'actions.

Ce fichier présente un sujet prêt à animer : Suzanne, la mascotte de Blender. Pour ce maillage, trois formes clés ont été définies dans la partie précédente : *Basis* qui présente le maillage par défaut, *Key 1* qui propose une oreille droite pendante, et *Key 2* qui offre une bouche plus arrondie.

Suzanne est déjà sélectionnée, et le menu *Object Data* présente les boutons relatifs à ce contexte, en particulier l'onglet *ShapeKeys*.

Dans le *DopeSheet*, choisissez *ShapeKey Editor* dans le menu déroulant situé en bas de la fenêtre : vous noterez alors que des curseurs indiquant la valeur de chaque clé de forme ont fait leur apparition dans la colonne de gauche. Ils reprennent les valeurs que l'on trouve également dans le panneau *Object Data* vu auparavant. Par défaut, ces curseurs vont de `0.00` à `1.00`.

Figure 7–35 L'affichage du ShapeKey Editor dans le DopeSheet

Les curseurs permettant de changer les valeurs clés de forme autorisent l'insertion automatique des clés d'animation. En effet, dès que vous les modifiez, ils deviennent jaunes, preuve qu'une clé est insérée, prenant en compte la valeur que vous choisissez. Assurez-vous d'être à la frame `1` et déplacez les deux curseurs pour leur donner une valeur de `0`. Vous venez de donner les valeurs de départ de nos deux formes de morphing et les clés ont donc automatiquement été insérées.

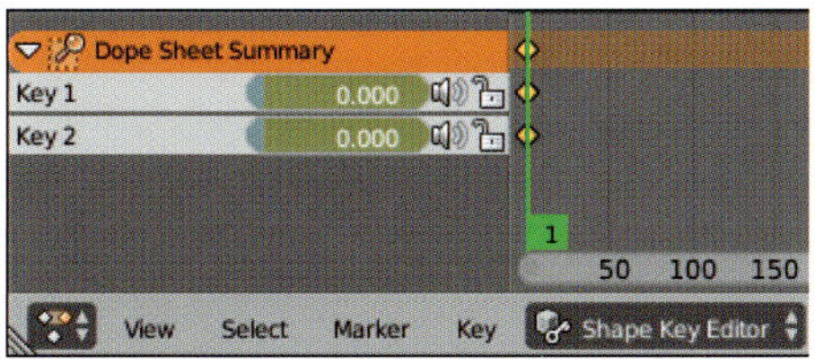

Figure 7–36
L'insertion de nos deux premières clés

Dans l'éditeur de courbes (*Graph Editor*), cliquez sur *View* et choisissez *Show Sliders* dans le menu déroulant ; vous noterez alors que des curseurs indiquant la valeur de chaque clé de forme ont fait leur apparition dans la colonne de gauche.

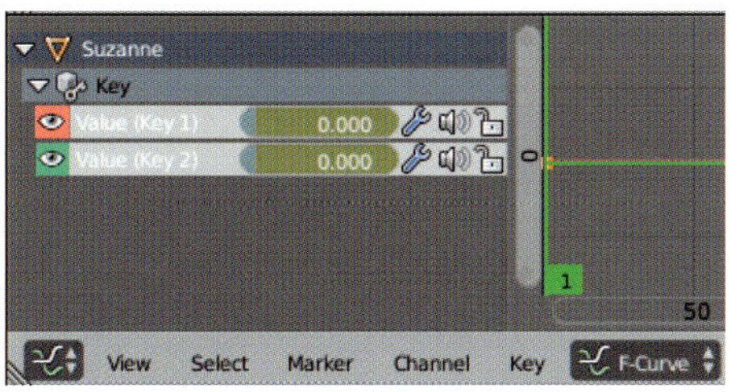

Figure 7–37
Les curseurs relatifs aux formes clés

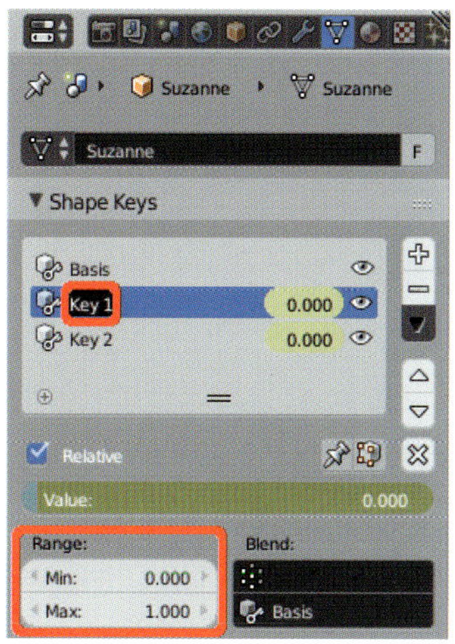

Figure 7–38
Paramétrage des formes clés

Dans le panneau *Object Data*, nous pouvons configurer une clé en changeant son nom en double-cliquant dessus mais aussi ses valeurs minimale et maximale (*Range Min/Max*).

La première clé (anciennement *Key 1*) sera renommée `Oreille Basse`, et nous fixerons la borne *Min* à `-1.00`. En ce qui concerne la seconde clé

Figure 7–39
Après personnalisation de l'interface

(anciennement *Key 2*), nous la renommerons `Bouche Ronde`, mais nous ne changerons pas les bornes de son curseur. Si vous vérifiez dans les différentes fenêtres, vous constaterez que les noms de formes ont été mis à jour automatiquement.

Réalisation de l'animation

Planifions une animation de 10 secondes environ, soit 250 frames. Tout au long de celle-ci, nous souhaitons que la forme de la bouche oscille entre sa forme par défaut (clé *Basis*) et sa forme arrondie (clé *Bouche Ronde*) pour simuler une communication orale. De même, l'oreille droite va osciller légèrement, et s'abattre totalement à la fin de la discussion.

Animation de la première clé

Nous souhaitons que l'oreille oscille d'une position à une autre toutes les deux secondes (soit toutes les 50 frame*s*). Grâce au compteur de frames, rendez-vous sur la frame `50`, et dans le *DopeSheet* déplacez le curseur de la clé *Oreille Basse* sur une valeur de `-0.25`. Puis, rendez-vous alternativement aux frames `100`, `150`, `200` et `250`, et donnez au curseur les valeurs respectives suivantes : `0.25`, `-0.25`, `0.25` et `1.00`. La courbe F-Curves associée à la forme est automatiquement mise à jour, conformément aux valeurs saisies.

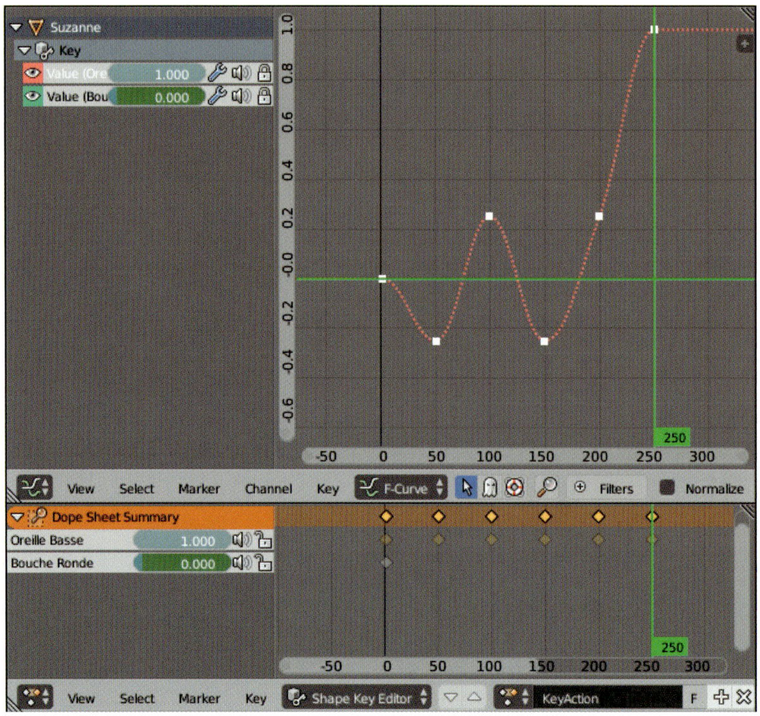

Figure 7–40
L'éditeur de courbes et la fenêtre d'informations d'animation relatifs à la première clé

Animation de la seconde clé

Nous allons procéder de la même façon avec la seconde clé, mais nous souhaitons que la bouche s'anime sur un rythme plus soutenu que précédemment. À ce titre, nous allons modifier la valeur du curseur toutes les secondes, soit toutes les 25 frames. Nous donnerons au curseur les valeurs respectives suivantes, en commençant par `0.00` à la frame `1`, `0.50` à la frame `25`, puis à nouveau `0.00` à la frame `50`, puis (toutes les 25 frames jusqu'à atteindre 250) : `1.00`, `0.00`, `0.75`, `0.00`, `0.25`, `0.00`, `0.50`, et enfin `1.00` en frame `250`. Comme précédemment, la courbe de la seconde forme est automatiquement mise à jour, conformément aux valeurs spécifiées dans le *DopeSheet*.

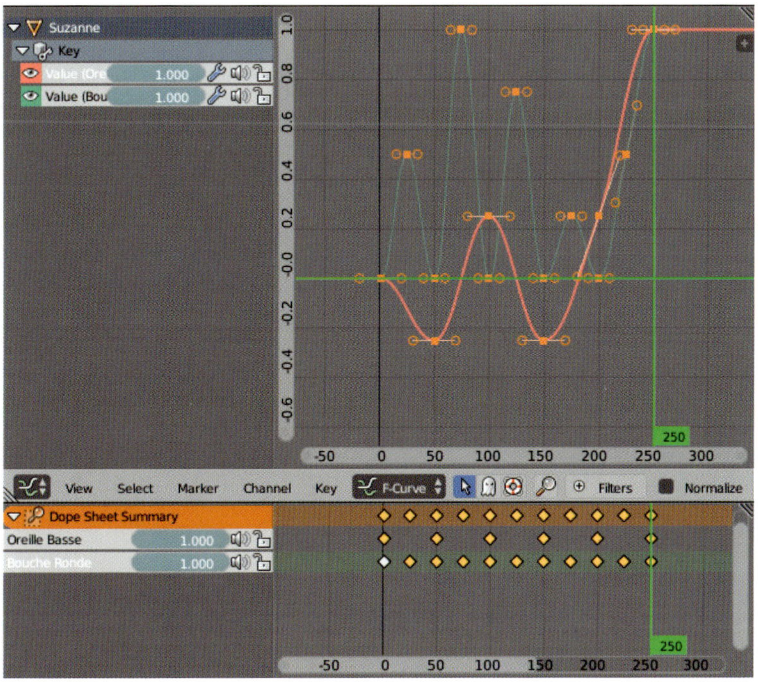

Figure 7–41
L'éditeur de courbes et la fenêtre d'informations d'animation relatifs à la deuxième clé

Il ne nous reste plus qu'à voir comment combiner différentes transformations au cours d'une animation. C'est là le rôle du *NLA Editor*, qui permettra de réaliser le montage de toutes les actions disponibles pour un sujet. Mais son usage sera présenté dans le prochain chapitre, en conclusion des explications sur l'animation squelettale.

Déformation d'objets : usage des modificateurs

Comme nous avons déjà eu l'occasion de le voir, les modificateurs transforment (de façon réversible) vos maillages, courbes, surfaces et treillis. La transformation dépend généralement d'un objet tiers, qui influencera donc la forme de l'objet affecté par le modificateur. Utiliser les modificateurs dans le cadre d'animations devient alors tentant : en animant, soit l'objet affecté, soit l'objet tiers, vous assistez alors à des transformations géométriques plus ou moins spectaculaires.

Pour rappel, les modificateurs sont créés et/ou accessibles depuis le menu *Modifiers*. Lorsqu'il existe, l'un des champs les plus importants est le champ *Object* qui doit contenir le nom de l'objet tiers devant affecter l'objet.

Animation par l'usage des modificateurs

Lorsque l'on met en place une animation, il est important de pouvoir la prévisualiser sans effectuer le rendu entier de la vidéo elle-même ! Heureusement, Blender propose plusieurs outils qui permettent des aperçus plus ou moins fidèles de la future animation.

Il n'y a pas une façon unique de mettre en œuvre les modificateurs dans le cadre de vos animations. C'est autant l'affaire de préférence personnelle, de niveau de compréhension des outils de Blender, de but poursuivi, que de fibre artistique ou de créativité. Voici un échantillon non exhaustif de méthodes à explorer pour tirer le juste parti des modificateurs dans vos films d'animation.

Animation de l'objet affecté : liez une F-Curve de type *Object* à l'objet affecté par le modificateur. Lorsque l'objet passera dans le champ d'action de l'objet, il sera transformé conformément à la nature du modificateur.

Animation de l'objet tiers : comme précédemment, liez une F-Curve de type *Object*, mais à l'objet tiers (celui qui est désigné par le modificateur), pas à l'objet affecté par le modificateur. Lorsque l'objet tiers passera à proximité de l'objet affecté par le modificateur, il le transformera conformément à sa nature.

Utilisation d'un modificateur pour transformer l'objet tiers : l'objet affecté comme l'objet tiers restent sur place, sans être animés par aucune F-Curve de type *Object* ou autre. L'objet tiers est toutefois lui-même affecté par un modificateur secondaire qui le transforme. L'objet affecté par le modificateur principal est alors transformé conformément à la nature du modificateur animé.

Utilisation des clés de forme pour transformer l'objet tiers : l'objet tiers est animé au travers de clés de forme et du *DopeSheet*. Les transformations de l'objet tiers affectent alors l'objet affecté par le modificateur conformément à sa nature.

Les quelques modificateurs présentés ici, comme tous les modificateurs, peuvent être des outils d'animation ou de modélisation, selon l'usage que vous leur réservez. D'autres modificateurs ont déjà été présentés dans d'autres chapitres, mais il est parfois utile de les animer également. Votre créativité en matière d'animation ne doit donc pas se limiter à ceux présentés ici !

Déformation imposée par un treillis : le modificateur Lattice

3DS MAX

Le modificateur FFD (Free Form Deformation)

Le modificateur *Lattice* de Blender est l'équivalent du modificateur FFD de 3ds Max. Le bouton *VGroup* est une option intéressante qui permet d'indiquer à Blender un groupe de sommets particulier qui sera affecté par le treillis.

En anglais, on utilise *lattice* pour désigner un treillis. Il s'agit ni plus ni moins que d'une cage de déformation. Son usage n'est pas très complexe, et permet des effets intéressants. Le treillis va encadrer l'objet à déformer. En imprimant des déformations au treillis, celles-ci vont se répercuter sur l'objet affecté.

Démarrez une nouvelle session de Blender, ou réinitialisez la scène courante grâce à la combinaison de touches *[Ctrl]+[N]*. Sélectionnez le cube central par défaut, et effacez-le (touche *[X]* ou *[Suppr]*). En utilisant les touches *[Maj]+[A]* ou le menu *Add*, ajoutez un nouveau maillage : *Add>Mesh>Uvsphere*.

Maintenant, en vue de face ou de côté (touche *[1]* ou *[3]* du pavé numérique) ajoutez un treillis de la même façon : *Add>Lattice*. Le treillis étant par défaut petit, il se peut qu'il soit masqué par la sphère. Vous pouvez basculer en vue de type *Wireframe* avec la touche *[Z]*. Relevez bien le nom du treillis, dans le champ du menu *Object Data*. Il s'agit normalement du nom par défaut : `Lattice`. Il nous sera utile un peu plus tard. Vous pouvez maintenant déterminer la résolution de votre treillis, dans ses trois directions principales, grâce aux boutons numériques *U*, *V* et *W* du panneau *Lattice*, dans le menu *Object Data* : *U* 2, *V* 2, *W* 5.

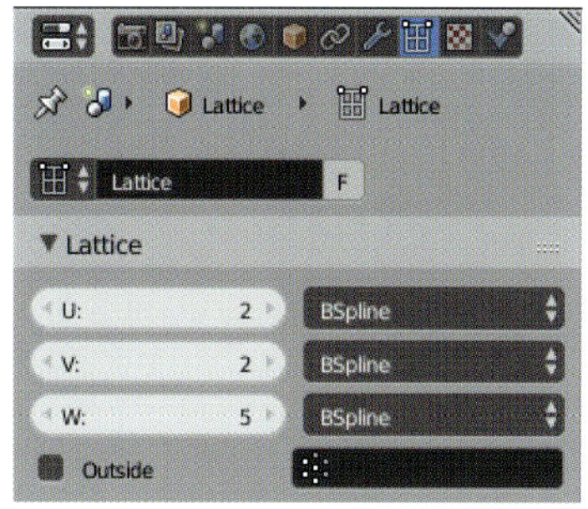

Figure 7–42
Définition géométrique du treillis

Redimensionnez le treillis de façon à ce qu'il englobe la sphère, et sélectionnez à nouveau cette dernière. Dans le menu *Modifiers*, cliquez sur le bouton *Add Modifier* et choisissez *Lattice*. Dans le champ *Object*, saisissez le nom du treillis: `Lattice`.

BON À SAVOIR

Usage alternatif d'un treillis pour déformer un objet

Procédez comme précédemment : créez une sphère, puis un treillis *(lattice)*. Sélectionnez la sphère, puis le treillis. Utilisez la combinaison de touches *[Ctrl]+[P]* pour créer un lien de parenté entre la sphère et le treillis. Dans le menu qui apparaît, choisissez *Lattice Deform*.

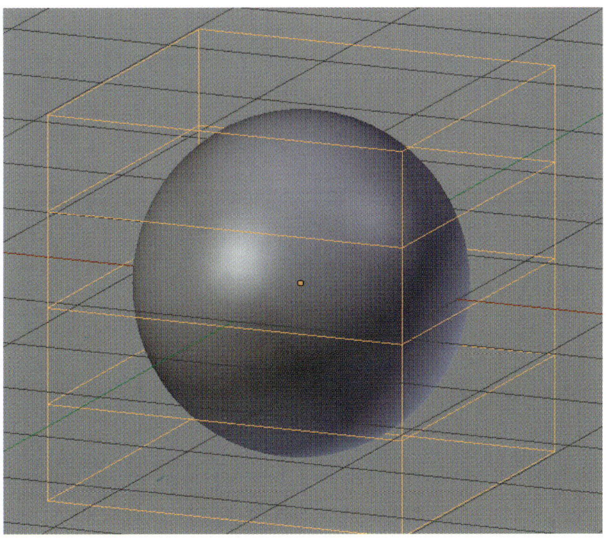

Figure 7–43
Le treillis en place autour de la sphère

Le treillis peut à partir de maintenant déformer la sphère. Pour nous en persuader, tentons simplement l'expérience : sélectionnez à nouveau le treillis, et passez en mode *Edit* (touche *[Tab]*). En vue de face ou de côté, sélectionnez les points de contrôle composant la tranche médiane du treillis, et redimensionnez-la afin de la réduire de façon à ce que le treillis ressemble à un sablier de section carrée.

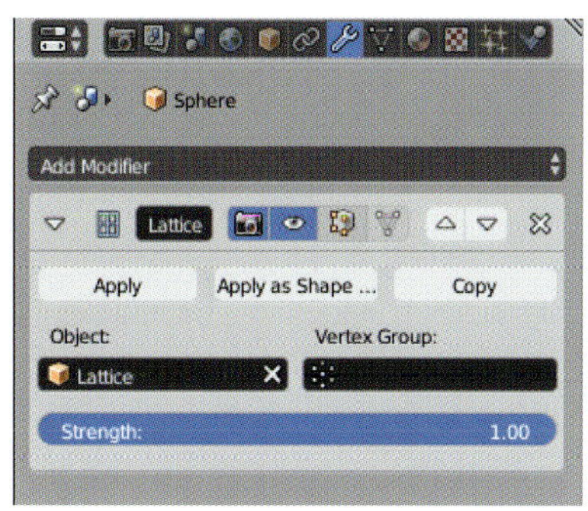

Figure 7–44
Le modificateur Lattice

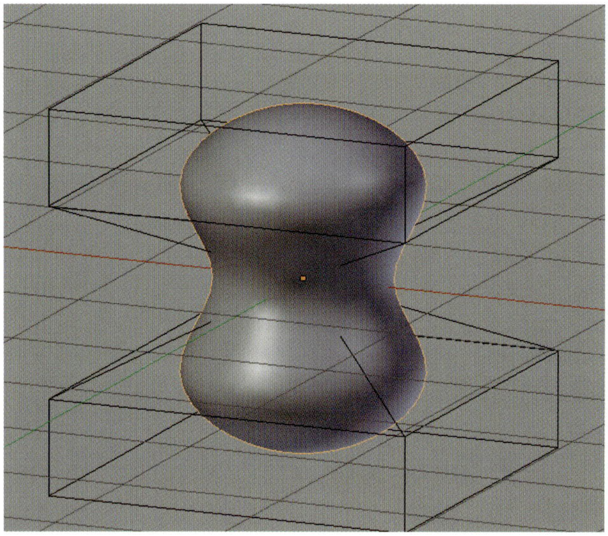

Figure 7–45
Le modificateur Lattice appliqué à la sphère

Comme vous pouvez le voir, le treillis vous permet donc de déformer un objet qui peut être complexe, via une cage de déformation bien plus sommaire. La déformation du treillis peut être animée en insérant des clés d'animation sur la valeur *Strength* du modificateur *Lattice* avec la touche *[I]*, ce qui est suffisant si vous voulez déformer un objet de manière binaire. Si vous voulez faire adopter davantage de formes à votre objet, il est possible de donner à votre treillis différents *Shape Keys* comme nous l'avons vu dans l'exercice précédent.

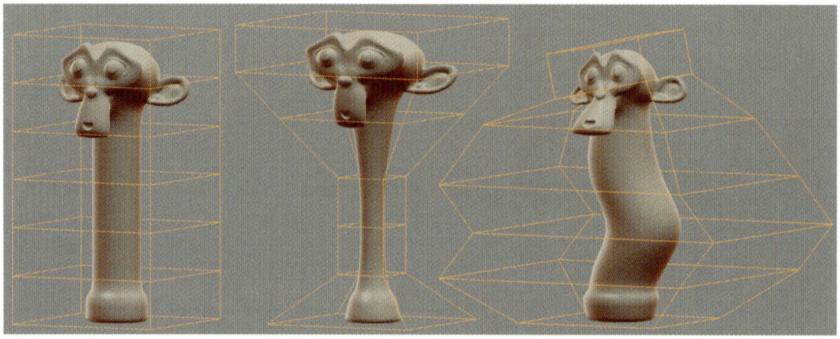

Figure 7–46
Le treillis permettant des transitions souples... et simples !

Déformation imposée par un crochet : le modificateur Hook

Crochet est le terme français pour *hook*. Il s'agit ni plus ni moins que d'une fonction qui permet de manipuler la géométrie interne d'un objet en dehors du mode *Edit* (touche *[Tab]*) en liant un groupe de points de contrôle *(vertice)* à un objet de type *Empty*. L'avantage est que les crochets fonctionnent tout aussi bien avec les maillages, les courbes, les surfaces ou les treillis.

Leur mise en œuvre est très simple, et une démonstration permet aisément de comprendre leur usage. Démarrez une nouvelle session de Blender, ou réinitialisez la scène courante grâce à la combinaison de touches *[Ctrl]+[N]*. Sélectionnez le cube central par défaut, et effacez-le (touche *[X]* ou *[Suppr]*). En utilisant les touches *[Maj]+[A]* ou le menu *Add*, ajoutez un nouveau maillage : *Add>Mesh>Uvsphere* et acceptez les paramètres proposés par défaut dans le panneau latéral gauche.

Avant de poursuivre, pensez à désactiver la limitation de sélection à la géométrie visible (voir l'aparté « À savoir : La limitation de sélection à la géométrie visible » du chapitre 3). Passez en mode *Edit*. Normalement, tous les points de contrôle sont sélectionnés. Appuyez sur la touche *[A]* pour les désélectionner. Maintenant, grâce à la touche *[B]*, en vue de face (touche *[1]* du pavé numérique), sélectionnez les points de contrôle de la calotte supérieure en dessinant une boîte autour d'eux (si vous n'avez pas désactivé la limitation de sélection à la géométrie visible, la sélection sera limitée aux points immédiatement visibles).

Utilisez la combinaison de touches *[Ctrl]+[H]* pour créer un crochet pour la sélection. Une fenêtre *Hooks* apparaît, choisissez *Hook to New Object*. Cela a pour effet de créer un groupe de points de contrôle et un objet de type *Empty*. Quittez le mode *Edit* et allez dans le menu *Modifiers* pour observer la mise en place automatique d'un nouveau modificateur.

Normalement, l'objet *Empty* qui pilote la sélection est présélectionné. Déplacez-le, faites-le tourner ou redimensionnez-le pour observer son influence sur l'objet affecté par le modificateur.

BON À SAVOIR

Plusieurs crochets affectant les mêmes points

Vous pouvez être amené à mettre en place plusieurs crochets sur le même objet, chacun de ces crochets pouvant chercher à influencer les mêmes points de contrôle. Par défaut, les points seront influencés équitablement par chacun des crochets. Mais vous pouvez également jouer sur le curseur *Force* pour déterminer l'influence relative d'un crochet, et sur le bouton numérique *Falloff* pour diminuer (au sein de la sélection affectée) son rayon d'effet, à partir de l'objet *Empty* qui en est l'origine.

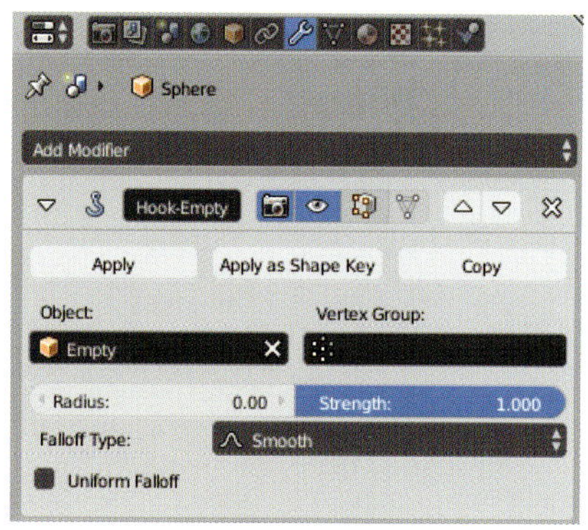

Figure 7–47
Le modificateur Hook

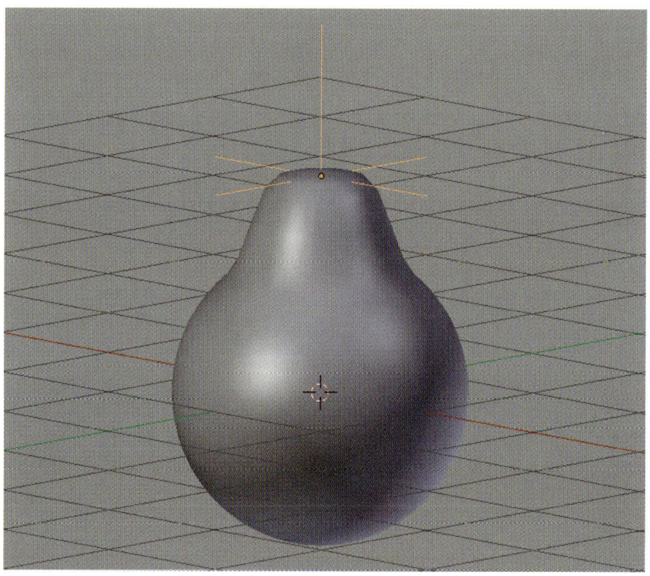

Figure 7–48
Le modificateur *Hook* en action, après déplacement et redimensionnement de l'objet Empty

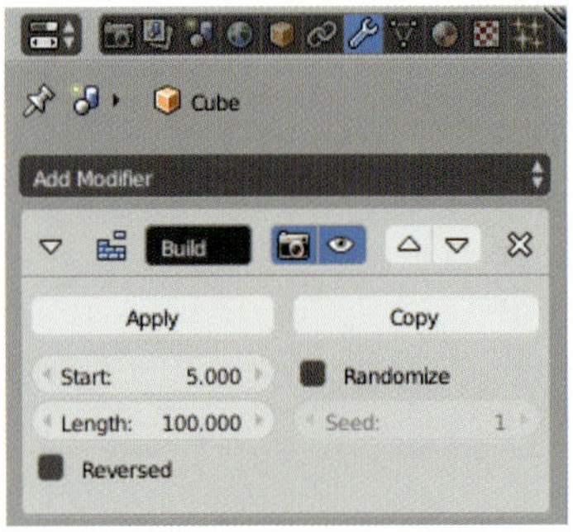

Figure 7–49
Le modificateur Build

Construction dynamique de maillage : le modificateur Build

Cette fonction, qui peut paraître d'usage très anecdotique, est très utile dans le cadre de présentations techniques animées. Le modificateur *Build* permet, par exemple, d'afficher progressivement un maillage.

Démarrez une nouvelle session de Blender, ou réinitialisez la scène courante grâce à la combinaison de touches *[Ctrl]+[N]*. Sélectionnez le cube central par défaut, et effacez-le (touche *[X]* ou *[Suppr]*). En utilisant les touches *[Maj]+[A]* ou le menu *Add*, ajoutez un nouveau maillage : *Add>Mesh>Monkey*. Rendez-vous dans le menu *Modifiers*. Cliquez sur le bouton *Add Modifier* et choisissez *Build* dans le menu déroulant.

Des contrôles supplémentaires apparaissent pour vous permettre de régler l'effet. Si vous souhaitez que l'effet d'animation commence à la frame `5` et se termine au bout de 100 frames, saisissez `5.00` dans le bouton numérique *Start* et `100.00` dans le bouton numérique *Length*. Si votre compteur de frames est bien à `1`, la tête de singe devrait avoir disparu de la vue 3D. Lancez la prévisualisation de l'animation à l'aide de la combinaison de touches *[Alt]+[A]* : elle devrait réapparaître progressivement ! À l'inverse, si vous souhaitez un effet de déconstruction progressive, vous pouvez cocher l'option *Reversed* dans le modificateur *Build*.

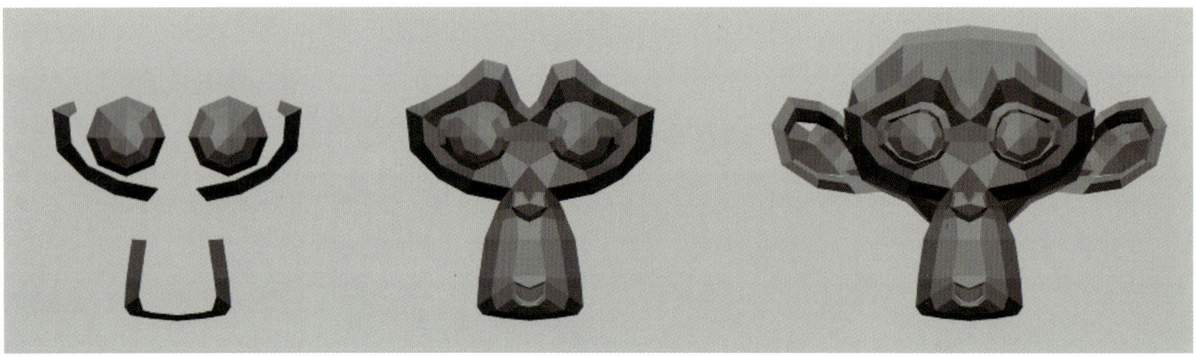

Figure 7–50 Le modificateur Build en action

> **ASTUCE La fonction Build et le hasard**
>
> Si vous trouvez la construction de l'objet affecté par le modificateur trop prévisible ou trop ordonnée, utilisez l'option *Randomize*, dans les paramètres du modificateur. Le bouton numérique *Seed* permet de fixer des graines pseudo-aléatoires, de sorte que deux animations consécutives avec le même paramètre *Seed* donneront exactement le même résultat.

LE SAVIEZ-VOUS ? Les systèmes pseudo-aléatoires et la valeur Seed de Blender

Pour comprendre l'intérêt de cette notion de pseudo-hasard, vulgarisons à l'extrême : si vous choisissez une valeur véritablement aléatoire, à chaque fois que vous allez faire le rendu d'un paramètre utilisant une telle variable, vous allez obtenir un résultat différent, ce qui peut être très gênant pour la mise au point de vos scènes, le résultat n'étant jamais reproductible. Une astuce consiste alors à utiliser des valeurs pseudo-aléatoires, prises dans une table construite aléatoirement, mais inscrites une fois pour toutes dans les entrailles de Blender par ses développeurs. Par exemple, la première valeur de la table est toujours la même, ainsi que la deuxième, la troisième, etc. Les paramètres *Seed* qui apparaissent parfois dans l'interface de Blender permettent de déterminer la « graine aléatoire », c'est-à-dire la ligne du tableau dans laquelle une valeur sera lue. Ainsi, si pour un même effet vous choisissez la même graine aléatoire, vous obtiendrez exactement le même résultat.

Génération d'ondes : le modificateurWave

Vous pouvez également générer des ondes à la surface de divers objets, grâce au modificateur *Wave*. Cette fonction est utile pour l'animation ou la modélisation de plans d'eau agités.

Démarrez une nouvelle session de Blender, ou réinitialisez la scène courante grâce à la combinaison de touches *[Ctrl]+[N]*. Sélectionnez le cube central par défaut, et effacez-le (touche *[X]* ou *[Suppr]*). En utilisant les touches *[Maj]+[A]* ou le menu *Add*, ajoutez un nouveau maillage : *Add>Mesh>Grid* en validant les paramètres par défaut. Rendez-vous dans le menu *Modifiers*. Cliquez sur le bouton *Add Modifier* et choisissez *Wave* dans le menu déroulant.

Immédiatement, dans la vue 3D, l'objet `Grid` est affecté par le modificateur : une onde circulaire centrale le déforme. Si vous lancez la prévisualisation de l'animation dans la même vue (combinaison de touches *[Alt]+[A]*), vous verrez l'onde se propager et renaître.

Les paramètres du modificateur *Wave* se découpent en deux parties. Le premier bloc de boutons *Motion* permet de déterminer le sens de propagation (*X*, *Y* ou les deux) et la répétabilité éventuelle de l'événement (*Cyclic*). Les trois boutons numériques suivants *Time* définissent la frame de naissance de l'onde (*Offset*), la durée de vie de celle-ci (*Life*) et l'inertie de l'onde (*Damping*), c'est-à-dire le temps mis par l'onde pour mourir à partir du moment où la durée de vie est atteinte.

Le bloc de boutons numériques *Position* vous permet de situer le point de départ de propagation des ondes en entrant manuellement les coordonnées dans les champs *X* et *Y*. Vous pouvez également utiliser un objet pour désigner ce point de départ en entrant son nom dans le champ *Start Position Object* : idéal pour simuler aisément un objet qui tomberait à la surface d'une étendue d'eau, ou la coque d'un navire fendant la surface de la mer.

3DS MAX
Déformations spatiales

Les modificateurs *Curve*, *Hooks* et *Wave* de Blender peuvent être assimilés aux déformations spatiales de 3ds Max. Pour certains effets (basés en particulier sur les forces et les déflecteurs), il sera nécessaire de recourir aux corps souples (voir chapitre suivant) ainsi qu'aux options *Fields* et *Deflection* afin de les simuler correctement. Blender a clairement du retard sur 3ds Max, mais rien qu'un peu d'astuce et une bonne connaissance du logiciel ne permettent de contrebalancer.

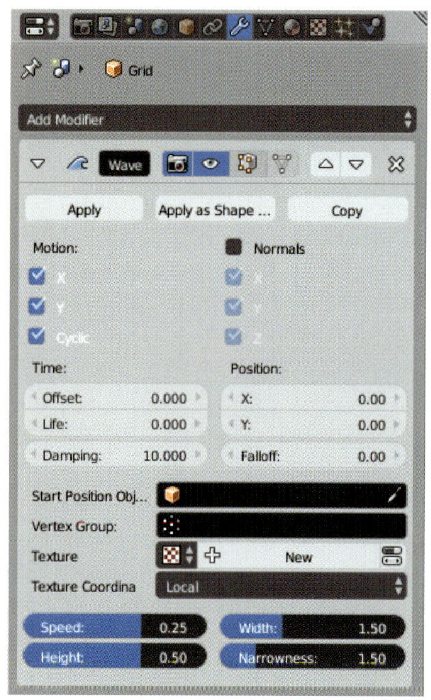

Figure 7–51
Le modificateur Wave

Le paramètre *Vertex Group* vous permet de limiter le modificateur *Wave* à un groupe de sommets prédéfinis, dont l'influence sera déterminée par le *Weight Paint*. La façon dont nous pouvons créer de tels groupes de sommets est expliquée dans le chapitre sur les particules.

Le paramètre *Texture* génère des déformations dans les ondes en fonction des niveaux de gris d'une texture, permettant ainsi par exemple d'apporter de légères imperfections sur les ondes comme sur un lac caressé par une brise. Il est alors nécessaire de spécifier le système de coordonnées utilisé (*Local*, *Global*, *Object* et *UV*, ces deux dernières options appelant l'utilisateur à nommer ou choisir spécifiquement les objets et les UV).

ASTUCE **Appliquer les effets selon les normales de l'objet**

Le modificateur *Wave* fonctionne très bien lorsqu'il s'agit de donner un effet d'onde à des maillages plutôt plans. En activant l'option *Normals*, le déplacement dû à l'onde opère dans la direction des normales aux facettes. Cela permet de transformer aisément un objet en gelée tremblotante sans nécessairement passer par les corps souples.

BON À SAVOIR

Pour simuler une surface d'eau plutôt calme, il peut être intéressant de recourir à ce modificateur. Il faut alors utiliser plusieurs fois le modificateur *Wave*, en spécifiant des origines (*PositionX* et *Position Y*) différentes, mais aussi peut-être des directions *MotionX* ou *Motion Y* (non combinées dans le même modificateur).
Vous pouvez de la même façon simuler des gouttes chutant dans un plan d'eau (en combinant cette fois les directions X et Y), mais il vous faudra probablement un grand nombre de modificateurs pour obtenir quelque chose de réaliste, ainsi que pas mal d'expérimentations au niveau de la durée de vie et la géométrie des ondes.

Le dernier bloc de boutons permet de définir géométriquement l'onde, en commençant par sa vitesse (*Speed*) et sa forme : *Width* définit la distance entre deux ondes consécutives, *Heigth* la hauteur d'une onde, et enfin *Narrow* la largeur de l'onde à la base (une faible valeur équivaut à une onde large, une valeur élevée, à une onde étroite).

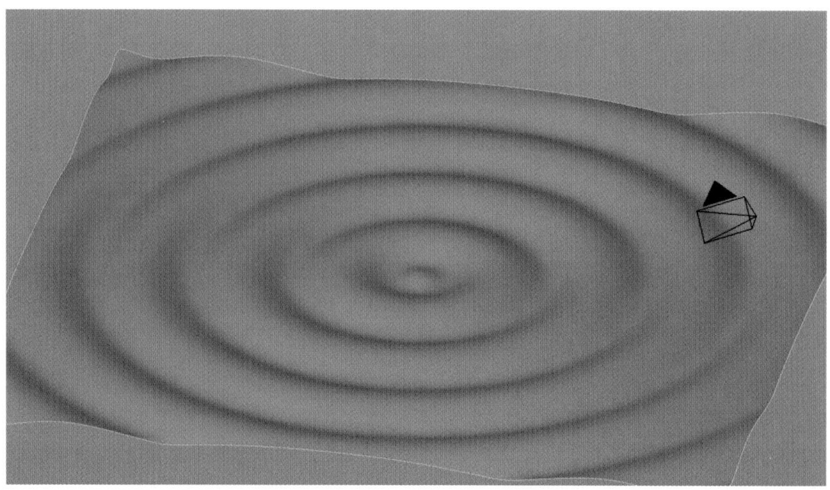

Figure 7–52
Le modificateur Wave en action

Le système de particules

Blender nous offre la possibilité d'utiliser des systèmes de particules, pour simuler, par exemple, l'animation de phénomènes comme la neige, les flammes ou la fumée. Le principe en est simple.

- Un objet est défini comme étant un émetteur de particules. Les particules sont émises selon des vitesses et des directions dépendantes des réglages de l'émetteur. Cela se passe dans le menu *Particles* de l'éditeur des propriétés. Appuyez sur le bouton + pour afficher les paramètres du système de particules par défaut de Blender. Tous ces contrôles peuvent paraître intimidants, mais il n'en est rien, nous y reviendrons dans les exemples d'application.

> **3ds Max**
> **Les systèmes de particules**
>
> Si les paramètres impliqués dans la gestion de systèmes de particules ont inévitablement des similitudes entre 3ds Max et Blender, avec notamment des possibilités communes dans le cas de particules pilotées par événements, les deux systèmes ont toutefois deux approches assez différentes. Notamment, le module *Particle Flow* de 3ds Max, et sa structure quasi-nodale, n'a à ce jour pas d'équivalent dans Blender.

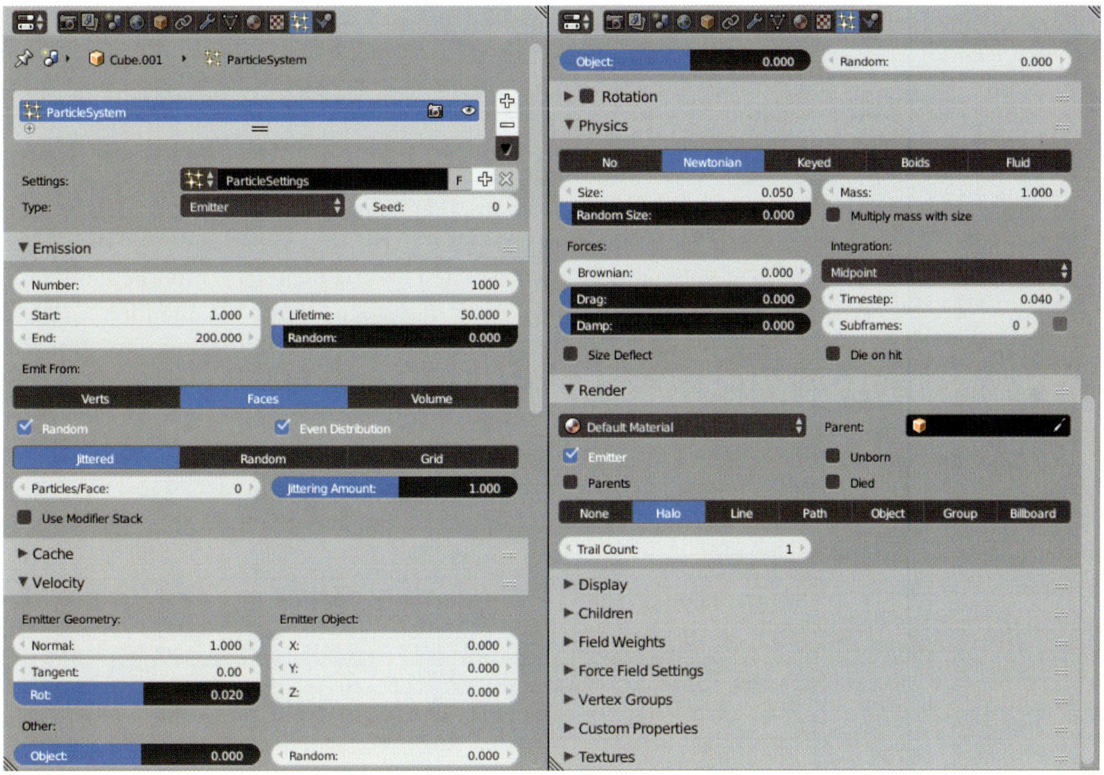

Figure 7–53 Une vue de l'impressionnante fenêtre de gestion des systèmes de particules... et encore, tous les onglets n'y sont pas déroulés !

Vous noterez que les particules peuvent être mouvantes (ce qui est le cas par défaut : les particules sont projetées par l'émetteur et sont indépendantes les unes des autres ; le type de particules est alors *Emitter* dans le premier panneau). Elles peuvent également être statiques : les particules forment une chaîne continue, évoquant par exemple, des fibres, des cheveux ou du gazon ; le type de particules est alors *Hair*.

- D'autres objets peuvent être définis comme des déflecteurs ; cela implique que les particules rebondiront contre ces objets, ou perdront de l'énergie cinétique à les traverser. Un objet non défini comme obstacle sera traversé par les particules sans que celles-ci en soient affectées. Pour définir un objet comme étant un obstacle, rendez-vous dans le menu *Physics* de la fenêtre *Properties* et appuyez sur le bouton *Collision* pour afficher les paramètres propres aux obstacles.
- Des « perturbations » ou des « phénomènes » peuvent affecter la trajectoire des particules. En particulier, un générateur de vent ou un vortex. À moins de modéliser la source de perturbation (par exemple, un ventilateur pour générer du vent), vous pourrez vous contenter la plupart du temps d'insérer des objets de type *Empty* dans vos scènes, et d'activer des *Force Fields* pour ceux-ci : cela se passe à nouveau dans le menu *Physics*. Cette fois-ci, vous appuierez sur le bouton *Force Fields* dans le menu disponible.

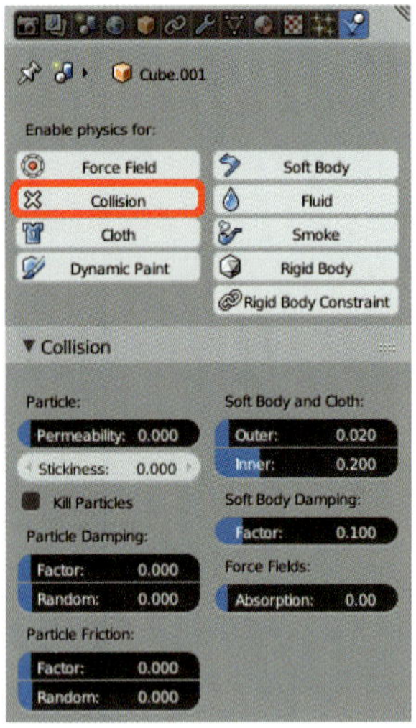

Figure 7–54 Le panneau Collision propose des paramètres déterminant le comportement d'une particule au moment de sa « collision » avec l'objet défini comme un obstacle.

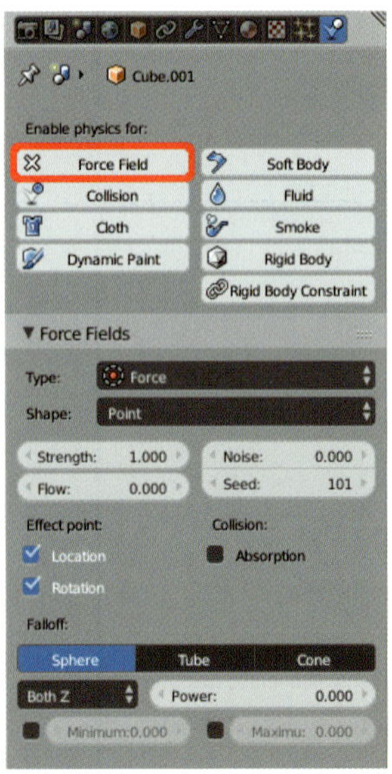

Figure 7–55 Le panneau Force Fields permet d'attribuer à un objet des propriétés qui feront qu'il sera capable d'infléchir la course des particules passant dans son aire d'effet.

Les particules sont adimensionnelles : ce sont des points immatériels, sans substance. Elles sont naturellement invisibles. Néanmoins, lorsque vous créez un nouveau système de particules, Blender va par défaut les rendre avec le premier matériau de l'objet affecté d'un effet de halo, uniquement visible avec le moteur de rendu interne de Blender. Chaque particule sera dès lors remplacée par une petite étincelle. Attention, ce halo est purement visuel : il n'éclairera aucunement votre scène ! L'onglet *Render* du panneau des particules permet de choisir de quelle manière les particules doivent être rendues. Il est par défaut réglé sur *Halo*, un héritage des précédentes versions de Blender, du temps où le moteur de rendu *Cycles* n'était pas encore implémenté.

REMARQUE **Halos et reflets et les options de raytracing**

Les halos sont le résultat d'un post-traitement, c'est-à-dire un traitement intervenant après le rendu de l'image. En conséquence, ils ne sont pas pris en compte par le moteur de rendu lorsqu'ils sont sensés être vus par transparence ou par réflexion. Il vous sera donc impossible d'observer un halo au travers d'un objet transparent, ou dans le reflet d'un miroir, si vous avez utilisé les options de raytracing.

- Outre le type *Halo*, plusieurs options de rendu des particules sont possibles dans Blender. Celles-ci sont à définir dans la partie *Render* du menu des particules et vous permettent d'obtenir différents effets.

Figure 7–56
Les différentes options de rendu des particules

- L'option *None* ne fera apparaître aucune particule au rendu. Cette option est utile si vous n'avez besoin que de l'influence que provoquent les particules sur le reste de votre scène.
- Avec le moteur de rendu *Blender Render*, vous pouvez attribuer à chaque particule un trait en choisissant l'option *Line* : cela créera un mince cylindre à la place de chaque particule. Ces objets peuvent projeter des ombres et il peut être intéressant de leur ajouter un flou vectoriel (voir la section « Utiliser le Vector Blur pour simuler le flou de vitesse » sur l'animation le long d'un chemin) si l'on veut par exemple simuler un feu d'artifice.

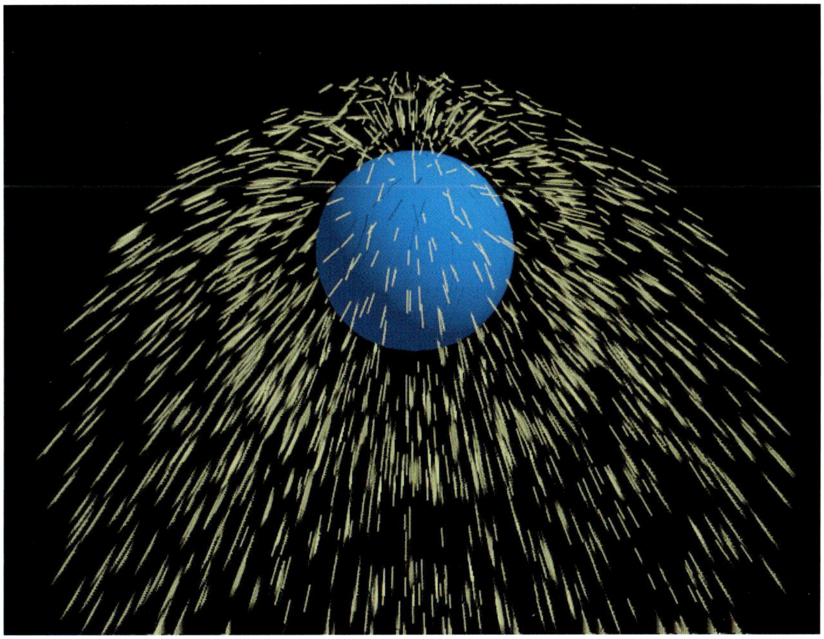

Figure 7–57
Une ébauche de feu d'artifice grâce au rendu de type Lines

> ATTENTION **Attribuer un objet à chaque particule peut nuire à la santé de votre ordinateur !**
>
> Si vous recourrez à cette option, gardez à l'esprit que si vous avez 1 000 particules dans votre système, c'est l'objet lui-même qui sera dupliqué 1 000 fois. Cela peut bien évidemment mettre en péril la mémoire de votre ordinateur, si la géométrie de l'objet est complexe et comprend un grand nombre de points de contrôle. De plus, les temps de rendu pourront par conséquent être extrêmement longs.

> ASTUCE **Modifier l'affichage des particules dans la vue 3D**
>
> Dans l'onglet *Display* du menu des particules, vous pouvez choisir un type d'affichage moins gourmand en ressources. Les particules peuvent par exemple être affichées en tant que points, cercles ou croix selon que vous choisissiez *Point*, *Circle*, ou *Cross*. Bien évidemment, cela n'affectera que la vue 3D et non pas le rendu.

- Attribuez à chaque particule un objet particulier en choisissant l'option de rendu *Object* et en spécifiant dans le champ *Dupli Object* quel objet doit remplacer chaque particule. La taille de ces objets peut être paramétrée et rendue aléatoire en modifiant les valeurs *Size* et *Random Size*.
- Attribuez à chaque particule un groupe d'objets en choisissant l'option *Group*, très proche de l'option précédente, à la différence que les particules seront rendues par différents objets appartenant à un même groupe dont il faudra entrer le nom dans le champ *Dupli Group*. Il faudra donc au préalable créer un groupe d'objets. Pour cela, sélectionnez les différents objets que vous voulez grouper en mode *Object* et utilisez la combinaison *[Ctrl]+[G]*. Blender va créer un groupe d'objets nommé `Group` (vous pouvez bien évidemment le renommer).

Figure 7–58
Avec le type de rendu Object, faites pleuvoir les objets les plus incongrus par dizaines !

ASTUCE
Simulation de fluides

Si vous attribuez à chaque particule une métaballe au lieu d'un maillage, lorsque deux particules se rencontreront ou seront très voisines, elles pourront fusionner comme deux gouttes de mercure. Cette option est très utile pour la simulation de geysers de pétrole, de sang, ou tout simplement d'eau. Pour une simulation avancée et plus réaliste des liquides, consultez le chapitre 8 « Techniques d'animation avancées ».

- Attribuez à chaque particule un panneau d'affichage, *billboard* en anglais, en choisissant l'option du même nom. Les particules seront remplacées par des plans dirigés par défaut vers la caméra, permettant divers effets intéressants. Les options sont nombreuses et seraient trop longues à détailler. Aussi, nous vous invitons à expérimenter par vous-même !

Figure 7–59 Chez les Britanniques, il pleut des chats et des chiens. Avec Blender, vous pouvez faire plus !

Figure 7–60 Une utilisation intéressante du type de rendu Billboards
Illustration originale de Léonore Campos (http://lechatlumo.blogspot.fr/)

Simulation d'une ébullition

Cet exercice représente un chaudron contenant une potion verdâtre en train de mijoter. La potion, dans toute l'étrangeté qui la caractérise, va se mettre à bouillir et provoquer des bulles qui vont s'élever dans les airs, glissant pour certaines le long de la paroi du mur qui surplombe en partie la marmite. Dans cet exercice nous allons utiliser un système de particules qui sera la surface de la potion d'où partiront nos bulles.

Figure 7–61
Notre scène de départ

Ouvrez le fichier `exercice-ch07.06-depart.blend`. Par défaut, les deux calques où se trouvent les différents objets de la scène sont activés. L'objet *Surface* représentant la partie visible de la potion est normalement sélectionné. Vous pouvez remarquer que cet objet a déjà un modificateur *Wave* pour simuler les remous causés par l'ébullition.

Créer le système de particules

Rendez-vous dans le menu des particules, représenté par quatre étoiles dans l'en-tête de l'éditeur des propriétés, et ajoutez un nouveau système en cliquant sue le bouton +. Blender va vous créer un système de particules nommé *ParticleSystem* de type *Emitter*, ce qui veut dire que notre objet va émettre des particules mobiles.

Contrôler l'émission de particules

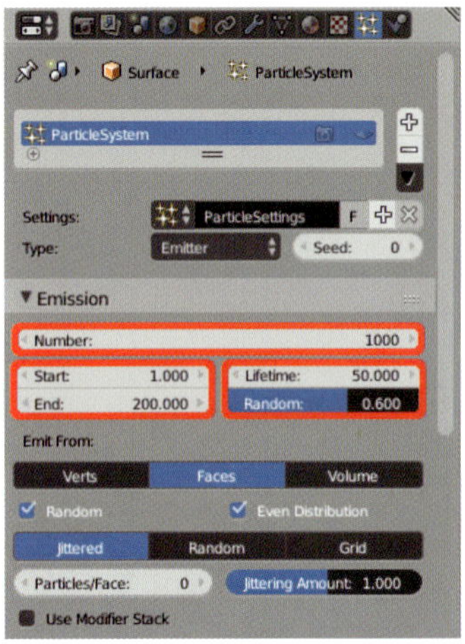

Figure 7–62 L'onglet Emission gérant les paramètres de base des particules

Dans le premier onglet *Emission*, observons les paramètres ci-dessous.

- *Number* indique le nombre de particules émises par notre objet. Laissons-le à `1 000`.
- *Start* et *End* indiquent respectivement, en frames, le début et la fin de l'émission des particules. Laissons également les valeurs par défaut, ce qui signifie que dans notre animation, 1 000 particules seront émises de la frame `1` à la frame `200`.
- *Lifetime* indique la durée de vie, en frames, d'une particule avant qu'elle ne disparaisse. La valeur de `50` conviendra aussi pour notre animation.
- *Random* permet d'apporter un facteur plus ou moins aléatoire à la durée de vie des particules. Dans le cadre de notre simulation de bulles, il est intéressant d'utiliser cette variation. Entrez, par exemple, une valeur de `0.6`.

Les paramètres qui suivent permettent de régler la répartition des particules sur la surface de l'objet. Par défaut, ils sont suffisamment irréguliers ; nous les laisserons donc ainsi.

ASTUCE Distribution des particules sur l'émetteur

Dans le cas d'un objet maillé (par exemple, le *Cube* de la scène par défaut), en activant l'option *Verts*, l'émission se produirait seulement par les sommets de l'objet.

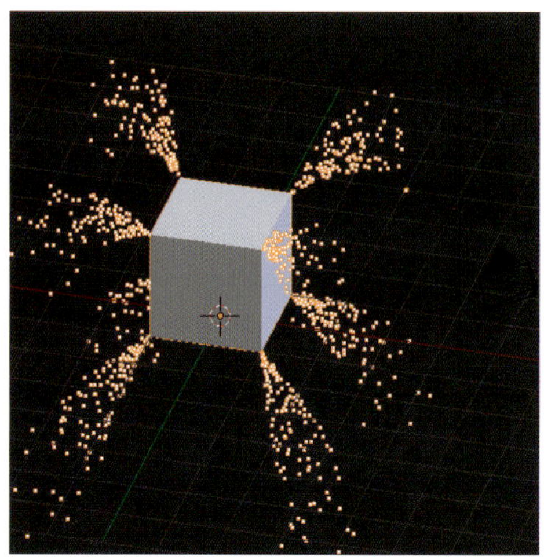

Figure 7–63 Émission par les sommets seulement

Lorsque l'option *Faces* est activée, l'émission des particules se fait également par les faces de l'émetteur, et plus seulement par ses sommets. Enfin, l'option *Volume* permet d'émettre les particules de n'importe quel point du volume défini par le maillage, et plus seulement depuis sa surface. L'ordre d'émission des sommets peut soit suivre la liste interne des sommets du maillage (par défaut) soit ne suivre aucun ordre précis (option *Random* active). Lorsque l'option *Even* est activée, le nombre de particules émises est proportionnel à la surface d'une face : les grandes faces émettront plus de particules que les petites facettes. Il est enfin possible de déterminer la distribution des particules sur un élément (distribution réglée selon une grille *Grid*, non réglée mais régulière *Jittered* ou totalement aléatoire *Random*).

Établir les propriétés physiques des particules

À ce stade, si vous lancez l'animation avec la combinaison *[Alt]+[A]*, vous vous apercevez que les particules tombent vers le sol. Pour remédier à cela, descendez jusqu'à l'onglet *Field Weights* et baissez le champ *Gravity* à `0.000`.

Si vous lancez encore une fois l'animation avec la combinaison *[Alt]+[A]*, vous constatez que les particules montent mais assez peu. Pour accélérer leur élévation, allez dans l'onglet *Velocity* et augmentez la valeur d'accélération sur l'axe Z en mettant une valeur positive de `2`. Les particules s'élèvent plus haut dorénavant. Pour apporter un peu plus d'irrégularité à l'ensemble, toujours dans l'onglet *Velocity*, vous pouvez entrer une valeur *Random* : `0.6`.

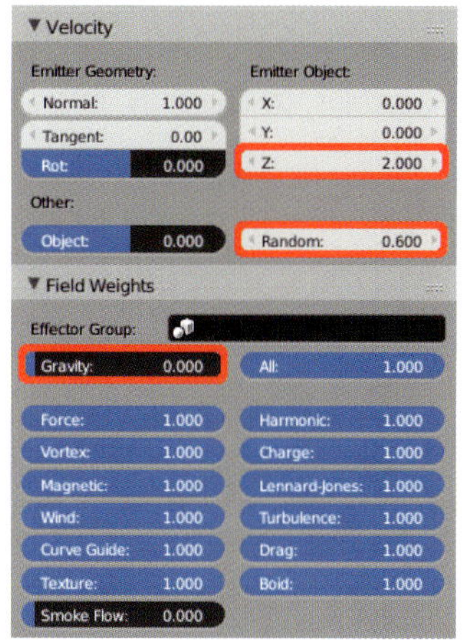

Figure 7–64
Les onglets Velocity et Field Weights gérant la course des particules

> **Astuce Normal ou Z ?**
>
> Pour faire accélérer les particules dans notre exemple, nous pouvons jouer indifféremment sur le paramètre *Z* ou *Normal*. Augmenter le paramètre *Normal* permet de modifier la vitesse d'émission des particules le long des normales des faces de l'objet émetteur. Le paramètre *Z* permet de donner une impulsion, positive ou négative, sur cet axe. Or, dans notre exemple, les normales de l'objet `Surface` coïncident avec l'axe Z, mais si l'on considère le cas où les particules seraient éjectées sur le côté par exemple, il convient de bien prendre en compte ces différents paramètres.
>
> 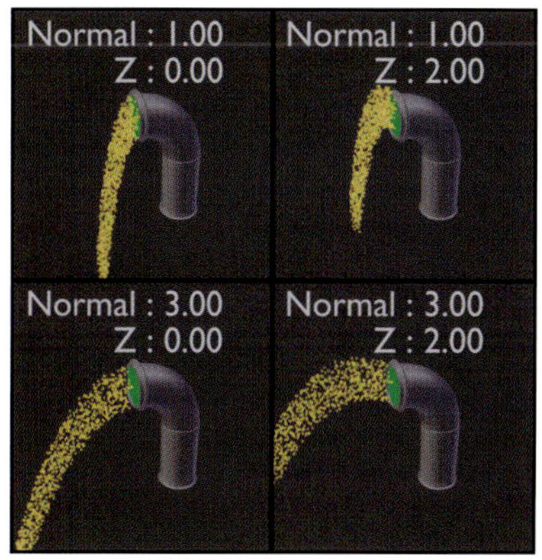
>
>
> **Figure 7–65**
> Exemple de différentes valeurs pour les paramètres Normal et Z.
>
> Bien évidemment, ces paramètres sont animables, par insertion de clés en pressant la touche *[I]* lorsque le pointeur de la souris est placé au-dessus de ces valeurs.

Établir la détection des obstacles

L'ascension des particules est maintenant satisfaisante pour l'effet recherché. Par contre, elles traversent le mur qui les surplombe. Pour corriger cela, il va falloir désigner le mur comme objet contre lesquels les particules pourront rebondir. Sélectionnez l'objet `Mur` avec le clic droit, puis rendez-vous dans le menu *Physics* et cliquez sur *Collision*. Si vous lancez l'animation avec la combinaison *[Alt]+[A]*, les particules rebondissent contre le mur et repartent dans des directions assez étranges. Pour faire « coller » davantage les particules sur le mur afin qu'elle poursuivent ensuite leur ascension, augmenter la valeur de 2 au facteur *Stickiness*.

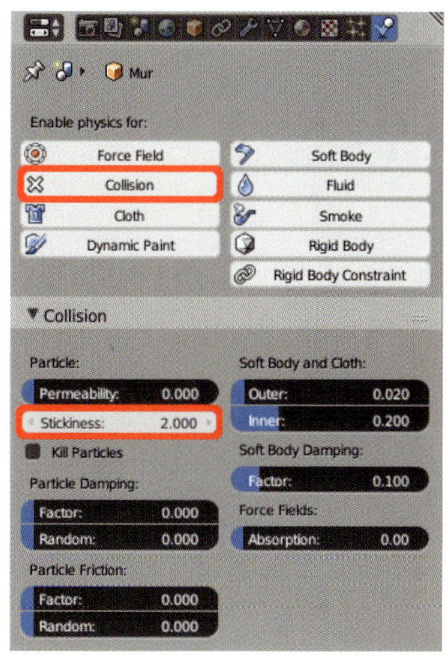

Figure 7–66 L'onglet Collision permettant de rendre le mur détectable par les particules

Paramétrer le rendu des particules

Maintenant que nous avons une simulation d'ensemble qui nous convient, penchons-nous sur le rendu des particules. Nous souhaitons que

ASTUCE
L'onglet Display

Si vous êtes amené à manipuler un très grand nombre de particules à la fois, en particulier si vous avez de nombreux émetteurs, l'interface graphique de Blender en sera considérablement ralentie. Vous pouvez donc, grâce au bouton numérique *Display* (dans l'onglet *Display*) n'afficher dans les vues 3D qu'un pourcentage des particules émises, ce qui vous permettra d'alléger la scène et donc de faciliter les manipulations. Si vous décidez d'attribuer des objets très complexes à chaque particule, cela peut aussi nuire aux performances de votre ordinateur. Les options d'affichage de l'onglet *Display* vous permettent d'afficher vos particules de manière simplifiée avec les options *Point*, *Circle* ou *Cross* qui feront apparaître respectivement vos particules sous forme de points, de cercles ou de croix. Bien sûr, lors du rendu, toutes les particules apparaîtront normalement.

chaque particule soit rendue sous forme de bulle. Pour cela il va falloir simplement créer une bulle et la désigner comme l'objet qui remplacera chaque particule. Ajoutez donc une icosphère en utilisant le menu *Add>Mesh>Icosphere* ou la combinaison *[Maj]+[A]* et placez-la hors du champs de vision de la caméra. Attribuez-lui le matériau *Bulle* et choisissez un shading de type *Smooth* dans le panneau *Object Tools* à gauche de la vue 3D. Notez son nom qui, normalement, doit être *Icosphere*. Voilà notre bulle créée !

Sélectionnez à nouveau l'objet *Surface*, notre émetteur de particules. Dans l'onglet *Render* du menu *Particles*, activez le mode de rendu *Object*. Un champ nommé *Dupli Object* a fait son apparition. Entrez-y le nom de l'objet qui représente notre bulle : *Icosphere*. Les particules sont dorénavant individuellement représentées par l'objet désiré. Vous constatez qu'elles sont toutes de la même taille et relativement petites. Pour augmenter leur taille, entrez la valeur `0.08` dans le champ *Size*. Pour faire varier de manière assez notable la taille des bulles entre elles, essayez une valeur de `0.6` ou `0.7` dans le champ *Random Size*.

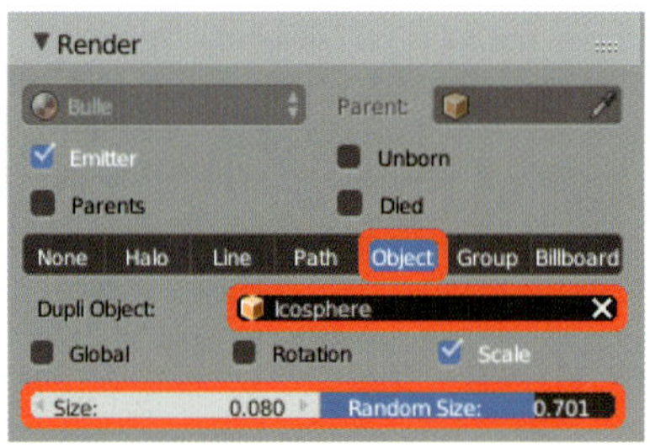

Figure 7–67
L'onglet Render permettant d'attribuer un objet désigné aux particules

Figure 7–68
Des bulles bien étranges…

Ça y est vous pouvez effectuer le rendu de votre animation. Dans le menu *Render*, vous pouvez choisir un format vidéo comme *AVIJPEG* avant de cliquer sur le bouton de rendu. Par souci de gain de temps, les matériaux et l'éclairage de la scène sont assez simplistes et il ne devrait falloir qu'une dizaine de minutes pour calculer l'animation. Vous pouvez consulter le fichier final `exercice-ch07.06-final.blend`.

Simulation d'un gazon

Dans ce deuxième exemple, nous allons mettre en œuvre des particules statiques afin de créer un parterre de gazon fraîchement tondu. Nous l'animerons également grâce à la mise en place d'un *Force Field*. Maintenant que nous sommes familiarisés avec les particules dynamiques, nous n'allons pas rencontrer de difficulté particulière avec les particules statiques.

L'émetteur de particules

Ouvrez le fichier `exercice-ch07.07-depart.blend` du répertoire `/exercices` des fichiers de travail. Celui-ci présente, outre la caméra et la lampe par défaut de toute scène Blender, un maillage de type *Plane* occupant le centre de la scène, et un objet de type *Empty*. L'objet `Plane` est particulier dans le sens où il lui a été attribué deux indices matériaux ; le premier, *Terre*, est un simple matériau marron, attribué à l'ensemble des faces de l'objet. Le second, *Herbe*, est également un simple matériau vert, qui n'est toutefois attribué à aucune face de l'objet. Tout s'expliquera prochainement.

Les onglets Cycles Hair Rendering et Cycles Hair Settings

Ces onglets se trouvent en bas du menu *Particles* et permettent de régler le rendu des particules de type *Hair* avec le moteur de rendu *Cycles*. Voici les principaux paramètres :

- *Primitive* : permet de choisir le type d'objet par lequel *Cycles* va remplacer chaque particule au rendu. *Triangles* donnera des polygones simples créés le long de chaque particule ; avec *Line Segments* les poils seront formés par des mesh en fonction du nombre de segments spécifiés lors de la création de votre système de particules, et enfin, l'option *Curve Segments* utilisera des courbes pour créer les poils, leur donnant des courbures plus fluides, au détriment de temps de calculs sensiblement plus longs.
- *Shape*, dans l'onglet *Cycles Hair Rendering*, permet de choisir la forme des particules au rendu. Vous avez le choix entre *Thick* qui crée un cylindre autour de chaque particule, et *Ribbons* qui rend des particules aplaties, idéales pour des brins d'herbe.
- *Root* : définit, en pixels, la largeur du brin à sa base.
- *Tip* : définit, en pixels, la largeur du brin à son extrémité.
- *Shape* : coefficient de forme déterminant le passage plus ou moins rapide de la largeur de la racine *Root* à la la largeur de la pointe *Tip*.
- *Scaling* est un multiplicateur de largeur des particules. Attention, les changement de valeurs, même sensibles, modifient considérablement l'apparence de vos particules.
- L'option *Close Tip* permet de fermer la pointe des cylindres générés le long des particules. Si cette option est désactivée, vos particules peuvent être rendues sous la forme de tubes si vous avez affecté une largeur à leur pointe (valeur *Tip* non nulle).

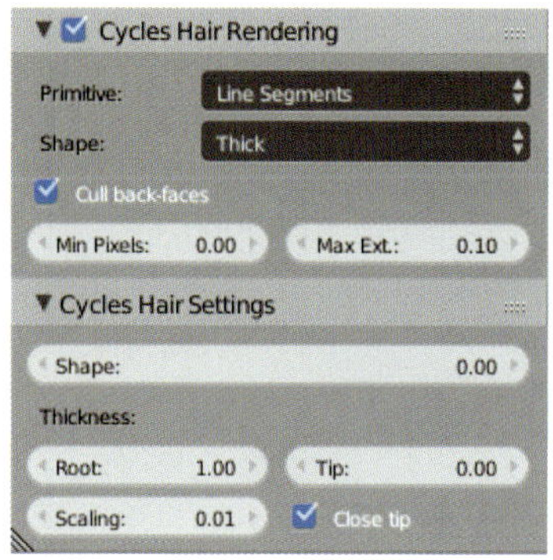

Figure 7–69 Les options *Strand*

Sélectionnez l'objet `Plane` s'il ne l'est pas ou plus (il l'est normalement par défaut). Allez dans le menu *Particles* et commencez par ajouter à l'objet un système de particules en cliquant sur le bouton +. Juste en dessous, dans le champ *Type*, spécifiez *Hair* comme type de particules. Vous noterez immédiatement que les paramètres accessibles diffèrent à nouveau du type *Emitter*. Mais surtout, par défaut, l'onglet *Render* propose *Path* comme forme de présentation.

Activez l'option *Advanced* afin de faire apparaître les options avancées dans l'onglet *Emission*. Le paramètre *Amount* spécifie comme précédemment le nombre de particules qui seront générées : choisissez `2000`. Par défaut, les particules sont assez longues. Vous pouvez modifier ceci dans le champ *Hair Length* en entrant une valeur moins grande, par exemple `0.6`. Le paramètre *Segments*, pour sa part, indique le nombre de segments qui

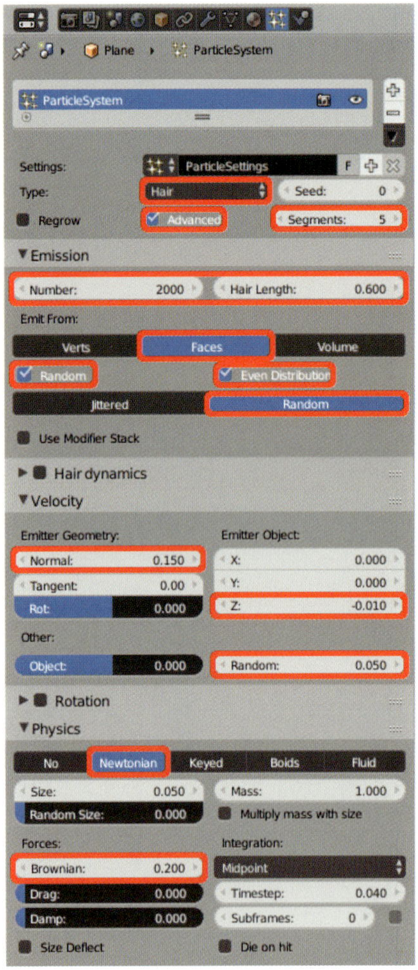

Figure 7–70
Les paramètres de génération du gazon

constitueront chaque brin : laissez-le à sa valeur par défaut de `5`. Dans les paramètres *Emit from*, activez le bouton *Random* et la distribution *Faces*, de même que le bouton *Even Distribution* et la distribution *Random* pour donner un aspect beaucoup plus naturel à la répartition des brins.

Dans l'onglet *Physics*, nous conservons un système de type *Newtonian* et donnons une part de mouvement brownien au tracé des particules, grâce au paramètre *Brownian* à une valeur `0.20`, par exemple, qui rendront les particules un peu plus chaotiques. Dans l'onglet *Velocity*, spécifiez *Random* `0.050` pour que les particules ne pointent pas toutes dans la même direction. Dans les paramètres *Emitter Object*, donnez une valeur négative à *Z*, par exemple `-0.010` afin de simuler un léger effet de pesanteur.

Effectuez un premier rendu, grâce à la touche *[F12]* : les herbes sont de la couleur marron du sol, ce qui ne fait pas honneur à notre carré d'herbe. Le plan de base présente toutefois un deuxième matériau, vert, plus approprié aux herbes : dans l'onglet *Render*, choisissez le matériau *Herbe* à la place de *Terre* pour l'attribuer aux particules.

Le fichier d'exemple est conçu pour être rendu avec *Cycles*. Les paramètres de rendu des particules avec ce moteur sont situés dans les deux derniers onglets du panneau des particules. Dans l'onglet *Cycles Hair Rendering*, vous pouvez choisir l'option *Ribbons* dans le champ *Shape*, afin que les particules soient rendues sous forme de rubans, ce qui est approprié pour un gazon. Dans l'onglet *Cycles Hair Settings*, vous pouvez également augmenter la largeur de la base des brins d'herbe en entrant dans le champ *Root* une valeur de `4.00`.

Figure 7–71
Un gazon bien facile à planter et à entretenir !

Pour l'instant, le gazon obtenu peut paraître clairsemé, en fonction des objectifs de votre scène. Pour densifier la végétation, vous pouvez bien évidemment augmenter la valeur du paramètre *Number*, mais il existe également d'autres façons de procéder.

Remarquez l'existence d'un onglet *Children*, qui présente pour l'instant un simple menu déroulant. Dans celui-ci, choisissez *Simple* : immédiatement, dans la vue 3D, l'herbe devient considérablement plus dense. Toutefois, l'apparence du gazon est maintenant trop duveteuse, ressemblant plus à une fourrure qu'à une pelouse richement garnie.

Dans le panneau *Children* se trouvent plusieurs contrôles.

- *Display* : spécifie le nombre de particules « enfants » pour chaque particule parent initiale, visible dans la vue 3D, pour vos besoins de mise au poin ;
- *Render* : spécifie le nombre de particules « enfants » pour chaque particule parent initiale, visible au moment du rendu.

Pour un gazon déjà relativement dense, vous pouvez vous contenter d'une valeur *Render* de `5` ; si votre ordinateur ne supporte pas cette même valeur dans la vue 3D (plantage, lenteur, ou autre), vous pouvez la diminuer pour le paramètre *Amount*.

- *Clump* : ce paramètre permet de générer des touffes, en spécifiant le taux d'agglutinement des particules enfants par rapport aux particules parentes les plus proches.
- *Shape* :ce paramètre permet de contrôler le taux d'atténuation de l'effet de touffes en fonction de la distance.

Inutile d'essayer des valeurs extrêmes avec ces paramètres pour obtenir des résultats intéressants ; essayez des valeurs de *Clump* comprises entre `0.50` et `0.75` pour vous en persuader, puis faîtes varier *Shape* entre `0.0` et `1.00`. Des valeurs respectives de `0.70` et `0.25` paraissent générer des touffes d'herbe satisfaisantes.

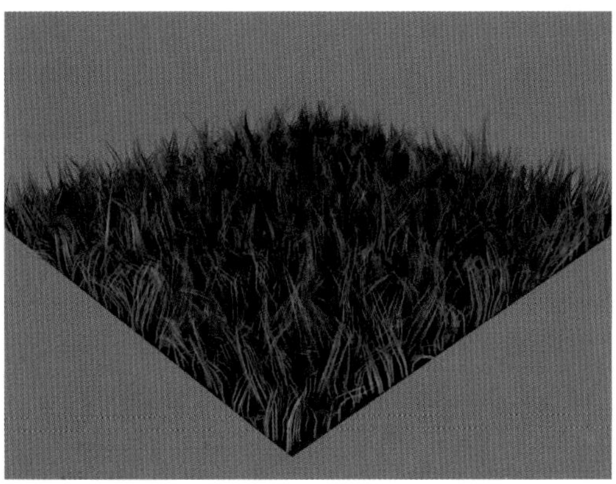

Figure 7–72
Le gazon est désormais plus dense et accueillant !

Un rendu à ce stade nous donnera un résultat plus qu'intéressant ! Il ne nous reste plus qu'à voir comment on peut animer ce petit gazon.

BON À SAVOIR
Les options Kink

Il est possible de spécifier des formes spécifiques de particules « enfants » aux systèmes de particules dans le panneau *Children*.

- *Nothing* (par défaut) : aucune forme spécifique supplémentaire n'est donnée aux particules enfants.
- *Curl* : permet de générer les particules enfants de façon à simuler boucles et frisettes.
- *Radial* : permet de générer les particules enfants de façon à ce qu'elles se courbent dans une direction radiale.
- *Wave* : permet de générer les particules enfants de façon à simuler des ondulations.
- *Braid* : permet de générer les particules enfants de façon à simuler tresses et nattes.

Chaque option propose ses propres paramètres de contrôle ; en particulier une fréquence (*Frequency* : le nombre de fois que l'effet est appliqué sur la longueur de la particule), une *Amplitude* pour l'effet et un contrôle pour réguler la forme entre la racine de la particule et son extrémité (*Shape*).

Le champ d'action : Wind

Sélectionnez maintenant l'objet *Empty* de la scène, et rendez-vous dans le menu *Physics* de l'éditeur des propriétés. Cliquez sur *Force Fields* pour attribuer un champ d'action à l'objet *Empty*. Un nouvel onglet fait son apparition, dans lequel se trouve un menu déroulant portant la mention *Force*. En cliquant dessus, vous affichez les différents types de champs d'action supportés par Blender : choisissez *Wind*. Normalement, l'objet *Empty* est déjà orienté sur le carré de gazon, mais il faut toujours se rappeler que l'effet *Wind* est directionnel, et que tant sa position que son orientation peuvent influer sur l'animation de vos particules.

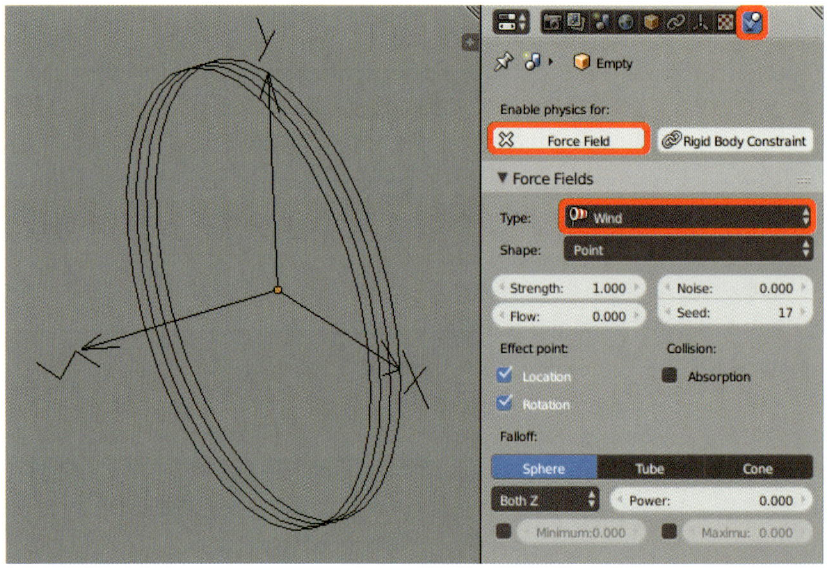

Figure 7–73
Le Field Wind dans la vue 3D et son activation dans le panneau Properties

Plusieurs paramètres vont nous intéresser. *Strength* est l'intensité du *Field*, et *Fall-off* est le facteur d'atténuation de celui-ci en fonction de la distance. Les options *Minimum* et *Maximum* permettent de déterminer des distances en dessous et au-delà desquelles le *Field* n'agit plus. Pour notre part, nous ne souhaitons pas piloter le *Strength* du *Field* par une valeur numérique constante : nous souhaitons simuler l'effet de petites bourrasques ou de coups de vent irréguliers, et deux méthodes sont à notre disposition.

- Par association d'une F-Curve au *FieldWind* : Commencez par créer cette courbe en insérant des clés d'animation sur le champ *Strength* : placez-vous à la frame 1, mettez le pointeur de la souris sur le champ *Strength* du *Force Field* et appuyez sur la touche *[I]* (le champs *Strength* devient jaune, preuve que la clé à bien été insérée). Faites de même à la frame 150 (dernière frame de notre animation). Ouvrez ensuite une fenêtre *Graph Editor*, dans laquelle vous devez maintenant voir une courbe linéaire représentant le paramètre *Strength* de notre champ de force. Pour rendre

BON À SAVOIR

Les options du modificateur Noise

- *Scale* : permet de régler la fréquence de la courbe. Avec des valeurs proches de zéro, vous obtenez beaucoup de crêtes sur votre courbe.
- *Phase* : désigne une graine pseudo-aléatoire à l'effet de bruitage de la courbe.
- *Strength* : permet de faire varier l'amplitude de la courbe.
- *Depth* : ajoute de la finesse dans le détail de la courbe en créant de subtiles variations supplémentaires.
- *Restrict Frame Range* : permet de limiter l'effet du modificateur sur une plage de frames déterminée par les champs *Start* et *End*. Les champs *In* et *Out* permettent d'amortir l'effet de bruitage aux bornes de cette plage, lui donnant un effet de fondu d'entrée et de sortie.
- *Use Influence* : permet de tempérer l'effet du modificateur en spécifiant une valeur comprise entre 0 (influence nulle) et 1 (influence maximale).

cette courbe plus aléatoire, nous allons utiliser un modificateur. Dans la fenêtre du *Graph Editor*, pressez la touche *[N]* pour faire apparaître le panneau latéral droit des propriétés de la courbe et ajoutez un modificateur de type *Noise*. La courbe devient immédiatement crénelée. En faisant varier le paramètre *Scale*, vous pouvez faire varier la fréquence des variations aléatoires. Le paramètre *Strength* vous permettra quant à lui de faire varier l'amplitude de ces variations. Bien plus rapide que de créer manuellement tous les points de la courbe, n'est-ce pas ?

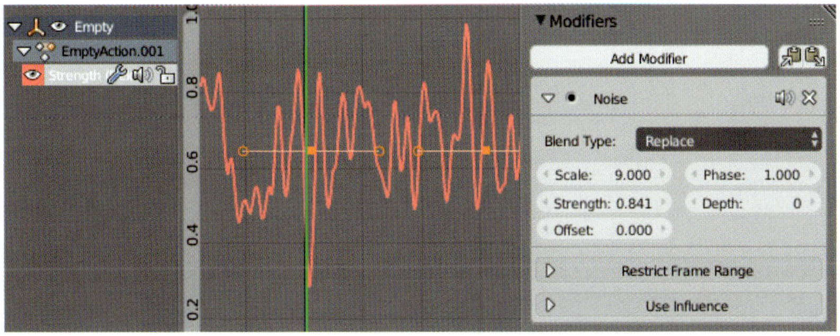

Figure 7–74 L'éditeur de graphes avec le modificateur Noise

- Par utilisation des paramètres aléatoires du *Field Wind* : le champ *Noise* permet de définir l'amplitude de variation de la force du *Field*, de façon pseudo-aléatoire ; *Seed* précise alors quelle graine pseudo-aléatoire utiliser pour obtenir des effets différents d'une tentative à l'autre. Cette dernière solution offre des résultats très satisfaisants de manière très rapide.

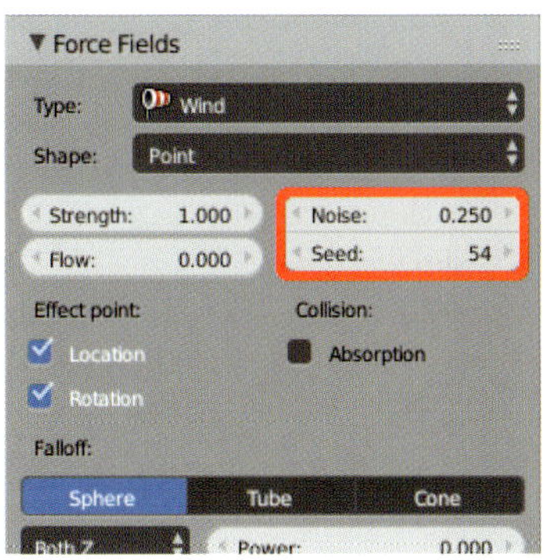

Figure 7–75
Le panneau Fields

Il ne nous reste plus qu'à lancer le calcul de l'animation en appuyant sur le bouton *ANIMATION* du panneau *Render*. Si vous souhaitez l'étudier, vous trouverez le fichier final de cet exemple dans le répertoire `/exercices` des fichiers de travail sous le nom `exercice-ch07.07-final.blend`.

Bon à savoir Les différents types de Fields

Il existe plusieurs types de *Fields* dans Blender, chacun avec sa méthode d'interaction avec les particules, mais aussi les *corps souples*.

- *Spherical* : il s'agit en fait d'un champ de force qui va attirer ou repousser les particules passant dans sa zone d'effet.
- *Wind* : une force additionnelle vient accélérer, contrarier, ou infléchir la course des particules passant dans sa zone d'effet.
- *Vortex* : les particules passant dans sa zone d'effet sont comme aspirées ; elles perdent de l'énergie à se sortir du vortex, et sont parfois déviées significativement.
- *Magnetic* : les particules sont attirées (ou repoussées !) comme par un aimant lorsqu'elles se trouvent dans sa zone d'effet.
- *Harmonic* : les particules essaient de s'aligner en direction du *Field*, en fonction de la *Strength* spécifiée.
- *Texture* : permet d'utiliser des textures pour contrôler la distribution des particules ; une texture animée permet d'animer les particules.
- *Charge* : très semblable à *Spherical* à ceci près qu'il attire ou repousse les particules en fonction de leur charge (positive, ou négative) (utile à la simulation de forces intermoléculaires, par exemple).
- *Lennard-Jones* : à nouveau, ce type de champ est utile à la simulation de forces intermoléculaires, en repoussant les particules trop proches et en attirant celles plus lointaines, de manière à créer une sorte d'équilibre.

Contrôler le comportement des particules grâce au weight painting

Il est également possible de contrôler la distribution des particules en utilisant les groupes de sommets. Par exemple, dans le menu *Object Data*, cliquez sur le bouton + de l'onglet *Vertex Groups*, et nommez le nouveau groupe `Longueur`. En mode *Weight Paint*, sur un maillage suffisamment subdivisé, peignez les zones dans lesquelles les brins d'herbe auront la plus grande longueur.

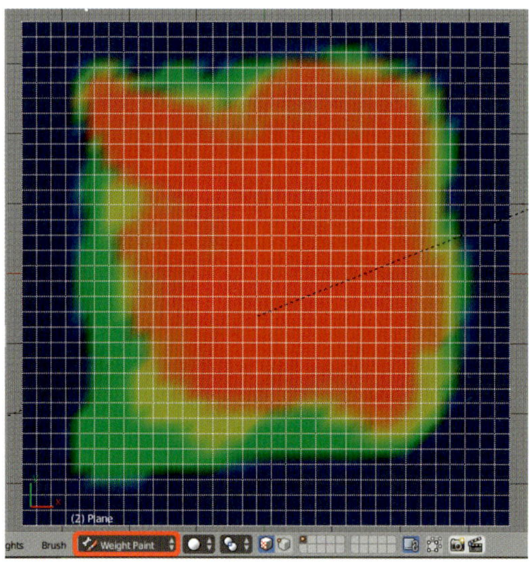

Figure 7–76
Les couleurs chaudes produiront les brins les plus longs (la couleur rouge indiquant la longueur maximale), tandis que les couleurs froides produiront des brins plus courts (la couleur bleue indiquant une longueur nulle).

Dans l'onglet *Vertex Groups* du système de particules, cliquez sur le champ vide de l'option *Length* pour y ajouter un groupe de sommets et sélectionnez celui que nous venons de créer : *Longueur*. Si vous effectuez le rendu, vous verrez que la longueur des brins prend en compte le « poids » indiqué lors de l'opération de weight painting, les zones les plus chaudes produisant les brins les plus longs.

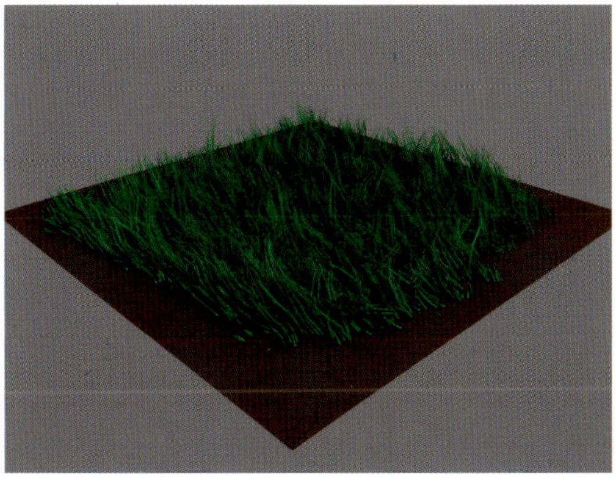

Figure 7–77
Avec le Weight Paint, il est possible de contrôler la longueur, la densité et bien d'autres paramètres des systèmes de particules, pour un contrôle plus poussé de leur distribution ou de leur longueur.

Bien sûr, outre la longueur (*Length*) des particules, il est possible de piloter avec le *Weight Paint* d'autres paramètres des systèmes de particules, parmi lesquels la densité (*Density*), la vitesse initiale (*Velocity*), la taille (*Size*), la tendance à produire des touffes (*Clump*), ou l'influence des *Fields* (*Effector*), par exemple.

Le même *Vertex Group* peut être réutilisé pour plusieurs paramètres, mais il est également possible (et recommandé) d'utiliser des groupes différents à chaque fois !

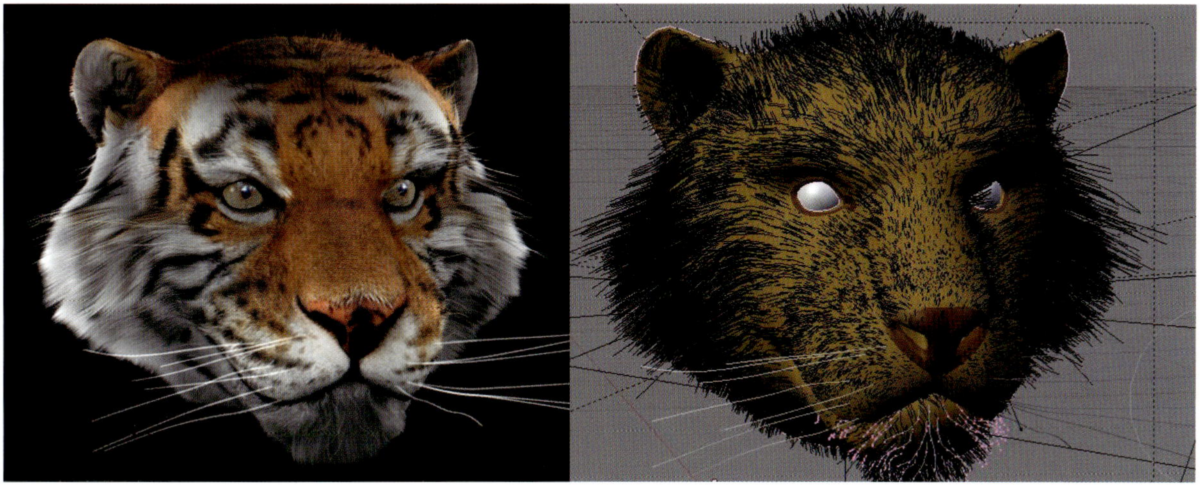

Figure 7–78 Génération de fourrure sur un tigre par Aslan (http://aslan.infographie.free.fr/)

Simulation d'une coiffure

Simuler une chevelure ou de la fourrure n'est guère différent de faire pousser du gazon. Pour vous en persuader, faîtes l'expérience en ouvrant le fichier `exercice-ch07.08 depart.blend`. Il présente un modèle de visage (issu du logiciel MakeHuman), pour lequel un *Weight Paint* a déjà été appliqué sous le nom `Chevelure`. : les zones d'émission des futures particules sont clairement identifiées par les couleurs chaudes, mais vous pourrez être amené à les corriger légèrement en cours d'exercice, si vous l'estimez nécessaire.

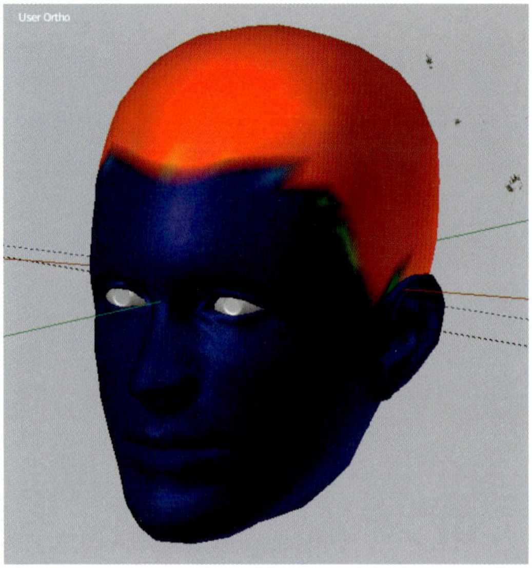

Figure 7–79
Le Weight Paint permet de contrôler la distribution des cheveux...

Dans le menu *Particles*, cliquez sur le bouton + et choisissez *Hair* comme type de système. Choisissez *Amount* `5000` environ et dans le champ *Hair Length* nous optons pour une coupe courte et nous choisissons une valeur de l'ordre de `0.200`..

Les cheveux apparaissent sur tout le visage, ce qui n'est pas l'effet recherché ! Nous allons mettre à profit le *Weight Paint*, grâce à l'onglet *Vertex Groups* du menu des particules : choisissez *Density* pour lequel vous entrerez le nom de notre groupe de vertices *Chevelure*. Les cheveux sont instantanément redistribués en fonction du *Weight Paint*.

Enfin, dans le panneau *Render*, activez l'option *Emitter*, pour vous assurer que le visage soit rendu en même temps que les cheveux et attribuer le matériau *Cheveux* dans le champ approprié, et dans le panneau *Children*, spécifiez une valeur de `5`, pour *Display* et *Render*.

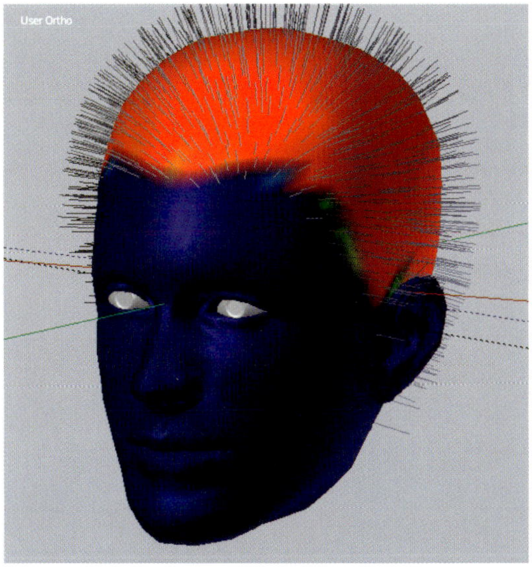

Figure 7–80
... ainsi qu'en témoigne cette capture de la vue 3D !

Figure 7–81 Presque aussi effrayant qu'une feuille d'impôts, les paramètres des particules !

Nous allons maintenant commencer à coiffer notre personnage. Pour cela, basculez dans le mode approprié grâce au menu déroulant dans l'en-tête de la vue 3D où vous choisirez *Particle Edit* représenté par un peigne. Le panneau latéral gauche change pour vous afficher les différents outils de coiffure.

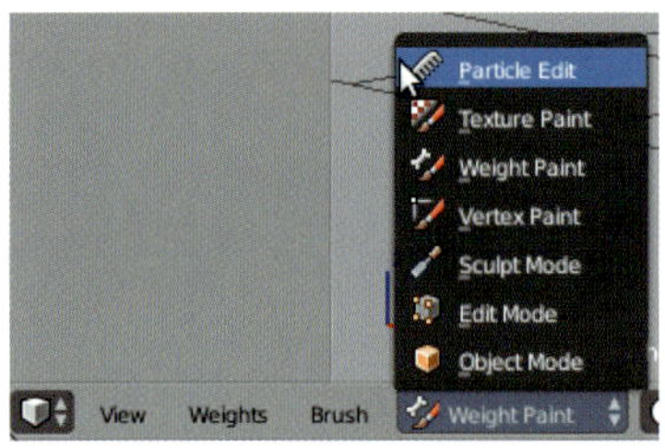

Figure 7–82
Sélection du mode ce coiffure des particules

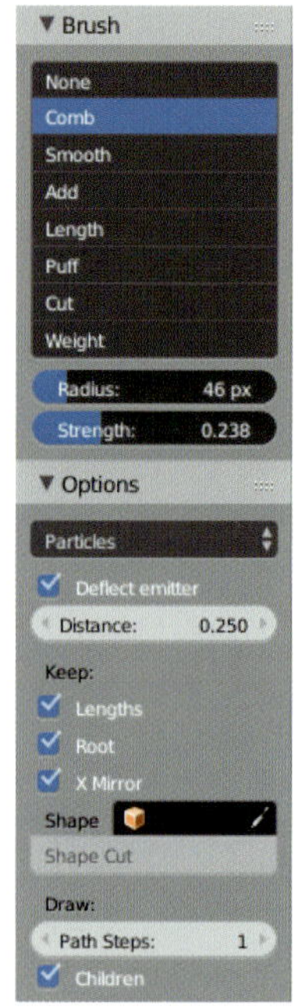

Figure 7–83
Les outils de coiffure de Blender

Les options du groupe de paramètres *Keep* sont très intéressantes et sont à garder à l'esprit lors des opérations de coiffure.

- *Lengths* : permet de garantir la constance de la longueur de chaque cheveu individuellement.
- *Root* : permet de garantir que la racine de chaque cheveu est inamovible, relativement au maillage émetteur.
- *X-mirror* : permet de garantir un coiffage symétrique sur l'axe X
- *Deflect Emitter* : permet d'assurer que, lors de la coiffure, les cheveux ne pénètrent pas le maillage émetteur, mais restent, au contraire, à la surface ; le paramètre supplémentaire *Dist* permet de définir la distance minimale en-dessous de laquelle un cheveu ne pas s'approcher de l'émetteur. Cette distance est exprimée en unités de Blender.

Pour la plupart des travaux de coiffage courants, ces trois options doivent être activées. En particulier, *Root* et *Deflect Emitter* doivent le rester, pour éviter des catastrophes autrement très probables, comme des cheveux qui se déplacent ou qui rentrent à l'intérieur du crâne.

Les options d'affichage peuvent également se révéler intéressantes :

- *Steps* : indique le nombre de subdivision de chaque cheveu lors de l'affichage, ce qui influe sur la précision de son tracé ;
- *Show Children* : lorsque cette option est active, elle affiche aussi bien les particules « enfants » que les particules parents qui sont coiffées.

Cette dernière option est souvent utile pour visualiser l'allure générale de la coiffure en temps réel, mais elle consomme plus de ressources. Il est conseillé de la désactiver pendant les opérations de coiffage, et de ne l'activer que pour les retouches ou pour visualiser le résultat final de temps à autre.

Les outils de coiffure à disposition fonctionnent par défaut sur tous les cheveux en même temps, sauf si une sélection existe (voir aparté *Modes de sélection*, ci-contre), auquel cas, ils ne s'appliquent qu'à cette sélection.

- *Comb* : il s'agit de l'outil « peigne », qui permet de déplacer les cheveux le long de la trajectoire de la brosse.
- *Smooth* : permet de lisser la position des cheveux par rapport à leur entourage immédiat.
- *Weight* : permet d'appliquer la technique du *Weight Paint* sur les cheveux, en vue d'une simulation de corps souple.
- *Add* : permet d'ajouter des cheveux sous l'outil, éventuellement en les interpolant à partir des cheveux déjà existants (bouton *Interpolate*, le curseur *Keys* définissant le nombre de points constituants les nouveaux cheveux).
- *Length* : permet d'allonger (option *Grow*) ou de raccourcir (option *Shrink*) la longueur des cheveux.
- *Puff* : permet de donner (*Add*) ou d'enlever (*Sub*) du volume à la coiffure.
- *Cut* : il s'agit du Ciseau, qui permet de couper les cheveux.

Commencez par sélectionner l'outil *Comb*, et ramenez les cheveux le long du crâne. Faites-le grossièrement pour commencer (paramètre *Size* 50, par exemple), puis mèche par mèche quand nécessaire (*Size* 5-15). Si certaines zones sont un peu trop dégarnies, utilisez l'outil *Add* pour ajouter des cheveux sous l'outil.

Lorsque vous arrivez à un effet général satisfaisant, utilisez l'outil *Smooth*, avec un *Strength* relativement bas (de l'ordre de 20-25), pour lisser convenablement la chevelure. Enfin, utilisez l'outil *Puff* pour ajouter un peu de volume à la coiffure là où elle en manque, puis l'outil *Cut* pour la tailler convenablement. Cette opération est souvent plus

ASTUCE

Modes de sélection

Dans l'en-tête de la vue 3D, en *Particle Edit*, différents modes de sélection sont mis à disposition.

- *Path edit mode* : c'est le « chemin » entier du cheveu qui est édité.
- *Point select mode* : il est possible d'éditer individuellement chacun des sommets constituant le chemin du cheveu, le nombre de points dépendants du nombre de segments spécifiés dans le panneau *Particle System*.
- *Tip select mode* : dans ce mode, seules les extrémités des pointes des cheveux sont éditables.

Figure 7–84

BON À SAVOIR

Les particules et les couleurs de l'émetteur

Les particules *Hair* héritent de la couleur de l'émetteur à l'endroit d'émission de la particule, alors qu'autrefois elles n'héritaient que de la couleur diffuse. Cela veut dire que l'émetteur peut être mis en couleur grâce à des textures UV, des textures procédurales ou des textures bitmap selon les modes de projection classiques.

Cela est particulièrement utile pour donner des variations de couleur subtiles aux cheveux ou aux herbes d'un paysage, grâce aux textures procédurales. Mais dans le cas de pelage ou de fourrures, la possibilité de conférer aux particules *Hair* la couleur de la texture UV est également un plus indéniable, comme par exemple pour le pelage d'un zèbre, d'une girafe ou d'un tigre.

facile à réaliser lorsque les particules enfants sont affichées. Le résultat final est disponible en ouvrant le fichier `exercice-ch07.08_final.blend` de l'extension web.

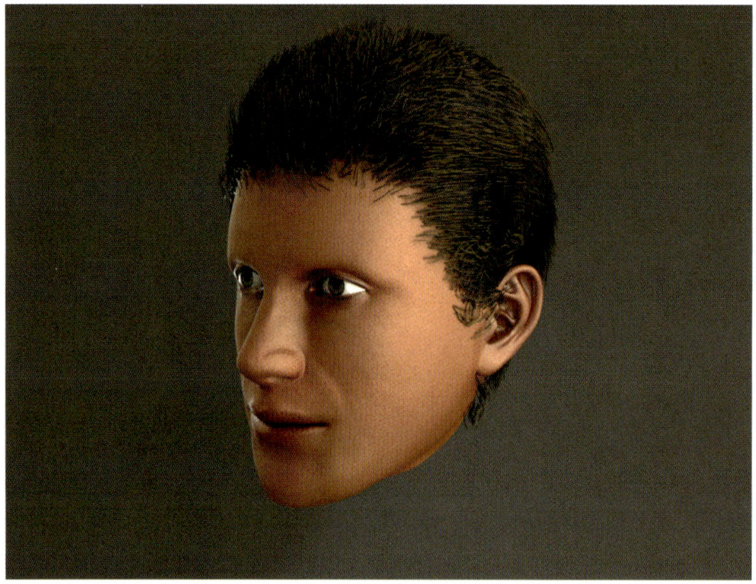

Figure 7–85
Le résultat d'une petite dizaine de minutes de coiffage avec le Particle Mode de Blender

Vous voilà maître des particules, de leur création, de leur répartition et de leur coiffure ! N'hésitez pas à expérimenter pour rendre vos modèles encore plus complexes.

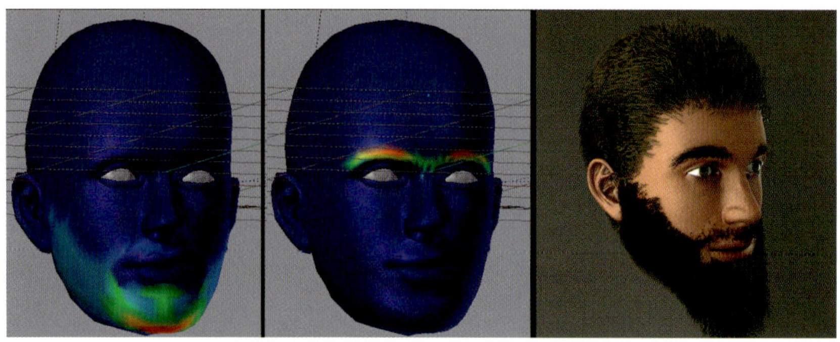

Figure 7–86
En créant d'autres groupes de vertices, ajoutez de la pilosité où bon vous semble !

Simulation d'un système proies/prédateur avec les particules Boids

Les *Boids* sont un magnifique système d'intelligence artificielle, très simple et facile à mettre en œuvre, qui permet de créer des scénarios basées sur des comportements prédéterminés. En particulier, il permet de reproduire des schémas de prédation, d'attroupements grégaires, de foules évoluant autour d'obstacles et ce genre de choses.

Description de la scène

Ouvrez le fichier `exercice-ch07.09_depart.blend` des fichiers de travail. Sur le premier calque, vous noterez la présence de deux cubes qui seront les émetteurs des proies et des prédateurs de notre animation. Sur le second calque, figurent les deux objets qui représenteront nos particules : ce sont des poissons assez sommaires, texturés et animés de manière cyclique grâce à de simples Shape Keys. Enfin sur le troisième calque, vous noterez la présence de plusieurs spots qui ne sont là que pour simuler de manière très simpliste des effets de lumières volumétriques visibles sous la surface aquatique lors du rendu.

Mise en place des systèmes de particules

Les proies

Sélectionnez le cube vert de droite `Proies`. Dans le menu *Particles*, cliquez sur le bouton + et changez quelques-unes des valeurs :

- *Amount* : `100` afin de définir un essaim de `100` particules proies ;
- *Lifetime* : `1500` afin de donner à chaque particule une durée de vie suffisante pour que la simulation proies-prédateurs soit fonctionnelle.
- *Start* et *End* : 1 afin que l'émission de toutes les particules se fasse intégralement dès la première frame de notre animation.
- Cochez l'option *Volume* afin que les particules soient harmonieusement réparties à l'intérieur du cube.

Passez en visualisation de type *Wireframe* en pressant la touche *[Z]* dans la vue 3D, et dans le panneau *Render*, choisissez *Object* et entrez le nom `poisson_proie` dans le champ *Dupli Object*. Les particules s'affichent dorénavant sous forme de poissons-proies. Si cela fait ralentir votre ordinateur, dans l'onglet *Display* choisissez un mode d'affichage moins gourmand en ressources, comme *Circle* ou *Cross*.

Maintenant, nous devons donner des règles à suivre aux particules. Dans l'onglet *Physics*, choisissez *Boids* comme type de particules. De nouvelles options font leur apparition. Augmentez la taille des proies en entrant *Size* : `0.1`. Diminuez leur vitesse maximale dans le champs *Max Air Speed* en entrant la valeur *1*. Dans les options *Battle*, adoptez également les réglages suivants *Health* : `0.300` afin que nos proies aient une santé assez faible, et *Strength* : `0.001` pour que leur force le soit aussi.

Enfin, en ce qui concerne l'intelligence des *Boids* Proies, nous avons pour le moment les deux règles fondamentales *Flock* et *Separate* dans l'onglet

Boids Brain qui permettent aux particules de rester groupées, tout en s'évitant. Afin qu'elles demeurent dans la même région, nous allons leur demander de suivre un objet : leur propre émetteur qui est immobile. Pour cela, cliquez sur le bouton + dans l'onglet *Boids Brain*, choisissez l'option *Follow Leader* et entrez le nom de l'objet `Proies` dans le champ approprié et précisez une distance de `1.5`. Choisissez le mode *Average* pour la gestion de ces différentes règles afin qu'elles soient équitablement appliquées.

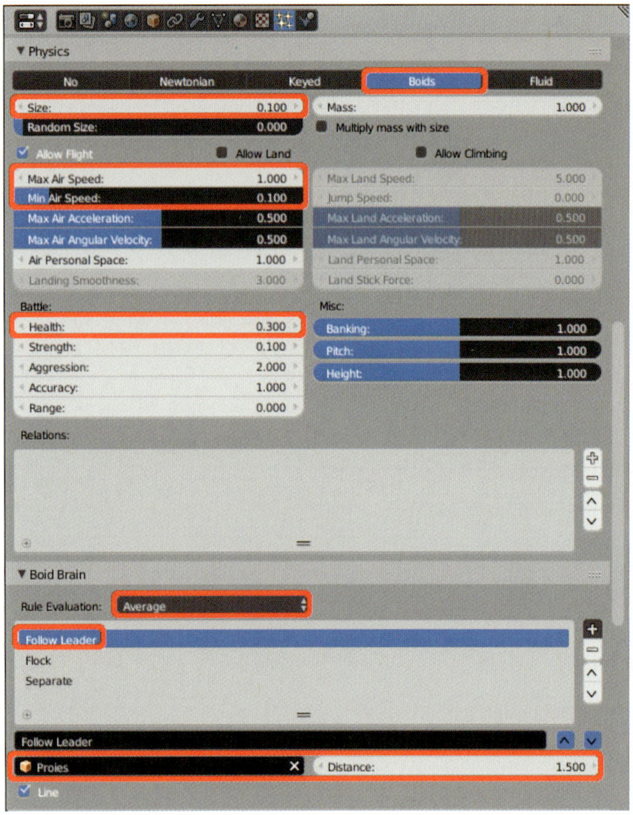

Figure 7–87 Les paramètres gérant les particules « Proies »

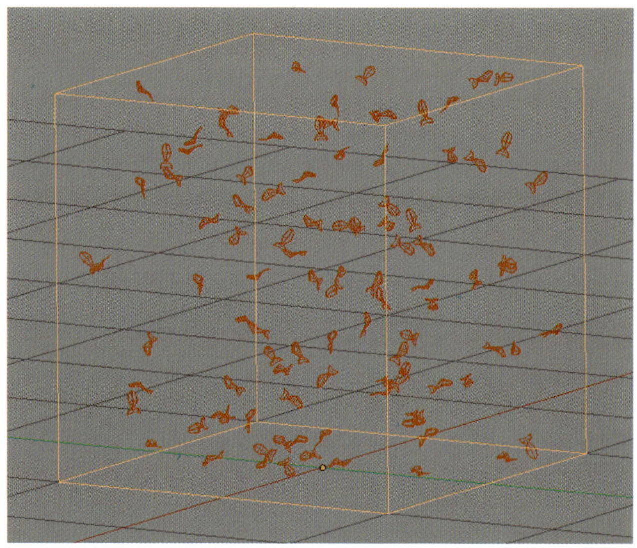

Figure 7–88 Et voici des proies prêtes à se faire dévorer !

Les prédateurs

Maintenant, sélectionnez le cube `Predateurs`. Dans le menu *Particles*, cliquez sur le bouton + et changez quelques-unes des valeurs :

- *Amount* : `10` afin d'avoir une meute composée de 10 particules prédatrices ;
- *Lifetime* : `1500` afin de donner à chaque particule une durée de vie suffisante pour que la simulation proies/prédateurs soit fonctionnelle.

- *Start* et *End* : 1 afin que l'émission de toutes les particules se fasse intégralement dès la première frame de notre animation.
- Cochez l'option *Volume* afin que les particules soient harmonieusement réparties à l'intérieur du cube.

Dans le panneau *Render*, choisissez *Object* et entrez le nom `poisson_predateur` dans le champ *Dupli Object*. Les particules s'affichent dorénavant sous la forme des poissons prédateurs. Si dans l'onglet *Display* vous avez opté pour un mode d'affichage léger pour les ressources de votre ordinateur, vous pouvez choisir une forme différente.

Dans l'onglet *Physics*, choisissez *Boids* comme type de particules. Augmentez la taille des prédateurs en entrant *Size* : `0.350`. Vous pouvez aussi faire varier légèrement leur taille en mettant une faible valeur *Random Size* : `0.100`. Laissez leur vitesse maximale *Max Air Speed* à `10` pour qu'ils soient bien plus rapides que les proies Afin que les prédateurs soient suffisamment espacés les uns des autres, augmentez la valeur *Air Personnal Space* en entrant la valeur `2`.

Maintenant, intéressons-nous aux options *Battle*.

- *Health* permet de régler la santé des particules. Mettez une valeur de `2.000`.
- *Strength* gère l'intensité des dégâts infligés. Nous voulons des prédateurs voraces. Entrez donc une valeur de `1.500`.
- *Agression* est un facteur qui permet aux particules d'attaquer d'autres plus puissantes. Ce n'est pas le cas ici, vous pouvez donc laisser la valeur par défaut.
- *Accuracy* permet de gérer la précision des attaques. Laissons la valeur maximale qui est de `1.000` afin que les prédateurs ne manquent pas les proies.
- *Range* permet de déterminer le rayon d'attaque des particules. Afin que les prédateurs n'éradiquent pas les pauvres proies avant même de les toucher, baissez la valeur et entrez `0.100`.

Il faut maintenant signifier aux prédateurs qui attaquer. Dans la partie *Relations*, cliquez sur + pour ajouter une nouvelle cible. Sous ce menu, choisissez l'objet `Proies` ainsi que `System 1` qui est le système des particules proies. Cochez ensuite l'option *Enemy*, bien sûr.

Enfin dans la partie *Boids Brain*, ajoutez une nouvelle règle en cliquant sur le bouton + et choisissez *Fight* et optez pour un mode équitable de gestion des différentes règles en choisissant à nouveau l'option *Average*.

Tout est prêt maintenant pour un combat qui s'annonce bien inégal !

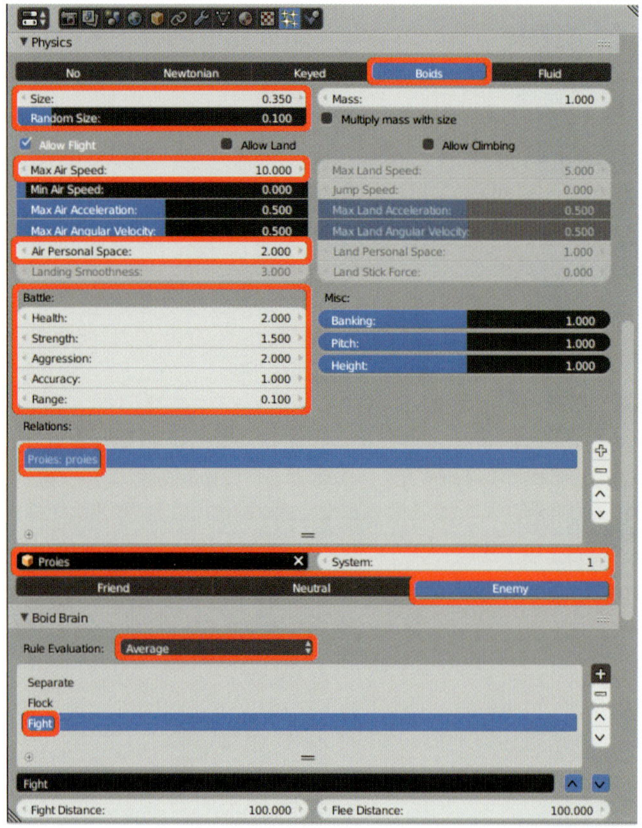

Figure 7–89 Paramètres des particules Boids prédateurs.

Jouer la simulation

La dernière étape consiste à déterminer la durée de la simulation. Cela se passe simplement dans le menu *Render* : il faut uniquement spécifier une valeur suffisamment élevée pour le bouton *End Frame* afin que la simulation entière soit calculée ; une valeur de `1000-1500` paraît cohérente vis-à-vis de la durée de vie *Lifetime* spécifiée pour les particules, mais quelques essais permettront de s'en assurer. Ajustez cette valeur pour *chaque* système de *Boids* mis en scène.

Vous lancerez le calcul de la simulation grâce à la combinaison *[Alt]+[A]*. La touche *[Echap]* mettra fin à la simulation. Pour le rendu final, vous pouvez activer le troisième calque contenant des lumières (ajoutez-le à la sélection des calques visibles avec le clic gauche et la touche *[Maj]* enfoncée).

Vous retrouverez le résultat de cette simulation dans le fichier `exercice-ch07.09-final.blend`.

Figure 7–90 Les prédateurs fondent sur les proies et les déciment en quelques secondes de course-poursuite désespérée.

Conclusion

Vous avez désormais déjà toutes les cartes en main pour réaliser des animations assez sophistiquées, même si toutes les possibilités sont loin d'être couvertes. En fait, grâce à ces outils, vous pouvez virtuellement animer n'importe quoi, mais pour certaines animations particulièrement complexes, Blender propose d'autres outils, plus avancés ainsi que plus spécifiques. Cette spécialisation est le prix à payer pour obtenir des animations particulièrement réalistes, et impose à l'utilisateur l'acquisition de compétences supplémentaires.

chapitre 8

Let there be noise (rendu Cycles) CC-BY 4.0 2013, Boris Fauret (http://bobo75014.legtux.org/)

Techniques d'animation avancées

Ce chapitre vous montrera les techniques d'animation les plus avancées de Blender. Elles n'en sont pas pour autant forcément les plus complexes, mais les plus diversifiées et différentes du reste des autres fonctionnalités de Blender.

SOMMAIRE

MOTS-CLÉS

- Softbody
- Rigid Body
- Cloth
- Goal
- Bake
- Game Engine
- Bullet
- Smoke
- Fluides
- Dynamic Paint
- Armature
- Squelette
- Rig
- Action
- Bandes d'actions
- Composition
- Ocean

3ds Max
Module d'extension Reactor

Dans 3ds Max, les animations physiques sont introduites par un module d'extension spécifique qui permet la simulation de corps rigides, de corps souples, mais aussi de l'eau et du vent. Dans Blender, la première est héritée du *Game Engine*, la seconde, d'un module de corps souples, la troisième d'un simulateur de fluides spécifique, et la dernière est un phénomène capable d'affecter aussi bien particules que corps souples, le tout sans besoin de recourir à des extensions ou des scripts externes.

Le système d'animation de Blender a complètement été revisité par ses développeurs, au fil des mois, depuis la première édition de cet ouvrage. L'existant a été réécrit et amélioré (en particulier l'animation de personnages, désormais presque une formalité), tandis que des domaines bien plus avancés, tenant plus de la simulation physique que de l'animation, ont été ajoutés et améliorés ; on notera notamment l'arrivée de la simulation de fumée ou le Dynamic Paint qui viennent compléter la liste des fonctionnalités, qui comprenait déjà la simulation de tissus ou encore celle des fluides. Ce chapitre vous propose de découvrir chacun de ces domaines.

La simulation de tissus

Ce système (*Cloth Simulation*, en version originale) permet de recréer les mouvements de divers types d'étoffes. Il aura fallu des années de développement pour fournir cet outil robuste qui offre la possibilité de recréer les interactions complexes qui vont affecter, par exemple, un morceau de soie tombant au sol, un drapeau flottant au gré du vent, ou les déformations subies par un blue-jean habillant un personnage. Un objet avec ce modificateur sera affecté par les autres objets de la scène, le vent et les champs de force. Les différents préréglages vous permettront d'établir aisément des tissus plus ou moins rigides.

La nappe

Nous allons commencer par un exemple très simple de l'usage des corps souples, qui va nous permettre d'appréhender les bases du système. Il va simplement s'agir d'appliquer une nappe sur un objet anguleux.

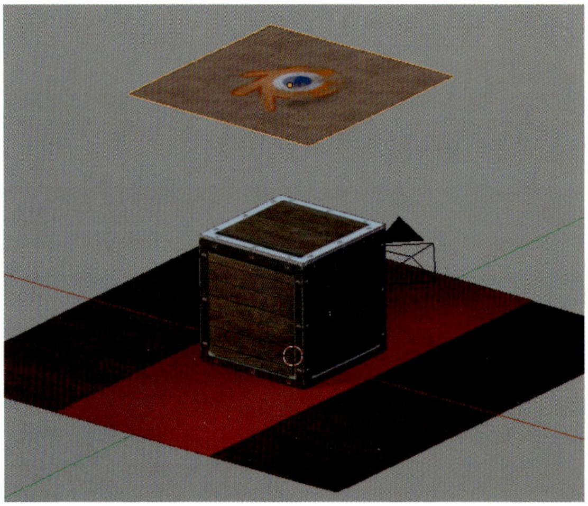

Figure 8–1
Notre scène texturée et prête à l'emploi

Ouvrez le fichier `exercice-ch08.01-depart.blend` des fichiers de travail. Par défaut, la scène est en mode de vue texturée afin de pouvoir avoir un aperçu du rendu final. Il y a deux objets : un carré de tissu pour le moment parfaitement statique et un décor formé d'un cube posé sur un sol. En mode *Edit*, vous pouvez noter que le carré de tissu est en fait une grille de 100 vertices.

Sélectionnez le carré de tissu avec le clic droit s'il ne l'est plus et rendez-vous dans le menu *Physics*. Cliquez sur le bouton *Cloth* pour lui attribuer le modificateur du même nom. Dans les options qui viennent d'apparaître, vous avez notamment la possibilité d'opter pour des types de tissus préétablis. Choisissons *Cotton* pour notre exemple.

Voici un bref aperçu des types de tissus préétablis, du plus rigide au plus souple :

- *Leather* (cuir). Très rigide dans sa structure, les plis restent très larges.
- *Denim*. C'est l'étoffe utilisée pour les jeans, moins rigide que le précédent, surtout dans les plis qui peuvent être plus fins.
- *Rubber* (gomme). Plus élastique même si les plis restent assez larges.
- *Cotton* (coton). Malléable et offrant des plis bien visibles. C'est la valeur par défaut du modificateur *Cloth*.
- *Silk* (soie). Très sensible à l'environnement, comme la friction de l'air, il offre des plis d'une grande finesse lorsque le maillage est suffisamment dense.

Les différents paramètres du simulateur de tissus :

- La valeur *Mass* permet de déterminer la résistance à la friction de l'air. Avec une valeur très basse, le tissu y sera sensible et semblera par exemple tomber plus lentement (attention, si la valeur *Air* est nulle, la valeur *Mass* n'aura pas d'influence). Avec des valeurs fortes, vous donnerez au tissu plus de force pour aller à l'encontre des frictions.
- La valeur *Structural* rend le tissu plus ou moins rigide. Avec des valeurs proches de zéro, il sera même élastique.
- La valeur *Bending* permet de définir la taille des plis. Des valeurs très basses seront appropriées pour des tissus comme la soie, tandis que des valeurs hautes pourront permettre de simuler des matières plus rigides.

Si nous lançons à présent l'animation avec la combinaison de touches *[Alt]+[A]*, vous vous apercevez que notre nappe tombe… mais passe à travers le décor. Pour remédier à cela, il va falloir rendre ce dernier détectable lors des collisions.

Sélectionnez l'objet `Decor` avec le bouton droit de la souris et rendez-vous à nouveau dans le menu *Physics*. Cliquez sur *Collision*. Tout comme

COMPRENDRE
Fonctionnement des tissus

Afin que la simulation puisse être convenable, il est important que le maillage utilisé soit suffisamment subdivisé. En effet, pour calculer les déformations et autres plis du tissu, Blender va prendre en compte la position des différents vertices constituant votre objet. Si votre maillage ne comporte pas assez de subdivisions, la simulation donnera un résultat à l'aspect très rigide et peu réaliste. Un maillage très dense sera satisfaisant mais peut se montrer très gourmand en ressources pour votre ordinateur.

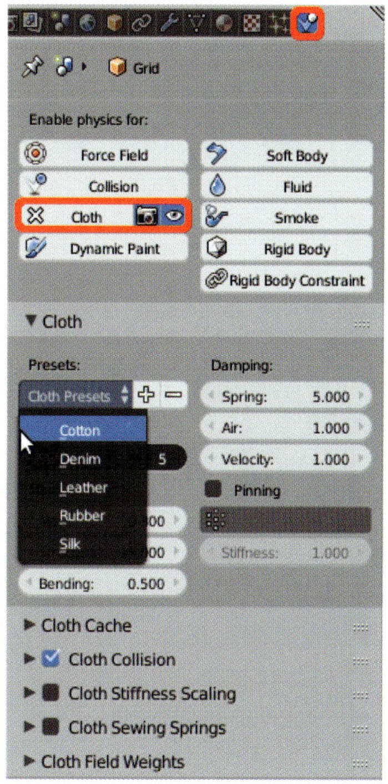

Figure 8–2
L'assignation du modificateur Cloth

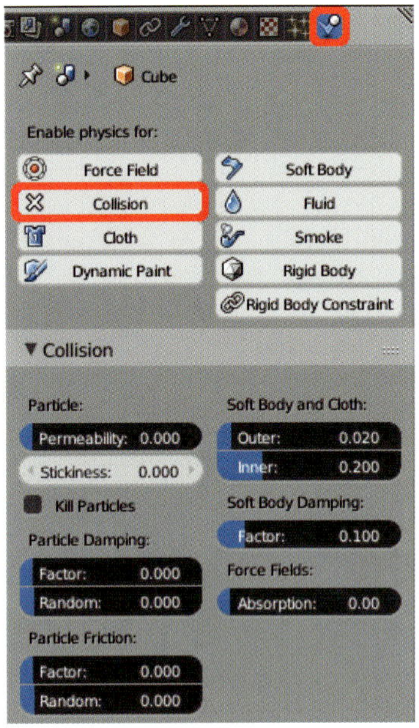

Figure 8–3
Le panneau Collision

pour les particules, notre objet peut dorénavant influencer les mouvements des tissus. Les paramètres par défaut étant tout à fait satisfaisants, nous les laisserons ainsi.

Maintenant, relancez une nouvelle fois l'animation en pressant *[Alt]+[A]*. Notre nappe détecte dorénavant la présence de l'autre objet lors de sa chute et se plie. Cependant l'ensemble peut encore sembler un peu grossier et approximatif.

Figure 8–4
Un premier résultat qui manque encore de finesse

Pour rendre le résultat plus réaliste, nous allons subdiviser notre maillage. Cela pourrait être fait en mode *Edit* mais, pour avoir plus de contrôle (et éventuellement annuler les subdivisions), nous allons utiliser un modificateur.

Figure 8–5 La pile des modificateurs de notre nappe contenant un Subdivision Surface puis un Cloth

Sélectionnez la nappe et allez dans le menu des modificateurs. Vous pouvez voir que la nappe a déjà un modificateur *Cloth* qui apparaît dans ce menu également. Nous allons ajouter un second modificateur en cliquant sur *Add Modifier*. Choisissez *Subdivision Surface* (également appelé *Subsurf*). Par défaut, la subdivision opérée est de type *Catmull-Clark* ce qui a pour conséquence d'arrondir les coins de notre nappe. Cliquez sur *Simple* pour une subdivision sans ce lissage et réglez le niveau de subdivisions sur 2.

Utilisez ensuite les flèches afin de faire monter le modificateur au-dessus du modificateur *Cloth*.

> **BON À SAVOIR L'ordre des modificateurs**
>
> L'agencement des modificateurs au sein de la pile est un facteur à bien prendre en compte. Blender va les interpréter les uns après les autres en partant du haut. Ainsi, si vous mettez le *Subdivision Surface* au-dessus du *Cloth*, votre maillage va être d'abord subdivisé et les déformations du *Cloth* s'appliqueront sur ce maillage subdivisé. Si l'ordre est inversé, le *Cloth* va s'appliquer sur un maillage qui ne sera pas assez subdivisé pour être vraiment réaliste et le résultat sera ensuite lissé par le modificateur *Subdivision Surface*.
> Dans le cadre d'une modélisation symétrique et lissée, comme un visage, il faudra ainsi veiller à avoir d'abord un modificateur *Mirror* pour obtenir un objet symétrique, puis un modificateur *Subdivision Surface* pour le lisser par subdivision.

Relancez une nouvelle fois l'animation avec la combinaison de touches [Alt]+[A]. Vous noterez certainement un léger ralentissement par rapport aux précédents essais. Cela est normal et dû au nombre de vertices beaucoup plus important dont Blender doit calculer les déplacements. Néanmoins, le résultat est beaucoup plus satisfaisant car dorénavant, la nappe épouse parfaitement les formes anguleuses du cube. Le résultat peut être trouvé dans le fichier `exercice-ch08.01-final.blend`.

Figure 8–6
Un résultat plus conforme à nos attentes

Fixer une partie de la nappe

Nous allons renforcer notre connaissance de la simulation des tissus en découvrant la fonction du bouton Pinning, et grâce au weight painting.

Qu'est-ce que le pinning ? *Pin* signifiant une épingle, lorsque vous spécifiez un pinning sur un groupe de points de contrôle prédéfinis, c'est comme si vous les clouiez sur place. Le pinning permet ainsi d'assurer en quelque sorte « la mémoire de forme » de l'objet. Grâce au système de weight painting, vous pouvez assigner des valeurs de pinning différentes pour les points de contrôle de l'objet.

Ouvrez le fichier `exercice-ch08.02-depart.blend` des fichiers de travail. Nous allons faire en sorte que la nappe soit tenue par deux mains invisibles, comme si quelqu'un était en train de l'étaler sur le cube. La première étape consiste à établir les régions de la nappe qui sont tenues par la nappe et qui ne bougeront donc pas. Il va donc falloir désigner les groupes de vertices qui ne seront pas affectés par la simulation de tissu.

Sélectionnez la nappe avec le bouton droit de la souris, puis basculez en mode *Weight Paint*, soit en passant par la liste des modes située en bas de la vue 3D, ou soit par le raccourci *[Ctrl]+[Tab]*.

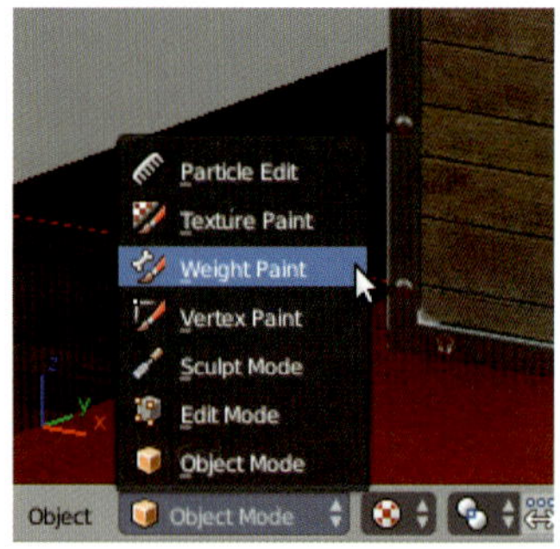

Figure 8–7 Choix du mode Weight Paint

La nappe apparaît maintenant d'une couleur bleue malgré le fait que le matériau défini pour la nappe ne soit pas du tout bleu. C'est parce que nous sommes entrés dans un menu spécial qui nous permettra de pondérer les zones à déformer : les couleurs froides (le bleu foncé étant à l'extrême) indiqueront les zones totalement libres d'être déformées ; à l'inverse, les couleurs chaudes (le rouge étant à l'extrême) indiqueront les zones qui ne se déformeront pas.

Pour travailler plus précisément, mettez-vous en vue de dessus (touche *[7]* du pavé numérique) et optez pour un type de vue en « fil de fer » (touche *[Z]*). Peignez les deux coins supérieurs de la nappe en rouge avec le bouton gauche de la souris. Dans notre cas, nous souhaitons que la nappe entière soit libre de bouger (bleu foncé, valeur *Weight* `0.000`) à l'exception des deux coins supérieurs (rouge, valeur *Weight* `1.000`) qui pourraient être tendus par des mains. Nous allons donc essayer de peindre notre nappe de façon à prendre en compte ces degrés de liberté.

Vous aurez noté, au passage, qu'en entrant dans le mode *Weight Paint*, le curseur de la souris a changé de forme pour représenter un cercle et qu'un nouveau panneau, nommé *Brush*, a fait son apparition sur la gauche de votre écran.

ASTUCE
Le mode Weight Paint

Le curseur *Weight* permet de déterminer la couleur (ou chaleur) de la zone sous le pinceau. *Weight* `0.000` correspond à la couleur la plus froide (le bleu foncé) et *Weight* `1.000` à la couleur la plus chaude (le rouge vif).
Le curseur *Radius* permet de régler le diamètre du pinceau.
Le curseur *Strength* définit l'opacité de la « peinture » appliquée. Une valeur de `0.000` ne change pas la couleur du rideau tandis qu'une valeur de `1.000` applique directement la couleur imposée par le curseur *Weight*. Toute valeur intermédiaire permet de superposer la portion de *Weight* déterminée par la valeur *Opacity* de l'objet, selon des règles prédéterminées (*Mix*, *Add*, *Subtract*, *Multiply*, *Blur*, *Lighten*, *Darken*).

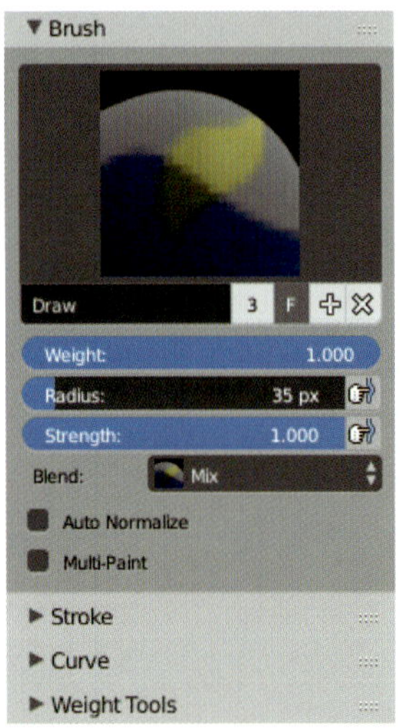

Figure 8–8 Le panneau Brush

Les valeurs *Weight* et *Strength* sont normalement déjà égales à `1.000`. Avec le bouton gauche de la souris, peignez en rouge vif deux des coins de la nappe. Le bouton *X-Mirror* situé dans les options sous le menu *Brush* permet de ne peindre qu'un seul angle, et de laisser Blender reproduire de façon symétrique les coups de pinceau. Éventuellement, le bouton *Wire* situé en bas de la vue 3D peut être activé pour visualiser le maillage en cours de peinture.

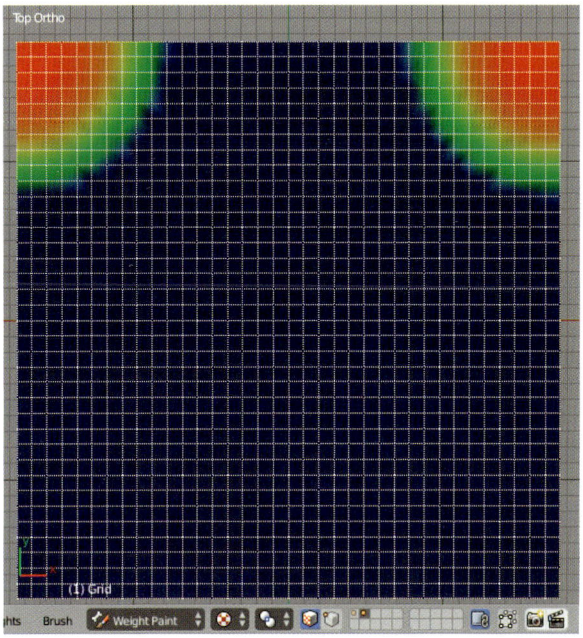

Figure 8–9 La nappe en mode Weight Paint

Vous pouvez repasser en mode *Object*. Le groupe de vertices qui va servir au pinning vient d'être créé. Si vous vous rendez dans le menu *Object Data*, vous pourrez vérifier la création de ce nouveau groupe. Par défaut, Blender le nomme `Group`. Nous allons laisser ce nom tel quel mais vous pouvez bien évidemment le modifier (ce qui est même recommandé lorsque vous avez plusieurs groupes, afin de les identifier plus aisément).

Avec la nappe toujours sélectionnée, rendez-vous dans le menu *Physics*. Dans le panneau *Cloth*, activez l'option *Pinning* et dans le champ situé en dessous, indiquez le groupe de sommets qui va gérer cette fonction : `Group`.

Lancez l'animation avec la combinaison *[Alt]+[A]* et observez la nappe tomber sauf aux endroits que nous venons de spécifier. Si le résultat vous semble un peu trop rigide, vous pouvez baisser la valeur *Stiffness* dans le panneau *Cloth*.

ASTUCE

Modifier le Weight par petites touches

Pour procéder progressivement (un peu comme si vous peigniez à l'aérographe), il vous suffit de fixer *Weight* à `0.000` (pour « refroidir » les couleurs) ou à `1.000` (pour les « réchauffer ») et de jouer sur la valeur *Strength*.

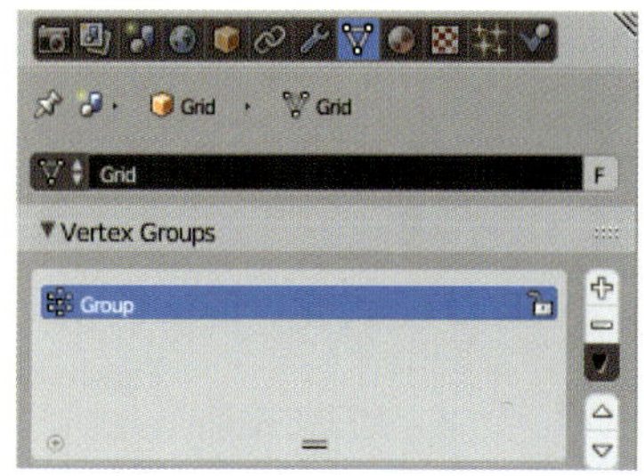

Figure 8–10
Le nouveau groupe de sommets créé

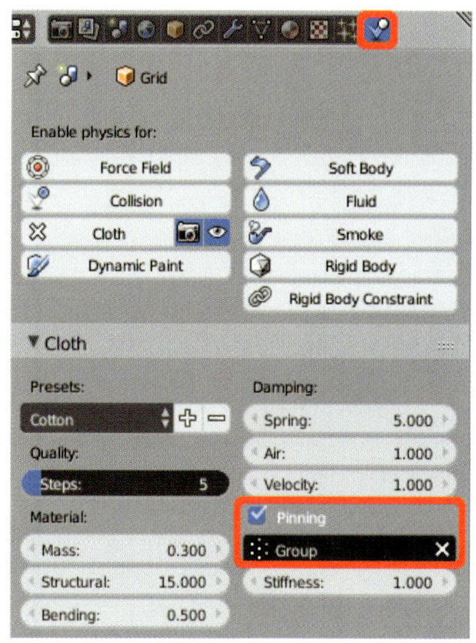

Figure 8–11
L'activation du Pinning dans le menu Physics

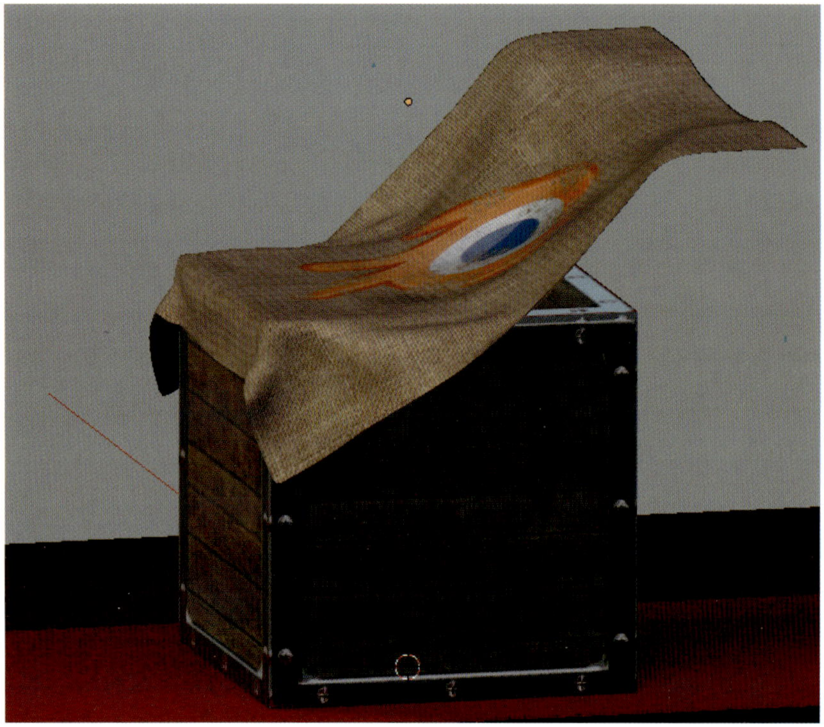

Figure 8–12
Notre nappe tenue en l'air par deux mains invisibles.

Les corps souples

COMPRENDRE
Théorie fondamentale des corps souples

Pour bien comprendre le fonctionnement d'un corps souple et, plus tard, mieux interpréter les paramètres permettant de régler la simulation, il suffit de remplacer, mentalement, chaque arête de votre maillage par un ressort et chaque point de contrôle par une petite masse de plomb. Ainsi, votre corps souple sera constitué d'une multitude de ressorts, chacun présentant la même rigidité. Il s'agit des paramètre *Bending* (rigidité de l'arête), dans l'onglet *Soft Body Edges*.

Les corps souples (*Soft Bodies*, en version originale) constituent un système permettant de simuler la déformation d'objets en réponse à des sollicitations « extérieures ». Par exemple, un objet en acier écrasant un autre en mousse, le vent déplaçant des rideaux, les cheveux d'un coureur, etc. Outre la définition géométrique du corps souple à son état « au repos », il nous faudra définir sa rigidité globale. Plutôt que de présenter la théorie des corps souples, nous allons traiter deux exemples complets qui nous permettront de saisir la logique de fonctionnement.

Le flan

Nous allons commencer par un exemple très simple de l'usage des corps souples, qui va nous permettre d'appréhender les limites du système. Il va simplement s'agir de faire tomber un flan dans une assiette.

Ouvrez le fichier `exercice-ch08.03-depart.blend` du répertoire `/exercices` des fichiers de travail.

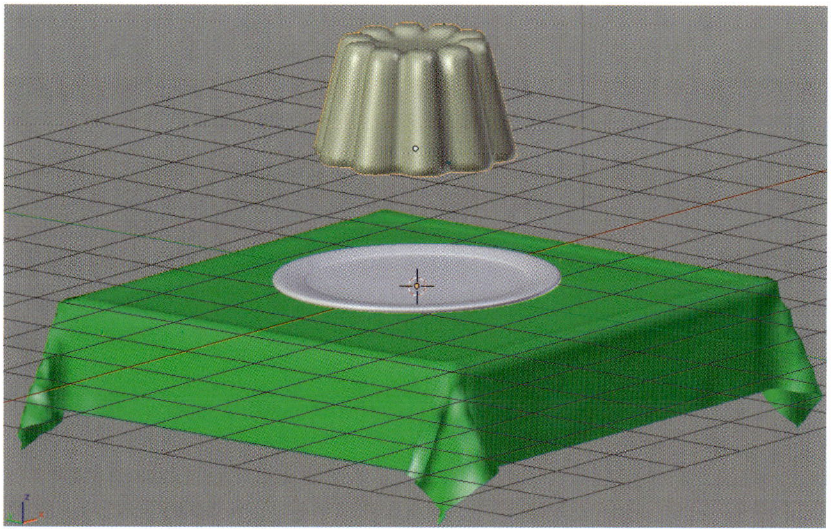

Figure 8–13
La scène de départ : prêts à passer à table ?

Normalement, le flan est présélectionné et l'on peut directement visualiser le menu *Physics*. Cliquez sur le bouton *Soft Body*.

L'onglet *Soft Body* est actualisé immédiatement pour présenter une collection de boutons qui peuvent paraître intimidants. Leurs fonctions sont toutefois assez simples à saisir et permettent de paramétrer les phénomènes externes au corps souple.

- *Friction* : il s'agit de la force des frottements (y compris celui de l'air) qui s'exercent sur le corps souple ; plus la valeur est grande et plus le corps souple sera soumis aux différentes forces qui s'exercent sur lui. Pour notre exemple, vous pouvez laisser la valeur par défaut égale à `0.500`.
- *Mass* : il s'agit de la masse du corps souple. Pour notre exemple, vous pouvez également le laisser à la valeur par défaut, égale à `1.000`.
- *Speed* : il s'agit d'un facteur de vitesse qui vous permet de corriger la vitesse de déformation du corps souple, si celle-ci n'est pas conforme à vos attentes. Pour démarrer, laissez la valeur initiale de `1.000`, et corrigez la valeur en fonction de vos besoins. Par exemple, `2.000` pour doubler la vitesse, ou `0.500` pour la diminuer de moitié.

Le panneau suivant, nommé *Soft Body Cache*, permet de gérer le cache de l'animation. Qu'est-ce que le cache ? Le cache est l'ensemble de données relatives à l'animation d'une simulation physique. En cliquant sur *Bake*, vous allez mettre en mémoire les données de l'animation à intervalles réguliers. Cela permet de rejouer l'animation sans que Blender ait à calculer à chaque fois les différentes interactions.

Le corps souple en tant que modificateur

Une fois créé, un effet de corps souple apparaît automatiquement dans la liste des modificateurs de l'objet : menu *Modifiers*.
À ce titre, il profite des mêmes options que les autres modificateurs, et peut être déplacé dans la pile des modificateurs, activé ou non dans les vues 3D, activé ou non au moment du rendu, ou appliqué de façon permanente et non plus comme un modificateur.

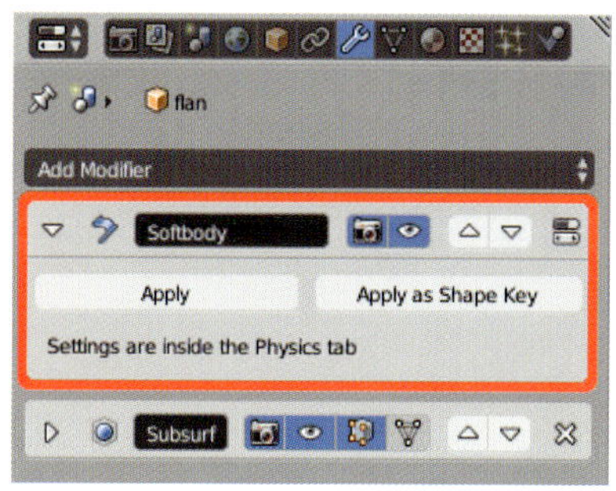

Figure 8–14
Le corps souple en tant que modificateur

Différents paramètres permettent de gérer la mise en cache.

- *Start* : définit à partir de quelle frame l'animation doit être calculée. Laissez la valeur par défaut égale à `1`.
- *End* : définit la dernière frame à calculer de l'animation. Nous voulons une animation un peu plus courte que celle proposée par défaut. Ainsi, entrez la valeur `200`.
- *Cache Step* : définit l'intervalle (en frames) entre chaque frame mis en cache. Il est par défaut sur `10`, ce qui signifie que Blender va mettre en cache les frames `1`, `11`, `21`, `31`, etc. Pour les frames intermédiaires, le résultat est donc interpolé, ce qui manque de précision. Vous avez tout intérêt à mettre cette valeur sur `1` pour avoir un résultat plus réaliste et précis.
- *Disk Cache* : permet d'enregistrer le cache sur votre disque dur. À utiliser pour libérer de la mémoire et pouvoir utiliser ultérieurement votre fichier `.blend` (y compris sur un autre ordinateur).

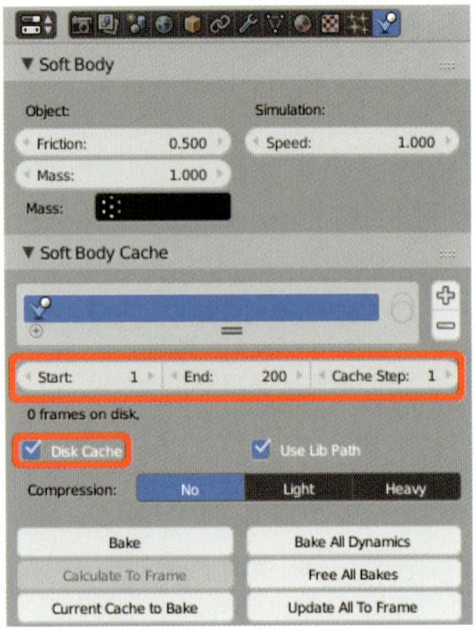

Figure 8–15 Les options du cache, étape nécessaire pour « fixer » l'animation

Si vous lancez maintenant l'animation avec la combinaison de touches *[Alt]+[A]*, vous pouvez vous apercevoir que le flan semble flotter dans les airs, oscillant de bas en haut. Ceci est dû à l'option *Soft Body Goal* qui est activée par défaut.

Figure 8–16 Désactivation du Soft Body Goal

Qu'est-ce le *goal* ? Un peu comme le pinning vu précédemment dans la simulation de tissu, l'option *Goal* permet de créer une force qui vise à maintenir les sommets de notre objet (ou un groupe de sommets définis) en position. Pour notre exemple, nous allons décocher cette option.

Sélectionnez l'assiette et dans le menu *Physics*, cliquez sur *Collision* en laissant les paramètres par défaut. Cela va permettre au flan de détecter cet obstacle lors de sa chute. Vous pouvez relancer l'animation avec la combinaison de touches *[Alt]+[A]*. À présent, moyennant un certain temps de calcul, le flan tombe bien mais vient lamentablement s'écraser dans l'assiette !

Figure 8–17 Le flan manque encore de fermeté.

Pour remédier à ce problème, rendez-vous dans le panneau *Soft Body Edges*. Ce panneau est celui qui permet de gérer l'essentiel du comportement du corps souple.

- *Soft Body Edges* : en activant cette option, chaque arête du maillage est considérée comme un ressort, dont la rigidité est déterminée ci-après. Dans notre cas, prenons garde à laisser ce bouton actif. Si nous le désactivons, en cours de simulation, les arêtes pourront s'allonger à l'infini.
- *Pull* et *Push* : ces deux paramètres permettent de spécifier la raideur des ressorts aux arêtes, lorsque leur longueur est respectivement plus grande (*Pull*, force de rappel) ou plus courte (*Push*, force de poussée) que celle au repos. En d'autres termes, il s'agit d'une indication de l'effort fourni par le ressort de l'arête pour ramener celle-ci à sa longueur initiale. Des valeurs élevées induisent des systèmes très rigides et très dynamiques. Pour éviter que notre flan ne s'étire trop, essayez une valeur *Pull* `0.850`. Par contre, afin qu'il soit davantage soumis à la force de compression, entrez une valeur *Push* `0.300`. Des valeurs extrêmes induiront un comportement plutôt irréaliste avec des force de rappel ou de poussée chaotiques.
- *Stiff Quads* : activez ce bouton si vous constatez que le corps souple s'écrase trop sur lui-même. L'effet produit aidera à maintenir la cohésion de sa forme.
- *Bending* : permet de déterminer l'amortissement des ressorts. Plus la valeur est faible, plus les arêtes oscilleront au cours de la simulation. Au contraire, plus la valeur sera élevée, moins la longueur des arêtes oscillera. Dans notre exercice, une valeur de `8.000` sera satisfaisante.
- *Plastic* : permet d'infliger des déformations permanentes lors de la simulation. Utile, par exemple, pour une boîte en carton qui tomberait au sol et subirait des dégâts. Dans notre exemple, nous laisserons ce paramètre à une valeur nulle.

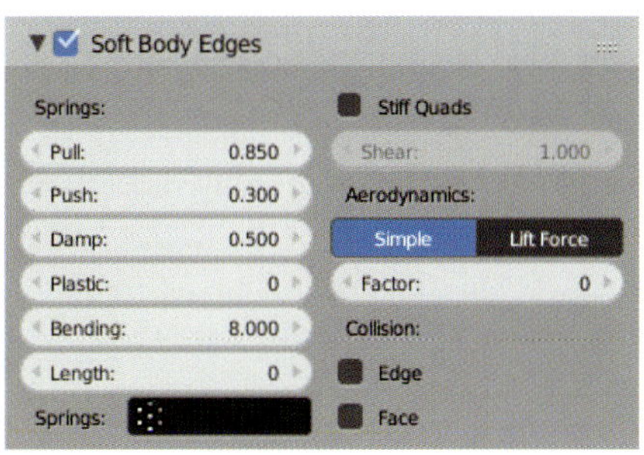

Figure 8–18
Le panneau Soft Body Edges de notre flan

Le lancement de la simulation se fait grâce au bouton *Bake* de l'onglet *Collision* ou lorsque vous utilisez la combinaison de touches *[Alt]+[A]*. Il ne nous reste plus qu'à appuyer sur ce bouton *Bake*

ASTUCE
Gestion de l'autocollision

Les boutons *Collision Edge* et *Collision Face* permettent de vérifier, à chaque moment de la simulation, si les arêtes et les facettes (respectivement) entrent en collision. Si ces options sont idéales pour la simulation de tissus ou de corps souples grâce à une meilleure gestion des plis et des collisions, elles sont malheureusement plus intensives en temps de calcul et tendent à induire un « frissonnement » quasi permanent – même en l'absence de mouvements – qui ne peut être contré, pour *Collision Edge,* que par le paramètre *Damp*.

COMPRENDRE
Simulation précalculée

Dans Blender, on ne parle pas de créer la simulation, mais de la calculer et de l'intégrer en tant qu'élément précalculé de l'animation. Cela se fait au travers du bouton *Bake*. Lorsque l'animation sera jouée, le corps souple se déformera toujours de la même façon, même si des éléments auront été retirés ou ajoutés. Il faudra alors cliquer sur le bouton *Free Bake* pour rejeter la simulation précédemment précalculée, et en relancer une nouvelle, toujours grâce au bouton *Bake*.

et à observer le flan tomber dans l'assiette ! Appuyez sur le bouton *Free Bake* pour rejeter une solution qui ne serait pas satisfaisante afin de pouvoir paramétrer plus précisément votre corps souple.

Vous retrouverez, pour étude, le résultat de cette première partie de l'exemple dans le fichier `exercice-ch08.03-final.blend`.

MÉTHODE

Les simulateurs de tissu et corps souple : des outils de modélisation ?

Nous vous avons déjà fait remarquer que les corps souples ou les tissus apparaissent dans la liste des modificateurs sous le nom de *Softbody* ou *Cloth*. Si vous cliquez sur le bouton *Apply*, la déformation est appliquée au maillage de façon permanente. Il ne peut, dès lors, plus être animé comme un corps souple, mais a sa géométrie figée, comme si vous l'aviez modélisé en l'état. La nappe située sous l'assiette a été ainsi modélisée par application d'un modificateur *Cloth*, comme vu dans l'exercice précédent.

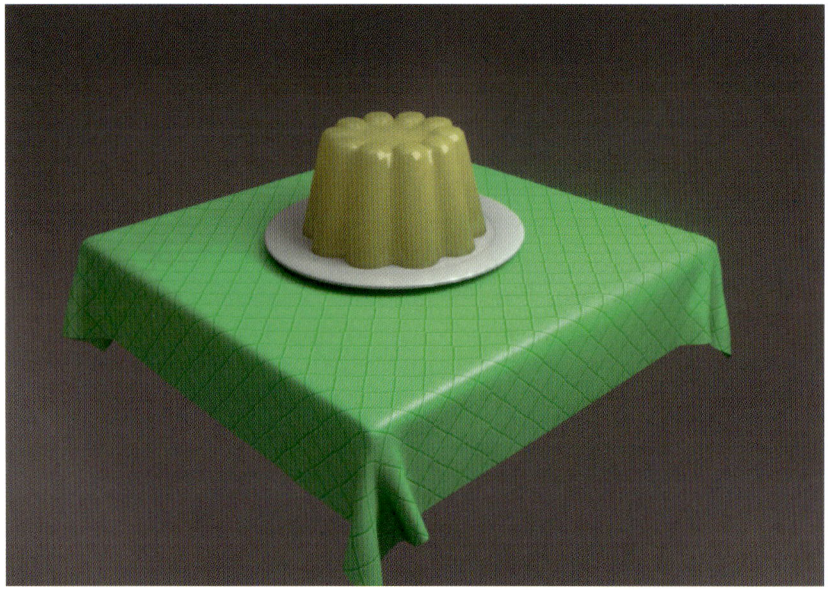

Figure 8–19
Après quelques remous, le flan est prêt à être dégusté !

La balle en mousse

L'animation physique est un domaine où l'on n'attend pas forcément le simulateur de corps souples. Pourtant, grâce à la gravité et aux obstacles, il est facile d'organiser une animation mettant en jeu une balle qui tombe sur un plan incliné, puis frappe un obstacle avant de rouler au sol. C'est ce type d'animation que nous allons maintenant, très simplement, mettre en œuvre. Pour renforcer le lien avec le sujet des corps souples, la balle sera en mousse et se déformera à chaque impact.

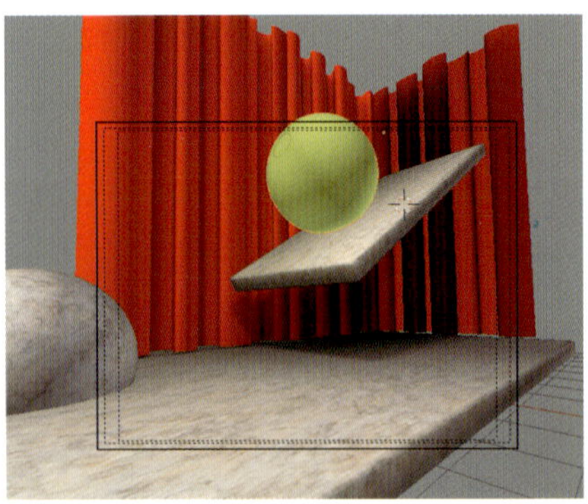

Figure 8–20 Le parcours du combattant pour une balle en mousse

Ouvrez le fichier `exercice-ch08.04-depart.blend` du répertoire `/exercices` des fichiers de travail. Outre la caméra et la lampe, vous pouvez constater que la scène est composée de deux objets principaux : la balle en mousse jaune et le décor dont tous les composants ont été fusionnés en un seul objet.

Sélectionnez le décor ; dans le menu *Physics*, activez le bouton *Collision*, mais ne touchez à aucun autre paramètre. Vous l'aurez compris, si les différents obstacles de notre scène, comme le sol ou le plan incliné, étaient des objets distincts, il vous faudrait répéter cette opération pour chaque objet.

Bon à savoir **Résistance des matériaux**

Lorsqu'ils sont fortement étirés ou comprimés, les matériaux sont généralement dégradés et subissent des déformations permanentes dites « plastiques ». De même, certains matériaux sont plus résistants à certaines sollicitations que d'autres : par exemple, plier une barre en fer pleine sera plus difficile que de plier un tube creux de mêmes dimensions. Les amateurs de simulations mécaniques apprécieront les paramètres suivants qui facilitent la simulation de caractéristiques mécaniques précises.

- *Plastic* : définit le taux de déformation permanente.
- *Bending* : décrit la rigidité en flexion du corps souple.
- *Shear* : décrit la résistance au cisaillement du corps souple.

Sélectionnez maintenant la balle en mousse. Dans le menu *Physics*, activez le bouton *Soft Body* et réglez ses propriétés comme suit :

- *Friction* : `0.000`, en raison de la dureté des surfaces et en considérant la friction de l'air comme négligeable pour la simulation, on peut considérer qu'aucun frottement ne viendra perturber les mouvements de la balle.
- *Speed* : à vous de voir lors de vos simulations, mais une valeur de `2.000` semble donner le dynamisme souhaité pour ce genre de simulation.
- *Soft Body Goal* : cette propriété est bien évidemment désactivée.
- *Stiff Quads* : propriétés activées, pour que la géométrie de la balle communique toute sa rigidité à la simulation.
- *Pull* et *Push* : `0.65`, afin d'avoir un matériau relativement élastique répondant rapidement aux sollicitations externes (écrasement…).
- *Damp* : `0.05` pour avoir un minimum de dissipation d'énergie au cœur de la balle de mousse ; toute valeur faible peut également faire l'affaire.
- *Bending* : `6.000`, pour que la balle ait une certaine rigidité et ne s'effondre pas sur elle-même comme un ballon de baudruche dégonflé.
- *Shear* : `0.65`, car la mousse n'offre pas une grande résistance mécanique au cisaillement.

Il ne nous reste maintenant plus qu'à configurer l'animation et lancer le calcul de la simulation. Pour cela, affichez l'onglet *Soft Body Cache*. Après quelques tâtonnements, vous trouverez qu'un calcul entre la frame `1` (*Start*) et la frame `60` (*End*) sera amplement suffisant (avec un *Speed* égal à `2.000`). Pour un calcul de simulation précis, c'est-à-dire à chaque frame, indiquez une valeur de 1 frame dans le champ *Cache Step*. Cliquez alors sur le bouton *Bake* et observez après le calcul de la simulation l'évolution de la balle et de ses déformations. Comme d'habitude, vous pourrez directement passer aux conclusions et ouvrir le fichier `exercice-ch08.04-final.blend`.

Astuce
L'option Stiff Quads

Parfois, un objet a tendance à s'écraser trop facilement, en particulier sous l'effet de la gravité. L'usage de l'option *Stiff Quads* permet d'ajouter des ressorts supplémentaires virtuels sur la diagonale des faces quadrangulaires des maillages et donc de les aider à conserver cette forme.

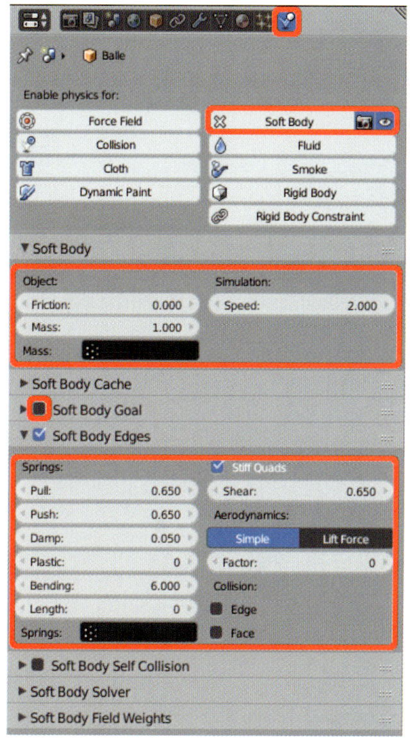

Figure 8–21 Les paramètres de corps souple de la balle en mousse

Bon à savoir
Pourquoi utiliser l'option Bake ?

Vous pouvez très bien vous en passer, mais une simulation qui l'a utilisée pourra être rejouée beaucoup plus rapidement, étant donné qu'elle n'est plus calculée en temps réel. De plus, si vous effectuez le rendu de votre animation avec l'option *Motion Blur* (ou *Vector Blur*) active, le résultat sera conforme à vos attentes, ce qui ne sera pas le cas autrement.

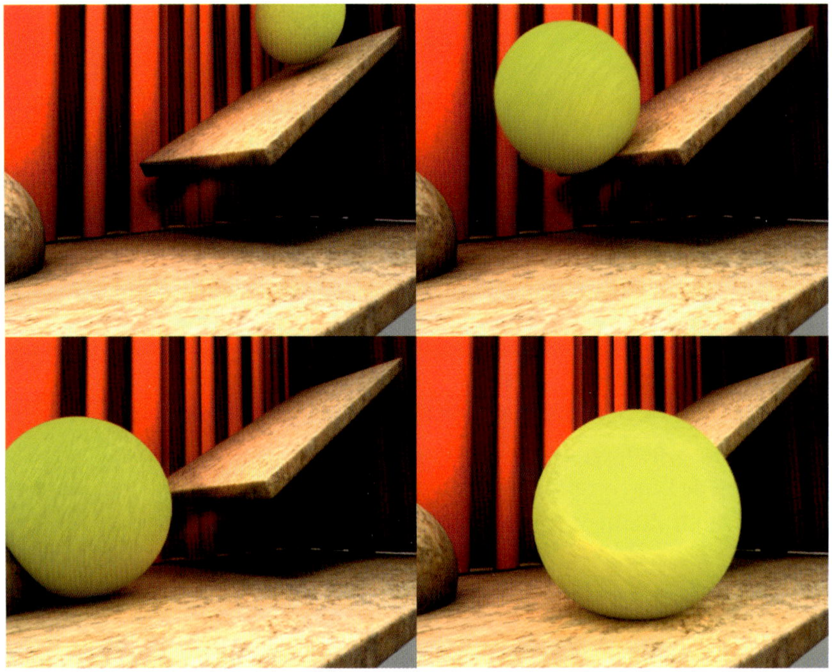

Figure 8–22
La balle chute seule, se déforme à l'impact et rebondit grâce au système de simulation des corps souples.

Les corps rigides

Le système d'animation des corps rigides s'appuie sur la physique pour déterminer la trajectoire des objets plutôt que sur des F-Curves artificiellement imposées par l'utilisateur. C'est donc un système d'animation très réaliste, mais en même temps, un peu imprévisible. Jusqu'à la version 2.65 de Blender, son usage n'était malheureusement prévu que dans le cadre du moteur de jeu temps réel embarqué. Toutefois, on pouvait enregistrer, sous forme de F-Curves, les déplacement et rotations des objets impliqués dans la simulation de corps rigides du moteur de jeu, et donc recycler ensuite cette simulation de façon classique dans Blender. Nous étudierons cette démarche un peu curieuse dans la dernière partie de ce chapitre, lors de l'étude de l'outil *Cell Fracture*. Mais pour l'heure, nous allons profiter de la récente intégration de simulation des corps rigides dans Blender.

Ouvrez le fichier `exercice-ch08.05-depart.blend` du répertoire `/exercices` des fichiers de travail. La scène vous est certainement familière, puisqu'elle est dérivée de celle illustrant le système de corps souples. Pour cette scène, une balle va tomber sur un plan incliné avant de

MÉTHODE Choisir entre corps souples et corps rigides

Ces deux systèmes d'animation peuvent tenir compte de la masse, de la gravité et des collisions avec l'environnement pour déterminer les mouvements des objets concernés. Toutefois, chacun présente des spécificités qui le réserveront à un usage plutôt qu'à un autre.

Le système de corps souples tient bien évidemment compte de la déformation des objets impliqués. La géométrie de chaque corps souple étant réévaluée à chaque instant, les calculs sont relativement lourds et longs. Il est possible de faire interagir plusieurs corps souples entre eux, mais au prix de temps de calcul d'autant plus longs. En revanche, les corps souples ne sont pas pris en compte dans les simulations fluides.

Pour sa part, le système de corps rigides ne tient pas (par définition) compte de la déformation des objets. Il excelle en revanche dans l'animation de nombreux corps rigides, lâchés en même temps dans une simulation. Le calcul de l'animation est relativement rapide pour peu que le nombre de facettes ne soit pas trop important. L'avantage est que les simulations fluides sont capables de tenir compte du résultat d'une simulation de corps rigides, mais *a posteriori* (pas en temps réel).

Enfin, les animations suivant ces trois systèmes de simulation (corps souples, corps rigides, fluides) ne sont malheureusement pas calculées lors de la même passe, mais individuellement, chacun avec son propre système de simulation. Si elles sont limitées par leur nature, les interactions sont toutefois possibles, avec un peu d'inventivité.

Figure 8–23
Un terrain d'expérimentations assez similaire au précédent

percuter des dominos qui tomberont en cascade. La balle est sélectionnée.

Rendez-vous dans le menu *Physics* et cliquez sur *Rigid Body*. De nouveaux onglets apparaissent, permettant de paramétrer le corps rigide. Nous ne chercherons pas à produire une animation très sophistiquée, et nous laisserons donc la plupart des paramètres à leur valeur par défaut.

LE SAVIEZ-VOUS ?
Bullet

C'est actuellement le seul système de simulation physique développé pour le moteur de jeu de Blender. Les versions antérieures à la 2.5 intégraient deux systèmes : *Bullet* et *Sumo*. Le système le plus ancien était Sumo et intégrait parfaitement toutes les briques logiques nécessaires à la création d'un jeu. Du point de vue de la détection de collision, la frontière de type *Sphere* était la seule à fonctionner admirablement, ce qui limitait son utilisation pour des animations réalistes.

Le système *Bullet* est resté en cours de développement. Ayant désormais intégré un nombre non négligeable des spécificités de *Sumo*, il est devenu très complet au niveau des briques logiques et offre une détection de collision supérieure avec les autres types de frontières. Les efforts de développement récents ont permis d'intégrer pleinement *Bullet* à Blender afin d'éviter de passer par le moteur de jeu, permettant dorénavant la simulation de corps rigides de la même manière que les autres simulations.

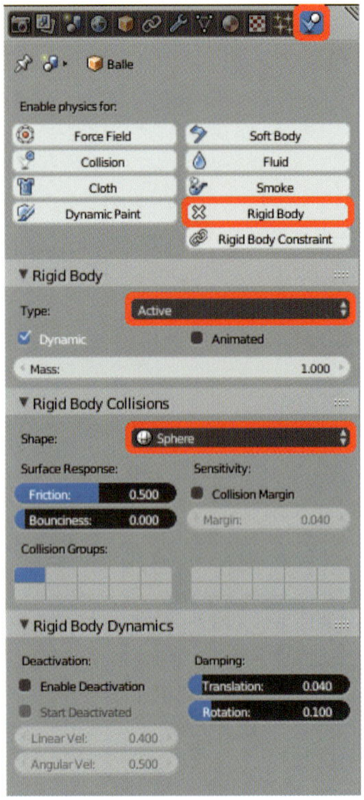

Figure 8–24
Les paramètres de la balle

Dans le premier onglet *Rigid Body*, vérifiez que type sélectionné est bien *Active* car notre balle sera un objet actif au sein de la scène. Dans le second onglet, l'un des paramètres les plus importants est la forme (*Shape*) de l'enveloppe de détection des collisions. Par défaut, il est sur *Mesh* qui peut marcher dans le cas présent, mais il serait plus logique d'utiliser *Sphere*.

La forme de l'enveloppe des collisions (*Collision Shape*) est un aspect fondamental dans la simulation de corps rigides. Elle représente la zone inviolable d'un objet. Une collision est décrétée lorsqu'un quelconque objet de la scène cherche à pénétrer cette limite. Le système propose plusieurs types de primitives : *Box*, *Sphere*, *Cylinder*, *Cone,* qui sont des formes plutôt basiques. Les formes plus complexes *Convex Hull* et *Mesh* permettent d'englober des objets avec une géométrie plus complexe : *Convex Hull* créera une enveloppe que l'on pourrait comparer à un chiffon que l'on enroulerait autour d'un objet (permettant ainsi de préserver la forme générale lors des collisions), alors que *Mesh* prend précisément en compte la géométrie de l'objet. Ces deux dernières formes requièrent évidement un peu plus de calculs.

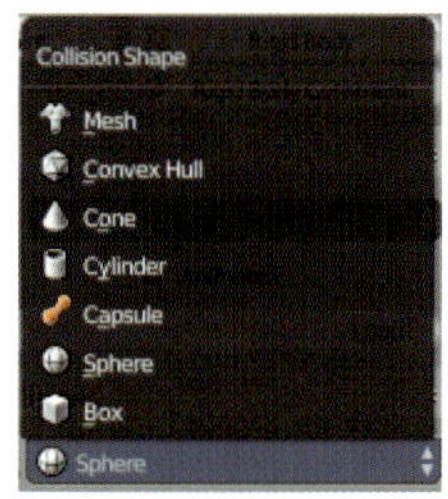

Figure 8–25
Les différentes formes d'enveloppes de collisions

Sélectionnez à présent le plan incliné avec le bouton droit de la souris. Nous allons l'inclure à la simulation de corps rigides mais en tant qu'objet passif. Nous pourrions procéder comme nous l'avons fait pour la balle, en passant par le menu *Physics*, mais une autre solution existe. Dans la vue 3D, rendez-vous en bas de l'étagère à outils *[T]* où se trouve l'onglet *Rigid Body Tools*. Cliquez sur *Add Passive* pour rendre notre plan incliné acteur passif de la simulation. Cliquez ensuite sur *Change Shape* et indiquez *Box* comme enveloppe de détection des collisions. Avouez que c'est plutôt rapide !

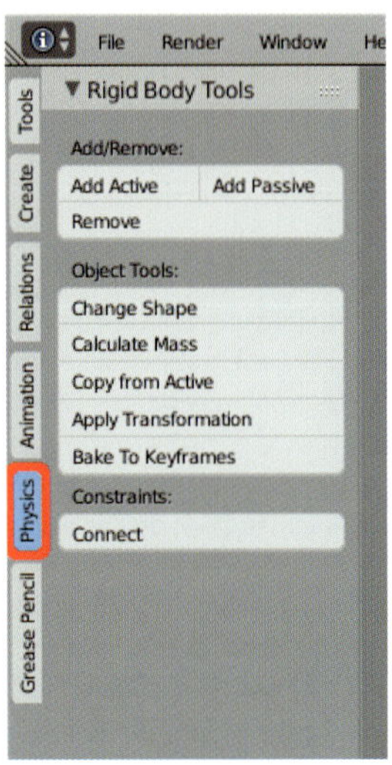

Figure 8–26
L'onglet Rigid Body Tools de l'étagère à outils

Sélectionnez à présent le sol avec le bouton droit de la souris et cliquez une nouvelle fois sur *Add Passive* dans l'onglet *Rigid Body Tools*. Pas besoin de changer la forme de l'enveloppe, *Mesh* convenant bien pour un plan.

Enfin, il nous reste à paramétrer les dominos… ou plutôt un seul dont nous copierons les attributs sur les autres ! Sélectionnez un des dominos, par exemple celui le plus à droite, cliquez sur *Add Active* pour le désigner comme acteur mobile dans la simulation, puis cliquez sur *Change Shape* et choisissez *Box*. Ces paramètres seront suffisants.

Maintenant, sélectionnez un autre domino avec le bouton droit de la souris, puis ajoutez à la sélection les deux autres dominos qui n'ont pas encore été paramétrés avec la combinaison *[Maj]+[bouton droit]*, puis enfin le domino que vous avez déjà paramétré : les quatre dominos doivent être sélectionnés et celui déjà paramétré doit être sélectionné en dernier. Cliquez sur *Copy From Active* dans l'onglet *Rigid Body Tools* et tous les dominos se retrouvent avec les mêmes attributs que le premier, ce que vous pouvez vérifiez en vous rendant dans le panneau *Physics*.

Il ne vous reste plus qu'à lancer l'animation avec la combinaison de touches *[Alt]+[A]*. Si le test vous paraît concluant vous pouvez « fixer » l'animation en utilisant le bouton *Bake*. Tout d'abord, assurez-vous à l'aide de la touche *[A]* que tous les objets de l'animation sont sélectionnés et cliquez sur *Bake To Keyframes*. Entrez les frame*s* de départ et de fin de l'animation à calculer (*Start Frame / End Frame*) et laissez un intervalle de calcul d'une frame (*Frame Step*) afin que Blender calcule fidèlement l'animation à chaque frame. Vous pouvez consulter le résultat final de cet exercice en ouvrant le fichier `exercice-ch08.05-final.blend`

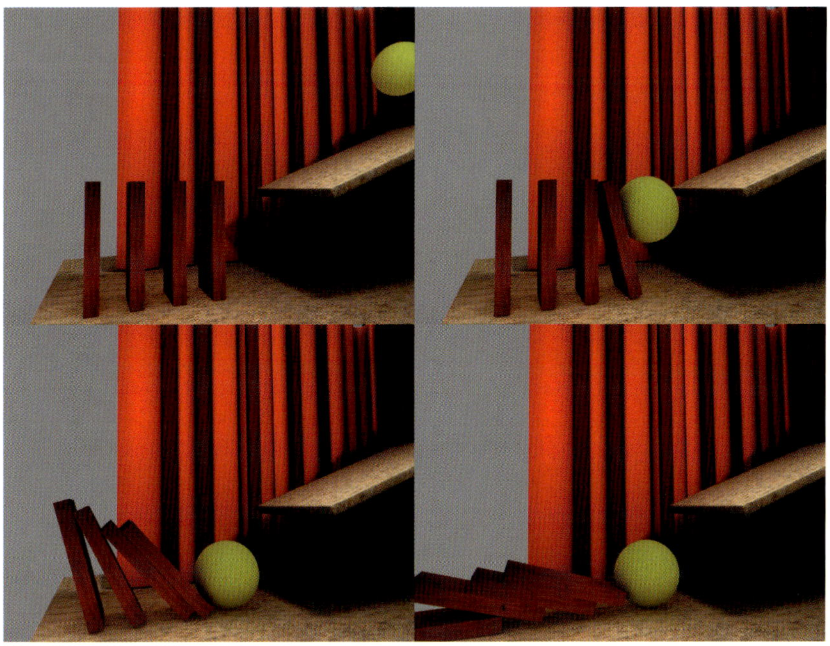

Figure 8–27 Quelques images de l'animation de corps rigides résultante

OUPS !

Mauvaise détection des collisions

Vos objets entrant en collision peuvent réagir de façon très brusque et totalement inattendue. Si vous rencontrez ce problème, sélectionnez un à un les objets devant entrer en collision, et utilisez la combinaison de touches *[Alt]+[R]* pour réinitialiser leur rotation (*Clear Rotation*). Utilisez ensuite la combinaison de touches *[Ctrl]+[A]* pour appliquer les échelles et les rotations, (*Apply Scale and Rotation*), puis repositionnez les objets à la main. Ils sont enfin prêts à être animés !

MÉTHODE

Animation trop longue à jouer !

Cela peut arriver très rapidement si vous utilisez des modèles présentant un trop gros nombre de points de contrôle. Pour jouer l'animation (combinaison *[Alt]+[A]*) le plus vite possible :

- Préférez le mode fil de fer au mode ombré ;
- Mettez les objets de la scène n'intervenant pas dans l'animation (en particulier, ceux n'entrant jamais en collision avec les objets animés) sur un calque différent, que vous n'affichez pas ;
- Choisissez la forme de la frontière *Collision Shape* pour qu'elle corresponde au mieux à celle de l'objet animé, tout en étant la plus simple possible ;
- Si vous avez, par exemple, besoin de contrôler la qualité des collisions, vérifiez votre animation en vue de caméra en mode ombré en appuyant sur la combinaison de touches *[Alt]+[Z]*.

> Approfondir **Les Rigid Body Tools**
>
> Cet onglet permet de paramétrer rapidement des objets dans une simulation de corps rigides. Il reprend les éléments essentiels du menu *Physics*.
>
> - *Add Active* et *Add Passive* permettent de désigner l'objet sélectionné comme acteur mobile ou fixe de la simulation.
> - *Remove* enlève l'objet sélectionné de la simulation de corps rigides.
> - *Change Shape* permet de sélectionner la forme de l'enveloppe des collisions.
> - *Calculate Mass* permet d'établir automatiquement la masse en fonction de sa matière. Des dizaines de préréglages sont disponibles !
> - *Copy From Active* permet de copier les attributs d'un corps rigide sur les autres objets sélectionnés.
> - *Bake To Keyframes* permet de calculer l'animation et de créer les courbes d'animation adéquates. Si vous voulez recalculer un nouveau résultat, il vous faudra effacer ces courbes dans l'éditeur de graphes ou le *DopeSheet*.
> - *Connect* permet de créer une contrainte entre les corps rigides sélectionnés. Cette contrainte reste ensuite à définir dans l'onglet qui apparaît en dessous ou dans le menu *Physics*.

La simulation de fluides

Un autre domaine d'animation pour lequel Blender est doté d'un système de simulation avancé est celui des fluides. Son usage n'est guère plus compliqué que les autres, mais fait appel à des notions sensiblement différentes, en particulier celle de « domaine ».

Du point de vue du simulateur, trois types d'objets sont pris en considération :

- le domaine de calcul ;
- les obstacles ;
- les objets fluides.

Le domaine de calcul permet de circonscrire une zone physique pour laquelle les calculs seront effectués. C'est par ailleurs dans les paramètres du domaine que seront définies les propriétés des fluides simulés : la résolution du fluide, sa viscosité, et la durée de la simulation.

Les obstacles sont des objets situés dans le domaine. Le système détectera les éventuelles collisions entre les fluides en mouvement et les obstacles, de sorte que les fluides pourront les contourner ou ruisseler sur eux.

Les objets fluides peuvent être de nature plus variée, et correspondre à des volumes de liquide existants, à une source de liquide, ou enfin à une évacuation de liquide.

Figure 8–28
Image réalisée par l'artiste Gabich (http://gabich.wordpress.com) et utilisant le système de fluide de Blender

Les principaux objets fluides : Fluid, Inflow, Outflow

- *Fluid* correspond à un volume de liquide existant au démarrage de la simulation ; il peut s'agir d'une flaque, d'une simple goutte ou d'un volume quelconque de liquide.
- *Inflow* est une « source » entrante de fluide (entrante dans le sens de prise en compte dans la simulation) ; l'objet qui fait office d'*Inflow* est généralement placé dans un robinet, à la naissance d'une cascade, ou autre. Son débit est régulier et continu, depuis le début de la simulation jusqu'à sa fin.
- *Outflow* est une « source » sortante de fluide (sortante dans le sens où le fluide traversant cet objet disparaîtra purement et simplement de la simulation) ; il s'agit généralement d'un siphon d'évier, d'un égout ou de tout autre type de canalisation d'évacuation. Utilisé en conjonction avec un *Inflow*, l'*Outflow* garantit qu'il n'y ait pas d'inondation indésirable lors de votre animation.

Nous aborderons ces systèmes de simulation grâce à deux exemples simples.

Exemple 1 : chute d'une goutte d'eau

Dans cet exemple, nous allons tout simplement travailler sur la base d'un faible volume de liquide chutant dans un plus gros volume de fluide. Cela va nous permettre de nous familiariser avec les options les plus courantes du simulateur de fluide.

Ouvrez le fichier `exercice-ch08.06-depart.blend`. Ce fichier ne propose qu'une vue unique, depuis la caméra et en mode fil de fer. Nous avons mis en place, à votre disposition, une icosphère (*Object* `Goutte`) qui sera notre « goutte » d'eau en chute libre ; une boîte (*Object* `Flaque`) qui représente le volume d'eau déjà existant au démarrage de la simulation ; une boîte (*Object* Domaine) de plus grande dimension et englobant les autres objets, qui servira de domaine de calcul et donnera au liquide ses propriétés.

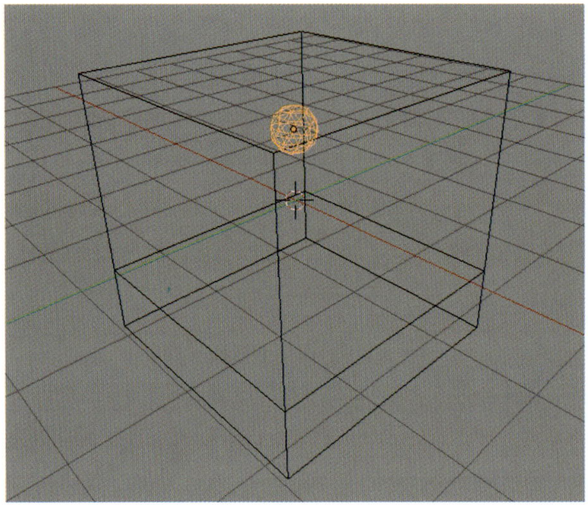

Figure 8–29
Notre scène avant lancement de la simulation

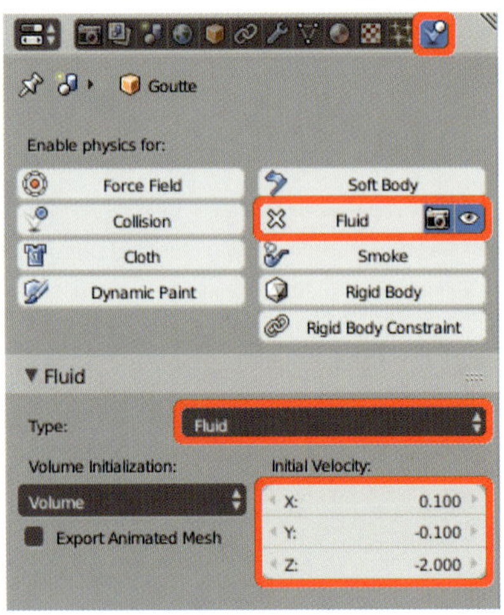

Figure 8–30
Les paramètres de la goutte

Normalement, la goutte est sélectionnée (si ce n'est pas le cas, un clic avec le bouton droit de la souris sur la goutte devrait y remédier). Allez dans le menu *Physics* cliquez sur le bouton *Fluid*. De nouveaux boutons apparaissent, vous demandant le rôle que devra jouer l'objet dans la simulation : choisissez *Fluid*, car nous souhaitons considérer cette objet comme une goutte, soit un volume défini d'eau. De nouveaux boutons numériques apparaissent pour vous permettre de régler la vélocité de l'objet au début de l'animation ; nous pourrions souhaiter que la goutte tombe verticalement, mais nous allons lui donner une légère vitesse en diagonale, pour simuler une grosse goutte de pluie tombant dans une flaque : *X* 0.10, *Y* -0.10, et *Z* -2.00.

Sélectionnez (bouton droit de la souris) la future flaque (la plus petite boîte) et, comme précédemment, cliquez sur le bouton *Fluid* pour l'inclure dans la simulation. Choisissez également *Fluid*, comme type d'objet, mais ne lui donnez aucune vélocité initiale : *X* 0.00, *Y* 0.00, et *Z* 0.00.

Sélectionnez maintenant le domaine de calcul (la plus grande boîte) et cliquez sur *Fluid* pour l'inclure dans la simulation. Cette fois, en revanche, choisissez *Domain* comme type d'objet. Nous allons conserver la résolution par défaut : *Resolution* 65. Blender nous informe que la simulation, avec cette résolution, va nécessiter environ 27 Mo de mémoire, ce qui devrait être largement accessible à n'importe quel ordinateur moderne.

Particules fluides

Le moteur de simulation fluide génère des particules fluides en même temps que le maillage du liquide en lui-même, ce qui permet de simuler assez facilement de l'écume ou de petites éclaboussures. La procédure est atypique mais simple.

- Pour l'objet *Domain*, déterminez le nombre de traceurs (des particules qui vont suivre le flux du liquide) grâce au paramètre *Tracer Particles*. Plus cette valeur sera élevée, plus un grand nombre de particules feront leur apparition.
- Créez ensuite un objet quelconque, donnez-lui un matériau approprié à l'effet recherché, puis activez (*Fluid*) les particules pour cet objet dans le menu *Physics*. Vous ne chercherez pas à paramétrer ces particules, car le simulateur le fera à votre place et leur attribuera le matériau déterminé.
- Intégrez cet objet à la simulation fluide et sélectionnez *Particle* comme type de fluide (*Size Influence* et *Alpha Influence* à `1.000`) ; sélectionnez le répertoire dans lequel seront stockées les particules fluides (de préférence le même que celui dans lequel sera stocké le résultat de la simulation).
- Il ne vous reste plus qu'à appuyer sur le bouton *BAKE*.
- Le simulateur de fluide s'occupe alors de tout le reste, de sorte que vous n'avez pas à vous soucier ni de l'objet ni des particules émises.

Les particules peuvent être des traceurs (*Tracer*), mais aussi des gouttelettes (*Drops*) ou de l'écume (*Floats*).

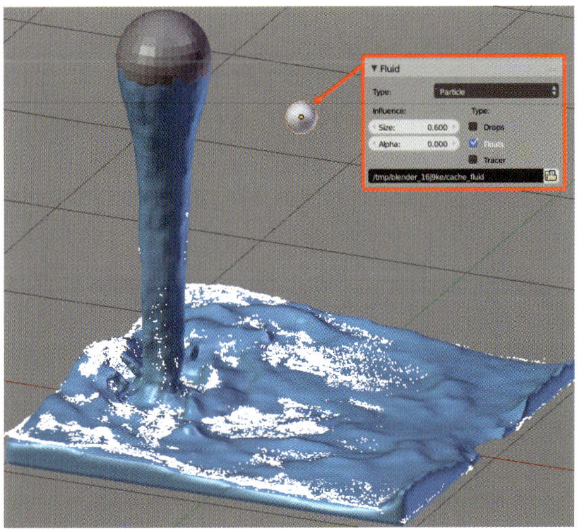

Figure 8–31 Exemple de particules fluides en action simulant l'écume (type Floats)

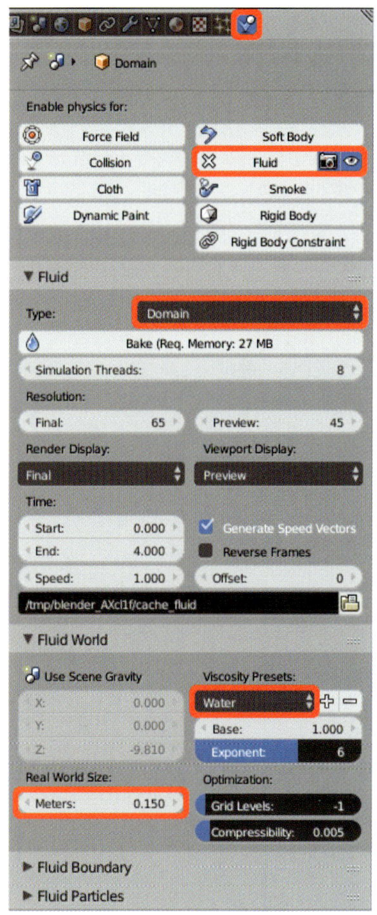

Figure 8–32
Les paramètres de base du domaine de calcul

Nous ne changerons pas non plus les qualités d'affichage dans la vue 3D (Preview) et lors du rendu (Final), car elles conviennent parfaitement à nos besoins. Le dernier champ, tout en bas du panneau, concerne le répertoire dans lequel seront stockés, frame par frame, les fichiers de l'animation, contenant la géométrie du fluide à un instant donné. Par défaut, Blender vous propose un répertoire pour y stocker le résultat de ses calculs.

Cliquez en revanche sur le bouton *Fluid World*, pour aller explorer les propriétés avancées du fluide simulé. Vérifiez simplement que la gravité est bien celle que nous attendons : *Gravity* :*X* `0.00`, *Y* `0.00` et *Z* `-9.81`. Le menu déroulant permet de choisir entre différents types de liquides prédéfinis ; les valeurs présentes par défaut sont celles de l'eau (*Water*) qui est le liquide qui nous convient, ne le changez pas. Enfin, *Realworld-*

size indique la taille « réelle », en mètres, de la plus grande dimension du domaine. S'agissant de faire tomber une goutte d'eau dans une flaque, notre domaine ne doit pas faire beaucoup plus de 15 cm. Modifiez donc cette valeur pour notre animation : *Realworld-size* `0.15`.

Vous pouvez maintenant appuyer sur le bouton *BAKE* pour lancer le calcul de la simulation. La simulation est désormais lancée, et il ne vous reste plus qu'à patienter. À noter que nous n'avons pas changé (dans l'onglet *Dimensions du menu Render*) la longueur de l'animation qui débute toujours à la frame `1` (*Start*) et se termine à la frame `250` (*End*).

Figure 8–33
La barre d'avancement de la simulation

Vous constaterez que le domaine a disparu (il a été remplacé par le résultat de la simulation), mais que les objets de type *Fluid* ont été conservés ; comme ils peuvent gêner la prévisualisation, sélectionnez-les (bouton droit de la souris) et supprimez-les (touche *[X]*), ou envoyez-les sur un autre calque (touche *[M]* et cliquez sur l'un des carrés symbolisant les calques disponibles). Vous pouvez maintenant sélectionner à nouveau le fluide résultant, et lui donner des propriétés matériaux correspondant au fluide simulé.

Remarque
Les fluides et les isosurfaces

Les maillages fluides peuvent se voir appliquer une subdivision isosurfacique grâce au paramètre *Subdiv* dans le panneau *Fluid boundaries*. Le paramétrage est analogue à celui du modificateur *Subdivision Surface* appliqué au maillage fluide, à ceci près que cette méthode de subdivision permet d'intégrer les particules fluides sous forme de géométrie réelle dans la simulation.

Utilisez la combinaison de touches *[Alt]+[A]* pour jouer la prévisualisation de l'animation dans la vue 3D ; vous constaterez que, dû à l'importante vélocité initiale de la goutte, l'impact de celle-ci dans notre flaque est important. Cette impression est également renforcée par l'effet d'échelle, puisque nous avons indiqué à notre domaine que sa dimension « réelle » était de 15 cm sur sa plus grande dimension. Vous souhaiterez peut-être recommencer la simulation avec d'autres paramètres, mais pensez à d'abord consulter la section « Recommencer la simulation », dans ce même chapitre.

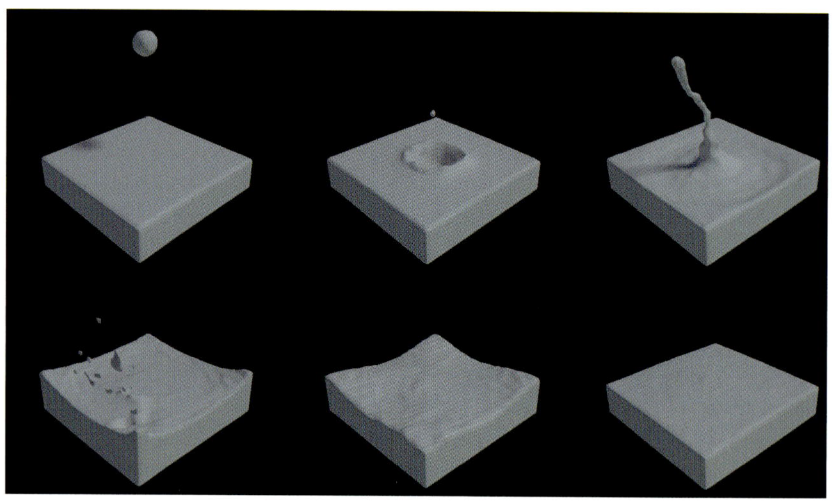

Figure 8–34
Quelques images de la simulation

> Bon à savoir **Contrôle des fluides (Fluid Control)**
>
> L'option *Control* dans le choix de type du panneau *Fluid* permet de définir un maillage comme étant un volume d'attraction ou de répulsion des fluides. Par exemple, s'il est défini comme attirant les fluides, déplacez-le en direction d'une masse aqueuse et celle-ci viendra s'agglomérer autour de lui, épousant sa forme, dans les limites des paramètres et des rayons d'effets définis :
>
> - *Attraction Force : Strength* définit la force d'attraction ou de répulsion (valeurs négatives) de l'objet de contrôle sur la masse fluide.
> - *Velocity Force : Strength* indique dans quelle mesure l'objet de contrôle, si ce dernier est mobile, communique sa propre vitesse au fluide déplacé.
>
> Dans les deux cas, un paramètre *Radius* permet de contrôler le volume affecté autour de l'objet de contrôle.
>
> Cette option permet de réaliser des effets spéciaux en tout genre en donnant à l'animateur un certain contrôle sur les masses fluides de sa scène. On pensera particulièrement au pseudopode d'eau du film *Abyss*, de James Cameron : il « suffit » pour reproduire cette scène d'avoir un « ver » animé traditionnellement sortir de la masse fluide (où il aura collecté du liquide) et de le faire disparaître brutalement pour que l'eau collectée chute vers le sol.

Exemple 2 : flux d'eau continu

Cet exemple, plus complet mais pas plus complexe, va nous permettre de mettre en œuvre les objets fluides de type *Inflow* et *Outflow* (représentés respectivement par une source d'eau et une évacuation), ainsi qu'un obstacle.

Ouvrez le fichier `exercice-ch08.07-depart.blend`. La scène est un peu plus élaborée que la précédente et représente une cuve texturée comme une piscine dans laquelle l'eau va se déverser en flux important pendant trois secondes environ en se heurtant aux parois. En même temps, elle s'écoulera par le fond avec un débit plus modéré. Notez la présence et le rôle des différents objets composant la scène :

- un cube nommé `Domaine` et englobant les objets, qui sera le domaine de notre simulation ;
- un maillage texturé nommé `Cuve` représentant notre cuve surmontée de murs dans laquelle le fluide va se déverser ;
- une icosphère nommée `Inflow` qui sera la source du fluide. Celle-ci comporte des clés d'animation afin qu'elle se retrouve subitement hors du domaine après quelques secondes. Ceci a pour effet de stopper net la production de fluide ;
- un cylindre nommé `Outflow` de taille modeste placé dans la partie inférieure du domaine pour créer une évacuation du fluide.

Sélectionnez d'abord l'icosphère `Inflow` et dans le menu *Physics*, cliquez sur *Fluid* et choisissez *Inflow* dans le champ *Type*. Quelques options sont disponibles.

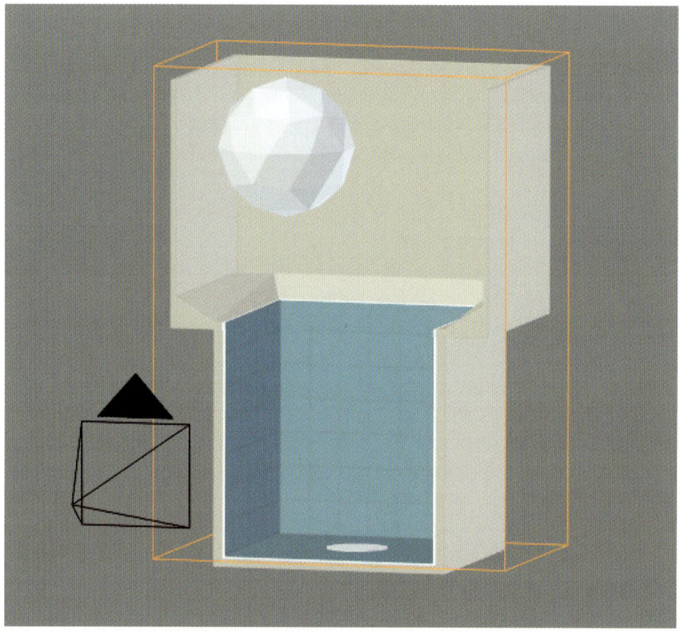

Figure 8–35 Un aperçu de la scène et de ses différents éléments dans la vue 3D

- *Volume Initialization* : permet de déterminer quelle zone produit le fluide. *Volume* permet de générer le fluide depuis le volume du maillage qui doit donc être clos. *Shell* génère le fluide depuis la surface du maillage. Il n'est donc pas nécessaire qu'il soit clos. *Both* combine les deux méthodes et impose que le maillage soit clos. Vous pouvez choisir cette dernière option.
- *Inflow Velocity* : permet de donner une direction au flux de départ dans les directions X, Y et Z. Dans le cas présent, il serait judicieux, étant donné la position de l'icosphère, de donner une légère impulsion vers la droite. Entrez la valeur `X:0.800` par exemple. Pour accentuer la descente du flux, vous pouvez également modifier le facteur Z avec une valeur négative, comme `-2.000`.
- *Export Animated* : permet de prendre en compte les déformations éventuelles de l'objet imposées par exemple par une armature. En revanche, si l'objet est simplement animé par des clés du type *LocRotScale* (ce qui est le cas dans cet exemple), il n'est pas indispensable d'activer cette option. Laissez-la donc décochée.
- *Local Coordinates* : permet de prendre en compte les changements de coordonnées de notre objet, comme ses rotations.

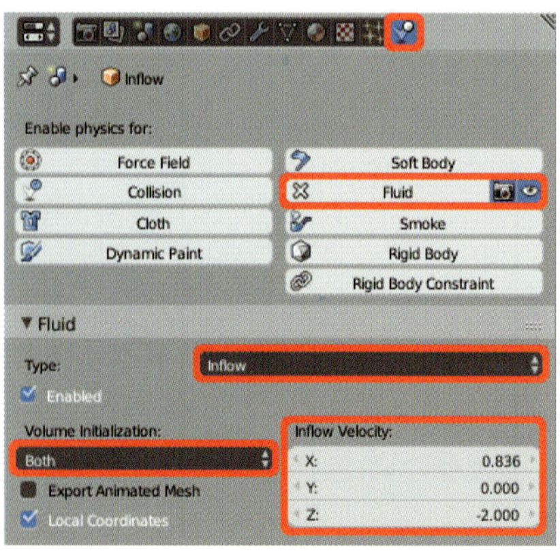

Figure 8–36 Les paramètres utilisés pour notre source de fluide

À présent sélectionnez l'objet cylindrique situé au fond de la cuve. Dans le menu *Physics*, cliquez sur *Fluid* puis choisissez *Type>Outflow* afin de l'assigner comme sortie du flux. Les options disponibles sont assez semblables à celles des entrées de flux, même si elles sont plus restreintes. Vous pouvez choisir *Shell* dans *Volume Initialization* afin que seule la surface permette d'évacuer le fluide. Vous l'aurez compris, le débit d'évacuation dépendra de la méthode choisie et surtout de la taille de votre objet *Outflow*.

Vous vous dites certainement, à juste titre, que ce cylindre qui nous sert d'évacuation sera fort disgracieux lors du rendu ! Pour remédier à cela, vous pouvez par exemple vous rendre dans la fenêtre *Outliner* et désactiver uniquement le rendu de cet objet en cliquant sur l'icône symbolisant un appareil photo.

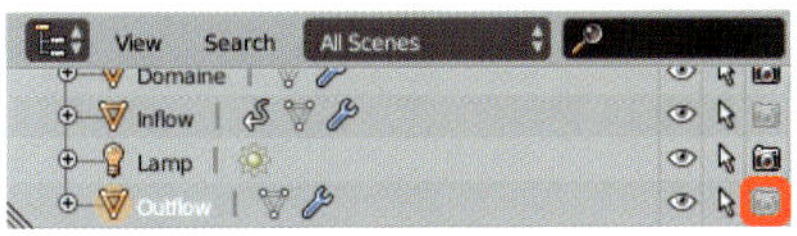

Figure 8–38
Désactiver le rendu d'un Objet via l'Outliner. Cette option est animable en insérant des clés avec la touche [I]. Utile pour faire apparaître et disparaître des objets !

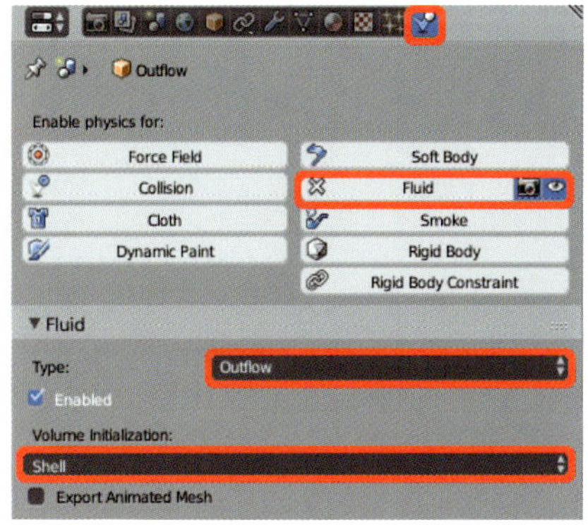

Figure 8–37
Les paramètres pour l'objet servant à évacuer le fluide

Sélectionnez l'objet `Cuve`. Dans le menu *Physics*, cliquez sur *Fluid* puis choisissez *Type:Obstacle*. L'option la plus intéressante est nommée *Slip Type* et propose différents choix :

- *No Slip* va rendre l'obstacle « collant » et le fluide ne glissera pas dessus. Idéal pour un fluide visqueux qui pourra ainsi adhérer aux parois les plus verticales.
- *Free Slip*, au contraire, va rendre le fluide totalement libre le long des parois.
- *Partial Slip* mélange les deux facteurs. Nous allons choisir cette méthode. La valeur *Amount* permet de régler l'adhérence de l'obstacle. Une valeur nulle tendra à donner le même résultat que l'option *No Slip*, tandis que la valeur `1` (maximum) équivaut au *Free Slip*. Entrons une valeur de `0.300` pour notre exemple.

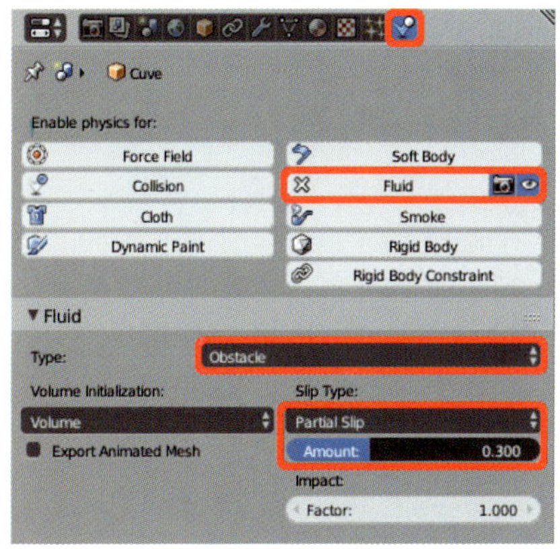

Figure 8–39
Les réglages définissant notre obstacle

Pour finir, sélectionnez le cube nommé `Domaine` englobant la scène et qui sera le domaine où se déroulera la simulation. Dans le menu *Physics*, cliquez à nouveau sur *Fluid* et choisissez *Domain* comme type de fluide. Nous n'allons pas changer beaucoup de choses. Étant donné que nous voulons un fluide représentant de l'eau, il conviendrait d'indiquer *Water* en tant que préréglage de viscosité dans l'onglet *Fluid World*. Néanmoins, par défaut les réglages donnés par Blender sont précisément ceux de l'eau. La nécessité de changer ce réglage n'est donc pas justifiée ici. Dans ce même onglet, vous pouvez indiquer *Meters* `4.000` dans le champ *Real World Size* pour faire correspondre les dimensions de notre domaine à une simulation réaliste.

C'est principalement dans le premier onglet que nous allons modifier le fluide. La simulation donne souvent des résultats lents. Vous pouvez donc augmenter le facteur *Speed* à une valeur de `3.000` ou `4.000`. La résolution est certainement le paramètre le plus important car c'est lui

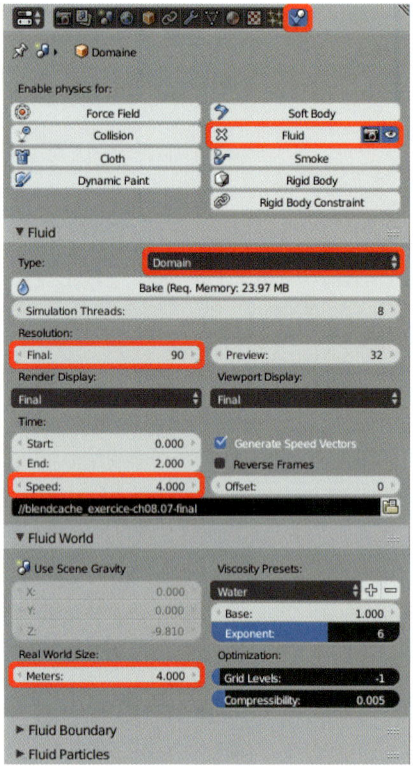

Figure 8–40 Le réglage du domaine, élément central de la simulation des fluides

qui apportera toute la finesse et le réalisme à votre scène. La résolution finale par défaut offre un résultat correct mais qui manque quand même de précision, surtout dans les recoins. Vous pouvez donc augmenter la résolution finale mais gare aux abus ! En effet, si vous souhaitez « simplement » doubler la résolution, vous allez demander presque huit fois plus de mémoire à votre machine. Une résolution finale, et prudente, de 90 offrira de bons résultats et nécessitera quand même plusieurs minutes de calcul pour la phase de baking. Il convient de sauvegarder votre fichier avant de cliquer sur *Bake* en cas de crashs de Blender qui peuvent survenir à ce moment crucial.

Une fois le calcul terminé, la combinaison de touches *[Alt]+[A]* dans la vue 3D permet de visualiser l'animation. Pour effectuer le rendu, vous pouvez sélectionner le fluide et lui adjoindre un matériau approprié.

Vous noterez, lors de la visualisation, que dans l'angle le plus à gauche, l'évacuation joue parfaitement son rôle, et que le niveau de fluide diminue brusquement, jusqu'à être compensé par le fluide coulant de la source. Au niveau de l'obstacle, le liquide se répand assez naturellement, en coulant et en débordant à la fois. Vous noterez enfin la taille importante des gouttes, due à deux facteurs : la faible *Resolution* du domaine d'une part, et la toute petite échelle de la scène, d'autre part, spécifiée par le *Realworld-size*. Le résultat final peut être consulté en ouvrant le fichier `exercice-ch08.07-final.blend`.

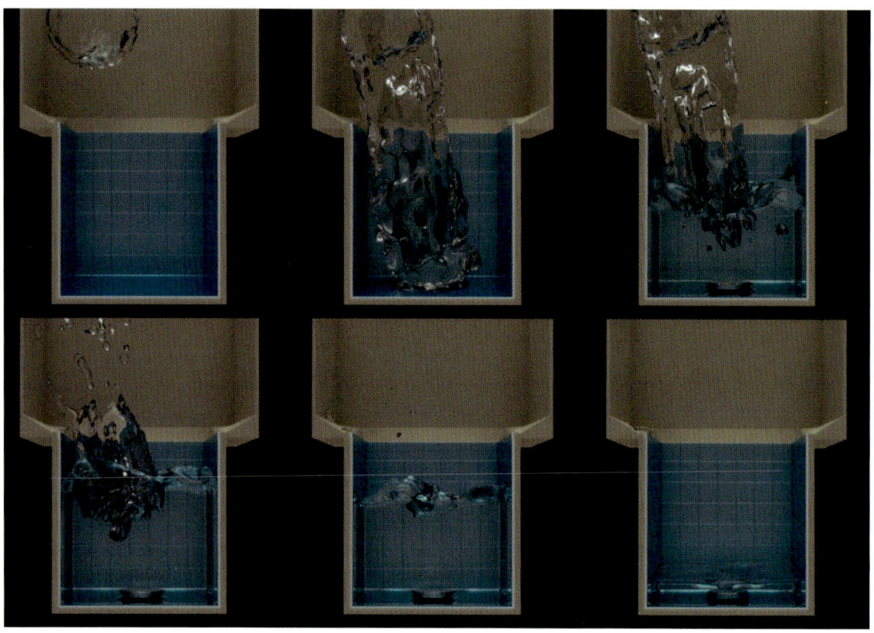

Figure 8–41 Quelques images de la simulation

> APPROFONDIR **Obstacles en mouvement**
>
> Le système de simulation des fluides prend en compte des obstacles mobiles. Cela veut dire que vous pouvez utiliser des F-Curves pour déplacer un obstacle sous un jet d'eau, ou laisser tomber un obstacle dans une flaque de liquide. Dans les deux cas, le simulateur tient compte de l'objet mobile, s'il a correctement été déclaré comme un obstacle. Si l'obstacle est un maillage animé (par des armatures, par exemple, ou au moyen d'une relation parent-enfant), activez le bouton *Animated Mesh : Export*. Le calcul de la simulation sera toutefois malheureusement allongé.

Quelques conseils méthodologiques

Plusieurs objets fluides et obstacles ?

Vous pouvez mettre en œuvre, dans votre simulation de fluides, autant d'objets fluides et d'obstacles que souhaité. Les seules conditions sont que ces objets ne doivent pas se chevaucher ou s'intercepter, et qu'ils doivent tous être à l'intérieur du domaine pour être pris en considération.

Figure 8–42
Verre de vin © 2013, par Steven Lund

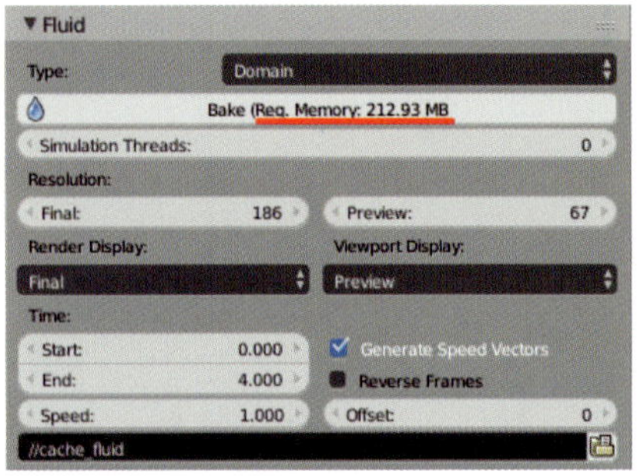

Figure 8–43
Mémoire requise par la simulation

Résolution et mémoire

Le domaine est découpé, dans sa plus grande dimension, en petits cubes élémentaires dont le nombre est égal à la valeur de la résolution. Il en résulte qu'il est facile d'associer une quantité de mémoire « consommée » par la simulation, en fonction de la résolution spécifiée. Au-dessus du bouton Resolution, Blender affiche à chaque fois la mémoire nécessaire à la simulation. Si vous voulez éviter que votre ordinateur passe son temps à faire des accès disque *(swapping)*, consacrez toujours à la simulation moins de mémoire que la quantité de mémoire physique dont dispose votre ordinateur. Une fois la simulation passée, cela n'a plus trop d'importance, puisqu'elle aura été convertie en géométrie dans des fichiers distincts, que Blender réutilisera au moment des rendus.

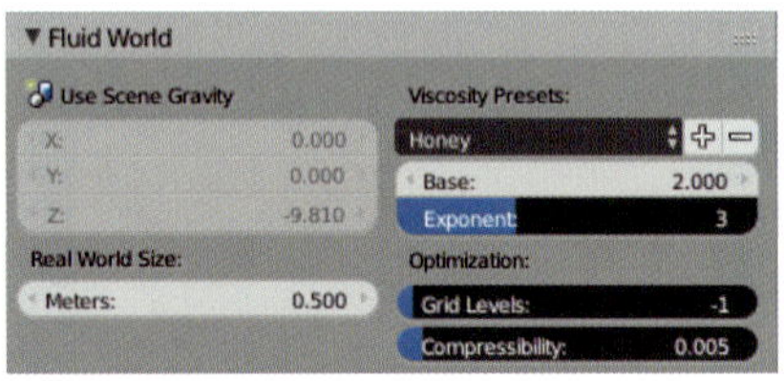

Figure 8–44
Les options de l'onglet Fluid World

Viscosité et taille réelle du domaine

La viscosité du liquide est critique pour déterminer sa facilité à « couler » dans votre simulation. En cliquant sur le bouton Fluid World, vous accédez aux réglages physiques du simulateur ; ici, tout est préréglé pour l'artiste qui n'a pas de culture technique. En particulier, vous choisissez la viscosité de votre fluide dans un menu déroulant, l'eau (Water) étant le choix par défaut ; les options disponibles sont l'huile (Oil) et le miel (Honey). La valeur de viscosité de chaque option apparaît sous son nom, avec les réglages Base et Exponent. Vous pouvez vous-même spécifier une viscosité totalement personnalisée sur un type de fluide que vous ajoutez en cliquant sur le bouton + à droite du type de fluide.

À noter également le bouton numérique Realworld-size, qui permet de définir la taille du plus grand côté du domaine, ce qui influera, bien évidemment, sur le réalisme de la simulation.

Recommencer la simulation

Par défaut, votre simulation est programmée de la frame Start 1 à la frame End 250. Si vous recommencez la simulation en changeant un paramètre, lors de l'opération de baking, tout semblera conforme à vos aspirations. Mais, lorsque vous rejouerez votre animation grâce à la combinaison de touches [Alt]+[A], seule la première simulation sera prise en compte.

Pour y remédier, deux options :

- supprimez le contenu du répertoire où Blender stocke les simulations ; c'est la seule façon de vraiment remettre à zéro la simulation ;
- régler le début et la fin de l'animation sur d'autres frames, par exemple Start 251 à End 500 ; l'avantage est que la première simulation est toujours inscrite sur le disque, et que vous pouvez y revenir si nécessaire.

Mes objets sont hermétiques !

Vous venez de modéliser une jolie coupe, un superbe verre, ou souhaitez remplir la carafe du chapitre 3 ? Mais lorsque le liquide se déverse dans votre objet, il semble rebondir sur une surface virtuelle, alors que votre récipient est bien ouvert ! Ou alors, le flux ne suit pas exactement les parois.

C'est peut-être que les normales de votre récipient ne sont pas toutes orientées dans le même sens : en mode *Edit* (touche *[Tab]*) la combinaison de touches *[Ctrl]+[N]* devrait résoudre le problème. Vous avez peut-être également des points superposés, surtout si vous avez utilisé la fonction *Spin* pour créer votre récipient : toujours en mode *Edit* (touche *[Tab]*), la combinaison *[W]>Remove Doubles* permet de supprimer les points en double.

Éventuellement, votre récipient est peut-être sous le coup d'un modificateur de type *Subdivision Surface*. Appliquer le modificateur grâce au bouton *Apply* peut alors être une bonne idée, sinon le fluide suivra les contours de la forme non modifiée !

Attention, malgré ces astuces, certaines géométries pourraient continuer à causer problème. Il faut alors trouver de nouvelles astuces, ou une révision du simulateur pour des performances supérieures en matière de collisions.

La simulation de fumée

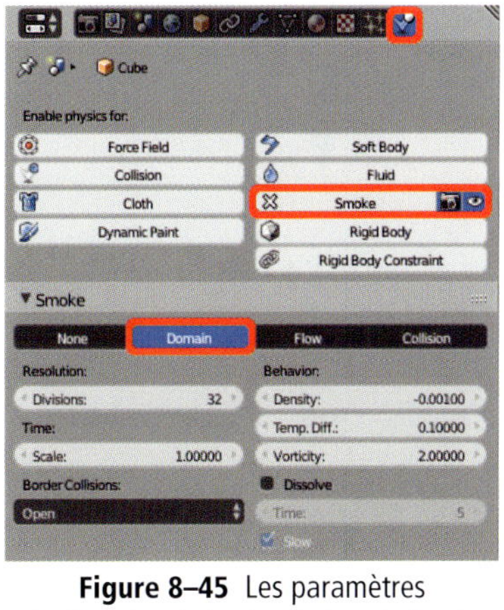

Figure 8–45 Les paramètres du domaine de la simulation de fumée

Parmi les nouveautés offertes par les dernières versions de Blender, l'outil de simulation de fumée est l'une des plus intéressantes en ce qui concerne l'animation avancée. Auparavant, il était possible de simuler une combustion en utilisant des systèmes de particules, et d'obtenir des résultats convaincants avec des paramétrages précis. Le nouvel outil de Blender étant spécifiquement dédié à ce phénomène, la création d'une telle simulation en est devenue relativement plus simple. Et si vous êtes dorénavant familiarisé avec la simulation de fluides, la simulation de fumée ne devrait guère poser de problèmes. En effet, le fonctionnement de base est très similaire, utilisant des objets ayant une fonction précise au sein du système de simulation : *Domain*, *Flow*, *Collision*.

Ouvrez le fichier `exercice-ch08.08-depart.blend` des fichiers de travail. La scène représente une torche fixée à un mur. Celle-ci est en partie masquée par un maillage cubique qui va servir de domaine pour notre simulation. Sélectionnez ce cube s'il ne l'est plus, rendez-vous dans le panneau *Physics* et cliquez sur *Smoke*. Dans les différentes options que Blender vous propose, choisissez *Domain*.

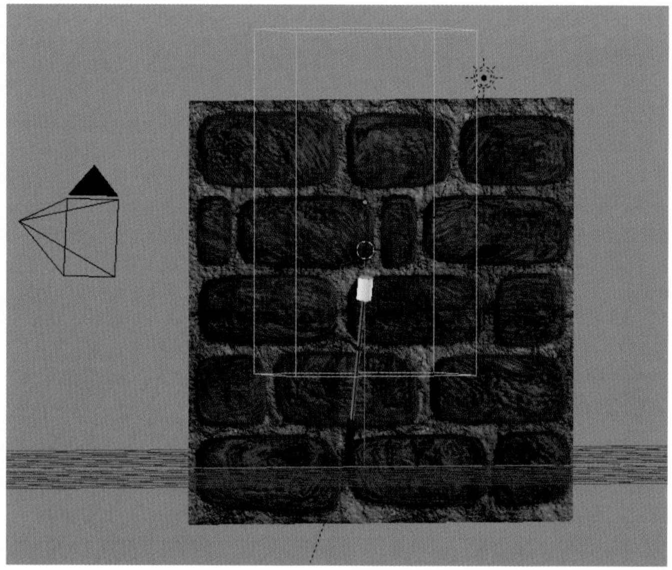

Figure 8–46
Une scène simple, prête pour nos expérimentations

Le cube devient automatiquement visible en mode fil de fer dans la vue 3D. Dans la fenêtre des propriétés, le menu *Physics* propose diverses options pour paramétrer notre domaine.

- *Resolution* : en augmentant le nombre de divisions, vous pouvez bien évidemment apporter plus de finesse dans le détail de la fumée. Ceci demandera plus de ressources à votre machine.
- *Time* : en modifiant la valeur *Scale*, il vous permet d'accélérer la simulation (avec des valeurs supérieures à `1`) ou au contraire de la ralentir (avec des valeurs inférieures à `1`) ;
- *Behavior* : cette partie permet de régler le comportement de la fumée. Le facteur *Density* vous permet de rendre la fumée plus ou moins légère. Des valeurs positives vous permettront de la faire s'élever plus rapidement. Des valeurs négatives feront chuter la fumée au sol. Le facteur *Temp. Diff.* permet de simuler les effets de chaleur sur la fumée. Là aussi, plus la valeur est élevée et plus la fumée montera vite. Enfin, le facteur *Vorticity* permet d'ajouter des turbulences à la simulation pour créer des volutes lors de la progression de la fumée.
- *Dissolve* : cette option permet de dissoudre la fumée lors de sa progression afin d'empêcher une accumulation. La durée avant dissolution se paramètre avec la valeur *Time* (exprimée en frames).
- *Smoke Groups* : cette partie permet d'attribuer des groupes d'objets comme émetteurs de fumée (*Flow Group*) ou comme obstacles (*Collision Group*). Il faut avoir créé préalablement des groupes d'objets.
- *Smoke High Resolution* : cette option permet de simuler une meilleure résolution avec plus de finesse dans les volutes en ajoutant du bruit,

sans pour autant avoir besoin d'augmenter la résolution du domaine. Vous pouvez modifier l'importance du bruit en modifiant la valeur *Strength*. L'option *ShowHighResolution* permet quant à elle d'afficher directement dans la vue 3D le résultat obtenu.

- *Smoke Cache* : offre les mêmes possibilités de baking que pour les autres types de simulations.
- *Smoke Fields Weights* : là aussi, comme pour les autres types de simulations, vous pouvez paramétrer les différents champs de force (par exemple, la gravité) qui s'exerceront sur la fumée.

À présent, sélectionnez le cylindre blanc qui sera la source de la combustion. Dans le panneau *Physics*, cliquez à nouveau sur *Smoke* et choisissez *Flow* cette fois. Notre cylindre se retrouve donc émetteur dans notre simulation de fumée. Nous voulons également qu'il émette des flammes, aussi choisissez *Fire+Smoke* dans le champ *Flow Type*. Les autres paramètres peuvent être laissés par défaut.

Figure 8–47
Désignez ce cylindre comme émetteur de fumée.

Lancez l'animation avec la combinaison *[Alt]+[A]*et observez la simulation avec les paramètres par défaut. Un premier résultat encourageant mais perfectible. La fumée monte bien mais la colonne est relativement importante avant d'être subitement interrompue lorsqu'elle rencontre les limites du domaine.

Pour remédier à cela, sélectionnez le domaine et dans l'onglet *Smoke*, activez l'option *Dissolve*. À présent la fumée finit par disparaître... mais trop tôt. Augmentez la valeur *Time* située sous l'option *Dissolve* jusqu'à ce que le résultat soit satisfaisant (une valeur approximative de 20 convient ici). La fumée peut sembler également assez grossière. Une première solution pour-

ASTUCE
Adaptive Domain

Si lors d'une animation, vous avez besoin de déplacer votre domaine ou d'en modifier sa taille, il faudra cocher l'option *Smoke Adaptive Domain*, faute de quoi vous ne pourrez obtenir le résultat escompté. C'est une fonction qui permet d'envisager des animations comme la progression d'une locomotive à vapeur.

Figure 8–48
Avec les paramètres par défaut, la fumée reste trop importante pour notre exemple.

rait être d'augmenter le facteur de subdivisions dans l'onglet *Smoke*. Cela marcherait bien évidement mais demanderait plus de ressources à votre machine. Cochez plutôt l'option *Smoke High Resolution* qui permet d'obtenir un résultat plus fin sans calcul supplémentaire. Enfin, il se peut que vous trouviez la simulation un peu trop lente ou rapide (hors ralentissement éventuel de votre ordinateur). Dans ce cas-là, changez par exemple la valeur *Scale* dans l'onglet *Smoke*. Celle-ci permet d'ajuster la vitesse de la simulation. Des valeurs inférieures à `1` ralentiront la simulation, tandis que des valeurs supérieures à `1` la rendront plus rapide.

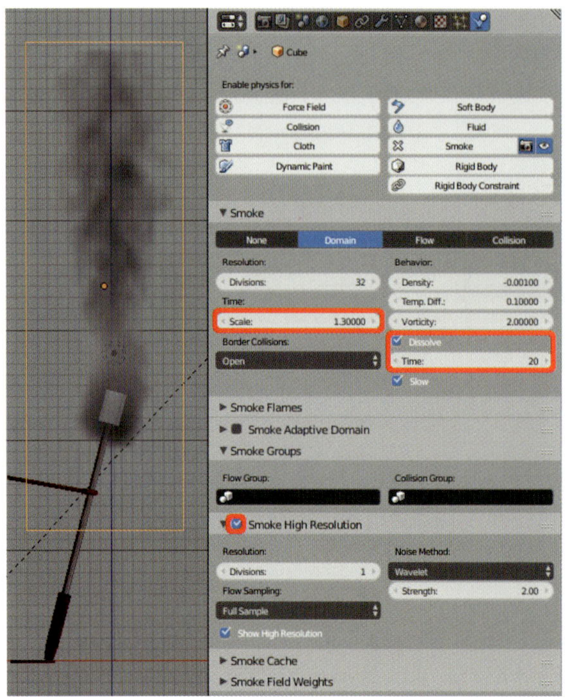

Figure 8–49
Avec les nouveaux paramètres, le comportement de la fumée devient plus réaliste.

Paramétrer le rendu de la fumée

Si vous tentez un rendu en pressant la touche *[F12]* vous vous rendez compte que le cube représentant le domaine cache tout ! En effet, si la simulation de fumée est assez simple à mettre en place, son rendu nécessite néanmoins quelques paramétrages supplémentaires... et ceux-ci sont loin d'être intuitifs, que ce soit avec le moteur de rendu interne ou *Cycles*. C'est d'ailleurs avec ce dernier que nous allons effectuer le rendu de notre simulation. Assurez-vous donc d'avoir sélectionné *Cycles* comme moteur de rendu dans la barre *Info* située en haut de l'interface et de sélectionner *CPU* dans le menu *Render*. En effet, le calcul du rendu de la fumée par la carte graphique (GPU) n'est pas encore développé de manière stable.

Sélectionnez l'objet `Cube`, notre domaine, et rendez-vous dans le menu *Materials*. Le fichier contient un matériau déjà paramétré et prêt à l'emploi nommé *FEU et FUMEE*. Cliquez sur le bouton + pour ajouter et sélectionner ce matériau. Vous pouvez effectuer un premier rendu avec la touche *[F12]* pour enfin voir la flamme et la fumée.

APPROFONDIR

Matériaux et fumée

Jusqu'à récemment, seul le moteur interne de Blender permettait le rendu de simulation de fumée, moyennant de copieux efforts dans la création des matériaux (comme on pouvait le voir dans la précédente édition de cet ouvrage). Avec *Cycles*, cette tâche n'en est pas vraiment moins ardue mais vous pourrez trouvez sur Internet de nombreux conseils d'utilisateurs confirmés à ce sujet, notamment Jonathan Lampel. Le matériau utilisé dans ce fichier d'exercice est d'ailleurs inspiré de l'un de ses tutoriels. Il consiste à combiner deux attributs de la simulation de fumée (*density* et *flame*) via un réseau de nodes assez élaboré. Vous pouvez vous amuser à créer un tel matériau et à le paramétrer d'une manière simplifiée grâce aux *Nodes Group*. C'est un peu complexe... mais non moins gratifiant !

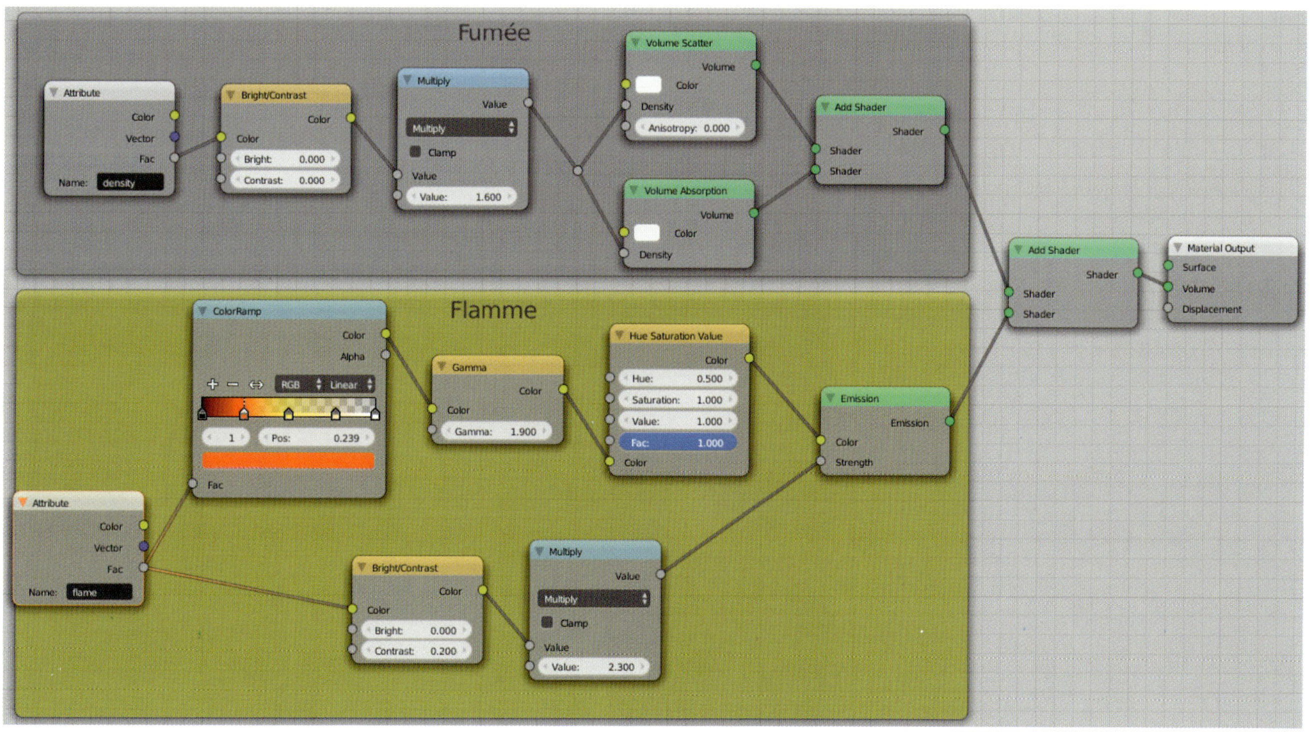

Figure 8–50 L'ensemble des nodes qui permettent le rendu de la fumée et des flammes.

L'aspect de la fumée et de la flamme peut être réglé grâce aux paramètres disponibles dans l'onglet *Volume* du matériau *FEU et FUMEE*. Les valeurs à modifier étant en français, vous devriez pouvoir aisément expérimenter afin d'obtenir le résultat souhaité.

Si le résultat vous plaît, vous pouvez vous rendre dans l'onglet *SmokeCache* et cliquez sur *Bake* afin de calculer définitivement la simulation. Pour plus de réalisme, il peut s'avérer utile d'ajouter une lampe et d'animer les variations de son intensité afin de reproduire l'éclairage vacillant de la flamme. Ensuite dans le panneau *Render*, il ne vous reste plus qu'à lancer le rendu d'animation en cliquant sur *Animation*. Le résultat final de cet exercice peut être consulté dans le fichier `exercice-ch08.08-final.blend`.

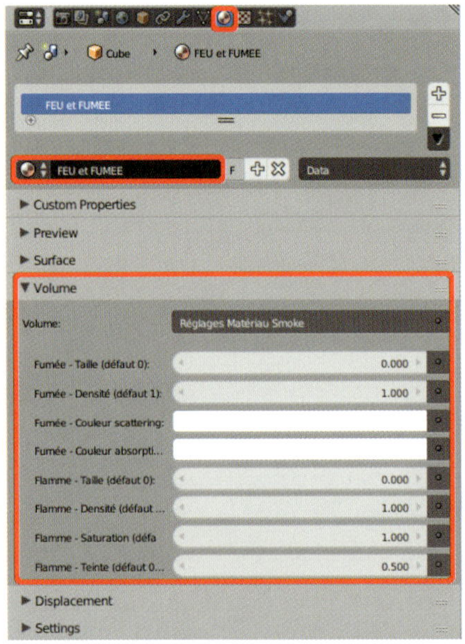

Figure 8–51
L'interface simplifiée qui va nous permettre de régler le rendu de la flamme et la fumée.

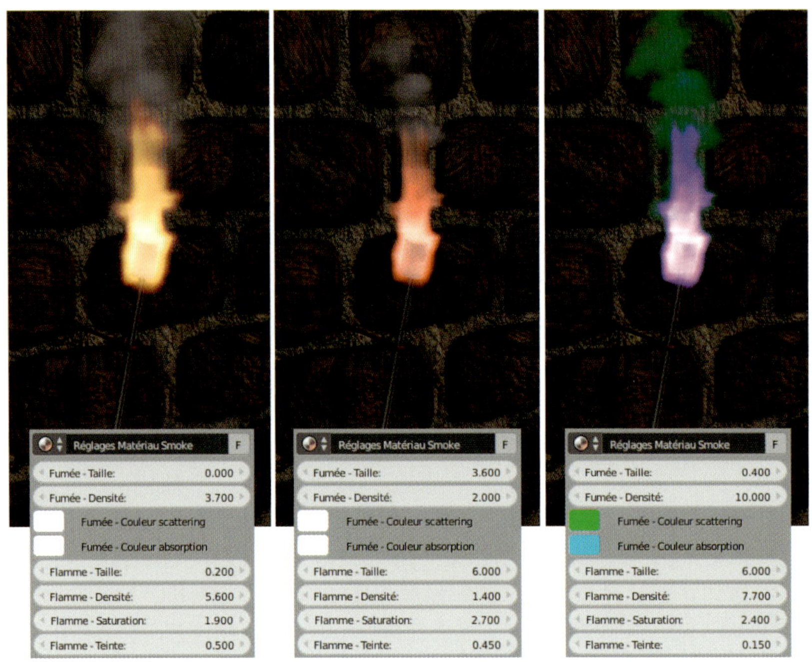

Figure 8–52
Le résultat des différents réglages de notre matériau qui offre bien des libertés.

Le simulateur de fumée est encore récent et se développe au gré des nouvelles versions de Blender. Si le paramétrage des matériaux reste encore assez complexe, la simulation en elle-même est relativement simple et vous permettra aisément d'ajouter des effets percutants à vos rendus. Une atmosphère lugubre sera assurément amplifiée par l'ajout de brume ou de fumée. Il convient aussi de souligner que des professionnels utiliseront cet outil pour masquer rapidement des défauts tout en créant une ambiance !

Figure 8–53
Après des réglages quelque peu fastidieux, le rendu devrait vous « réchauffer » le cœur !

La peinture dynamique

La peinture dynamique (*Dynamic Paint*) est un modificateur qui permet de créer aisément des interactions physiques entre des objets et offre des résultats qu'il était autrefois compliqué d'avoir. Le principe est simple : un objet sert de pinceau (*Brush*) et peut agir sur un autre objet de type toile (*Canvas*) de différentes façons, afin de produire divers effets. On peut par exemple simuler des traces de pas sur un sol, animer un bateau sur une surface, tondre de la pelouse…

Premières expérimentations

Nous allons voir comment fonctionne le principe de base de la peinture dynamique. Ouvrez une nouvelle scène Blender et supprimez le cube par défaut avec la touche *[Suppr]* ou *[X]*. Ajoutez une sphère en faisant *Add>Mesh>UV-Sphere*. Cet objet sera notre « pinceau ». Pour notre objet « toile » nous allons utiliser une grille. Faites un nouvel ajout d'objet maillé en choisissant *Add>Mesh>Grid*. Dans la zone interactive de l'étagère à outils *[T]*, veillez à subdiviser davantage la grille, avec une valeur de `32` par exemple, afin d'avoir un résultat assez fin. Augmentez la taille en mettant *Radius* : `5.000`.

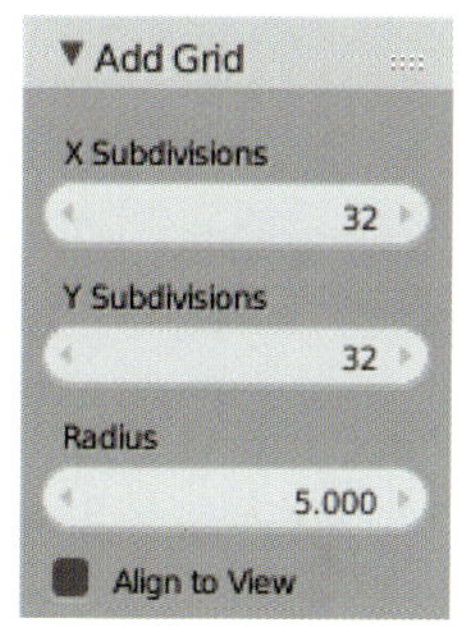

Figure 8–54
Les paramètres de subdivisions disponibles dans le panneau latéral gauche

À présent, avec la grille sélectionnée, rendez-vous dans le panneau *Physics* et cliquez sur *Dynamic Paint*. Choisissez l'option *Canvas* pour signifier que la grille sera notre « toile » et cliquez sur *Add Canvas*.

Sélectionnez à présent la sphère et dans l'onglet *Dynamic Paint*, choisissez *Brush* et cliquez sur *Add Brush*.

Avec ces paramètres par défaut, vous devriez normalement voir une couleur bleutée apparaître à la jonction des deux objets, comme si la sphère peignait la grille en bleu. Si vous déplacez la sphère avec la touche *[G]* sur la grille, vous noterez que cette « aura » suit la sphère. À présent, lancez l'animation avec la combinaison *[Alt]+[A]* et déplacez à nouveau la sphère. Dorénavant, elle peint la surface en bleu… du moins, jusqu'à la fin de l'animation !

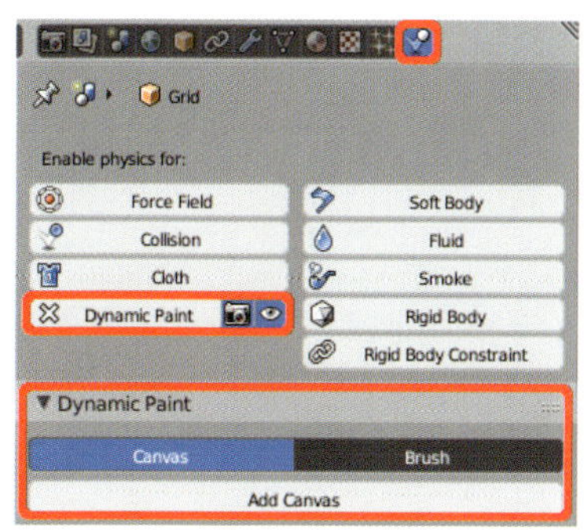

Figure 8–55
Le paramétrage de la brosse et de la toile

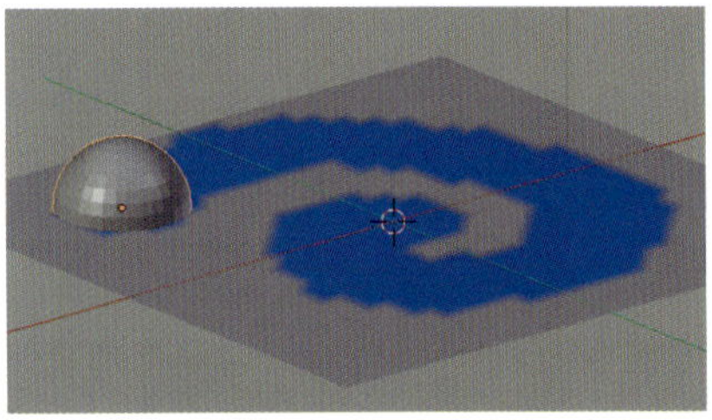

Figure 8–56
Un premier résultat observable de l'outil de peinture dynamique

Le résultat donne un aspect assez « pixélisé ». Pour plus de finesse, on pourrait subdiviser davantage la grille. Il sera certainement utile de le faire pour vos projets mais pour cette phase de découverte de la peinture dynamique, cela suffira.

Pour observer les différents effets, nous allons créer une animation fort simple qui va consister à faire passer la sphère à travers la grille sur un tracé rectiligne. Veillez à ce que les objets soient approximativement à la même hauteur, placez la sphère à côté de la grille et, à la frame `1` avec la sphère sélectionnée, insérez une clé d'animation en pressant la touche *[I]* et choisissez *Location*. Allez à la frame `250`, déplacez la sphère de l'autre côté de la grille et insérez une nouvelle clé d'animation.

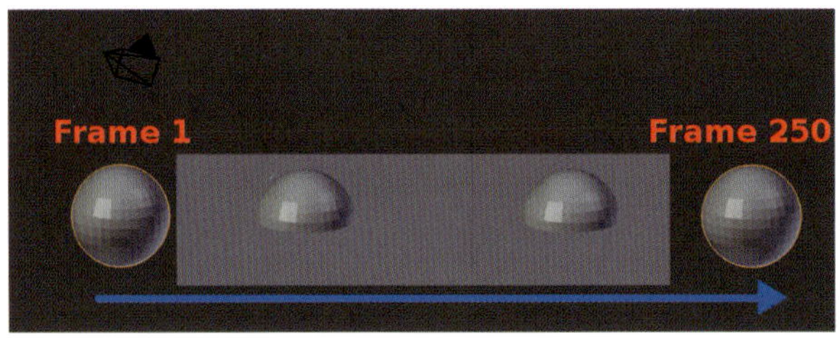

Figure 8–57
Une animation simple à mettre en place pour une première expérimentation

À présent, sélectionnez la grille et rendez-vous dans la partie *Physics*. Dans l'onglet *Dynamic Paint Advanced*, repérez les différents choix de types de surface : *Paint*, *Displace*, *Wave* et *Weight*.

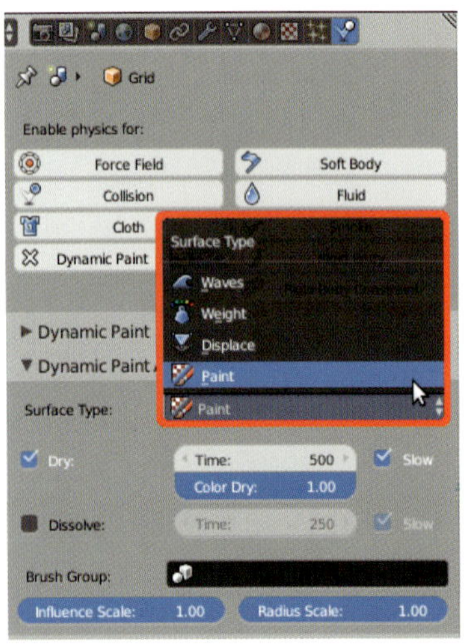

Figure 8–58
Les différents types de surfaces.

Sélectionnez un de ces types, lancez l'animation et observez les résultats avec les différents choix. Vous pourrez observer les différents effets de base produits par la peinture dynamique.

- *Paint* : le pinceau permet de peindre la toile. Vous pouvez grâce à ce mode envisager de mixer aisément deux matériaux, comme lorsque quelqu'un peint un mur, ou encore lorsque la pluie tombe au sol et obscurcit celui-ci en le mouillant progressivement.
- *Displace* : le pinceau sert à déformer la toile. Idéal pour simuler des traces de pas dans la neige ou l'impact d'une balle de tennis sur de la terre battue.
- *Wave* : la toile forme des vaguelettes au passage du pinceau, ce qui permet de recréer aisément la surface d'un lac par exemple. Plus rapidement efficace et exploitable que le modificateur *Wave*, et moins lourd que la simulation de fluides, il offre un bon compromis pour ce type de scène.
- *Weight* : la toile se voit attribuer un *Weight Paint* au passage du pinceau. Avec un système de particule de type *Hair* vous pourrez par exemple faire varier la longueur ou la densité d'un pelage comme nous avons pu le faire dans les exercices sur ces particules et le *Weight Paint* dans le chapitre 7.

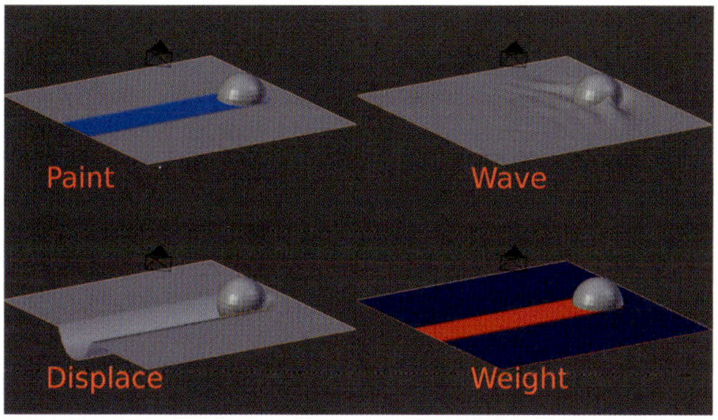

Figure 8–59
Un aperçu des différents types de peintures dynamiques

Les paramètres fondamentaux du Pinceau

Pour peindre, d'une manière générale, il est important de bien choisir sa brosse et ce que l'on souhaite obtenir d'elle. La peinture dynamique ne fait pas exception. Ici, tout type de maillage est susceptible de servir de brosse. Nous venons de voir l'effet d'une sphère dans l'exercice précédent. Mais si nous voulons peindre des traces de pas sur un sol, il est possible de modéliser un objet maillé qui aurait la forme d'une empreinte et de le déplacer.

Vous pouvez choisir de quelle manière un pinceau va agir sur la toile. Pour cela, allez dans le l'onglet *Dynamic Paint Source* et observez les différents méthode de détection du pinceau dans le champ *Paint Source*.

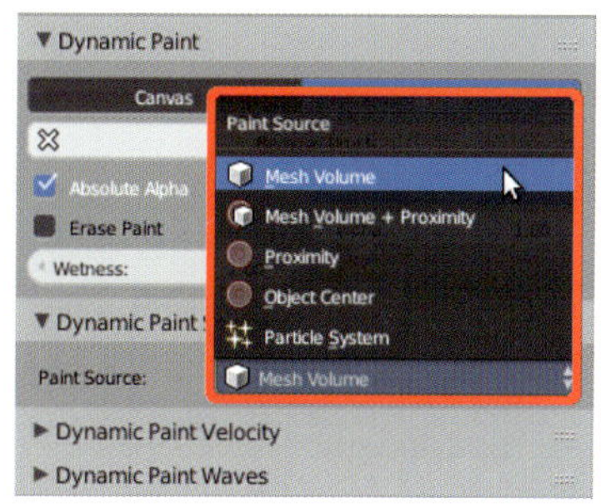

Figure 8–60
Le menu Paint Source

- *Mesh Volume* : permet de détecter uniquement le maillage lorsqu'il est en contact sur l'objet toile. Par défaut, son tracé est donc dur, n'offrant pas d'effet estompant. Idéal par exemple avec le mode *Displace* pour faire des empreintes nettes dans la neige.

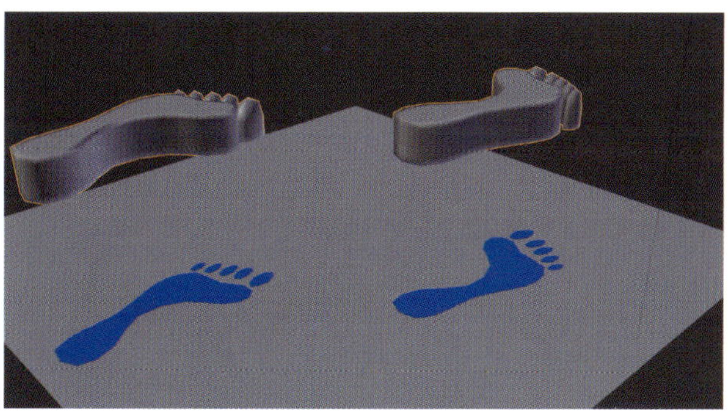

Figure 8–61
Avec l'option Mesh Volume, les traces seront nettes.

- *Mesh Volume + Proximity* : permet de détecter le maillage et un rayon autour de lui qui va en s'estompant progressivement. La taille de ce rayon peut-être modulée avec le facteur *Paint Distance*. Ce réglage pourrait être envisageable pour des empreintes de pas dans une surface plus meuble, comme du sable.

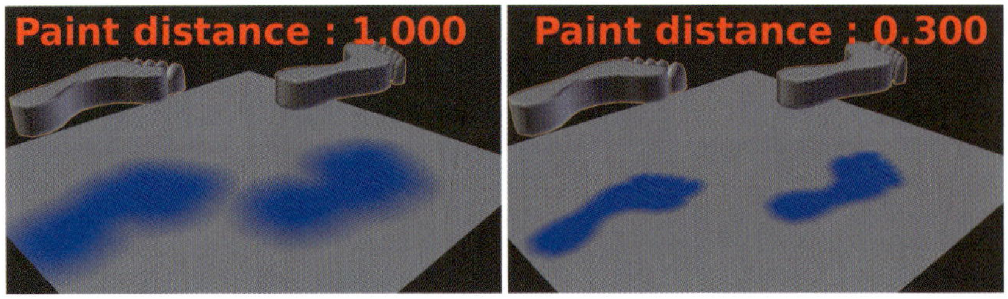

Figure 8–62
En détectant en plus la proximité du maillage, les contours sont plus flous.

- *Proximity* : permet de détecter simplement la proximité de l'objet pinceau.
- *Object Center* : permet de détecter uniquement le centre de l'objet, symbolisé par le point orange dans la vue 3D. Il est à noter que la taille ou la forme de l'objet ne changent rien au résultat.

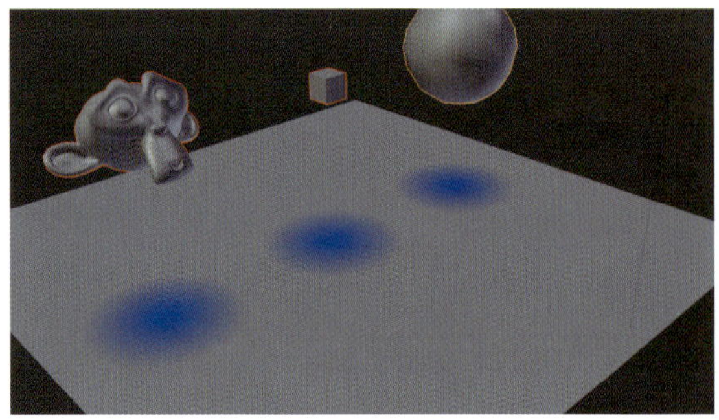

Figure 8–63
En détectant simplement le centre de l'objet, les traces faites par n'importe quel maillage sont identiques.

- *Particle System* : permet de détecter les particules (il faut donc en créer un système, auparavant !). Idéal par exemple pour simuler une pluie obscurcissant un sol. Et avec des obstacles, chaque particule dessinera son propre trajet et permettra d'obtenir des résultats tels que des dégoulinades. Vous pouvez régler la taille fictive des particules avec le facteur *Solid Radius* (afin d'avoir des points plus ou moins grands) et l'estompement à leur proximité avec le facteur *Smooth Radius*.

ASTUCE
Choisir une brosse simple et invisible

Imaginez une surface d'eau fendue par un navire. Il est tout à fait possible de désigner comme brosse non pas le bateau mais, par exemple, une simple sphère que vous masquerez au rendu. Ceci simplifiera dans certains cas les calculs opérés par Blender pour simuler toutes les interactions physiques, surtout si les maillages sont lourdement subdivisés. Dans le cas présent, l'effet de stries dans le sillage du navire sera tout aussi convaincant que si le bateau est assigné en tant que brosse. Pour masquer ensuite cette sphère au rendu, il suffit d'aller dans l'*Outliner* et de décocher l'option symbolisée par un appareil photo.

Figure 8–64 L'option permettant de désactiver le rendu d'un objet dans l'Outliner

Figure 8–65
Les particules laissent un point en traversant la toile.

Figure 8–66 En détectant la toile, nos particules rebondissent et dessinent leur trajet respectif.

Les paramètres fondamentaux de la toile

La façon dont la toile va réagir lors du *Dynamic Paint* est également importante. Plusieurs facteurs sont à prendre en compte afin de pouvoir obtenir les réalisations souhaitées.

- Le niveau de subdivision de la toile : c'est en gros la résolution de votre toile. Plus il y a de sommets dans votre objet-toile et plus la peinture sera précise. Si vous voulez un résultat fin et précis, prenez conscience des ressources que vous pouvez exiger de votre ordinateur ! L'interface peut parfois se trouver ralentie.

Astuce Affiner le résultat en subdivisant judicieusement

Pour subdiviser un maillage, vous pourriez passer en *Edit Mode* et utiliser les outils appropriés. Malheureusement, cette façon de procéder est irréversible... et si le maillage devient subitement trop lourd, il est intéressant de pouvoir aisément revenir à un maillage plus léger. Pour cela, vous pouvez utiliser un modificateur *Subdivision Surface* en veillant à ce qu'il soit placé au-dessus du modificateur *Dynamic Paint* dans la pile. Le niveau de subdivision pour la vue 3D se règle dans *View* et pour le rendu, dans *Render*. Ainsi, vous pouvez avoir un niveau de subdivision bas pour un travail fluide dans la vue 3D, et réserver un plus haut niveau de subdivision uniquement pour le rendu. Pour une subdivision sans lissage, vous pouvez choisir l'option *Simple* au lieu de *Catmull-Clark*.

Figure 8–67
Le modificateur *Subdivision Surface* vous permet aisément d'affiner le résultat.

- Les effets de peinture : dans l'onglet *Dynamic Paint Effect*, vous pouvez gérer la réaction de la peinture sur la toile. Par défaut, il n'y a aucun effet activé. Avec l'option *Spread* (sans oublier de cocher *Use Spread*), la peinture va s'étaler progressivement. Avec l'option *Drip*, elle va s'écouler vers le bas. Enfin, avec l'option *Shrink*, la peinture va progressivement se tasser et disparaître. Ces différents effets peuvent être combinés.

Avec ces différentes notions acquises, il devrait vous être assez facile et rapide d'obtenir des résultats intéressants.

La peinture dynamique que nous venons de brièvement survoler permet de faire interagir les objets d'une scène de manière étonnamment simple, n'ayant pour seule limite que votre inventivité. Ses multiples applications mériteraient qu'un manuel entier leur soit dédiées ! N'hésitez pas à expérimenter cet outil récent qui, en se développant encore, ne manquera pas d'élargir davantage le champ des possibles.

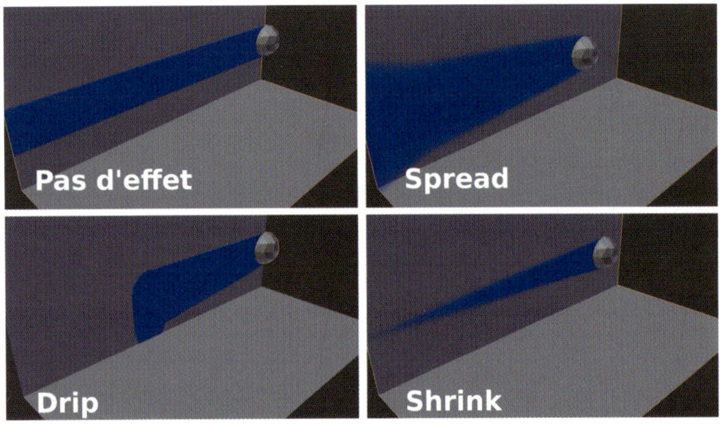

Figure 8–68
Les différents effets de peinture

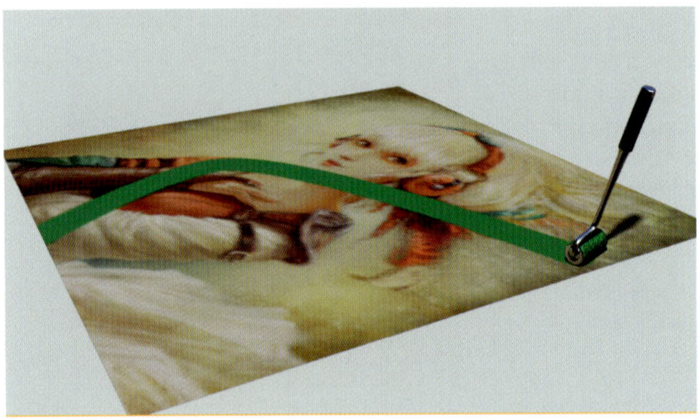

Figure 8–69 Le mode Paint vous permettra, entre autres, de… peindre ! Tout simplement. Image *Ella*. © 2010, David Revoy (http://www.davidrevoy.com)

Figure 8–70 Avec le mode Displace, il est aisé de laisser des traces de toute sorte.

Figure 8–71 Le mode Wave permet de réaliser facilement des remous sur une surface.

Figure 8–72 Le mode Weight peut vous permettre d'influencer la longueur des particules.

L'animation squelettale

Que vous soyez intéressé par les animations, ou que votre souhait soit simplement de réaliser de belles images fixes, il est peu probable que vous puissiez passer à côté de la mise en place de squelettes pour certains sujets de vos images, comme les personnages ou les animaux. En effet, modéliser un personnage directement dans sa pose finale est un exercice extrêmement difficile, et il est souvent plus aisé de modéliser celui-ci dans une pose « neutre », de lui donner une armature (un squelette), et de le « poser » *a posteriori*. Bien sûr, une fois que l'on a un personnage prêt à poser, on a parcouru plus de la moitié du chemin pour l'animer.

3ds Max
Bipèdes

Depuis l'intégration de Character Studio en standard avec 3ds Max, la création de hiérarchies de squelettes bipèdes est très simple et permet de créer des mouvements en fonction de la gravité, de l'équilibre, et d'autres facteurs. Malheureusement, Blender n'offre rien de comparable à ce jour, et il est nécessaire d'animer les personnages soi-même.

Figure 8–73
FlamencoBot © 2005, Robert J. Tiess
(http://www.artofinterpretation.com/)

Création d'une armature

Dans un premier temps, nous allons apprendre à créer une armature (ou squelette) à un sujet quelconque. Ouvrez le fichier nommé `exercice-ch08.09-depart.blend` du répertoire `/exercices` des fichiers de travail.

Vous trouverez là un sujet primitif, une sorte d'étoile de mer à quatre branches.

Le curseur est au milieu de la scène, au centre du sujet. Ajoutez une armature, soit en utilisant la touche *[Maj]+[A]* puis en choisissant *Add* et *Armature* puis *Single Bone*, soit en passant par la barre de menus principale, *Add* puis *Armature* puis *Single Bone*. Un premier « os » (*bone* en anglais) est apparu à partir du curseur. Entrons dans le mode *Edit* grâce à la touche *[Tab]*. L'os a une longueur égale à une unité de Blender, et son extrémité est orange, indiquant qu'elle est sélectionnée. Nous allons ajouter d'autres os à celui-ci ; l'extrémité étant sélectionnée, appuyez sur la touche *[E]* pour extruder un nouvel os à partir du précédent. Le nouvel os apparaît en jaune, et vous pouvez le dimensionner à la souris, de sorte qu'il fasse à peu près trois unités de Blender (en maintenant pressée la touche *[Ctrl]* pendant cette opération, l'os s'allonge automatiquement par unités entières de Blender). Appuyez sur la touche *[Entrée]* ou utilisez le bouton gauche de la souris pour valider le nouvel os. Répétez une nouvelle fois cette opération pour créer le troisième os. En appuyant sur la touche *[Tab]*, vous quittez le mode d'édition de l'armature, et vous pouvez aisément visualiser celle-ci.

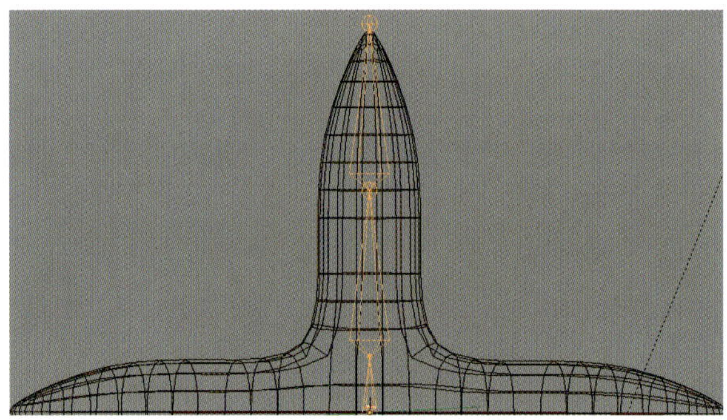

Figure 8–74 Notre première armature !

Dans le panneau *Armature* se trouvent des options d'édition, d'affichage et de déformation de l'armature. Nous y reviendrons très prochainement, mais vous pouvez déjà activer l'option *X-Ray* (dans la vue ombrée, les os deviennent visibles par transparence) et l'option *Names* (les noms individuels de chaque os deviennent visibles). Pour l'instant, conservez l'option d'affichage *Octahedron* active. Nous nous intéresserons très prochainement à l'option *Envelope*, particulièrement conviviale et intuitive.

> **ASTUCE Sélection sur les os**
>
> Vous pouvez sélectionner aussi bien une articulation ou l'autre, en cliquant avec le bouton droit de la souris sur les petits ronds à chaque bout d'un os qui les symbolisent. Bien évidemment, vous pouvez également sélectionner l'os entier en cliquant sur la partie centrale de l'os.

> ASTUCE
> **Joindre des armatures séparées**
>
> Vous pouvez doter un même modèle d'autant d'armatures que souhaité : il suffit d'attribuer un modificateur *Armature* à chacune d'elles. Mais pour des raisons pratiques, vous souhaiterez souvent que toutes les armatures n'en fassent qu'une. Grâce à la sélection multiple, sélectionnez-les toutes en terminant par celle qui donnera son nom à l'armature résultante, et appuyez sur la combinaison de touches *[Ctrl]+[J]* pour les réunir.

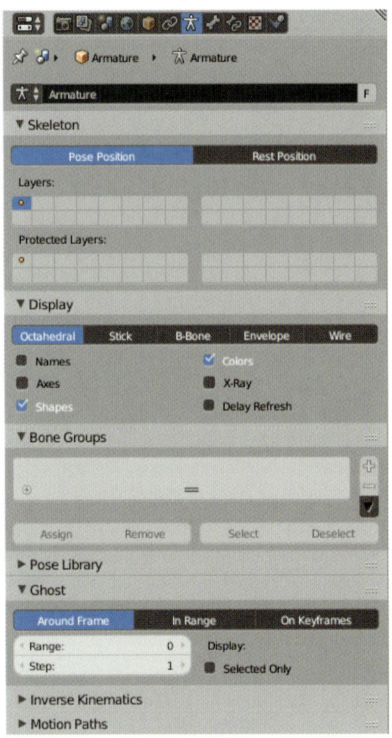

Figure 8–75
Le panneau Armature

Entrez maintenant en mode d'édition, et sélectionnez le dernier os créé. Dans ce mode, rendez-vous dans le panneau *Bone*, symbolisé par un os. Les paramètres qui y sont présentés nous permettront de définir la façon (ainsi que dans quelle mesure) chaque os de l'armature peut déformer le maillage qui l'entoure. Nous notons en particulier le premier champ qui porte le nom de l'os sélectionné ou en cours d'édition ; s'il fait partie d'une chaîne d'os, un champ *Parent* précise de quel os il est l'enfant. Plusieurs options permettent de définir l'influence de l'os parent, notamment *Inherit Rotation* et *Inherit Scale*. Ensuite, l'option *Deform* est activée, signifiant que vous autorisez l'os à déformer le maillage environnant à concurrence de la force *Weight* spécifiée. Le paramètre *Distance* permet de définir jusqu'à quelle distance (en unités de Blender) l'os est en mesure de déformer le maillage environnant.

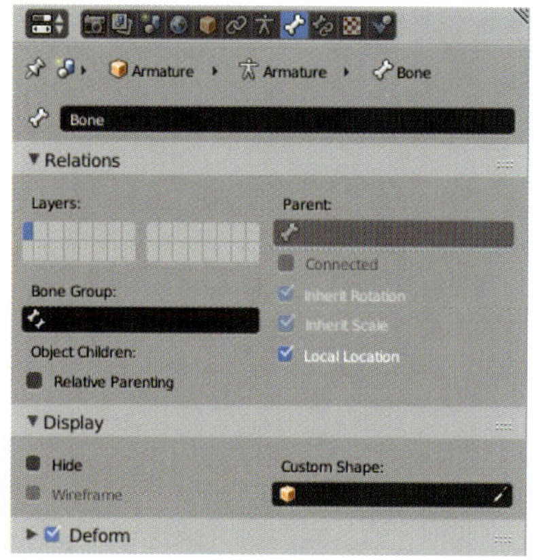

Figure 8–76
Le panneau Bone

ERGONOMIE Raccourcis clavier pour l'édition des os

Les raccourcis suivants se révéleront utiles lors de votre carrière d'animateur.

- Touche *[L]* : avec le pointeur de la souris positionné au-dessus d'un os, permet de sélectionner la chaîne entière.
- Touche *[X]* : permet de supprimer un os sélectionné ; sélectionner une extrémité seulement n'est pas suffisant pour procéder à la suppression.
- Touche *[E]* : à partir de l'extrémité sélectionnée, un nouvel os sera extrudé/ajouté.
- Touche *[W]* : pour subdiviser un os sélectionné. Les subdivisions multiples sont possibles en augmentant la valeur *Number of Cuts* dans le panneau gauche lors de cette opération.
- Combinaison *[Alt]+[M]* pour fusionner des os.
- Touche *[F]* pour ajouter un os entre deux articulations déjà existantes ou entre une articulation existante et le curseur 3D.
- Combinaison *[Ctrl]+[Alt]+[P]* : pour séparer un os (ou une chaîne) de l'armature courante et les placer dans une nouvelle.
- Touche *[Ctrl]+[P]* : pour « parenter » un ou plusieurs os à l'os actif. Avec l'option *X-Mirror* actif, l'opération se réalise sur l'os symétrique plutôt que sur l'os l'actif, lorsque cela est possible.
- Combinaison *[Maj]+[D]* : la duplication d'un os duplique également les contraintes, les limitations de transformation et les réglages IK.

ERGONOMIE Raccourcis clavier pour l'édition des poses

Les raccourcis suivants se révéleront utiles lors de votre carrière d'animateur, en mode *Pose* (le modèle suit les déformations de l'armature).

- Touche [R] : permet de faire tourner l'os autour du point pivot spécifié ; la touche classique pour poser un modèle.
- Touche *[S]* : permet de redimensionner l'os à partir du point pivot spécifié ; une touche destinée à certains effets spéciaux (dilatation, gonflement...).

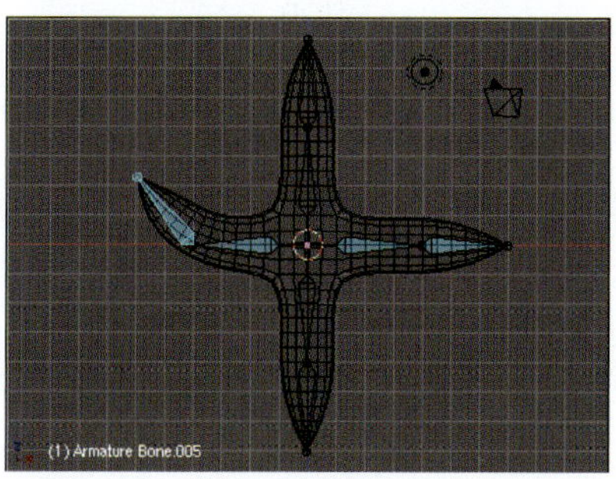

Figure 8–77

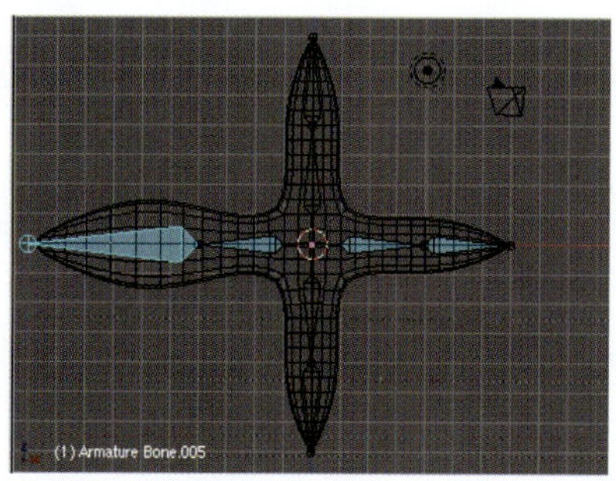

Figure 8–78

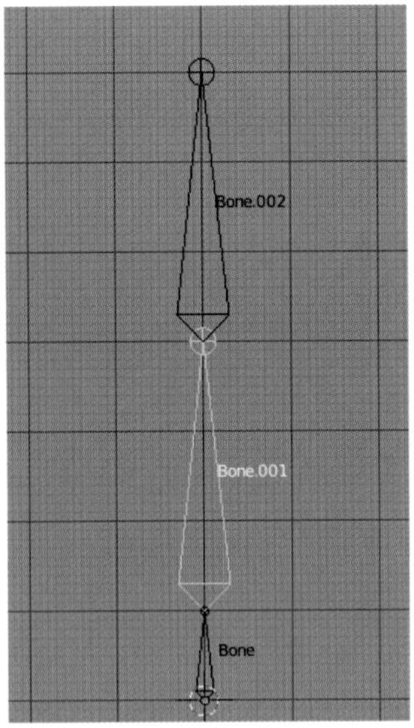

Figure 8–79
Notre armature dans sa position de repos

Quittez le mode d'édition et entrez dans le mode *Pose* (combinaison *[Ctrl]+[Tab]*). Sélectionnez l'os central, normalement nommé `Bone.001`. Il apparaît désormais en bleu.

Appuyez sur la touche *[R]* pour faire tourner l'objet : vous constaterez que l'os à l'origine de la chaîne (`Bone`) ne bouge pas, mais que l'os enfant de l'os en cours de pose accompagne tous les mouvements. En effet, les os enfants se voient appliqués les mêmes rotations que les os parents.

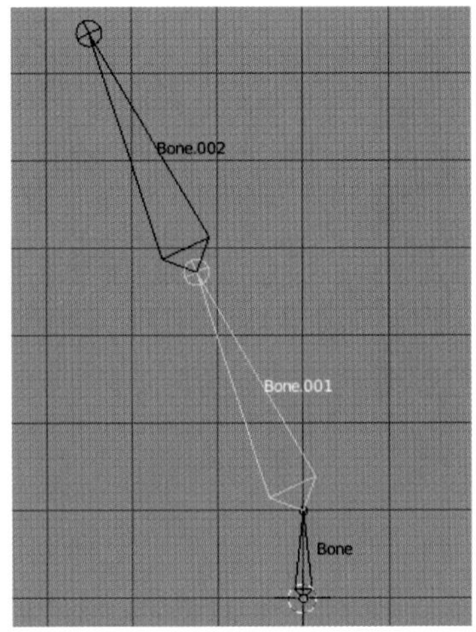

Figure 8–80
Par défaut, les os enfants suivent les rotations des os parents.

Sélectionnez maintenant le dernier os de la chaîne : `Bone.002`. Dans le panneau *Bones*, désactivez l'option *Inherit Rotation*. Sélectionnez à nouveau l'os parent de celui-ci (`Bone.001`, au milieu de la chaîne) et faites-le à nouveau tourner : cette fois-ci, le dernier os de la chaîne conserve ses rotations propres.

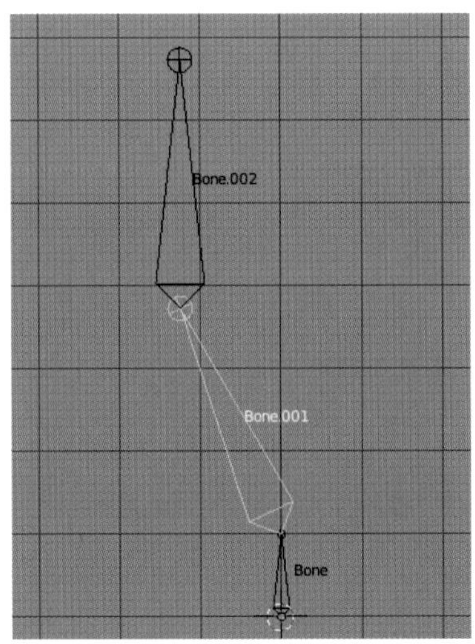

Figure 8–81
En décochant l'option Inherit Rotation, les os enfants conservent leur orientation propre, malgré les rotations des os parents.

L'option *Inherit Rotation* est très intéressante pour tout modèle articulé à tendance mécanique : une porte s'ouvrant sur ses gonds, un bras robotisé, un système bielle-manivelle. Pour la poursuite de vos expérimentations, activez *Inherit Rotation* pour le dernier os ; vous avez désormais compris son fonctionnement.

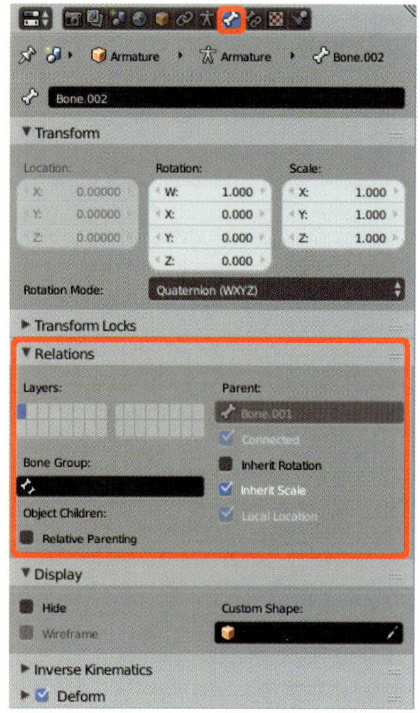

Figure 8–82
Le menu Bone permet d'établir, entre autres, les relations entre les différents os.

Les différents modes d'une armature

Le mode *Object* est le mode classique de représentation d'un objet dans Blender. Dans ce mode, c'est l'armature (ou squelette) que vous manipulez dans sa globalité. En appuyant sur la touche *[Tab]*, vous pouvez entrer dans le mode d'édition, ce qui vous permet de manipuler chaque os individuellement. La position de chaque os est importante, car vous définissez ici la pose au repos de l'armature, et elle doit correspondre, autant que possible, à la pose de modélisation du modèle. Le mode *Pose* (combinaison *[Ctrl]+[Tab]*) enfin, permet de changer la pose de l'armature, et donc du modèle ; mais à chaque fois que vous entrerez à nouveau en mode d'édition, tant l'armature que le modèle reviendront provisoirement à la pose neutre de repos.

Figure 8–83

Figure 8–84

Figure 8–85
Les différents modes possibles d'une armature

Mode miroir

Vous savez déjà qu'il est possible de modéliser vos personnages en mode miroir grâce au modificateur approprié. Pour faciliter la création des armatures, il est également possible de les créer dans un mode miroir particulier. Pour activer ce mode, passez en mode *Edit* et dans le bas du panneau latéral gauche activez l'option *X-Axis Mirror*, puis utilisez la combinaison de touches *[Maj]+[E]* pour insérer un premier os symétrique en mode miroir. Vous continuerez à insérer de nouveaux os normalement (touche *[E]* ou *[Ctrl]+[bouton gauche]*). Pour désactiver le mode miroir, désactivez l'option *X-Axis Mirror*.

Appliquer les déformations de l'armature au modèle

Pour l'instant, nous avons réussi à créer une armature, mais celle-ci n'étant pas encore liée au modèle, elle ne parvient pas à le déformer en fonction de ses poses propres. Il existe plusieurs méthodes pour y parvenir, mais la procédure générale est la suivante.

- Modélisation de la figure à animer : plus les maillages sont denses, plus les opérations sont difficiles à paramétrer et lentes à mettre en place. En particulier, il est important d'imaginer de quelle manière le maillage en cours de modélisation va se plier/se déformer en cours d'animation, en particulier au niveau des articulations des personnages.
- Définition d'une armature : cette étape peut être extrêmement simple (pour positionner grossièrement des personnages) ou sophistiquée (avec

REMARQUE

Importance de l'ordre des modificateurs !

Si vous souhaitez que le modificateur *Subdivision Surface* s'applique au maillage déformé par l'armature, et non pas l'inverse, pour obtenir une parfaite continuité des branches de l'étoile de mer, il faut impérativement que le modificateur *Armature* soit tout en haut de la pile des modificateurs car Blender les lit de haut en bas. Utilisez les petites flèches verticales pour déplacer les modificateurs dans la position souhaitée.

Figure 8–86
Ajout d'un modificateur Armature au modèle

3DS MAX

Animation de foules

Le module *Character Studio* permet de créer des foules de bipèdes à l'aide d'un système d'animation procédurale. Blender dispose également d'un module permettant ce genre de tour de force ; il s'agit d'un script Python, nommé Blender People et écrit par Harkyman : http://www.harkyman.com/bp.html pour découvrir le projet. Blender People est en fait une suite de scripts Python qui permettent, grâce à une base de données MySQL, de gérer le comportement d'une foule importante, y compris des scénarios de combat incluant des stratégies d'attaque, de défense, de retraite, de marche, et encore bien d'autres possibilités.

des contrôleurs qui piloteront les os de l'armature pour simplifier au maximum le travail de l'animateur). C'est ce que l'on appelle le *rigging*.

- Lien de l'armature au maillage : soit par parentage direct, soit par l'usage d'un modificateur *Armature*.
- Spécification des sommets du modèle affectés par chaque os de l'armature et en quelles proportions : c'est l'étape la plus importante et la plus difficile. Traditionnellement, elle est réalisée manuellement (technique du *Weight Paint*), mais des outils avancés permettent de les réaliser semi-automatiquement (*Envelopes*, *Bone Heat Weighting*). C'est ce que l'on appelle le *skinning*.

Par la méthode des enveloppes

La première étape est fondamentale : il faut spécifier à Blender quelle armature utiliser pour les déformations du modèle. Sélectionnez (bouton droit de la souris) l'étoile de mer, rendez-vous dans le menu *Modifiers*. Si vous utilisez le fichier de démonstration, il y a déjà un modificateur actif : *Subdivision Surface* ; cliquez alors sur le bouton *Add Modifier* et choisissez *Armature* dans la liste déroulante. Désactivez l'option *Vertex Groups* et ne conservez que l'option *Bone Envelopes*. Dans le champ *Object:* saisissez le nom de l'armature (rappelez-vous, c'est le nom dans le menu *Object Data* lorsque l'armature est sélectionnée). Il s'agit normalement, tout simplement, de `Armature`.

Nous allons maintenant faire quelques tests de déformation ; sélectionnez à nouveau l'armature et entrez en mode *Pose*. Choisissez l'un ou l'autre des os, et amusez-vous à le faire tourner grâce à la touche *[R]*. Le résultat est probablement décevant, puisque le maillage du modèle ne suit que peu ou pas les déplacements des os !

Figure 8–87
Les déformations du modèle ne sont pas du tout celles attendues.

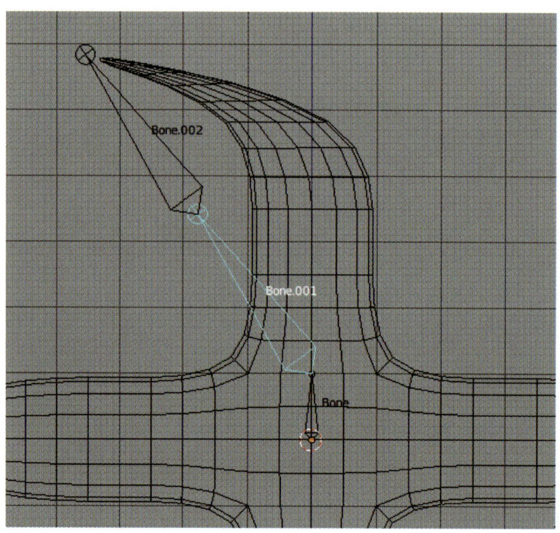

Le résultat est très mauvais, le *rig* doit absolument être affiné. C'est là que la notion d'enveloppe va jouer un rôle clé dans le rigging de ce modèle : grâce aux enveloppes des os, nous allons définir physiquement et graphiquement la zone d'influence de chaque os.

Quittez le mode *Pose* pour entrer dans le mode d'édition de l'armature. Dans le menu *Armature*, choisissez l'option d'affichage *Envelope*. La physionomie de chaque os change, pour admettre un rayon à la base et un rayon à l'extrémité, la jonction entre ces rayons étant réalisée de façon continue. Mais surtout, les aires d'influence sont matérialisées par une zone gris clair très visuelle.

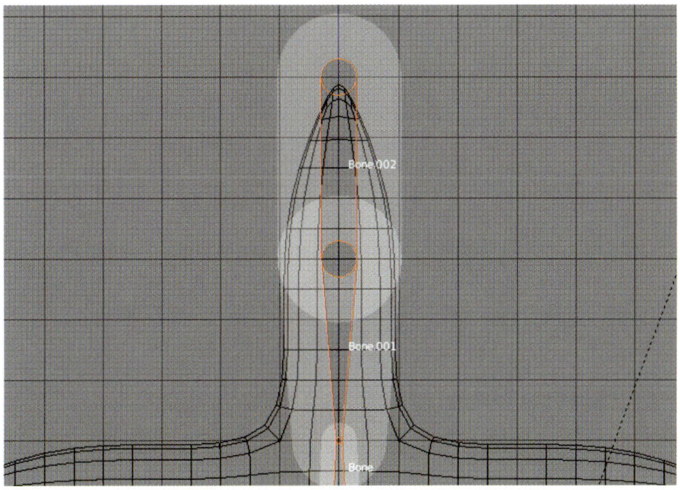

Figure 8–88 Visualisation des os sous forme d'enveloppes

Commencez par sélectionner (bouton droit de la souris) le cercle à la base du deuxième os (ou à l'extrémité du premier, puisqu'il s'agit d'une chaîne d'os) : il doit s'afficher en jaune. Appuyez sur la combinaison de touches [Alt]+[S] pour le redimensionner, de sorte à ce qu'il tangente la base du bras vertical de l'étoile de mer. Notez qu'il va totalement absorber l'os Bone, à la racine de la chaîne, mais ce n'est pas grave.

Sélectionnez maintenant le cercle à l'extrémité du deuxième os (ou à la base du troisième) et, de même, redimensionnez-le de sorte à ce qu'il tangente les bords du bras de l'étoile de mer.

A priori, nous n'avons pas besoin de redimensionner le cercle constituant l'extrémité du dernier os de la chaîne, mais nous pourrions très bien être amenés à le faire sur d'autres modèles. L'essentiel ici est que les enveloppes de chaque os englobent du mieux possible les volumes du maillage à animer. Un petit coup d'œil sur une vue ombrée nous permet de constater que les enveloppes englobent bien le bras vertical supérieur de l'étoile.

COMPRENDRE

Au sujet des os et des enveloppes

Lorsque la méthode des enveloppes est utilisée, l'enveloppe est définie par un rayon à la base et un rayon à l'extrémité. Tous les sommets du modèle situés dans le volume ainsi délimité sont déformés à 100 % par le mouvement de l'os. La zone d'effet au-delà des os est définie par la valeur *Distance* située dans l'onglet *Deform* du menu *Bones* ; les sommets pris dans cette zone d'effet sont déformés conformément à leur distance par rapport à l'os. Ce taux de déformation évolue selon une loi quadratique jusqu'à s'annuler à la limite de la zone d'influence.

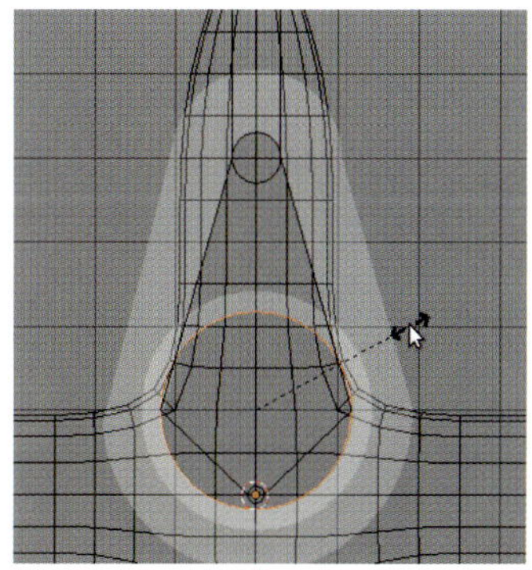

Figure 8–89
Redimensionnement
de la base de l'enveloppe du premier os

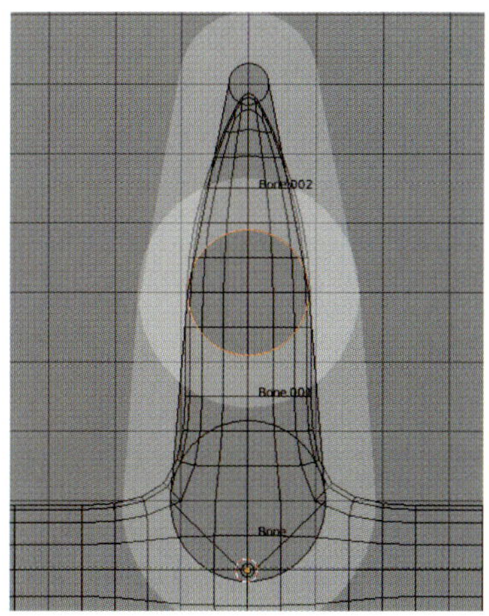

Figure 8–90
Vue des os avec toutes les enveloppes redimensionnées pour englober le modèle

ERGONOMIIE

Édition des enveloppes

En mode *Pose*, la touche *[S]* permet de redimensionner le rayon de la base ou de l'extrémité de l'os, selon ce qui est sélectionné. Pour redimensionner la zone d'effet au-delà des os, augmentez le facteur *Distance* dans l'onglet *Deform* du menu *Bone*.

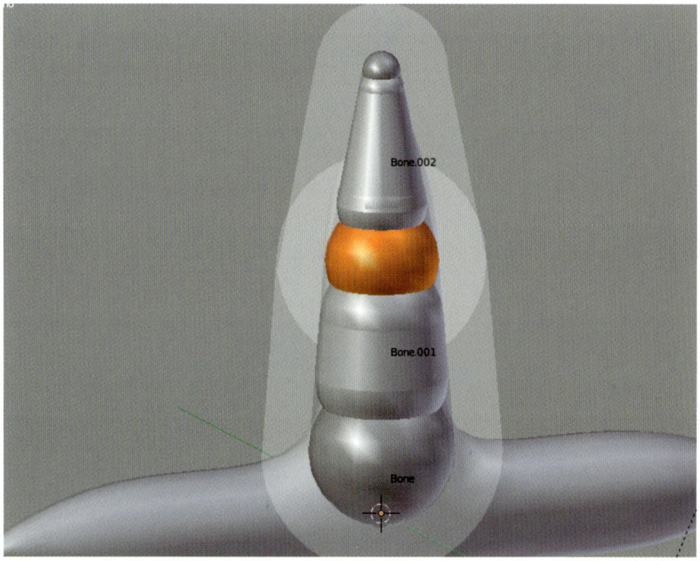

Figure 8–91
Vue ombrée des enveloppes

Vous pouvez quitter le mode d'édition de l'armature, et entrer à nouveau dans le mode *Pose* ; prenez un instant garde à sélectionner le centre de l'objet actif (*Active Element*) comme point pivot des rotations.

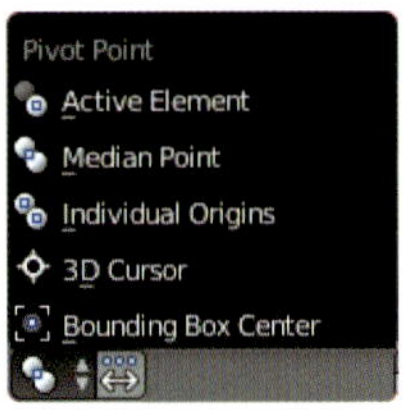

Figure 8–92
Le centre de l'objet actif en guise de point pivot des rotations

> 3DS MAX **Angles de renflement**
>
> Cette fonctionnalité de *Character Studio* permet de modifier la forme des muscles en fonction de l'angle d'une articulation. Si rien n'est automatisé en la matière, Blender permet toutefois d'assujettir des Shape Keys à la position d'un os, par exemple, et d'obtenir des résultats analogues, au prix de plus de travail, il est vrai.

Puis, grâce à la touche *[R]*, amusez-vous à faire tourner les différents os de l'armature, et observez la réponse du modèle à ces rotations.

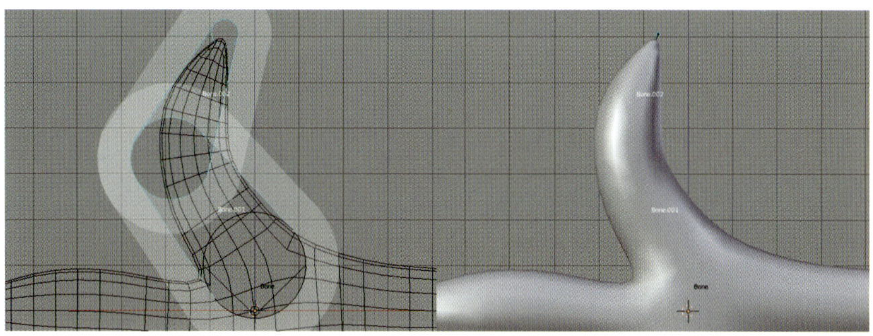

Figure 8–93
La déformation du modèle est désormais à la hauteur de nos attentes.

Par la méthode du Bone Heat Weighting

Cette méthode alternative est beaucoup plus simple à mettre en œuvre dans la mesure où il n'y a pas besoin de spécifier de rayon d'effet à chaque os : l'algorithme déduit automatiquement le poids à attribuer à chaque sommet en fonction de sa proximité à un ou plusieurs os existants et en fonction de la géométrie à déformer.

En clair, il suffit de créer l'armature du personnage, de parenter le maillage à celle-ci et ensuite de spécifier la méthode :

- sélectionnez le maillage puis ajoutez l'armature à la sélection ;
- utilisez la combinaison de touches *[Ctrl]+[P]* pour parenter le maillage à l'armature ;
- choisissez de parenter à l'armature en choisissant *With Automatic Weights* parmi les différentes options de *Armature Deform*.

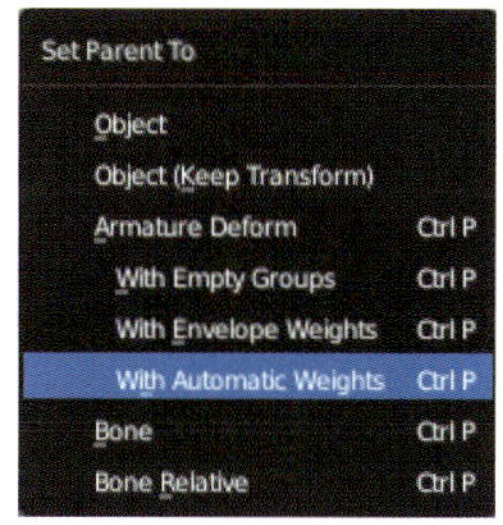

Figure 8–94 Création des groupes de sommets à partir de l'influence des os

Dans la plupart des cas, cette méthode devrait offrir de meilleurs résultats que la méthode des enveloppes, mais il se peut que le skinning ne soit pas toujours parfait ; lorsqu'un os est pivoté d'une très grande valeur, il se peut que l'articulation correspondante se contracte de façon peu acceptable. De même, avec certains maillages très mal construits (en particulier ceux présentant des arêtes de longueur nulle), il est possible que cette méthode échoue tout simplement.

ASTUCE

Tester votre skinning

Si vous souhaitez savoir comment se comporte votre modèle, quelques astuces utiles sont à connaître :

- en mode *Pose*, les os réagissent seulement à la commande *[R]* ou *[S]*. Une commande *[G]* est automatiquement convertie en *[R]* ;
- pour tester les déformations de façon plus libre, essayez la suite de touches *[R][R]* au lieu de *[R]* et déplacez la souris pour constater que le mouvement ne s'inscrit plus dans le plan de l'écran mais dans l'espace ;
- activez le bouton *Auto IK* de l'onglet *Armature* : déplacez un os (touche *[G]*) et voyez comment les os en amont réagissent automatiquement.

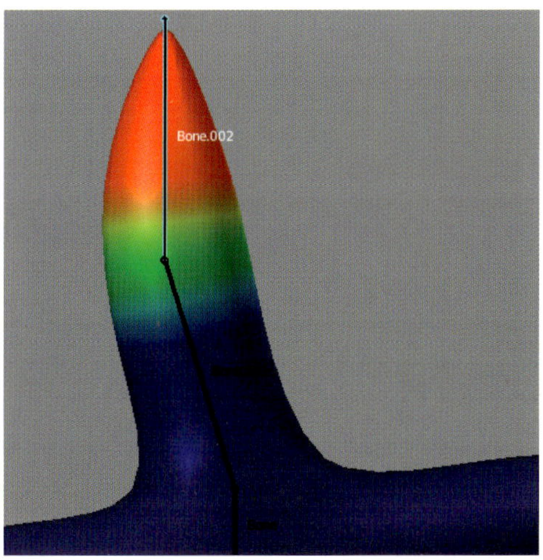

Figure 8–95
Exemple de groupes de sommets créés par la méthode du Bone Heat Weighting

Dans la mesure où les autres branches de notre étoile n'ont pas d'os définis, vous noterez que les premiers os de l'armature, lorsqu'ils sont tournés, déforment plus ou moins sensiblement, en fonction de la distance, le reste du maillage. Si l'armature était complète, il en serait bien évidemment autrement, chaque branche étant parfaitement déformée par les os les plus proches.

Par la méthode du weight painting

En réalité, cette méthode est la plus ancienne ; elle est antérieure aux outils *Envelope* et *Automatic Weights*. En réalisant la procédure qui suit, vous corrigez bien évidemment les *Weights* des groupes de sommets existants, mais vous les créez tout aussi bien.

Idéalement, pour faciliter la visualisation des opérations, dans le menu *Armature*, activez les options *X-Ray* et *Stick*. Ainsi, l'armature sera toujours visible à l'écran, mais elle ne masquera pas de façon flagrante le maillage.

Sélectionnez le maillage puis l'armature. Utilisez la combinaison de touches *[Ctrl]+[P]* et choisissez d'établir la relation de parent avec l'option *Armature*, en sélectionnant l'option *With Empty Groups*. Alternativement, vous pouvez spécifier au maillage le modificateur *Armature*, en citant celle à prendre en compte dans le champ *Object:*. Quelle que soit la méthode choisie, veillez bien à cocher l'option *Vertex Groups* et à désactiver *Bones Envelopes* dans le modificateur *Armature* que vous obtenez.

Avec le bouton droit de la souris, sélectionnez maintenant l'armature et entrez dans le mode *Pose* ; cette étape est importante, car elle est absolument indispensable ! Sélectionnez ensuite, toujours avec le bouton droit, le maillage à déformer et passez en mode *Weight Paint*.

Sélectionnez, dans ce mode, le premier os dont vous allez spécifier l'influence tel que celui qui constitue l'extrémité de la branche. Dans le panneau *Paint* du menu *Editing* (*[F9]*), choisissez *Weight* `1.000` et *Strength* `1.000` et coloriez à l'aide du petit pinceau l'extrémité du maillage susceptible d'être affectée par l'os courant.

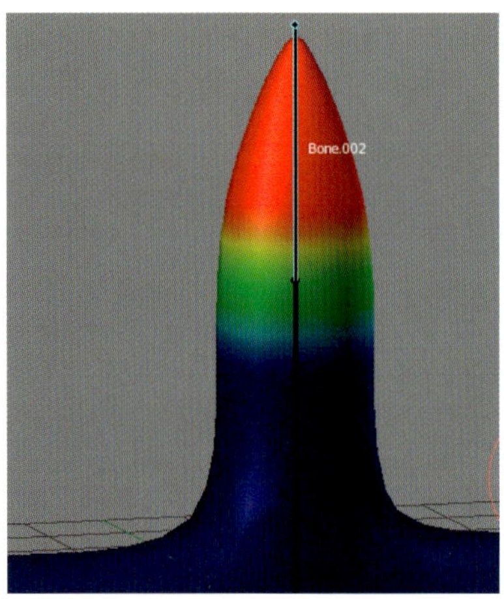

Figure 8–96
Les couleurs chaudes (maxi : rouge) indiquent les portions de maillage totalement déformées par l'os sélectionné et les couleurs froides (mini : bleu) caractérisent les portions qui restent insensibles à son influence.

Bien évidemment, vous répéterez ces opérations pour chacun des os ; en mode *Weight Paint*, n'hésitez pas à faire tourner le modèle dans tous les sens, en changeant régulièrement l'os sélectionné, pour vous assurer que tous les sommets sont bien colorés.

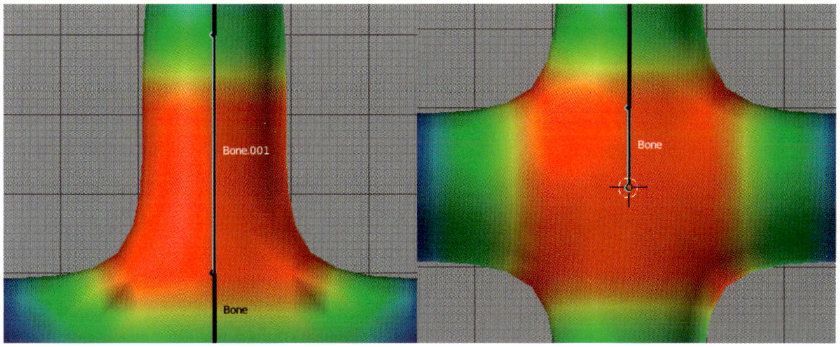

Figure 8–97
Les Weights de tous les sommets sont attribués pour chaque os disponible dans l'armature.

Il ne vous reste maintenant plus qu'à vérifier que le maillage se déforme conformément à vos souhaits : il est en effet essentiel de garder un esprit critique sur cette étape qui est traditionnellement la plus délicate de tout le processus d'animation. En effet, elle met souvent en lumière des défauts de conception/modélisation au niveau du maillage à déformer, qui se prête parfois peu ou mal à l'animation. Mais, avec l'expérience, bonne modélisation, bon rigging et bon skinning se combinent pour permettre des modèles parfaitement animés. Dans l'immédiat, sans quitter le mode *Weight Paint*, sélectionnez les os un à un, en les faisant tourner jusqu'à mettre en évidence des défauts de skinning.

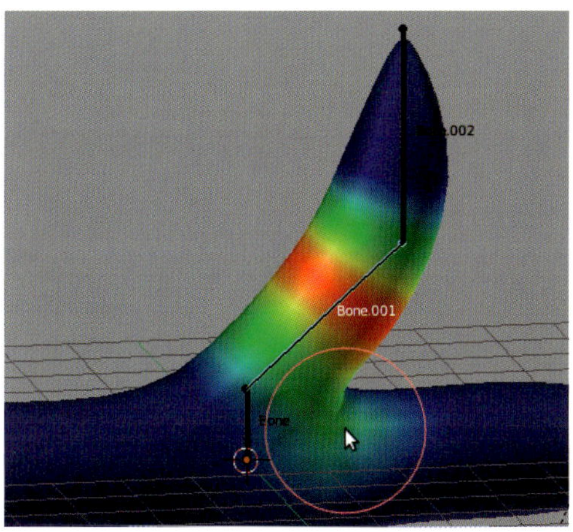

Figure 8–98
Le mode Pose étant actif, il est possible, en faisant bouger un os, de repérer, durant le weight painting, les zones à problèmes.

Il est également possible de corriger de façon dynamique les déformations d'un os particulier, en faisant tourner celui-ci et en corrigeant son *Weight* (ou celui de ses os adjacents) pour limiter les déformations non sollicitées ou les pincements de maillage.

ASTUCE
Mélanger les différentes méthodes

Vous pouvez, par exemple, réaliser le skinning de votre modèle soit par la méthode des enveloppes ou celle de l'*automatic weighting*, et ensuite corriger l'une ou l'autre en utilisant le traditionnel weight painting. Il vous faut alors activer l'option *Vertex Groups* (dans le modificateur *Armature*) pour que les modifications soient appliquées au maillage. Afin de préserver davantage les proportions lors de l'animation, notez l'existence de l'option *Preserve Volume* sur le modificateur.

Compléter l'armature

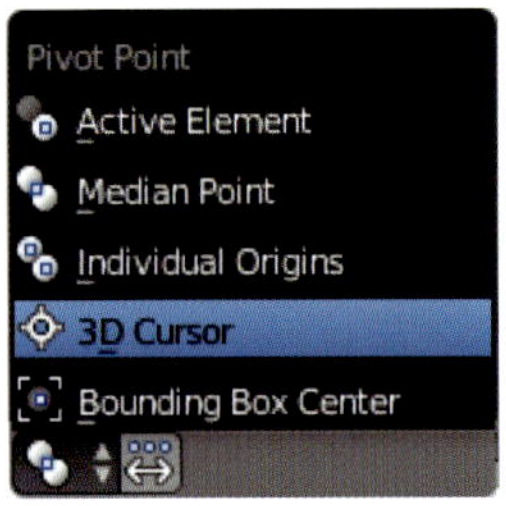

Figure 8–99 Le curseur 3D en guise de point pivot des rotations

Pour l'étape finale qui suit, nous considérerons que vous avez utilisé la méthode des enveloppes (dans le cas contraire, attendez d'avoir terminé le rigging et une armature complète avant de réaliser le parentage et le skinning). Avec l'armature en mode édition, rendez-vous dans le panneau *Armature*, dans les options d'affichage, et choisissez *Octahedron* pour simplifier les opérations à venir. Si le curseur de Blender n'est plus au centre de la scène, sélectionnez la base du premier os `Bone`, appelez le menu d'aimantation (*Snap*), grâce à la combinaison de touches *[Maj]+[S]*, et choisissez *Cursor To Selected*. Enfin, utilisez le curseur 3D en guise de pivot aux futures opérations de rotation.

Maintenant, sélectionnez les trois os de l'armature (touche *[A]* jusqu'à ce qu'ils apparaissent tous en orange, ou sélection multiple avec le bouton droit de la souris et la touche *[Maj]* enfoncée), et appuyez sur la combinaison de touches *[Maj]+[D]* pour les copier. Vous êtes automatiquement entré en mode déplacement ; aussi, sans toucher à votre souris, appuyez sur la touche *[R]* pour passer en mode rotation ; maintenez appuyée la touche *[Ctrl]* pour faire tourner la copie des os de `5°` en `5°`, jusqu'à `-90°`. Renouvelez l'opération jusqu'à ce qu'une copie de la chaîne d'os initiale occupe chacun des bras de l'étoile de mer.

Figure 8–100 Le modèle est désormais pourvu d'une armature complète.

Normalement, les os ont été dupliqués avec les informations d'enveloppe précédemment définies. Le modèle étant parfaitement symétrique, le rig

ASTUCE

Les manipulateurs de transformation 3D

S'ils sont relativement peu commodes en mode *Edit*, les manipulateurs de transformation 3D (également appelés *Widgets*) se révèlent particulièrement adaptés à la manipulation des objets en mode *Object* ou des os en mode *Pose*. Plus encore, en orientation *Local*, ils se montrent des alliés précieux des animateurs. Sur une armature en mode *Pose*, utilisez le manipulateur de rotation en orientation locale pour vous en persuader. Pour afficher ces manipulateurs, servez-vous des boutons en bas de la vue 3D ou utilisez le raccourci *[Ctrl]+[Espace]*.

est théoriquement complet et satisfaisant, mais pour d'autres modèles, il aurait peut-être fallu retoucher la taille des enveloppes. Quittez le mode d'édition pour passer en mode *Pose*, et après avoir repris *Active Element* comme point pivot, jouez avec la position des os pour donner à votre étoile de mer des poses aussi complexes que souhaitées. Enfin, vous pourrez toujours comparer votre rig avec celui du fichier `exercice-ch08.09-final.blend`.

Figure 8–101
« Staying alive, staying alive ! »
La première étoile de mer dansante est née...

Cinématique inverse

Ce que nous avons appris jusqu'à présent peut se révéler suffisant pour la création d'images fixes ; grâce aux armatures, nous sommes désormais capables de faire prendre à nos modèles les poses que nous souhaitons, et déplacer un à un chacun des os, jusqu'à obtenir la position parfaite, est un sacrifice nécessaire mais qui porte sa propre récompense. Mais dans le cadre d'animation, procéder ainsi os par os, pour chaque geste, nécessitera non seulement bien des tâtonnements, mais aussi une réserve de temps et de patience considérables de la part de l'animateur.

Heureusement, les outils de cinématique inverse (*Inverse Kinematics*, ou IK) viennent à son renfort : par exemple, pour déplacer le pied d'un sujet, il lui suffira de déplacer son contrôleur ; le pied suivra, ainsi que tous les os qui ajusteront leurs positions angulaires pour que le pied suive le contrôleur.

Reprenez le modèle de notre étoile de mer à quatre branches, désormais pourvue d'une armature complète, ou, si vous le souhaitez, ouvrez le

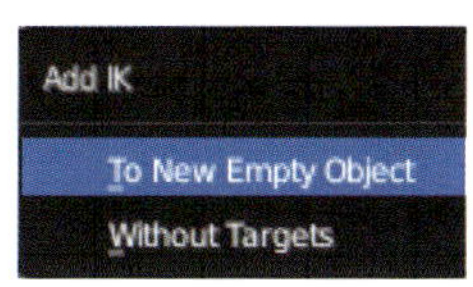

Figure 8–102
Ajout d'une contrainte IK

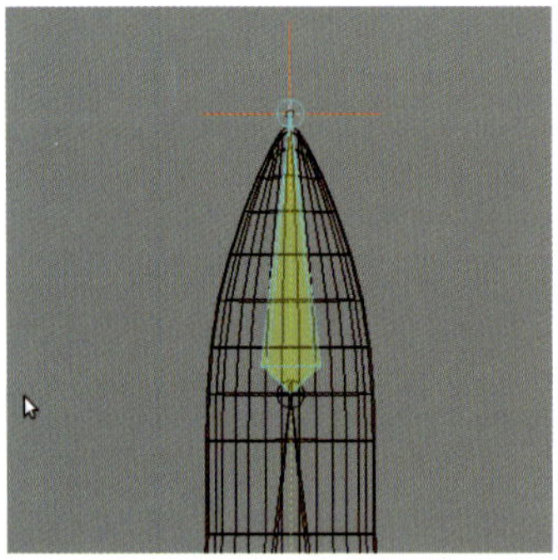

Figure 8–103 Création d'un objet Empty en bout de chaîne d'os

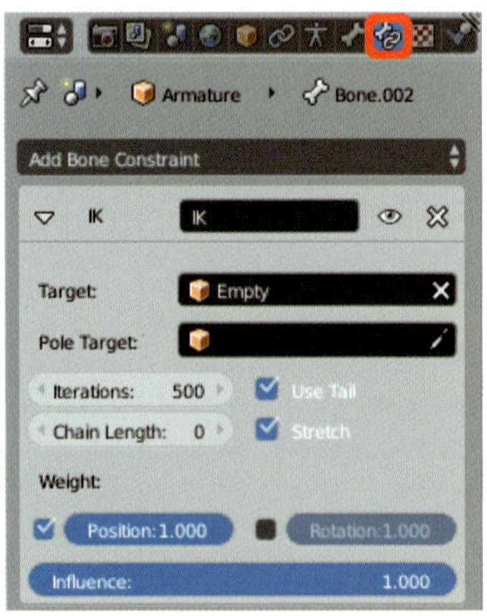

Figure 8–104 Le panneau Bone Constraints

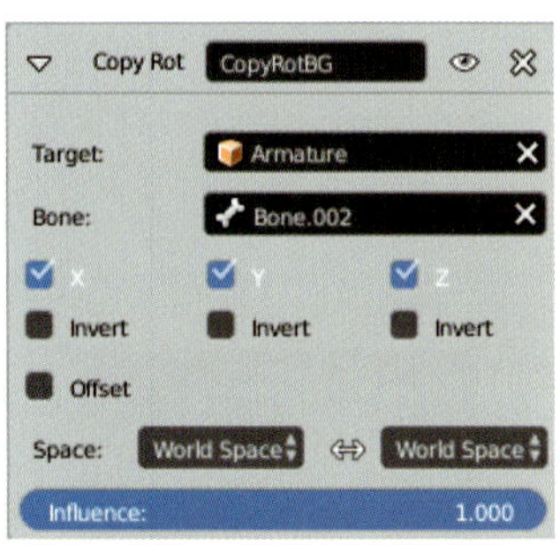

Figure 8–105 L'ajout d'une contrainte de rotation ne pose guère de difficultés.

fichier `exercice-ch08.09-final.blend`. L'armature est déjà sélectionnée, il vous reste à passer en mode *Pose*. Sélectionnez l'extrémité du dernier os du bras vertical supérieur, par exemple. Appuyez sur la combinaison de touches *[Maj]+[I]*, et choisissez *To New Empty Object* lorsque Blender vous demande sur quoi ajouter une nouvelle contrainte IK.

Un objet de type *Empty* est apparu au bout de la chaîne d'os, et le dernier os apparaît peint en jaune. Sélectionnez l'*Empty* avec le bouton droit de la souris, appuyez sur la touche *[G]* pour pouvoir le déplacer, puis promenez-le autour de l'écran, tout en regardant comment les os de l'armature pivotent les uns par rapport aux autres pour suivre l'objet *Empty*. Dans ce cadre, l'objet *Empty* nous sert de contrôleur.

Dans le menu *Bone Constraints*, une nouvelle contrainte nommée `IK` apparaît et présente toutes les options relatives à la cinématique inverse.

Grâce à des contrôleurs de ce type, l'animation d'un personnage constitué d'un nombre important d'os se trouve grandement simplifié, puisque c'est le solveur de cinématique inverse qui va s'occuper de positionner correctement tous les os de la chaîne, en fonction de la position du contrôleur. Mais il existe de nombreux autres types de contraintes disponibles dans Blender.

Blender et les contraintes

Les contraintes sont des fonctions qui permettent d'établir certains liens entre les objets. Il est possible, en particulier, d'établir des liens entre deux os de sorte que, par exemple, lorsqu'un os pivote dans une certaine direction, l'autre os suive la même transformation. On dit alors que le deuxième os est contraint par le premier, qui est la cible *(target)* de la contrainte *(constraint)* qui s'applique au second.

L'étude des contraintes et de l'animation en général est trop vaste et spécifique pour cet ouvrage, mais nous allons toutefois brièvement voir comment mettre en place une telle contrainte, outre la contrainte IK que nous venons de découvrir.

Ouvrez le fichier `exercice-ch08.09-final.blend`. L'armature est déjà sélectionnée, passez en mode *Pose*. Sélectionnez l'extrémité de la chaîne verticale supérieure qui figure plus ou moins la tête de votre étoile. Notez qu'elle se nomme `Bone.002`, car elle sera la cible des contraintes que nous allons mettre en place ; son nom nous sera donc utile. Sélectionnez maintenant une autre extrémité, par exemple celle du bras gauche (à droite de l'écran en supposant que l'étoile nous fasse face). Dans le panneau *Bone Constraints*, cliquez sur le bouton *Add Constraint* et choisissez *Copy Rotation* dans la liste déroulante. Dans le champ *Target*, indiquez le nom de l'armature qui est la cible de la contrainte : spécifiez donc `Armature`. Mais cette armature dispose de plusieurs os, aussi un champ *Bone* fait son apparition pour que vous notiez l'os concerné. Indiquez `Bone.002` que nous avons identifié plus tôt. Immédiatement, l'os qui subit la contrainte change son orientation pour s'aligner sur celle de l'os cible !

Répétez l'ajout d'une contrainte *Copy Rotation* à chacune des autres extrémités de l'étoile de mer. Pour vous y retrouver, pensez à renommer à votre guise chaque contrainte. Par exemple, indiquez `CopyRotBG` (copier la rotation sur le bras gauche) pour cette première contrainte.

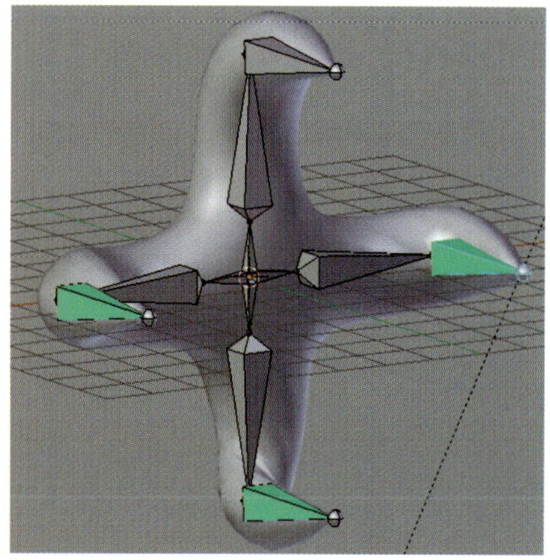

Figure 8–106
Grâce à cette contrainte, il suffit d'orienter l'os de la tête pour que les os des autres extrémités s'orientent de la même manière.

Blender propose bien évidemment un grand nombre de contraintes, certaines utiles aux objets, d'autres utiles aux os et aux armatures, d'autres utiles aux deux. Voici une liste rapide et non exhaustive de quelques contraintes utiles.

- *Child Of* : cette contrainte sert à établir des parentages complexes et animables entre diverses cibles. Les différents canaux permettent de déterminer de quelle façon le parent va transformer ses enfants.
- *Copy Location*, *Copy Rotation*, *Copy Scale* : permet respectivement de copier la position, les angles de rotation ou les échelles d'une cible et de les appliquer à l'identique à l'objet contraint.
- *Limit Location*, *Limit Rotation*, *Limit Scale*, *Limit Distance* : sert à limiter la position, les angles de rotation ou les échelles sur une plage spécifique. Ces contraintes n'ont pas besoin de cible.
- *Track To* : cette contrainte permet de toujours orienter un objet (une caméra, par exemple) en direction de sa cible (un objet de la scène ou un *Empty*, par exemple).
- *Floor* : permet de spécifier des objets plans qui ne pourront être traversés par l'objet contraint. On peut ainsi créer des sols, des murs ou des plafonds virtuels pour les os du pieds, ces derniers ne pourront pas disparaître sous le sol au cours de l'animation.
- *Locked Track* : l'objet contraint va pivoter pour suivre un chemin.
- *Follow Path* : l'objet contraint va se déplacer pour suivre un chemin.
- *Stretch To* : cette contrainte permet d'étirer l'objet en direction de la cible ; si celle-ci se rapproche, l'objet contraint se comprime. Dans les deux cas, le volume de l'objet contraint s'efforce d'être constant : cela veut dire qu'en s'étirant, il va également devenir beaucoup plus fin !
- *Inverse Kinematics* : comme nous l'avons vu, la chaîne entière de l'os contraint va être affectée par les déplacements de la cible ; cela est idéal pour animer une main en même temps que l'avant-bras et le bras !
- *Action* : permet d'appliquer préalablement une action basée sur la rotation d'un autre os. Cette contrainte est typiquement utilisée pour le gonflement du biceps lorsque l'on anime un bras.

BON À SAVOIR

La glissière Influence des contraintes

Ce bouton glissière permet de régler l'influence de la contrainte sur l'objet affecté. Lorsque plusieurs contraintes s'appliquent à un objet, elles le feront proportionnellement à leur *Influence* respective : par exemple, si pour chacune Influence est égale à `1.000`, les contraintes s'appliqueront à l'objet de façon équilibrée.

L'ordre des contraintes sur les objets et les os est important. En particulier, une contrainte sur un objet (l'armature) sera évaluée en premier, avant les contraintes sur les os de cette armature. Dans la liste des contraintes, celles-ci sont évaluées et appliquées de haut en bas. Ainsi, des contraintes situées en bas de liste peuvent imposer leur comportement malgré des contraintes contradictoires placées plus haut dans la liste.

Vous pouvez spécifier plusieurs contrainte identiques l'une après l'autre, formant un bloc continu, mais avec des cibles (*Target*) différentes. Blender va alors évaluer le résultat du bloc en une seule fois, en considérant une cible « moyenne ».

Quelques conseils méthodologiques

Degrés de liberté

Par défaut, un os peut pivoter librement autour des axes X et Z à partir de sa base (l'activation de *Axes* dans les options d'affichage du panneau *Armature* pourra aider à visualiser ces axes), et tourner sur lui-même (son axe Y). Dans le menu *Bones*, l'onglet *Transform Locks* permet de choisir un ou plusieurs degrés de liberté et de les bloquer. Par exemple, en activant les cadenas dans la colonne *Rotation* sur *X* et *Z*, un os ne peut plus tourner que sur lui-même (axe Y toujours libre). Ces options permettent de simuler aisément certaines articulations, comme le coude ou le genou.

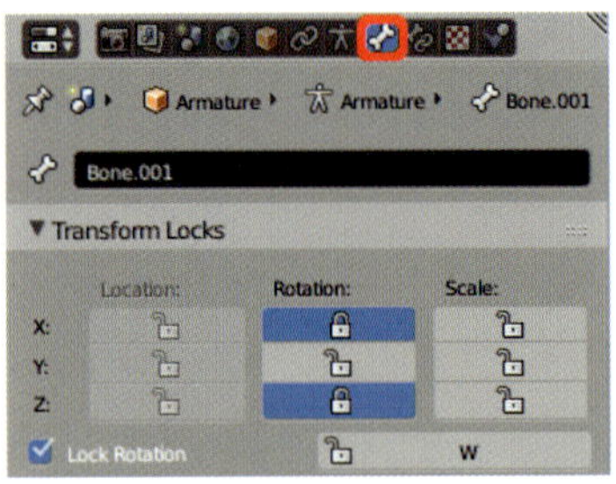

Figure 8–107
Les degrés de liberté sont faciles à supprimer.

Limitation des angles de rotation

De la même façon que vous avez ajouté la contrainte IK, vous pouvez ajouter une contrainte *Limit Rotation*. Pour chaque axe, elle affiche des options *Limit X*, *Limit Y* et *Limit Z* ; en activant, par exemple, *Limit X*, vous pouvez spécifier l'angle minimal (*Min X*) et l'angle maximal (*Max X*) entre lesquels devra évoluer l'os. Ces options permettent de simuler aisément les plages de rotation de certaines articulations, comme le coude ou le cou, par exemple.

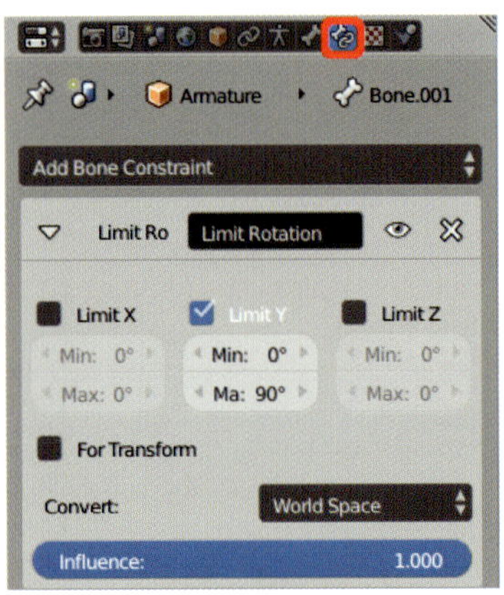

Figure 8–108
Chaque axe peut se voir limité à une rotation sur une certaine plage angulaire.

L'éditeur d'actions non linéaires (NLA Editor)

En anglais, il s'agit du *Non Linear Action Editor* (ou *NLA Editor*). Il permet tout simplement de réaliser un montage avec les actions disponibles pour le sujet.

Création d'une action

Nous avons déjà commencé à nous frotter à l'éditeur d'actions dans le chapitre précédent, mais nous allons ici être un peu plus concret, en basant nos expérimentations sur l'armature mise en place dans la section « L'animation squelettale » de ce même chapitre.

Ouvrez le fichier `exercice-ch08.10-depart.blend` du répertoire `/exercices`. L'écran a déjà été préparé aux manipulations à venir. On note une vue 3D, dans laquelle nous allons poser notre étoile de mer. Immédiatement en dessous d'elle, une vue *Graph Editor*, qui nous servira surtout à contrôler notre travail. La majeure partie de l'écran est réservée à l'éditeur d'actions (en haut à droite), à l'éditeur d'actions non linéaires (juste en dessous), et enfin à la *Timeline* (encore au-dessous).

> ERGONOMIE **Raccourcis clavier pour l'édition des actions**
>
> Les raccourcis suivants se révéleront utiles dans votre carrière d'animateur.
>
> - **Touche** *[B]* : vous pouvez sélectionner une clé d'action grâce au bouton droit de la souris, mais également utiliser la touche *[B]*, qui permet de dessiner une boîte de sélection autour d'un groupe entier ; les clés sélectionnées apparaissent en jaune, celles qui ne le sont pas apparaissent en blanc.
> - **Touche** *[G]* : vous pouvez sélectionner une clé d'action (ou un groupe de clés) grâce à cette touche, et la déplacer à la souris. La touche *[Ctrl]* fonctionne comme dans une vue 3D, en contraignant le déplacement à des fractions entières.
> - **Touche** *[S]* : cette touche vous permet de redimensionner horizontalement un groupe de clés ; si vous le diminuez, l'action accélère. Au contraire, si vous l'augmentez, l'action ralentit.
> - **Combinaison de touches** *[Maj]+[D]* : vous pouvez copier une action, et la positionner à la souris à l'endroit de votre choix, ce qui est très pratique lorsqu'une action complexe ramène à plusieurs reprises à la même position.
> - **Touche** *[X]* : supprime une clé d'action, ou un groupe de clés.
> - **Combinaison** *[Maj]+[G]* : ajoute l'action courante au groupe d'actions actif (un nouveau groupe est créé s'il n'en existe pas).
> - **Combinaison** *[Ctrl]+[Maj]+[G]* : ajoute l'action courante à un nouveau groupe d'actions.
> - **Combinaison** *[Alt]+[G]* : enlève l'action courante des groupes d'actions dans lesquels elle figure.

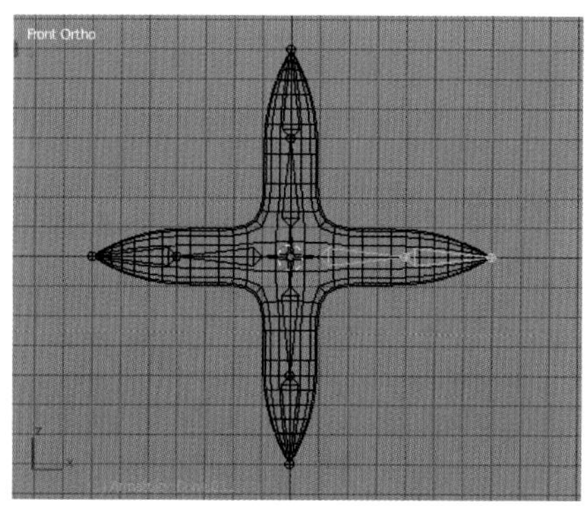

Figure 8–109
La position de départ de notre première action

De retour dans la vue 3D, entrez en mode *Pose*. Vérifiez que vous êtes bien à la frame `1` du système. Repérez les os nommés `Bone.010` et `Bone.011` ; ils constituent le bras gauche de l'étoile (à droite de la vue 3D, l'étoile étant censée vous faire face). Sélectionnez-les tous deux, et avec le pointeur de la souris toujours dans la vue 3D, appuyez sur la touche *[I]* pour insérer une clé de type *LocRotScale*. Dans le *DopeSheet*, des losanges jaunes apparaissent en face des noms des os, indiquant qu'une nouvelle clé vient d'être insérée. Dans le *NLA Editor*, une action a été créée. Elle prend par défaut le nom `ArmatureAction`, mais dans le panneau des propriétés (accessible *via* la touche *[N]* dans cette fenêtre), renommez celle-ci en `BougeBrasGauche`.

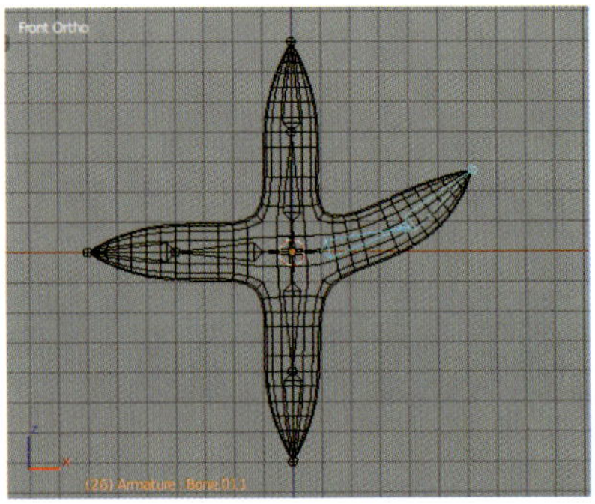

Figure 8–110
Notre étoile lève son bras gauche...

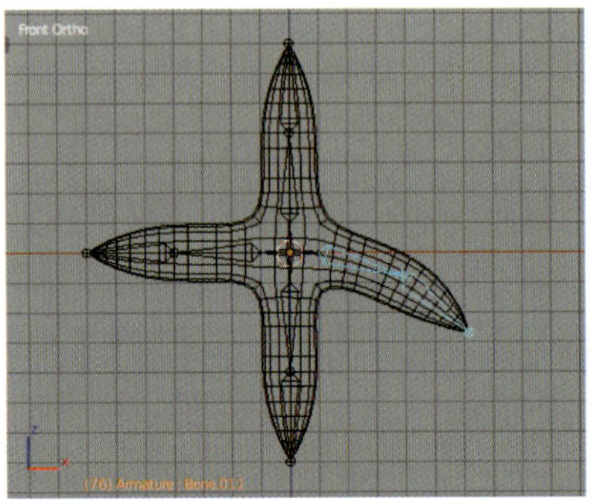

Figure 8–111
... puis le baisse...

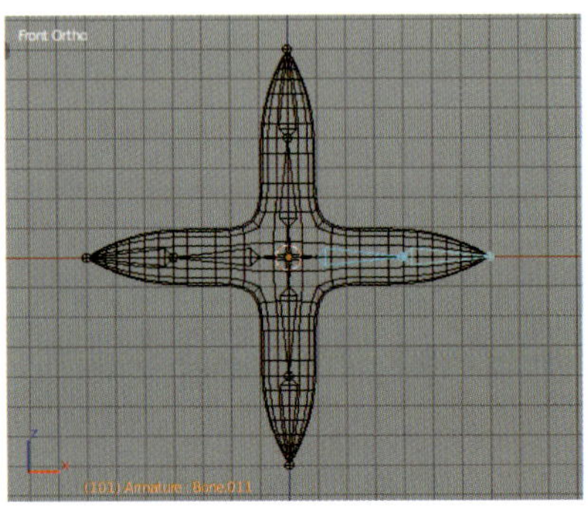

Figure 8–112
... avant de revenir à sa position de départ.

Maintenant, avancez jusqu'à la frame `26` (soit une seconde plus tard, à 25 frames par seconde), sélectionnez l'os nommé `Bone.010`, appuyez sur la touche `[R]` pour entrer en mode rotation (en maintenant la touche *[Ctrl]* appuyée pour obliger la rotation à accomplir des incréments entiers de `5°`), et faites-le tourner de `-15°`. Sélectionnez maintenant l'os nommé `Bone.011` et de la même façon, faites-le tourner de `-25°`. Sélectionnez ces deux os, et à nouveau, appuyez sur la touche *[I]* pour insérer une nouvelle clé de type *LocRotScale*.

Rendez-vous maintenant en frame `76` (soit 2 secondes plus tard), faites tourner l'os `Bone.010` de `+30°` et l'os `Bone.011` de `+50°`, de sorte que la nouvelle pose soit le miroir, par rapport à l'axe horizontal, de la précédente. À nouveau, avec les deux os sélectionnés, appuyez sur la touche *[I]* et choisissez *LocRotScale* pour enregistrer une nouvelle clé.

Enfin, avancez jusqu'à la frame `101` (une seconde supplémentaire plus tard), conservez les deux os sélectionnés, et appuyez sur la combinaison de touches *[Alt]+[R]* pour réinitialiser leurs rotations respectives : ils reviennent tous deux en position horizontale. S'ils sont toujours sélectionnés, insérez une dernière clé *LocRotScale* grâce à la touche *[I]*.

Après ce travail laborieux, si nous jetons un œil au contenu du *DopeSheet* et de l'éditeur d'actions non linéaires, nous constatons qu'ils se sont garnis d'une clé d'animation (losange jaune), pour chaque os et chaque frame clé.

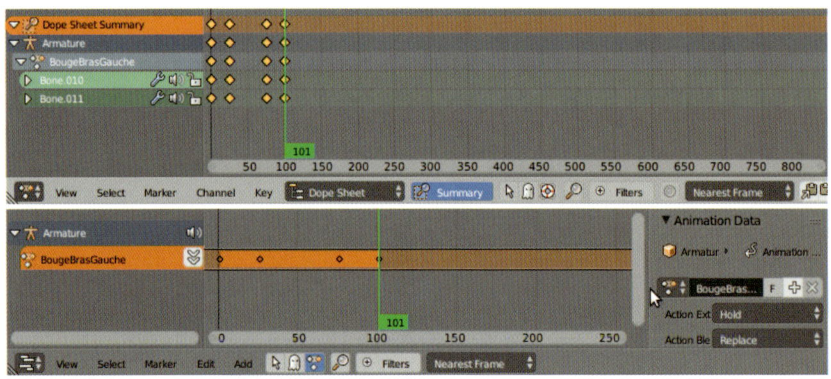

Figure 8–113 Les éditeurs ont précieusement consigné toutes les clés d'animation.

Nous allons maintenant créer une seconde action. Dans le *NLA Editor*, figez notre première action `BougeBrasGauche` en cliquant sur l'icône représentant deux chevrons à droite du nom de l'action courante. L'action créée s'insère sur une bande d'animation nommée `NlaTrack`. Dans le panneau de droite du *NLA Editor* (que vous pouvez afficher avec la touche *[N]*), cliquez sur le bouton *New* pour créer une seconde action appelée par défaut `Action.001`. Renommez-la en `BougeBrasDroit`.

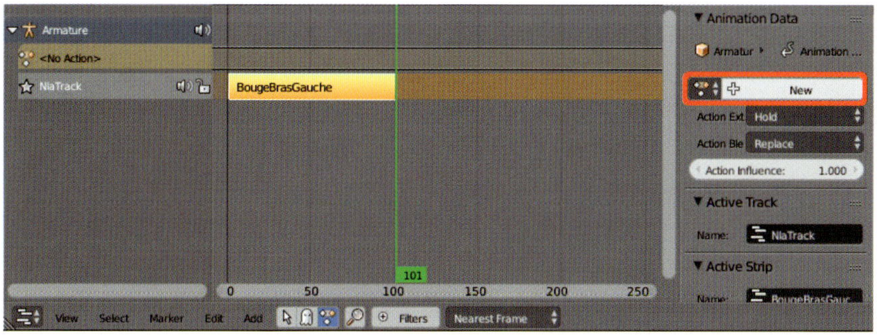

Figure 8–114 Création de la seconde animation depuis le NLA Editor

Maintenant, dans la vue 3D, désélectionnez les os du bras gauche, et recommencez les mêmes opérations pour le bras droit de l'étoile de mer (à gauche de l'écran), constitué des os `Bone.004` et `Bone.005`. Nous avons donc maintenant deux actions parfaitement symétriques. Pour les tester, utilisez la combinaison de touches *[Alt]+[A]* ou le curseur lecture de la *Timeline* et nous voyons les deux bras de notre étoile de mer se lever de façon parfaitement synchronisée. Dès lors, vous pouvez aussi « fixer » cette action pour l'ajouter à une nouvelle bande d'animation. Pour cela, cliquez à nouveau sur l'icône en forme de flocon de neige.

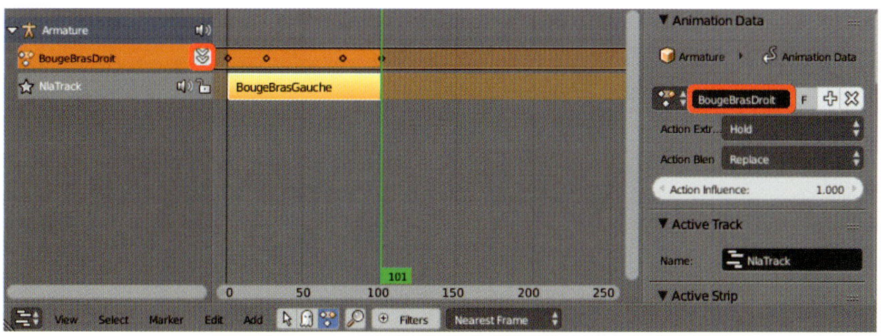

Figure 8–115 La deuxième action est renommée et prête à être ajoutée à l'éditeur d'actions.

Continuons la découverte de l'éditeur d'actions non linéaires pour voir comment composer ces deux mouvements.

Création d'une séquence

Dans le *NLA Editor*, vous avez maintenant deux pistes d'animation nommées `NlaTrack` et `NlaTrack.001`. Sur chacune d'elle figure une bande d'animation qui représente les différentes action créées, à savoir `BougeBrasGauche` et `BougeBrasDroit`. Si l'on veut que notre étoile bouge de manière répétée les bras de manière décalée, il suffit de sélectionner

> ASTUCE
>
> **Remise à zéro des rotations et du redimensionnement d'un os**
>
> Lorsque vous entreprenez de créer une action, après avoir enregistré une ou plusieurs clés à une frame ou une autre, vous aurez peut-être besoin de ramener un os à sa position et/ou dimension d'origine, surtout lorsque vous cherchez à compléter un cycle :
>
> - *[Alt]+[R]* vous permet de réinitialiser les rotations d'un os ;
> - *[Alt]+[S]* vous permet de réinitialiser la dimension d'un os.
>
> Cela vous évite donc d'annuler manuellement les rotations ou mises à échelle que vous avez pu imposer précédemment à vos os.

> BON À SAVOIR
>
> **Les contraintes**
>
> Les contraintes ont une utilité générale et ne sont pas spécifiques à l'animation de personnages ; elles permettent de résoudre les soucis de cinématique inverse ou encore de verrouiller les objets les uns par rapport aux autres. Pour ajouter une contrainte, cliquez sur le bouton *Add Constraint*, dans le panneau *Constraint*. Seul un os peut recevoir une contrainte de type *IK Solver* ou *Action* ; quelques contraintes typiques : *Track to* pour qu'une caméra pointe vers un objet *Empty* ou un autre objet ; *IK Solver* pour animer une chaîne complète d'os à partir d'un simple contrôleur ; *Action* pour simuler la contraction d'un muscle lorsque le membre est animé.

une bande avec le bouton droit de la souris, de la dupliquer avec *[Maj]+[D]*, puis de la déplacer avec la touche *[G]*. Vous vous apercevrez vite que ces bandes d'actions ne peuvent se chevaucher sur la même piste, à vous de les disposer sur deux pistes, ou plus.

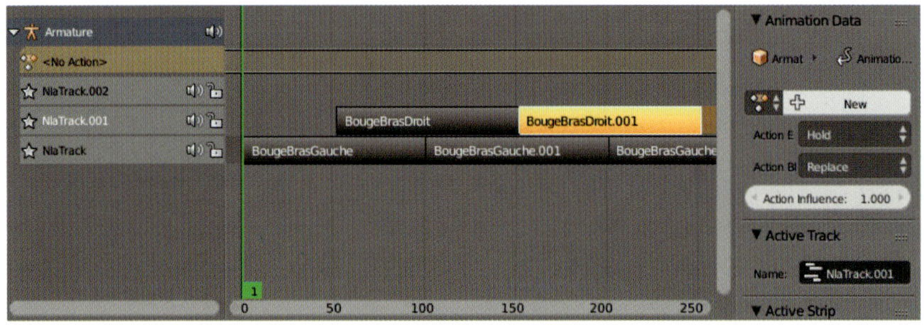

Figure 8–116
Dupliquez et déplacez les bandes d'actions pour créer une action répétitive.

Vous pouvez répéter par exemple chacune des actions trois fois, avec un décalage entre le bras droit et le bras gauche. Néanmoins, chaque action durant 101 frames, vous arriverez vite aux limites des 250 frames par défaut. Vous pouvez bien évidement augmenter la valeur *End* dans le menu *Render*. Mais il se peut aussi que vous trouviez l'animation tout simplement trop lente, chaque action s'étalant sur 4 secondes. Inutile de refaire tout le travail d'insertion de clés d'animation pour autant ! En effet, chaque action peut être accélérée ou ralentie de deux manières.

- Dans la fenêtre, sélectionnez une bande d'animation et pressez la touche *[S]* pour pouvoir l'agrandir ou la réduire. Cette opération se fait par rapport à la frame courante symbolisée par le trait vertical vert dans le *NLA Editor*.
- Dans la panneau latéral droit des propriétés du *NLA Editor* (qu'on peut invoquer avec la touche *[N]*), observez l'onglet *Active Strip*. Les valeurs *Start Frame* et *End Frame* indiquent respectivement la frame de début et la frame de fin de l'action. La durée de celle-ci sera donc dilatée ou contractée afin de tenir dans cet intervalle de temps. Par défaut, la bande commence et se termine en même temps que l'action, telle que vous l'avez définie.

Figure 8–117
Les valeurs Strip Extents permettent de gérer précisément la durée de chaque action.

La seconde option très importante est le bouton numérique *Repeat* ; il définit le nombre de fois où l'action sera répétée dans l'intervalle de temps occupé par la bande. Des valeurs supérieures à `1.00` accéléreront donc l'action qui sera répétée plusieurs fois dans le même intervalle, et réciproquement, des valeurs inférieures à `1.00` la ralentiront.

Essayez de jouer avec les valeurs *Start Frame*, *End Frame*, et *Repeat* en éditant les bandes de chacune des deux actions, et jouez les animations correspondantes dans la vue 3D. Vous pouvez, si vous le souhaitez, vous référer au fichier `exercice-ch08.10-final.blend`.

ERGONOMIE **Raccourcis clavier pour l'édition des bandes d'actions**

Les raccourcis suivants se révéleront utiles dans votre carrière d'animateur.

- Bouton droit de la souris : ce bouton vous permet de sélectionner la bande d'action à éditer.
- **Touche** *[G]* : cette touche vous permet de déplacer, sur sa ligne horizontale, une bande d'action.
- **Touche** *[S]* : cette touche vous permet de redimensionner horizontalement une bande, l'origine du redimensionnement étant la barre verticale verte symbolisant la frame courante. Diminuer l'échelle d'une bande condense l'action en cours, ce qui a pour effet de l'accélérer. Inversement, agrandir l'échelle ralentit l'action en cours.
- **Combinaison de touches** *[Maj]+[A]* : cette combinaison a pour effet d'ajouter une bande dans l'éditeur.
- **Touche** *[X]* : supprime une bande.

BON À SAVOIR

Blend In et Blend Out

Les bandes sont évaluées par Blender du haut vers le bas, les actions comprises dans des bandes postérieures pouvant supplanter celles des bandes antérieures, si vous avez, pour deux actions se chevauchant sur la *Timeline*, spécifié des actions agissant sur tout ou partie des mêmes os.

Blend In et *Blend Out* définissent le nombre de frames de transition entre l'action en cours d'édition et celle qui la précède dans la liste des bandes d'actions. Par défaut, l'option *Auto Blend In/Out* est cochée (dans l'onglet *Active Strip* du panneau latéral droit). Pensez à la décocher afin de pouvoir paramétrer les transitions manuellement.

APPROFONDIR

Simuler la marche d'un personnage

Simuler un cycle de marche est relativement complexe si l'on veut qu'il soit réaliste, car il faut en particulier décomposer le mouvement des deux jambes, du talon et des pieds. Une fois l'action définissant le cycle de marche mise au point, les choses se simplifient : il ne vous reste plus qu'à définir un *Path* (voir le chapitre 7 « Techniques d'animation fondamentales »), d'activer l'option *Use Path*, de spécifier l'os qui définira l'enjambée (*Stride Bone*) et l'enjambée (*Stride*) elle-même, c'est-à-dire la distance (en unités de Blender) que le personnage va parcourir le temps de l'action.

Animation avancée à l'aide des modificateurs

Quelques modificateurs peuvent se révéler utiles pour l'animation avancée avec Blender. Nous les présentons ici, mais ils nécessitent une bonne compréhension des outils déjà présentés dans le chapitre 7 « Techniques d'animation fondamentales » et le chapitre 8 « Techniques d'animation avancées ».

Déformation imposée par un maillage : le modificateur Mesh Deform

Plutôt que d'utiliser un volume réglé avec des pas de grille dans les trois directions de l'espace, ce modificateur permet, dans la lignée du modificateur *Lattice*, l'utilisation d'un maillage arbitraire en tant que « cage de déformation » pour déformer un autre maillage. L'avantage par rapport au treillis est que la cage de déformation peut être modélisée pour coller au plus près au maillage à déformer, et qu'elle peut être très simple à animer par le biais des armatures. L'autre avantage, par rapport à l'usage

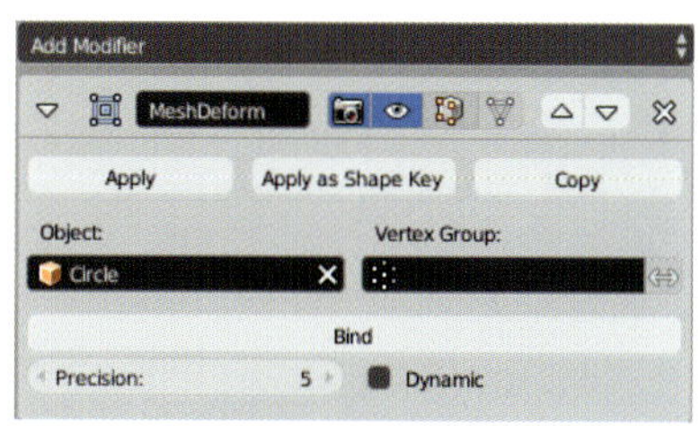

Figure 8–118
Le modificateur Mesh Deform

classique des armatures, c'est qu'une montre, des bagues, une chemise (ou n'importe quel accessoire également compris dans le volume de la cage de déformation et bénéficiant du modificateur) serait également automatiquement déformé pour prendre ses justes forme et position, sans grand effort de la part de l'animateur.

La cage doit être un maillage classique, totalement clos, dont seuls les sommets contenus dans la cage seront effectivement déplacés par le modificateur. Idéalement, pour être facile à animer, cette cage aura une structure simplifiée et un nombre de sommets bien plus réduit que le maillage à déformer. La procédure est la suivante :

- modélisation de l'objet à déformer ;
- modélisation de la cage de déformation, par dessus l'objet à déformer ;
- ajout d'un modificateur *Mesh Deform* à l'objet à déformer ;
- saisie du nom de la cage de déformation dans le champ *Object:* du modificateur ;
- action sur le bouton *Bind.*

L'influence de déformation de la cage est alors calculée pour chaque sommet du maillage à déformer, et cela peut prendre un temps variable en fonction de la densité du maillage mais également de la valeur du champ *Precision*. Des valeurs élevées conduisent à des déformations beaucoup plus précises, mais l'influence peut être considérablement plus longue à calculer.

ASTUCE

Une cage en plusieurs parties

La cage n'est pas obligatoirement un maillage en un seul tenant. Elle peut être constituée de plusieurs volumes (petites sphères pour les yeux, parallélépipèdes pour les doigts, etc.) qui peuvent ou non se chevaucher, au gré des besoins, afin d'offrir un degré de contrôle supplémentaire sur les déformations.

ASTUCE

Distance de la cage au maillage à déformer

La distance entre la cage de déformation et le maillage à déformer a son importance : si la cage est serrée autour du maillage, les déformations seront abruptes et prononcées ; au contraire, si elle est éloignée du maillage, les déformations seront plus douces, plus arrondies.

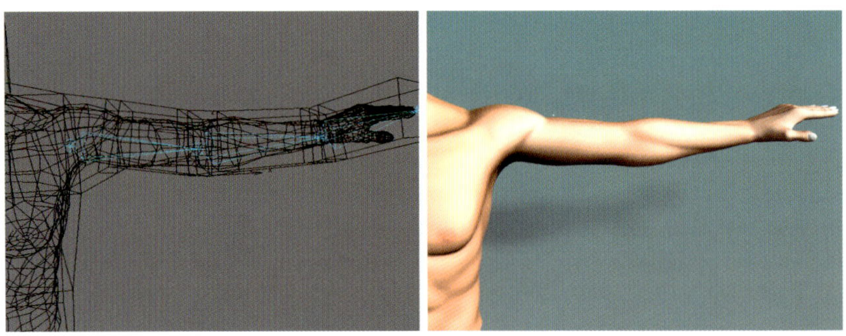

Figure 8–119
Exemple d'une cage de déformation encadrant un maillage de corps humain (issu du projet MakeHuman) : la cage, très primitive, peut être déformée par une très simple armature.

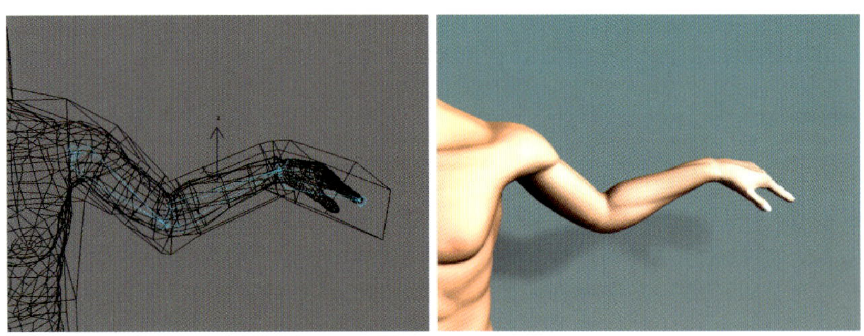

Figure 8–120
L'armature déforme la cage qui, elle-même, déforme le bras de l'objet.

Le champ *Vertex Group* permet de limiter l'action du modificateur à certains groupes de sommets particuliers (ou à la sélection inverse du groupe si le bouton *Invert* est actif). Pour sa part, le bouton *Dynamic* permet d'évaluer l'amplitude de déformation apportée par la cage après que d'autres déformations (imposées par des Shape Keys, par exemple) aient été appliquées. Cette option requiert toutefois des temps de calcul plus longs et consomme plus de mémoire.

Enfin, le bouton *Unbind* permet de réinitialiser à zéro l'influence de la cage sur le maillage. Des retouches peuvent alors être apportées à la cage ; l'influence du modificateur sera alors réévaluée. Si la cage est modifiée sans que le bouton *Unbind* ait été utilisé, le maillage sera déformé proportionnellement.

La simulation de surface marine : le modificateur Ocean

L'outil de simulation d'océan de Blender prend la forme d'un modificateur qui permet de générer la surface d'un océan soumise aux déformations. Dérivé d'un outil existant pour le logiciel Houdini, il est conçu pour simuler les vagues et l'écume du grand large. Il fonctionne sur la base d'une grille 2D dont la définition peut être réglée et qui permet de générer différents types de données : le déplacement de géométrie, les normales et l'intersection des crêtes des vagues (c'est-à-dire l'écume).

Figure 8–121

Création de la surface de l'océan

Ouvrez une nouvelle scène. Effacez le cube par défaut et ajoutez un plan en utilisant la combinaison de touches *[Maj]+[A]>Add Mesh>Plane* ou en passant par le menu *Add* de la barre *Info*.

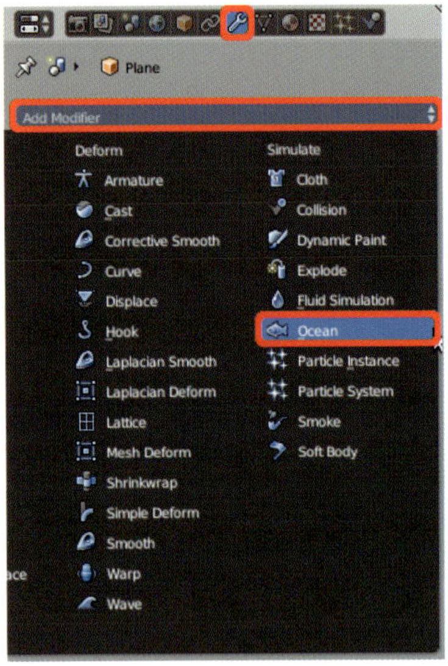

Figure 8–122
Ajout du modificateur Ocean

Dans le menu des modificateurs, cliquez sur *Add Modifier* et choisissez *Ocean*.

Le plan devient plus grand et présente des variations dans le relief simulant la surface d'une mer assez calme. Si vous le souhaitez, vous pouvez lui redonner une taille plus conforme à la taille du plan de départ avec la touche *[S]*. Si vous tentez de lancer l'animation avec le bouton *Play* de la *Timeline* ou avec la combinaison de touches *[Alt]+[A]*, vous pouvez constater qu'il ne se passe rien pour l'instant et que la mer reste donc figée.

Le modificateur présente plusieurs options qui permettent de changer l'aspect de la surface créée. Pour ajouter du détail, augmentez le facteur *Resolution* à `20` (en cas de ralentissement de votre machine, baissez un peu cette valeur). Afin d'avoir plus d'amplitude dans les vagues, vous pouvez entrer une valeur *Scale* : `3.000`. Pour que les crêtes des vagues soient plus franches et donnent un aspect plus agité à la mer, entrez la valeur `2.5` dans le champ *Choppiness*.

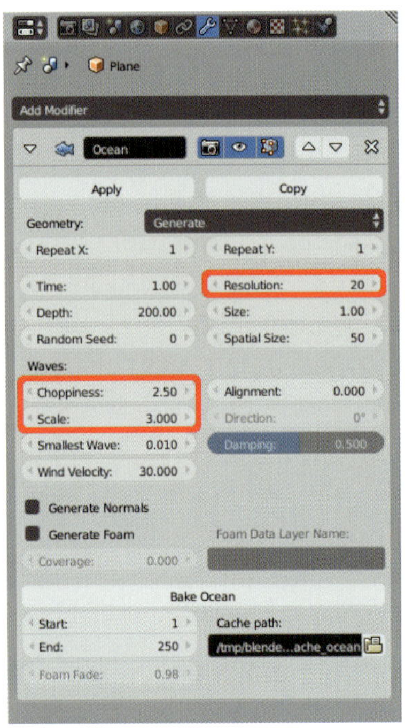

Figure 8–123 Quelques premiers réglages pour obtenir une surface plus convaincante

MODIFICATEUR OCEAN **Les options générales**

- *Generate* (par défaut) : permet de générer la géométrie de surface de l'océan à la résolution indiquée. La surface générée est *seamless* et peut être raccordée à une copie d'elle-même.
- *Displace* : permet de modifier un maillage existant en fonction d'une simulation précédemment calculée.
- *Repeat X*/*Repeat Y* : permet de répéter la portion d'océan sur les axes X et Y. Cela remplace le modificateur *Array* qui ne fonctionne pas correctement avec la simulation d'océan.
- *Time* : définit la période durant laquelle la surface de l'océan est évaluée. Pour animer la surface, il faut insérer des clés d'animation sur cette valeur. La vitesse de changement de la valeur *Time* détermine la vitesse des vagues.
- *Resolution* : définit la résolution de la grille interne 2D générée par la simulation. Cette option est exprimée en puissance de 2 ; une valeur de 16 correspondra donc à une grille de 256 × 256. De hautes valeurs seront plus longues à calculer mais offriront un niveau de détail intéressant.
- *Spatial Size* : spécifie, en mètres, la longueur d'un côté du carré d'océan créé.
- *Depth* : définit, en mètres, la profondeur constante du sol sous-marin.

MODIFICATEUR OCEAN **Les données additionnelles**

Par défaut, le modificateur *Ocean* ne génère que des données de déplacement (*Displacement*). D'autres options restent néanmoins possibles.

- *Generate Normals* : si cette option est activée lors du baking, elle va créer une *normal map* additionnelle qui pourra ensuite être appliquée en tant que texture pour générer davantage de relief.
- *Generate Foam* : si cette option est activée lors du baking, elle va créer une texture en noir et blanc représentant les zones où l'on trouve de l'écume, permettant des rendus encore plus réalistes.
- *Coverage* : permet de définir le taux d'écume couvrant les vagues.

MODIFICATEUR OCEAN Les options des vagues

- *Choppiness* : permet de rendre la surface plus ou moins agitée en formant des crêtes. Avec une valeur nulle, la surface est seulement déformée sur l'axe vertical. Plus vous augmentez cette valeur, et plus les déplacements latéraux s'intensifieront pour créer des vagues aux rebords plus francs.
- *Scale* : permet de contrôler d'une manière générale l'amplitude des vagues, dans toutes les directions.
- *Alignment* : correspond à la force qu'exerce le vent sur la direction des vagues. Avec une valeur nulle, les vagues sont orientées de manière aléatoire. Plus la valeur est forte et plus le vent souffle dans une direction constante, donnant un aspect plus compressé aux vagues qui sont alors alignées dans une seule direction.
- *Direction* : lorsque vous utilisez l'option *Alignment*, cette valeur spécifie en degrés la direction dans laquelle les vagues sont alignées.
- *Damping* : lorsque vous utilisez l'option *Alignment*, ce facteur permet d'estomper les interactions entre les différentes vagues. Avec une valeur nulle, chaque vague agit sur ses voisines, dans toutes les directions. Avec la valeur maximale de `1.000`, les interactions sont totalement estompées et les vagues ne dépendent plus que de la direction imposée.
- *Smallest Wave* : détermine la taille minimum des vagues.
- *Wind Velocity* : détermine la vitesse du vent en mètres par seconde.

Animation de l'océan

Pour cette première expérimentation, nous allons garder la durée d'animation par défaut, soit 250 frames. Placez-vous sur la frame `1` et entrez la valeur `0.000` dans le champ *Time* du modificateur *Ocean*. Avec le pointeur de la souris sur cette valeur, pressez la touche *[I]* pour insérer une clé d'animation. Le champ concerné doit devenir jaune. Ensuite, par le biais de la *Timeline* ou de la combinaison de touches *[Maj]+[→]*, rendez-vous à la frame `250`. Augmentez la valeur *Time* à `5.000` et insérez une seconde clé d'animation comme précédemment avec la touche *[I]*.

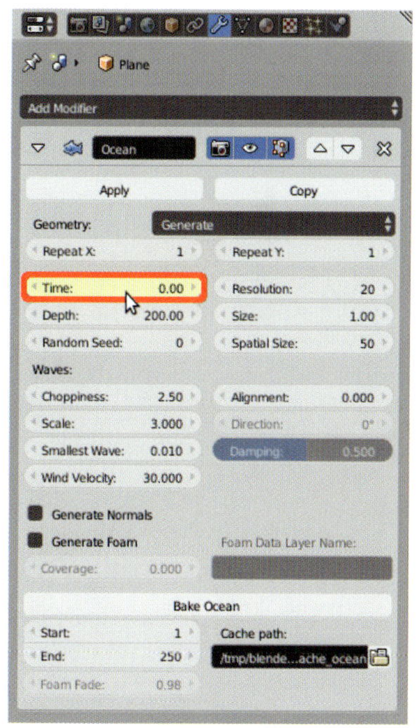

Figure 8–124
Insertion d'une première clé d'animation sur le facteur Time avec la touche [I]

Vous pouvez lancer l'animation, soit avec le bouton *Play* de la *Timeline*, soit avec la combinaison de touches *[Alt]+[A]*. Il se peut, selon les ressources de votre machine, que vous deviez baisser légèrement la résolution du modificateur pour que l'affichage soit fluide. Autrement, vous vous apercevrez aussi que l'animation démarre lentement, puis accélère, avant de ralentir progressivement vers la fin. Cela est dû au fait que la courbe d'interpolation créée à la suite de l'insertion des clés est de type Bézier. Ouvrez une fenêtre *Graph Editor*, ou basculez dans la disposition des vues de type *Animation via* le menu déroulant de la barre *Info* située en haut de l'écran.

Normalement, la seule courbe d'animation relative à notre océan, courbe nommée `Time (Ocean)`, est sélectionnée. Avec le pointeur de la souris positionné dans le *Graph Editor*, pressez la touche *[T]* et changez le mode d'interpolation en *Linear*.

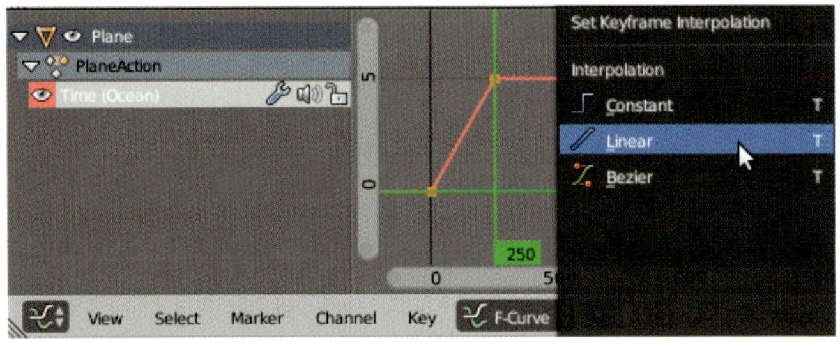

Figure 8–125
Le choix d'une interpolation linéaire pour la courbe d'animation de la vague est le choix le plus judicieux.

À présent, si vous relancez l'animation, la vitesse des vagues doit être parfaitement constante. Bien évidemment, comme nous l'avons vu dans le chapitre 7 sur les bases de l'animation, vous pouvez utiliser des modificateurs de courbes dans l'éditeur de graphes, notamment *Cycles* avec l'option *Repeat with Offset* qui vous permettra de prolonger la pente de la courbe au-delà des limites des deux seules clés d'animation insérées.

Création du matériau de base de l'océan

Assurez-vous d'avoir sélectionné *Cycles* comme moteur de rendu à la place de *Blender Render* dans la barre *Info* située en haut de l'interface. Créez un nouveau matériau mixte pour lequel nous allons mélanger deux matériaux. Le premier sera un matériau bleu foncé de type *Glass* avec une valeur *Roughness* de `0.300` et un indice de réfraction (valeur IOR) de `1.33` correspondant à l'eau. Le second sera un matériau blanc de type *Glossy* pour simuler les réflexions. Un matériau réaliste d'océan sera effectivement toujours assez sombre avec des réflexions, prenant ainsi ses couleurs dans le ciel qui s'y réfléchit.

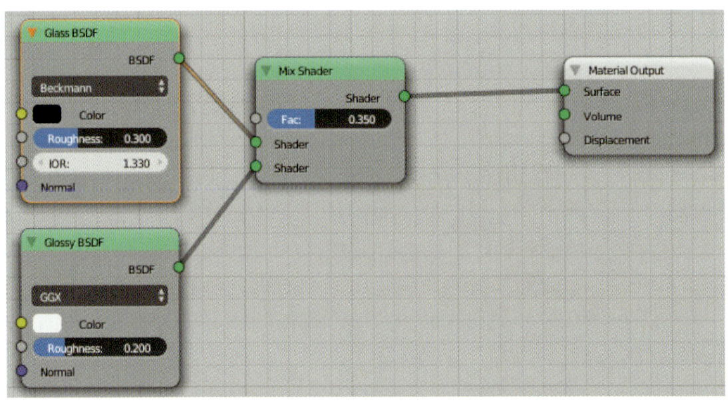

Figure 8–126
Création du matériau de notre océan

Il nous faut donc créer un ciel ! Pour notre exemple, sélectionnez simplement la lampe par défaut et dans le menu *Object Data*, changez-la en lampe de type *Sun*. Dans le menu *World*, cliquez sur *Use Nodes* pour ajouter un environnement pour lequel vous choisirez *Sky Texture* dans le champ *Color*. Dans les options qui vous sont offertes, n'hésitez pas à modifier l'orientation de la sphère pour avoir une lumière plus rasante.

Avec la touche *[F12]*, vous pouvez effectuer un premier rendu test, en n'omettant pas de remonter la résolution du modificateur *Ocean* si vous avez été contraint de la baisser dans les étapes précédentes (une valeur de `20` donnera un résultat très satisfaisant).

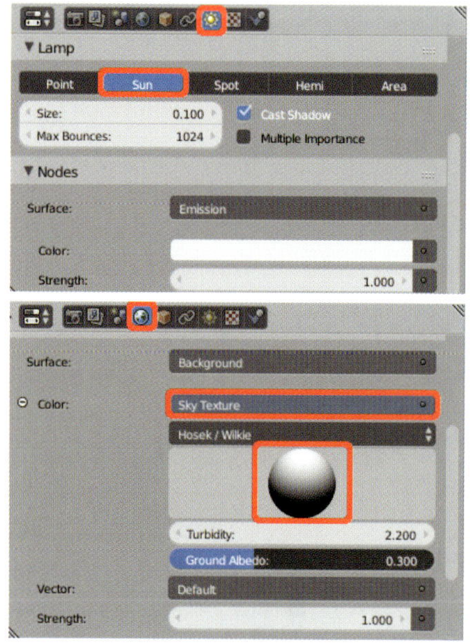

Figure 8–127 Les réglages de la lampe et de l'environnement

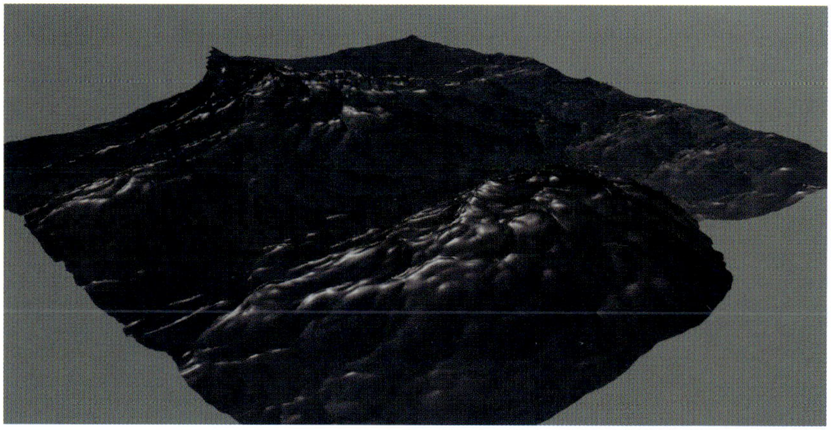

Figure 8–128 Une fois l'environnement créé, vous pouvez effectuer un premier test. Plutôt satisfaisant !

Il ne nous reste plus qu'à ajouter l'écume *(Foam)*. Sélectionnez à nouveau votre objet `Ocean` et rendez-vous dans le menu des modificateurs. Activez l'option *Generate Foam* afin que le simulateur calcule les zones de présence de l'écume. Parmi les options disponibles, vous pouvez laisser la valeur *Coverage* à `0.200`, qui gère le taux de couverture de l'écume à la surface. Dans le champ *Foam Data Layer Name*, vous devez nommer le calque des données de l'écume. Appelons-le `ecume` et retenons ce nom car nous allons en avoir besoin pour finaliser notre matériau.

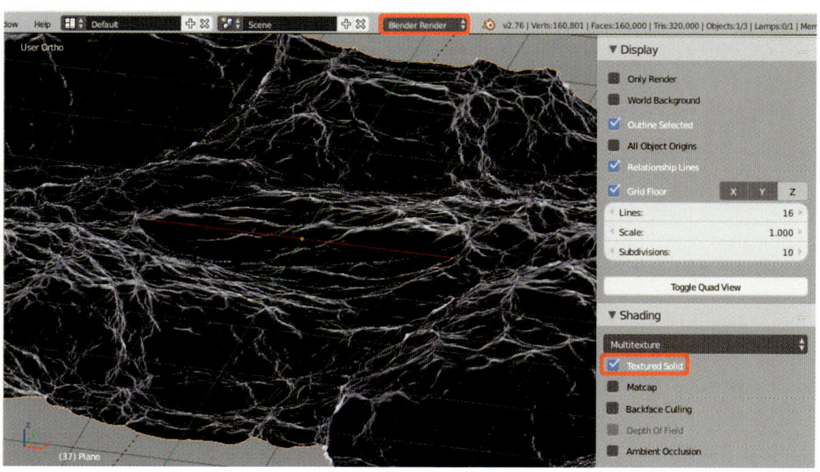

Figure 8–129
Visualisation de l'écume en noir et blanc

BON À SAVOIR
Le moteur interne et les océans

Même s'il n'est pas traité ici, le moteur interne de Blender est particulièrement adapté au rendu de scènes océanes, notamment pour la pleine exploitation des masques (*Stencil*) nécessaires à la génération d'écume. Une autre option intéressante pour la simulation d'océan est la possibilité de visualiser des données relatives à l'écume directement dans la vue 3D, sans avoir à passer par le mode de vue *Rendered*. Choisissez donc, dans l'en-tête du logiciel, *Blender Render* comme système de rendu,et cochez l'option *Textured Solid* dans le panneau latéral droit *Properties* de la vue 3D.

Bien qu'ayant activé la génération d'écume, aucune différence notable n'est visible pour le moment avec *Cycles*. Rendez-vous dans la fenêtre *Node Editor* et ajoutez un matériau de type *Diffuse* avec le raccourci *[Maj]+[A]>Shader>Diffuse BSDF*. Ce sera le matériau de notre écume donc pour notre exemple, donnons-lui une couleur blanche. Ajoutez un nœud de type *Mix Shader* afin de combiner les matériaux de l'eau et de l'écume. Sur ce dernier, nous devons connecter sur l'entrée *Fac* le facteur d'influence et le calque de données de l'écume. Pour cela, faites *[Maj]+[A]>Input>Attribute* et dans ce nouveau nœud, indiquez le nom précédemment utilisé : `ecume`.

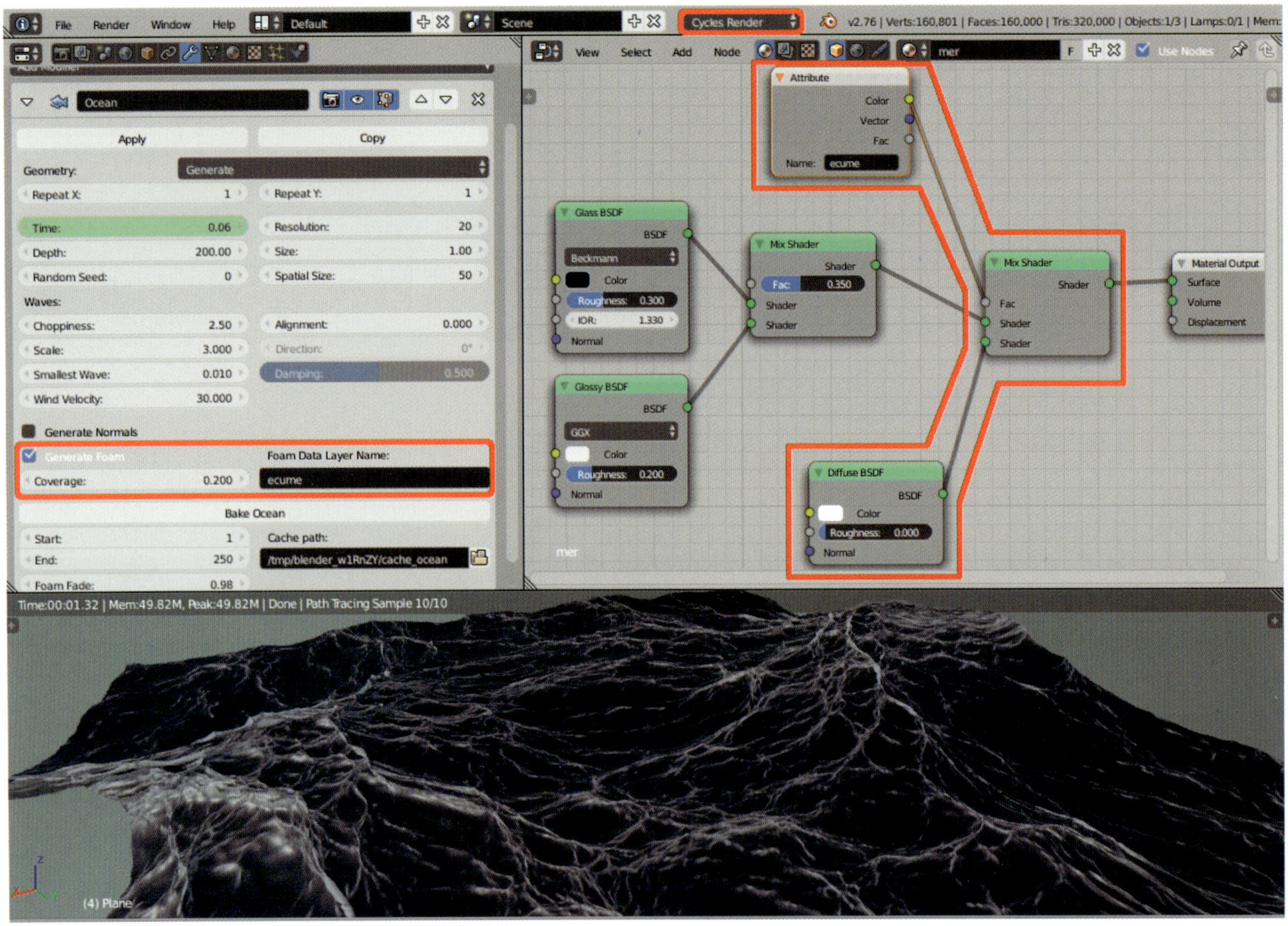

Figure 8–130 L'ajout d'un matériau pour l'écume permet d'obtenir un résultat encore plus réaliste.

Vous pouvez retrouver l'exemple utilisé pour ce chapitre en ouvrant le fichier `exercice-ch08.11-final.blend`. Cette première approche vous permet déjà d'appréhender les possibilités du modificateur *Ocean*, certainement plus réaliste que le *Dynamic Paint* (auquel il peut d'ailleurs être couplé) et moins gourmand en calculs qu'une véritable simulation de fluides.

Explosion d'un maillage : le modificateur Explode

En conjonction avec un système de particules pour « sculpter » l'effet spécial, le modificateur *Explode* est une solution intéressante pour faire exploser des maillages un peu à la manière d'un ballon de baudruche. L'ordre des modificateurs dans la pile est important ; en particulier, le système de particules doit être défini avant le modificateur *Explode*. Si ce n'est pas le cas, utilisez les petites flèches verticales pour repositionner le modificateur *Explode*. Bien évidemment, dans le panneau *Render* du menu du système de particules, pensez à activer le bouton *Emitter*, sinon l'objet explosé n'apparaîtra pas sur le rendu. La durée du modificateur *Explode* sera celle établie pour le système de particules. Ainsi, il sera souvent judicieux d'avoir une émission de particules sur des frames très proches (valeurs *Start* et *End* du menu *Particles*) et d'avoir une vélocité assez importante (valeur *Normal*), voire un peu anarchique (valeur *Random*).

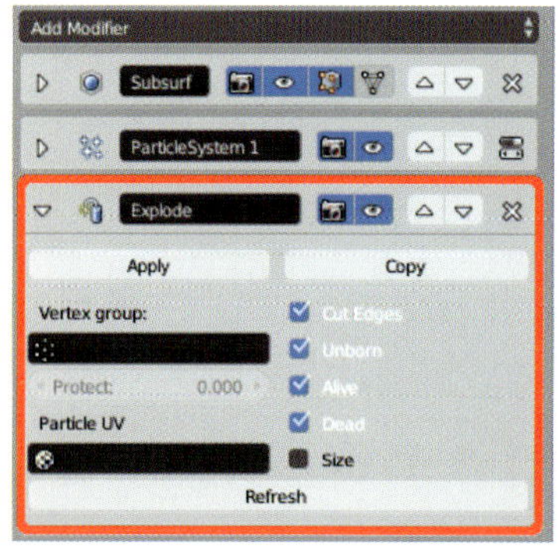

Figure 8–131 Le modificateur Explode en bas de la pile des modificateurs

Il est possible de spécifier les parties de l'objet qui exploseront effectivement grâce à un groupe de sommets (*Vertex Group*). Les autres contrôles possibles sont :

- *Refresh* : permet de recalculer les facettes assignées aux particules ;
- *Cut Edges* : pour avoir des éclats plus tranchants, en particulier quand le modificateur *Subdivision Surface* est également employé ;
- *Unborn*, *Alive*, *Dead* : permet de révéler ou de cacher respectivement les particules non encore émises, émises ou dont la durée de vie est excédée.

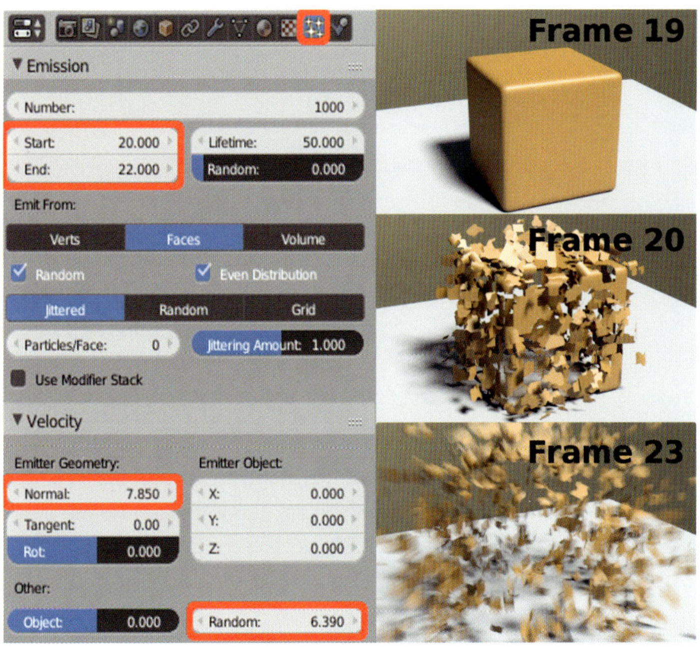

Figure 8–132
Les paramètres du système de particules qui vont permettre au modificateur Explode de faire voler le cube en éclats. Rapide et efficace !

L'add-on Cell Fracture

Certains outils plus ou moins expérimentaux ne sont pas implémentés par défaut dans Blender et permettent pourtant des simulations physiques complexes et très intéressantes. Deux outils optionnels existent et rendent possible la fracture d'objets : *Fracture Tools* et *Cell Fracture*. Si le premier tend à se montrer assez rapidement « fatal » pour la stabilité de votre système, le second se montre performant et relativement simple d'utilisation. Pour cette simulation de corps rigides, nous allons voir très brièvement les manipulations de base afin de malmener le cube de départ.

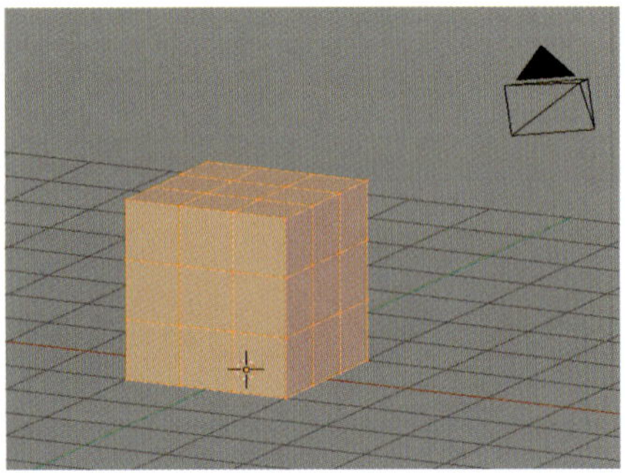

Figure 8–133
Subdivisez un peu le cube de départ.

Ouvrez une nouvelle scène et, avec le cube sélectionné, passez en mode *Edit*. Subdivisez-le en pressant la touche *[W]* et en choisissant *Subdivide*, puis dans le panneau latéral gauche, indiquez *Number of Cuts 2*.

Avant de continuer, il nous faut d'abord activer l'outil *Cell fracture*. Pour cela, ouvrez les préférences d'utilisateur avec la combinaison *[Ctrl]+[Alt]+[U]* ou cliquant sur *File>User Preferences*. Dans l'onglet *Addon*, utilisez le champ de recherche pour trouver l'outil *Cell Fracture* et activez-le. Vous pouvez ensuite fermer les préférences 'utilisateur.

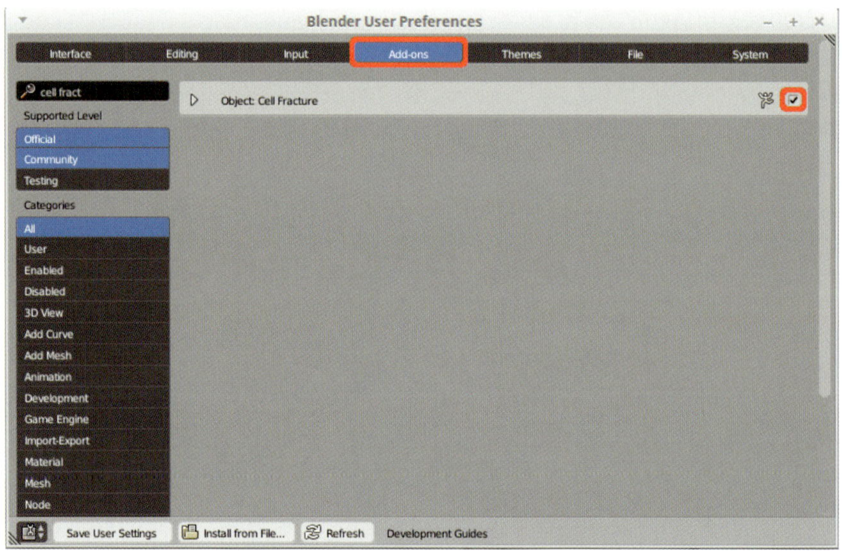

Figure 8–134
Activation de l'outil Cell Fracture dans le menu Addons du panneau utilisateur

De retour dans la vue 3D en mode *Object*, vous pouvez dorénavant accéder à l'option *Cell Fracture*, disponible en bas du panneau latéral gauche. Cliquez dessus pour faire apparaître la fenêtre relative à cet outil. Afin d'obtenir rapidement un premier effet satisfaisant, désactivez *Own Particles* et choisissez plutôt *Own Verts* dans la première partie *Point Source*. Vous pouvez également augmenter le facteur *Noise* pour avoir plus d'irrégularités dans la fracture. Dans la seconde partie intitulée *Recursive Shatter*, indiquez

Recursion 1 et sélectionnez *Random*. Nous ne nous aventurerons pas davantage dans la découverte des différentes options, qui sont très nombreuses. Ainsi vous pouvez cliquer sur *OK* situé en bas de cette fenêtre.

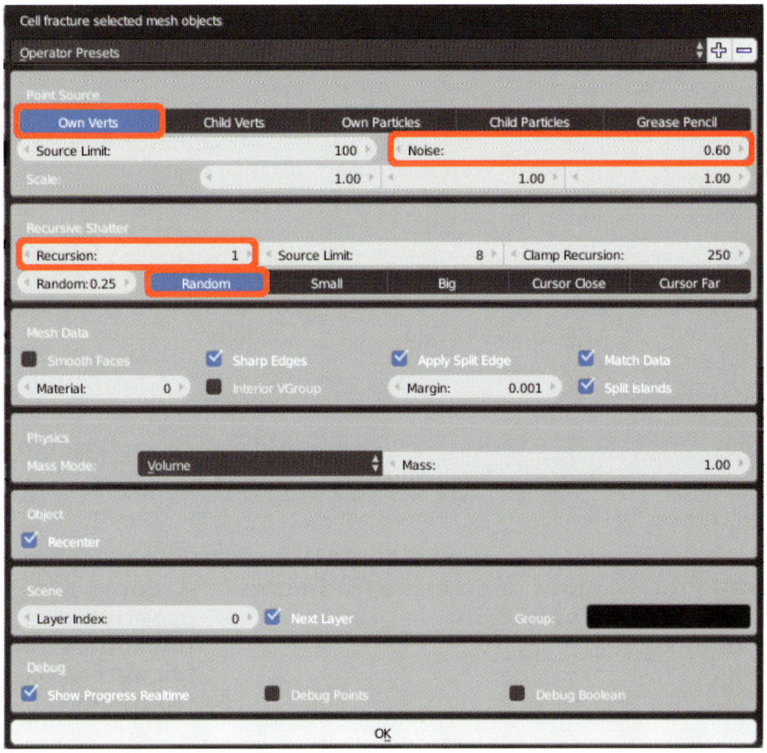

Figure 8–135
Les réglages utilisés pour notre première expérimentation de l'outil Cell Fracture

Après quelques secondes de calcul pour la génération des débris, vous pouvez vous rendre compte que le cube est... inchangé ! Effectivement, le résultat de la fracture est généré sur le calque suivant, ce qui s'avère judicieux si l'envie vous prend de calculer une nouvelle fracture à partir de ce cube. Rendez-vous donc sur le second calque, et ajoutez un plan en choisissant *Add>Mesh>Plane* qui va nous servir de sol sur lequel les débris du cube vont se répandre.

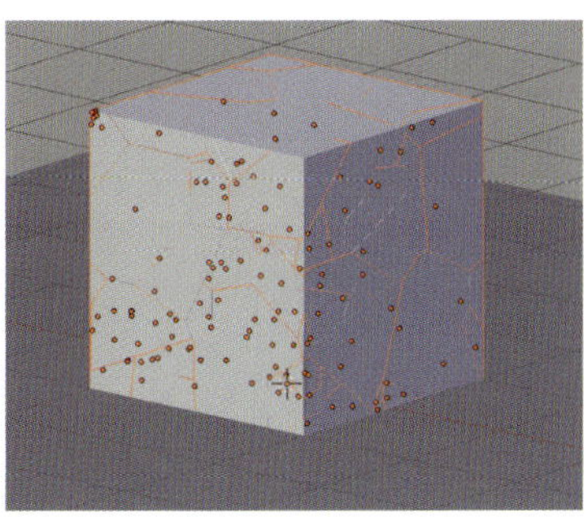

Figure 8–136
Le cube a été fracturé en débris de tailles variables. Il ne reste plus qu'à animer ceci !

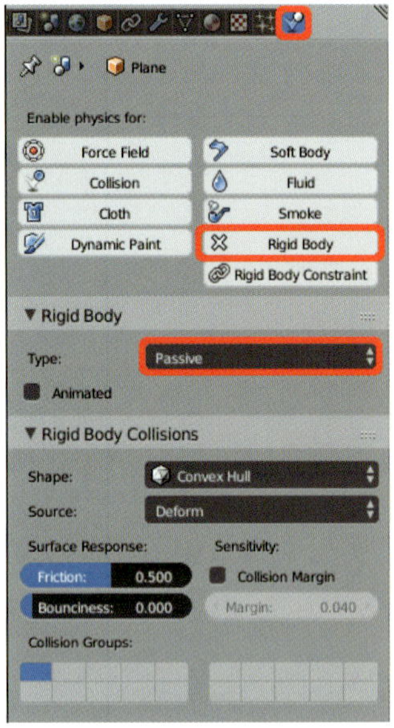

Figure 8–137
Les réglages du plan qui servira de sol sur lequel les débris vont se répandre

Sélectionnez le plan que vous avez ajouté et rendez-vous dans le menu *Physics* et cliquez sur *Rigid Body*. Par défaut, le plan a la propriété physique *Active*. Changez-la pour *Passive* indiquant que notre objet sera immobile lorsque la simulation sera lancée.

Il nous reste à paramétrer les propriétés physiques des fragments du cube. Pour cela, sélectionnez un des fragments et, dans le menu *Physics*, activez comme précédemment le bouton *Rigid Body*. Les paramètres par défaut considérant le fragment de type *Active* avec une détection de collision en *Convex Hull*, nous n'avons pas besoin de régler quoi que ce soit. Nous voulons que tous les autres fragments aient ces propriétés, que nous allons donc copier. Pour cela, dans la vue 3D, avec le fragment paramétré toujours sélectionné, mettez-vous en vue de face avec la touche *[Numpad 1]* et ajoutez les autres fragments à la sélection avec l'outil de sélection de type *Box* invoqué par la touche *[B]*. Prenez garde à ne pas sélectionner le plan dans l'opération. Si cela arrive, vous pouvez le désélectionner avec la combinaison de touches *[Maj]+[Clic Droit]*. Enfin, il ne vous reste plus qu'à vous rendre dans l'onglet *Physics* du panneau latéral gauche *Tool Shelf* et à cliquer sur *Copy from Active*.

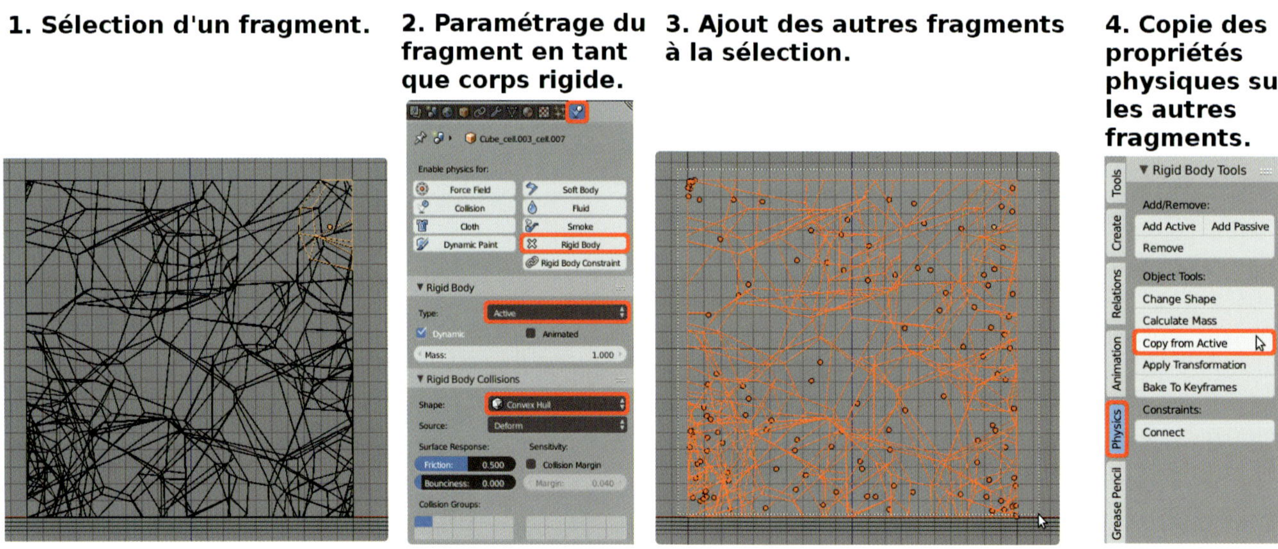

Figure 8–138 Paramétrer tous les fragments en quatre étapes

Tous les éléments sont en place, la simulation peut donc être lancée avec la combinaison de touches *[Alt]+[A]* ou le bouton *Play* de la *Timeline*.

Il ne vous reste plus qu'à ajouter une lampe sur ce calque pour admirer le rendu du chaos que vous venez de créer !

Figure 8–139 Voici ce qu'il reste de notre cube de départ !

Conclusion

Nous venons d'explorer, parfois brièvement, toutes les possibilités d'animation de Blender. Celles-ci sont nombreuses et variées, et reflètent bien la volonté de ce logiciel de se tenir au niveau des autres applications, commerciales, concurrentes. Les développements qui ont abouti aux dernières versions de Blender ont principalement porté sur la refonte du système d'animation, afin qu'il soit à la fois puissant et versatile, tout en étant aussi abordable que possible. Et au terme de ces deux derniers chapitres, vous conviendrez que Blender se place correctement dans ces domaines.

chapitre 9

Cosmos Laundromat CC-BY 4.0 2015, Blender Institute (https://gooseberry.blender.org)

Le rendu avec Blender

Ce chapitre a pour objectif de vous aider à réaliser le rendu de vos images fixes comme de vos animations. Dans le cadre de ces dernières, il vous initiera également aux possibilités, internes à Blender, de réalisation de montages vidéo.

SOMMAIRE

- Rendu d'images statiques
- Rendu d'animations
- Éditeur de séquences
- Tracking vidéo

MOTS-CLÉS

- Camera
- Lens
- Clipping
- Format
- Dimensions
- Anticrénelage
- Gauss
- Séquence
- Transition
- Effet
- Glow
- Wipe
- Composite Node Editor
- Flou focal
- Tracking

Préparer une scène en 3D n'est rien si vous ne pouvez pas transformer toutes ses données géométriques en une image de synthèse. Cette image peut être statique ou animée. Dans les deux cas, vous apporterez beaucoup d'attention au produit de votre créativité, et ce chapitre vous aidera à ficeler celui-ci de la meilleure façon possible. Enfin, le montage vidéo et l'incrustation 3D, directement depuis Blender, seront succinctement évoqués, afin de compléter le tour d'horizon de cette suite à tout faire exceptionnelle qu'est ce logiciel.

LE SAVIEZ-VOUS ?

Chaque objet peut être une caméra

Vous pouvez faire le rendu de la scène du point de vue de n'importe quel objet de votre scène en le sélectionnant et en utilisant la combinaison de touches *[Ctrl]+[0]*. Le point de vue est alors défini par l'origine de l'objet (son centre) et par son orientation (ses coordonnées *RotX*, *RotY* et *RotZ*).

Quelques mots sur les caméras

Dans cet ouvrage, nous les avons employées mais sans chercher à en faire un usage particulier. Pourtant, même si la caméra est l'un des objets les plus simples de Blender, elle en est également l'un des plus importants : un mauvais cadrage peut ruiner la meilleure des scènes.

Pour ajouter une caméra dans une scène, vous passerez soit par le menu *Add* de l'en-tête de la vue 3D, soit par le raccourci *[Maj]+[A]* puis, dans les deux cas, vous choisirez *Camera*. Vous pouvez avoir plusieurs caméras dans votre scène, mais une seule est active et sera prise en compte au moment du rendu.

Pour afficher la scène du point de vue de la caméra dans la vue 3D active, utilisez la touche *[0]* du pavé numérique. Si vous souhaitez définir une autre caméra comme étant la caméra active, sélectionnez la nouvelle caméra, et utilisez la combinaison de touches *[Ctrl]+[0]* du pavé numérique.

3DS MAX

Les caméras cibles

Dans Blender, il n'y a pas de caméra cible à proprement parler, mais il est très simple d'en mettre une en place : insérez un objet de type *Empty* dans votre scène (*[Maj]+[A]>Add>Empty*). Maintenant, sélectionnez votre caméra et ajoutez (touche *[Maj]+[bouton droit]*) l'objet *Empty* à la sélection, dans cet ordre-là. Utilisez la combinaison de touches *[Ctrl]+[T]* pour afficher le menu *Make Track* et choisissez *Track To Constraint*. Dans le menu *Object Constraint* de la caméra, vous pouvez vérifier la contrainte de type *Track To* qui a été mise en place par cette méthode.

La caméra en bref

Le menu *Object Data*, qui définit les propriétés d'une caméra dans la fenêtre des propriétés, est assez simple.

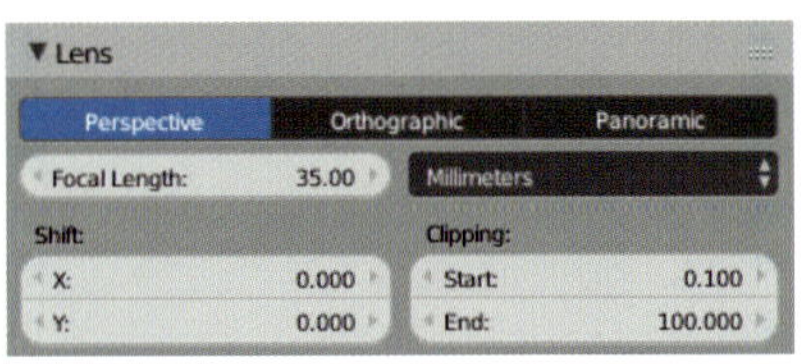

Figure 9–1 Le panneau Lens décrivant les paramètres les plus basiques de la caméra

La caméra fonctionne selon trois modes de visualisation possibles.

- *Perspective* : il s'agit du mode par défaut de la caméra, prenant en compte des lignes de fuite ; avec celles-ci, les objets sont de plus en plus petits à mesure que leur distance par rapport à la caméra augmente.
- *Orthographic* : dans ce mode d'affichage particulier, il n'y a plus de lignes de fuite et donc, plus de perspective ; toutes les arêtes parallèles entres elles le restent, quelle que soit leur distance par rapport à la caméra.
- *Panoramic* : il s'agit d'un autre mode d'affichage particulier qui permet de faire un rendu de la scène à 360°. Ce mode de caméra est idéal pour réaliser des panoramas interactifs de vos scènes 3D. Par défaut, lorsque le moteur de rendu choisi est *Cycles*, le rendu se fera

sous forme de sphère (option *FishEye Equidistant*) mais Blender peut également générer des images de type *EquiRectangular* comme celles utilisées dans le chapitre 5 « Matériaux et techniques d'illumination avec Cycles », dans la partie consacrée aux images HDR.

Les autres paramètres de base, attachés à la caméra, sont les suivants :

- *Focal Lens* : permet de définir l'objectif de la caméra. Par défaut, la valeur est de 35 mm, mais vous pouvez l'augmenter pour zoomer, ou la diminuer pour embrasser la scène d'un point de vue plus large ;
- *Clipping Start* et *Clipping End* spécifient respectivement les distances minimale et maximale entre lesquelles le rendu est effectué. Les objets (ou portions d'objets) situés avant ou après ces distances n'apparaîtront pas ou seront tronqués.

ASTUCE
Perspective architecturale

La caméra de Blender vous permet, pour une position donnée de la caméra, de déplacer le cadrage horizontalement ou verticalement grâce aux paramètres *Shift X* et *Y* de l'onglet *Lens*. Cette fonction est particulièrement utile aux utilisateurs de Blender spécialisés dans la visualisation architecturale ; elle leur permet de spécifier un point de vue en déplaçant et en faisant tourner la caméra, puis une fois trouvé le point de vue qui leur convient, de déterminer très facilement le cadrage qui met le plus en valeur le projet architectural. Il s'agit également d'une astuce utile pour un rendu classique, lorsque l'utilisateur souhaite faire sortir du cadre un élément de premier plan indésirable.

Le flou de focale

L'objet *Camera* permet de mettre en place très facilement un effet de flou de focale dans vos scènes. Il s'agit d'un outil très pratique pour définir l'objet qui sera le centre d'attention en définissant la mise au point de la caméra sur celui-ci, floutant ainsi le reste de la scène.

Avec le moteur de rendu interne *Blender Render*, il est nécessaire de passer par l'éditeur de nœuds composite, mais avec le moteur *Cycles Render*, le flou de focale est beaucoup plus direct à mettre en place.

ASTUCE
Définir la taille du capteur

Blender simule parfaitement les caméras réelles, en prenant en compte la taille du capteur de ces dernières. Cela peut s'avérer très pratique lorsque l'on souhaite réaliser des incrustations dans des prises de vue réelles. Dans l'onglet *Camera* du menu *Object Data* lorsqu'une caméra est sélectionnée, on retrouve une option disponible pour définir la taille du capteur ainsi que de très nombreuses pré-configurations pour les caméras haut de gamme et les appareils photo reflex les plus connus.

Figure 9–2
La scène de départ de l'exercice, à laquelle nous souhaitons ajouter un peu de profondeur.

Pour vous y entraîner, ouvrez le fichier `exercice-ch09.01-depart.blend`. Sur la partie gauche de l'écran, on retrouve deux vues 3D, pour visualiser à la fois la scène et ce que la caméra filme. À droite se trouve la fenêtre des propriétés. Rendez-vous dans l'onglet *Depth Of Field* (qui se traduit en français par « profondeur de champ ») du menu de la caméra.

Le champ *Focus* permet de nommer un objet de la scène qui sera toujours net. À défaut, l'utilisateur peut également choisir la distance entre la caméra et la zone de netteté avec l'option *Distance*. Rentrez `Suzanne`

BON À SAVOIR
Simuler du bokeh anamorphique

Cycles permet de simuler des effets de bokeh de lentilles anamorphiques en jouant avec le paramètre *Ratio* dans l'onglet *Depth of Field* de la caméra. Les lentilles anamorphiques ont la particularité d'étirer le flou de profondeur en hauteur. En augmentant et en diminuant le ratio du bokeh, vous pouvez étirer en hauteur ou en largeur la forme du flou généré par la caméra.

dans le champ texte. Automatiquement, dans la vue 3D, une petite croix jaune est venue se placer au centre de la tête du singe. Si vous bougez la caméra, la croix restera toujours au niveau de Suzanne car nous avons contraint le focus sur cet objet.

Il ne reste qu'a définir la quantité de flou souhaitée. Blender propose deux mesures dans l'option *Aperture* pour cela. Par défaut, *Radius* est activé et permet de définir le rayon du flou, de hautes valeurs impliquant de larges flous. Une autre mesure, *F/stop,* venant du monde de la photographie et fonctionnant dans l'autre sens est disponible : de faibles valeurs donnent des images avec une très faible profondeur de champ, donc très floutées. Choisissez *F/stop* et mettez la valeur du paramètre *Number* à `0.1`.

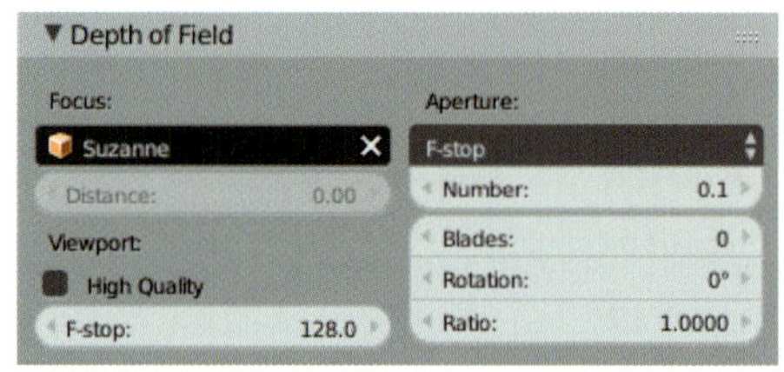

Figure 9–3
Le panneau Depth of Field

Automatiquement, le flou est calculé dans toute la scène. Contrairement à ce que l'on pourrait croire, le calcul de l'effet de *Depth of Field* ne prend pas énormément plus de temps que pour une image sans. Cependant, il vous faudra augmenter considérablement le nombre de *Samples* (onglet *Samples* du menu *Render* dans la fenêtre des propriétés) du rendu pour ne pas avoir de bruit sur l'image. Le résultat de l'exercice est disponible dans le fichier `exercice-ch09.flou-fin.blend`.

BON À SAVOIR Flou avec le nœud Defocus

Il est également possible de réaliser un flou de focale en n'utilisant que l'éditeur de nœuds. La qualité du flou sera moindre mais les temps de calculs seront également beaucoup plus courts. Cette technique est expliquée dans une partie spécifique de ce chapitre, et est la seule méthode d'obtention d'un flou de focale avec le moteur de rendu interne *Blender Render*.

Figure 9–4
Notre image finale. On note que les objets du premier plan sont tellement flous que l'on peine à les distinguer !

ASTUCE
Affichage des limites de la caméra

Le panneau *Display* du menu *Object Data*, lorsqu'une caméra est sélectionnée, dans la fenêtre des propriétés, propose différentes options permettant de matérialiser dans la vue 3D quelques limites et paramètres de la caméra. On notera en particulier *Limits*, qui affiche le point focal (grâce à une croix jaune) ainsi que les limites de rendu de la caméra (*Clipping Start* et *Clipping End*) grâce à une ligne orangée les matérialisant.
Il y a également le menu déroulant *Composition Guides* qui affiche, en vue de caméra *[Ctrl]+[0]* différentes lignes de construction pour aider l'artiste à obtenir un cadrage intéressant de sa scène ; en particulier, la règle d'or, celle des tiers, ou simplement le centre peuvent être matérialisés et faciliter ainsi le travail du cadreur virtuel, parmi d'autres options tout aussi intéressantes.

ASTUCE
Réussir ses flous de focale

Pour bien réussir l'effet de flou, il faut bien détacher le sujet principal du fond de la scène pour mieux le faire ressortir. Le plus simple pour cela est d'augmenter la focale de la caméra dans l'onglet *Lens* du menu *Object Data* lorsque la caméra est sélectionnée. Un bon effet de flou dépendra également de la forme du bokeh, terme bien connu des photographes. Par défaut, ce dernier est parfaitement rond mais en jouant sur le nombre de *Blades* et le facteur *Rotation* de l'onglet *Depth of Field*, il est possible d'obtenir du flou de formes intéressantes (pentagones, hexagones, etc., en fonction du nombre de *Blades*).

Définir le format de vos œuvres

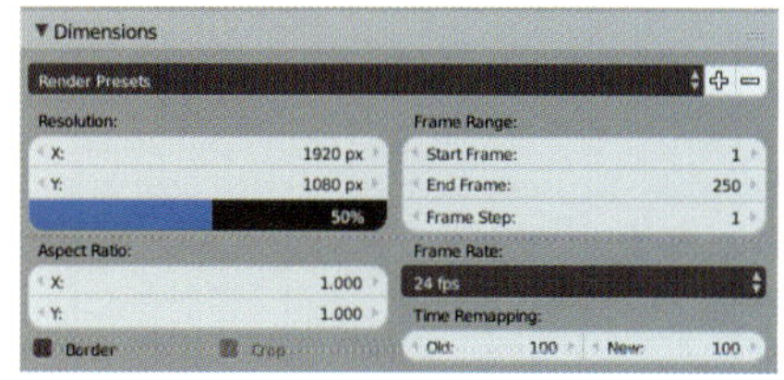

Figure 9–5
Le panneau Dimensions

L'opération de rendu consiste à calculer une image ou une série d'images. Si le contenu de l'image dépend de celui de la scène rendue, en fonction de la géométrie des objets, de leurs matériaux et shaders, de l'éclairage de la scène, et bien sûr de l'éventuelle animation de tout ou partie des éléments précédents, le format de l'image (c'est-à-dire ses dimensions et le type de fichier généré) relève de différents choix de l'utilisateur, plus ou moins stratégiques. En règle générale, en fonction de l'usage qui est prévu pour l'image ou l'animation rendue, vous aurez à choisir tel ou tel autre format d'images, avec les dimensions appropriées.

Nous ne passerons pas en revue toutes les possibilités offertes par ces panneaux, trop nombreuses et souvent trop spécifiques. Nous nous attarderons toutefois sur quelques options incontournables.

Dimensions de l'image rendue

Celles-ci sont définies par les deux boutons numériques *X* et *Y* du paramètre *Resolution* qui représentent respectivement (en pixels) la largeur et la hauteur de l'image. En haut de l'onglet *Dimensions* se trouve le bouton *Render Presets* qui permet d'accéder instantanément à des dimensions préréglées en fonction de l'usage prévu de ces images. Par défaut le rendu est fait en full HD (1920 × 1080 avec un ratio d'image carré), la haute définition étant un standard depuis quelques années. Le menu propose de nombreux préréglages comme par exemple : PAL (720 × 576, mais avec un ratio d'image spécifique) et PAL 16:9 (720 × 576 avec encore un autre ratio d'image) sont destinées à la production d'animations vidéo qui seront aisément transférables sur DVD. Il est bien sûr possible de créer ses propres préréglages et de les ajouter à la liste en cliquant sur le petit bouton + au coté de *Render Presets*.

Le paramètre *Frame Rate* (par défaut à 24) indique le nombre d'images par seconde des animations rendues, sachant que 25 images par seconde est le standard de la télévision française, et que 24 est celui du cinéma français. Ce paramètre est très important, car lorsque vous programmez une animation sous Blender, votre échelle de temps est constituée de frames. Cela veut dire que vous avez tout intérêt à choisir la valeur de ce paramètre au tout début de vos travaux, car avec une vitesse d'animation de 10 images par seconde, une animation déterminée sur 250 frames durera 25 secondes ; de même, avec une vitesse de 25 images par seconde, la même animation de 250 frames ne durera plus que 10 secondes. L'impact sur le rythme de votre animation peut donc souffrir d'importants défauts de réalisation à cause d'un mauvais paramétrage de ce bouton.

ASTUCE
Les boutons BW, RGB et RGBA

Le bouton *BW* permet d'enregistrer l'image rendue en noir et blanc (il serait plus juste de parler de dégradés de gris). Il est important de signaler que l'image est toujours rendue en couleurs, et que seule la sortie est en noir et blanc.
Le bouton *RGB*, pour sa part, permet d'enregistrer l'image en couleurs, tout à fait normalement. Sa variante *RGBA* permet de remplacer la couleur de fond (ou *World*) de la scène par un fond transparent.

Format de l'image rendue

Un sélecteur de format (réglé par défaut sur *JPEG*) permet de choisir le format informatique dans lequel sera enregistrée votre œuvre. Par exemple, pour le rendu d'images statiques, les formats suivants sont supportés : *TIFF*, *JPEG*, *BMP*, *PNG*, *Targa* et *Targa Raw*. Pour le rendu d'animations, les formats *AVI JPEG, AVI Raw, OGG Theora, H.264, XVid, et MPEG* sont les formats disponibles en standard (sauf pour la version Linux qui propose quantité d'autres formats ; les autres plates-formes prendront en charge ces mêmes formats dans une version future). Dans certains cas, il est possible de sacrifier une partie de la qualité de l'image pour alléger son « poids » en octets. C'est là le rôle des paramètres *Quality* ou *Compression* (en fonction du format), par défaut réglés sur 90. À ce niveau de qualité, la compression des images de format *JPEG* commence à être, par exemple, perceptible.

Se préparer à effectuer le rendu

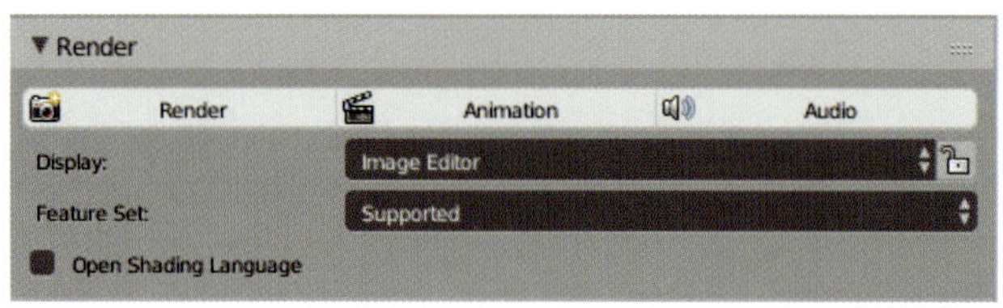

Figure 9–6
L'onglet Render

L'onglet *Render* permet de définir les options globales de notre moteur de rendu. Le bouton *Render* permet de lancer le calcul d'une image. Le même résultat peut être obtenu en utilisant la touche *[F12]*. Logiquement, le bouton *Animation* lance le calcul d'une séquence d'image (également appelé par le raccourci *[CTRL]+[F12]*) et le bouton *Play* permet de lire une animation précédemment rendue.

ASTUCE
Rappeler la dernière image rendue

Même si vous avez (accidentellement ou volontairement) fermé la fenêtre contenant l'image rendue, elle est toujours disponible, que ce soit pour consultation ou sauvegarde, dans la mémoire de Blender. Pour la rappeler, il vous suffit d'appuyer sur la touche *[F11]*.

Si le moteur de rendu utilisé est *Cycles Render*, l'utilisateur peut également choisir si les calculs du rendu vont être effectués sur le processeur ou sur la ou les cartes graphiques grâce au paramètre *Device*. Attention cependant certaines options comme le *MotionBlur* ne fonctionnent pas avec le mode de calcul par carte graphique. Enfin, le paramètre *Feature Set* permet d'activer les fonctions en cours de développement s'il est réglé sur *Experimental*. À utiliser avec précaution car le moteur de rendu sera alors très instable !

Les options de rendu

Choisir entre différentes options de rendu revient à faire des compromis entre le réalisme d'une option et le temps de rendu. Si pour une image statique, le temps de rendu peut ne pas être un critère contraignant, dans le cadre d'une animation, de mauvais choix peuvent conduire à des animations impossibles à rendre sans faire appel à des moyens professionnels, comme les fermes de rendu. Plus vous activerez d'options, plus les temps de rendu seront longs ; moins vous en activerez, moins les résultats seront réalistes. Telle est la nature du compromis.

Pour le moteur de rendu *Cycles*, les options de rendu les plus pertinentes sont définies dans les onglets *Sampling*, *Light Path* et *Film* du menu *Render*. Pour le moteur de rendu interne Blender, elles seront plutôt dans les onglets *Shading* et *Performance*. Ci-après, nous étudions quelques spécificités de *Cycles Render*, car c'est le moteur le plus gourmand en ressources, de par sa nature photoréaliste.

Régler correctement le nombre de Samples

Spécifique au moteur *Cycles*, l'onglet *Samples* permet de régler un paramètre essentiel de calcul lors du rendu d'une image : le nombre de « rebonds » de chaque rayon lancé par pixel. Plus ce nombre est élevé, plus le rendu sera net et précis, au dépend bien sûr du temps de calcul. À noter que l'on peut définir des valeurs indépendantes pour le rendu final et pour la prévisualisation dans la vue 3D, la qualité souhaitée pendant la création de la scène étant souvent moindre que pour l'image finale.

ASTUCE
Animer le bruit généré par Cycles

Cycles produit du bruit sur toutes les images rendues. Nous souhaitons bien entendu diminuer ce dernier autant que possible, mais il arrive que ce bruit soit difficile à éliminer, même avec un très grand nombre de Samples. Cela devient alors très gênant, surtout pour les animations où l'œil humain a tendance à repérer très facilement les zones bruitées. Pour éviter ce désagréable effet, il suffit de changer la valeur du paramètre *Seed* à chaque frame, ainsi le bruit sera régénéré à chaque image, donnant un effet plus naturel à l'animation. Pour faire cela, cliquez sur la valeur `0` et rentrez le texte `#frame`. Il s'agit d'une variable globale qui sera ainsi interprétée par Blender : pour chaque nouvelle image, remplacer la valeur du *Seed* par le numéro de l'image.

REMARQUE **Le Branched Path Tracing**

En *choisissant le paramètre Branched Path Tracing* de l'onglet *Sampling*, de nouvelles options apparaissent. On peut alors régler manuellement les paramètres d'anti-aliasing (voir la section consacrée à l'anticrénelage) mais aussi le nombre de *Samples* pour les surfaces diffuses, l'occlusion ambiante ou les objets émettant de la lumière.
Ce mode de rendu, également appelé rendu non progressif, est en réalité une autre façon d'approcher le calcul du rendu, qui peut s'avérer plus rapide dans certaines situations, notamment si votre scène est éclairée par un éclairage direct ou si la lumière ne rebondit qu'une fois pour tous les objets. Les calculs des valeurs à donner aux paramètres sont cependant plus compliqués. Une règle simple, et qui fonctionne assez bien pour obtenir le nombre de *Samples* équivalant à un rendu progressif, est de faire l'opération suivante : 230 samples progressifs diffus = 10 échantillons d'anticrénalage * 23 échantillons *Diffuse*.

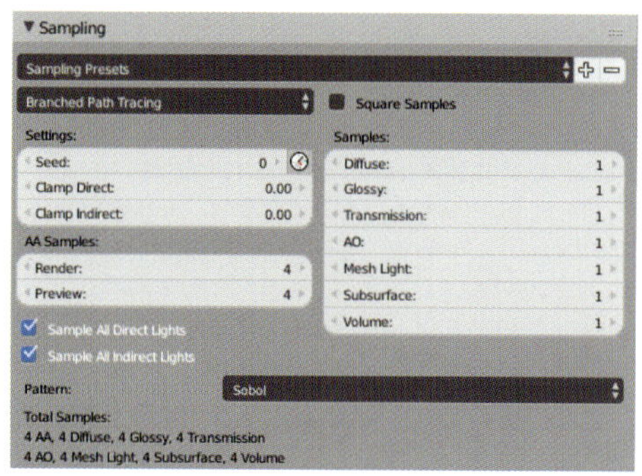

Figure 9–7 L'onglet Sampling en mode Branched Path Tracing présente beaucoup plus d'options.

Optimiser le calcul des rayons dans la scène

Toujours spécifique au moteur de rendu *Cycles*, l'onglet *Light Path* permet de déterminer de nombreuses options qui vont avoir une influence directe sur les temps de rendu de vos images.

- *Integrator Preset* : *Cycles* propose par défaut une liste de paramètres prédéfinis selon vos besoins : si vous souhaitez avoir un rendu assez simple et rapide alors choisissez *Direct Illumination*. *Full Global Illumination* permet quand à lui d'avoir des images physiquement correctes, avec de nombreux rebonds de lumières mais les temps de rendus augmenteront en conséquence ! Enfin, *Limited Globale Illumination* est un compromis entre les deux premiers, sacrifiant un peu de la qualité pour gagner en temps de calcul.
- *Transparency* : détermine le nombre de faces qu'un rayon peut traverser avant de devenir complètement opaque. Augmenter la valeur Max de ce paramètre augmente également les temps de rendu.
- *Bounces* : ce paramètre détermine le nombre de rebonds maximal et minimal que doit faire chaque rayon lancé dans la scène. Ce paramètre influe donc directement sur l'effet d'illumination globale de l'image finale. Certains rayons peuvent ne pas faire le nombre de rebonds maximaux : ils s'arrêteront entre entre les valeurs *Min* et *Max* de façon aléatoire. Si vous voulez forcer un nombre de rebonds fixe, il faudra donc mettre ces paramètres à la même valeur.
- *Diffuse*, *Glossy* et *Transmission* : ces trois paramètres déterminent le nombre global de rebonds autorisé dans la scène pour chaque type de rayon. Vous pouvez optimiser ces valeurs suivant les scènes : par exemple, si une scène ne contient que des matériaux *Diffuse*, il peut être bon d'augmenter la valeur de *Diffuse* et de diminuer les deux autres. Ces paramètres sont limités par la valeur *Bounces* globale.
- *Shadows* : cette option détermine si le calcul des ombres est pris en compte lors du rendu. La désactiver diminue énormément les temps de rendu mais les résultats sont, bien sûr, moins réalistes.
- *No Caustics* : cette option permet de désactiver le calculs des caustiques lors du rendu. Les caustiques sont des taches de lumières due à la convergence de rayons lumineux lorsque qu'ils traversent des surface transparentes comme le verre. À moins que votre scène ne contiennent beaucoup de matériaux *Glass* et *Glossy*, il est conseillé de désactiver cette option, le calcul de l'image n'en sera que plus rapide.
- *Filter Glossy* : cette option permet de définir un seuil à partir duquel le calcul des réflexions floues ne sont plus prises en compte. Cela diminue la précision physique du rendu mais, là encore, permet de gagner du temps de rendu.

ASTUCE

Prévisualisations rapides

Vous pouvez réaliser des rendus intermédiaires de vos scènes, au niveau de qualité souhaité, mais en visant des images de dimensions inférieures. Pour ne pas avoir à modifier sans arrêt la résolution de votre image, vous pouvez vous contenter de jouer avec le bouton d'échelle exprimé en pourcentage qui vous permettra d'effectuer des prévisualisations satisfaisantes sans tout dérégler à chaque fois. Vous noterez qu'il est par défaut réglé sur 50%.

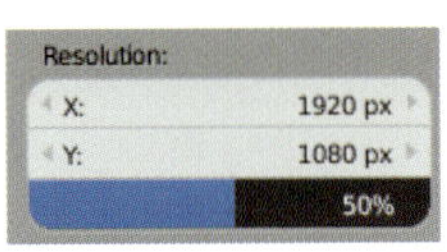

Figure 9–8

L'anticrénelage

Lorsqu'il effectue un rendu, le moteur détermine la couleur de chaque pixel de l'image, mais un pixel donné ne pouvant avoir qu'une seule couleur, on voit facilement apparaître des créneaux sur l'image, notamment à la frontière des objets par rapport à l'arrière-plan. Par exemple, sur l'image ci-dessous (grossissement ×2), le crénelage des arêtes est particulièrement visible, surtout sur le fond blanc.

Figure 9–9 Sans anticrénelage, les arêtes sont très tranchées.

Mais Blender propose un mécanisme d'échantillonnage et de pondération des couleurs par rapport aux pixels voisins, qui permet d'adoucir le crénelage. Par exemple, sur l'image qui suit, l'anticrénelage a été poussé à 16 échantillons.

Figure 9–10 Avec l'anticrénelage, les arêtes sont comme lissées.

En mode de calcul de rendu *Path Tracing* (par défaut), l'anticrénelage est géré de façon complètement automatique. Les seuls paramètres que l'utilisateur peut choisir sont situés dans l'onglet *Film*. Deux algorithmes d'anticrénelage sont disponibles : *Gaussian* et *Box*. Le deuxième donnera des résultats plus nets mais certaines arêtes peuvent apparaître comme encore crénelée sur les images avec un fort contraste. Cela peut être réglé avec la valeur du filtre de crénelage située juste en dessus. En diminuant cette valeur, les arêtes de tous les objets seront plus floues. Pour éviter de mauvais réglages, il est conseillé de laisser les valeurs par défaut, à savoir *Gaussian* avec une taille de filtre à `1.5`.

En mode de calcul *Non-progressive*, il faut choisir la valeur d'anticrénelage pour l'image rendue dans l'onglet *Sampling*. Généralement de bons résultats sont obtenus à partir de 4 mais il faut surtout signaler que les temps de rendu augmentent considérablement à mesure que vous utilisez un plus grand nombre d'échantillons !

BON À SAVOIR **Et avec le moteur interne ?**

Lorsque c'est le moteur interne *Blender Render* qui est sélectionné dans le menu général de Blender, un panneau *Anti-Aliasing* devient présent dans le menu *Render* de la fenêtre des propriétés. Si l'option est cochée, il est possible de choisir entre 4 valeurs d'échantillonnage (`5`, `8`, `11` et `16`, la valeur influant directement sur le temps de rendu), ainsi qu'un filtre de reconstruction de l'image à partir des multiples échantillons : par défaut, *Mitchell-Netravali* propose un bon compromis netteté de l'image, qualité des silhouettes des objets et temps de calcul, mais d'autres options sont disponibles, parmi lesquelles *Gaussian* et *Box*, les deux classiques de *Cycles*. À noter, l'option *Full Sample* à cocher si des problèmes de crénelage subsistent après montage de différents calques dans l'éditeur de nœuds *Composite*.

Optimisation des performances de rendu

L'onglet *Performance* du menu *Render* donne quelques options pour optimiser ses temps de rendu, surtout lors du rendu d'une animation. On

Bon à savoir

Structure d'accélération du lancé de rayon

Avant chaque rendu, Blender fait de nombreuses opérations pour convertir la scène 3D en arbre logique, utilisable pour le calcul du rendu. Cette construction peut parfois s'avérer très longue, surtout si votre scène comporte beaucoup d'objets. Il arrive même que le calcul de pré-rendu soit plus long que le calcul du rendu en lui-même !

Blender vous permet de choisir, dans l'onglet *Performance*, une structure d'accélération, mais pour l'artiste débutant, il est aussi bien de laisser Blender analyser votre scène et faire lui-même le choix qu'il juge approprié.

De son côté, *Cycles* propose plusieurs optimisations pour améliorer ces temps avec les options *Cache BVH*, *Save Buffers* et *Persistent Images* qui permettent de garder en mémoire les données chargée d'un rendu à l'autre.

peut notamment y définir le nombre de cœurs utilisés par le processeur lors du rendu. Lors du calcul d'une image, Blender divise cette dernière en plusieurs parties, les tuiles (ou *Tiles*, en anglais), pour pouvoir tirer partie du calcul en parallèle. Si votre processeur a plusieurs cœurs, alors chaque cœur travaillera sur une partie de l'image. Ce système fonctionne également si vous avez plusieurs cartes graphiques, avec *Cycles*. Il n'y a pas de taille optimale pour définir les tuiles, mais il est préférable de toujours travailler avec des tuiles carrées. La taille par défaut (`64 × 64`) est correcte pour du calcul CPU. Si vous utilisez les unités de calcul de votre carte graphique (*Cycles* seulement), il est préférable d'augmenter la taille de chaque tuile à `256 × 256`, par exemple.

Enregistrer l'image rendue

Une fois l'image rendue, vous pouvez tranquillement la sauvegarder en appuyant sur la touche *[F3]*. Notez bien que si vous n'avez pas encore choisi le format de fichier (*JPEG*, *PNG*, *BMP*...) ou sa qualité, par exemple, il n'est pas trop tard : vous pouvez le définir *a posteriori* du rendu, dans l'onglet *Output* du menu *Render*. Inutile donc de recommencer celui-ci si vous vous apercevez que vous n'avez pas spécifié le format souhaité. Par défaut, Blender propose d'utiliser le format *PNG* avec une *Compression* de 90, ce qui tend à produire des images légères et de qualité acceptable.

Créer des animations

La longueur de l'animation est définie dans l'onglet *Dimensions* grâce aux boutons *Start Frame* et *End Frame*, qui spécifient respectivement la frame de départ de l'animation et la frame de fin. Comme nous l'avons déjà vu, lors de l'encodage, il sera tenu compte de la vitesse d'animation, en frames par seconde, spécifiée dans le paramètre *Frame Rate*. En appuyant sur le bouton *Animation* de l'onglet *Render*, les images de l'animation seront calculées ; si le format défini est celui d'une vidéo, celle-ci sera créée et encodée selon le format choisi dans le répertoire défini par le premier champ du panneau *Output* (par défaut `/tmp/`). Si le format défini correspond à un format d'image, les images rendues seront numérotées selon la frame à laquelle elles correspondent, puis également sauvées dans le répertoire `/tmp/`.

Astuce

Une série d'images numérotées à la place d'une vidéo

Au lieu d'un format vidéo, Il est possible de choisir un format (dans l'onglet *Output*) propre aux images statiques, comme *JPEG* ou *PNG*. Dans ce cas, les images relatives à chaque frame de l'animation seront stockées dans le répertoire défini par le premier champ du panneau *Output* (par défaut `/tmp/`).

Le dernier onglet du menu *Render* est nommé *Post-Processing* et permet d'activer le post-traitement réalisé au travers de l'éditeur de nœuds *Composite* ou celui réalisé dans l'éditeur de séquences.

L'éditeur de séquences

L'éditeur de séquences est un outil très puissant, bien caché dans les entrailles de Blender. Il est pourtant extrêmement versatile, et de par ses capacités de post-traitement, il peut rendre de grands services aux amateurs d'images statiques. Les animateurs l'apprécieront pour sa capacité à pouvoir compiler des vidéos à partir d'images d'origine interne ou externe, et à pouvoir assurer des transitions cinématiques d'une séquence ou d'un plan à l'autre.

Blender propose en particulier un certain nombre d'effets incorporés qui peuvent s'appliquer à un couple de séquences ou une séquence seule, et aboutissent parfois à la création d'une nouvelle séquence. Les effets disponibles sont très variés, et certains recoupent les fonctionnalités de l'éditeur de nœuds *Composite*, dont l'éditeur de séquences est le digne et encore utile ancêtre. Si cela peut amener certains à penser que cela rend l'éditeur de séquences obsolète, il n'en est rien : la force de l'éditeur de nœuds *Composite* réside dans le post-traitement et l'incrustation des images, tandis que celle de l'éditeur de séquences réside dans le montage pur et dur, même si certaines fonctions se retrouvent effectivement chez l'un comme chez l'autre.

Parmi les effets proposés par l'éditeur de séquences, on peut relever :

- *Add*, *Substract*, *Multiply* : ces effets permettent de prendre les couleurs de deux séquences sélectionnées, et de respectivement ajouter, soustraire ou multiplier les couleurs. La seconde possibilité permet notamment de réaliser des effets d'inversion vidéo, tandis que la seconde, utilisée conjointement avec un masque noir et blanc, permet de réaliser un découpage de type longue-vue ou jumelle sur l'image visualisée.
- *Cross*, *Gamma Cross* : ces effets très utiles permettent de réaliser le fondu d'une séquence vers l'autre, basée sur le nombre d'images de recouvrement des deux séquences sélectionnées. *Gamma Cross* produit une transition plus douce à l'œil grâce à la correction de la couleur durant le processus. Utilisés conjointement avec un effet de type *Color Generator*, ces effets permettent de mettre aisément en place un fondu vers un écran noir.
- *Alpha Over*, *Alpha Under*, *Alpha Over Drop* : ces effets utilisent le canal Alpha (transparence) des images pour produire des effets de composition. L'ordre de sélection des séquences est important : pour *Alpha Over*, la deuxième séquence sélectionnée est positionnée par-dessus la première ; de la même façon, pour *Alpha Under*, la deuxième séquence est positionnée en dessous de la première. *Alpha Over Drop* fonctionne de la même façon que l'effet *Cross*, à ceci près qu'il est également en plus, capable de tenir compte du canal Alpha.
- *Wipe* : permet la mise en place de transitions entre plusieurs séquences, sachant qu'il existe plusieurs types de transition intégrés.

BON À SAVOIR

Les scènes et les paramètres de rendu

Chaque scène a ses propres paramètres de rendu, indépendants. Prenez donc garde à les régler conformément à vos souhaits dans chaque scène. Une remarque toutefois sur la dimension des images : si elle n'est pas spécifiée de façon identique dans les deux scènes, Blender ajustera les dimensions de la plus grande à celles de la plus petite, pour garantir un format unique pour la vidéo finale.

ASTUCE

L'effet Glow sur une transition

L'effet *Glow* doit être ajouté individuellement à chaque séquence : sélectionnez celle-ci, puis dans le menu choisissez *Add>Effect>Glow*. Mais, lorsque vous utilisez une transition (*Add>Effect>Wipe*), celle-ci est en fait une troisième séquence composée à partir des frames de recouvrement des deux autres, ce qui veut dire que vous devez également lui attribuer l'effet *Glow*. Sinon, vous observerez la première séquence correctement illuminée, puis une transition sans illumination supplémentaire, et enfin la seconde séquence, également correctement illuminée.

Astuce

Compiler une série d'images en vidéo AVI

Si vous avez une série d'images (par exemple suite au rendu d'une animation au format JPEG) et que vous souhaitez compiler celles-ci en une vidéo, il vous suffit d'ouvrir une nouvelle session de Blender ou d'initialiser celui-ci grâce à la combinaison de touches *[Ctrl]+[N]*. Ouvrez l'éditeur de séquences. Dans le menu *Add*, choisissez *Images*. Le sélecteur de fichiers s'ouvre, naviguez jusqu'à l'emplacement de vos images (par exemple, le répertoire `/tmp/`) et avec le bouton droit de la souris, sélectionnez toutes les images à inclure dans la vidéo. Normalement, elles sont numérotées en fonction de la frame qu'elles représentent. Une fois la sélection effectuée, cliquez sur le bouton *Select File* pour revenir dans l'éditeur, avec une séquence bleue à positionner sur la frame `1`. Dans l'onglet *Output*, choisissez *AVI JPEG* et *Quality* `95`. Dans le menu *Render*, activez *Sequencer* et appuyez sur le bouton *Animation*. Vous retrouverez la vidéo « compilée » dans le répertoire défini par l'onglet *Output*.

- *Glow* : permet d'ajouter un effet de lueur à la séquence sélectionnée en travaillant sur son canal de luminance.
- *Transform* : cet effet permet de redimensionner, décaler verticalement ou horizontalement, ou faire pivoter l'image de la séquence. Il est possible d'associer une courbe *F-Curve* à l'effet pour assurer une transition très douce.
- *Color Generator* : permet de créer une séquence d'une couleur donnée, et de la redimensionner à votre guise.
- *Speed Control* : ce nœud sophistiqué permet de contrôler la vitesse d'écoulement du temps au sein de la séquence, permettant donc de l'accélérer ou de la ralentir.

Pour nous familiariser avec l'éditeur de séquences, nous allons chercher à obtenir deux effets très couramment recherchés par les utilisateurs de Blender. Le premier convient aussi bien à une image statique qu'à une animation, tandis que le second intéressera surtout les monteurs vidéo.

Utilisation de l'effet Glow

Cet effet permet de rendre plus lumineuse une image rendue par Blender, en magnifiant, dans certaines proportions (qui sont réglables), les zones claires et en particuliers les rehauts spéculaires. Nous allons voir comment obtenir cet effet. Ouvrez le fichier `exercice-ch09.02-depart.blend`. L'écran principal est divisé en deux parties : en haut, la vue 3D et en bas, l'éditeur de séquences, vierge. Effectuez immédiatement le rendu de la scène (touche *[F12]*). La scène représente un sous-bois mystérieux et surtout un peu sombre. Nous souhaiterions ajouter un peu de magie et de lumière dans l'image.

Figure 9–11
Le rendu classique de la scène

Nous allons concentrer toute notre attention sur l'éditeur de séquences. Utilisez le menu *Add* pour ajouter un élément de type *Scene*. Une séquence flottante verte apparaît, elle a une longueur égale à 250 frames, et il faut que vous la déposiez à l'endroit de votre choix dans l'éditeur. Placez-la de sorte à ce que sa première frame coïncide avec la frame 1.

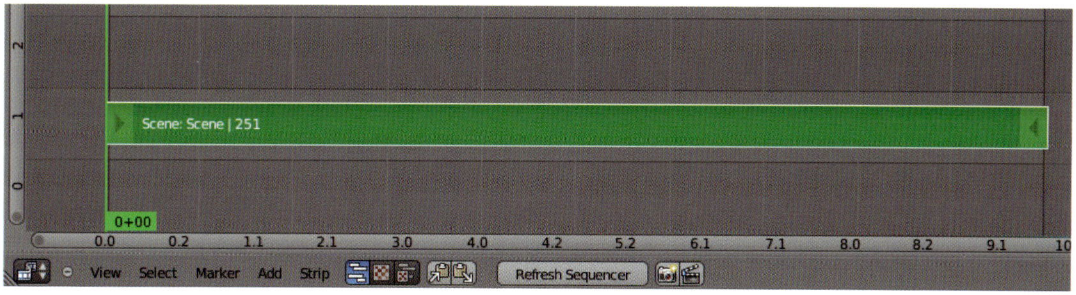

Figure 9–12 Ajout d'une nouvelle scène grâce au menu Add>Scene

Nous allons maintenant ajouter (toujours en utilisant le menu *Add*) un nouvel effet de type *Glow* : *Add>Effect>Glow*. Une séquence flottante de couleur verte kaki apparaît, qu'il vous faut également placer dans l'éditeur. Placez-la au-dessus de la séquence de la scène, commençant aussi à la première frame.

Figure 9–13 Un effet de type Glow se superpose à la scène, pour toute la durée de celle-ci.

Sélectionnez la séquence de l'effet, et appuyez sur le bouton *[N]* pour faire apparaître les propriétés de données numériques du séquenceur. Vous découvrez différents onglets, et en particulier *Effect Strip* qui va nous intéresser.

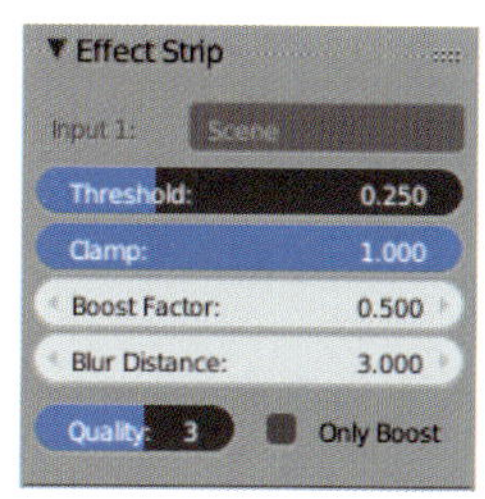

Figure 9–14 Le panneau Effect Strip montrant les paramètres de l'effet Glow

Les propriétés de l'effet Glow

En quelques mots, voici la description des autres réglages de l'effet *Glow*.

- *Threshold* : l'intensité lumineuse à partir de laquelle l'effet *Glow* sera mis en fonction ;
- *Clamp* : la limite d'intensité de la luminosité ;
- *Boost factor* : le multiplicateur de luminosité appliqué ;

Figure 9–15
Activez le bouton Sequencer pour que la magie du post-processing opère.

- *Blur distance* : le rayon de l'effet *Glow* ;
- *Quality* : la précision de l'effet *Glow* ;
- *Only boost* : affiche la carte de luminosité composée avec l'image rendue.

L'effet est en place, mais nous ne savons pas encore si les réglages par défaut nous apporteront satisfaction. Le seul moyen de s'en assurer est d'effectuer le rendu de la scène : touche *[F12]*. Vous constaterez que le rendu obtenu est strictement identique au rendu de base, comme si l'effet n'avait pas été activé. C'est parce qu'il nous reste une dernière étape à réaliser : valider les séquences et effets programmés dans l'éditeur de séquences dans l'onglet *Post Processing* du menu *Render*.

Vous pouvez maintenant effectuer le rendu (touche *[F12]*) ; l'image qui s'affiche en cours de calcul ne diffère en rien de celle rendue précédemment, mais c'est normal : les effets sont ajoutés en phase de pots-traitement d'une image.

BON À SAVOIR
OpenEXR

Blender supporte le format OpenEXR. Les images EXR sont des images HDR avec une plus grande profondeur de bits que les images HDR classiques ; le format EXR a été développé par les célèbres studios *Industrial Light & Magic* et est employé dans toutes leurs productions actuelles. Avec ce format, il est possible d'augmenter ou de diminuer considérablement la luminosité des images, en minimisant la perte de balance des couleurs initiales, par exemple lors d'une manipulation de l'image au travers de l'éditeur de nœuds *Composite*. Vous trouverez plus d'informations sur le site officiel.

▸ http://www.openexr.com/index.html

Figure 9–16
L'effet d'illumination est trop peu marqué, mais il n'en demeure pas moins réussi !

Tant que vous ne décocherez pas l'option *Sequencer*, à chaque fois que vous lancerez un rendu (touche *[F12]*), le moteur retiendra la dernière image calculée, et se contentera d'effectuer un nouveau post-traitement. Ainsi, pour diminuer l'intensité de l'effet, dans le panneau flottant des propriétés de l'effet *Glow*, diminuez la valeur du *Threshold* à `0.100`, augmentez la valeur *Boost factor* à `0.700`. Appuyez sur la touche *[F12]*, et constatez que l'image n'est pas recalculée : seul le post-traitement, avec ses nouveaux paramètres, est à nouveau appliqué. Cela vous permet de régler finement l'image finale sans avoir à recommencer trop de fois le rendu complet.

Vous pouvez expérimenter les résultats obtenus dans le fichier `exercice-ch09.02-final.blend` si vous le souhaitez.

Figure 9–17
L'image finale ne manque pas de charme grâce à un effet très simple à mettre en place.

Insertion d'une transition entre deux séquences

Un fichier Blender peut contenir différentes scènes, qui sont individuellement accessibles *via* la barre de menus principale, tout en haut de la fenêtre. Un sélecteur de scènes permet de choisir parmi les scènes disponibles du fichier, voire d'en créer de nouvelles ; la nouvelle scène peut être totalement vierge ou contenir une scène basée sur une autre préexistante.

Si vous ouvrez le fichier `exercice-ch09.03-depart.blend` et que vous cliquez sur le sélecteur de scènes, vous constaterez qu'il y a déjà deux scènes existantes. Elles sont quasiment identiques, la tête de Suzanne a été ajoutée dans la seconde scène et l'angle de la caméra diffère. Pour apprendre le fonctionnement de l'éditeur de séquences, nous allons rendre une animation du point de vue de chacune de ces deux scènes, et les monter dans l'éditeur avec une transition progressive.

L'écran principal est divisé en trois parties : en haut à gauche, une vue 3D ; en dessous, l'éditeur de séquences. En haut à droite, une vue du *Graph Editor* permettant de visualiser cette animation très simple (seule la caméra bouge dans la scène) ; et enfin, en bas à droite, la fenêtre des propriétés.

Intéressons-nous tout de suite à l'éditeur de séquences. Dans le menu *Add* de l'éditeur, choisissez *Scene* et insérez la séquence correspondant à la première scène nommée `Scene`. La bande verte qui apparaît est pour l'instant flottante, et dotée de flèches à chaque extrémité, portant respectivement la frame de début de l'animation et la frame de fin. Déplacez la séquence jusqu'à ce que la flèche de gauche indique un début d'animation en frame `1`, et utilisez le bouton gauche de la souris pour valider la position.

Recommencez avec la seconde scène nommée `Scene-bis` et déplacez-la de sorte qu'elle commence à la frame `81`.

BON À SAVOIR

Création d'une nouvelle scène

Pour créer une nouvelle scène, utilisez le bouton + à droite du sélecteur. Les options qui s'offrent à vous sont les suivantes.

- *New* : la nouvelle scène est totalement vide, vous démarrez de zéro.
- *Copy Settings* : aucun objet n'est copié, seulement le paramétrage et options de la précédente scène de Blender.
- *Link Objects* : la nouvelle scène est une copie de la scène d'origine. Si ultérieurement, vous apportez des modifications à la scène d'origine (modification de la géométrie au niveau du maillage, ou transformations géométriques au niveau de l'objet), ces modifications seront répercutées sur la copie de scène.
- *Link Objects Data* : la nouvelle scène est également une copie de la scène d'origine. Toutefois, si vous modifiez la scène d'origine, seules les modifications apportées à la géométrie des objets, au niveau du maillage, seront répercutées sur la copie de la scène. Les transformations géométriques au niveau de l'objet (rotation, translation ou mise à échelle hors du mode *Edit*) ne seront pas répercutées.
- *Full Copy* : la nouvelle scène est une copie intégrale et indépendante de la scène d'origine. Vous pouvez modifier celle-ci de la façon qu'il vous plaira, aucune de ces modifications n'étant répercutées dans la copie.

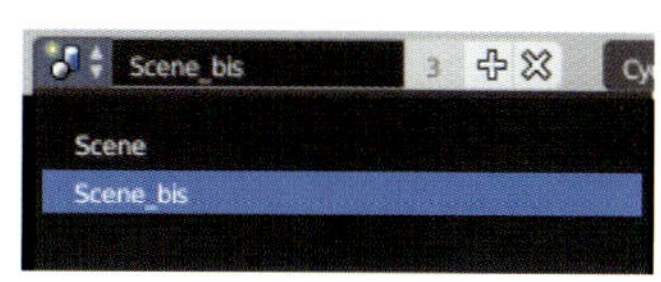

Figure 9–18
Le sélecteur de scènes de Blender

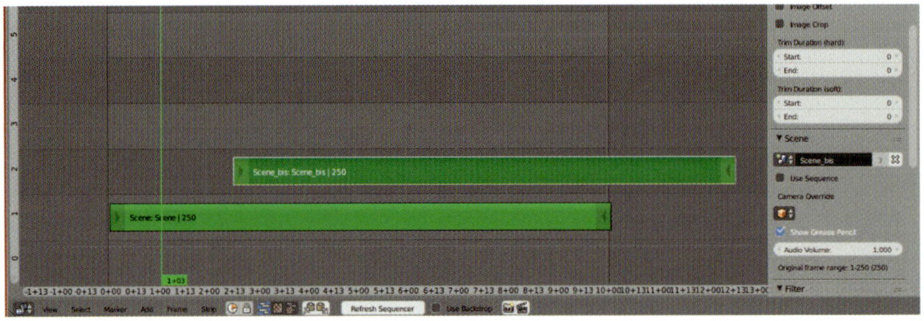

Figure 9–19
Les deux scènes principales ont été mises en place.

Cliquez avec le bouton droit de la souris sur la flèche à droite de la séquence `Scene` : le numéro de sa dernière frame apparaît. Déplacez la souris pour amener la flèche à la frame `125`, et validez l'opération grâce au bouton gauche de la souris. Procédez de même avec la scène `Scene-bis` en ramenant sa dernière frame à la frame `201`. Dans les deux cas, l'espace théorique de la séquence d'origine apparaît sous la forme d'une bande légèrement transparente de la même couleur que la séquence.

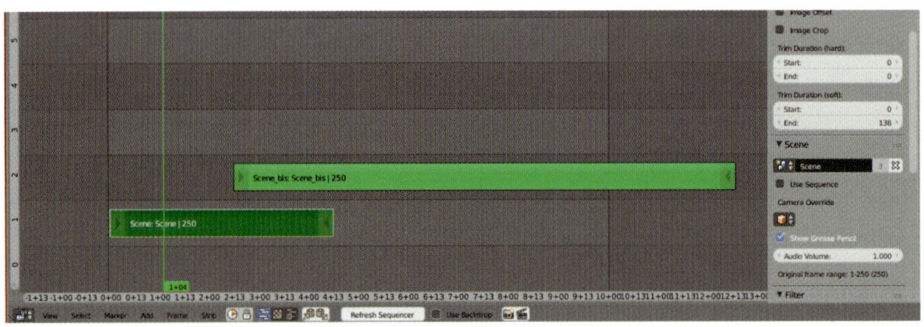

Figure 9–20
Les deux scènes ont été amputées des séquences n'intéressant pas le metteur en scène.

Nous allons maintenant ajouter la transition. Sélectionnez les deux scènes, soit en activant une boîte de sélection grâce à la touche *[B]*, soit en sélectionnant une scène (bouton droit), et en ajoutant l'autre à la sélection (*[Ctrl]+[bouton droit]*). Dans le menu *Add*, choisissez alors *Effect* puis *Wipe*. Une séquence flottante brune-orangée fait son apparition. Vous ne pouvez la déplacer que verticalement, car ses frames de départ et de fin coïncident automatiquement avec les frames de chevauchement entre les deux séquence `Scene` et `Scene-bis`. Après avoir placé la séquence flottante, validez sa position grâce au bouton gauche de la souris.

BON À SAVOIR
Quelques raccourcis clavier pour l'édition des séquences

- Combinaison de touches *[Maj]+[A]* : permet d'ajouter un élément, comme au travers du menu *Add*.
- Combinaison de touches *[Maj]+[S]* : permet d'aligner le début de la séquence sur la frame courante (barre verticale verte).
- Touche *[X]* : supprime la séquence.
- Combinaison de touches *[Maj]+[D]* : copie une séquence et permet de la positionner horizontalement et verticalement.
- Touche *[B]* : permet de tracer une boîte de sélection (bouton gauche) ou de désélection (bouton droit).
- Combinaison de touches *[Ctrl]+[G]* : crée une « métaséquence » à partir de plusieurs séquences sélectionnées. Elles ne doivent être liées à aucun effet pour qu'elles puissent être amalgamées. La combinaison de touches *[Alt]+[G]* inverse l'opération.

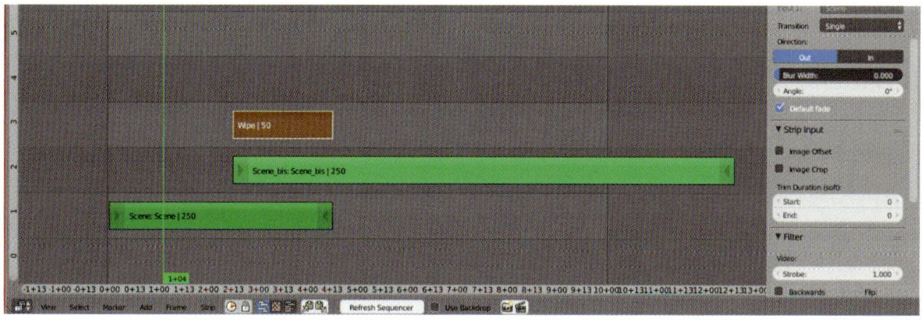

Figure 9–21
La séquence de transition est automatiquement dimensionnée en fonction du nombre de frames de recouvrement entre les deux séquences.

Avec la séquence *Wipe* sélectionnée, appuyez sur le bouton *[N]* pour faire apparaître les propriétés de données numériques du séquenceur et affichez son panneau *Effect Strip*. Vous pouvez y choisir le type de transition (par défaut, *Single,* qui correspond à un balayage simple) et la dimension de la zone floue lors de la transition entre les deux séquences (*Blur Width*). En option, vous pouvez définir l'*Angle* du balai de transition : `0.00` pour un balai horizontal (par défaut) et `90.00` pour un balai vertical, par exemple. Enfin, les options *In et Out* permettent d'inverser la direction de balayage. Conservez tous les paramètres par défaut, à l'exception de *Blur* que vous porterez à `0.35`, afin que la frontière de transition soit légèrement floue.

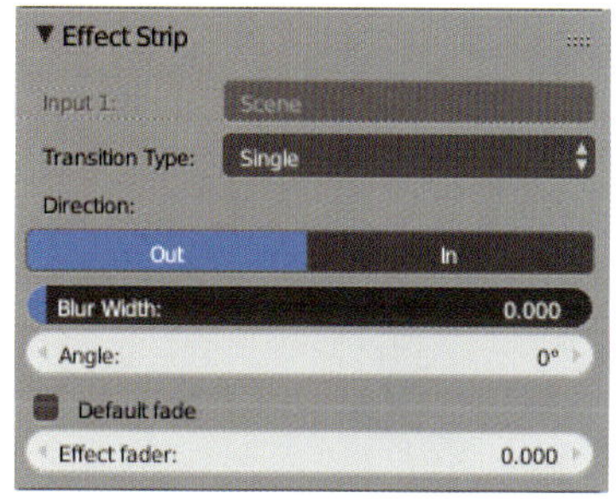

Figure 9–22 Le panneau flottant des propriétés de l'effet Wipe

Dans le panneau *Post Processing* du menu *Render*, vérifiez que le bouton *Sequence* est activé. Choisissez un répertoire où seront stockées les images résultant de l'animation (premier champ de l'onglet *Output*, par défaut `/tmp/`) et choisissez *JPEG* (*Quality* 95) ou *AVI JPEG*, puis, dans l'onglet *Render*, appuyez sur le bouton *Animation*. Lorsque le calcul de l'animation sera terminé, utilisez le bouton *Play* pour la visualiser en boucle.

Vous pourrez observer le montage réalisé dans le cadre du fichier `exercice-ch09.03-final.blend`.

Figure 9–23
Le résultat de l'animation avec la transition (horizontale) en cours d'action

Les calques de rendu (Render Layers)

Les deux moteurs de *Cycles Render* et *Blender Render* autorisent la mise en place de calques de rendu, qui permettent notamment de réaliser des rendus par passes (c'est-à-dire, n'effectuer le rendu que d'un type d'information, comme la couleur, les ombres ou les reflets, par exemple) Cette fonctionnalité passionne les puristes qui aiment combiner, parfois de façon très subtile, les différentes passes dans leur éditeur d'images favori, tel que Gimp ou l'éditeur de nœuds *Composite*.

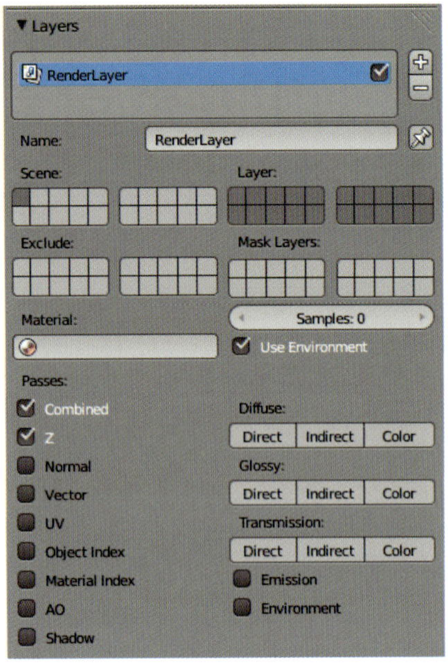

Figure 9–24
L'onglet Layers pour le moteur de rendu Cycles

> BON À SAVOIR **Un peu perdu ?**
>
> Le moteur de rendu permet de mettre en place un nombre illimité de calques de rendu, et pour chacun de ces calques, de définir un certain nombre de passes. Pour résumer, le calque de rendu va définir les objets à prendre en considération, et les passes vont enregistrer dans des images différentes le résultat du rendu (shading de ces objets).

L'onglet *Layers* est disponible dans le menu *Render*, de la fenêtre des propriétés.

Les calques de rendu

Par défaut, un calque permettant l'obtention d'un rendu classique figure déjà sous le nom `RenderLayer`. Nous vous suggérons de ne pas modifier ni supprimer celui-ci, car il sera plus facile de revenir en arrière si vous ne parvenez pas aux résultats escomptés et préférez, finalement, revenir aux rendus classiques et annuler vos modifications.

Il est possible d'ajouter un nouveau grâce au bouton + situé à droite de la liste. Dans ce cas, un deuxième calque de rendu apparaît. Par défaut, il se nomme `RenderLayer.001`, mais vous pouvez le renommer en renseignant le champ *Name* situé juste en dessous de la liste. Toutes les options situées en dessous (les calques de la section *Layer*, mais aussi les options de rendu et les passes) se rapportent exclusivement à ce calque de rendu.

La partie suivante de l'onglet permet de déterminer les calques qui figureront sur le rendu final. Le bouton gauche de la souris permet d'activer un calque, tandis que la combinaison *[Maj]+[bouton gauche]* permet d'ajouter ou d'enlever des calques à la sélection. Les opérations réalisées ici se répercutent également sur les boutons de calque affichés dans l'en-tête de la vue 3D.

ASTUCE **Gestion des calques de rendu**

Il est possible d'activer ou désactiver un calque de rendu (déterminant sa disponibilité ou non dans l'éditeur de nœuds *Composite*) grâce à la coche située à l'extrémité droite de la liste des calques de rendu. À l'autre extrémité, un bouton présentant une case à cocher permet de supprimer le calque de rendu courant. Lors du rendu, tous les calques sont normalement combinés, éventuellement en se conformant aux manipulations réalisées dans l'éditeur de nœuds *Composite*. Mais en cochant le bouton représentant une épingle, à droite du champ *Name*, seul le calque de rendu courant est calculé. Par exemple, cela permet d'effectuer un rendu ne montrant que la passe d'occlusion ambiante.

Figure 9–25
La passe Combined a été désactivée, et Normal activée, résultant en une image qui ne présente que les normales de tous les objets de la scène.

Les options des masques de rendu

Pour chaque calque de rendu, vous pouvez définir les calques de la scène à prendre en compte. Par défaut, tous les calques sont actifs dans la section *Layer*, mais vous pouvez activer ou désactiver tout ou partie des calques comme d'habitude (bouton gauche pour sélectionner, touche *[Maj]+[bouton gauche]* pour ajouter ou enlever à la sélection). Cela permet notamment de définir aisément, lors d'un rendu, un calque de rendu pour les éléments de premier plan (les personnages) et un autre pour les éléments d'arrière-plan (le décor), mais cela n'est qu'un exemple parmi bien des stratégies.

Pour chaque calque de rendu, il est possible de choisir si l'éclairage d'environnement sera intégré au calcul de l'image avec l'option à cocher *Use Environment*. Enfin, l'utilisateur peut déterminer un nombre de *Samples* spécifique qui écrasera la valeur globale définie dans l'onglet *Sampling*, une valeur de `0` respectant celle de la scène d'origine.

ASTUCE
Forçage par matériau

Pour un calque de rendu, il est possible de forcer la scène à utiliser un matériau spécifique. Il suffit alors de spécifier un nom de matériau dans le champ *Material*. Le calque de rendu ne prendra alors en compte, lors du calcul de l'image, que ce matériau-là, en l'attribuant à toutes les facettes de la scène, ce qui peut être utile pour la création de masques, grâce à des textures en coordonnées globales, ou pour des rendus recherchant un style « glaise » ou « pâte à modeler » à partir d'un matériau unique.

Les passes

Nous savons désormais ce que nous allons inclure dans le calcul de nos images, du point de vue des éléments constitutifs de nos scènes (objets, matériaux, arrière-plans, lumières, etc.). Il ne nous reste plus qu'à voir les différentes méthodes de shading que le rendu par passes permet d'isoler.

- *Combined* : c'est l'option par défaut, qui combine automatiquement toutes les passes possibles. Le résultat est une image RGBA (c'est-à-dire avec fond transparent).
- *Z* : stocke dans chaque pixel de l'image la distance du point rendu par rapport à la caméra, en unités internes de Blender. L'image résultante, en dégradés de gris, n'est jamais anticrénelée.
- *Vector* : donne accès aux vecteurs vitesse pour la simulation du flou de vitesse grâce au *Vector Blur*.
- *Normal* : effectue le rendu des normales.

- *UV* : pour les objets possédant des facettes pour lesquelles des coordonnées UV ont été communiquées, cette passe inscrit les valeurs UV correspondantes.
- *Object Index* : à chaque objet peut être attribué un numéro d'indice (onglet *Relations,* menu *Object*) grâce au paramètre *Pass Index*. L'indice d'un objet peut être rendu dans une passe, ce qui peut être utile pour la création de masques pour les montages vidéo.
- *Material Index* : très similaire au précédent, chaque matériau peut se voir assigner un indice particulier qui peut être utile dans la phase de postproduction de l'image. Cet indice est défini dans le menu des matériaux, onglet *Settings*, option *Pass Index*.
- *AO* : cette passe stocke le résultat brut de la simulation d'occlusion ambiante, sans tenir compte des ombres ou du shading propre des objets.
- *Shadow* : cette passe stocke les ombres des objets. À noter que si vous avez coloré vos ombres, les couleurs de celle-ci apparaîtront également sur le résultat de la passe.
- *Emission* : cette passe permet d'isoler tous les objet ayant un matériau de type *Emission.* Elle stocke la couleur RGB (définie par le matériau et/ou la texture des objets), sans tenir compte du shading.
- *Environment* : cette passe n'est active que si l'option *Use Environment* est cochée et permet de ne récupérer que l'environnement de votre scène, que ce soit une valeur RGB, une texture *Sky* ou une image.

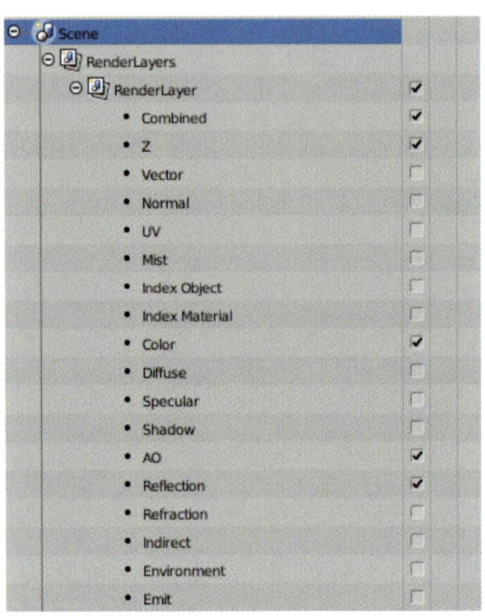

Figure 9–26
Visualisation des calques de rendu dans l'Outliner, avec possibilité d'activer ou désactiver passes et calques

Cycles propose également pour les trois types de matériaux fondamentaux trois options qui permettent de générer des calques en fonctions du type de rayon lancé.

- *Direct* : cette passe contient toutes les données d'éclairage direct de la scène. L'éclairage direct est considéré comme venant des lampes, des surfaces émettant de la lumière, de l'éclairage d'environnement ou de l'occlusion ambiante après un seul rebond au maximum. Attention, les couleurs des objets ne sont pas rendus dans cette passe.
- *Indirect* : cette passe contient les données d'éclairage des sources de lumières de la scène, mais après plus d'un rebond dans la scène. De même, les couleurs des objets ne sont pas inclus dans la passes, seules les couleurs de l'éclairage global apparaissent.
- *Color* : enfin, cette passe stocke la couleur RGB (définie par le matériau et/ou la texture des objets), sans tenir compte du shading.

Vous noterez que l'*Outliner* permet également de visualiser les calques de rendu et les passes, de déterminer les calques actifs et de spécifier les passes combinées ou non à l'aide d'un simple clic avec le bouton gauche de la souris.

L'éditeur de nœuds Composite

L'éditeur de nœuds *Composite* permet de mettre en place des procédures de post-traitement, de montage, et d'effets spéciaux automatisées directement par Blender, immédiatement après le rendu de l'image. L'intégration est telle que l'on pourrait croire le résultat comme étant le fruit du rendu, mais il n'en est rien : il s'agit bel et bien d'effets à rapprocher du traitement et de la retouche d'images.

Les étapes de la création de nœuds *Composite* sont résumées ci-dessous. De façon générale, l'éditeur de nœuds *Composite* fonctionne de la même façon que l'éditeur de nœuds matériaux.

1. Allez dans le menu *Render*, de la fenêtre des propriétés et dans l'onglet *Post Processing*, vérifiez que le bouton *Compositing* est bien activé.
2. Transformez l'une des vues en *Node Editor* en cliquant sur l'icône de changement de type de vue, dans l'en-tête de la vue principale. Un écran gris et quadrillé fait son apparition, mais il est pour l'instant vide. Dans son en-tête se trouvent trois icônes : la première permet l'édition de nœuds définissant des matériaux, la seconde l'édition des nœuds définissant des textures et la troisième l'édition des nœuds définissant des effets de composition. Activez donc la troisième puis cliquez sur le bouton *Use Nodes*, également dans l'en-tête.

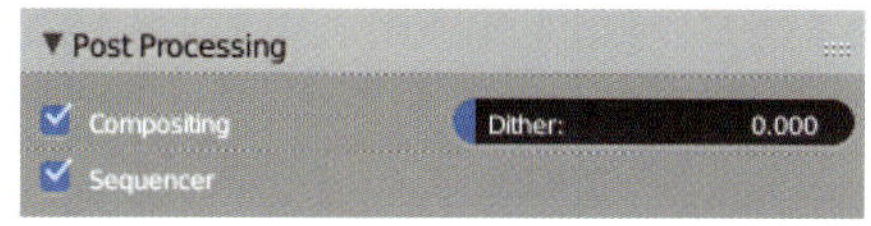

Figure 9–27
Le panneau Post Processing

Figure 9–28
Activation des nœuds Composite

ASTUCE L'éditeur UV/Image à la rescousse des nœuds trop petits

Mettre en place une vue de type *UV/Image Editor* est souvent utile : dans l'en-tête, utilisez le sélecteur de fichier pour faire apparaître la liste des images disponibles, et sélectionnez *Viewer Node*. En plus d'apparaître dans le nœud *Viewer*, la prévisualisation de la branche de nœuds se fera également dans l'éditeur UV/Image, ce qui se révélera plus pratique. Seul le *Viewer* actif sera affiché dans cette vue.

Figure 9–29
Le résultat obtenu dans un quelconque Viewer peut également être affiché, en grand format, dans l'éditeur d'UV/Image.

Deux nœuds ont normalement fait leur apparition : un nœud de type *Render Layers* (permettant de définir le masque de rendu à affecter à cette branche du nœud *Composite*, mais aussi de lancer un rendu en cliquant sur l'icône appropriée), et un autre de type *Composite* (permettant de visualiser en temps réel le résultat du réseau de nœuds). Comme les nœuds matériaux, les nœuds *Composite* disposent chacun de connecteurs d'entrée en bas à gauche, et de sortie en haut à droite. Ces connecteurs sont de couleurs différentes, en fonction du type de liaison qu'ils admettent : jaune (une image), bleu (un vecteur, *Normal* ou *Vector*), gris (une valeur numérique, *Alpha* ou *Z*).

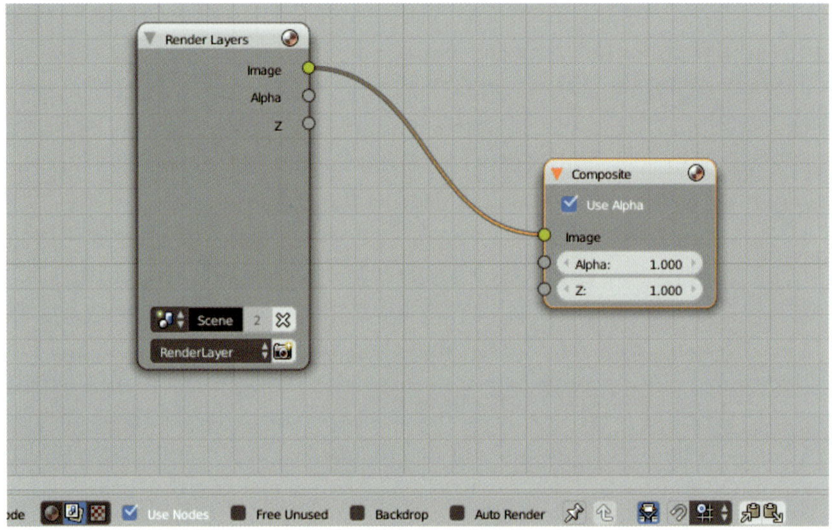

Figure 9–30
Les connecteurs des nœuds Composite se présentent comme ceux des nœuds Material.

Il n'y a guère de différence avec l'éditeur de nœuds *Material* : vous pouvez insérer autant de nœuds que nécessaire grâce au raccourci clavier *[Maj]+[A]* qui appelle le menu *Add*, en fonction des traitements que vous souhaitez mettre en place. Ci-dessous sont décrits quelques-uns des principaux nœuds disponibles pour l'éditeur, mais ils ne se limitent pas à ceux-ci, surtout dans les dernières versions de Blender qui en proposent de nombreux autres, parfois très spécialisés, et d'autres sont présentés plus longuement dans ce même chapitre et ne sont pas repris ici (ceux de la catégorie *Matte*, par exemple).

- *Input* :
  - *Image* : ce nœud définit une image (aux formats habituellement supportés) qui peut être réutilisée dans le réseau nodal. L'image peut avoir n'importe quelle source et, typiquement, il peut s'agir d'un arrière-plan de type *matte-painting*.
  - *Texture* : ce nœud permet d'utiliser des textures, pour créer des transitions, par exemple.
- *Output* :
  - *Viewer* : ce nœud peut être placé n'importe où dans un réseau pour observer le résultat d'une branche particulière. L'image du *Viewer* actif peut être affichée dans l'éditeur UV/Image.
  - *Composite* : ce nœud définit la sortie finale du rendu, conformément aux paramètres précisés dans le menu *Render*.

- *Color* :
  - *RGB Curves* : ce nœud affiche une interface graphique permettant d'ajuster la luminosité générale de la branche nodale, ainsi que les canaux individuels de couleur *R*, *G* et *B*.
  - *Mix* : ce nœud prend deux images et les mélange proportionnellement à la valeur *Fac*. L'image de base est celle connectée à la première entrée (celle du haut), elle est modifiée par l'image connectée à la seconde entrée (celle du bas). Une valeur *Fac* nulle implique qu'aucune opération n'est réalisée. Outre *Mix*, plusieurs opérations sont possibles et disponibles dans un menu déroulant.
  - *Alpha Over* : la première image (entrée du haut) fonctionne comme arrière-plan, et la seconde entrée correspond à l'image à fond transparent qui lui est superposée. La valeur *Fac* indique dans quelle proportion la seconde image est visible par-dessus la première. Lorsqu'une image sur fond transparent présente une frontière apparente, activer l'option *ConvertPremul* se révélera utile pour en limiter les effets disgracieux.
  - *Z Combine* : ce nœud permet de trier les pixels en provenance de deux images sources, et de les combiner en une seule image tenant compte de la profondeur Z de chaque pixel.
  - *Bright/Contrast* : ce nœud permet de corriger la luminosité et le contraste de l'image qu'il reçoit en entrée.
  - *Tone Map* : pour la conversion d'images HDR en images LDR, tout en gardant le contrôle sur l'intensité lumineuse et le contraste.
- *Vector* :
  - *Map value* : ce nœud est utilisé pour borner, translater, ou redimensionner une valeur.
  - *Normalise* : ce nœud permet de ramener un ensemble de valeurs entre `0.0` et `1.0`. Ce nœud est très utile lorsque l'on manipule des données dépassant la valeur `1` et ne pouvant donc pas être affiché à l'écran.
- *Filter* :
  - *Filter* : ce nœud permet d'appliquer des filtres à l'image d'entrée (en particulier *Sharpen* et *Soften*, mais aussi divers filtres de détection de contour comme *Laplace* ou *Sobel*).
  - *Blur* : ce nœud permet d'appliquer du flou à l'image d'entrée, en spécifiant l'échantillonnage dans les directions X et Y. L'option *Bokeh* effectue pour chaque pixel la moyenne des pixels avoisinants (les meilleurs résultats sont obtenus avec le filtre *Flat*, d'autres filtres devant être développés dans le futur), mais cela requiert plus de temps de calcul.

- *Defocus* : ce nœud est spécifique à la mise en place d'un champ de profondeur (flou focal) en fonction de la profondeur Z des pixels d'une image. En guise de profondeur, il admet également toute image externe en niveaux de gris, ce qui peut permettre la mise en place d'un flou très localisé.
- *Dilate/Erode* : ce nœud permet de dilater ou d'éroder une image en comparant chaque pixel à son environnement et en retenant les valeurs minimale et maximale. Une valeur positive dilate l'image, une valeur négative la rétrécit. Concrètement, ce nœud trouve une application directe dans le nettoyage des images sources dans le cas d'incrustation d'images sur fond vert.
- *Glare* : ce nœud peut être utilisé pour ajouter des effets lumineux supplémentaires dans les scènes, afin de simuler les éclats lumineux. Il fonctionne particulièrement bien sur des images HDR, dont les tâches spéculaires sont isolées grâce au seuil *Threshold*. Différents modes sont disponibles, en fonction du type d'éclat lumineux simulé.
- *Bilateral Blur* : ce nœud est employé pour produire des flous adaptatifs de grande qualité, idéal pour le lissage des rendus granuleux de l'occlusion ambiante, la simulation des réflexions et réfractions floues, ou encore les ombres floues sans passer par les fonctions dédiées de Blender, lentes au rendu.

• *Convertor* :
- *Color Ramp* : ce nœud convertit une valeur en couleur RGBA au moyen d'une rampe, pour laquelle la méthode d'édition ne diffère pas des rampes classiques de Blender.
- *RGB to BW* : ce nœud permet de convertir une image couleur en image « noir et blanc ».
- *Set Alpha* : ce nœud sert à spécifier le taux de transparence d'une image. Il fonctionne particulièrement bien avec des masques pour en rendre transparentes des zones particulières (bords des objets).
- *ID Mask* : ce nœud convertit le paramètre *Pass Index* d'un objet sous forme de masque.

• *Distort* :
- *Displace* : ce nœud déplace les pixels d'une image en fonction des informations contenues dans une autre image. Il peut s'agir d'une image en dégradés de gris (peinte ou procédurale), d'un canal *Vector*, ou d'une image RGB, comme une passe *Normal* qui déplacera les pixels dans la direction normale. Utile pour la simulation de la distorsion du paysage derrière un rideau de chaleur (désert...) ou de la réfraction des objets, en particulier lorsqu'un objet trans-

parent est placé en premier plan par rapport à une scène filmée sur écran vert avec de vrais acteurs.

- *UV Map* : ce nœud utilise les coordonnées UV stockées dans une passe de rendu pour replaquer des textures directement dans l'éditeur de nœuds *Composite*.
- *Translate* : ce nœud permet de translater verticalement ou horizontalement une image.
- *Lens Distorsion* : permet de simuler différents effets de distorsion (effet de tonneau ou de coussin sur l'image, dispersion chromatique) présentés par les lentilles de certains appareils photographiques.

• *Group* : grâce à la combinaison de touches *[Ctrl]+[G]*, vous pouvez rassembler plusieurs nœuds au sein d'un même groupe ; celui-ci devient alors accessible au travers du menu *Add>Groups* et peut être réutilisé à volonté dans le réseau nodal.

BON À SAVOIR

Les nœuds et le crénelage

Lorsqu'il détermine un masque, une carte UV ou le tampon de profondeur, entre autres, seul un échantillon est stocké par Blender dans chaque pixel. Il en résulte que ces informations ne sont jamais anticrénelées (à l'exception des nœuds *Z Combine* et *ID Mask* qui intègrent une routine de post-traitement qui interpole les informations manquantes). Le seul moyen d'obtenir des bords anticrénelés est alors de rendre flous ceux-ci. Diverses techniques existent ; l'une d'entre elles, rapide à mettre en œuvre, consiste à utiliser le nœud *Dilate/Erode* pour éroder le masque sur une itération, puis le nœud *Blur* pour le rendre légèrement flou.

Quelques exemples d'usage des nœuds Composite et des Render Layers

L'usage des *Render Layers* et de l'éditeur de nœuds *Composite* est à réserver aux utilisateurs de Blender qui ont un minimum d'expérience et/ou de solides notions de montage (compositing) d'images. Son usage est quasiment illimité, allant de l'incrustation d'effets spéciaux à la réalisation de montages complexes (animés ou non). Nous détaillerons ici quelques applications utiles, accessibles à des utilisateurs compétents, et ayant au moins saisi les bases des *Render Layers* et de l'éditeur de nœuds *Material*.

Mélanger des rendus Cycles et Blender Render

Dans l'exercice qui suit, nous allons en rester à quelque chose de volontairement très simple, afin de rendre accessibles les bases du rendu par passes. En effet, nous allons voir comment mêler dans le même rendu, les deux moteurs de rendus présent par défaut dans le logiciel : *Cycles Render* et *Blender Render*.

Ouvrez le fichier `exercice-ch09.04-depart.blend` du répertoire `/exercices` et prenez connaissance de son contenu. La scène est très simple : on y voit le haut de quelques cheminées industrielles, éclairées par une seule lampe de type *Sun*. Par défaut, le moteur de rendu activé est *Cycles*. Le but de cet exercice sera de rajouter de la fumée en sortie de chaque cheminée. Le rendu de fumée est possible dans *Cycles* avec les matériaux volumétriques présentés au chapitre 5 de cet ouvrage, mais il nécessite de très long temps de rendu pour obtenir un résultat sans grain. Nous utiliserons donc le moteur de rendu interne pour calculer la simulation de fumée de cet exercice.

Il est possible d'utiliser deux moteurs de rendu différents dans un même fichier Blender, il suffit pour cela de séparer les éléments en plusieurs scène dans le fichier. Nous avons deux scènes pré-configurées : la première, qui s'affiche lorsque le fichier est chargé, ne présente que les cheminées, la seconde, que la fumée. L'objectif de cet exercice est donc de mixer le rendu de ces deux scènes grâce à l'éditeur de nœuds *Composite*.

Figure 9–31
Notre terrain d'expérimentation : les cheminées ont besoin d'un peu de fumée !

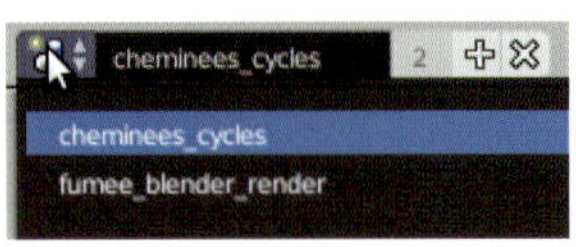

Figure 9–32
La liste des scènes disponibles dans le fichier

Les paramètres pour la génération de fumée ont déjà été prédéfinis pour simplifier l'exercice. Sélectionnez la scène `fumee_blender_render` et lancez l'animation avec le raccourci clavier *[Alt]+[A]*. Lors du premier calcul de l'animation, celle-ci risque d'être légèrement saccadée, car Blender calcule à la volée le rendu de la fumée dans la vue 3D. Si vous la rejouez ensuite, les données sont stockées en cache sur le disque dur et l'animation en devient plus fluide. Si votre ordinateur le permet, vous pouvez également activer l'onglet *Smoke High Resolution* dans le menu *Physics* de la fenêtre des propriétés en ayant sélectionné préalablement l'objet *Smoke Domain*. Le résultat visuel sera alors saisissant de réalisme mais les calculs de simulation beaucoup plus longs !

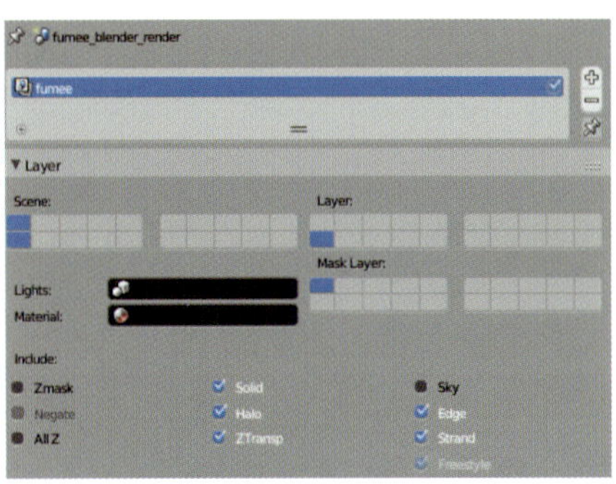

Figure 9–33
La configuration de notre calque de rendu pour la fumée

Notre rendu va être composé de deux images superposées l'une à l'autre. Nous allons donc ajouter l'image de fumée au-dessus du rendu des cheminées. Cependant, il ne s'agit pas d'un simple ajout car il faut prendre en compte le fait que certaines cheminées au premier plan peuvent masquer la fumée générée par les cheminées à l'arrière plan. Il faut donc ordonner à Blender de n'afficher la fumée que si celle si n'est pas masquée par une cheminée. Toujours dans la scène `fumee_blender_render`, dans le menu *Render* de la fenêtre des propriétés, allez dans l'onglet *Layer*. Renommez le calque actif : remplacez `Render Layer` par `fumée`. Les cheminées sont situées sur le premier calque, et la fumée se trouve sur le calque du dessous. Activez donc seulement le calque `11` dans l'option *Layer* : Blender saura ainsi que pour cette passe, il ne doit effectuer que le rendu de la fumée sur ce calque et ignorer les objets des autres calques. Pour le paramètre *Mask*, cochez uniquement le premier calque pour dire à Blender de ne pas rendre la fumée si elle occultée par un objet du calque 1. Enfin, nous souhaitons avoir un fond transparent à cette passe de rendu. Pour cela, décochez l'option *Sky* qui est activée par défaut.

Retournez maintenant à la scène `cheminees_cycles`. L'écran est divisé en plusieurs fenêtres : en haut se trouve l'éditeur de nœuds en mode *Composite*, et en bas, la vue 3D. Nous n'avons pas à modifier les *Render Layers* pour cette scène-là, car nous allons utiliser directement le résultat du rendu généré par *Cycles*. Pour plus de clarté, renommez simplement le calque par défaut en `cheminées` dans l'onglet *Layer* du menu *Render* de la fenêtre des propriétés.

Dans l'éditeur de nœuds *Composite*, le *Render Layer* par défaut est justement celui proposé par *Cycles*, nous le laissons donc comme il est. Nous allons rajouter un deuxième *Render Layer* avec le raccourci clavier *[Maj]+[A]* puis *Add>Input>Render Layers*. Dans le nœud nouvellement créé, changez la scène en `fumee_blender_render` et choisissez le calque `fumée`. Il ne nous reste plus qu'a mixer les deux calques entre eux. Pour cela, ajoutez un nouveau nœud *via* *Add>Color>Alpha Over* et branchez la sortie du *Render Layer* `cheminée` à la première entrée du nœud. De même, branchez la sortie du *Render Layer* `fumée` à la deuxième entrée. Enfin, branchez la sortie de nœud au nœud *Output* pour prendre en compte les calculs effectués dans l'éditeur de nœuds.

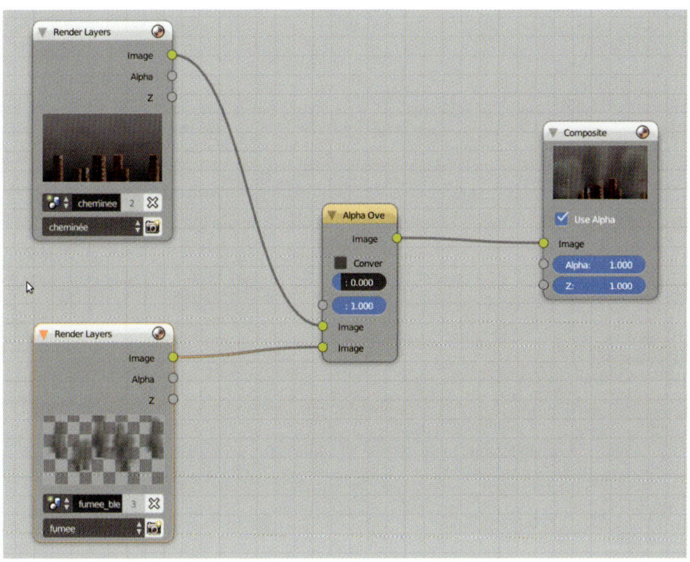

Figure 9–34
L'arbre nodal final est finalement assez simple.

REMARQUE
Que faire si la fumée ne s'affiche pas ?

La fumée utilise les outils de simulations de Blender qui peuvent s'avérer très capricieux si l'on rate le moindre petit réglage. Voici quelques pistes à suivre si la fumée ne s'affiche pas au moment du rendu :

- Assurez-vous que vous n'êtes pas à la frame `1`. La simulation commençant à cette frame, il est logique que rien n'y apparaisse. La fumée commence à avoir de jolies formes aux alentours des frames `50-60` ;
- Assurez-vous que les bons calques sont actifs dans la scène `fumée_blender_render`. Il faut impérativement que les calques 1 et 11 de cette scène soient activés pour que la fumée apparaisse ;
- Relancez le calcul de la simulation. En se positionnant à la frame `1`, relancez la visualisation de l'animation avec le raccourci *[Alt]+[A]*.

Assurez que le bouton *Use Nodes* est activé en bas de l'éditeur de nœuds et lancez un rendu. Vous pouvez noter qu'il s'effectue en deux temps : d'abord les cheminées sont affichées, puis la fumée est calculée et est ajoutée au rendu. Le résultats de cet exercice est disponible dans le fichier `exercice-ch09.04-final.blend`. Vous pouvez également regarder le fichier `exercice-ch09.04-final-bonus.blend` qui contient quelques opérations en plus dans le compositing pour corriger les couleurs de l'image et lui ajouter un effet de vignettage.

Figure 9–35
Le résultat du montage entre les deux moteurs de rendu

REMARQUE **Optimiser les performances de l'éditeur de nœuds composite.**

Tout comme *Cycles*, l'éditeur de nœuds *Composite* peut utiliser la puissance de calcul de la carte graphique pour accélérer les opérations sur les nœuds. Pour cela, il suffit d'activer l'option *OpenCL* dans le menu latéral sous l'onglet *Performances*. D'autre options intéressantes permettent également d'accélérer les opérations de post-traitement de façon très similaire à celles du rendu : l'utilisateur peut choisir la taille des tuiles (paramètre *Tile size*) pour tirer pleinement parti des processeurs multicoeurs. Il est aussi possible de sauvegarder les tampons de mémoire (option *Buffer Groups*) pour éviter d'avoir à recharger certaines données entre les rendus. L'option*Two Pass* permet un confort d'utilisation très agréable pour l'utilisateur puisqu'en l'activant, l'éditeur de nœuds va d'abord calculer les nœuds les plus simples, afficher le résultat à l'utilisateur, puis se concentrer sur ceux qui demandent le plus de calculs. Cela améliore grandement les performances, car les changements minimes de petites valeurs sont pris en compte plus rapidement à l'écran.

Le nœud Z Combine

Voici un nœud qui peut être intéressant à connaître si vous effectuez le rendu de deux *Render Layers* distincts et que vous décidez de les combiner dans l'éditeur de nœuds *Composite* en tenant compte de la distance respective à la caméra de chaque objet (méthode plus fine que celle reposant sur le nœud *AlphaOver* qui superpose bêtement les calques de rendu). Grâce au nœud *Z Combine*, les deux images sont mélangées en fonction de la valeur Z de chaque pixel de chaque image.

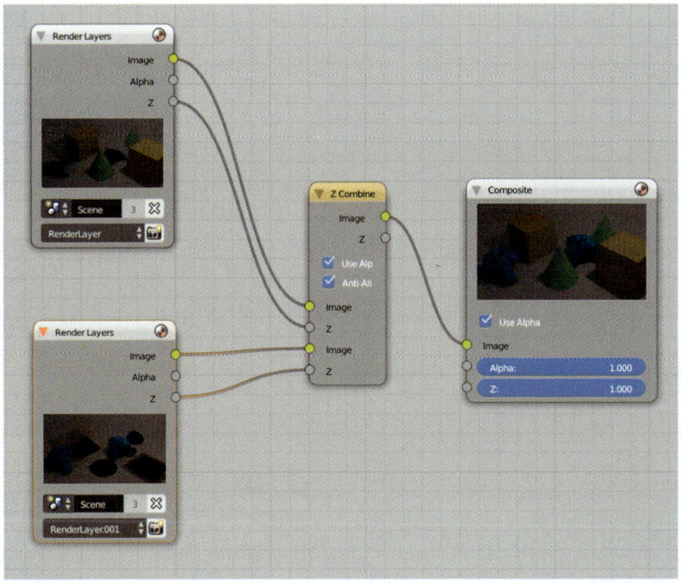

Figure 9–36

Les valeurs Z étant échantillonnées une fois par pixel, une fonction de post-traitement du masque est employée pour interpoler les valeurs et limiter le crénelage du masque. Des artéfacts peuvent toutefois subsister. Voir le fichier `exercice-ch09.05.blend` pour une mise en pratique de la technique.

Simulation d'un effet de brume

L'ajout d'un effet brumeux peut paraître, à première vue, un problème compliqué. Comment, en effet, ajouter sur une scène de paysage une légère couleur qui va teinter les objets lointains donnant une ambiance embrumée à la scène ? Il existe plusieurs solutions pour simuler cela, par exemple en utilisant la simulation de fumée intégrée à Blender, ou encore en utilisant les matériaux volumétriques disponibles dans le moteur *Blender Render*. Cependant ces solutions sont lourdes et demandent beaucoup de réglages et de calculs. Nous allons voir qu'en utilisant à bon escient quelques nœuds, nous pouvons sans problème simuler une brume qui donnera à vos paysages des ambiances fantomatiques, aussi bien avec le moteur interne *Blender Render* qu'avec le plus moderne mais encore incomplet *Cycles Render*.

Pour réaliser cet effet, nous allons nous baser sur la profondeur de chaque pixel rendu. En effet pour chaque pixel d'une image, Blender stocke la distance par rapport à la caméra de ce dernier dans une passe spéciale, appelée passe de profondeur *Z*. Cette passe est activée par défaut dans le panneau *Layers* du menu *Render* de la fenêtre des propriétés.

Ouvrez le fichier `exercice-ch09.06-depart.blend`. Nous retrouvons la scène de la forêt utilisée dans les exercices précédents de ce chapitre. Nous voulons rajouter une brume blanche au fond de la scène, qui fera disparaître progressivement les arbres les plus lointains.

Figure 9–37
La scène de départ semble un peu vide sans la brume.

Commencez par éditer le calque de rendu (*Render Layer*) courant en désactivant les options *Use Environnement* et *Environnement*. En effet, nous ne souhaitons pas utiliser l'arrière-plan défini dans le menu *World*, mais le remplacer par la couleur de la brume que nous utiliserons dans l'éditeur de nœuds. Faites ensuite un rendu en appuyant sur la touche *[F12]*, puis allez dans l'éditeur de nœuds et activez le compositing pour la scène en cochant l'option *Use Nodes*. Les deux nœuds par défaut s'affichent alors.

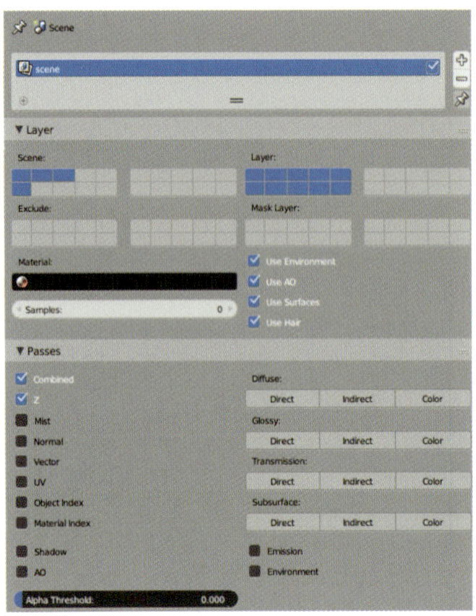

Figure 9–38
Le panneau Layers correctement configuré.

Pour réaliser notre effet de brume, nous allons mélanger le rendu brut avec la couleur de la brume en fonction de la profondeur des pixels de l'image. Pour cela, ajoutez un nœud *Mix* (menu *Add>Color>Mix*). Dans la première entrée, reliez la sortie *Image* du *Render Layer* et dans la seconde, choisissez la couleur de la brume. Les couleurs de chaque pixel sont alors mélangées uniformément sur l'ensemble de l'image.

L'étape suivante consiste à utiliser la sortie *Z*, contenant les informations de profondeur de chaque pixel, comme facteur du mélange des couleurs. Si vous reliez directement la sortie *Z* à l'entrée *Fac* du nœud *Mix*, le résultat sera visuellement déplaisant. En effet, la passe *Z* contient des informations de profondeur par rapport à la position de la caméra. Toutes les valeurs de cette passe seront comprise entre 0 (pixel au niveau de la caméra) et l'infini (pixel à une distance très lointaine de la caméra). Or, l'entrée *Fac* du nœud *Mix* n'accepte que des valeurs comprises entre `0.0` et `1.0`. Il faut donc ramener toutes les valeurs de la passe de profondeur *Z* dans cet intervalle. Il existe pour cela un nœud spécifique, *Normalize* (disponible depuis le menu *Add>Vector>Normalize*). Intercalez donc ce nœud entre la sortie *Z* du *Render Layer* et l'entrée *Fac* du nœud *Mix*. Automatiquement, les arbres du fond de la scène ont hérité de la couleur définie dans la deuxième entrée du nœud *Mix*. Choisissez une couleur qui vous convient pour la brume, par exemple un blanc pur. Un problème subsiste cependant : le fond de l'image reste complètement transparent ! L'opération *Mix* a bien affecté tous les pixels de l'image, mais il n'est possible que de voir le résultat sur les pixels non transparents. Pour régler ce souci, il suffit de rajouter un deuxième nœud *Mix* après le premier, de brancher la sortie du premier nœud à la deuxième entrée du nouveau nœud en laissant la première entrée vide. En mettant le paramètre *Fac* à `1.0`, on force Blender à afficher les pixels d'arrière plan.

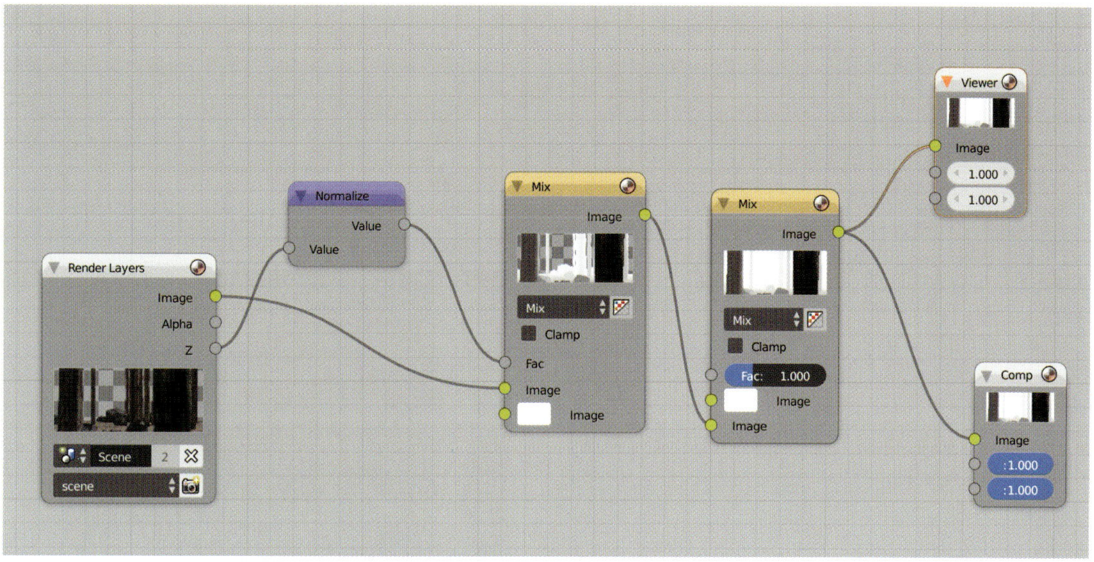

Figure 9–39 L'effet est presque terminé.

Notre effet est maintenant presque terminé, cependant, il est possible de rajouter plus de contrôle à la distribution de la brume grâce à un nœud supplémentaire. Pour l'instant, la distribution de la brume se fait de façon linaire : les pixels proches de la caméra gardent leur couleur d'origine, ceux lointains sont progressivement teintés par celle de la brume. En ajoutant un nœud *ColorRamp*, nous pouvons définir la distance de départ de la brume. Intercalez donc ce nœud (accessible depuis le menu *Add>Convertor>ColorRamp*) entre la sortie du nœud *Normalize* et l'entrée *Fac* du premier nœud *Mix*. Vous disposez dans ce nouveau nœud d'un dégradé entièrement contrôlable. Sélectionnez le premier curseur et bougez le vers la gauche : la brume au premier plan disparaît peu à peu, révélant un peu plus les premiers arbres. Ajustez les curseurs comme il vous convient pour terminer l'exercice. Le fichier final est disponible sous le nom `exercice-ch09.06-final.blend`.

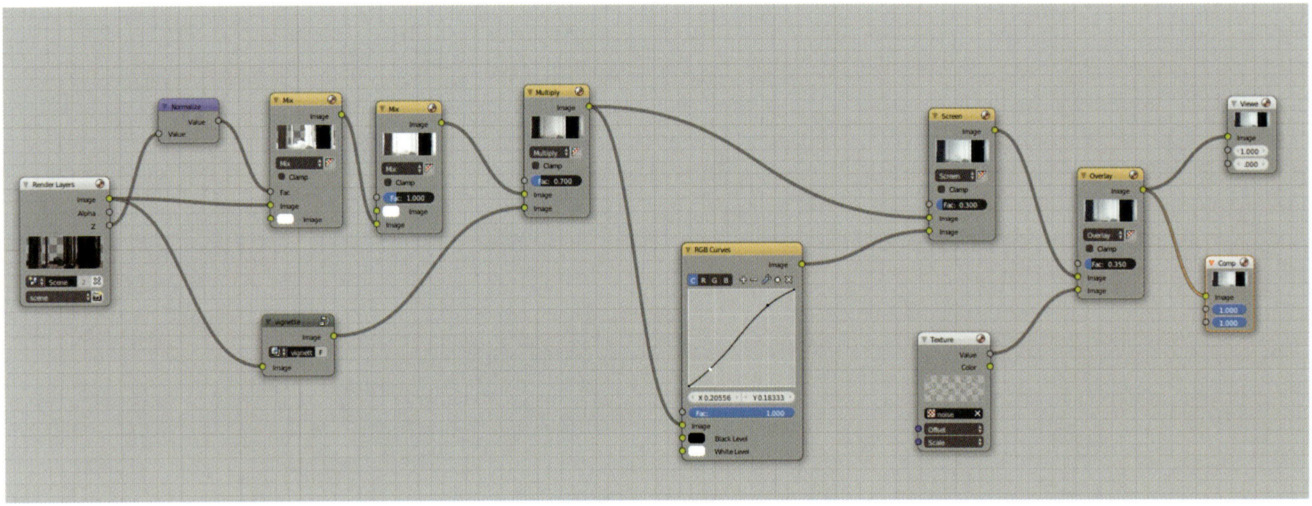

Figure 9–40 L'arbre nodal final

Figure 9–41 Une brume inquiétante teinte maintenant notre scène !

Le flou focal grâce au nœud DeFocus

Le nœud *Defocus* permet la création d'un flou de distance grâce à un post-traitement 2D d'une image rendue au préalable ; cela rend cette méthode beaucoup plus rapide que le véritable flou focal que d'autres moteurs de rendu déterminent grâce au raytracing. Pour chaque pixel de l'image, un nombre de rayons distincts conséquent (en fait, l'équivalent du paramètre *Samples* de l'option *Preview*) sont lancés, ce qui peut aboutir à des temps de rendu parfois rédhibitoires, surtout dans le cadre d'animations, qui est et doit rester le point fort de Blender. Malheureusement, cette méthode est également plus empirique, moins physique et il en résulte parfois des rendus perfectibles.

La mise en place de ce nœud se fait en deux temps, dans la vue 3D, nous définissons un point focal puis, dans l'éditeur de nœuds *Composite*, nous définissons le flou en fonction de ce point focal. Ouvrez fichier `exercice-ch09.07-depart.blend` du répertoire `/exercices`. Le choix du point focal se fait de la même manière que pour la mise en place du flou de profondeur directement par la caméra décrite précédemment dans ce chapitre : en ayant sélectionnée la caméra dans la vue 3D, allez dans le menu *Camera* de la fenêtre des propriétés et dans le panneau *Depth Of Field*, choisissez la distance, ou dénommez l'objet qui sera net lors du rendu final.

Allez ensuite dans l'éditeur de nœuds en mode *Composite* et activez les nœuds en cochant l'option *Use Nodes*. Les nœuds *Composite* par défaut font leur apparition ; supprimez le lien unissant les nœuds *Render Layer* et *Composite*. Entre les deux, insérez un nœud *Defocus* (*Add>Filter>Defocus*).

Sans vous laisser impressionner par la complexité apparente de ce nouveau nœud, reliez son entrée *Image* à la sortie *Image* du nœud *Render Layer* et, de même, son entrée *Z* à la sortie *Z* du même nœud *Render Layer*. Reliez ensuite sa sortie *Image* à l'entrée *Image* du nœud *Composite*. Dans le nœud *Render Layer*, utilisez l'icône de rendu pour générer l'image de base qui alimentera l'éditeur de nœuds.

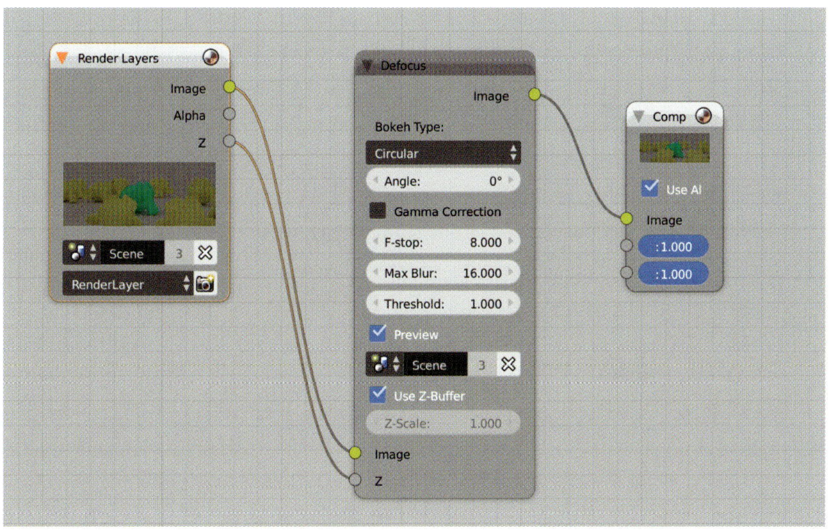

Figure 9–42
Le nœud *Defocus* à l'œuvre : un usage plutôt simple !

Astuce

La photographie au secours de la 3D

S'il est tentant de forcer le niveau de flou pour bien marquer sa présence, essayez toutefois d'imaginer la quantité qu'il y aurait lors d'une prise de vue photographique : souvent, un flou très léger est bien plus suggestif et efficace qu'un flou trop prononcé. Une petite expérience dans les arts photographiques peut, dans ce cadre (ainsi que dans bien d'autres domaines de l'imagerie de synthèse !), vous être utile et vous aider à doser l'effet.

Dans un premier temps, puisque nous utilisons la carte de profondeur Z de l'image rendue pour la détermination de la quantité de flou, nous pouvons cocher l'option *Use Zbuffer*. Le paramètre *Z-Scale* devient alors grisé. Le réglage de la quantité se fera alors avec le paramètre *f Stop*. Pour ce dernier, une valeur de `128.00` signifie que tout, dans le champ de la caméra, est dans le focus, et donc parfaitement net ; de façon générale, lorsque vous divisez cette valeur par deux, vous doublez la quantité de flou. Dans notre cas, essayons une valeur de `64.00`, puis `32.00`, `16.00`, `8.00`, etc., et observons à chaque fois les changements dans le nœud *Composite*, ou dans une vue de type *UV/Image Editor* (en sélectionnant *Render Result* dans le menu déroulant).

Donnons à *fStop* une valeur de `16.00` et observons attentivement la prévisualisation. Le résultat est manifestement trop bruité : c'est parce que nous n'avons pas décoché l'option *Preview*. Effectuez le rendu final grâce au bouton *Render* ou à la touche *[F12]* (si vous effectuez le rendu sans décocher l'option *Preview*, l'image sera rendue avec une qualité moindre, mais plus rapidement) pour profiter d'un flou focal discret mais du plus bel effet ! Le résultat de l'exercice est disponible dans le fichier `exercice-ch09.07-final.blend`.

À noter, quelques autres options utiles pour la bonne pratique de ce nœud :

- *Threshold* : de par l'essence de ce nœud, il peut arriver qu'un arrière-plan flou bave sur un objet net au premier plan, ou que d'autres erreurs de représentation du flou du même type se produisent. Vous pouvez modifier ce paramètre (il est par défaut égal à `1.00`) lorsqu'un objet normalement net n'est pas correctement représenté.
- *Maxblur* : il peut parfois être intéressant de limiter le niveau de flou dans un rendu, car le calcul de celui-ci peut parfois prendre un certain temps, en particulier lorsque l'arrière-plan *World* est visible ou qu'un objet de premier plan est très proche de la caméra. Une valeur nulle indique l'absence de limite maximale au niveau de flou.
- *Gamma Correction* : lors du floutage des objets, il arrivent qu'ils perdent en luminosité globale. Cette option est là pour rectifier cette erreur. Attention cependant, en l'activant les bords des objets floutés seront plus nets.
- *Bokeh Type* : Cette option permet de simuler la forme du filtre utilisé pour générer le flou. Par défaut, cette forme est circulaire, mais de très jolis effets peuvent être obtenu en jouant avec les différentes formes proposées. Le paramètre *Angle* associé permet de choisir la rotation de la forme des objets.

Le nœud ID Mask

Dans Blender, il est possible de spécifier pour chaque objet, un indice nommé *Pass Index*, dans le panneau *Relations*, dans le menu *Object*. Si la passe *Index Object* dans le panneau *Layers* est active, le nœud *Image* présente une nouvelle sortie *IndexOB* à laquelle il est possible de greffer un nœud *ID Mask*. Celui-ci permet de créer un masque pour l'indice d'objet spécifié, et de réaliser sur la partie non masquée un traitement nodal quelconque.

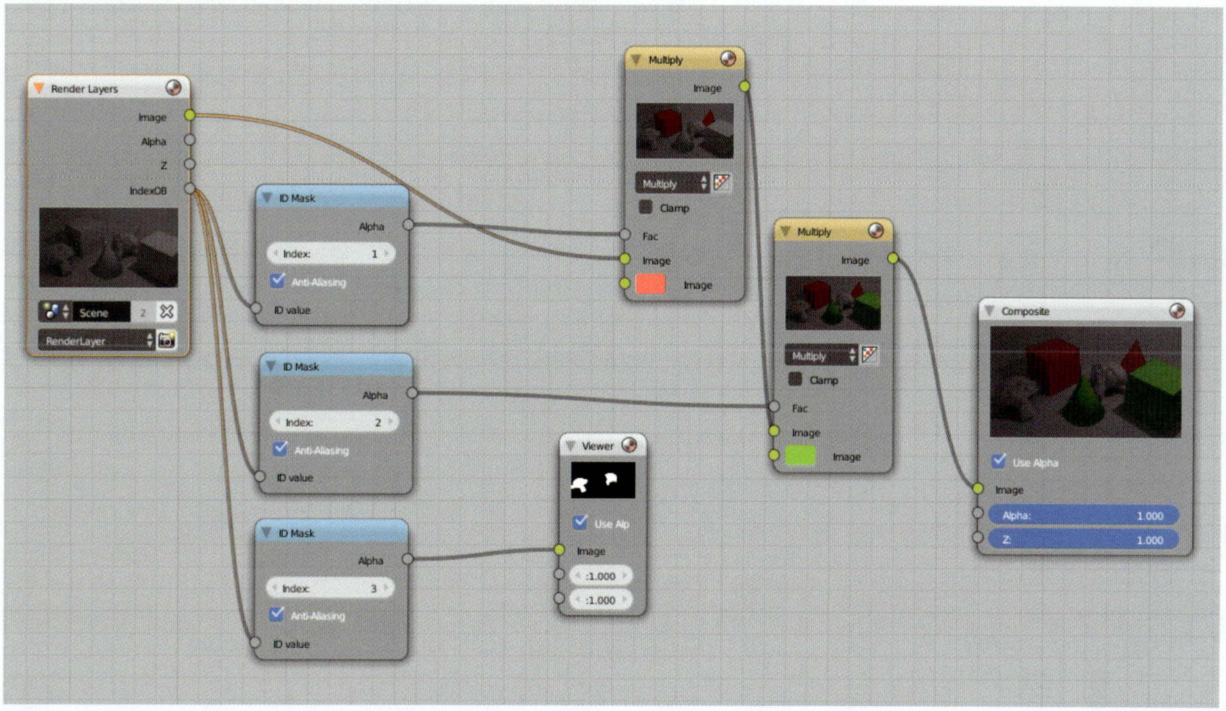

Figure 9–43 Par exemple, il est possible de changer uniformément la couleur des objets non masqués. Voir le fichier exercice-ch09.08.blend pour une mise en pratique de la technique.

Figure 9–44 Le nœud Defocus permet des effets impressionnants.

Les nœuds pour l'incrustation d'image

Nous avons déjà vu (notamment grâce au nœud *AlphaOver*) comment superposer des éléments de rendu les uns sur les autres, grâce aux passes de rendu. Il peut naturellement vous venir à l'idée de superposer, de la même façon, des éléments issus de vidéos filmées dans un environnement réel à des éléments en images de synthèse, en remplaçant une passe de rendu par une image externe à Blender.

L'une des techniques permettant ce type d'incrustation repose sur la prise de vue d'éléments ou de personnage filmés sur un fond de couleur (généralement bleu ou vert) qui représenteront une première source d'images. Lors du montage, cette couleur est considérée comme transparente, et va révéler l'arrière-plan constitué par une deuxième source d'images. C'est une technique très courante dans le milieu audiovisuel, comme en témoignent ces deux exemples :

- Dans les films de science-fiction, les acteurs sont filmés sur écran vert, et au montage, un décor grandiose, extraterrestre ou fantastique est placé à l'arrière-plan.
- Dans certaines émissions télévisuelles, le présentateur est filmé sur écran vert, et un décor distant est substitué à l'arrière-plan ; c'est également le cas des présentations des bulletins météorologiques, où une carte satellite ou météorologique est placé à l'arrière-plan du présentateur.

BON À SAVOIR
Écran vert

Habituellement, les séquences filmées sur fond vert (ou bleu) sont tournées en studio, avec un éclairage constant et parfaitement maîtrisé, ce qui permet de simplifier les réglages de l'incrustation. Il est possible de tourner de telles séquences en extérieur, mais les variations de l'intensité lumineuse (nuage passant devant le soleil) ou les conditions atmosphériques (pluie, bien évidemment, mais aussi vent faisant trembler l'écran vert) peuvent sérieusement compliquer les choses, et demander bien plus de manipulations au niveau des nœuds pour gommer l'influence de ces mauvaises conditions. Bien sûr, l'acteur au premier plan ne doit pas porter de vêtements de la même couleur que le fond utilisé, sinon à l'incrustation, l'arrière-plan sera visible au niveau du vêtement.

Blender propose différents nœuds permettant la composition d'éléments tournés sur des fonds variés. Le plus efficace est le nœud *Keying* qui propose, avec quelques options, de déterminer pour chaque pixel de l'image d'entrée s'il s'agit d'un pixel de premier plan (donc visible) ou d'un élément d'arrière-plan (donc transparent) en fonction de sa couleur. Bien évidemment, il est possible de déterminer la couleur de son choix comme représentative de l'arrière-plan, ce qui permet de ne pas se limiter aux traditionnelles couleurs vert ou bleu en vigueur dans les productions vidéo.

Pour comprendre le fonctionnement de ce nœud nous allons voir un cas pratique. Supposons que nous voulions utiliser comme fond l'image suivante, tirée du répertoire `/exercices` des fichiers de travail : `exercice-ch09.09-ciel.jpg`.

Pour le premier plan, nous utiliserons une image du film réalisé par la Blender Foundation, *Tears of Steel*. Cette image provient directement du tournage, réalisé sur fond vert. L'image, utilisée sous licence *Creative Commons Attribution 3.0* se trouve également avec les fichiers et porte le nom `exercice-ch09.09-tears-of-steel-fond-vert.jpg`.

Figure 9–45
Le fond de notre incrustation vidéo

Figure 9–46
Le sujet principal, filmé sur un fond vert, qui sera incrusté sur l'image d'arrière-plan.

Ouvrez une nouvelle session de Blender, ou réinitialisez le travail en cours grâce à la combinaison de touches *[Ctrl]+[N]*. Transformez la vue 3D par défaut en une vue de type *Node Editor*, puis dans son en-tête, activez l'icône *Compositing Nodes* (au lieu du *Material Nodes* par défaut) ainsi que le bouton *Use Nodes*.

Commencez par supprimer le nœud *Render Layers* par défaut ; il est inutile pour cet exercice. À la place, ajoutez deux nœuds *Image* (*Add>Input>Image*) ; pour le premier, utilisez le bouton *Load New* pour chercher l'image `exercice-ch09.09-ciel.png` dans le répertoire `/exercices` des fichiers de travail, puis faites de même pour le second nœud *Image* et le fichier `exercice-ch09.09-tears-of-steel-ecran-vert.png`. Insérez maintenant un nœud *Keying*(*Add>Matte>Keying*) ; à son entrée *Image*, vous connecterez la sortie *Image* du nœud présentant le sujet sur fond coloré à incruster. Cliquez ensuite sur l'échantillon de couleur *Key Color* pour afficher le nuancier, et utilisez la pipette de ce dernier pour choisir une couleur verte au fond de l'image. Nous venons de filtrer l'image en indiquant à l'éditeur que le fond vert de ce nœud doit être considéré comme transparent. Les nombreux paramètres du nœud *Keying* sont, saufs pour de rares exceptions, à laisser par défaut pour des résultats optimaux. Nous pouvons tout de même citer *Despill Factor* et *Despill Balance* qui seront à modifier si l'image comporte une forte teinte verte. Les valeurs du *Despill* sont alors beaucoup plus sensibles. Les paramètres *Dilate/Erode*, *Feather*, *Feather Distance* et *Post Blur* permettent d'adoucir les zones de transitions entre les parties transparentes et non-transparentes de l'image.

ASTUCE Nœud Viewer connecté à une sortie Matte

Vous pouvez connecter la sortie *Matte* de tout nœud *Key* (pas seulement *Keying*) pour voir dans un nœud de type *Viewer* l'allure du masque de transparence. Cela peut notamment vous aider à déterminer si le type de nœud *Key* choisi fonctionne suffisamment pour votre propre cas, et vous aider à maîtriser le chaînage de plusieurs nœuds *Key* pour l'obtention d'une incrustation parfaite.

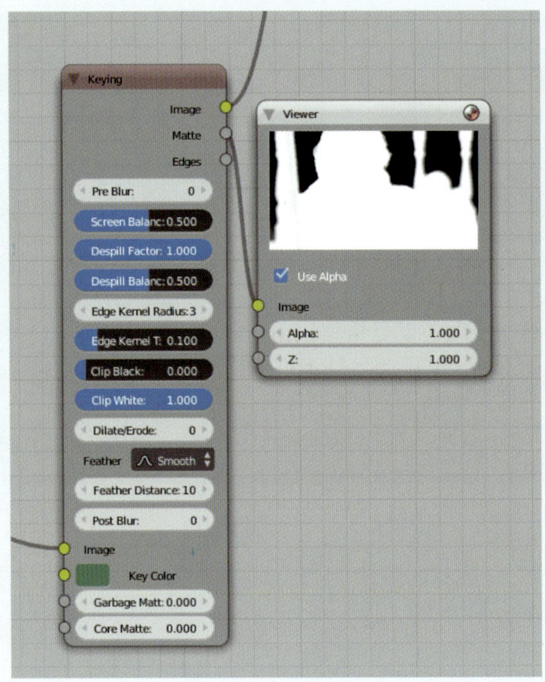

Figure 9–47

Insérez ensuite un nœud *AlphaOver* (*Add>Color>Alpha Over*) que vous commencez maintenant à bien connaître, et connectez la sortie *Image* du nœud *Image* `exercice-ch09.09-ciel.png` à sa première entrée *Image*, puis la sortie *Image* du nœud *Keying* à sa seconde entrée *Image*. Activez son option *ConvertPremul*, puis connectez sa sortie *Image* à l'entrée *Image* du nœud *Composite*.

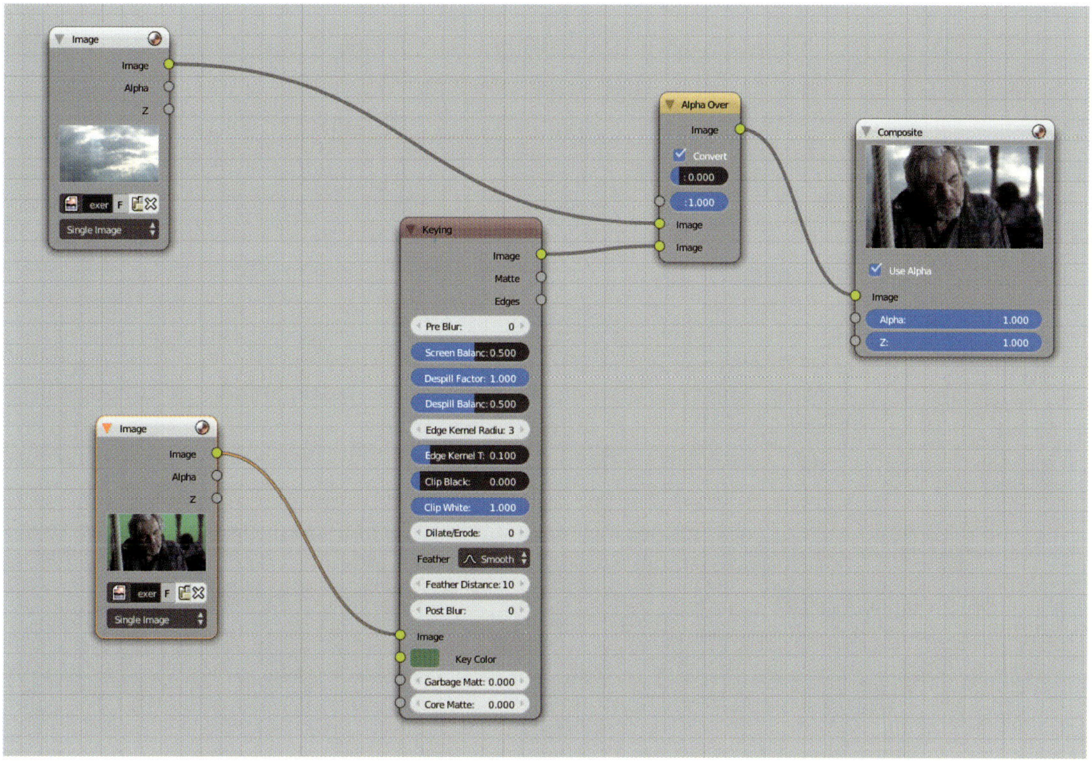

Figure 9–48 Le réseau nodal permettant de réussir l'incrustation du sujet sur fond vert

La prévisualisation dans le nœud *Composite* montre immédiatement que le résultat cherché a été atteint, ainsi que vous pouvez le confirmer par un rendu, touche *[F12]*, qui sera quasi instantané, car nous avons travaillé sur la base d'images externes. Toutefois, la transition entre l'image de premier plan et le fond est assez visible. En mettant le paramètre *Feather Distance* à `10`, nous pouvons adoucir cette transition et obtenir un résultat plus naturel.

Vous retrouverez la correction de cet exercice dans le répertoire approprié des fichiers de travail sous le nom `exercice-ch09.09-final.blend`.

Et les autres nœuds Matte ?

En effet, *Keying* n'est pas le seul nœud disponible. Même si il fonctionnera dans la grande majorité des cas, souvent, c'est la mise en série de plusieurs nœuds qui va permettre de réaliser une incrustation parfaite et sans artéfact des différentes images sources. Nous nous sommes ici concentrés sur le nœud le plus simple à appréhender, mais il y en a plusieurs autres, chacun fonctionnant mieux que les autres dans un cadre précis.

Difference Key

Une image admet plusieurs espaces de couleur (par exemple, RGB, HSV, etc.) et chaque espace dispose de ses propres canaux (rouge, vert et bleu pour RGB, par exemple). Ce nœud détermine, pour chaque pixel, la différence entre chaque canal et la couleur clé (*Color Key*) choisie. Il permet également de définir un seuil pour chaque canal. Si la différence entre le pixel et la couleur clé est inférieure au seuil, le pixel est considéré comme transparent.

Luminance Key

Le critère de détermination du fond par rapport au sujet est ici basé sur la différence de luminosité entre le sujet et son arrière-plan. Traditionnellement, dans l'industrie cinématographique, les explosions des effets spéciaux étaient ainsi filmées sur fond noir (offrant un grand contraste) avant d'être intégrées à l'image du film. En particulier, le site http://www.detonationfilms.com propose de nombreuses flammes, explosions, étincelles filmées de cette façon, et certaines sont même téléchargeables gratuitement et conviennent parfaitement à un usage avec le nœud *Luminance Key*.

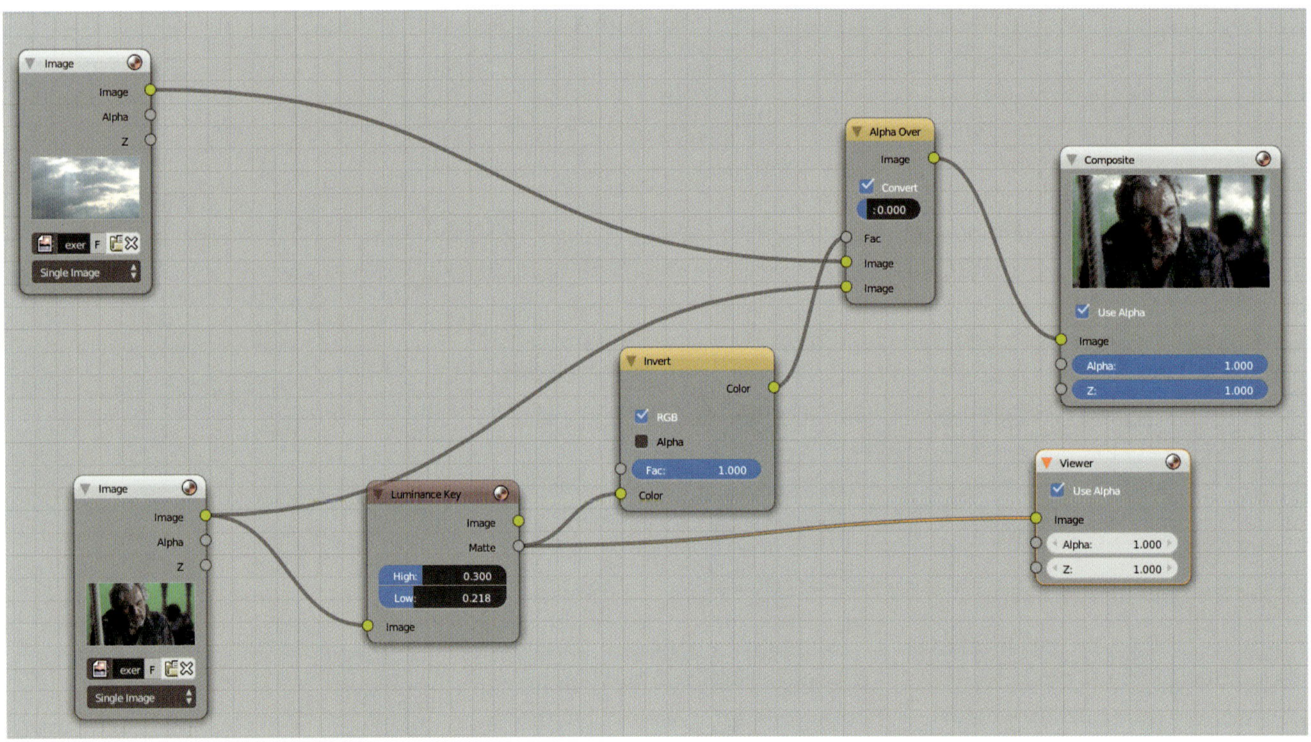

Figure 9–49 Le nouveau réseau nodal avec le nœud Luminance Key n'est pas forcement optimal dans cet exemple : impossible de départager efficacement le fond du premier plan !

Dans le fichier `exercice-ch09.09-final.blend`, il faut remplacer le nœud *Keying* par un nœud *Luminance Key* (*Add>Matte>Luminance Key*) et jouer sur les curseurs *High* et *Low* jusqu'à faire apparaître dans un nœud *Viewer* connecté à la sortie *Matte* un masque satisfaisant. Malheureusement, il est très probable (avec un fond lumineux, comme lorsque l'on utilise l'image `exercice-ch09.08-tears-of-steel-ecran_vert.png`) que vous obteniez l'inverse du masque souhaité (noir correspond à transparent, blanc à opaque). Ajoutez alors un nœud *Invert* (*Add>Color>Invert*) qui va inverser les couleurs (transformer le noir en blanc, et réciproquement). Connectez bien sûr son entrée *Fac* à la sortie *Matte* du nœud *Luminance Key*, puis sa sortie *Image* à l'entrée *Fac* du nœud *AlphaOver*. L'image ci-avant montre le réseau nodal correspondant.

Channel Key

Cette fois, ce sont les différences de niveau sur un canal donné qui vont fournir le critère de séparation du sujet de l'arrière-plan. Vous noterez que dans l'espace YUV, Y représentant la luminance, si vous utilisez ce canal comme critère, vous retombez sur l'utilisation du nœud *Luminance Key*.

Figure 9–50 Le nœud Channel Key. Les lisérés verts autour du premier plan peuvent être supprimés avec un nœud Color Spill.

Reprenez le fichier `exercice-ch09.09-final.blend` en remplaçant le nœud *ChromaKeying* par un nœud *Channel Key* (*Add>Matte>Channel Key*) ; choisissez l'espace *RGB* et augmentez progressivement le curseur *High*. Arrivé à une valeur de `1.000`, le premier plan est parfaitement incrusté mais le fond est teinté de vert. Augmentez alors progressivement *Low*, à son tour, jusqu'à ce que le masque soit parfaitement transparent (noir) et l'image de fin, par conséquence, inaltérée par la couleur du fond. Si cela ne suffit pas, il sera nécessaire de rajouter un nœud *Color Spill* à la sortie *Image* du nœud comme décrit dans l'astuce « Compenser la lumière verte réfléchie par l'écran vert ».

Si vous n'avez pas utilisé le nœud *Keying* et sa technique d'adoucissement des contours pour incruster le premier plan, vous remarquerez certainement le crénelage qui l'entoure, dû soit à la résolution de votre rendu, soit à celle de votre caméra. Ouvrez à nouveau le fichier `exercice-ch09.09-final.blend`.

Pour corriger ce problème, nous allons travailler sur la sortie *Matte* du nœud de Keying, Channel Key par exemple, en ajoutant un nœud *Dilate/Erode* (*Add>Filter>Dilate/Erode*). La sortie *Matte* du nœud *Channel Key* est connectée à l'entrée *Mask* du nœud *Dilate/Erode*, puis la sortie *Mask* de celui-ci est connectée à l'entrée *Fac* du nœud *AlphaOver*.

Nous allons maintenant donner une valeur de *Distance* égale à `-6.00` à notre nœud *Dilate/Erode*, ce qui permet de l'éroder légèrement, de sorte que le masque soit désormais légèrement plus petit que l'image elle-même. Choisissez le *Mode Feather* de façon à forcer l'adoucissement des pixels de la même manière que dans le nœud *Keying* et laisser adoucissement *Smooth*.

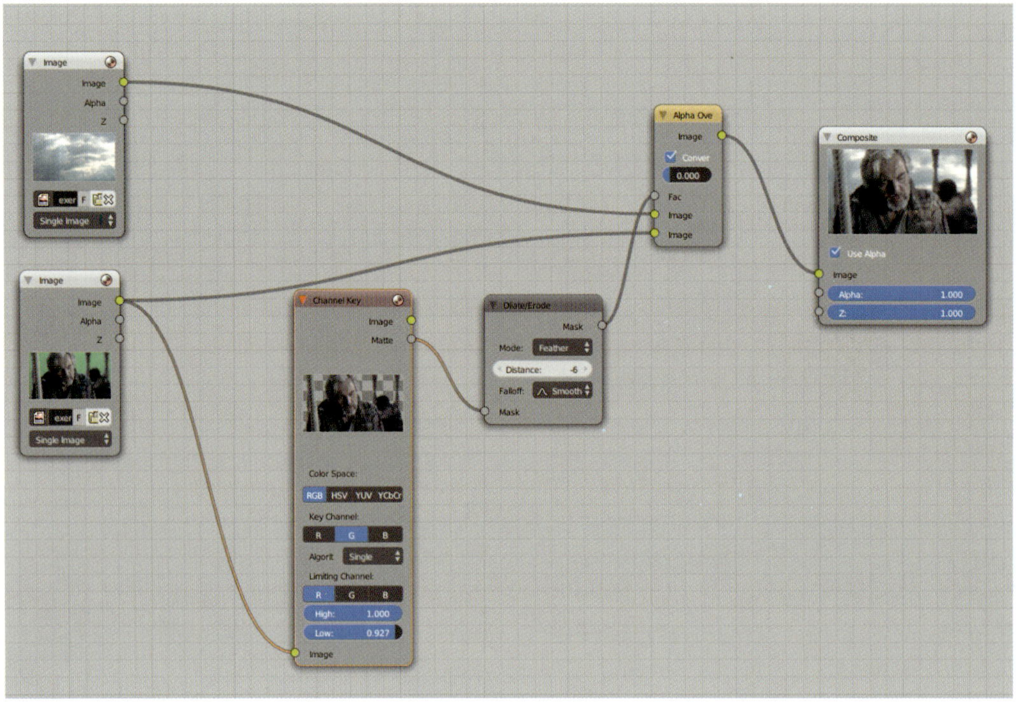

Figure 9–51 Le réseau nodal correspondant à l'adoucissement des bords de l'acteur incrusté

L'acteur du premier plan est désormais mieux incrusté, dans la mesure où ses bords ont été rendus légèrement flous et que, par transparence, ils se fondent légèrement avec l'image d'arrière-plan, adoucissant les bords. Bien sûr, cette technique fonctionne d'autant mieux que l'image finale est grande ! Vous trouverez, à fin d'expérimentation, cette manipulation dans le fichier `exercice-ch09.10.blend` du répertoire `/exercices` des fichiers de travail.

> ASTUCE
> **Compenser la lumière verte réfléchie par l'écran vert**
>
> Lors des prises de vue, il se peut qu'un surcroît d'éclairage rebondisse sur l'écran vert et vienne rétro-éclairer l'acteur. Il en résulte que sa silhouette est alors légèrement teintée de vert. Lors du montage, le nœud *Chroma Key* (entre autres) a alors du mal a distinguer l'arrière-plan des limites de la silhouette de l'acteur et l'image d'arrière-plan a ainsi tendance à « baver » sur l'acteur du premier plan. Le nœud *Color Spill* a pour fonction de faire en sorte que la valeur du canal choisi (en l'occurrence *G*, dans le cas d'un écran vert) n'excède pas la moyenne des deux autres canaux, supprimant théoriquement la bavure.

Introduction au tracking vidéo

Lors de la réalisation des effets spéciaux d'un film, il arrive très souvent qu'il faille mélanger les images réelles issues de la prise de vue et les images virtuelles, réalisées en images de synthèses. Le mélange des images dans Blender se fait, logiquement, dans l'éditeur de nœuds *Composite*. Nous avons déjà vu que cela fonctionnait facilement en plans fixes. Mais comment reproduire parfaitement en 3D les mouvements de caméra dans la scène, lors de plans mobiles ? Il existe pour cela des algorithmes spéciaux qui vont, à partir des points clés dans la séquence d'images d'origine, récréer dans une scène 3D les divers mouvements de caméra lors de la prise de vue réelle. Cette technique s'appelle le tracking. Depuis le projet Mango, réalisé par la Blender Foundation et qui a abouti à la création du film *Tears Of Steel*, Blender possède un éditeur complet pour la réalisation d'effets de tracking. Dans les prochaines pages, nous allons, au travers d'un exemple simple, faire une présentation générale de cette partie du logiciel.

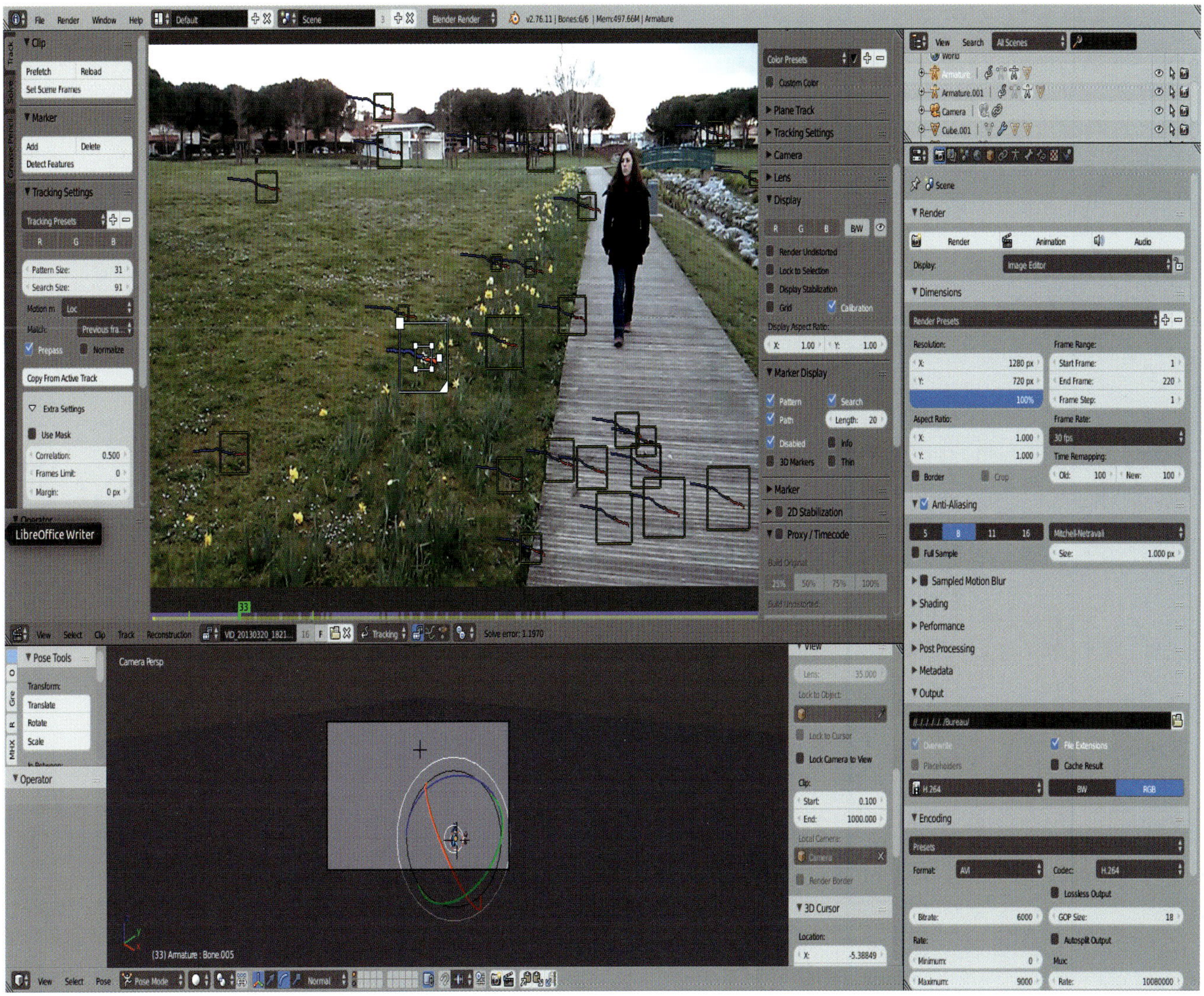

Figure 9–52 Blender possède une fenêtre spéciale pour le tracking vidéo.

La réalisation de l'incrustation d'un objet virtuel dans une scène filmée se fait en trois temps. Tout d'abord, il est nécessaire de définir des points de repère dans la vidéo (*Markers* en anglais), qui permettront de récréer les mouvements de la caméra. Ensuite, il faut lier ces points à la scène 3D et

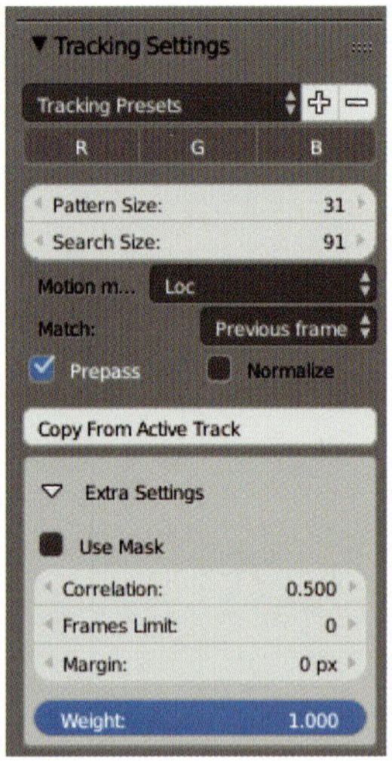

Figure 9–53
L'onglet Tracking Settings permet de définir les paramètres de recherche de chaque motif.

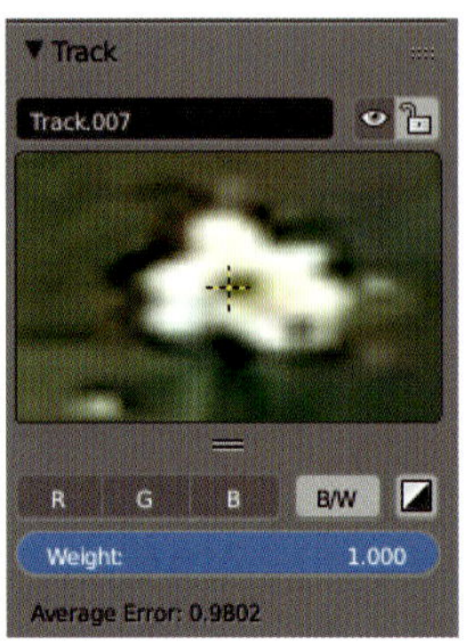

Figure 9–54
L'onglet Track est bien pratique pour placer ses marqueurs.

positionner des objets virtuels en fonction de ces points. Enfin, dans l'éditeur de nœuds *Composite*, grâce aux *Render Layers*, il faudra mélanger les images issue de la captation réelle au rendu des objets virtuels.

Commencez par ouvrir le fichier `exercice-ch09.11-depart.blend` du répertoire `/exercices` des fichiers de travail. L'interface est divisée en plusieurs fenêtres. À gauche, une vue 3D avec les personnages que nous allons rajouter dans la scène. À droite, la fenêtres des propriétés, et un *Outliner*. Séparez la vue 3D horizontalement et changez la vue du haut de sorte à afficher le *Movie Clip Editor*. Une nouvelle fenêtre s'affiche avec une étagère à outils *[T]* sur la gauche, et le panneau de données numériques *[N]* à droite, le reste de la fenêtre étant vide pour l'instant. Cliquez sur le bouton *Open* dans l'en-tête de l'éditeur *Movie Clip* et, dans le navigateur de fichiers, chargez la vidéo `rush-tracking.mp4`. La scène filme une passante surprise par la rencontre de drôles de petits personnages sur son chemin.

Nous allons donc commencer par placer de nombreux marqueurs sur l'image pour indiquer les points de reconnaissance de la scène à Blender. Un marqueur est en réalité une zone de pixels de l'image que l'algorithme de tracking pourra « suivre » tout au long de la vidéo. Il est important de choisir ses marqueurs avec soin, car la qualité du tracking final dépendra directement de la faculté pour l'algorithme de repérer ces marqueurs distinctement dans la vidéo. Dans l'étagère à outils *[T]*, vous avez la possibilité de choisir les réglages spécifiques aux marqueurs dans l'onglet *Tracking Settings*. Vous pouvez notamment choisir leur taille avec le paramètre *Pattern Size* et la zone de recherche du motif du marqueur avec *Search Size*. Trouver la taille idéale pour un marqueur est difficile : trop petit et le logiciel perdra très facilement sa trace entre chaque image, trop gros et il n'y aura pas de corrélation assez forte entre chaque image pour retrouver le motif. La qualité de l'image de la vidéo n'étant pas optimale, baissez la corrélation à `0.600` disant ainsi à Blender d'être plus tolérant sur les différences entre les images. Enfin, choisissez *Previous Frame* dans le paramètre *Match* pour baser le calcul de recherche de motif uniquement sur les légères différences entre deux images consécutives. Vous êtes prêt à ajouter les marqueurs !

> BON À SAVOIR **Comment bien placer ses marqueurs ?**
>
> Le choix du placement des marqueurs est difficile, et requiert de l'expérience. Préférez les zones très contrastées, ou avec une forme se détachant bien de son environnement. Les fleurs sur la partie gauche de l'image sont idéales, car elles contrastent bien avec l'herbe verte. La zone où nous allons incruster notre objet est également recouverte de petits objets ressortant bien du sol. Ces derniers sont faciles à « tracker », n'hésitez donc pas à y ajouter des marqueurs. Le panneau de données numériques propose également un onglet *Track* avec un zoom permettant de positionner plus précisément chaque marqueur !

Assurez-vous que vous êtes bien sur la frame 1 et avec le raccourci *[Ctrl]+[bouton gauche]*, ajoutez un marqueur à votre image. Vous pouvez redimensionner sa taille avec le raccourci clavier *[S]*, et le bouger avec *[G]* comme dans les autres types d'éditeurs du logiciel. Ajoutez autant de marqueurs que possible, en essayant de couvrir au maximum l'espace de l'image. Ajoutez également des marqueurs sur les pixels du fond de l'image comme sur ceux du premier plan pour couvrir l'espace 3D de la vidéo. Plus l'algorithme aura de points, plus le résultat sera précis.

Lorsque tout les points sont posés, il ne reste plus qu'à lancer le tracking. Sélectionnez donc tous vos marqueurs en appuyant deux fois sur la touche *[A]* et dans l'onglet *Track* de l'étagère à outils *[T]*, appuyez sur le bouton en forme de flèche vers la droite. Le tracking va alors s'effectuer automatiquement. Cette opération peut prendre quelques instants, selon la puissance de votre ordinateur.

Une fois le calcul terminé, de grandes traces rouges et bleues apparaissent à l'écran. Elles représentent la trajectoire de chaque marqueur au cours du temps. Vous observerez que certains marqueurs ont été « suivis » du début à la fin de la vidéo sans aucun problème. D'autres en revanche, se sont perdus en cours de route. Placez vous alors à la frame où ils perdent leur repère (le carré les représentant devient rouge pâle) en faisant défiler les images une à une (touches *[flèche Gauche]* et *[flèche Droite]* du clavier), replacez le marqueur sur son emplacement et relancez le tracking pour ce point. Renouvelez l'opération pour tous les points nécessaires : c'est l'étape la plus longue du processus !

Figure 9–57
Lorsque le tracking est terminé,
la trajectoire de chaque point apparaît

L'étape suivante consiste à transformer les données récupérées dans la vidéo en traces 3D. Pour aider un peu l'algorithme, il faut lui fournir des informations concernant la focale de la caméra et la taille de son capteur. La vidéo

ASTUCE

Placement automatique des marqueurs

Blender propose une option dans l'étagère à outils *[T]*, dans l'onglet *Marker*, pour détecter automatiquement les points importants dans l'image en cliquant sur *Detect Features*. Cependant les points choisis sont loin d'être optimaux et rien ne remplace l'œil humain pour cela. Le placement manuel des marqueurs est donc chaudement recommandé !

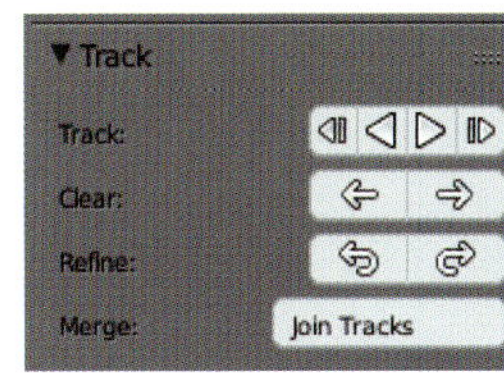

Figure 9–55
Il est possible de lancer le tracking dans les deux sens de lecture de la vidéo.

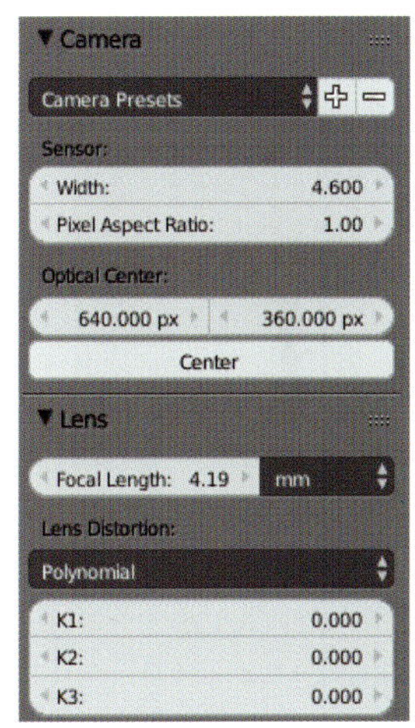

Figure 9–56 La duplication des caractéristiques de la caméra est importante pour obtenir un bon résultat.

d'exemple ayant été tournée sur un téléphone portable, la focale est très petite, tout comme la taille du capteur. Dans le panneau de données numériques *[N]*, sous l'onglet *Camera Data*, rentrez la valeur `5.00` mm pour le paramètre *Focal Length* et `4.60` pour le *Sensor Witdth*. Laissez les autres paramètres par défaut, ils sont surtout utiles pour compenser les éventuels effets de distorsion de la lentille. Dans l'onglet *Solve* de l'étagère à outils *[T]*, entrez `15` pour le paramètre *Keyframe A* et `60` pour la *Keyframe B*. Ces deux valeurs indiquent un intervalle de frames dans lequel le mouvement de la caméra est significatif, il convient donc de les choisir avec soin. Enfin, cliquez sur le bouton *Camera Motion* pour lancer le calcul. De nouveau, cela peut prendre quelques instants, en fonction de la puissance de votre ordinateur.

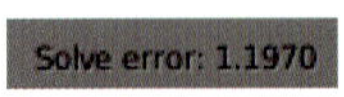

Figure 9–58
L'erreur globale de notre tracking est correcte, sans être exceptionnelle.

Lorsque que le calcul est terminé, une valeur *Solve Error* apparaît dans l'en-tête de la fenêtre. Cette valeur est un indicateur de la qualité de la reconstruction effectuée. Il est bien sur impossible d'obtenir un zéro parfait mais si l'erreur se situe en dessous de `1.0`, le tracking peut être considéré comme excellent. Entre `1.0` et `3.0`, on le considère comme bon, entre `3.0` et `5.0`, comme acceptable. Au-dessus de ces valeurs, cela signifie qu'il faudra sûrement ajuster certains marqueurs, en rajouter ou modifier les valeurs de *KeyFrame* de l'onglet *Solve.*

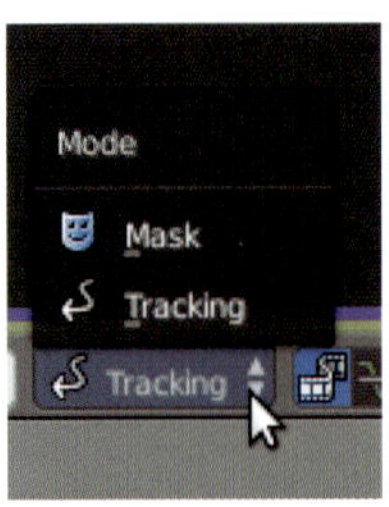

Figure 9–59
Les différents modes de la fenêtre du Movie Clip Editor

Il est temps de passer à la reconstruction de la scène 3D. Dans l'en-tête de la fenêtre *Movie Clip Editor*, cliquez sur le bouton *Tracking* puis remplacez-le par l'option *Reconstruction* dans le menu déroulant. Nous ne nous intéresserons plus qu'aux options de l'étagère à outils *[T]* qui apparaissent alors. L'onglet *Orientation* permet d'indiquer quel marqueurs vont définir les axes, le plan ou un mur dans la scène. En sélectionnant trois marqueurs situés sur le sol dans la vidéo et en cliquant sur le bouton *Floor*, Blender saura que ces points définissent le sol et adaptera la rotation de la caméra en fonction. Attention cependant à bien choisir ces points, car sinon, cela pourrait introduire une mauvaise orientation des angles dans la scène 3D.

BON À SAVOIR

Le mode Mask

Le *Movie Clip Editor* possède un autre mode qui n'est pas abordé dans cet exercice. *Mask* est utile pour définir des masques et isoler des parties de la vidéo, ce qui est très pratique si un objet de la prise de vue réelle devait passer devant des sujets virtuels en 3D, et les masquer momentanément.

Dans l'onglet *Clip*, cliquez successivement sur le bouton *Set as Background* puis *Setup Tracking Scene*. Grâce à ces deux boutons, Blender génère automatiquement une scène basique qui contient les coordonnées de tous les marqueurs, un cube et un plan en guise de sol. Dans la vue 3D, positionnez-vous en vue *Camera* grâce à *[Ctrl]+[0]*, puis lancez l'animation avec le raccourci *[Alt]+[A]*. Vous verrez alors que le cube se superpose parfaitement à la vidéo et suit exactement les moindres mouvements de la caméra : voici la beauté du tracking en action !

Plus fort encore, remplacez la fenêtre *Movie Clip Editor*, dont nous ne nous servirons plus, par l'éditeur de nœuds *Composite*. Ce dernier n'est pas vide, car Blender a automatiquement généré l'arbre nodal nécessaire pour une bonne incrustation dans la vidéo de la scène 3D !

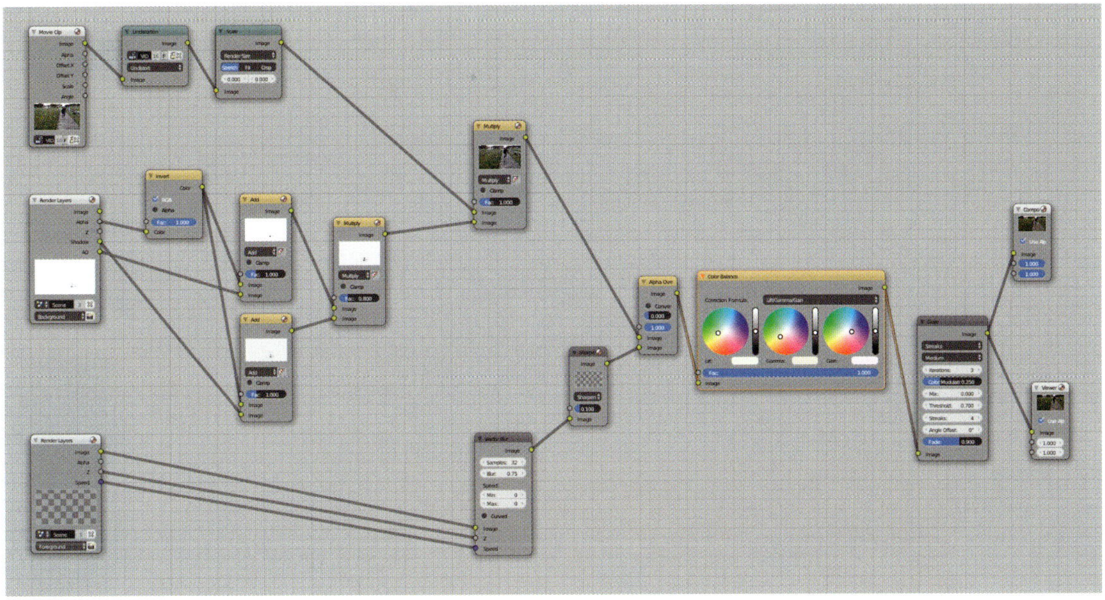

Figure 9–60 L'arbre nodal est déjà tout prêt grâce au bouton Setup Tracking Scene.

Il ne nous reste plus qu'a remplacer le cube par défaut par les personnages cachés sur le dernier calque de la scène. Avec la touche *[M]*, déplacez les personnages sur le premier calque et positionnez-les correctement pour les mettre sur le chemin dans la vidéo. Assurez vous bien que les personnages sont placés sur le premier calque, pour que le mélange des images dans l'éditeur de nœuds *Composite* puisse se faire correctement. Enfin, lancez le rendu de votre animation en appuyant sur le bouton *Animation* dans le menu *Render* de la fenêtre des propriétés. Le résultat de cet exercice est disponible dans le fichier `exercice-ch09.11-final.blend`.

Figure 9–61
Le résultat de l'exercice peut facilement être bluffant !

annexe A

Mr Robot CC-BY 4.0 2013, Henri Hebeisen (http://henri-hebeisen.com)

Les raccourcis clavier de Blender

L'apparente complexité de Blender est en partie due à la multiplicité des raccourcis clavier existants. Si des progrès ont été accomplis au niveau de l'interface, ce qui permet de réaliser la plupart des actions à la souris ou au travers de boutons et de menus, force est de constater que l'utilisateur ne parvient à devenir *réellement* productif que par l'usage intensif des raccourcis clavier.

Il est possible d'accéder à une liste assez complète (en anglais) des raccourcis clavier disponibles au travers de l'onglet *Input* dans la fenêtre *Users Preferences* accessible par le raccourci *[Ctrl]+[Alt]+[U]* ou par le menu *File>User Preferences...* Il s'agit d'un menu visant l'exhaustivité qui permet d'afficher, par catégorie, tous les raccourcis clavier. Ce menu vous offre la possibilité de créer vos propres raccourcis. Les utilisateurs de Maya pourront trouver avec joie tous les raccourcis paramétrés selon leurs habitudes en changeant *Blender* pour *Maya* dans le menu déroulant situé en haut de l'onglet *Input*. Dans tous les cas, ne vous effrayez pas au survol de cette aide, et rassurez-vous en vous disant que l'auteur de cet ouvrage ne doit en maîtriser au quotidien que 15 à 20 %.

C'est pour cela que cette annexe a pour but d'attirer votre attention sur les raccourcis les plus essentiels (du point de vue des auteurs) et vous suggère des références mnémotechniques pour vous aider à les retenir.

Figure A-1 La liste des raccourcis clavier vous permettra d'automatiser de nombreuses opérations et vous aidera à progresser dans la maîtrise de Blender. Vous serez ainsi bientôt paré pour réaliser ce type d'image !
Mon copain Robert © 2013, Boris Fauret

La souris

La souris est indissociable du fonctionnement de Blender. Un usage approprié de celle-ci évite à l'utilisateur bien des allers-retours du pointeur à l'écran. En particulier, elle permet de contrôler la vue 3D, de sélectionner et désélectionner des objets, de confirmer ou d'annuler des opérations.

Manipulations de base

Raccourci	Contexte	Description	Pense-bête
[bouton gauche]		Positionne le curseur dans la vue 3D.	
[bouton central]		Fait tourner la vue autour d'un axe perpendiculaire à l'écran.	
[Ctrl]+[bouton central]		Zoome dans la vue, pratique en absence de molette.	
[Maj]+[bouton central]		Déplace la vue.	
[bouton droit]		Sélectionne un objet ou un élément.	
[Maj]+[bouton droit]		Ajoute ou enlève à la sélection des objets ou des éléments supplémentaires.	
[molette]		Zoome dans la vue.	

Manipulations courantes

Raccourci	Contexte	Description	Pense-bête
[Ctrl]+bouton gauche		En fonction du mode, permet d'extruder un sommet, une arête ou une face (mode *Edit*), une clé (éditeur de graphes), un os à l'armature (mode *Edit* d'armature).	
[Ctrl]+[Alt]+bouton droit	*Edit*	Sélectionne une boucle d'arêtes (*edge-loop*) ou de facettes (*face-loop*).	

Transformations

Raccourci	Contexte	Description	Pense-bête
[Ctrl], déplacement pointeur		Transforme (déplacement, rotation, mise à échelle) par incréments réglés.	
[Ctrl]+[Maj], déplacement pointeur		Transforme (déplacement, rotation, mise à échelle) par incréments plus fins.	
[bouton gauche]		Met fin à l'action en l'acceptant.	
[bouton central]		Bascule d'un axe de transformation à l'autre.	
[bouton droit]		Met fin à l'action en l'annulant.	

Le clavier

Blender est un logiciel aux fonctionnalités très riches, dont les possibilités peuvent aisément se dissimuler dans des strates diverses de menu. Presque toutes les fonctions peuvent être appelées rapidement d'une simple combinaison au clavier. Certes, retenir toutes les combinaisons est une gageure, mais cette annexe est justement là pour vous donner les clés essentielles.

Touches de fonction

Elles permettent de réaliser les fonctions les plus courantes de Blender (ouvrir un fichier ou l'enregistrer) ou encore de basculer rapidement dans le menu de boutons de votre choix.

Raccourci	Contexte	Description	Pense-bête
[F1]		Ouvre un fichier dans Blender.	
[Maj]+[F1]		Importe la librairie de données (*Append*).	
[F2]		Sauvegarde le fichier.	
[F3]		Sauvegarde l'image rendue.	
[Ctrl]+[F3]		Capture la vue 3D et la sauvegarde.	
[Alt]+[F3]		Capture une vidéo de l'écran et la sauvegarde. Il est judicieux de choisir un format vidéo de sortie dans les options du menu *Render*.	
[F11]		Affiche le dernier rendu effectué.	
[Ctrl]+[F11]		Lit le dernier rendu d'animation effectué.	
[Alt]+[F11]		Affiche Blender en plein écran.	
[F12]		Calcule le rendu de la frame courante.	
[Ctrl]+F12]		Calcule le rendu de l'animation.	

Les raccourcis clavier

Un même raccourci clavier peut servir à différentes fonctions, selon le type de vue (vue 3D, éditeur d'UV/Image, éditeur de graphes, etc.) ou le mode (*Edit*, *Pose*, *Vertex Paint*, etc.). Généralement, une fonction particulière est attachée à une lettre, et les variantes de cette fonction attachées à une combinaison à base des touches *[Maj]*, *[Ctrl]* ou *[Alt]*. Lorsque cela est possible ou pertinent, les tableaux ci-après précisent les principaux modes (ou vues) de fonctionnement ainsi qu'une astuce mnémotechnique pour aider à retenir le raccourci. Souvent, le raccourci est baptisé d'une initiale ou d'une lettre significative de la fonction attachée.

Les touches d'usage général

Ce sont les raccourcis de base que vous gagnerez à maîtriser, tant ils sont régulièrement invoqués.

Raccourci	Contexte	Description	Pense-bête
[Espace]	Tous	Invoque le menu de recherche des fonctions possibles dans la fenêtre.	
[Tab]	Tous	Entre/sort du mode *Edit* fonctionne pour divers modes et types de fenêtres.	
[Maj]+[A]	Tous	Invoque le menu *Add* pour ajouter un élément	[A]dd, [A]jouter
[A]	Tous	Sélectionne/désélectionne tous les éléments de la vue 3D.	[A]ll, tout
[Alt]+[A]		Joue l'animation dans toutes les vues 3D.	[A]nimation
[Ctrl]+[A]	*Object*, *Edit*, *Pose*	Applique l'échelle et les rotations de l'objet à son bloc de données.	[A]pplique
[B]	Tous	Sélection par boîte ; la boîte est tracée par la souris : il s'agit d'une boîte de sélection (*[bouton gauche]*) ou de désélection (*[bouton droit]*).	[B]oîte
[C]	*Object*, *Edit*, *Pose*	Sélection par cercle ; le cercle est tracé par la souris : il s'agit d'une boîte de sélection (*[bouton gauche]*) ou de désélection (*[bouton droit]*). Rayon modifiable avec la molette.	[C]ercle
[G]	Tous	Déplace la sélection dans le plan de la vue 3D.	[G]rab, attraper pour déplacer
[Crtl]+[I]	*Object*, *Edit*, *Pose*	Inverse la sélection.	[I]nverser la sélection
[N]	Tous	Invoque/révoque le panneau flottant *Properties* adapté au type de vue.	Panneau flottant [N]umérique
[P]	Vue 3D	Démarre le moteur de jeu.	[P]lay, jouer, moteur de jeu
[Alt]+[P]	Éditeur de texte	Exécute le script courant (script Python non distribué avec Blender ou ne pouvant intégrer le menu *Scripts*).	[P]lay script, jouer un script
[Ctrl]+[Q]	Tous	Quitte Blender.	[Q]uitter
[R]	*Object*, *Edit*, *Pose*	Rotation de la sélection autour d'un axe perpendiculaire à l'écran.	[R]otation
[S]	*Object*, *Edit*, *Pose*, *DopeSheet*	Redimensionne la sélection.	[S]cale ou [S]ize, dimension
[Maj]+[S]	Vue 3D	Invoque le menu *Snap* et affiche ses options.	[S]nap, accrochage
[Ctrl]+[Z]	Tous	Annule la dernière action effectuée.	

Raccourci	Contexte	Description	Pense-bête
[Maj]+[Ctrl]+[Z]	Tous	Restaure la dernière opération annulée.	
[Ctrl]+[U]	Tous	Sauvegarde la scène/écran courant comme étant la scène/écran de démarrage par défaut.	[U]ser default settings, paramètres par défaut de l'[U]tilisateur
[X]	Tous	Supprime la sélection.	
[Ctrl]+[N]	Tous sauf *Edit*	Réinitialise la scène ; elle est alors remplacée par la scène de démarrage par défaut.	[N]ew, [N]ouvelle scène

Les touches utiles en mode Object

Nous avons ici essayé de retenir les plus communes des fonctions associées au mode *Object*, dans la vue 3D (certaines fonctionnent presque de la même façon dans d'autres types de vue). En effet, le mode *Object* est probablement celui auquel vous accorderez le plus de temps, avec le mode *Edit*. Nous allons donc lui accorder une attention particulière.

Raccourci	Contexte	Description	Pense-bête
[Alt]+[C]	*Object*	Invoque le menu *Convert* et affiche ses options.	[C]onvertit
[Alt]+[D]	*Object*	Crée une nouvelle instance (clone) de la sélection.	[D]upliquata
[Maj]+[D]	*Object*	Crée une copie de la sélection.	[D]uplicata
[Alt]+[G]	*Object*	Remet à zéro les déplacements de l'objet.	
[Maj]+[Alt]+[G]	*Object*	Enlève les objets sélectionnés des groupes les contenant.	[G]roupe
[Ctrl]+[G]	*Object*	Ajoute les objets sélectionnés à un groupe.	[G]roupe
[I]	*Object*, vue 3D	Invoque le menu *Insert Key* et affiche ses options.	[I]nsère
[Alt]+[I]	*Object*, vue 3D	Enlève la clé d'animation de l'objet sélectionné sur la frame courante.	
[Ctrl]+[J]	*Object*	Joint les maillages des objets sélectionnés.	[J]oint
[M]	*Object*	Déplace la sélection sur un autre calque.	[M]ove to layer, déplacer sur un calque
[Ctrl]+[M]	*Object*	Initie une transformation miroir. Un axe (X,Y ou Z) doit ensuite être choisi.	[M]iroir
[Alt]+[P]	*Object*	Supprime les relations parent existantes de la sélection.	[P]arent
[Ctrl]+[P]	*Object*, *Armature*	Fait de l'objet actif le parent d'un autre objet également sélectionné.	[P]arent
[Alt]+[R]	*Object*	Remet à zéro les rotations de la sélection.	[R]otation
[Alt]+[S]	*Object*, *Pose*	Remet à zéro l'échelle de la sélection.	[S]ize, dimension
[Alt]+[T]	*Object*	Remet à zéro le pistage d'un objet par la sélection.	[T]racking, suivre, pister

Raccourci	Contexte	Description	Pense-bête
[Ctrl]+[T]	*Object*	Oblige la sélection à pister l'objet actif, également sélectionné.	[T]racking, suivre, pister
[U]	*Object*	Invoque le menu *Make Single User* et affiche ses options.	[U]tilisateur unique
[Ctrl]+[Alt]+[Z]	*Edit*, *Object*	Invoque le menu *Global Undo History* pour afficher l'historique des dernières actions.	

Les touches utiles en mode Edit

À l'instar des raccourcis du mode *Object*, l'usage des touches suivantes, en mode *Edit*, vous fera gagner un temps énorme en évitant les va-et-vient incessants avec la souris depuis la vue 3D jusqu'aux divers menus et boutons. Certaines de ces touches et combinaison fonctionnent aussi bien pour l'édition des maillages que celles d'autres objets, comme les os et armatures, par exemple, même si l'accent est mis sur les maillages.

Raccourci	Contexte	Description	Pense-bête
[Numpad–] ou *[Numpad+]*, *molette de la souris*	*Edit*	Lors d'une transformation avec PET ou lors d'une sélection circulaire, diminue ou augmente le rayon.	
[C]	*Edit*	Active la sélection circulaire.	[C]ercle
[E]	*Edit*	Extrude la sélection.	[E]xtrusion
[Ctrl]+[E]	*Edit*	Invoque le menu *Edge Specials* et affiche ses options.	[E]dge, arête
[Maj]+[E]	*Edit*	Règle la dureté (*Crease*) des arêtes.	[E]dge, arête
[F]	*Edit*	Crée une arête ou une facette à partir des sommets sélectionnés.	[F]acette
[Alt]+[F]	*Edit*	Remplit avec des facettes à partir des sommets ou des arêtes sélectionnées.	[F]ill, remplit de facettes
[H]	*Edit*, *Object*, *Sculpt*	Masque la sélection.	[H]ide, cacher
[Alt]+[H]	*Edit*, *Object*, *Sculpt*	Réactive l'affichage de la sélection masquée.	[H]ide, cacher
[Ctrl]+[H]	*Edit*	Invoque le menu *Hooks* pour ajouter un crochet aux sommets sélectionnés.	[H]ook, crochet
[Alt]+[J]	*Edit*	Joint les triangles partageant une arête pour former des quadrangles.	[J]oint
[K]	*Edit*	Fait apparaître le couteau pour procéder à des découpes de votre maillage.	[K]nife, couteau
[L]	*Edit*	Sélectionne tous les sommets liés situés sous le pointeur de la souris (ne pas cliquer avec la souris, seulement la positionner).	[L]iés

Raccourci	Contexte	Description	Pense-bête
[Ctrl]+[L]	*Edit*	Sélectionne tous les sommets liés à ceux déjà sélectionnés.	[L]iés
[Ctrl]+[M]	*Edit*	Initie une transformation miroir. Un axe (X,Y ou Z) doit ensuite être choisi.	[M]iroir
[Alt]+[M]	*Edit*	Invoque le menu *Merge* et affiche ses options.	[M]erge, fusionne
[Ctrl]+[N]	*Edit*	Recalcule les normales vers l'extérieur.	[N]ormales
[Ctrl]+[Maj]+[N]	*Edit*	Recalcule les normales vers l'intérieur.	[N]ormales
[O]	*Edit*, éditeur UV/Image	Active/désactive l'outil d'édition proportionnelle (PET).	Édition pr[O]portionnelle
[P]	*Edit*	Sépare les sommets sélectionnés du maillage courant et crée un nouvel objet à partir de ceux-ci.	Sé[P]are
[Ctrl]+[P]	*Edit*	Fait du sommet actif le parent de l'objet sélectionné.	[P]arent
[Ctrl]+[R]	*Edit*	Active l'outil *Loopcut*.	
[Alt]+[S]	*Edit*	Active l'outil *Shrink/Flatten*.	[S]hrink/Flatten, rétrécir/aplatir
[Ctrl]+[T]	*Edit*	Transforme des quadrangles en triangles.	[T]riangles
[W]	*Edit*	Invoque le menu *Specials* et affiche ses options.	
[X]	*Edit*	Invoque le menu *Delete* et affiche ses options.	
[Y]	*Edit*	Désolidarise la sélection du reste du maillage, mais la conserve à l'intérieur de celui-ci.	

Les touches utiles en mode Sculpt

Sans être essentiels, ces raccourcis simplifient considérablement la vie des sculpteurs.

Raccourci	Contexte	Description	Pense-bête
[Ctrl]+bouton gauche	*Sculpt*	Maintenir pressée cette touche pour passer du mode *Add* au mode *Subtract*.	
[PageUp] ou *[PageDown]*	*Sculpt*	Affiche le niveau de résolution immédiatement supérieur ou immédiatement inférieur.	
[A], *[D]*, *[G]*, *[I]*, *[L]*, *[P]*, *[S]*	*Sculpt*	Invoquent les différents types de brosse : *Airbrush*, *Draw*, *Grab*, *Inflate*, *Layer*, *Pinch*, *Smooth*.	[A]irbrush, [G]rab, [I]nflate, [L]ayer, [P]inch, [S]mooth
[F]	*Sculpt*, vue 3D	Redimensionne la brosse.	
[Maj]+[F]	*Sculpt*	Modifie la valeur *Strength* de la brosse.	[F]orce
[H]	*Sculpt*	Permet de sélectionner une zone à masquer.	[H]ide, cacher
[Alt]+[H]	*Sculpt*	Affiche la sélection masquée.	[H]ide, cacher

Les touches utiles en animation

L'animation est un domaine très vaste, regroupant des ensembles d'outils très différents et parfois obscurs : F-Curves, armatures, éditeurs d'action, etc. S'il est possible de recenser tous les raccourcis claviers relatifs, il est aussi très facile de s'y perdre. Nous n'avons sélectionné que ceux qui sont vraiment très utiles.

Raccourci	Contexte	Description	Pense-bête
[Gauche] ou *[Droite]*		Se déplace d'une frame en arrière ou en avant.	
[Maj]+[Bas] ou *[Maj]+[Haut]*		Se déplace de 10 frames en arrière ou en avant.	
[Bas] ou *[Haut]*		Se déplace jusqu'à la prochaine frame contenant une clé d'animation pour l'objet actif.	
[Maj]+[Gauche] ou *[Maj]+[Droite]*		Recule jusqu'à la première frame ou avance jusqu'à la dernière frame.	
[Maj]+[Ctrl]+[C]	*Armature*	En mode *Pose*, ajoute une contrainte à un nouvel objet *Empty*.	[C]ontrainte
[T]	Éditeur de courbe IPO	Change le type d'interpolation d'une courbe IPO.	in[T]erpolation [T]ype, [T]ype d'in[T]erpolation

Les touches utiles pour le dépliage UV

Il est possible de se passer du calcul des UV pour vos textures, mais lorsque vous commencez à vous y intéresser, vous remarquez vite qu'un bon dépliage autorise toujours un meilleur contrôle de la texture. Quelques raccourcis de base aident alors à démarrer cette activité.

Raccourci	Contexte	Description	Pense-bête
[L]	UV Face Select	Sélectionne les facettes liées ensemble.	[L]iées
[P]	Éditeur UV/Image	Cloue sur place les UV sélectionnées.	[P]in, cloue
[Alt]+[P]	Éditeur UV/Image	Décloue les UV sélectionnées.	[P]in, cloue
[W]	Éditeur UV/Image	Invoque le menu *Weld/Align* et affiche ses options.	[W]eld, soude, fusion

Les touches relatives à l'affichage

Maîtriser l'affichage dans votre espace de travail est la première étape vers la maîtrise de vos outils. Blender est fidèle à sa réputation de versatilité. Les raccourcis qui suivent sont nombreux (il y en a pourtant bien d'autres !) mais tous sont utiles au quotidien.

Raccourci	Contexte	Description	Pense-bête
[Home]		Affiche tous les éléments de la scène.	
[Ctrl]+[Bas] ou *[Ctrl]+[Haut]*		Minimise/maximise la vue dans laquelle se trouve le pointeur de la souris.	
[.] du pavé numérique	Vue 3D	Centre la vue active sur un objet sélectionné et zoome sur lui.	
[Alt]+[B]	*Object*	Définit une portion de l'espace 3D visible grâce à une boîte de sélection.	[B]oîte
[Maj]+[C]	Vue 3D	Recentre la vue active sur un objet et place le curseur 3D à l'origine du repère Global.	[C]entre
[H]	*Object*, *Edit*	Masque les objets ou les sommets sélectionnés, en fonction du mode.	[H]ide, cache, dissimule, masque
[Alt]+[H]	*Object*, *Edit*	Révèle les objets ou les sommets masqués, en fonction du mode.	[H]ide, cache, dissimule, masque
[Maj]+[H]	*Edit*	Masque les sommets et les faces désélectionnés.	[H]ide, cache, dissimule, masque
[Z]	Vue 3D	Passe de l'affichage solide à l'affichage fil de fer.	
[Alt]+[Z]	Vue 3D	Passe de l'affichage solide à l'affichage texturé.	
[Suppr]	Vue 3D	Zoome sur l'objet sélectionné.	
[/]	Vue 3D	Vue locale sur l'objet sélectionné (les autres objets sont masqués).	
[+] ou [-]	Vue 3D	Zoome en avant ou en arrière.	
[0]	Vue 3D	Vue de la caméra.	
[Ctrl]+[0]	Vue 3D	Définit l'objet actif comme étant la caméra.	
[Ctrl]+[Alt]+[0]	Vue 3D	Aligne la caméra active sur la vue.	
[1] ou *[Ctrl]+[1]*	Vue 3D	Vue de face ou de derrière.	
[3] ou *[Ctrl]+[3]*	Vue 3D	Vue de droite ou de gauche.	
[7] ou *[Ctrl]+[7]*	Vue 3D	Vue de dessus ou de dessous.	
[5]	Vue 3D	Bascule de la vue perspective à la vue orthogonale.	
[4] ou *[6]*	Vue 3D	Fait tourner la vue à gauche ou à droite.	
[Ctrl]+[4] ou *[Ctrl]+[6]*	Vue 3D	Décale la vue vers la gauche ou la droite.	
[8] ou *[2]*	Vue 3D	Fait tourner la vue vers le haut ou vers le bas.	
[Ctrl]+[8] ou *[Ctrl]+[2]*	Vue 3D	Décale la vue vers le haut ou le bas.	

Les touches relatives au rendu

Le rendu est l'étape obligée de toute œuvre en image de synthèse. L'essentiel des raccourcis se trouve ci-dessous, mais il y en a d'autres.

Raccourci	Contexte	Description	Pense-bête
[F11]		Rappelle la dernière image rendue.	
[Ctrl]+[F11]		Lit le dernier rendu d'animation effectué.	
[F12]		Effectue le rendu de la frame courante.	
[Ctrl]+F12]		Calcule le rendu de l'animation.	
[Maj]+[B]		Définit les frontières du rendu (dans la vue de la caméra active).	[B]ounding, frontière

annexe B

The Last Whales CC-BY 4.0 2015, Henri Hebeisen (http//henri-hebeisen.com)

Les add-ons de Blender

Blender est livré en standard avec un certain nombre d'add-ons, des scripts écrits en Python permettant de rendre des services dans des domaines très variés, à l'instar des plug-ins d'autres applications commerciales, comme 3ds Max ou Maya. La différence est que ces add-ons sont intégrés à Blender tel que vous le téléchargez : pas besoin de les acquérir et de les installer séparément.

Le chapitre 1 « Installation de Blender » explique comment accéder et activer un add-on en particulier. Dès lors, celui-ci sera accessible lors de la session de travail au travers du menu approprié, comme s'il s'agissait d'une fonction native de Blender.

Les add-ons livrés en standard avec Blender ne nécessitent pas l'installation de Python sur votre ordinateur. En revanche, certains autres scripts que l'on peut trouvé sur Internet, développés par des contributeurs de la communauté, nécessitent qu'une version complète du langage de programmation Python soit installée. Le cas échéant, un message d'erreur dans la console ou la fenêtre de commandes MS-DOS vous en informera, et l'installation de Python sera alors indispensable pour faire usage du script en question.

3D View

3D Navigation : un émulateur de pavé numérique virtuel placé dans l'étagère à outils *[T]*, idéal pour les ordinateurs portables ou les claviers sans pavé numérique.

Copy Attributes Menu : fonctionne sur une sélection d'objets ou d'os d'armature. *[Ctrl]+[C]* permet de copier les attributs de l'objet actif de la sélection, et de cascader ceux-ci au reste de la sélection au moyen d'un menu.

Dynamic Spacebar Menu : permet d'associer à la touche *[Espace]* un menu dynamique donnant un accès rapide à de nombreux outils disséminés dans les autres menus traditionnels. Le menu prend en compte le contexte (mode *Object*, *Edit*, *Pose*, etc.) ainsi que le type d'objet afin de proposer ses options.

Layer Management : peut être utilisé pour une grande variété de tâches relatives à la gestion des calques. Utile aussi bien avec les scènes simples qu'avec les plus complexes.

Math Vis (Console) : permet de visualiser dans la vue 3D les variables Python `mathutils` définies dans la console, pour faciliter la compréhension de matrices de transformation complexes, des conversions de rotations, des intersections de rayons, etc., au moyen de vecteurs, points et matrices. Spécialement dédié aux créateurs d'add-ons.

Add Curve

Extra Objects : met à disposition de nouvelles primitives complexes : des spirales, des nœuds toriques ou encore une panoplie d'objets de type *Curve*. Toutes ces primitives très mathématiques sont disponibles *via* le menu *Add>Curve* ou la combinaison *[Maj]+[A]*.

IvyGen : permet de « faire pousser » du lierre sur un objet maillé sélectionné, et à partir du curseur 3D, à partir du menu *Add>Curve* ou *via* la combinaison *[Maj]+[A]*. Une fois généré, le lierre peut être paramétré dans l'étagère à outils *[T]*.

Sapling : permet de générer une grande variété d'arbres réalistes *via* le menu *Add>Curve* ou la combinaison *[Maj]+[A]*. Une fois généré, l'arbre peut être paramétré dans l'étagère à outils *[T]*.

Simplify Curves : permet de simplifier des objets de type *Curve* ou des F-Curves dans l'éditeur *Graph* (les contrôles se trouvent dans l'étagère à outils *[T]* de la vue 3D, y compris pour les F-Curves. Accessible *via* le champ de recherche (touche *[Espace]*) en y saisissant `simplify curves` ou `simplify fcurves`.

Add Mesh

ANT Landscape : permet de générer une primitive de paysage, à partir du menu *Add>Mesh* ou de la combinaison *[Maj]+[A]*. Le type de paysage et ses paramètres sont réglages dans l'étagère à outils *[T]*.

BoltFactory : permet de générer des primitives de boulons et de vis, à partir du menu *Add>Mesh* ou de la combinaison *[Maj]+[A]*. Le type de visserie et ses paramètres sont réglages dans l'étagère à outils *[T]*.

Extra Objects : met à disposition de nouvelles primitives complexes : des fonctions de surface 3D, des engrenages, des pierres précieuses, des tores, et d'autres encore. Toutes ces primitives sont disponibles *via* le menu *Add>Mesh>Extras* ou la combinaison *[Maj]+[A]*.

Animation

AnimAll : permet l'animation des données de maillage (Verts, VCols, VGroups, Uvs) au travers du panneau AnimAll de l'étagère à outils *[T]*.

Bone Selection Groups : opérateur et stockage pour la restauration des états des os des squelettes.

Corrective shape keys : en ajoutant un premier objet comme forme d'un second objet, cet add-on facilite la création de formes clés (Shape Keys, voir le chapitre 7 « Techniques d'animation fondamentales ») qui corrigent les volumes déformés en fonction des poses et des modificateurs en place.

Motion Capture Tools : un jeu d'outils variés pour travailler avec des données d'animation *motion capture*.

Development

API Navigator : permet d'explorer l'API Python au-travers de l'interface utilisateur. S'active dans l'éditeur *Text* et le menu *View>Properties*.

Icons : permet de cliquer sur une icône pour afficher son nom et le copier dans le presse-papier. S'active dans l'éditeur *Text* et le menu *View>Properties*.

Game Engine

Game Engine Publishing : permet de publier le fichier `.blend` comme un fichier exécutable, gère les versions et les plates-formes de publication.

Save As Game Engine Runtime : permet de packager un fichier `.blend` avec le BlenderPlayer de façon à ce qu'un jeu développé avec Blender soit directement exécutable.

Import et Import-Export

Un grand nombre de formats d'images, de fichiers et de géométries sont supportés :

- 3D-Coat Applink ;
- Acclaim Motion Capture Files (`.asf`, `.amc`) ;
- Atomic Nlender – PDB ;
- Autodesk 3DS format ;
- BioVision Motion Capture (BVH) format ;
- C3D Graphics Lab Motion Capture file (`.c3d`) ;
- DirectX Model Format (`.x`) ;
- Export Autocad DXF Format (`.dxf`) ;
- Export Camera Animation ;
- Export Pointcache Format (`.pc2`) ;
- Export Unreal Engine Format (`.psk/.psa`) ;
- Export Adobe After Effect (`.jsx`) ;
- FBX format ;
- Export HiRISE DTM from PDS IMG ;
- Import Autocad DXF Format (`.dxf`) ;
- Import EDL ;
- Import GIMP Image to Scene (`.xcf/.xjt`) ;
- Import Images as Planes ;
- Import LightWave Objects ;
- Import Unreal Skeleton Mesh (`.psk`)/Animation Set (`.psa`) ;
- Import MakeHuman (`.mhx`) ;
- MilkShape3D MS3D format (`.ms3d`) ;
- NewTek MDD format ;
- Nuke Animation Format (`.chan`) ;
- Raw mesh format (`.raw`) ;
- STL format ;
- Scalable Vector Graphics (SVG) 1.1 format ;
- Sketchfab Exporter ;
- Stanford PLY format ;

- UV Layout ;
- VRML2 *(Virtual Reality Modeling Language)* ;
- Wavefront OBJ format ;
- Web3D X3D/VRML2 format.

Material

Material Utils : affiche un menu relatif aux outils matériaux (assigner, sélectionner, etc.) directement dans la vue 3D. Malheureusement cet add-on est bogué et ne fonctionne pas lorsque le moteur de rendu est Cycles. À éviter pour le moment.

Mesh

3D Printing Toolbox : il s'agit d'une collection d'outils utiles pour l'impression 3D, les cinq principales sections étant accessibles depuis l'étagère à outils : statistiques, vérification d'erreurs, nettoyage, redimensionnement et export.

Bsurfaces GPL Edition : il s'agit d'un outil de modélisation et de retopologie qui combine l'utilisation de tracé à main levé, de courbes de Bézier et d'arêtes pour générer des surfaces polygonales, accélérant substantiellement le procédé de modélisation. Les différentes options peuvent être modifiées interactivement, permettant d'observer en temps réel comment ils affectent la surface résultante. L'outil s'active dans l'étagère à outils *[T]* de la vue 3D, en mode *Edit*.

Custom Normal Tools : divers outils pour aider à la personnalisation des normales.

F2 : permet d'étendre les fonctionnalités de création de facettes, à partir d'un simple sommet ou d'une simple arête, en utilisant la touche *[F]* traditionnellement dévolue à l'opération de création de facettes, en mode *Edit*.

Inset Polygon : cet add-on permet d'intercaler des facettes, à la manière de la fonction *Inset* décrite dans le chapitre 4 « Techniques de modélisation ».

LoopTools : une boîte à outils pour aider à la modélisation. Sélectionnez une arête de boucles puis utilisez l'un des outils présents dans l'étagère à outils *[T]* ou faites apparaître un menu dédié grâce à la touche *[W]* : créez des ponts entre des groupes de facettes ou des boucles (closes d'arêtes), réarrangez une boucle d'arêtes en cercle, lissez les boucles d'arêtes situées de part et d'autre d'une boucle sélectionnée, aplatissez un ensemble de facettes sur le même plan, étirez une sélection pour correspondre à une marque de crayon gras (*Grease Pencil*), connectez des ensembles de boucles entre elles en une seule fois, relaxez les maillage dont les boucles présentent des angles trop vifs, espacez de façon régulière des sommets le long d'une boucle d'arêtes.

Relax : permet de relâcher le maillage de façon à ce qu'il soit distribué de façon plus égale, tout en préservant les volumes, en utilisant l'entrée appropriée du menu appelé par la touche *[W]*.

Node

Node Wrangler : différents outils pour améliorer et accélérer les méthodologies de travail basées sur les nœuds.

Object

Add Chain : permet de faciliter la création d'objets formant des chaînes de maillons, *via* le menu *Add>Mesh>Add Chain* ou la combinaison *[Maj]+[A]*.

Animated Render Baker : permet de réaliser un baking pour chaque frame d'une animation et sauve le résultat avec un nom spécifique à la frame concernée, comme par exemple `image0001.png`. Pratique pour créer des cartes normales animées, par exemple, à partir d'un maillage dont la surface est elle-même animée. Les options apparaissent dans le panneau *Bake* du menu *Scene*.

Cell Fracture : permet de réaliser d'intéressants effets spéciaux, en brisant des objets de bien des différentes façons, avec de nombreux paramètres et options pour vous permettre d'atteindre le résultat désiré. Un bouton *Cell Fracture* fait son apparition dans l'étagère à outils *[T]* pour appeler les nombreux paramètres.

Cloud Generator : permet la création de nuages volumétriques grâce au panneau *Cloud Generator* de l'étagère à outils *[T]*. Fonctionne uniquement avec le moteur Blender Render.

Edit Linked Library : permet l'édition d'objets liés à partir d'un fichier bibliothèque `.blend`.

Grease Scatter Objects : permet de disperser un groupe d'objets à la surface du maillage actif en utilisant des lignes tracées avec le crayon gras (*Grease Pencil*), *via* le menu *Add>Mesh* ou la combinaison *[Maj]+[A]*.

Paint

Paint Palettes : dans n'importe quel mode de peinture (*Weight*, *Texture*, *Image*, *Vertex*), permet d'afficher des palettes dans le panneau de l'étagère à outils *[T]*. Pour les modes *Weight* et *Vertex*, les 11 valeurs possibles sont directement accessibles, tandis que pour les modes *Texture* et *Image*, l'add-on permet de lire et écrire des palettes au format de Gimp.

Render

Auto Tile Size : estime et définit la taille de la tuile (*Tile*) dont le rendu sera le plus rapide.

Copy Settings : permet de copier des réglages de rendu d'une scène à l'autre du même fichier `.blend`, en ajoutant un panneau *Copy Settings* dans le menu *Render*. Des options permettent de contrôler les paramètres à copier, ainsi que la ou les scènes de destination.

Cycles Render Engine : activé par défaut, permet de réaliser le rendu en utilisant le moteur Cycles Render à la place de Blender Render.

Freestyle SVG Exporter : permet de réaliser le rendu en exportant des arêtes stylisées au format SVG.

Light Fields Tools : permet d'effectuer le rendu de champs de lumière *(light fields)* en plaçant des spots uniformément distribués sur une grille qui projettent une texture et d'y associer une caméra par paire de spots. Utile pour la recherche sur les méthodes d'illumination, de rendu, pour l'affichage stéréoscopique, la dispersion lumineuse et d'autres sujets voisins.

Network Renderer : permet de distribuer le rendu sur plusieurs machines disposant du logiciel Blender, en définissant une machine « maître » et d'autres machines « esclaves ». Le baking (simulations physiques, particules, modificateurs) est pris en charge.

POV-Ray 3.7 : intégration à Blender du moteur de rendu POV-Ray 3.7. Attention, car tant le moteur de rendu que ce script sont en version bêta.

Rigging

Rigify : aide à automatiser la création d'armatures pour vos personnages, vous permettant de construire une armature bout par bout en ajoutant des armatures de bras, de jambes, de colonne vertébrale, de doigts, etc. Si cet add-on permet la création des os et des contrôles d'animation, le processus de skinning (voir le chapitre 8 « Techniques avancées d'animation ») doit malgré tout être mis en œuvre par l'utilisateur.

System

Demo Mode : permet de sélectionner plusieurs fichiers `.blend` et réaliser une boucle entre eux, afin de faciliter les démonstrations ou les présentations. La démonstration se paramètre *via* le menu général *File* puis en choisissant *Demo Mode (Setup)*.

Manage UI Translations : permet de gérer les traductions de l'interface utilisateur directement depuis Blender (mise à jour des fichiers .po, mise à jour des scripts de traduction, etc.)

Property Chart : permet d'éditer des propriétés sélectionnées arbitrairement entre des objets de même type, permettant ainsi de copier-coller celles de votre choix (le nom de chaque propriété est indiqué dans la bulle d'aide d'un paramètre de l'interface) d'un objet à l'autre.

Scene Information : permet d'afficher, dans le panneau *Blend Info* du menu *Scene*, des informations statistiques sur votre fichier `.blend`.

UV

Bake UV-Textures to Vertex Colors : permet de convertir les couleurs de la texture UV courante en un calque *Vertex Color*. Ne fonctionne qu'avec une texture de type *Image* (les textures procédurales ne sont pas prises en charge) et nécessite, pour une bonne transposition des couleurs, d'avoir un maillage suffisamment finement subdivisé pour obtenir une résolution suffisante de l'image en mode *Vertex Paint*.

Texture Atlas : permet de déplier et réaliser le baking des cartes d'ombrage et d'illumination (*shadowmaps* et *lightmaps*) pour la scène entière. Une carte UV est créée pour tous les objets de façon non destructive, avec la possibilité de réaliser le baking de tous les objets dans une seule et unique texture. Rigoureusement indispensable à tous les développeurs de jeux.

User interface

Pie Menus Official : il s'agit de menus dont les éléments sont répartis de façon radiale autour du curseur de la souris afin de choisir rapidement et de façon interactive entre différentes options.

Les indices de réfraction C

Vous trouverez ci-après les indices de réfraction pour des matériaux courants. Cet indice est aussi bien utile au moteur de rendu interne de Blender qu'au nouveau moteur de rendu Cycles, ainsi qu'à tous les autres moteurs de rendu externes pouvant travailler en synergie avec Blender.

Les valeurs les plus communément admises sont les suivantes. Notez que ces valeurs peuvent varier d'une documentation non scientifique à l'autre.

- Acétone 1.36
- Air 1.00029
- Alcool 1.329
- Alcool d'éthylène 1.36
- Ambre 1.54
- Barrium borosilicate 1.554
- Cristal 2.00
- Cristal iodé 3.34
- Diamant 2.417
- Dioxyde de carbone liquide 1.20
- Eau 1.333
- Émeraude 1.57
- Glace 3.309
- Lapis-lazuli 1.61
- Opaline 1.44 - 1.46
- Oxyde de chrome 2.705
- Oxyde de cuivre 2.705
- Plexiglas 1.51
- Plastique 1.2

- Porcelaine 1.504
- Quartz 11.644
- Rubis 1.77
- Saphir 1.77
- Sel 1.644
- Solution de sucre (30 %) 1.38
- Solution de sucre (80 %) 1.49
- Topaze 1.61
- Vide 1.000
- Verre 1.5
- Verre blindé 1.89

Ressources web

D

Sites informatifs

- http://www.blender.org

Il s'agit du site officiel, en anglais, de Blender. Outre des nouvelles génériques sur Blender, il propose de télécharger les dernières versions, offre un catalogue de didacticiels à découvrir, une galerie époustouflante à visiter ainsi que des liens vers de nombreuses communautés ou sites d'amateurs. Il héberge aussi les forums consacrés aux développeurs de Blender.

- http://www.blendernation.com

Ce site en anglais a la vaste ambition d'offrir quotidiennement des nouvelles fraîches de l'univers Blender. Maintenu par l'ancien responsable de la communauté de Blender, il est une référence absolue pour tous les amateurs de Blender en quête de nouveautés, d'articles ou de nouvelles intéressantes, mais qui n'ont pas le temps de les glaner eux-mêmes.

- http://cgcookie.com/blender

Blender Cookie regroupe un ensemble de tutoriels destinés à l'apprentissage de Blender, sur différents supports ; au format Web, tutoriels vidéo, DVD de formation ainsi que quantités de ressources utiles au débutant comme au chevronné. Ce site offre des services et des produits commerciaux.

- http://www.blendernetwork.org

Blender Network est un réseau animé par la Fondation Blender et à destination des professionnels, des studios et des instituts éducationnels. Il est possible d'y créer sa page de présentation et de se connecter aux autres membres du réseau.

Communautés

Blender a une communauté à la fois riche, vivante et passionnée.

▸ http://www.blenderartists.org

Il s'agit du site officiel de la communauté anglophone des utilisateurs de Blender. Il abrite un forum où tous les utilisateurs de Blender se retrouvent, ainsi qu'une liste de communautés locales (les *Blender Meetups*) pour trouver d'autres utilisateurs près de chez vous. Les forums hébergent également une section pour offrir ses services de free-lance ou pour prendre connaissance d'offres d'emplois.

▸ http://www.linuxgraphic.org

Il s'agit d'un site français consacré à la promotion des logiciels d'infographie libres (2D, 3D, vectoriel). Outre des nouvelles fraîches quant à l'actualité infographique libre, il propose une collection impressionnante de didacticiels pour un grand nombre de logiciels libres, des ressources, des liens, ainsi que des forums accueillants où il fait bon flâner.

▸ http://blenderclan.tuxfamily.org/html

Ce site est l'un des piliers de la communauté française des utilisateurs de Blender. Véritable portail consacré à Blender, il offre des nouvelles fraîches sur l'actualité de ce logiciel. Il héberge également des forums très vivants.

Ressources et documentation

▸ http://wiki.blender.org

La documentation officielle est hébergée sur ce wiki. D'importants efforts sont déployés pour maintenir cette documentation à jour malgré le développement intensif et très rapide de Blender. Le wiki est ouvert à toutes les bonnes volontés capables et désireuses d'aider les auteurs à tenir le rythme des nouveautés.

▸ http://www.blendswap.com

Ce site héberge des bibliothèques entières de modèles 3D faits pour Blender par des utilisateurs de Blender. Les catégories des modèles sont extrêmement variées : accessoires, animaux, électroménager, architecture, personnages, vêtements, électronique, nourriture, ameublement, paysages, Lego, modèles Low-Poly (basse résolution), objets divers, instruments de musique, plantes, scènes, science-fiction, outils, véhicules, armes… Du point de vue des ressources, il est également possible de télécharger : animations, thèmes pour Blender, brosses de sculpture, matériaux pour Cycles Render, matériaux pour Blender Render, motifs répétitifs, compositions de nœuds, armatures prêtes à l'emploi, simulations, systèmes de particules, ainsi que textures. Composante commerciale.

‣ http://www.katorlegaz.com

Entre autres ressources, ce site anglophone vieillissant continue à héberger une impressionnante collection de modèles prêts à l'emploi et couvrant de très nombreux sujets : aéronautique, animaux, accessoires de cuisine, éléments architecturaux, automobiles, charrettes, personnages, informatique, effets spéciaux, électronique, fantastique, nourriture, mobilier, vaisselle, insectes, décors, éclairages, plantes, mobilier de rue ou de parc, scènes, science-fiction (Star Wars, Start Trek...), outils, camions, motos, armes et d'autres catégories encore.

Contenu de l'extension web

E

Disponible sur la fiche du livre sur www.editions-eyrolles.com, le contenu des fichiers de travail comporte quatre répertoires.

- `/install` contient trois sous-répertoires avec les fichiers d'installation de Blender v2.77 et de l'utilitaire Luminance HDR 2.4.0 pour Windows, Mac OS X et Linux, en versions 32 bits et 64 bits en fonction des disponibilités ;
- `/exercices` contient tous les fichiers des exercices présentés dans ce livre. À chaque fois que cela est possible, un fichier de départ et un fichier final sont fournis afin de satisfaire autant le lecteur pressé que celui désireux de décortiquer pas à pas chacun des exercices.

  Un sous-répertoire `videos/` contient quelques-unes des animations réalisées dans le cadre des chapitre 7 « Techniques d'animation fondamentales » et chapitre 8 « Techniques d'animation avancées », ainsi que le matériel de base relatif à l'exercice de tracking vidéo du chapitre 9 « Le rendu avec Blender ».
- `/Blender Texture Disk` contient lui-même deux sous-répertoires destinés à vous aider à démarrer avec Blender :
  - `/material` contient quantité de matériaux de Blender prêts à l'emploi ; à utiliser avec la fonction *Append* (combinaison de touches *[Maj]+[F1]*). Avec la permission spéciale de Ton Roosendaal.
  - `/texture` contient quantité de textures qui vont de l'utile à l'indispensable, à utiliser avec des textures de type *Image*. Avec la permission spéciale de Ton Roosendaal.
- `/films` : vous trouverez également en bonus les quatre films réalisés grâce à Blender :
  - *Elephants Dream*, du Studio Orange, sous licence Creative Commons Attribution 2.5 (© copyright 2006, Blender Foundation, Netherlands Media Art Institute, www.elephantsdream.org) et son making-of, au format AVI ;

– *Big Buck Bunny*, du Studio Peach, sous licence Creative Commons Attribution 3.0 (© Blender Foundation, www.bigbuckbunny.org), au format AVI ;
– *Sintel*, du Studio Durian, sous licence Creative Commons Attribution 3.0 (© Blender Foundation, www.sintel.org) et au format MKV, ainsi que les fichiers sous-titres au format SRT en anglais et en français ;
– *Tears of Steel*, du Studio Mango, sous licence Creative Commons Attribution 3.0 (© Blender Foundation, mango.blender.org), au format MOV, ainsi que les fichiers sous-titres au format SRT en anglais et en français.
– *Cosmos Laundromat*, du studio Gooseberry, sous licence Creative Commons Attribution 3.0 (© Blender Foundation, www.cosmoslaundromat.org)

Les films nécessitent, pour être visualisés, VLC Media Player, QuickTime Player, Mplayer ou Media Player Classic.

Configuration minimale

- 32 bits, Dual Core CPU d'au moins 2 GHz
- 2 Go de RAM
- Écran 1 280 × 768 24 bits
- Souris ou trackpad
- Carte graphique OpenGL avec 512 Mo RAM

Configuration moyenne

- 64 bits, Quad Core CPU
- 8 Go de RAM
- Écran Full HD 24 bits
- Souris ou trackpad
- Carte graphique OpenGL avec 2 Go RAM

Configuration de production

- 64 bits, 8-Core CPU
- 16 Go de RAM
- Deux écrans Full HD 24 bits
- Souris et tablette graphique
- Double carte graphique OpenGL, marque de qualité, avec 4 Go de RAM

Index

R

S